Le droit pénal en cas pratiques

Le droit pénal en cas pratiques

Plus de **45 exercices corrigés** sur les notions clés du programme

Nicolas JEANNE, maître de conférences à CY Cergy Paris Université

3e édition

DALLOZ

DALLOZ

31-35, rue Froidevaux, 75685 Paris Cedex 14

ISBN 978-2-247-19737-8

Sommaire

Préface

Le présent ouvrage n'a pas la prétention de transmettre un savoir. Un tel objectif manquerait assurément d'originalité, tant il existe d'excellents manuels de droit pénal, rédigés par les plumes les plus expertes et les plus prestigieuses. Son objectif est bien plus modeste : transmettre un savoir-faire à celui qui, une fois goûté la saveur de la théorie, souhaite disposer d'un outil permettant de voir comment se solutionne concrètement, en pratique, telle ou telle difficulté soulevée par celle-ci. Car c'est peut-être le secret le moins bien gardé des facultés de droit et des examens ou concours auxquelles ces dernières donnent accès : les connaissances sont certes essentielles mais demeurent insuffisantes et, pour l'étudiant qui cherche légitimement à obtenir la meilleure note à la fin de son semestre, pour le candidat qui souhaite obtenir son examen ou être admis au concours qu'il présente, le savoir n'est rien sans un excellent savoir-faire. Et l'on ne révise pas de la même façon une même matière selon le type d'exercice qui sera demandé...

La multiplication des exercices de type cas pratiques dans les examens universitaires, mais aussi à l'examen d'entrée au Centre régional de formation professionnelle des avocats (CRFPA) et aux différents concours d'entrée à l'École nationale de la magistrature (ENM) rendait pertinente la rédaction d'un ouvrage spécialisé qui permette à l'étudiant ou au candidat de réviser la matière du droit pénal (et ses diverses ramifications que sont le droit pénal général, le droit pénal spécial, le droit pénal des affaires et le droit pénal du travail) dans le format de l'exercice qui lui sera demandé. Les cas pratiques présentés en son sein permettent ainsi, une fois rappelés les problèmes méthodologiques propres à chaque thème qui figure au programme, de balayer la matière en allant du plus simple au plus complexe, les difficultés qu'ils contiennent s'accumulant rapidement par strates et de manière transversale.

Du savoir au savoir faire, il ne vous restera plus, le jour de l'examen ou du concours, qu'à faire savoir...

Qu'il nous soit permis de remercier les éditions Dalloz, et plus particulièrement Hélène Hoch et Magali Feralis-Guyonnet d'avoir accepté d'accueillir et de mettre en forme cet ouvrage au sein de leur maison.

Paris, le 9 avril 2020
Nicolas Jeanne

Méthodologie générale

1. L'épreuve

Nous envisagerons successivement la philosophie de l'épreuve (I), la gestion du temps lors de celle-ci (II), le barème (III) et les documents dont vous devez vous munir (IV).

I/ La philosophie de l'épreuve

Pour le cas pratique donné à l'Université (parfois en L1, plus souvent en L2, L3 ou M1)

Il s'agit, pour le concepteur du sujet et le correcteur, de vérifier que le socle de connaissances appris dans le cadre du cours de droit pénal général, de droit pénal spécial ou de droit pénal des affaires est maîtrisé par l'étudiant. Il ne présente en lui-même aucune spécificité. Il faut toutefois garder en tête un apparent paradoxe. L'épreuve du cas pratique de droit pénal général nécessite de maîtriser certaines incriminations qui ne seront véritablement étudiées que plus tard, dans le cadre du cours de droit pénal spécial ou de droit pénal des affaires… Aussi, si le concepteur du sujet ne peut réclamer de vous de solides connaissances en droit pénal spécial ou en droit pénal des affaires, plusieurs infractions seront néanmoins abordées dans le cours de droit pénal général car elles constituent autant d'exemples de notions fondamentales relevant de la théorie générale de l'infraction. Et il faut les maîtriser : il en va ainsi, par exemple, du meurtre, de l'assassinat, de l'empoisonnement, du mandat criminel, des violences volontaires ayant entraîné la mort sans intention de la donner, de l'homicide et les blessures involontaires, du vol.

Pour le cas pratique donné au CRFPA

L'article 5, 3°, de l'arrêté du 17 octobre 2016 fixant le programme et les modalités de l'examen d'accès au centre régional de formation professionnelle d'avocats mentionnait initialement « [u]ne épreuve destinée à vérifier l'aptitude à résoudre un ou plusieurs cas pratiques, d'une durée de trois heures […] ». Depuis l'entrée en vigueur de l'arrêté du 2 octobre 2018 modifiant l'arrêté du 17 octobre 2016, l'épreuve est désormais destinée à vérifier, dans la même durée, l'aptitude à résoudre un ou plusieurs cas pratiques « ou à rédiger une ou plusieurs consultations ». Le nouvel arrêté procède ainsi à une distinction entre les « cas pratiques » et les « consultations juridiques ». À vrai dire, la distinction entre les deux types d'épreuves n'a rien d'évident et elle n'aura vraisemblablement que peu de conséquences. Il semble se dégager de cette adjonction une volonté de « professionnaliser » l'examen en donnant des sujets aux accents moins académiques (d'où le nom de « consultation juridique »).

Pour le cas pratique donné aux différents concours de l'ENM

Pour les premier, deuxième et troisième concours d'entrée

La note de présentation des concours diffusée par l'ENM mentionne, au titre de la troisième épreuve d'admissibilité du premier concours, un « cas pratique de droit civil et procédure civile ou droit pénal et procédure pénale » d'une durée de trois heures et, au titre de la deuxième épreuve d'admissibilité des deuxième et troisième concours un « cas pratique de droit pénal et procédure pénale » d'une durée de trois heures. Elle précise que l'épreuve de cas pratique en droit pénal et procédure pénale « vise à apprécier les connaissances des candidats dans ce domaine. Elle a pour objet de vérifier leur aptitude à l'analyse et au raisonnement juridiques ainsi que leur capacité de proposer des orientations argumentées et opérationnelles ». En outre, les qualités recherchées du candidat sont les capacités à analyser et synthétiser une situation ou un dossier, à identifier, respecter et garantir un cadre procédural, à prendre une décision, fondée en droit et en fait, inscrite dans son contexte, empreinte de bon sens, et exécutable et à motiver, formaliser et expliquer une décision (cf. ENM, sous-direction des recrutements et de la validation des compétences, Les concours d'accès à l'École nationale de la magistrature, sessions 2020 et s., janvier 2020). Au-delà des précisions formulées par l'École elle-même, la lecture des annales données depuis 2012 (date de l'introduction de l'épreuve de cas pratique au concours) permet de faire ressortir que l'épreuve vise officieusement à apprécier les qualités du futur parquetier qui sommeille en vous. Il faut donc être opérationnel, prêt à diriger les investigations, à gérer le flux des affaires, à orienter le dossier efficacement. D'expérience, il ressort que le cas pratique ENM est jusqu'alors organisé en trois grands blocs : un bloc droit pénal de fond qui vise à qualifier les faits décrits et à retenir un certain nombre de qualifications pénales ; deux blocs procédure, le premier étant constitué par l'analyse du cadre des investigations et des pouvoirs mis en œuvre, le second par les modalités de poursuite ou de traitement.

La réforme des concours d'entrée à l'ENM issue du décret n° 2019-99 du 13 février 2019 relatif aux concours d'accès à l'École nationale de la magistrature ne devrait pas modifier fondamentalement la philosophie du cas pratique. Ce décret vient modifier la nature des épreuves d'admissibilité pour les concours ouverts à partir de 2020. L'article 2 du décret prévoit ainsi que les épreuves d'admissibilité comporteront « 2° Une composition, rédigée en cinq heures, portant au choix du jury soit sur un sujet de droit civil et de procédure civile, soit sur un sujet de droit pénal et de procédure pénale (coefficient 4) ; 3° Un cas pratique, rédigé en trois heures, portant soit sur un sujet de droit civil et de procédure civile, soit sur un sujet de droit pénal et de procédure pénale, dans la matière autre que celle choisie par le jury pour l'épreuve prévue au 2° (coefficient 4) ». Le cas pratique durera désormais trois heures et il n'y aura plus qu'une seule épreuve en droit pénal et en procédure pénale – là où, antérieurement, le droit pénal et la procédure pénale faisaient l'objet et d'une dissertation et d'un cas pratique. La nature de l'épreuve de droit pénal et de procédure pénale sera, au choix du jury, soit une dissertation soit un cas pratique, étant entendu que l'épreuve de droit pénal et de procédure pénale sera tributaire de la nature de l'épreuve donnée en droit civil et en procédure civile (si un sujet de dissertation a été donné en droit civil et en procédure civile, l'épreuve de droit pénal et de procédure pénale sera nécessairement un cas pratique, et vice versa…).

Pour les deux concours complémentaires

L'exposé-discussion comporte toujours un cas pratique de droit pénal et/ou de droit civil. La préparation est d'une heure et vous disposez de dix minutes pour le présenter à l'oral avant que le jury ne pose des questions sur celui-ci puis sur votre motivation. Le cas pratique est court et il faut être percutant dans sa présentation.

II/ La gestion du temps lors de l'épreuve

La première difficulté du cas pratique est la gestion du temps

Même si le cas à résoudre n'est pas difficile, il est bien souvent long – longueur d'ailleurs renforcée pour le cas pratique donné au CRFPA ou aux trois premiers concours de l'ENM qui porte sur l'entier programme de droit pénal. Les étudiants ont certes l'habitude de résoudre des cas pratiques ciblés et portant sur des points du programme de droit pénal général ou du programme de droit pénal spécial ou de celui de droit pénal des affaires, etc. Mais ils n'ont pas l'habitude de traiter un cas susceptible de balayer l'ensemble du droit pénal. Or, un tel cas pose des problèmes particuliers de fond (multiplication du risque de concours de qualifications, question du calcul de la peine encourue *in fine* lorsqu'un même protagoniste commet plusieurs infractions) mais aussi de forme (la présentation du devoir doit laisser apparaître une certaine logique et une certaine pédagogie). D'où la nécessité de s'entraîner, de connaître les textes et les grands arrêts ainsi que leur position dans le Code pénal, des majeures prêtes à l'emploi, des plans types, d'avoir d'ores et déjà anticipé les difficultés les plus communes pour éventuellement, le jour de l'examen, consacrer plus de temps à la résolution des difficultés inédites.

L'un des travers souvent rencontré dans les copies d'étudiants réside dans l'excès ou l'insuffisance

– **l'excès** : parfois les étudiants perdent un temps précieux à décliner tous les éléments constitutifs d'infractions qui ne peuvent cependant, en l'espèce, être retenues. Si la démarche est parfaitement louable – il s'agit de montrer à son correcteur que l'on maîtrise parfaitement son sujet et de ne conclure à l'évincement d'une qualification qu'à l'issue d'un raisonnement rigoureux – elle est toutefois dommageable puisqu'un temps précieux est consacré à caractériser ce qui doit être rejeté. De tels développements se font trop souvent au détriment de ceux consacrés aux infractions qui, elles, peuvent être retenues. Or si quelques points peuvent être octroyés à la mise à l'écart d'une qualification, l'immense majorité des points ne l'est qu'au bénéfice de ce qui peut être juridiquement retenu ;

– **l'insuffisance** : parfois, à l'inverse, les étudiants demeurent silencieux sur certaines qualifications qui semblent pouvoir être, de prime abord, retenues, sans s'expliquer sur la mise à l'écart de celles-ci. Il faut pourtant garder en tête qu'il n'y a jamais d'évidence dans une copie (ni de respect du principe du contradictoire car le correcteur ne peut interroger l'étudiant lorsqu'il procède à la correction de la copie…) : ce qui n'est pas expressément dit par l'étudiant est présumé ne pas être su par celui-ci.

La bonne méthode consiste à parvenir à un équilibre

– **être explicite** : pour ne pas tomber dans le second travers, il faut exclure explicitement les qualifications qui semblaient de prime abord pouvoir s'appliquer. En d'autres termes il faut s'expliquer sur l'exclusion d'une qualification dont l'application paraissait, *prima facie*, évidente ;

– **être efficace** : pour ne pas non plus tomber dans le premier travers, il faut s'abstraire de la récitation de son cours et aller à l'essentiel en précisant simplement, en quelques phrases, que telle qualification ne peut, en l'espèce, être retenue car tel élément constitutif de l'infraction (l'élément matériel, l'élément moral) ne peut être caractérisé.

III/ Le barème de l'épreuve

La deuxième difficulté tient au barème de correction. Il est possible qu'aucune indication ne soit fournie quant au barème adopté. C'est toujours le cas pour le cas pratique donné dans le cadre de l'exposé-discussion aux concours complémentaire de l'ENM. Ce fut le cas pour le sujet donné au CRFPA en 2017 ou à l'ENM en 2013 par exemple. Plusieurs questions vous sont ainsi posées sans que vous sachiez précisément combien de points vont vous rapporter les réponses que vous allez respectivement apporter à chacune d'elles.

Il faut donc, comme un coureur de fond, que vous sachiez doser votre effort : que vous déterminiez, à l'aveugle, les questions qui rapportent le plus de points et que vous ne consacriez de longs développements qu'à celles qui en valent la peine. Or, parfois, les sujets sont traîtres et derrière l'apparente simplicité d'une question, se cachent en réalité des problèmes complexes qui rapportent beaucoup de points. Ce fut le cas, par exemple, pour le cas pratique donné à l'examen d'entrée au CRFPA en 2017 (v. cas pratique n° 40, p. 439). Celui-ci, après avoir assez longuement décrit la survenance d'un accident au sein d'une usine de métallurgie et le rôle de chacun des protagonistes (l'ouvrier, le contremaître et le gérant de la SARL), se terminait par une courte question : « qu'en pensez-vous ? », sachant que le gérant de la SARL avait voulu faire des économies en ne faisant pas réparer les machines et s'était versé une rémunération excessive et « a dépensé une partie de sa rémunération exceptionnelle dans une voiture de sport offerte à son fils et a investi le reste de cette somme dans une société étrangère ». Or, cela devait conduire le candidat à développer l'abus de biens sociaux et le blanchiment commis par le gérant, le recel commis par le fils de celui-ci, à déterminer si la loi pénale française était applicable et, enfin à régler un concours réel d'infractions… Ici le gain de points était inversement proportionnel à la longueur de la question… et le piège consistait à perdre trop de temps à répondre au problème posé par les faits qui étaient les plus longuement décrits… Gardez en tête qu'il est toujours préférable de procéder à des développements incomplets sur toutes les problématiques soulevées par le cas pratique – pour être effectivement noté sur 20 – que de procéder à des développements complets mais sur une partie seulement des problématiques soulevés par celui-ci – et prendre le risque de n'être noté, par exemple, que sur 15.

En outre, il faut prendre garde – même lorsque le barème est indiqué – à la distribution des points au sein de chaque question. Si le barème est précis, c'est-à-dire s'il distingue jusqu'au demi voire jusqu'au quart de points, cela peut-être extrêmement périlleux et il faut faire montre d'une particulière rigueur dans votre présentation, en déclinant chacun des éléments constitutifs des infractions que vous retenez.

IV/ Les documents à rapporter pour l'épreuve

La troisième difficulté vient de l'adoption d'un certain nombre de textes qui ne sont pas codifiés et qui ne figurent pas dans le Code pénal (voyez notamment *infra*, le statut du lanceur d'alerte auquel renvoie le nouvel art. 122-9, C. pén. et également la DDHC) ou qui figure dans d'autres codes (les pratiques commerciales trompeuses qui sont incriminées par les articles L. 121-2 et L. 121-3, C. consom., la responsabilité pécuniaire de l'employeur de l'article L. 4741-2, C. trav., le nouveau dispositif relatif à l'usage des armes par les forces de l'ordre qui figure à l'article L. 435-1, CSI, la Conv. EDH qui se trouve dans le Code de procédure pénale, etc.). Il faudra idéalement vous munir de ces textes – en les imprimant au besoin sur Légifrance – ou de ces codes. La Commission nationale de l'examen d'accès au CRFPA indique par exemple que les candidats pourront utiliser les documents suivants pour les épreuves d'admissibilité : les codes annotés mais non commentés, ainsi que les recueils (ou photocopies tirées de sites Internet officiels) de textes réglementaires, législatifs et *supra*-législatifs nationaux, et de normes européennes et internationales, ne contenant aucune indication de doctrine. Ces documents pourront être surlignés.

2. Le devoir

Nous envisagerons d'abord la construction de votre devoir (I), ensuite la rédaction de celui-ci (II).

I/ La construction du devoir

La nécessité du plan apparent

L'adoption d'un plan apparent comportant des intitulés est une nécessité, pour deux raisons :
– le correcteur évaluera au travers du plan votre capacité à raisonner logiquement, à synthétiser, à présenter et à solutionner de manière claire et pédagogique une pluralité de problèmes ;
– le correcteur saura dès l'orée de votre devoir et à tout moment de la lecture de celui-ci où il va (et surtout où vous allez). L'une des qualités fondamentales attendues de l'étudiant-candidat est la pédagogie : il faut prendre le correcteur par la main, comme plus tard, vous prendrez celle du juge qui lira vos conclusions, celle du justiciable que vous aurez jugé. Disons-le sans ambages, lorsque le correcteur a d'ores et déjà corrigé plusieurs copies, il connaît par cœur le corrigé, son barème, les erreurs commises par la majorité des étudiants. Aussi l'idéal est de le mettre dans une position confortable, en lui prémâchant au maximum le travail.

Le plan à éviter

C'est celui qui qualifie directement les faits et qui, bien souvent, entraîne des contradictions. Prenons l'exemple d'un cas pratique qui débuterait par l'histoire d'un individu, Pierre, qui soustrait frauduleusement quelques ouvrages à Madeline, avec laquelle il est marié. On peut présenter la solution en qualifiant les faits : par exemple : I. Le vol commis par Pierre. Cela paraît très efficace… Le problème est qu'il n'y a pas vol en l'espèce puisque va jouer l'immunité familiale prévue par l'article 311-12 du Code pénal et que l'étudiant va conclure au rejet des poursuites pour vol en ayant introduit son propos par un intitulé sur le vol commis par Pierre… **Aussi, faut-il toujours s'efforcer de demeurer factuel dans ses intitulés** : ex. : I. La soustraction commise par Pierre avec A. La qualification de vol, B. L'exclusion des poursuites pour vol (en raison de l'immunité familiale).

Le plan à adopter

Il y a fondamentalement deux types de plans qui peuvent être adoptés : le plan *in personam* ou le plan *in rem*.

Le plan *in personam*

C'est un plan qui est souvent choisi par les étudiants-candidats aguerris. Il s'agit d'un plan qui distingue la situation de chacun des protagonistes qui apparaissent dans le cas pratique. Il appelle ensuite à sous-distinguer les faits dans lesquels chacun des protagonistes apparaît. Par exemple, si quatre protagonistes, Paul, John, George et Ringo, apparaissent dans le cas pratique, il faudra distinguer : I. La situation de Paul, II. Celle de John, III. Celle de George, IV. Celle de Ringo. Si, par exemple, Paul, qui n'a jamais été condamné, a participé avec John à la soustraction de la guitare de Keith, a procédé à des attouchements sur la femme de Mike et que John a frappé Bill, il faudra sous-distinguer : I. La situation de Paul : A. La participation à la soustraction de la guitare de Keith, B. Les attouchements commis sur la femme de Mike, C. Le concours réel d'infractions ; II. La situation de John : A. La soustraction de la guitare de Keith, B. Les coups portés sur Bill, C. Le concours réel d'infractions.

Ce plan présente l'avantage de permettre la résolution des situations de concours réel d'infractions, de réitération ou de récidive à l'issue de chacune des parties, sous forme conclusive. Il présente toutefois des inconvénients majeurs :

– d'abord, parce qu'il vous oblige à un travail de reconstruction des faits par le prisme de chacun des protagonistes, et non par le prisme des complexes de faits qui vous sont présentés. S'il y a dix protagonistes qui interviennent dans le cas pratique, il faudra faire dix lectures du cas pratique pour identifier à quel moment chacun des protagonistes apparaît ;

– ensuite, parce que corrélativement, votre correcteur sera lui aussi obligé de reconstruire le barème car le corrigé est souvent construit sur la base d'une présentation chronologique des faits et des qualifications susceptibles d'être retenues. Aussi, adopter ce type de plan, c'est prendre le risque d'obliger le correcteur à déconstruire le barème indiqué pour le reconstruire et l'appliquer à votre devoir. Or, il est plus facile de se souvenir d'une situation de fait (par exemple, de la soustraction ayant eu lieu à l'hôtel X, de l'agression ayant eu lieu le 10 juillet, des faits commis dans la nuit du 12 au 13…, etc.) que de se souvenir des noms et des prénoms des protagonistes, surtout s'ils sont nombreux ;

– enfin, parce que retenir isolément la responsabilité de chacun des protagonistes indépendamment des situations de fait dans laquelle il intervient et de la participation des autres risque de brouiller la lecture de votre devoir et de ne pas vous permettre de montrer à votre correcteur que vous raisonnez logiquement. Votre propos sera parfois peu pédagogique. Imaginez ainsi un accident au sein d'une entreprise. Plutôt que d'envisager logiquement en I. l'accident et en I. A. la responsabilité de l'ouvrier auteur direct, puis en I. B. celle du chef d'entreprise, puis en I. C. celle du contremaître qui bénéficie d'une délégation de pouvoirs et, enfin, en I. D. la responsabilité de la personne morale, le plan *in personam* isole chacun des protagonistes. Vous allez peut-être être conduit à intercaler, entre la responsabilité de l'ouvrier et celle des autres protagonistes pour l'accident commis dans l'entreprise, la responsabilité de l'ouvrier pour la commission éventuelle d'autres infractions… Donc vous éluderez la logique qui résulte de la loi du 10 juillet 2000 qui distingue auteur direct et auteur indirect, celle qui alterne la responsabilité du chef d'entreprise ou celle du délégataire de pouvoirs et celle qui articule la responsabilité de l'organe ou du représentant personne physique et celle de la personne morale. Ce serait dommage !

Le plan *in rem*

C'est le plan le plus simple, le plus efficace et le plus pédagogique. Il s'agit d'un plan chronologique qui distingue l'étude de chaque complexe de faits qui apparaît dans le cas pratique. À l'intérieur, il convient de sous-distinguer chacun des protagonistes. Pourquoi privilégier un tel plan ? Pour des raisons inverses de celles qui peuvent vous dissuader de choisir le plan *in personam*. Le corrigé type et le barème du cas pratique seront probablement construits sur cette base chronologique. Adopter un autre plan c'est prendre le risque que le correcteur soit obligé de déconstruire, puis reconstruire le barème et donc l'obliger à fournir un effort supplémentaire sur votre copie… **L'adoption de ce plan nécessite toutefois de terminer le devoir par une conclusion récapitulative au sein de laquelle vous devrez régler les concours réels d'infractions, situation de réitération ou de récidive**. C'est dans cette conclusion que vous allez, *in fine*, préciser la peine véritablement encourue par le protagoniste qui aurait commis plusieurs infractions précédemment mises en lumière.

II/ La rédaction du devoir

On se contentera de formuler quelques conseils pour que votre devoir soit efficace et que la rédaction ne soit pas chronophage :

Le rappel des faits en introduction n'est pas nécessaire si vous adoptez un plan clair et que vous l'annoncez tout aussi clairement. Si, par exemple, le cas pratique laisse apparaître que des faits se sont commis le 10 juillet puis le 15 juillet, puis enfin le 20 juillet, ne résumez pas les faits en introduction car vous perdrez 10 minutes précieuses. Annoncez simplement que vous étudierez successivement, en trois parties, les faits commis le 10 juillet (I) puis les faits commis le 15 juillet (II) puis les faits commis le 20 juillet (III) et résumez succinctement les faits pertinents au début de chaque sous-division. Enfin, terminez toujours par une partie conclusive qui rappelle les peines encourues (IV), dernière partie qui est fondamentale, nous l'avons dit et comme nous le reverrons, puisque c'est dans celle-ci que vous réglerez la problématique de la pluralité d'infractions éventuellement commises par un même protagoniste.

Il n'y a pas besoin de formuler de problèmes de droit dans votre cas pratique de droit pénal. Il vous est d'abord demandé de qualifier les faits. Il n'est donc pas besoin de poser à chaque fois la question type : le fait de… est-il constitutif d'un vol, d'un homicide, etc. ?

Adoptez une présentation extrêmement lisible, quoique peu originale, en distinguant en autant de paragraphes, pour chaque infraction :

– *l'élément légal de l'infraction* : vous citerez le texte d'incrimination si celui-ci est court (ex. : l'article 311-1, C. pén. incriminant le vol) ou viserez celui-ci s'il est long (ex. : l'article L. 241-3, C. com. qui incrimine l'abus de biens sociaux) ;

– *l'élément matériel de celle-ci précédé éventuellement de la condition préalable* : distinguez clairement tous les actes devant avoir été accomplis par l'agent pour que soit, matériellement, constituée l'infraction ;

– *l'élément moral de celle-ci* : vous viserez nécessairement l'article 121-3, al. 1er, C. pén. (au moins pour la première infraction que vous retiendrez), disposition qui vous précise « qu'il n'y a point de crime ou de délit sans intention de le commettre » et de laquelle vous déduisez que tous les crimes et, en principe, les délits, sont des infractions intentionnelles ; vous expliciterez ensuite la notion de dol général ; vous déclinerez ensuite, si la caractérisation de l'infraction le requiert, la notion de dol spécial ;

– *la peine encourue (provisoire en l'état de votre réflexion)* : vous envisagerez ici les circonstances aggravantes ;

– *la cause d'irresponsabilité pénale susceptible de faire obstacle à la répression.*

Faîtes de même pour les modes de participation à l'infraction ou la tentative : déclinez l'élément légal, puis l'élément matériel, puis l'élément moral de la complicité ou de la tentative, et répression de celles-ci.

Annonce de plan

Nous distinguerons, en autant de thèmes, les problèmes méthodologiques fondamentaux soulevés à l'occasion de la résolution d'un cas pratique, c'est-à-dire, ceux ayant trait à la restitution de la norme pénale (thème n° 1), à l'application de la norme pénale dans le temps (thème n° 2), à l'application de la loi pénale dans l'espace (thème n° 3), à la tentative (thème n° 4), à la participation à l'infraction (thème n° 5), aux atteintes à l'humanité et à l'espèce humaine (thème n° 6), aux atteintes à la vie et à l'intégrité de la personne humaine (thème n° 7), aux infractions sexuelles (thème n° 8), aux infractions de mise en danger (thème n° 9), aux atteintes à la liberté, à la dignité, à l'honneur et à l'intimité de la personne, aux mineurs et à la famille (thème n° 10), aux infractions relatives au secret (thème n° 11), aux atteintes aux biens (thème n° 12), aux atteintes à la nation, à l'État et à la paix publique (thème n° 13), au droit pénal des affaires (thème n° 14), au droit pénal du travail (thème n° 15), aux peines (thème n° 16), au mineur délinquant (thème n° 17), aux causes subjectives (thème n° 18) et objectives (thème n° 19) d'irresponsabilité pénale.

Méthodologie spéciale

1. La restitution de la norme pénale

La restitution de la norme répressive transite, dans la résolution du cas pratique, d'abord par la qualification des faits (I), ensuite par l'interprétation du texte répressif (II), enfin par le contrôle de la conformité de ce dernier (III).

I/ La qualification des faits

Point pratique

La jurisprudence relative aux problèmes de qualifications figure, pour l'essentiel, dans le Code pénal Dalloz, sous l'article 132-2 qui définit le concours réel d'infractions. Toutefois, certains problèmes spécifiques de qualification n'apparaissent que sous le texte d'incrimination de droit pénal spécial (c'est le cas, par exemple, pour la question du cumul entre l'homicide involontaire et la contravention au Code de la route : v. art. 221-6, C. pén.; également entre le vol et une autre atteinte aux biens : v. art. 311-1, C. pén.). En cas de doute, un rapide coup d'œil sur le plan des annotations de jurisprudence qui figure sous le texte de droit spécial sera nécessaire pour s'assurer de ne pas omettre une qualification.

L'un des problèmes récurrents rencontrés par les étudiants-candidats est le solutionnement de la pluralité de qualifications. Souvent, dans un souci tout à fait louable d'exhaustivité, les étudiants s'efforcent de déceler toutes les qualifications susceptibles de s'appliquer et retiennent ainsi, dans leur devoir, plusieurs qualifications. Toutefois, une fois énumérées les différentes qualifications qui semblent, en l'espèce, en concours, de trop nombreux étudiants s'arrêtent là. Aussi, loin de solutionner le cas pratique, soulèvent-ils en réalité un épineux problème… Il faut en effet nécessairement solutionner le concours de qualifications qui a été mis en lumière car à défaut, vous laissez au correcteur le sentiment que toutes les qualifications doivent être retenues à l'encontre du protagoniste et que devront être prononcées à l'encontre de celui-ci, autant de déclarations de culpabilité. Or, une telle solution peut être juridiquement fausse… puisque, parmi toutes les qualifications retenues, une seule peut fort bien trouver à s'appliquer – la qualification spéciale au détriment de la qualification générale également relevée, auquel cas il n'y a pas véritablement de concours de qualifications ; la qualification la plus haute parmi toutes les qualifications retenues en application de la solution de principe dégagée par la jurisprudence pour trancher le problème du concours idéal de qualifications. Et quand bien même toutes les qualifications pourraient être retenues – si l'on se situe, par exemple, dans le cadre de la solution dégagée par la jurisprudence *Ben Haddadi* ou en cas de pluralité de victimes – il faut ensuite appliquer les règles du concours réel d'infractions pour déterminer la peine qui sera effectivement applicable au protagoniste visé.

Le problème de la qualification des faits ne se présente véritablement que lorsque l'on est en présence d'un concours de qualifications. Il faut, sur cette question, pour ne pas perdre de temps le jour de l'examen ou du concours, avoir les idées parfaitement claires et suivre la méthode suivante : d'abord s'interroger sur la divisibilité matérielle des faits commis par le protagoniste (A), ensuite dissiper l'éventuelle apparence du concours de qualifications (B), enfin solutionner le concours véritable de qualifications (C).

A – Première étape : s'interroger sur la divisibilité matérielle des faits commis

À la lecture des faits, la première question à se poser est simplement celle-ci, lorsque plusieurs incriminations semblent pouvoir être retenues à l'encontre d'un protagoniste : les faits présentés sont-ils matériellement divisibles ?

1. Si la réponse à la question est positive

Nous sommes face à une situation de pluralité d'infractions à la charge d'un même agent, situation que l'on qualifie de concours d'infractions. Il faudra retenir, à l'encontre de l'agent, toutes les qualifications qui correspondent à autant d'infractions commises. Par exemple, si X a commis le 10 juillet 2017 une soustraction frauduleuse, qu'il a volontairement donné la mort à autrui le 12 juillet 2017 et qu'il a, le 14 juillet 2017, frappé un individu, il faudra retenir à son encontre, d'abord le vol, ensuite le meurtre, enfin les violences volontaires. Le protagoniste sera effectivement condamné pour chacune de ces infractions. Le seul véritable problème posé par cette pluralité d'infractions sera celui de la détermination de la peine finalement encourue par l'agent. Nous aborderons en détail ce problème par la suite, lorsque nous envisagerons les peines (v. thème n° 16 sur les peines, p. 448).

2. Si la réponse à la question est négative

Nous sommes face à une situation de pluralité de qualifications applicables à un même fait. C'est le problème épineux du concours de qualifications. Par exemple, X a mortellement blessé un individu à la suite d'un accident de la route causé par un excès de vitesse ; Y a, à de multiples reprises, téléphoné à son ex-petite amie en vue de troubler sa tranquillité. Le problème soulevé ici est celui de la ou des qualifications qu'il convient de retenir. Dans cet exemple, les faits commis par X peuvent être théoriquement qualifiés d'homicide involontaire mais aussi d'excès de vitesse. Les faits commis par Y peuvent être théoriquement qualifiés de violences volontaires (même si ces violences sont psychologiques) ou d'appels téléphoniques malveillants ou réitérés. Dans les deux cas les faits sont matériellement indivisibles : c'est en commettant un excès de vitesse que X a causé l'accident et c'est en passant des appels téléphoniques que Y a commis des violences. Le concours, ici, à la différence du concours d'infractions, n'a aucune réalité matérielle, il n'est que théorique, idéal.

B – Deuxième étape : dissiper l'apparence de conflit de qualifications

Une fois déterminée la nature du concours – d'infractions ou de qualifications – peut se poser une seconde question, lorsque le concours détecté est un concours de qualifications. S'agit-il d'un véritable concours idéal de qualifications ou sommes-nous seulement en présence de qualifications incompatibles ou redondantes ? Il convient en effet, lorsqu'on aborde le problème de la qualification pour la résolution d'un cas pratique, de distinguer le problème apparent – celui des qualifications incompatibles ou redondantes – du problème véritable – celui du concours idéal de qualifications. Certains problèmes de concours théoriques de qualifications ne sont qu'apparents puisqu'en réalité, de *lege lata*, il n'y a pas de concours. Une seule qualification peut être retenue car les qualifications qui pourraient être envisagées concurremment sont soit incompatibles, soit redondantes :

1. S'agissant des qualifications incompatibles

Il y a incompatibilité lorsque :

– *les qualifications s'opposent sur un élément essentiel dans leurs définitions respectives.* Par exemple, l'individu ayant involontairement causé la mort d'un tiers ne peut être réprimé que du chef d'homicide involontaire (art. 221-6, C. pén.), ou de coups ayant entraîné la mort sans intention de la donner (art. 222-7, C. pén.), mais non pour homicide volontaire (art. 222-1, C. pén.), encore moins pour assassinat (art. 221-3, C. pén.) : une différence de culpabilité sépare ces incriminations. Il faut donc nécessairement choisir l'une ou l'autre de ces qualifications ;

– *l'une des infractions est la suite naturelle de l'autre, les deux infractions étant commises par la même personne.* Lorsque la seconde infraction apparaît, au regard de l'intention ou de la psychologie de l'agent, comme la conséquence logique de la première, la jurisprudence rejette tout cumul. C'est le cas : de celui qui a volontairement causé la mort d'une personne qui ne peut être poursuivi pour recel de cadavre puisque le fait de rechercher à cacher le cadavre est pour l'auteur du meurtre une conséquence considérée comme normale de son acte (Crim. 19 juill. 1956, *Bull. crim.* n° 556) ; de celui qui a soustrait frauduleusement un objet et qui par voie de conséquence, le détient : il ne peut être convaincu de le receler (Crim. 22 janv. 1948, *Bull. crim.* n° 26). Il en va de même de celui qui, ayant détourné un bien, ne peut être convaincu d'abus de confiance et de recel de choses (Crim. 2 déc. 1971, *Bull. crim.*

n° 337). À l'inverse, si la seconde infraction n'est pas la conséquence logique de la première, il n'y a plus d'incompatibilité entre les deux qualifications. C'est pourquoi la jurisprudence retient à la fois les violences volontaires ayant entraîné la mort sans intention de la donner, réprimées par l'article 222-7, C. pén., et l'omission de porter secours, réprimée par l'article 223-6, C. pén. (Crim. 24 juin 1980, *Bull. crim.* n° 202) ; ou bien encore la complicité de vol et le recel (Crim. 9 févr. 1967, *Bull. crim.* n° 62). De même, la jurisprudence admet-elle l'autoblanchiment : il est en effet possible de cumuler le blanchiment de l'article 324-1, al. 2, C. pén., avec l'infraction d'origine (Crim. 14 janv. 2004, *Bull. crim.* n° 12). Dans ce cas, plusieurs qualifications seront retenues et le protagoniste sera condamné pour toutes les infractions commises : il faudra donc appliquer les règles du concours réel d'infractions.

2. S'agissant des qualifications redondantes

Il y a redondance lorsque l'on constate :

• *La coexistence d'une qualification générale et d'une qualification spéciale* : en application de l'adage *specialia generalibus derogant*, il faudra retenir la qualification spéciale à l'exclusion de la qualification générale, quand bien même la première ferait encourir au protagoniste une peine moins forte que la seconde. Ainsi, celui qui aura provoqué la mort d'autrui par l'administration de substances mortifères devra être poursuivi sur le fondement de la qualification d'empoisonnement, et non du chef d'homicide volontaire, celui qui commet des violences psychologiques en passant des coups de téléphones itératifs sera condamné pour appels téléphoniques réitérés, et non du chef de violences.

• *La coexistence une qualification large et une qualification partielle* : c'est l'hypothèse où :

– un même fait caractérise à la fois une infraction autonome, et la circonstance aggravante d'une autre infraction. Il faut alors retenir la seule qualification qui recouvre la totalité des faits en cause : lorsqu'un homicide involontaire a été provoqué par un conducteur en état d'ivresse, on retient la qualification d'homicide involontaire aggravé par la circonstance de conduite en état d'ivresse, et non l'homicide involontaire, d'une part, et la conduite en d'état d'ivresse, d'autre part (Crim. 3 oct. 1984, *Bull. crim.* n° 285) ; lorsqu'un vol a été accompagné de violences, la responsabilité pénale de l'auteur est directement recherchée sur le fondement du vol avec violences, incriminé en tant que tel par l'article 311-6, C. pén. ;

– un même fait caractérise à la fois une infraction autonome, et l'élément constitutif d'une autre infraction : là encore, la qualification large doit primer sur la qualification partielle. Ainsi, l'individu qui porte successivement plusieurs coups à sa victime provoquant finalement sa mort, sera poursuivi sur le seul fondement des violences mortelles (ou de l'homicide volontaire si la mort a été recherchée), sans qu'il soit question de scinder l'action délictueuse en violences ayant entraîné une ITT de 8 jours, puis violences ayant entraîné une ITT de trois mois…

Il y a toutefois une hypothèse dans laquelle la jurisprudence déroge en pareil cas à l'exclusivité des qualifications : lorsque le même fait constitue à la fois une contravention et l'élément constitutif d'un délit, la jurisprudence conclut au concours de qualifications. Ainsi, le conducteur qui, roulant en excès de vitesse, provoque le décès d'un piéton, sera poursuivi non seulement pour homicide involontaire mais aussi pour excès de vitesse, et ce, alors même que l'excès de vitesse caractérise le comportement de l'homicide involontaire (Crim. 3 mai 1960, *Bull. crim.* n° 236 ; plus récemment, Crim. 16 nov. 2016, n° 15-85.949, qui admet le cumul possible du délit de risques causés à autrui et de contraventions au Code de la route : « dès lors que, d'une part, le délit et les contraventions considérées diffèrent dans leurs éléments constitutifs, le premier n'étant pas caractérisé par la seule inobservation des prescriptions réglementaires, d'autre part, le délit de mise en danger d'autrui et les contraventions au Code de la route protègent des intérêts distincts, le premier visant à préserver les personnes d'une exposition directe à un risque immédiat de mort ou de blessures particulièrement graves, les secondes s'inscrivant dans un ensemble de dispositions réglementaires ayant pour objet la police de la circulation routière »).

C – Troisième étape : solutionner le véritable concours idéal de qualifications

La notion de concours idéal a été élaborée par la jurisprudence pour régir, en application de la règle *Ne bis in idem*, toutes les situations dans lesquelles une action délictueuse unique est susceptible de revêtir plusieurs qualifications pénales qui ne sont ni incompatibles, ni redondantes. Le concours idéal peut ainsi être caractérisé lorsqu'un fait unique est susceptible d'être qualifié d'acte de cruauté envers un animal et de mise à mort d'un animal (Crim. 4 févr. 1998, *Bull. crim.* n° 46), d'apologie de crimes contre l'humanité et de contestation de crime contre l'humanité (Crim. 26 avr. 2000, *Bull. crim.* n° 167) ; d'extorsion et d'abus de faiblesse (Crim. 26 oct. 2005, n° 04-87.166).

Le concours idéal donne lieu à la mise en œuvre de règles plus clémentes que celles du concours réel. Il se solutionne en application d'un principe et de deux exceptions :

1. Principe de solution : l'unité de qualification en application de la règle de la plus haute expression pénale

L'application de la règle *Ne bis in idem*, qui interdit qu'un même fait puisse faire l'objet d'une double déclaration de culpabilité, impose en effet qu'une seule qualification soit finalement retenue. De jurisprudence constante, **le fait unique doit être réprimé sous sa plus haute expression pénale** (Crim. 26 juin 1930, *Bull. crim.* n° 190). Ainsi, vous devrez retenir la qualification qui fait encourir les peines les plus sévères. Cette unité de qualification entraînera logiquement une unité de condamnation et une unité de peines :

une seule condamnation sera prononcée et seules les peines attachées à la qualification retenue seront encourues.

2. Première exception : la pluralité de valeurs protégées par les qualifications en concours

Dans l'arrêt *Ben Haddadi* du 3 mars 1960 (*Bull. crim.* n° 138) – où un individu avait jeté une grenade dans un café, occasionnant des blessures à plusieurs personnes et des dégâts matériels – la chambre criminelle a posé le principe suivant lequel doit être qualifiée de concours réel la situation dans laquelle une action délictueuse unique matériellement indivisible est susceptible de revêtir des qualifications pénales protégeant des intérêts et valeurs sociales distincts : « il ne s'agissait pas, en tel cas, d'un crime unique... mais de deux crimes simultanés commis par le même moyen ». En effet, le prévenu avait porté atteinte à deux valeurs sociales différentes : la vie humaine (tentative d'assassinat) et la propriété (tentative de destruction). Ainsi, **lorsqu'une action délictueuse unique matériellement indivisible est susceptible de revêtir des qualifications pénales protégeant des valeurs sociales distinctes, la situation doit être solutionnée en application des règles du concours réel** : ont ainsi été considérées comme relevant du concours réel les actions délictueuses uniques susceptibles de revêtir les qualifications de diffamation à caractère racial et de contestation de crime contre l'humanité (Crim. 12 sept. 2000, n° 98-88.201), d'escroquerie et de publicité mensongère (Crim. 10 mai 1978, *Bull. crim.* n° 148), d'agression sexuelle et d'acte de tortures et actes de barbarie (Crim. 11 janv. 2005, n° 04-86.210), de discrimination syndicale et de harcèlement moral d'un salarié (Crim. 6 févr. 2007, *Bull. crim.* n° 29)...

3. Seconde exception : la pluralité de victimes

La jurisprudence retient les diverses qualifications en concours dans le cas particulier où un fait unique a occasionné des blessures de gravité inégale à des victimes distinctes. Quand bien même cet acte unique ne porte atteinte qu'à une seule et même valeur sociale, la pluralité de victimes va entraîner une pluralité de qualifications, les unes délictuelles et les autres contraventionnelles, selon l'étendue du préjudice subi par chacune des victimes. Il y aura alors autant de déclaration de culpabilité que de victimes concernées. Cependant, une seule peine, la plus forte, peut être prononcée, et le cumul des amendes contraventionnelles est impossible (Crim. 11 mai 2004, *Bull. crim.* n° 115). Cette dérogation trouve son explication dans la volonté de préserver le droit à réparation civile de chaque victime devant le juge pénal.

La règle *Ne bis in idem* et la remise en cause des solutions traditionnelles de résolution des concours d'infractions ?

En s'appuyant sur la règle *Ne bis in idem*, la chambre criminelle de la Cour de cassation a initié un revirement de jurisprudence et semble remettre progressivement en cause les principes de résolution des concours d'infractions.

Par un arrêt rendu le 26 octobre 2016, la chambre criminelle a ainsi, au visa de la règle *Ne bis in idem*, censuré le cumul de condamnations pénales pour recel et blanchiment d'escroquerie à l'encontre d'un individu. En l'espèce, la CA avait condamné un individu pour blanchiment mais aussi pour recel en retenant que des fonds provenant de l'escroquerie commise par sa compagne et utilisés pour acquérir un bien avaient été versés préalablement sur son compte. Au visa de la règle *Ne bis in idem*, la chambre criminelle estime que « des faits qui procèdent de manière indissociable d'une action unique caractérisée par une seule intention coupable ne peuvent donner lieu, contre le même prévenu, à deux déclarations de culpabilité de nature pénale, fussent-elles concomitantes » et censure l'arrêt d'appel, considérant que le versement effectué sur le compte du prévenu ne constituait, au moins en partie, qu'une opération préalable nécessaire à l'achat du bien réalisé par ses soins et pour lequel il a été déclaré coupable de blanchiment (Crim. 26 oct. 2016, n° 15-84.552).

La solution semble remettre en cause les principes traditionnels. En l'espèce, les faits étaient bien matériellement divisibles : la détention préalable des sommes provenant d'une escroquerie était effectivement constitutive d'un recel, l'acquisition d'un bien postérieurement était constitutive d'un blanchiment. En principe donc, il s'agissait d'un concours réel et, nous l'avons vu, le prévenu aurait dû être condamné pour toutes les infractions commises. Pourtant, la chambre criminelle traite la situation comme s'il s'agissait d'un concours idéal : en se fondant sur l'intention de l'agent, elle considère que seule la qualification correspondant à l'infraction-fin peut être retenue. Finalement, ce qui est matériellement divisible peut être intellectuellement rendu indivisible... et une seule qualification ne pourra être retenue, celle qui correspond à l'action finalement recherchée par l'agent.

Cette solution a été confirmée par un arrêt du 14 nov. 2019 dans l'affaire du *Drugstore Publicis* (Crim. 14 nov. 2019, n° 18-83.122). Dans cette espèce, un homme avait jeté depuis le premier étage d'un immeuble parisien une grenade explosive, avant de prendre la fuite. Deux personnes ont été tuées, et trente-quatre autres blessées. Après une procédure extrêmement longue, l'auteur des faits a été, en appel, déclaré coupable, par la cour d'assises de Paris, d'assassinats, de tentatives d'assassinats, de dégradations volontaires par l'effet d'une substance explosive et de transport ou port d'un engin explosif. Sur pourvoi de l'accusé, la chambre criminelle a toutefois censuré l'arrêt de la cour d'assises, au visa de « la règle *ne bis in idem* », règle en vertu de laquelle, selon la chambre criminelle, « des faits qui procèdent de manière indissociable d'une action unique caractérisée par une seule intention coupable ne peuvent donner lieu, contre le même accusé, à deux déclarations de culpabilité de nature pénale, fussent-elles concomitantes ». Pour la Haute juridiction, l'accusé ne pouvait pas être « déclaré coupable, d'une part, d'assassinats, de tentatives d'assassinats, et de destructions, et dégradations dangereuses pour les personnes commises par l'effet d'une substance explosive, et, d'autre part, [...] de transport ou port, hors de son domicile et sans motif légitime, d'un engin explosif » puisque « l'infraction de port ou transport d'une grenade était une opération préalable nécessaire à la commission des

►

autres infractions, perpétrées le même jour, dont l'accusé a été reconnu coupable ». Dès lors, « cette infraction à la législation sur les armes et les explosifs procède, de manière indissociable, d'une action unique avec les autres infractions dont l'accusé a été reconnu coupable, caractérisée par une seule intention coupable, et ne pouvait donner lieu à une déclaration de culpabilité distincte ». Ainsi, la chambre criminelle ramène à l'unité ce qui semble pourtant bien être divisible matériellement (le port, puis l'utilisation d'un engin explosif), en se fondant sur l'intention recherchée. On relèvera que, dans cette dernière décision, la chambre criminelle ne censure pas le cumul opéré par la Cour d'assises, pour ce qui est pourtant un fait matériel unique (le jet de la grenade), des qualifications d'assassinats ou tentatives d'assassinats et de dégradations par l'effet d'une substance explosive. Cela semble confirmer que la jurisprudence *Ben Haddadi* est toujours de droit positif : en l'espèce, l'action unique avait effectivement porté atteinte à une pluralité de valeurs...
Demeurent toutefois quelques incertitudes sur la portée de ce mouvement jurisprudentiel puisqu'en certaines occasions, c'est à un fait matériel unique que la chambre criminelle applique sa solution nouvelle et non plus comme dans les hypothèses précédentes, à des faits matériellement divisibles, afin de censurer un cumul d'infractions improprement admis par les juges du fond (par ex., Crim. 7 déc. 2016, n° 15-87.335, qui censure une CA d'avoir condamné un individu pour ABS et blanchiment parce qu'il a fait effectuer, par une, des virements d'un montant total de 2 008 990,17 euros au profit d'une autre société en justifiant ces virements par des prestations qui étaient en réalité inexistantes : pour la chambre criminelle, « en prononçant ainsi, sans retenir des faits constitutifs de blanchiment distincts des versements pour lesquels elle a déclaré le prévenu coupable d'ABS », la CA a méconnu la règle *Ne bis in idem* ; Crim. 17 janv. 2018, n° 16-84.163 : « le demandeur ne saurait faire grief à l'arrêt de l'avoir déclaré coupable des délits de trafic de stupéfiants et d'association de malfaiteurs dès lors qu'en l'espèce, ces infractions ne procèdent pas de manière indissociable d'une action unique caractérisée par une seule intention coupable »).

II/ L'interprétation du texte répressif

L'article 111-4, C. pén. dispose que « La loi pénale est d'interprétation stricte ». Pour la jurisprudence, le principe de l'interprétation stricte signifie :

– **Le rejet de principe de l'interprétation analogique**, qui consiste à étendre à un cas non prévu, la solution admise pour un cas voisin, parce qu'il y a, dans les deux hypothèses, les mêmes raisons d'adopter cette solution.

Exemples

En matière d'atteintes aux personnes, la jurisprudence a refusé :
– de tenir pour des faits positifs de coups ou de violences les simples abstentions d'agir ou de fournir des soins (Poitiers 20 nov. 1901, *affaire de la « séquestrée de Poitiers »*) ;
– d'assimiler la pénétration de la victime à la pénétration de l'auteur dans le cadre de l'incrimination du viol (Crim. 21 oct. 1998, *Bull. crim.* n° 274 : le viol suppose que l'auteur réalise l'acte de pénétration sexuelle sur la personne de la victime) ; **soyez toutefois vigilant** car la loi n° 2018-703 du 3 août 2018 renforçant la lutte contre les violences sexuelles ►

et sexistes est venue remettre en cause cette solution : désormais le nouvel article 222-23 du C. pén. dispose que « [t]out acte de pénétration sexuelle, de quelque nature qu'il soit, commis sur la personne d'autrui ou sur la personne de l'auteur par violence, contrainte, menace ou surprise est un viol » (sur ce point, la loi nouvelle est plus sévère puisqu'elle étend le champ de l'incrimination du viol à la pénétration subie par l'auteur et elle ne pourra pas s'appliquer à des faits commis avant son entrée en vigueur) ;
– que l'incrimination prévue par l'article 221-6, C. pén., réprimant l'homicide involontaire d'autrui, soit étendue au cas de l'enfant à naître (Cass., ass. plén., 26 juin 2001, *Bull. crim.* n° 165).
En matière d'atteintes aux biens, la jurisprudence a décidé qu'il n'était pas possible d'assimiler à un vol, à une escroquerie, ou à un abus de confiance, la grivèlerie d'aliments – et il fallut qu'une loi du 26 juillet 1873 vînt l'incriminer pour qu'elle puisse être poursuivie (aujourd'hui art. 313-5, C. pén.).

– **L'admission exceptionnelle de l'analogie *in favorem*** : c'est le cas, historiquement, des faits justificatifs ou des immunités familiales : la Cour de cassation a admis, par exemple la légitime défense des biens, alors que l'article 328 de l'ancien Code pénal ne la concevait que pour les personnes (Req. 25 mars 1902, *De Fraville, D.*, 1902. I. 356). En revanche, l'analogie *in favorem* est systématiquement écartée dès lors qu'il est question de lois d'amnistie (Crim. 25 mars 1981, *Bull. crim.* n° 100).

– **Le rejet de l'interprétation littérale** : c'est celle qui contraint le juge à rechercher le contenu d'une incrimination dans les termes employés par le législateur et dans eux seuls, et qui lui interdit de consulter d'autres sources, telles que les travaux préparatoires ou les circonstances qui ont provoqué le vote du texte. Dans la célèbre *affaire Bailly* la chambre criminelle a admis, le 8 mars 1930, que l'article 78 du décret du 11 novembre 1917, qui interdisait, sous peine d'amende « de monter ou de descendre, ailleurs que dans les gares, stations, haltes ou aux arrêts à ce destinés et lorsque le train est complètement arrêté », devait être interprété comme interdisant aux voyageurs de monter dans les voitures ou d'en descendre avant l'arrêt complet du train.

– **L'admission de l'interprétation téléologique** : la jurisprudence y a volontiers recours et ne se contente pas de rechercher ce que le législateur a voulu dire, mais entend identifier les valeurs sociales qu'il a voulu protéger. Le juge pénal doit les servir, même si cela l'amène à sanctionner des comportements matériels auxquels le législateur n'a pas songé, mais qui ont l'effet nuisible qu'il a voulu combattre.

Exemples

Par ce biais, la jurisprudence a pu :
– *adapter des textes anciens aux modalités de la vie contemporaine*, c'est le cas de l'électricité qui fut considéré comme une « chose » susceptible de vol au sens de l'article 379 anc. C. pén. (Crim. 3 août 1912, *S.* 1913, 1, 337 ; v. auj. l'article 311-2, C. pén. : « La soustraction frauduleuse d'énergie au préjudice d'autrui est assimilée au vol ») ;

►

– *interprété largement des concepts flous*, c'est le cas, historiquement, du recel : la jurisprudence a consacré la notion de recel-profit que consacrera à son tour l'article 321-1, C. pén. (Crim. 9 juill. 1970, *Lefevre*, *Bull. crim.* n° 236 : un individu qui se tient à proximité de son camarade qui dérobe une automobile, puis monte à bord de ce véhicule que pilote le voleur peut être condamné pour recel) ;
– *interprété de manière autonome des concepts extra-pénaux*, c'est le cas de la notion de domicile. Le « domicile » de l'article 184 anc. C. pén. de 1810 (aujourd'hui art. 226-4, C. pén.) n'est pas celui du Code civil (art. 112, C. civ. qui parle du lieu où tout français « a son principal établissement »), mais toute habitation quel qu'en soit le type : maison, cabane, bateau, roulotte, chambre d'hôtel louée à la journée.

III/ Le contrôle de conformité du texte répressif

En dehors du contrôle de constitutionnalité via une QPC qui n'appartient pas au juge pénal à proprement parlé (A), deux contrôles du juge pénal peuvent être sollicités dans un cas pratique : le contrôle de conventionnalité, d'une part (B), le contrôle de légalité, d'autre part (C).

A – Le contrôle de constitutionnalité

Rien ne vous interdit, en présence d'une incrimination qui présenterait une définition peu rigoureuse du comportement prohibé ou qui n'apparaîtrait pas nécessaire, d'envisager que soit soulevée à l'occasion du cas pratique une question prioritaire de constitutionnalité devant le juge répressif :

– le Conseil constitutionnel considère que l'article 8, DDHC qui consacre le principe de légalité, oblige le législateur à « fixer lui-même le champ d'application de la loi pénale et de définir les crimes et les délits en termes suffisamment clairs et précis pour permettre la détermination des auteurs d'infractions et pour exclure l'arbitraire dans le prononcé des peines » (Cons. const. 19 et 20 janv. 1981, déc. n° 80-127 DC, *Loi renforçant la sécurité et protégeant la liberté des personnes*). Sur ce fondement, le Conseil constitutionnel a notamment abrogé l'ancien article 222-33, C. pén. qui réprimait le harcèlement sexuel (Cons. const. 4 mai 2012, déc. n° 2012-240 QPC) ; v. à l'inverse, pour un rejet récent du grief d'imprécision à l'encontre du nouvel article 431-9-1, C. pén., qui réprime le fait pour une personne, au sein ou aux abords immédiats d'une manifestation sur la voie publique, au cours ou à l'issue de laquelle des troubles à l'ordre public sont commis ou risquent d'être commis, de dissimuler volontairement tout ou partie de son visage sans motif légitime (Cons. const. 4 avr. 2019, déc. n° 2019-780 DC , § 30 à 33) ;

– le Conseil constitutionnel accepte de se livrer au contrôle de la nécessité des incriminations et des peines sur le fondement des articles 5 – « la loi n'a le droit de défendre que les actions nuisibles à la société » – et 8 – « la loi ne doit établir que des peines strictement et évidemment nécessaires » – de la

DDHC. Certes, en vertu d'une jurisprudence classique, le Conseil constitutionnel considère qu'il ne dispose pas d'un pouvoir d'appréciation et de décision identique à celui du Parlement. Aussi ne lui appartient-il pas de substituer sa propre appréciation à celle du législateur en ce qui concerne la nécessité des peines attachées aux infractions définies par celui-ci (Cons. const. 19 et 20 janv. 1981, préc.). Mais le Conseil ne s'interdit pas de vérifier qu'eu égard à la qualification des faits en cause, la détermination des sanctions dont sont assorties les infractions correspondantes n'est pas entachée d'erreur manifeste d'appréciation (Cons. const. 16 juill. 1996, déc. n° 96-377 DC : la qualification d'acte de terrorisme appliquée « au simple comportement d'aide directe ou indirecte à des personnes en situation irrégulière » repose sur une « erreur manifeste d'appréciation » car « il ne s'agit pas d'actes matériels directement attentatoires à la sécurité des biens ou des personnes » ; et « ce comportement n'est pas en relation immédiate avec l'acte terroriste ». Cons. const. 15 déc. 2017, déc. n° 2017-682 QPC : pour l'abrogation, sur ce fondement, de la dernière version du délit de consultation habituelle des sites terroristes. Plus récemment, Cons. const. 6 juill. 2018, déc. n° 2018-717-718 QPC : tout en consacrant le principe à valeur constitutionnelle de fraternité, le Conseil estime qu'« en réprimant toute aide apportée à la circulation de l'étranger en situation irrégulière, y compris si elle constitue l'accessoire de l'aide au séjour de l'étranger et si elle est motivée par un but humanitaire, le législateur n'a pas assuré une conciliation équilibrée entre le principe de fraternité et l'objectif de valeur constitutionnelle de sauvegarde de l'ordre public », et d'en déduire que la limitation des exemptions prévues à l'article L. 622-4 du CESEDA aux seules aides au « séjour irrégulier » des étrangers est contraire à la Constitution. À l'inverse pour un refus récent d'abrogation, v. Cons. const. 1er févr. 2019, déc. n° 2018-761 QPC : le Conseil déclare conforme aux droits et libertés garanties par la Constitution le délit d'achat d'acte prostitutionnel issu de la loi n° 2016-444 du 13 avril 2016 visant à renforcer la lutte contre le système prostitutionnel et à accompagner les personnes prostituées, et figurant à l'article 611-1, C. pén., en relevant, d'une part, qu'« il ressort des travaux préparatoires que, en faisant le choix par les dispositions contestées de pénaliser les acheteurs de services sexuels, le législateur a entendu, en privant le proxénétisme de sources de profits, lutter contre cette activité et contre la traite des êtres humains aux fins d'exploitation sexuelle, activités criminelles fondées sur la contrainte et l'asservissement de l'être humain » et qu'il « a ainsi entendu assurer la sauvegarde de la dignité de la personne humaine contre ces formes d'asservissement et poursuivi l'objectif de valeur constitutionnelle de sauvegarde de l'ordre public et de prévention des infractions ». D'autre part, « l'article 61-1 de la Constitution ne confère pas au Conseil constitutionnel un pouvoir général d'appréciation et de décision de même nature que celui du Parlement mais lui donne seulement compétence pour se prononcer sur la conformité à la Constitution des lois déférées à son examen ». Aussi « si le législateur a réprimé tout recours à la prostitution, y compris lorsque les actes sexuels se présentent comme accomplis librement entre adultes consentants dans un espace privé, il a considéré que, dans leur très grande majorité, les personnes qui se livrent à la prostitution sont victimes du proxénétisme et de la traite et que ces infractions sont rendues possibles par l'existence d'une demande de relations sexuelles tarifées » et qu'« en prohibant cette demande par l'incrimination contestée, le législateur a retenu un moyen qui n'est pas manifestement inapproprié à l'objectif de politique publique poursuivi »).

Rappelons qu'en vertu de la loi organique n° 2009-1523 du 10 décembre 2009 relative à l'application de l'article 61-1 de la Constitution la QPC est recevable devant toutes les juridictions répressives mais qu'on ne peut poser de QPC devant la cour d'assises. La QPC doit être soulevée par écrit. La disposition législative en cause ne doit pas avoir déjà été déclarée conforme à la Constitution par le Conseil constitutionnel, à la fois dans les motifs et le dispositif d'une de ses décisions. Ce critère s'applique même dans le cas où l'on invoque un nouveau fondement d'atteinte aux droits et libertés constitutionnels. Seul un changement des circonstances peut permettre de poser une QPC sur une disposition qui a déjà été déclarée conforme à la Constitution. Le juge de première instance ou d'appel examine si la question n'est pas dépourvue de caractère sérieux. Lorsque le juge de première instance ou le juge d'appel reçoit une QPC, il doit se prononcer sur la QPC sans délai. Si les conditions sont réunies, il transmet la QPC à la Cour de cassation et, en principe, sursoit à statuer sur le fond du litige. Si la QPC n'est pas transmise, la contestation de cette non-transmission est possible lors du recours en appel ou en cassation visant la décision rendue au fond. En cas de transmission, la Cour de cassation examine à son tour si les conditions sont réunies dans un délai de trois mois. Si elles le sont, le Conseil constitutionnel est saisi de la QPC, sinon aucun recours n'est possible.

B – Le contrôle de conventionnalité

Il ne présente aucune spécificité en matière pénale. Depuis l'arrêt *Société des Cafés Jacques Vabre* (Cass., ch. mixte, 24 mai 1975), les juridictions pénales peuvent contrôler la conformité de la loi aux traités internationaux, dont la Conv. EDH fait partie.

C – Le contrôle de légalité opéré par le juge répressif

D'après l'article 111-5, C. pén., les juridictions pénales peuvent interpréter et contrôler la légalité d'un acte administratif (réglementaire ou individuel, qui fonde les poursuites ou constitue un moyen de défense) dès lors que de cet examen dépend la solution du procès pénal qui leur est soumis. Le plus souvent, l'exception d'illégalité sera soulevée en matière contraventionnelle par un prévenu qui conteste la validité du règlement constituant le fondement des poursuites exercées à son encontre. Le juge répressif pourra ainsi contrôler la conformité de l'acte administratif à toutes les normes supérieures

(Constitution sous réserve que le contrôle ne le conduise pas à apprécier la constitutionnalité d'une loi – c'est la célèbre théorie de la loi écran –, traités internationaux – sur le fondement de l'article 55 de la Constitution –, loi). Si un recours parallèle est formé devant la juridiction administrative, le juge pénal n'a pas à surseoir à statuer. Quand la juridiction administrative a statué, si le juge administratif a annulé l'acte, les juridictions pénales sont tenues de respecter sa décision. En revanche, si le juge administratif a refusé d'annuler l'acte, les juridictions pénales ne sont pas liées. Quand les juridictions pénales constatent l'irrégularité d'un acte administratif, elles peuvent écarter l'acte illégal du procès en cours, qui subsiste par ailleurs dans l'ordre juridique.

Cas pratique n° 1

› Énoncé

Franck est un étudiant brillant. Toutefois, sa mauvaise gestion du stress le conduit à avoir recours à des produits illicites. Le 10 juin dernier, il est interpellé à l'occasion d'un contrôle routier parfaitement régulier. Durant l'interpellation, il est trouvé porteur de trois grammes de cannabis. Invité à s'expliquer sur ces faits, il déclare consommer quotidiennement environ trois grammes de ce produit depuis plusieurs années. Une perquisition est ensuite effectuée à son domicile au cours de laquelle les policiers feront chou blanc.

Franck vous interroge sur les conséquences pénales de ses agissements.

› Correction

L'on peut, en l'espèce, hésiter entre deux qualifications : l'usage illicite de stupéfiants (art. L. 3421-1, CSP) et la détention de stupéfiants (art. 222-37, C. pén.). Si l'usage de produits stupéfiants implique nécessairement une détention préalable, le délit spécifique de détention de stupéfiants est quant à lui réservé aux hypothèses de trafic de stupéfiants. La chambre criminelle de la Cour de cassation vient de confirmer sa solution constante en considérant que la qualification de détention de produits stupéfiants ne peut pas être retenue si les substances détenues sont exclusivement destinées à la consommation personnelle du prévenu (Crim. 14 mars 2017, n° 16-81.805). La solution se justifie notamment par la place occupée par l'article 222-37 au sein du C. pén. En effet, figurant dans une section intitulée « trafic de stupéfiants », la détention est considérée comme impliquant une cession au moins envisagée du produit. C'est pourquoi, la jurisprudence rappelle souvent que « la détention illicite de stupéfiants ne peut être réprimée que si elle s'inscrit dans un trafic ou dans le cadre de l'article 222-39 du Code pénal » (Crim. 21 oct. 2015, n° 14-82.832). Dès lors, pour pouvoir retenir cette qualification, il faut pouvoir établir que le produit était destiné à autrui et pas uniquement à son détenteur (v. Crim. 29 févr. 2000, n° 98-80.518 : pour 57 kg de cannabis et 618 000 francs découverts au domicile du prévenu, lequel possédait par ailleurs plusieurs comptes en banque dont les avoirs totalisaient près de 9 millions de francs).

En l'espèce, l'absence, à l'issue de la perquisition, de tout élément permettant d'établir que la possession de stupéfiants était destinée à autrui, corroborée par la faible quantité de cannabis saisie, impose de retenir le seul délit d'usage de stupéfiants. Franck encourt ainsi un an d'emprisonnement et 3 750 € d'amende.

Cas pratique n° 2

› *Énoncé*

M. et Mme Durand rencontrent des difficultés avec leur enfant majeur, Pierre. Ils viennent d'apprendre que ce dernier a été arrêté alors qu'il se rendait à son entraînement de foot, près de Créteil. Roulant comme un fou – sans toutefois dépasser de 50 km/h la vitesse autorisée – Pierre, qui était en retard à son entraînement, ne remarqua pas que le feu venait de passer au rouge et renversa Mlle Courson qui traversait la route à cet instant. Enceinte de six mois, elle perdit son enfant, celui-ci étant né mort à la suite de l'accident, et demeura en convalescence pendant plus de trois mois.

Vous éclairerez M. et Mme Durand sur les conséquences pénales des agissements de Pierre. Il vous est précisé que l'article R. 413-14, C. route sanctionne les excès de vitesse de moins de 50 km/h par rapport à la vitesse autorisée d'une amende prévue pour les contraventions de 4e classe et que l'article R. 412-30, al. 3, C. route sanctionne le fait de ne pas marquer l'arrêt absolu devant un feu de signalisation rouge de l'amende prévue pour les contraventions de 4e classe.

› *Correction*

Dans la mesure où Pierre Durand n'était pas animé de l'intention de causer la mort du fœtus ou les blessures à Mlle Courson ou, c'est sur le fondement des qualifications d'homicide involontaire (I) et de blessures par imprudence qu'il convient de raisonner (II), avant d'envisager la commission des contraventions au Code de la route (III).

I/ L'absence d'homicide involontaire commis sur le fœtus

Aux termes de l'article 221-6, C. pén., « le fait de causer, [...] par maladresse, imprudence, inattention, négligence, ou manquement à une obligation de prudence ou de sécurité prévue par la loi ou le règlement, la mort d'autrui constitue un homicide involontaire ». Infraction matérielle, l'homicide involontaire suppose la survenance d'un résultat : la mort d'autrui. Or, en vertu de l'article 111-4, C. pén., « la loi pénale est d'interprétation stricte ». Par un arrêt en date du 29 juin 2001, l'Assemblée plénière de la Cour de cassation a considéré que « le principe de légalité des délits et des peines, qui impose une interprétation stricte de la loi pénale, s'oppose à ce que l'incrimination prévue à l'article 221-6, C. pén., réprimant l'homicide involontaire d'autrui, soit étendue au cas de l'enfant à naître dont le régime juridique relève de textes particuliers sur l'embryon ou le fœtus ». Ainsi, il ne peut y avoir homicide involontaire d'un fœtus.

En l'espèce, l'enfant étant né mort, un homicide involontaire ne pourra être reproché à Pierre.

II/ Les blessures involontaires subies par Mlle Courson

Il est précisé que Mlle Courson demeura en convalescence pendant plus de trois mois. Il faut donc se référer aux articles 222-19 et s., C. pén., incriminant les blessures involontaires lorsque celles-ci ont entraîné une ITT supérieure à trois mois : « le fait de causer à autrui, dans les conditions et selon les distinctions prévues à l'article 121-3, par maladresse, imprudence, inattention, négligence ou manquement à une obligation de sécurité ou de prudence imposée par la loi ou le règlement, une incapacité totale de travail pendant plus de trois mois ». Bien plus, l'article 222-19-1, C. pén. prévoit une qualification spéciale en cas de blessures involontaires commises par le conducteur d'un véhicule.

Sans entrer à ce stade dans toute la méthodologie applicable aux infractions non-intentionnelles, on relèvera qu'en l'espèce :

– le lien de causalité est certain : c'est bien l'imprudence de Pierre lors de sa conduite qui a causé l'accident ayant provoqué les blessures de Mademoiselle Courson ;

– le lien de causalité est direct : le comportement de Pierre a en effet constitué le « paramètre déterminant » à défaut duquel le dommage ne serait pas survenu.

Aussi, une faute simple suffit à engager la responsabilité de Pierre. Aux termes de l'al. 3 de l'article 121-3, C. pén., il peut en effet y avoir délit en cas de « faute d'imprudence, de négligence ou de manquement à une obligation de prudence ou de sécurité prévue par la loi ou le règlement, s'il est établi que l'auteur des faits n'a pas accompli les diligences normales compte tenu, le cas échéant, de la nature de ses missions ou de ses fonctions, de ses compétences ainsi que du pouvoir dont il disposait ».

En l'espèce, Pierre a sans aucun doute commis une faute simple d'imprudence : roulant comme un fou, il a grillé un feu rouge. Il a ainsi manqué à une obligation de sécurité prévue par le Code de la route et sa responsabilité peut être engagée sur le fondement de l'article 222-19-1, C. pén., relatif aux blessures involontaires commises par un conducteur de véhicule terrestre à moteur ayant entraîné une incapacité totale de travail de plus de trois mois. Toutefois, l'al. 2, 1° de l'article 222-19-1, C. pén. précise que l'existence d'une faute délibérée aggrave la peine encourue. Cette faute se définit comme « la violation manifestement délibérée d'une obligation particulière de prudence ou de sécurité prévue par la loi ou le règlement ». Or, il apparaît qu'en l'espèce, Pierre a agi sciemment en violation du Code de la route : la vitesse à laquelle il roulait et le fait de griller le feu rouge alors qu'il était en retard traduisent sa volonté délibérée de violer des obligations particulières de prudence et de sécurité – obligations imposées spécifiquement et précisément par un texte déterminé.

En conclusion, en application de l'article 222-19-1, al. 3, C. pén., Pierre encourt une peine d'emprisonnement de cinq ans et de 75 000 € d'amende.

III/ Les contraventions au Code de la route

Pierre est également l'auteur de plusieurs contraventions puisqu'il a violé les articles R. 413-14 – qui réprime le fait pour un conducteur de dépasser les limites de vitesses autorisées – et R. 412-30, al. 3, C. route – qui punit le fait de ne pas marquer l'arrêt absolu devant un feu de signalisation rouge.

Ces infractions étant contraventionnelles, elles sont donc matérielles et peuvent être imputées à Pierre sans qu'il soit nécessaire de caractériser un élément moral. Puisqu'il n'y a manifestement pas de force majeure (*cf.* art. 121-3, al. 5, C. pén.), Pierre encourt deux amendes contraventionnelles de 4e classe – pour l'excès de vitesse et le feu rouge – l'article 132-7, C. pén. prévoyant le cumul des amendes contraventionnelles : 750 € multipliés par 2 soit 1 500 €.

Conclusion sur le concours de qualifications

Il importe peu que le comportement de Pierre soit retenu, à la fois pour qualifier les blessures involontaires aggravées et les contraventions au C. route, dans la mesure où un seul fait matériel peut donner lieu à plusieurs qualifications différentes lorsque des intérêts juridiques distincts ont été violés, conformément à la jurisprudence *Ben Haddadi* (Crim. 3 mars 1960, *Bull. crim.* n° 138).

En l'espèce, c'est bien le cas : les blessures involontaires protègent l'intégrité physique ou psychique de la personne alors que les dispositions du C. route favorisent la discipline routière (en ce sens : Crim. 6 juin 2000, *Bull. crim.* n° 213).

En conclusion, Pierre encourt pour les blessures involontaires et les contraventions au C. route une amende de 76 500 € et cinq ans d'emprisonnement, l'article 132-7, C. pén. prévoyant le cumul des peines d'amende pour contraventions entre elles et avec celles encourues ou prononcées pour des crimes ou délits en concours.

Cas pratique n° 3

› *Énoncé*

En février 2015, alors qu'il se rendait à la fac, Fabrice rencontre dans le RER son ex-petite amie, Odile. Fabrice est gêné car leur histoire s'est très mal terminée. La conversation s'engage toutefois. Petit à petit le ton monte et Fabrice commence à houspiller Odile. Il lui annonce le véritable motif de leur rupture : Odile est invivable, s'est toujours prise pour plus belle et plus intelligente qu'elle ne l'est en réalité et Fabrice a trouvé dans les bras de Vanessa, une copine d'Odile, le parfait amour.

Odile est furieuse. Elle décide le soir même de mettre en ligne d'anciennes photos intimes de Fabrice prises lors de leurs jeux sexuels, et ce malgré le fait qu'Odile avait promis de les effacer.

Qu'encourt Odile ?

› *Correction*

Les faits décrits constituent le phénomène désormais connu sous le nom de *revenge porn*. On pourrait envisager de retenir les infractions décrites par les articles 226-1 et 226-2, C. pén. qui répriment respectivement l'atteinte à la vie privée et l'utilisation du produit d'une atteinte à la vie privée. Toutefois, l'article 226-1, C. pén. incrimine une captation effectuée sans le consentement de la victime, et l'article 226-2, une diffusion sans le consentement de la victime d'une captation effectuée sans le consentement de celle-ci. Il n'est donc pas possible, sans méconnaître le principe de l'interprétation stricte de la loi pénale consacré par l'article 111-4, C. pén. de réprimer la diffusion, sans consentement de la victime, d'une captation effectuée avec le consentement de celle-ci. C'est ce qu'a justement décidé la chambre criminelle dans une décision du 6 mars 2016 : « n'est pas pénalement réprimé le fait de diffuser, sans son accord, l'image d'une personne réalisée dans un lieu privé avec son consentement » (Crim. 6 mars 2016, n° 15-82.676).

La loi pour une République numérique du 7 octobre 2016 est cependant venue incriminer récemment le *revenge porn* en introduisant un nouvel art. 226-2-1, al. 2, au C. pén. : « Est puni des mêmes peines [deux ans d'emprisonnement et de 60 000 € d'amende] le fait, en l'absence d'accord de la personne pour la diffusion, de porter à la connaissance du public ou d'un tiers tout enregistrement ou tout document portant sur des paroles ou des images présentant un caractère sexuel, obtenu, avec le consentement exprès de la personne ou par elle-même, à l'aide de l'un des actes prévus à l'article 226-1 ».

Toutefois, cette loi, plus sévère puisqu'elle crée une incrimination, ne saurait s'appliquer à des faits commis avant son entrée en vigueur (art. 112-1, C. pén.). Or, les faits de l'espèce datent de février 2015 et sont donc bien antérieurs à l'entrée en vigueur de la loi du 7 octobre 2016.

Ainsi, Odile n'encourt rien sur le plan pénal.

Cas pratique n° 4

› *Énoncé*

Un journal satirique paraissant le mercredi relatait récemment une recrudescence de petites annonces concernant des « hot-dogs ». Afin d'arrondir leurs fins de mois, plusieurs individus proposent en effet aux propriétaires de chiennes la location de malinois, beaucerons, lévriers et autres bergers allemands mâles, les chiens devant faire office de partenaires actifs…

La Cellule anti-trafic de la SPA, qui a étudié lesdites annonces, vous consulte car elle souhaite déposer plainte. Qu'en pensez-vous ?

› *Correction*

On pourrait songer d'abord à l'incrimination figurant à l'article 521-1, C. pén. Ce texte dispose en effet que « le fait, publiquement ou non, d'exercer des sévices graves, ou de nature sexuelle, ou de commettre un acte de cruauté envers un animal domestique, ou apprivoisé, ou tenu en captivité, est puni de deux ans d'emprisonnement et de 30 000 € d'amende ».

L'incrimination évoque toutefois « des sévices graves, ou de nature sexuelle ». Or, l'animal est utilisé en l'espèce comme partenaire actif et ne peut être considéré comme victime de sévices. Aussi, le principe de l'interprétation stricte, figurant à l'article 111-4, C. pén., s'oppose-t-il à l'application de l'incrimination aux faits de l'espèce.

Peut-on envisager, ensuite, l'incrimination du proxénétisme ? L'article 225-5, C. pén. dispose en effet que « le proxénétisme est le fait, par quiconque, de quelque manière que ce soit : 1° D'aider, d'assister ou de protéger la prostitution d'autrui ; 2° De tirer profit de la prostitution d'autrui, d'en partager les produits ou de recevoir des subsides d'une personne se livrant habituellement à la prostitution ; 3° D'embaucher, d'entraîner ou de détourner une personne en vue de la prostitution ou d'exercer sur elle une pression pour qu'elle se prostitue ou continue à le faire ».

Le texte vise « la prostitution d'autrui » ou l'embauche, l'entraînement ou le détournement d'« une personne »… et le principe d'interprétation stricte de la loi pénale (art. 111-4, C. pén.) interdit que l'on étende son application à la prostitution d'un animal.

Aussi, des poursuites ont peu de chance d'aboutir. On ne pourrait que conseiller à la CAT de la SPA d'inciter le législateur à incriminer spécifiquement ces faits.

Cas pratique n° 5

› *Énoncé*

Mlle X vient d'être diplômée, fin 2015, d'une école de journaliste réputée. Exerçant en tant qu'indépendante, elle a convenu, début 2016, avec un éditeur de se faire passer pour une nouvelle adhérente dans un parti d'extrême centre afin de réaliser une enquête et de la publier au terme d'une période en immersion, sous la forme d'un « journal de bord ». Au sein du parti, Mlle X, qui use du nom et du prénom de sa grand-mère et se fait passer pour une infirmière, a rapidement pris du galon. Six mois après avoir pris sa carte du parti, elle est nommée secrétaire départementale et se voit remettre par le secrétaire régional le listing des militants ainsi que des anciens candidats aux dernières élections et un guide de démarches pour recueillir les cinq cents signatures en vue de l'élection présidentielle.

Ces faits sont-ils susceptibles de donner lieu à une condamnation pénale ?

› Correction

Sans entrer, à ce stade de la méthodologie, dans les détails de l'incrimination, on peut retenir la qualification d'escroquerie (art. 313-1, C. pén.) : Mlle X a bien usé d'un faux nom et d'une fausse qualité pour tromper le secrétaire régional du parti afin de se faire remettre certains documents. Elle devrait encourir trois ans d'emprisonnement et 45 000 € d'amende.

Toutefois, Mlle X est journaliste et la chambre criminelle, dans un arrêt en date du 26 octobre 2016 a jugé qu'une escroquerie peut être justifiée par l'article 10 de la Conv. EDH (Crim. 26 oct. 2016, n° 15-83.774), lorsque les agissements « se sont inscrits dans le cadre d'une enquête sérieuse, destinée à nourrir un débat d'intérêt général sur le fonctionnement d'un mouvement politique ». Dans une telle hypothèse, « eu égard au rôle des journalistes dans une société démocratique et compte tenu de la nature des agissements en cause, leur incrimination constituerait, en l'espèce, une ingérence disproportionnée dans l'exercice de la liberté d'expression ».

Cas pratique n° 6

› Énoncé

En ce début d'été, Pierre décida de s'offrir une après-midi à la plage avec sa compagne, Mlle Bréchet. Celle-ci fut cependant verbalisée par les agents de la police municipale. Mlle Bréchet avait en effet pour habitude de se baigner vêtue d'un « burkini ». Ceux-ci lui expliquèrent que le maire de la ville avait pris le 1er avril dernier un arrêté aux termes duquel « l'accès aux plages et à la baignade sont interdits à compter de la signature du présent arrêté jusqu'au 31 août, à toute personne n'ayant pas une tenue correcte, respectueuse des bonnes mœurs et de la laïcité, respectant les règles d'hygiène et de sécurité des baignades adaptées au domaine public maritime ». L'arrêté ajoutait que « le port de vêtements pendant la baignade ayant une connotation contraire à ces principes est également interdit » et que « toute infraction fera l'objet d'un procès-verbal et sera punie de l'amende, de 1re catégorie, soit 38 € ».

Que peut faire Mlle Bréchet ?

› Correction

La question a récemment nourri l'actualité… Mlle Bréchet peut envisager de contester l'amende forfaitaire devant le tribunal de police. Le juge pénal est en effet compétent pour contrôler la légalité de l'arrêté qui sert de fondement à la verbalisation, sans qu'il soit nécessaire à celui-ci d'attendre la suspension ou l'annulation dudit arrêté, en référé ou au fond, par le juge administratif, conformément à l'article 111-5, C. pén.

En effet, en l'espèce, de la solution donnée à cette exception d'illégalité par le juge pénal dépend la solution du procès pénal. Au fond, on mentionnera que le Conseil d'État, saisi en référé, a suspendu un arrêté similaire en estimant qu'il n'y avait pas de trouble à l'ordre public résultant « de la tenue adoptée en vue de la baignade par certaines personnes » (CE 26 août 2016, req. n° 402742, 402777). Il faut préciser qu'en aucun cas le juge pénal, s'il statue dans le sens du Conseil d'État, ne pourra suspendre ou annuler l'arrêté litigieux, même s'il conclut à la relaxe.

2. L'application de la norme pénale dans le temps

Il faut d'abord, en toute rigueur, identifier le conflit de normes dans le temps (I) avant de résoudre celui-ci (II).

I/ L'identification du conflit de normes dans le temps

Il faut être vigilant tant à l'égard tant du conflit apparent (A) que du conflit latent (B).

A – L'apparence du conflit de normes dans le temps

À la lecture de l'énoncé du cas pratique, il est tout d'abord nécessaire de se poser une question simple, mais qui constitue un préalable logique : les faits de l'espèce laissent-ils apparaître un conflit de lois dans le temps ? La jurisprudence adopte en effet une approche restrictive du conflit en se fondant sur la structure matérielle de l'infraction pour attraire l'infraction dont la commission a débuté avant l'entrée en vigueur de la loi nouvelle mais qui se poursuit après celle-ci dans le champ d'application de la loi nouvelle, y compris si cette dernière est plus sévère :

– **il en va ainsi lorsque l'infraction est une infraction continue** – infraction qui réunit à chaque endroit où se manifeste la volonté délictueuse de son auteur tous les éléments nécessaires à sa constitution comme le recel, la séquestration, la détention de stupéfiants –, **complexe** – infraction qui nécessite, pour être constituée, une pluralité d'actes de nature différente, comme l'escroquerie qui suppose l'emploi d'un moyen frauduleux et d'une remise – **ou d'habitude** – infraction qui nécessite, pour être constituée, une pluralité d'actes de même nature, comme l'exercice illégal de la médecine, les appels téléphoniques réitérés – **de l'infraction**. La jurisprudence procède par ellipse et il suffit qu'un seul des actes constitutifs de celle-ci se soit déroulé après l'entrée en vigueur de la loi nouvelle – le lendemain de sa publication au *JO* conformément à l'article 1er, C. civ., sauf dispositions transitoires –, même plus sévère, pour que cette dernière s'applique ;

– **il en va de même pour les lois qui aggravent le régime de la récidive**. La Cour de cassation juge que de telles lois doivent s'appliquer dès lors que l'une des infractions en récidive a été commise après la promulgation de la loi nouvelle plus sévère (nota. Crim. 29 févr. 2000, *Bull. crim.* n° 95). Cette solution a été approuvée par la CEDH dans son arrêt de grande chambre *Achour c/ France* du 29 mars 2006 (req. n° 67335/01) : dans cette affaire, entre le premier et le second terme de la récidive, une loi nouvelle était intervenue, allongeant le délai prévu entre le 1er terme et le 2nd terme pour que la récidive soit caractérisée. Or, selon la loi ancienne, la récidive ne pouvait plus être constituée, car le délai, plus court, était échu. Conformément à sa jurisprudence, la Cour de cassation a appliqué la loi nouvelle à l'affaire, ce qui lui a permis de considérer l'état de récidive caractérisé. La CEDH conclut à la non-violation de l'article 7, Conv. EDH par la France. Elle estime, d'une part, que la jurisprudence de la Cour de cassation, depuis 1893, a réglé ce problème d'interprétation des lois nouvelles sur la récidive (M. Achour savait donc comment les juridictions françaises interpréteraient la loi nouvelle), et, d'autre part, que la loi française n'est nullement rétroactive dans la mesure où il ne s'agit pas d'un problème de rétroactivité de la loi, mais d'application successive de lois nouvelles.

B – La latence du conflit de normes dans le temps

Souvent, l'existence d'un conflit est indiquée dans les cas pratiques : le sujet indique des dates précises et mentionne l'entrée en vigueur d'une loi nouvelle, une note de bas de page peut vous indiquer la nouvelle rédaction de l'incrimination ou la nouvelle peine applicable. Pourtant, si le concepteur du sujet se montre particulièrement exigeant, il est tout à fait possible que ne figure dans l'énoncé aucune précision sur l'existence d'un conflit de lois dans le temps. Ce dernier sera dès lors latent et il vous faudra le détecter uniquement à partir de la chronologie des faits, en vous appuyant sur vos connaissances personnelles de l'évolution de la matière et des récentes réformes intervenues. Or, même si vous êtes particulièrement brillants, certaines réformes peuvent passer relativement inaperçues parce qu'elles portent sur des points non essentiels du programme. Pour ne pas passer à côté d'un conflit latent et de sa résolution, il faut faire preuve de prudence et adopter quelques réflexes salvateurs :

– **être attentif à la temporalité** : il n'y a la plupart du temps pas de difficultés si le cas pratique s'inscrit dans une temporalité immédiate (les faits ont lieu quelques jours avant l'examen et aucune réforme n'a été adoptée récemment, comme cela peut être le cas durant les vacances parlementaires) ou imprécise (aucune date ne vous est donnée dans les faits). En revanche si l'énoncé laisse apparaître des faits relativement anciens, si des dates précises vous sont données, il faudra être attentif ;

– **être vigilant dans la lecture du code** : lorsque vous procédez à la qualification des faits et que vous envisagez la peine encourue, prenez soin de vérifier dans votre code qu'il n'y a pas eu de réécriture du texte. La réécriture est mentionnée dans le code par l'utilisation des italiques, qui montre une suppression ou un ajout au texte initial. Le code précise également entre parenthèses la source de l'ajout ou de la suppression au texte initial. Jetez également un coup d'œil sous la disposition actuelle car souvent, le code mentionne les anciennes formulations ou les éventuelles censures prononcées par le conseil constitutionnel ;

– **être attentif aux circonstances aggravantes** : souvent les réformes récentes sont connues des étudiants-candidats en ce qu'elles modifient le texte d'incrimination. Toutefois, la difficulté du conflit latent résulte parfois d'une modification de certaines circonstances aggravantes ou de la peine encourue en cas de pluralité de circonstances aggravantes (par ex., la suppression, par la loi n° 2017-86 du 27 janvier 2017 relative à l'égalité et à la citoyenneté de la circonstance aggravante de mobile raciste du délit de violation ou de profanation de sépulture, v. *infra*, p. 358 et 359).

II/ La résolution du conflit de normes dans le temps

Une fois identifié un conflit de normes dans le temps, il faut le résoudre. Pour cela, le préalable méthodologique est de qualifier la loi en question : s'agit-il d'une loi de fond (A) ou d'une loi de forme (B) ?

A – Le conflit de lois de fond

Les lois de fond sont les lois qui définissent les éléments constitutifs d'une infraction (lois d'incrimination), qui fixent les peines qui s'y attachent (lois de pénalité) ou les lois relatives à la responsabilité pénale. Le conflit de lois de fond se solutionne en application de deux principes (1) connaissant de nombreuses exceptions (2). Nous insisterons enfin sur quelques résolutions de conflits problématiques (3).

1. Les principes de résolution : la non-rétroactivité de la loi plus sévère et la rétroactivité *in mitius*

Le principe de non-rétroactivité est consacré par les articles 112-1, al. 1 et al. 2, C. pén., l'article 7, Conv. EDH et l'article 8, DDHC. Une loi plus sévère est une loi qui élargit les éléments constitutifs de l'infraction, aggrave les peines, institue une circonstance aggravante (Crim. 15 sept. 2015, n° 14-86.135 : l'article 122-1, al. 2, C. pén., dans sa rédaction issue de la loi n° 2014-896 du 15 août 2014 qui instaure une diminution du tiers de la durée de la peine privative de liberté encourue par une personne qui était atteinte, au moment des faits, d'un trouble psychique ou neuropsychique ayant altéré son discernement, sauf décision spécialement motivée de la juridiction, est une disposition plus douce que la loi ancienne). Le principe de l'application immédiate de la loi pénale plus douce dit de la rétroactivité *in mitius* se trouve quant à lui consacré par l'article 112-1, al. 3, C. pén. Le Conseil constitutionnel lui reconnaît valeur constitutionnelle (Cons. const. 19 et 20 janv. 1981, préc.). Ce second principe suppose que la personne qui se prévaut du texte nouveau plus doux n'a pas été condamnée définitivement pour les faits poursuivis avant l'entrée en vigueur de ladite loi. La loi nouvelle ne saurait en effet remettre en cause ce qui a été définitivement jugé (Crim. 25 nov. 1992, *Bull. crim.* n° 393). Toutefois, l'article 112-4, al. 2, C. pén. prévoit que « la peine cesse de recevoir exécution quand elle a été prononcée pour un fait qui, en vertu d'une loi postérieure au jugement, n'a plus le caractère d'une infraction pénale ». La peine prononcée n'est alors pas remise en cause – puisqu'elle est régulière au regard de la loi applicable à l'époque – mais son exécution s'en trouve suspendue. Encore faut-il pour que la chose jugée se trouve ainsi neutralisée que le fait considéré ne puisse pas revêtir une autre qualification pénale.

2. Les exceptions

Il y en a quatre : elles concernant les lois interprétatives (a), les lois déclaratives (b), l'abrogation d'un règlement pris pour l'application d'une loi (c) et les lois incriminant des atteintes à des valeurs essentielles de civilisation (d).

a. Les lois interprétatives

Elles ont pour objet de préciser le sens d'une loi antérieure, sans en modifier le contenu. Ces lois nouvelles font corps avec la loi interprétée et sont donc d'application rétroactive (Crim. 12 janv. 2000, *Bull. crim.* n° 20). Tel est le cas des dispositions de l'article 222-22-1, C. pén., issues de la loi n° 2010-121 du 8 février 2010, qui définit la contrainte dont l'auteur d'une agression sexuelle peut user envers sa victime. Selon ce texte, la contrainte – qui peut être « physique ou morale » – peut résulter « de la différence d'âge existant entre une victime mineure et l'auteur des faits ainsi que de l'autorité de droit ou de fait que celui-ci exerce sur cette victime » (Crim. 15 avr. 2015, *Bull. crim.* n° 93). **Soyez vigilant : une telle solution sera vraisemblablement susceptible de s'appliquer au nouvel article 222-22-1, C. pén.** : la loi du 3 août 2018 est en effet venue modifier cette disposition interprétative en précisant les notions de contrainte morale et de surprise à l'égard des mineurs victimes (v. *infra*, p. 48).

b. Les lois déclaratives

Elles se bornent à constater une règle préexistante. Telle est le cas de la loi du 26 décembre 1964 tendant à constater l'imprescriptibilité des crimes contre l'humanité. Ainsi, dans l'affaire *Klaus Barbie*, la Cour de cassation a jugé que la loi du 26 décembre 1964 « s'est bornée à confirmer que cette imprescriptibilité était déjà acquise en droit interne par l'effet des textes internationaux auxquels la France avait adhéré » (Crim. 26 janv. 1984, *Bull. crim.* n° 34).

c. L'abrogation d'un règlement pris pour l'application d'une loi

Toutes les fois où une disposition législative, support légal d'une incrimination, demeure en vigueur, l'abrogation des textes réglementaires pris pour son application n'a pas d'effet rétroactif. Les raisons de cette exception au principe de la rétroactivité *in mitius* sont connues. En particulier, il faut éviter que les fraudeurs profitent du caractère temporaire des règlements économiques pour échapper à la sanction pénale. En outre, la disposition législative, support de l'incrimination, demeure en vigueur et ne subit quant à elle aucun changement, de sorte que les faits commis et poursuivis avant l'abrogation du texte réglementaire n'ont pas perdu leur caractère punissable après cet événement. Cette règle trouve souvent application en droit pénal des affaires (Crim. 28 janv. 2004, *Bull. crim.* n° 23 : en matière de délit de favoritisme) mais aussi en droit pénal de la circulation routière (Cass., ass. plén., 18 janv. 2006, *Bull. ass. plén.* n° 1 : le relèvement de la vitesse maximale autorisée par un arrêté administratif ne constitue pas une loi plus douce applicable rétroactivement).

Il en va en revanche tout autrement quand le décret constitue par lui-même à la fois la norme d'incrimination et celle de pénalité, auquel cas le principe de la rétroactivité *in mitius* retrouve son empire dans la mesure où les deux éléments du texte pénal sont affectés par la modification (Crim. 15 mai 2007, *Bull. crim.* n° 125).

d. Les lois incriminant des atteintes à des valeurs essentielles reconnues par les nations civilisées

Cette exception est prévue par l'article 7, Conv. EDH, lequel dispose que le principe de non-rétroactivité de la loi pénale ne peut jamais porter atteinte « au jugement et à la punition d'une personne coupable d'une action ou d'une omission qui, au moment où elle a été commise, était criminelle d'après les principes généraux des nations civilisées ». La chambre criminelle refuse toutefois que la coutume internationale puisse pallier l'absence d'incrimination légale : même si les crimes contre l'humanité constituent une infraction portant atteinte aux valeurs essentielles reconnues par les nations civilisées, des poursuites ne sont possibles devant les juridictions françaises que si cette incrimination a été expressément consacrée dans un texte (Crim. 17 juin 2003, *Bull. crim.* n° 122).

3. Les résolutions problématiques

On peut en relever trois : l'entrée en vigueur d'une loi hétérogène (a), le revirement de jurisprudence (b) et les lois instaurant des mesures de sûreté (c).

a. L'entrée en vigueur d'une loi hétérogène

La détermination du caractère plus sévère ou plus doux d'une loi ne présente pas de difficulté lorsque celle-ci est homogène, soit parce qu'elle ne contient qu'une seule disposition, soit qu'elle contient plusieurs dispositions mais qui vont toutes dans le même sens. Il en va autrement lorsque le texte nouveau présente un caractère hétérogène, certaines de ses dispositions étant plus sévères, tandis que d'autres sont plus douces. Dans une telle hypothèse, il faut s'interroger sur la divisibilité des dispositions en cause. Si les dispositions sont divisibles, il faut procéder à une résolution distributive : faire rétroagir les dispositions plus douces, refuser la rétroactivité aux dispositions plus sévères (Crim. 21 avr. 1982, *Pauletto*, *Bull. crim.* n° 99, pour une loi qui modifie en même temps les termes d'une incrimination et la répression applicable). À l'inverse, si les dispositions sont indivisibles, la jurisprudence, après avoir un temps retenu le critère de la disposition principale (Crim. 29 janv. 1963, *Leboucher, Bull. crim.* n° 54), résout ce type de conflit en appliquant la méthode globale : elle apprécie le caractère plus doux ou plus sévère de la loi nouvelle de manière globale (Crim. 5 juin 1971, *Martin, Bull. crim.* n° 180 ; Crim. 15 mars 1995, *Bull. crim.* n° 106 : pour une loi aggravant la peine d'emprisonnement tout en réduisant l'amende encourue).

b. Le revirement de jurisprudence

Dans un arrêt du 30 janvier 2002 la chambre criminelle de la Cour de cassation a décidé que « le principe de non-rétroactivité de la loi pénale ne s'applique pas à une simple interprétation jurisprudentielle » (Crim. 30 janv. 2002, *Bull. crim.* n° 16). Pourtant, en admettant que la norme jurisprudentielle puisse constituer une « loi » au sens de la Conv. EDH, la EDH soumet quant à elle la norme jurisprudentielle à l'article 7, § 1, Conv. EDH et au principe de non-rétroactivité que ce texte consacre. Toutefois, la CEDH n'interdit pas que les revirements de jurisprudence défavorables à la personne poursuivie soient applicables à des faits commis avant leur entrée en vigueur et non encore jugés. Dans un arrêt *S.W. c/ Royaume-Uni* du 22 novembre 1995 (req. n° 20166/92) la CEDH a décidé qu'« on ne saurait interpréter l'article 7, Conv. EDH comme proscrivant la clarification graduelle des règles de la responsabilité pénale par l'interprétation judiciaire d'une affaire à l'autre, à condition que le résultat soit cohérent avec la substance de l'infraction et raisonnablement prévisible ». Ainsi, pour la CEDH, seuls les revirements imprévisibles et aboutissant à un résultat contraire à la substance de l'infraction violent l'article 7, § 1, Conv. EDH. Dans l'arrêt *Pessino c/ France* du 10 octobre 2006 (req. n° 40403/02), la CEDH a ainsi condamné la France sur le fondement de l'article 7, Conv. EDH pour avoir appliqué une interprétation jurisprudentielle défavorable à des faits commis antérieurement à cette interprétation, concluant ainsi à la violation du principe de non-rétroactivité de la loi pénale par la France. En l'espèce, le prévenu s'était vu octroyer un permis de construire, pour lequel un tribunal administratif ordonna un sursis à exécution. Le prévenu procéda aux travaux malgré cette décision et fut poursuivi du chef du délit d'exécution de travaux sans permis de construire. Selon la jurisprudence de la chambre criminelle alors applicable, le délit de construction sans permis n'était pas constitué dans l'hypothèse de la violation d'un sursis à exécution du permis, puisque, dans ce cas, le permis avait bien été accordé. Mais, dans l'affaire *Pessino*, la chambre criminelle adopta une position inverse. La Haute cour décida en effet que le délit de construction sans permis était caractérisé à l'encontre du prévenu dans la mesure où il avait violé le sursis à exécution du permis de construire. C'est cette solution que le requérant attaqua devant la CEDH. Il invoqua la violation du principe de non-rétroactivité de la loi pénale. La CEDH conclut à la condamnation de la France : « les faits reprochés au prévenu ne constituaient pas une infraction au moment où ils ont été commis, seul le revirement de jurisprudence opéré étant venu donner à ces faits une qualification délictuelle »; « faute d'une interprétation jurisprudentielle accessible et raisonnablement prévisible, les exigences de l'article 7 de la Convention ont été violées ».

c. Les lois instaurant des mesures de sûreté

Les mesures de sûreté diffèrent théoriquement des peines en ce qu'elles ne sanctionnent pas une culpabilité et n'ont aucun objectif rétributif, mais visent à prévenir la récidive ou à neutraliser un état dangereux. La chambre criminelle considère que les lois instituant des mesures de sûreté sont d'application immédiate quand bien même elles seraient plus sévères (Crim. 11 juin 1953, *Bull. crim.* n° 202 : pour des mesures éducatives prévues par l'ord. du 2 févr. 1945 à l'égard des mineurs délinquants ; Crim. 31 oct. 2006, *Bull. crim.* n° 267 : pour l'inscription au fichier judiciaire national automatisé des auteurs d'infractions sexuelles ou violentes prévu à l'article 706-53-1 du C. pr. pén. créé par la loi du 9 mars 2004 : solution conforme à l'article 7, § 1, Conv. EDH : CEDH 17 déc. 2009 (3 arrêts) : *Bouchacourt c/ France ; M.B. c/ France* et *Gardel c/France* (req. n° 5335/06, n° 22115/06, n° 16428/05) ; Crim. 16 déc. 2009, n° 09-85.153 : pour les mesures prononcées en cas de déclaration d'irresponsabilité pénale pour cause de trouble mental prévues par les articles 706-135 et 706-136, C. pr. pén., solution conforme à l'article 7, § 1, Conv. EDH : CEDH 3 sept. 2015, *Berland c/ France,* req n° 42875/10).

Quant au Conseil constitutionnel, il distingue deux catégories de mesures de sûreté : les mesures de sûreté restrictives de liberté (telles la surveillance judiciaire des personnes dangereuses ou le placement sous surveillance de sûreté) et les mesures de sûreté privatives de liberté (telle la rétention de sûreté) et soumet les secondes seulement au principe de non-rétroactivité de la loi pénale (Cons. const. 8 déc. 2005, déc. n° 2005-527 DC et 21 févr. 2008, déc. n° 2008-562 DC). Dans l'arrêt *Mücke c/ Allemagne* du 17 décembre 2009 (req. n° 19359/04), la CEDH a adopté une solution proche de celle du Conseil constitutionnel : elle a qualifié de « peine » au sens de l'article 7, Conv. EDH la détention de sûreté allemande, voisine de la rétention de sûreté française, et l'a, par suite, soumise à l'application du principe de non-rétroactivité.

B – Les lois de forme

Le conflit de lois de forme se règle en application d'un principe (1), principe qui connaît une exception (2).

1. La solution de principe : l'application immédiate

Cette solution de principe s'applique aux lois de compétence et d'organisation judiciaire (a), aux lois fixant les modalités des poursuites et les formes de la procédure (b), aux lois relatives aux voies de recours (c) ainsi qu'aux lois relatives à la prescription (d).

a. Les lois de compétence et d'organisation judiciaire (art. 112-2, 1°, C. pén.)

Elles sont d'application immédiate tant qu'un jugement au fond n'a pas été rendu en première instance. Dans le cas contraire, la procédure se poursuit selon les règles de compétence et d'organisation judiciaire en vigueur au moment des faits. Il faut être vigilant : **une loi qui créée un nouveau chef de compétence de la loi française constitue une loi relative à la compétence et sera, en conséquence, d'application immédiate**. Aussi, un conflit de lois dans l'espace peut-il se doubler d'un conflit de lois dans le temps, si le chef de compétence de la loi pénale française que vous retenez est issu d'une loi postérieure aux faits (soyez vigilant sur cette question : récemment, l'ord. n° 2019-963 du 18 sept. 2019 relative à la lutte contre la fraude portant atteinte aux intérêts financiers de l'Union européenne au moyen du droit pénal est venue introduire un art. 113-14 au C. pén. – v. *infra*, p. 58 et 62 – qui, pour cette raison, s'appliquera aux faits commis avant l'entrée en vigueur de l'ord.).

b. Les lois fixant les modalités des poursuites et les formes de la procédure (art. 112-2, 2°, C. pén.)

Elles sont aussi d'application immédiate : pour les modalités des poursuites ce fut le cas de la loi du 12 mai 2009 qui est venue autoriser le procureur de la République à mettre en œuvre la procédure de comparution sur reconnaissance préalable de culpabilité tout en procédant à une convocation en justice en application de l'article 390-1 du même code : c'est le procédé dit de la double poursuite consacré par l'article 495-15-1, C. pr. pén. (Crim. 24 nov. 2009, *Bull. crim.* n° 192); pour les formes de la procédure ce fut le cas du dispositif procédural institué par la loi du 25 février 2008 aux articles 706-119 et s. du C. pr. pén. en cas de déclaration d'irresponsabilité pénale pour cause de trouble mental (Crim. 16 déc. 2009, *Bull. crim.* n° 216).

c. Les lois relatives aux voies de recours (art. 112-3, C. pén.)

Elles sont d'application immédiate, sauf instance en cours. Ainsi, si une loi nouvelle vient à supprimer une voie de recours en cours d'instance, la loi ancienne continue à s'appliquer, peu important qu'au moment de l'exercice de la voie de recours, la loi nouvelle, plus sévère, ait été mise en application. Ainsi a-t-il été jugé qu'une loi nouvelle est sans incidence sur le mode de calcul d'un délai d'appel qui était entièrement expiré (Crim. 9 juin 1976, *Bull. crim.* n° 202).

d. Les lois relatives à la prescription (art. 112-2, 4°, C. pén.)

Elles sont d'application immédiate sous réserve que la prescription ne soit pas déjà acquise au moment de l'entrée en vigueur de la loi nouvelle. Il convient donc de distinguer entre deux hypothèses : si la prescription est acquise au jour de l'entrée en vigueur de la loi nouvelle, celle-ci ne produira aucun effet; si la prescription est en cours au jour de l'entrée en vigueur de la loi nouvelle, celle-ci s'applique immédiatement, même si elle a pour effet d'aggraver le sort de l'intéressé.

Il faut être extrêmement vigilant sur cette question : **la loi du 27 février 2017 est en effet venue réformer la prescription en matière pénale et constitue une source inépuisable pour le concepteur d'un cas pratique**… On se contentera d'indiquer que la loi du 27 février 2017 :

– *instaure de nouveaux délais de droit commun de prescription de l'action publique pour les crimes* (art. 7, C. pr. pén. nouveau : vingt ans) *et pour les délits* (art. 8, C. pr. pén. : six ans) ;

– *consolide les délais dérogatoires, en matière criminelle* (l'article 7, al. 2, C. pr. pén. dispose que le délai est porté trente ans pour les crimes mentionnés au C. pr. pén. relatifs au terrorisme – art. 706-16, C. pr. pén. –, au trafic de stupéfiants – art. 706-26, C. pr. pén. – ou de matières ou armes nucléaires, biologiques, chimiques, de destruction massive – art. 706-167, C. pr. pén. –; le délai de trente ans s'applique aussi aux crimes contre l'espèce humaine – art. 214-1 à 214-4, C. pén., et aux crimes de guerre contenus dans le livre IV *bis* C. pén.) *et en matière délictuelle* (art. 8, al. 2, C. pr. pén. : dix ans pour les délits mentionnés à l'article 706-47, C. pr. pén., lorsqu'ils sont commis sur des mineurs, à l'exception de ceux mentionnés aux articles 222-29-1 et 227-26, C. pén., excluant ainsi les agressions sexuelles et les atteintes sexuelles ; vingt ans à partir de la majorité de la victime en cas de violences volontaires – art. 222-12, C. pén. –, les agressions sexuelles – art. 222-29-1, C. pén. – ou atteinte sexuelle – art. 227-26, C. pén. – sur mineur de 15 ans ; vingt ans également pour les délits punis de dix ans d'emprisonnement lorsqu'ils portent sur les matières ou armes nucléaires, biologiques, chimiques, de destruction massive – art. 706-167, C. pr. pén. –, le terrorisme – art. 706-16, C. pr. pén., à l'exception de celles d'apologie ou commises par voie de presse – art. 421-5-2 et 421-5-2-1, C. pén. –, les stupéfiants – art. 706-26, C. pr. pén. – ou les délits de guerre prévus au livre IV *bis* C. pén.) ;

– *consolide également les règles du report du point de départ de la prescription de l'action publique* (art. 9-1, al. 1er, C. pr. pén. : « le délai de prescription de l'action publique des crimes et délits mentionnés à l'article 706-47 du présent code et aux articles 222-10 et 222-12 du Code pénal, lorsqu'ils sont commis sur un mineur, court à compter de la majorité de ce dernier » ; l'article 9-1, al. 2, C. pr. pén. reprend la règle visant expressément le clonage reproductif ayant conduit à la naissance d'un enfant et fixe le point de départ de la prescription au moment de la majorité de ce dernier) à l'exception de la règle de report du point de départ de la prescription à l'égard des personnes particulièrement vulnérables, qui n'est pas reprise (la loi du 14 mars 2011 avait rajouté un troisième alinéa à l'article 8, C. pr. pén. : lorsque certaines infractions énumérées limitativement – l'abus de faiblesse, le vol, l'escroquerie, l'abus de confiance, le détournement de gage, le recel – étaient commises à l'encontre d'une personne vulnérable « du fait de son âge, d'une maladie, d'une infirmité, d'une déficience physique ou psychique ou de son état de grossesse », le délai de prescription courait « à compter du jour où l'infraction apparaît à la victime dans des conditions permettant l'exercice de l'action publique ») ;

– *consacre les notions d'infraction occulte et d'infraction dissimulée* : l'article 9-1, al. 3, C. pr. pén. dispose « par dérogation au premier alinéa des articles 7 et 8 du présent code, le délai de prescription de l'action publique de l'infraction occulte ou dissimulée court à compter du jour où l'infraction est apparue et a pu être constatée dans des conditions permettant la mise en mouvement ou l'exercice de l'action publique, sans toutefois que le délai de prescription puisse excéder douze années révolues pour les délits et trente années révolues pour les crimes à compter du jour où l'infraction a été commise » ;

– *instaure toutefois un délai butoir* : le report du point de départ de la prescription connaît une limite absolue fixée en fonction de la nature de l'infraction – il ne peut excéder douze années révolues pour les délits et trente années révolues pour les crimes à compter du jour où l'infraction a été commise (art. 9-1, al. 3, C. pr. pén.) ;

– *contient une disposition transitoire, en son article 4* : « La présente loi ne peut avoir pour effet de prescrire des infractions qui, au moment de son entrée en vigueur, avaient valablement donné lieu à la mise en mouvement ou à l'exercice de l'action publique à une date à laquelle, en vertu des dispositions législatives alors applicables et conformément à leur interprétation jurisprudentielle, la prescription n'était pas acquise » ;

– *définit l'interruption et liste les actes interruptifs de la prescription* (art. 9-2, al. 2, C. pr. pén.) *et définit la suspension de la prescription* (art. 9-3, C. pr. pén.) ;

– *confirme l'imprescriptibilité des crimes contre l'humanité* (art. 7, al. 3, C. pr. pén.) ;

– *modifie la durée de la prescription de la peine délictuelle* : l'article 133-3, C. pén. dispose dorénavant : « Les peines prononcées pour un délit se prescrivent par six années révolues à compter de la date à laquelle la décision de condamnation est devenue définitive » au lieu des cinq ans prévus auparavant.

On relèvera que la loi du 3 août 2018 est venue modifier l'article 7 du C. pr. pén. afin de porter de vingt à trente ans le délai de prescription de l'action publique, courant à compter de la majorité de la victime, de certains crimes violents ou de nature sexuelle commis sur des mineurs. La liste de ces crimes est celle figurant à l'article 706-47 de ce code, qui a par ailleurs été complétée pour viser l'ensemble des meurtres commis sur un mineur (et non plus seulement ceux commis avec viol ou torture), ainsi que les crimes de violences sur un mineur de 15 ans ayant entraîné une mutilation ou une infirmité permanente. Conformément à l'art. 112-2 (4°), C. pén., ces dispositions s'appliquent immédiatement aux cas dans lesquels la prescription n'est pas déjà acquise, c'est-à-dire pour les crimes commis sur des mineurs nés à compter du 6 août 1980 et qui ont atteint leur majorité après le 6 août 1998, soit moins de 20 ans avant l'entrée en vigueur de la nouvelle loi, le 6 août 2018.

2. L'exception : les lois relatives au régime d'exécution et d'application des peines

Après avoir rappelé le principe selon lequel les lois relatives au régime d'exécution et d'application des peines « sont applicables immédiatement à la répression des infractions commises avant leur entrée en vigueur », l'article 112-2, 3°, C. pén. dispose que « ces lois, lorsqu'elles auraient pour résultat de rendre plus sévères les peines prononcées par la décision de condamnation, ne sont applicables qu'aux condamnations prononcées pour des faits commis postérieurement à leur entrée en vigueur ». Les lois relatives au régime d'exécution des peines sont celles qui ont pour objet de fixer les modalités d'exécution de la peine (écrou, lieu de détention, recouvrement des amendes, etc.), tandis que les lois relatives à l'application des peines se rapportent aux conditions de l'individualisation de la peine en cours d'exécution (période de sûreté, permission de sortir, semi-liberté, libération conditionnelle, etc.).

Cas pratique n° 7

› *Énoncé*

Homme heureux en ménage et en affaires, Sven, un suédois installé à Paris depuis une quinzaine d'années, voit son monde s'écrouler le 1er avril 2016. Sa femme adorée, Flavie, le quitte pour un autre homme plus jeune, et la société qu'il dirige est poursuivie pour des faits d'escroquerie commis en juillet 2009. Si la poursuite en elle-même ne l'étonne guère dans la mesure où une enquête était en cours depuis quelque temps déjà, Sven s'inquiète de ce qu'est demandée la dissolution de sa société. Potassant un peu la question, il apprend que plusieurs lois se sont succédé en la matière : dans une première version, les personnes morales encouraient en matière d'escroquerie la peine de dissolution, avant qu'une loi du 12 mai 2009 ne vienne supprimer la peine de dissolution en matière d'escroquerie pour les personnes morales, puis qu'une loi du 24 novembre 2009 réintroduise la peine de dissolution.

Qu'en pensez-vous ?

› *Correction*

Il s'agit d'un problème classique d'application de la loi pénale dans le temps. La société de Sven est poursuivie pour escroquerie à propos de faits commis en juillet 2009 et la peine de dissolution est demandée. Il y a une succession de trois lois : jusqu'au 12 mai 2009, la peine de dissolution était possible ; entre le 12 mai 2009 et le 24 novembre 2009, la peine de dissolution a été supprimée ; depuis le 24 novembre 2009, la peine de dissolution a été réintroduite. Le problème qui se pose est donc que la peine de dissolution possible au moment des poursuites n'était pas prévue par la loi au moment où les faits ont été commis. Cette peine peut-elle s'appliquer ?

Les lois dont il est question en l'espèce sont des lois de fond, dans la mesure où elles introduisent, suppriment ou réintroduisent une peine. Or, s'agissant des lois pénales de fond, règne le principe de non-rétroactivité de la loi sauf si elle est plus douce (art. 112-1, C. pén.). En l'espèce, la loi du 24 novembre 2009 a réintroduit une peine. Il s'agit donc d'une loi pénale plus sévère que le droit antérieur. Elle ne peut s'appliquer de manière rétroactive. Aussi, en l'espèce, la peine de dissolution ne pourra en aucun cas être prononcée contre la société de Sven.

Cas pratique n° 8

› *Énoncé*

Jeanne X., âgée de 21 ans, manifeste des signes inquiétants de radicalisation. Jeanne adhère en effet sans faille à la doctrine salafiste, adhésion qui se manifeste par de nombreux discours tenus devant sa famille et ses amis. En outre, l'historique de ses recherches sur internet, que son père Pierre a pu vérifier, mentionne qu'elle a consulté le même site internet faisant l'apologie du djihad : en 2016, à de très nombreuses reprises au mois de mai ; en 2017, à deux reprises le 17 janvier, une fois le 12 février, une fois le 2 mars.

Pierre X. souhaiterait connaître les conséquences pénales des agissements de sa fille Jeanne. Doit-il redouter que ceux-ci puissent faire l'objet de poursuites ? Il vous demande de vous placer, pour répondre à son interrogation, au mois de septembre 2017 et souhaiterait savoir si votre réponse serait la même si vous étiez interrogé en avril 2020 ? Votre réponse serait-elle la même si Jeanne avait téléchargé des fichiers à la suite de ses diverses consultations du site djihadiste ?

› *Correction*

Il convient d'envisager la situation de Jeanne en se plaçant d'abord en septembre 2017 (I), ensuite en avril 2020 (II), enfin en envisageant l'hypothèse où celle-ci aurait procédé à des téléchargements (III).

I/ Consultation au mois de septembre 2017

La loi du 3 juin 2016 a créé le délit de consultation habituelle de sites terroristes.

Le principe de légalité des délits et des peines a pour corollaire le principe de non-rétroactivité de la loi pénale de fond plus sévère. En effet, selon l'article 8 de la DDHC de 1789, « nul ne peut être puni qu'en vertu d'une loi établie et promulguée antérieurement au délit et légalement appliquée ». La Conv. EDH affirme également dans son art. 7, § 1 que « nul ne peut être condamné pour une action ou une omission qui, au moment où elle a été commise, ne constituait pas une infraction d'après le droit national ou international ». L'article 112-1, C. pén. dispose enfin en ce sens « sont seuls punissables les faits constitutifs d'une infraction à la date à laquelle ils ont été commis ».

En l'espèce, la loi du 3 juin 2016, est une loi de fond plus sévère puisqu'elle crée une nouvelle incrimination. Aussi, rien ne peut être reproché à Jeanne pour les connexions ayant eu lieu au mois de mai 2016 : celles-ci sont antérieures à l'entrée en vigueur de la loi du 3 juin 2016, laquelle a eu lieu le lendemain de sa publication au *JO* conformément à l'article 1er, C. civ.

S'agissant des connexions ayant eu lieu le 17 janvier 2017, elles tombent *a priori* sous le coup de l'incrimination nouvelle. Toutefois, le délit nouveau a été abrogé par le Conseil constitutionnel dans sa décision du 10 février 2017 avec effet au lendemain de la publication de la décision du Conseil (la décision est citée dans le code Dalloz sous l'article 421-2-5-2, C. pén.). On peut donc ici tenir un raisonnement similaire à celui tenu lors de l'abrogation du délit de harcèlement par le Conseil constitutionnel. L'abrogation constitue une disposition plus douce qui s'applique de manière rétroactive, conformément à l'article 112-1, al. 3, C. pén., aux termes duquel « les dispositions nouvelles s'appliquent aux infractions commises avant leur entrée en vigueur et n'ayant pas donné lieu à une condamnation passée en force de chose jugée lorsqu'elles sont moins sévères que les dispositions anciennes ». En outre, cette abrogation constitue un obstacle définitif aux poursuites pénales (art. 6, al. 1er, C. pr. pén. : elle éteint l'action publique).

Certes, une nouvelle incrimination a été introduite par la loi du 28 février 2017. Toutefois, en vertu du principe de non-rétroactivité de la loi créant une nouvelle incrimination, les faits commis antérieurement à son entrée en vigueur sont exclus de son champ d'application. Ainsi, la chambre criminelle, dans un arrêt en date du 28 avril 1981 affirme qu'« une loi pénale modifiant une incrimination ne peut s'appliquer à des faits commis antérieurement à sa promulgation et non encore définitivement jugés lorsqu'elle modifie les éléments de cette incrimination dans un sens défavorable au prévenu ». En l'espèce, les faits commis le 17 janvier 2017 ne pourront donc pas être incriminés sur le fondement de l'article 421-2-5-2, C. pén.

S'agissant des connexions postérieures, celle du 12 février est antérieure à l'entrée en vigueur de la loi du 28 février 2017, loi qui réintroduit, après réécriture, le délit de consultation habituelle des sites terroristes; celle du 2 mars, en revanche, est bien postérieure à l'entrée en vigueur de la loi nouvelle. Mais une seule connexion suffit-elle ? La réponse est négative car le délit créé est une infraction d'habitude et nécessite la réitération du comportement prohibé, le texte incriminant « le fait de consulter habituellement ». Aussi, après l'entrée en vigueur de la loi du 28 février 2017, l'infraction n'était-elle pas constituée, faute de répétition de la consultation et le principe de non-rétroactivité s'oppose, là encore, à l'application de l'incrimination aux faits commis antérieurement. Toutefois, la jurisprudence adopte, à propos des infractions d'habitude, une approche relativement souple. Elle décide en effet de manière constante de les considérer constituées postérieurement à l'entrée en vigueur de la loi nouvelle, dès lors qu'un seul des actes devant être réitérés a été commis après l'entrée en vigueur de la loi nouvelle et, par conséquent, de ne pas leur appliquer le principe de non-rétroactivité de la loi pénale (voir ainsi la jurisprudence citée sous l'article 112-1, C. pén. : Poitiers, 16 août 1940 : lorsqu'une loi nouvelle crée une circonstance aggravante d'habitude (avortement), elle est applicable, sans qu'il soit fait échec au principe de non-rétroactivité, dès lors que le deuxième acte constitutif de l'habitude a été perpétré sous ladite loi).

Donc, en l'espèce, Jeanne encourt deux ans d'emprisonnement et de 30 000 € d'amende.

II/ Consultation au mois d'avril 2020

La chambre criminelle a accepté de renvoyer une nouvelle QPC portant sur la nouvelle formulation du délit au Conseil constitutionnel dans une décision du 4 octobre 2017 (Crim. 4 oct. 2017, n° 17-90.017). Le Conseil constitutionnel, dans sa décision n° 2017-682 QPC du 15 décembre 2017 a estimé que le délit, tel qu'il résulte de la loi du 28 février 2017, porte « une atteinte à l'exercice de la liberté de communication qui n'est pas nécessaire, adaptée et proportionnée » et décidé en conséquence de son abrogation avec effet au jour de la publication de sa décision. Cette abrogation a un effet rétroactif puisqu'elle est plus douce.

Aussi, Jeanne ne pourra-t-elle faire l'objet de poursuites.

III/ Consultation dans l'hypothèse où Jeanne aurait procédé à des téléchargements

Par un arrêt en date du 7 janvier 2020 (n° 19-80.136), la chambre criminelle de la Cour de cassation est venue confirmer la condamnation de l'auteur d'un téléchargement de fichiers « caractérisant l'apologie d'actes de terrorisme », pour recel d'une idée apologétique. Selon elle « entre dans les prévisions des articles 321-1 et 421-2-5 du Code pénal le fait de détenir, à la suite d'un téléchargement effectué en toute connaissance de cause, des fichiers caractérisant l'apologie d'actes de terrorisme ». Toutefois, la Haute juridiction précise qu'« une condamnation de ce chef n'est compatible avec l'article 10 de la Convention européenne des droits de l'homme que si est caractérisée, en la personne du receleur, son adhésion à l'idéologie exprimée dans de tels fichiers ».

En l'espèce, il semble bien que toutes les conditions d'application du délit de recel de fichiers caractérisant l'apologie du terrorisme puissent être caractérisées : Jeanne détient effectivement des fichiers procédant à une telle apologie et a manifesté une adhésion « sans faille à la doctrine salafiste ».

Aussi devrait-elle encourir les peines prévues au titre du recel d'apologie. En vertu de l'art. 321-4, C. pén., « lorsque l'infraction dont provient le bien recelé est punie d'une peine privative de liberté d'une durée supérieure à celle de l'emprisonnement encouru en application des articles 321-1 ou 321-2, le receleur est puni des peines attachées à l'infraction dont il a eu connaissance et, si cette infraction est accompagnée de circonstances aggravantes, des peines attachées aux seules circonstances dont il a eu connaissance ». Or l'art. 421-2-5, al. 2, C. pén. prévoit que les peines applicables au délit d'apologie de terrorisme sont portées à sept ans d'emprisonnement et à 100 000 € d'amende lorsque les faits ont été commis en utilisant un service de communication au public en ligne, ce qui est le cas en l'espèce.

Jeanne encourrait ainsi sept ans d'emprisonnement et 100 000 euros d'amende.

Demeurerait toutefois une difficulté : celle de la possibilité d'appliquer cette solution à des faits commis avant la décision du 7 janvier 2020. Certes, la chambre criminelle avait considéré, dans un arrêt du 30 janvier 2002 que « le principe de non-rétroactivité de la loi pénale ne s'applique pas à une simple interprétation jurisprudentielle » (Crim. 30 janv. 2002, n° 01-82.593) et l'arrêt du 7 janvier 2020 accepte lui-même d'appliquer de manière rétroactive l'interprétation défavorable qu'il consacre. Pourtant, la CEDH n'admet la rétroactivité des revirements de jurisprudence défavorables que si celui-ci est cohérent avec la substance de l'infraction et raisonnablement prévisible (CEDH 22 nov. 1995, *S.W. c/ Royaume-Uni*, req. n° 20166/92). Rappelons que la CEDH a condamné la France dans l'arrêt *Pessino c/ France* du 10 octobre 2006 (req. n° 40403/02) pour violation de l'art. 7, Conv. EDH pour avoir appliqué une interprétation jurisprudentielle défavorable à des faits commis antérieurement à cette interprétation, concluant ainsi à la violation du principe de non-rétroactivité de la loi pénale par la France.

En l'espèce, Jeanne pourrait faire valoir en cas de poursuites, devant la juridiction répressive, mais aussi, *in fine*, devant la Cour européenne des droits de l'Homme, en cas de condamnation, que la solution dégagée par la chambre criminelle le 7 janvier 2020 par la chambre criminelle ne peut constituer une simple clarification en cohérence avec la substance de l'infraction. Précisément, à deux reprises, le Conseil constitutionnel a manifesté son refus que la consultation de sites faisant l'apologie du terrorisme puisse constituer une infraction… Aussi pourrait-elle faire valoir que la solution rendue par les juges du quai de l'Horloge n'avait rien de prévisible et son application aux faits commis par elle méconnaîtrait l'art. 7, Conv. EDH.

Cas pratique n° 9

› *Énoncé*

Pierre, un français de quarante ans, vivotait à Paris de petits boulots par intérim et n'avait comme véritable famille qu'une grande tante du côté de son père, Gertrud Kurtz, de nationalité allemande, à qui il rendait parfois visite, non sans être tout à fait désintéressé. La colossale fortune de celle-ci lui permettait en effet de vivre dans une maison de retraite pour riches pensionnaires située à Francfort, et Pierre espérait bien être récompensé de sa sollicitude. Au cours d'une de ses visites à sa tante, en décembre 2010, il s'aperçut que les agents chargés de l'entretien de la maison de retraite portaient le même uniforme que celui qu'il revêtait parfois dans le cadre de ses missions d'intérim. Rien d'étonnant à vrai dire car la société commerciale chargée du ménage au sein de la maison de retraite était une filiale allemande d'une entreprise qui l'embauchait parfois en France ! Il n'y fit cependant pas plus attention, tout concentré qu'il était à paraître aimable à sa riche aïeule.

C'est alors que Pierre se souvint de la similitude des uniformes et qu'une idée germa… En février 2011, il s'introduisit discrètement dans la maison de retraite par l'entrée du personnel muni de son uniforme d'agent d'entretien. Puis, passant dans les étages, il se dirigea vers la chambre de Madame Baumann, âgée de 83 ans et souffrant des affres de la sénilité, qui était la voisine et la compatriote de sa tante. Pénétrant dans la chambre, il subtilisa les bijoux que la vieille dame rangeait dans son armoire. Celle-ci ne découvrit malheureusement la disparition de ses bijoux que bien des années plus tard, en mars 2016, lorsqu'un tuteur désigné afin de sauvegarder ses intérêts procéda à un inventaire de ses effets.

Qu'encourt Pierre ?

› *Correction*

Nous envisagerons d'abord la qualification applicable (I). Nous déterminerons ensuite la peine applicable en solutionnant préalablement le conflit de lois dans le temps qui se dégage (II). Enfin il nous faudra régler la question de l'éventuelle prescription de l'action publique (III).

I/ La qualification applicable

Pierre semble avoir commis un vol au préjudice de Madame Baumann.

– *Élément légal* : le vol est une infraction prévue par l'article 311-1, C. pén. et est puni de trois ans d'emprisonnement et de 45 000 € d'amende.

– *Éléments constitutifs* : c'est une infraction de résultat qui suppose, *matériellement*, la survenance d'un résultat – la soustraction effective de la chose d'autrui – et, *intellectuellement*, à la fois un dol général – la volonté et la conscience de violer la loi pénale conformément à l'article 121-3, al. 1er, C. pén., puisqu'il s'agit d'un délit – et un dol spécial – la volonté de se comporter en propriétaire. Ces éléments ne posent pas de difficulté en l'espèce.

– *Répression* : aux termes de l'article 311-4, 6° du C. pén., la peine est portée à cinq ans d'emprisonnement et 75 000 € d'amende lorsque le vol a eu lieu dans un local d'habitation ou dans un lieu utilisé ou destiné à l'entrepôt de fonds, valeurs, marchandises ou matériels. En outre, l'article 311-5, dernier al., du C. pén. prévoit que le vol est puni de dix ans d'emprisonnement et 150 000 € d'amende : lorsqu'il est commis dans deux des circonstances que l'article décrit, parmi lesquelles figurent le vol facilité par l'état d'une personne dont la particulière vulnérabilité, due à son âge, à une maladie, à une infirmité, à une déficience physique ou psychique ou à un état de grossesse, est apparente ou connue de son auteur (art. 311-5, 2°, C. pén.) et le vol commis dans un local d'habitation ou dans un lieu utilisé ou destiné à l'entrepôt de fonds, valeurs, marchandises ou matériels, en pénétrant dans les lieux par ruse, effraction ou escalade (art. 311-5, 3°, C. pén.), ou lorsqu'il est commis dans l'une des circonstances décrites et dans l'une des circonstances décrites par l'article 311-4.

En l'espèce, une maison de retraite constitue très certainement un local d'habitation – la jurisprudence retenant en la matière une interprétation large de cette notion (ex. : Crim. 15 nov. 1955, *Bull. crim.* n° 482, pour des bureaux de la sécurité sociale) –, les chambres qui y sont aménagées étant effectivement destinées à l'habitation des résidents. On peut également relever que Pierre a bien pénétré dans les lieux par ruse puisque, revêtu d'un uniforme similaire à celui utilisé par les agents d'entretien de la maison de retraite, il a pénétré par l'entrée du personnel. Aussi tant la circonstance aggravante décrite par l'article 311-4, 6°, C. pén. que la circonstance aggravante décrite par l'article 311-5, 3°, C. pén. semblent bien caractérisées en l'espèce.

En outre, le vol semble avoir été « facilité par l'état d'une personne dont la particulière vulnérabilité, due à son âge, à une maladie, à une infirmité, à une déficience physique ou psychique ou à un état de grossesse est apparente ou connue de son auteur », circonstance prévue par l'article 311-5, 2°, C. pén.

Par conséquent, Pierre a bien commis le vol avec deux circonstances aggravantes (celle de l'article 331-5, 2°, C. pén. et celle de l'article 311-5, 3°, C. pén. si l'on retient la ruse; celle de l'article 311-5, 2°, C. pén. et celle de l'article 3111, 4°, C. pén. si l'on ne retient pas la ruse). Aussi conformément à l'article 311-5, dernier alinéa, Pierre encourt-il, dix ans d'emprisonnement et 150 000 € d'amende.

II/ La peine encourue et le conflit de lois dans le temps

Cependant, les faits ont été commis en février 2011 et la loi du 14 mars 2011 a modifié les peines applicables au vol et il faut donc résoudre un conflit de lois dans le temps.

En février 2011, l'article 311-4, C. pén. prévoyait que le vol commis avec deux circonstances aggravantes était puni de sept ans d'emprisonnement et de 100 000 € d'amende lorsqu'il était commis avec deux circonstances aggravantes parmi lesquelles figuraient le vol « facilité par l'état d'une personne dont la particulière vulnérabilité, due à son âge, à une maladie, à une infirmité, à une déficience physique ou psychique ou à un état de grossesse, est apparente ou connue de son auteur » (art. 311-4, 5°, C. pén.) et le vol « commis dans un local d'habitation ou dans un lieu utilisé ou destiné à l'entrepôt de fonds, valeurs, marchandises ou matériels, en pénétrant dans les lieux par ruse, effraction ou escalade » (art. 311-4, 6°, C. pén.).

Par conséquent, la loi du 14 mars 2011, en abrogeant l'article 311-4, 5°, C. pén. pour le remplacer par l'article 311-5, C. pén., a aggravé les peines du vol commis dans les circonstances décrites : le quantum de la peine d'emprisonnement encourue passe de sept à dix ans d'emprisonnement, le quantum de la peine d'amende encourue passe de 100 000 à 150 000 €. En outre, on relèvera que l'aggravation de la répression peut désormais s'appliquer même si la circonstance de ruse ne peut être caractérisée lorsque le vol est commis dans un local d'habitation puisque l'article 311-5, dernier alinéa, nouveau prévoit l'aggravation lorsque l'une des circonstances qu'il décrit peut-être retenue avec celle de l'article 311-4 (lequel prévoit, désormais, dans son 6°, le vol commis dans un local d'habitation sans ruse, la loi du 14 mars 2011 ayant abrogé cette condition).

En la matière, le Code pénal – article 112-1 et s. – opère une distinction entre les lois pénales de fond et les lois pénales de forme. Les lois pénales de fond – relatives à la définition des infractions ou à la pénalité encourue – sont soumises aux principes de non-rétroactivité de la loi nouvelle plus sévère et de rétroactivité de la loi pénale plus douce (rétroactivité *in mitius*).

En l'espèce la loi du 14 mars 2011, par un jeu de renvoi, a non seulement modifié la circonstance du vol ayant été commis dans un local d'habitation (suppression de l'exigence de ruse comme indiqué *supra*) rendant celle-ci plus aisément applicable et elle a aggravé les peines applicables : deux circonstances aggravantes font désormais encourir dix ans au lieu de sept ans d'emprisonnement. Elle constitue donc une loi de fond plus sévère qui ne saurait s'appliquer à des faits commis antérieurement à son entrée en vigueur (art. 112-1, al. 2, C. pén.).

Par conséquent, Pierre encourt, pour le vol commis au préjudice de Madame Baumann, les peines légalement applicables en février 2011, c'est-à-dire sept ans d'emprisonnement et 100 000 € d'amende.

Se trouve également posée la question du champ d'application dans le temps des lois relatives à la prescription de l'action publique.

III/ L'absence de prescription de l'action publique

Jusqu'à la loi du 9 mars 2004, les lois relatives à la prescription ne pouvaient s'appliquer à des faits commis antérieurement à leur entrée en vigueur lorsqu'elles avaient pour résultat d'aggraver la situation de l'intéressé, notamment en allongeant la durée de la prescription de l'action publique. Depuis, aux termes de l'article 112-2, 4°, C. pén., ces lois sont d'application immédiate à la répression des infractions commises avant leur entrée en vigueur, sauf lorsque la prescription était d'ores et déjà acquise avant cette entrée en vigueur.

Le vol caractérisé à l'encontre de Pierre étant un délit (puisque puni à titre principal d'une peine d'emprisonnement : art. 111-3, C. pén. et 131-3, C. pén.), la prescription de l'action publique était en principe, en février 2011, de trois ans (art. 8, al. 1er, C. pr. pén.). Dans la mesure où il s'agit d'une infraction matérielle, la prescription court en principe du jour de sa consommation, c'est-à-dire de la soustraction, et la prescription aurait donc dû être acquise, en l'espèce, faute d'acte interruptif, en février 2014.

Or, la loi du 14 mars 2011 avait modifié le point de départ du délai de prescription de l'action publique d'un certain nombre de délits, parmi lesquels figurait le vol (simple : anc. art. 311-3, C. pén.; ou aggravé : anc. art. 311-4, C. pén.), lorsqu'ils étaient commis « à l'encontre d'une personne vulnérable du fait de son âge, d'une maladie, d'une infirmité, d'une déficience physique ou psychique ou de son état de grossesse » (anc. art. 8, al. 3, C. pén.). Dans une telle hypothèse, la prescription courait à compter du jour où l'infraction apparaissait à la victime dans des conditions permettant l'exercice de l'action publique.

En vertu de l'article 112-2, 4°, C. pén., une telle loi est d'application immédiate puisque la prescription du vol commis en février 2011 n'était pas acquise le jour de l'entrée en vigueur de la loi, laquelle a lieu le lendemain de sa publication au journal officiel (art. 1er, C. civ).

Dès lors, puisque la prescription n'était pas acquise lors de l'entrée en vigueur de la loi du 14 mars 2011, l'article 8, al. 3, C. pr. pén. s'appliquait à la situation de Pierre. Et puisqu'il est possible de caractériser l'état de vulnérabilité de Madame Baumann, victime du vol, résultant de son âge et de son état de sénilité nécessitant une prise en charge dans le cadre d'une maison de retraite, la prescription, qui était de trois ans, n'a commencé à courir qu'à compter du jour où l'infraction est apparue à celle-ci, c'est-à-dire en mars 2016.

Le délai de prescription de l'action publique était toutefois de trois ans à l'époque. Celle-ci aurait dû être acquise en mars 2019. Toutefois, la loi du 27 février 2017 a modifié les délais de prescription. Le délai de prescription de l'action publique pour les délits n'est plus de trois ans, mais de six ans (art. 8, al. 1er, C. pr. pén. dans sa version issue de la loi du 27 févr. 2017).

Cette loi s'applique-t-elle immédiatement ? Une réponse positive s'impose, conformément à l'article 112-2, 4°, C. pén., puisqu'au moment de l'entrée en vigueur de la loi – le 1er mars 2017 en vertu de l'article 1er, C. civ. – la prescription n'était pas acquise.

Par conséquent le vol n'est pas prescrit et Pierre pourra être poursuivi de ce chef.

Cas pratique n° 10

› *Énoncé*

Au début de l'année 2011, Pierre a rencontré quelques difficultés au sein de l'entreprise dans laquelle il était salarié depuis plusieurs années. Il venait pourtant d'être nommé manager de son équipe et ses résultats étaient, selon les dires de son supérieur hiérarchique, tout à fait impressionnants. Les choses ont commencé à se détériorer lorsque Julie a été embauchée au poste d'assistante personnelle de Pierre. En effet, le coup de foudre fut immédiat mais malheureusement à sens unique puisque la jeune femme dut immédiatement le prévenir qu'elle était déjà engagée dans une relation sérieuse et qu'en tout état de cause elle ne souhaitait pas mélanger le travail et les sentiments. Cela n'empêcha pas Pierre de l'inviter presque quotidiennement à aller « boire un verre pour faire connaissance », affirmant très souvent, à qui voulait l'entendre, clients et collègues, qu'il était certain qu'ils étaient « faits l'un pour l'autre ». Un jour de désespoir Pierre alla même jusqu'à dire à Julie que si elle ne faisait pas un effort, il serait obligé de se séparer d'elle et qu'elle aurait beaucoup de mal à retrouver du travail. Malgré cette tentative désespérée Julie ne céda pas et le dirigeant de l'entreprise, conscient de la tournure que prenaient les événements, demanda à Pierre de partir.

Fin 2013, Pierre fut rattrapé par son passé. Julie se décida finalement à porter plainte pour harcèlement sexuel et une enquête fut diligentée de ce chef au cours de laquelle plusieurs actes d'investigation vinrent interrompre la prescription de l'action publique.

La plainte de Julie a-t-elle des chances de prospérer ?

› *Correction*

Il apparaît que les faits susceptibles d'être reprochés à Pierre correspondent à la définition du harcèlement sexuel telle que proposée par le Code pénal (I). Cependant, l'incrimination du harcèlement sexuel résulte d'une loi postérieure aux faits (II).

I/ La qualification de harcèlement sexuel

Selon l'article 222-33, C. pén. « le harcèlement sexuel est le fait d'imposer à une personne, de façon répétée, des propos ou comportements à connotation sexuelle qui soit portent atteinte à sa dignité en raison de leur caractère dégradant ou humiliant, soit créent à son encontre une situation intimidante, hostile ou offensante ». En l'espèce, les comportements qui peuvent être reprochés à Pierre sont les suivants : il a invité Julie, dont il est le supérieur hiérarchique, à sortir avec lui plusieurs fois, avec insistance, déclarant son amour pour elle à tous ses collègues. Il a, en outre, menacé de la licencier si « elle ne faisait pas un effort ».

Si la jurisprudence refuse d'admettre qu'une déclaration d'amour, même d'un supérieur hiérarchique à sa subordonnée, puisse constituer des faits de harcèlement sexuel (Versailles, 29 nov. 1996), il n'en est pas de même lorsque cette déclaration de sentiments va jusqu'à l'exercice de pressions concrètes. Ainsi, la Cour d'appel de Versailles a considéré dans un arrêt en date du 31 janvier 1997 que « procède d'un abus d'autorité le fait, par le gérant d'une société, d'avoir usé de menaces et créé une situation de contrainte dans le but d'obtenir des faveurs de nature sexuelle de la part de son employée, dont l'avenir professionnel était manifestement remis en cause si elle ne cédait pas et a, par de tels moyens, subordonné ou lié son maintien dans l'entreprise [...] à l'accomplissement de telles faveurs ».

Il peut donc être valablement considéré que les agissements de Pierre pourraient entrer dans les prescriptions de l'article 222-33, C. pén. En outre ce même article précise qu'est « assimilé au harcèlement sexuel le fait, même non répété, d'user de toute forme de pression grave dans le but réel ou apparent d'obtenir un acte de nature sexuelle, que celui-ci soit recherché au profit de l'auteur des faits ou au profit d'un tiers ». Ces faits sont punis de deux ans d'emprisonnement et de 30 000 € d'amende. En l'espèce, la menace faite à Julie de perdre son poste si elle ne cédait pas à ses avances pourrait être assimilée à l'infraction de harcèlement sexuel. Cependant, les faits qui sont reprochés à Pierre ont été commis au début de l'année 2011, alors que la loi adoptant la définition précitée du harcèlement sexuel n'est entrée en vigueur que le 6 mai 2012.

II/ L'application de la loi pénale dans le temps

Au moment des faits, le harcèlement sexuel était réprimé par une disposition pénale alors en vigueur qui sanctionnait « le fait de harceler autrui dans le but d'obtenir des faveurs de nature sexuelle ». Cette infraction était punie d'un an d'emprisonnement et de 15 000 € d'amende. Le Conseil constitutionnel, dans sa décision n° 2012-240 QPC du 4 mai 2012, a considéré que cette incrimination ne définissait pas suffisamment les éléments constitutifs de l'infraction et méconnaissait en conséquence le principe de légalité des délits et des peines et a abrogé immédiatement l'article 222-33, C. pén.

Or, le principe de légalité des délits et des peines, consacré par l'article 8 de la DDHC de 1789, l'article 7, § 1 de la Conv. EDH et l'article 112-1, C. pén. a pour corollaire le principe de non-rétroactivité de la loi pénale. Il découle de ce principe essentiel de légalité des incriminations, que toute personne ayant commis des faits antérieurement à l'abrogation du texte doit en bénéficier. Au lendemain de l'abrogation du texte par le Conseil constitutionnel, le ministère de la Justice diffusait en ce sens une circulaire relative aux procédures au cours pour des faits de harcèlement sexuel, pour recommander des requalifications telles que celles de violences volontaires, harcèlement moral, tentatives d'agressions sexuelles. Cependant, pour les comportements qui n'entraient pas dans le champ d'autres incriminations, l'abrogation a constitué un obstacle définitif aux poursuites pénales.

La définition précitée du harcèlement sexuel est issue de la loi du 6 août 2012. En vertu du principe de non-rétroactivité de la loi créant une nouvelle incrimination, les faits commis antérieurement à son entrée en vigueur sont exclus de son champ d'application. En l'espèce, les faits commis au début de l'année 2011 ne pourront donc pas être incriminés sur le fondement de l'article 222-33, C. pén.

3. L'application de la loi pénale dans l'espace

Lorsqu'un élément d'extranéité se dégage de la lecture de l'énoncé du cas pratique, il convient d'abord de localiser les faits commis (I) pour déterminer ensuite un chef de compétence de la loi française (II).

I/ Le préalable : la localisation des faits

La présence d'éléments d'extranéité dans un cas pratique ne soulève souvent aucune véritable difficulté quant à la compétence de la loi française : il n'y a qu'un problème apparent, qu'il faut expressément et immédiatement dissiper. En effet, la nationalité étrangère de la victime, comme celle de l'auteur, se révèlent indifférentes si les faits ont été commis en France, car la loi française s'appliquera en vertu du principe de territorialité (art. 113-2, al. 1er, C. pén.). Il faut donc déterminer, au préalable, si les faits ont été commis sur le territoire de la République. Or, la loi et la jurisprudence adoptent une conception extensive, respectivement, du territoire de la République et de l'infraction commise sur le territoire de la République :

A – Une conception légale extensive du territoire de la République

– *celui-ci inclut le territoire terrestre (métropole, départements et territoires d'outre-mer et autres collectivités territoriales à statut particulier), mais aussi les espaces maritimes et aériens qui lui sont liés (art. 113-1, C. pén.)*. L'espace maritime est constitué par la portion de mer comprise entre la côte et une ligne parallèle située à douze miles marins de celle-ci. Quant à l'espace aérien, il s'agit de l'espace situé au-dessus du territoire terrestre français et de ses eaux territoriales. Ainsi, par exemple, une infraction qui serait commise sur un navire étranger en eaux territoriales françaises serait une infraction commise sur le territoire français, et justifierait donc l'application de la loi pénale française en vertu du principe de territorialité ;

– *certains espaces sont en outre assimilés au territoire français. Selon les articles 113-3 et 113-4, C. pén., ce sont les navires et aéronefs français, où qu'ils se trouvent* (Crim. 18 sept. 2007, *Bull. crim.* n° 211 : à l'exclusion des bateaux de navigation fluviale ; Crim. 16 nov. 2016, n° 14-86.980 : la loi pénale française s'applique aux infractions commises dans les eaux internationales contre un bateau battant pavillon français et le filet qui en est l'accessoire). Ainsi, une infraction qui serait commise sur un navire français en eaux territoriales étrangères serait réputée commise sur le territoire français ;

– *l'article 113-11, 2° et 3°, C. pén. rend la loi pénale française applicable aux crimes et délits commis à bord ou à l'encontre d'un aéronef non immatriculé en France lorsque l'appareil atterrit en France ou lorsque l'aéronef a été donné en location sans équipage à une personne qui a le siège principal de son exploitation ou, à défaut, sa résidence permanente, sur le territoire de la République*. Bien plus qu'une assimilation, la loi utilise ici une fiction : alors que l'infraction est en réalité commise hors des frontières du territoire national, elle est ramenée à une dimension territoriale, par référence, soit à un atterrissage en France, soit à un lieu d'exploitation ou de résidence sur le sol de la République ;

– *en outre, l'article 113-2-1 du C. pén. issu de la loi du 3 juin 2016, procède à une nouvelle assimilation*. En vertu de ce texte : « Tout crime ou tout délit réalisé au moyen d'un réseau de communication électronique, lorsqu'il est tenté ou commis au préjudice d'une personne physique résidant sur le territoire de la République ou d'une personne morale dont le siège se situe sur le territoire de la République, est réputé commis sur le territoire de la République ». La résidence n'est plus seulement un critère du principe de compétence personnelle passive, elle devient aussi un critère du principe de territorialité, dans une hypothèse pour l'heure limitée. Une strate est ainsi ajoutée au principe de territorialité au détriment de la compétence personnelle passive.

B – Une conception prétorienne extensive de l'infraction commise sur le territoire de la République

L'article 113-2, al. 2, C. pén. indique qu'une infraction est réputée commise sur le territoire de la République « dès lors qu'un de ses faits constitutifs a eu lieu sur ce territoire ». La jurisprudence retient une conception extensive de la notion de « faits constitutifs », permettant ainsi une application large du principe de territorialité :

– *en s'appuyant notamment sur la structure matérielle de l'infraction* : lorsque l'infraction est complexe, il suffit qu'un seul des différents actes qui, réunis, constituent l'infraction, intervienne en France pour que l'infraction soit intégralement réputée commise sur le sol national (Crim. 28 nov. 1996, *Bull. crim.* n° 437 : dans le cadre de l'escroquerie, il suffit que la remise des fonds aient eu lieu sur le territoire français pour rendre la loi française applicable, peu important que les manœuvres frauduleuses aient été orchestrées à l'étranger) ; de même pour les infractions continues : la loi française est applicable dès que le comportement délictueux se prolonge pour partie sur le territoire français : la solution a ainsi été appliquée au délit de soustraction de mineur par ascendant (Crim. 23 févr. 2000, *Bull. crim.* n° 83) ; de même, enfin, lorsque l'infraction est une infraction d'habitude, il suffit que l'un des actes de même nature qui, réunis, constituent l'infraction, ait été commis en France pour que la loi française soit applicable ;

– *l'acte préparatoire* d'une infraction constitue un « fait constitutif » de celle-ci, et justifie par conséquent l'application de loi pénale française en vertu du principe de territorialité, dès lors qu'il est commis sur le territoire français (Crim. 11 avr. 1988, *Bull. crim.* n° 144 : une tentative d'escroquerie est réputée commise en France si les actes préparatoires constituant l'une des composantes nécessaires des manœuvres frauduleuses retenues ont été perpétrés sur le territoire national) ;

– il en va de même de *la condition préalable* de l'infraction (Crim. 26 sept. 2007, *Bull. crim.* n° 224 : compétence des juridictions françaises pour des faits de recel réalisés à l'étranger se rapportant à une infraction d'origine commise en France) ;

– *l'acte de complicité à l'étranger d'une infraction principale commise France*, est considéré comme un fait constitutif de celle-ci, et relève par conséquent de la compétence de la loi pénale française (Crim. 13 mars 1891, *DP* 1892, 1, p. 76 : un délit commis sur le territoire français donne compétence à la juridiction française à l'égard des complices, bien que ceux-ci soient de nationalité étrangère et que les actes de complicité se soient accomplis à l'étranger ; solution confirmée par Crim. 29 nov. 2016, n° 15-86.712) ; à l'inverse, l'article 113-5, C. pén. prévoit que l'acte de complicité en France d'une infraction principale commise à l'étranger relève de la compétence de la loi pénale française dès lors qu'existe, d'une part, une réciprocité d'incrimination du fait principal et, d'autre part, que l'infraction principale a été constatée par une décision définitive de la juridiction étrangère (sauf pour les délits de corruption et de trafic d'influence d'agent public étranger – art. 435-6-2, al. 2nd, et 435-11-2, al. 2nd, C. pén. – et, depuis l'ordonnance du 18 septembre 2019, pour les délits d'escroquerie, d'abus de confiance, de soustraction, détournement ou destruction de biens, de corruption, de blanchiment, lorsque ceux-ci portent atteinte aux recettes perçues, aux dépenses exposées ou aux avoirs qui relèvent du budget de l'Union européenne, des budgets des institutions, organes et organismes de l'Union européenne ou des budgets gérés et contrôlés directement par eux – art. 113-14, al. 2nd, C. pén.). Il convient toutefois de noter que l'article 113-5, C. pén. est d'application subsidiaire. Il ne justifiera en effet la compétence de la loi pénale française que lorsque l'auteur du fait principal ne pourra être jugé par les juridictions françaises en vertu d'un autre chef de compétence (Crim. 20 févr. 1990, *Bull. crim.* n° 84 : tel n'est pas le cas lorsqu'un Français s'est, en France, rendu complice d'un crime commis à l'étranger par un Français, ce dernier étant alors justiciable des juridictions françaises en vertu du système de la compétence personnelle active) ;

– *l'indivisibilité* pouvant exister entre une infraction commise à l'étranger et une infraction commise en France justifie la compétence de la loi française à l'égard de l'infraction commise à l'étranger (Crim. 23 avr. 1981, *Bull. crim.*

n° 116 : la juridiction française est compétente pour connaître des faits commis à l'étranger dès lors que ces faits « apparaissent comme formant un tout indivisible » avec les infractions également imputées en France à cet étranger). L'indivisibilité prorogeant la compétence peut être constatée des faits commis, en France et à l'étranger, par la même personne ou par d'autres personnes (Crim. 20 sept. 2016, n° 16-84.026, *F-D* : application de la loi française sur le fondement du principe de territorialité à propos de faits qui, commis à l'étranger par une personne étrangère, sont indivisibles avec d'autres faits commis en France non pas par elle, mais par d'autres personnes).

Attention toutefois

Si l'indivisibilité proroge la compétence des juridictions répressives françaises, il n'en va pas ainsi de la connexité (Crim. 31 mai 2016, n° 15-85.920 : la loi pénale française est applicable « lorsque l'infraction est commise à l'étranger, dans le seul cas où il existe un lien d'indivisibilité entre cette infraction et une autre commise sur le territoire de la République, les faits étant indivisibles lorsqu'ils sont rattachés entre eux par un lien tel que l'existence des uns ne se comprendrait pas sans l'existence des autres »).
Jusqu'alors, l'indivisibilité ne prorogeait la compétence des juridictions répressives françaises que sur le fondement de la territorialité de la loi pénale. En d'autres termes la prorogation de compétence à l'égard de l'infraction commise à l'étranger supposait que puisse être relevée une indivisibilité entre cette infraction et une infraction commise en France. Dans un arrêt du 22 août 2018, la chambre criminelle vient toutefois d'admettre que des faits commis à l'étranger puissent relever de la compétence des juridictions pénales françaises à raison de leur indivisibilité avec d'autres faits eux aussi localisés hors du territoire de la République, mais dont la justice française avait pu être valablement saisie en application des règles de la compétence personnelle (Crim. 22 août 2018, n° 18-80.848 : doit être retenue la compétence des juridictions françaises pour des faits d'escroquerie commis par un français à l'étranger, dès lors que ces faits sont indivisibles de ceux de faux et usage de faux commis également par celui-ci à l'étranger dont le juge français est légalement saisi).

C – Gardez toutefois en tête les obstacles au principe de territorialité

Ce sont les immunités diplomatiques prévues par la Convention de Vienne de 1961, en vertu desquelles les agents diplomatiques et leurs familles échappent à l'application de la loi pénale française quand ils commettent une infraction sur le territoire français, et l'immunité dont bénéficie le chef d'État en exercice (Crim. 13 mars 2001, *Bull. crim.* n° 64 : la coutume internationale fait échec à l'engagement de la responsabilité pénale de Kadhafi dans l'affaire du DC 10 d'UTA).

Précision méthodologique

Pourquoi, toutefois, perdre du temps à localiser les faits pour éventuellement retenir l'application du principe de territorialité, alors qu'en présence d'un élément d'extranéité, d'autres chefs de compétence pourraient être éventuellement retenus, par exemple si l'auteur ou la victime est français ? Il serait en effet plus efficace de retenir dans une telle hypothèse, directement, la compétence de la loi française en application du principe de compétence personnelle active ou passive... Plus efficace, certes, mais elliptique car ce serait faire fi de l'intérêt que présente la compétence territoriale. En effet dans le cadre de la compétence territoriale, peu importe non seulement la nationalité de l'auteur ou de la victime, mais surtout peu importe que l'auteur de l'infraction ait déjà été jugé pour les mêmes faits dans un État étranger. On écarte en effet ici l'application de la règle *Ne bis in idem* qui interdit qu'un fait unique fasse l'objet d'une double déclaration de culpabilité (Crim. 26 sept. 2007, *Bull. crim.* n° 224). Une telle position n'est pas contraire aux exigences conventionnelles, puisque l'article 4 du protocole additionnel n° 7 de la Conv. EDH n'impose le respect de la règle *Ne bis in idem* qu'au sein d'un même ordre juridique, et n'envisage pas la situation dans laquelle les jugements auraient lieu dans des États différents.

II/ La détermination d'un chef de compétence de la loi française

Nous envisagerons la méthode de résolution d'un problème d'application de la loi pénale dans l'espace (A) avant de préciser le moment où, dans votre copie, doit intervenir cette résolution (B).

A – La méthode de résolution d'un problème d'application de la loi pénale dans l'espace

Il faut idéalement, au préalable, rappeler le principe de solidarité des compétences législatives et juridictionnelles qui est une spécificité de droit pénal international et qui se déduit de l'article 689, C. pr. pén. : lorsque la loi française est applicable, les juridictions françaises le seront et ces dernières ne peuvent appliquer que la loi pénale française, à l'exclusion de la loi pénale étrangère. Ce préalable rappelé, il faut toujours procéder expressément (même en quelques lignes) par élimination et dans l'ordre suivant :

1. Envisagez la compétence territoriale, même pour l'exclure

Visez l'article 113-2, C. pén., explicitez la notion de territoire de la République, localisez en l'espèce, les faits commis. Si l'infraction a lieu sur le territoire de la République, concluez sur l'application du principe de territorialité en précisant éventuellement la mise à l'écart de la règle *Ne bis in idem*. À défaut, excluez la compétence de la loi française sur le fondement de la territorialité.

2. À défaut de compétence territoriale, envisagez la compétence personnelle

Selon les articles 113-6 et 113-7, C. pén., la loi pénale française est compétente pour connaître d'infractions totalement commises à l'étranger dès lors que leurs auteurs – personnalité active – ou leurs victimes – personnalité passive – sont de nationalité française.

a. Applicabilité de la compétence personnelle

La compétence personnelle active est aujourd'hui transcrite à l'article 113-6, C. pén., qui prévoit la compétence de la loi pénale française pour connaître des infractions commises par un français à l'étranger. Trois conditions doivent néanmoins se trouver cumulativement réunies pour que l'on puisse conclure à l'applicabilité de la loi pénale française dans de telles hypothèses :

– l'auteur de l'infraction doit être de nationalité française ; il est toutefois fait application de ce chef de compétence lors même que le prévenu aurait acquis la nationalité française postérieurement au fait qui lui est imputé (art. 113-6, dernier al., C. pén.) ;

– l'infraction doit consister en un crime ou en un délit ;

– s'il s'agit d'un délit, l'article 113-6, al. 2, C. pén. exige une réciprocité d'incrimination. Cette dernière condition est toutefois écartée dans plusieurs cas : il s'agit d'une infraction sexuelle commise sur un mineur (agression sexuelle, atteinte sexuelle, corruption de mineur, etc.), l'objectif est alors de permettre la répression du « tourisme sexuel » (conformément aux articles 222-22, al. 3, C. pén. et 227-21-1, C. pén. issu de la loi du 17 juin 1998 ; il s'agit de l'infraction de proxénétisme commise à l'égard d'un mineur, conformément à l'article 225-11-2, C. pén. issu de la loi du 4 avril 2006 renforçant la prévention et la répression des violences au sein du couple ou commises contre les mineurs) ; il s'agit de délits relatifs à la prostitution des mineurs conformément à l'article 225-12-3, C. pén. ; le délit a été commis à bord d'un aéronef non immatriculé en France conformément à l'article 113-11, 1°, C. pén. ; il s'agit de l'infraction de fourniture de cellules ou de gamètes dans le but de faire naître un enfant génétiquement identique au « fournisseur » conformément à l'article 511-1-1, C. pén ; il s'agit d'une corruption ou d'un trafic d'influence, actif, comme passif, commis à l'étranger (art. 435-6-2, al. 1er et 435-11-2, al. 1er, C. pén.) ; il s'agit d'une infraction relevant du terrorisme : la loi du 21 décembre 2012 relative à la sécurité et à la lutte contre le terrorisme a inséré dans le Code pénal un article 113-13, qui prévoit que « la loi pénale française s'applique aux crimes et délits qualifiés d'actes de terrorisme commis à l'étranger par un Français ou par une personne résidant habituellement sur le territoire français », sans qu'aucune condition ne soit requise par le texte – la loi a entendu autoriser la poursuite des personnes ayant participé à des camps d'entraînement terroriste à l'étranger, alors même qu'elles n'auraient pas commis d'actes répréhensibles sur le territoire français, et que ces États n'incrimineraient pas la participation à des activités de préparation terroriste ; il s'agit d'une infraction relevant de la traite des êtres humains (art. 225-4-1 et 225-4-2, C. pén.). Dernièrement, l'ord. du 18 sept. 2019 a introduit un art. 113-14 au C. pén. qui écarte cette exigence de réciprocité d'incrimination pour les délits d'escroquerie, d'abus de confiance, de soustraction, détournement ou destruction de biens, de corruption et de blanchiment commis à l'étranger par un Français ou par une personne résidant habituellement ou exerçant tout ou partie de son activité économique sur le territoire français, lorsque ces délits portent atteinte aux recettes perçues, aux dépenses exposées ou aux avoirs qui relèvent du budget de l'Union européenne, des budgets des institutions, organes et organismes de l'Union européenne ou des budgets gérés et contrôlés directement par eux.

La compétence personnelle passive est énoncée à l'article 113-7, C. pén., qui prévoit la compétence de la loi pénale française pour connaître des infractions commises à l'étranger sur une victime de nationalité française. Là encore, l'applicabilité de la loi pénale française est subordonnée à la qualification criminelle ou délictuelle de l'infraction commise, ainsi qu'à la nationalité française de la victime de l'infraction (Crim. 8 nov. 2016, n° 16-84.115 : seule la qualité de victime directe de nationalité française au moment de la commission d'une infraction commise à l'étranger attribue compétence aux lois et juridictions françaises ; solution confirmée par Crim. 12 juin 2018, n° 17-86.640 : non-lieu à renvoi d'une QPC). En revanche, la réciprocité d'incrimination n'est ici pas requise. Le champ d'application de la compétence personnelle passive se trouve ainsi plus étendu que celui de la compétence personnelle active. C'est ce qui explique que la compétence personnelle passive absorbe la compétence personnelle active quand l'auteur et la victime de l'infraction commise à l'étranger sont de nationalité française.

b. Application de la compétence personnelle

Dès lors que la compétence de la loi pénale française est justifiée par la compétence personnelle (active ou passive), l'exercice des poursuites est soumis à deux particularités que vous devez rappeler :

– si l'infraction est un délit, les poursuites ne peuvent être exercées, d'une part, qu'à la requête du ministère public. Elles doivent, d'autre part, être précédées soit d'une plainte de la victime ou de ses ayants droit, soit d'une dénonciation officielle par l'autorité du pays dans lequel l'infraction a été commise (art. 113-8, C. pén.). On écarte toutefois cette seconde exigence dans les hypothèses où se trouve écartée l'exigence de réciprocité vues *supra* : infraction sexuelle, violences ou proxénétisme à l'égard d'un mineur ; infractions terroristes ; traite des êtres humains, infractions prévues par le nouvel art. 113-14, C. pén., etc. ; de même cette seconde exigence se trouve écartée pour la poursuite de l'infraction commise à l'étranger qui présente un lien d'indivisibilité avec une infraction commise à l'étranger mais qui elle, a fait l'objet d'une plainte de la victime (Crim. 22 août 2018, préc. : doit être retenue la compétence des juridictions françaises pour des faits d'escroquerie commis par un Français à l'étranger malgré l'absence de plainte préalable de la victime, dès lors que ces faits sont indivisibles de ceux de faux et usage de faux commis également par celui-ci à l'étranger mais dont le juge français est légalement saisi par suite de la plainte préalable de la victime) ;

– les poursuites ne peuvent être exercées en France qu'à la condition que la personne n'ait pas été définitivement jugée à l'étranger pour les mêmes faits. On applique en effet ici la règle *Ne bis in idem* (art. 113-9, C. pén.).

3. À défaut de compétence personnelle, envisagez la compétence réelle

Elle est consacrée à l'article 113-10, C. pén. Ce texte dresse limitativement une liste d'infractions devant être considérées comme portant gravement atteinte à des intérêts supérieurs français ou étrangers : les crimes et délits qualifiés d'atteintes aux intérêts fondamentaux de la nation et réprimés par le titre Ier du livre IV, à la falsification et à la contrefaçon du sceau de l'État, de pièces de monnaie, de billets de banque ou d'effets publics réprimées par les articles 442-1, 442-2, 442-5, 442-15, 443-1 et 444-1 et à tout crime ou délit contre les agents ou les locaux diplomatiques ou consulaires français, commis hors du territoire de la République. Dès lors que l'une de ces infractions est commise, la loi pénale française s'applique, quel que soit le lieu de sa commission, et quelle que soit la nationalité de son auteur ou celle de sa victime.

4. À défaut de compétence réelle, envisagez la compétence universelle

La compétence universelle donne vocation aux juridictions d'un État à juger une infraction, selon les propres lois de celui-ci, sur le territoire duquel le délinquant a été arrêté, ou se trouve, même passagèrement, quel que soit le lieu de commission de l'infraction et quelle que soit la nationalité de l'auteur et de la victime. Elle vise à éviter l'impunité des auteurs d'infractions particulièrement graves qui circuleraient d'un État à l'autre et est prévue aux articles 689-1 à 689-7, C. pr. pén. Elle doit nécessairement trouver sa source dans une convention internationale, et elle ne vaut que pour les infractions désignées par celle-ci (ex. : convention de New York de 1984 portant compétence universelle en matière de tortures ou traitements cruels inhumains ou dégradants, convention de Strasbourg de 1977 portant compétence universelle en matière de terrorisme…). La mise en œuvre de la compétence universelle suppose également que la personne soupçonnée de l'infraction désignée par la convention internationale soit trouvée sur le territoire français. Enfin, la règle *Ne bis in idem* trouve ici à s'appliquer : les poursuites devant les juridictions françaises sont exclues lorsque l'auteur de l'infraction a déjà été jugé à l'étranger pour les mêmes faits.

5. Envisagez, à défaut de compétence universelle, la compétence dans l'intérêt des droits de l'homme

Issue de la loi du 9 mars 2004, elle est prévue à l'article 113-8-1, C. pén. : la loi pénale française est applicable, en l'absence de tout critère qui permettrait le rattachement à l'un des autres chefs de compétence, lorsque l'intérêt des droits de l'homme serait mis en péril par une extradition ou une remise vers l'État naturellement compétent pour juger l'infraction. Dans une telle situation, deux conditions doivent être cumulativement réunies pour que la loi pénale française s'applique : l'infraction doit consister en un crime ou en un délit puni de cinq ans d'emprisonnement ; l'extradition ou la remise de l'auteur de l'infraction doit avoir été refusée par la France à l'État requérant pour l'un des motifs énumérés par la loi (le fait à raison duquel l'extradition ou la remise avait été demandée est puni dans ledit État d'une peine ou d'une mesure de sûreté contraire à l'ordre public français ; la personne réclamée aurait été jugée dans ledit État par un tribunal n'assurant pas les garanties fondamentales de procédure et de protection des droits de la défense ; le fait considéré revêt le caractère d'une infraction politique ; l'extradition ou la remise serait susceptible d'avoir, pour la personne réclamée, des conséquences d'une gravité exceptionnelle en raison, notamment, de son âge ou de son état de santé). Si la loi pénale française s'avère ainsi applicable, les poursuites doivent être exercées devant les juridictions françaises à la requête du ministère public.

6. Envisagez la compétence subsidiaire de la loi française lorsque la Cour pénale internationale est compétente

L'article 689-11, al. 1er, C. pr. pén. prévoit que « peut être poursuivie et jugée par les juridictions françaises toute personne qui réside habituellement sur le territoire de la République et qui s'est rendue coupable à l'étranger de l'un des crimes relevant de la compétence de la CPI en application de la convention portant statut de la CPI signée à Rome le 18 juillet 1998, si les faits sont punis par la législation de l'État où ils ont été commis ou si cet État ou l'État dont elle a la nationalité est partie à la convention précitée ». Les crimes relevant de la compétence de la CPI sont le crime de génocide, le crime de guerre ou le crime contre l'humanité. L'article 689-11, al. 2, C. pr. pén. énonce que « la poursuite de ces crimes ne peut être exercée qu'à la requête du ministère public si aucune juridiction internationale ou nationale ne demande la remise ou l'extradition de la personne. À cette fin, le ministère public s'assure auprès de la Cour pénale internationale qu'elle décline expressément sa compétence et vérifie qu'aucune autre juridiction internationale compétente pour juger la personne n'a demandé sa remise et qu'aucun autre État n'a demandé son extradition ». La compétence extraterritoriale des juridictions françaises est donc ici subsidiaire par rapport à celle de la CPI.

B – Le moment de la résolution du problème d'application de la loi pénale dans l'espace

Une question souvent soulevée par les étudiants ou les candidats est celle de savoir s'il faut, dans sa copie, en présence d'un élément d'extranéité, commencer ou terminer son développement par la question de l'applicabilité de la loi française. En d'autres termes faut-il d'abord procéder à la qualification des faits au regard de la loi française et déterminer ensuite si celle-ci s'applique en l'espèce ou faut-il à l'inverse résoudre d'abord le problème de l'application de la loi pénale dans l'espace pour ensuite qualifier les faits au regard de cette loi ? La seconde méthode semble évidemment plus logique : à quoi bon qualifier les faits au regard droit français si celui-ci ne s'applique pas ? Pourtant, la première méthode l'est tout autant : pour déterminer si la loi française est compétente, il faut parfois préalablement passer par les qualifications utilisées par la loi française (par exemple : l'article A111 113-6, C. pén. en matière de compétence personnelle active : « La loi pénale française est applicable à tout crime commis par un Français hors du territoire de la République (al. 1er). Elle est applicable aux délits commis par des Français hors du territoire de la République si les faits sont punis par la législation du pays où ils ont été commis (al. 2) »)… En outre, ce n'est qu'une fois qu'aura été déclinée la structure matérielle de l'infraction au regard du droit français qu'il peut apparaître que l'un des faits constitutifs de l'infraction a été commis sur le territoire de la République… Mieux vaut ainsi privilégier la première méthode, ne serait-ce que par stratégie. Il est en effet possible que le barème octroie des points sur la qualification puis sur la résolution du problème de l'application de la loi dans le temps. Une telle méthode vous permettra d'être noté sur l'intégralité des points virtuellement octroyés. À l'inverse, la première méthode vous conduit à éluder l'étape de la qualification pour vous concentrer uniquement sur la question de l'inapplication de la loi française. Si des points sont octroyés pour la qualification, ils vous échapperont.

Cas pratique n° 11

› *Énoncé*

Pour chacun des cas suivants, vous répondrez à la question suivante : la loi pénale française est-elle applicable aux faits présentés ?

1. Alors qu'un navire de la marine russe a jeté l'ancre à proximité du port de Dunkerque pour quelques jours, un officier russe trouva la mort à bord, à la suite d'un coup de feu tiré accidentellement par une jeune recrue procédant à un exercice de nettoyage de son arme.

2. Pierre, de nationalité française, part en vacances en Espagne pendant l'été. À la sortie d'une boîte de nuit madrilène, il est violemment agressé par deux autochtones après avoir refusé de leur donner une cigarette.

3. Franck, plongeur professionnel et sportif de haut niveau, profite de ses entraînements en Asie du Sud-Est pour avoir des relations sexuelles contre rémunération avec des mineures ressortissantes de cette région.

4. Le musée d'Orsay s'est fait dérober le fameux tableau *L'origine du monde*. Après de vaines recherches sur le territoire français, les autorités policières sont informées par leurs collègues allemands que le tableau a été retrouvé chez un marchand d'art berlinois qui était sur le point de le vendre à un collectionneur suisse.

› Correction

1. Le navire bâtait pavillon étranger (russe plus précisément) mais mouillait à proximité d'un port français. Il y a suspicion d'homicide involontaire sur un officier russe commis par un mousse lui aussi russe. L'infraction semble avoir été commise à bord et tant la victime que l'auteur sont étrangers.

Il faut d'abord s'interroger sur l'application du principe de territorialité puis, si ce chef de compétence ne peut être retenu, envisager successivement la compétence personnelle passive ou active, la compétence réelle puis la compétence universelle.

L'article 113-2, C. pén. consacre le principe de territorialité : « La loi pénale française est applicable aux infractions commises sur le territoire de la République (al. 1er). L'infraction est réputée commise sur le territoire de la République dès lors qu'un de ses faits constitutifs a eu lieu sur ce territoire (al. 2nd) ».

L'article 113-1, C. pén. définit quant à lui la notion de territoire de la République, qui « inclut les espaces maritime et aérien qui lui sont liés ». En outre, l'article 113-3, C. pén. procède à une extension du territoire de la République pour les navires bâtant pavillon français : « la loi pénale française est applicable aux infractions commises à bord des navires battant un pavillon français, ou à l'encontre de tels navires ou des personnes se trouvant à bord, en quelque lieu qu'ils se trouvent. Elle est seule applicable aux infractions commises à bord des navires de la marine nationale, ou à l'encontre de tels navires ou des personnes se trouvant à bord, en quelque lieu qu'ils se trouvent ».

La jurisprudence a précisé que les navires de commerce étrangers, stationnant dans un port français, sont soumis à la juridiction territoriale pour ce qui concerne les crimes dont se rendent coupables à bord les gens de l'équipage (Rouen, 21 janv. 1916 ; T. corr. Nantes, 2 avr. 1937).

En l'espèce, le navire ne bât pas pavillon français. Il ne saurait en conséquence bénéficier de l'extension de territoire prévue par l'article 113-3, C. pén. Toutefois, il mouille à proximité de Dunkerque. On peut donc penser qu'il se situe donc dans un espace maritime lié au territoire de la République. Aussi la loi pénale française est-elle applicable en application du principe de territorialité.

2. Un Français est victime à l'étranger d'un délit commis par deux étrangers.

Il convient, au préalable d'exclure la compétence territoriale prévue par l'article 113-2, C. pén. En effet, les faits ont été commis en Espagne et aucune extension du territoire n'est possible (il n'est point question d'une infraction commise à bord d'un navire ou d'un aéronef), aucune indivisibilité ne peut être constatée entre les faits commis et une infraction commise en France.

Il faut donc envisager un autre chef de compétence. On peut immédiatement exclure la compétence personnelle active (art. 113-6, C. pén.) puisque les auteurs de l'infraction sont étrangers. En revanche, la compétence personnelle passive semble pouvoir être retenue. En vertu de l'article 113-7, C. pén., « la loi pénale française est applicable à tout crime, ainsi qu'à tout délit puni d'emprisonnement, commis par un Français ou par un étranger hors du territoire de la République lorsque la victime est de nationalité française au moment de l'infraction ». Pour l'application de cette disposition, il est nécessaire que la victime ait, au jour de l'infraction, la nationalité française (à la différence de la compétence personnelle active de l'article 113-6, al. 3, C. Pén.). Toutefois, aux termes de l'article 113-8, C. pén. « dans les cas prévus aux articles 113-6 et 113-7, la poursuite des délits ne peut être exercée qu'à la requête du ministère public. Elle doit être précédée d'une plainte de la victime ou de ses ayants droit ou d'une dénonciation officielle par l'autorité du pays où le fait a été commis ».

En l'espèce, loi pénale française s'applique car la victime Pierre avait effectivement la nationalité française au jour de la commission de l'infraction. Toutefois, il est nécessaire pour cela qu'il ait déposé plainte ou qu'il y ait dénonciation officielle. Le cas échéant, les poursuites ne pourront être exercées qu'à la requête du ministère public.

3. En l'espèce, il s'agit d'un auteur français d'atteintes sexuelles (car il n'y a ni violence, ni contrainte, ni menace, ni surprise) sur des mineures étrangères, à l'étranger.

Il convient, en conséquence, immédiatement d'exclure la compétence territoriale ainsi que la compétence personnelle passive et d'envisager la compétence personnelle active. En vertu de l'article 113-6, C. pén., « la loi pénale française est applicable à tout crime commis par un Français hors du territoire de la République (al. 1er). Elle est applicable aux délits commis par des Français hors du territoire de la République si les faits sont punis par la législation du pays où ils ont été commis (al. 2nd) ».

En l'espèce, les faits commis constituent un délit. En principe, la loi française n'est applicable que si est respectée la condition de réciprocité des incriminations. En outre, les poursuites ne peuvent avoir lieu que sur plainte de la victime ou à la suite d'une dénonciation officielle. Toutefois, l'article 227-27-1, C. pén. déroge à ces exigences : « dans le cas où les infractions prévues par les articles 227-22, 227-23 ou 227-25 à 227-27 sont commises à l'étranger par un Français ou par une personne résidant habituellement sur le territoire français, la loi française est applicable par dérogation au deuxième alinéa de l'article 113-6 et les dispositions de la seconde phrase de l'article 113-8 ne sont pas applicables ». Les poursuites ne pourront cependant avoir lieu qu'à la requête du ministère public (art. 113-8, C. pén., première phrase).

4. En l'espèce, le vol du tableau a eu lieu en France et le tableau a été retrouvé en Allemagne par des Allemands chez un marchand d'art allemand sur le point de le vendre à un suisse.

S'agissant du vol commis, aucun problème ne se pose réellement. Le musée d'Orsay se situe effectivement en France et s'applique le principe de territorialité (art. 113-2, C. pén.).

Peut-on toutefois poursuivre le marchand d'art ? Il commet un recel (art. 321-1, C. pén.) en Allemagne d'un vol commis en France, et la loi française sera applicable sur le fondement de la territorialité en raison de la commission, en France, d'un fait constitutif de l'infraction sur le territoire français (art. 113-3, al. 2, C. pén.). En effet, le recel est une infraction de conséquence et nécessite, pour être constitué, une condition préalable : une infraction d'origine. Or, si le recel a été commis en Allemagne, la condition préalable de celui-ci, en l'espèce un vol, a bien été accompli sur le territoire français (en ce sens, pour des faits similaires : Crim. 26 sept. 2007, *Bull. crim.* nº 224 : il suffit, pour que l'infraction soit réputée commise sur le territoire de la République, qu'un de ses faits constitutifs ait eu lieu sur ce territoire).

Pour l'acquéreur suisse, on peut adopter le même raisonnement mais on se placera sur la tentative de recel… si toutefois celle-ci est incriminée…

Cas pratique nº 12

› *Énoncé*

Monsieur et Madame Buarque rencontrent des difficultés avec leurs enfants majeurs.

Leur fils Paulo, qui est de nationalité française, fut membre du « Groupe d'Action pour le Genre Humain », cellule destinée à combattre les ravages environnementaux générés par la société de consommation. Avec ses camarades, il a effectué entre janvier 2008 et novembre 2011 plusieurs stages d'entraînement au Nicaragua pour préparer des attentats contre les intérêts de grands groupes industriels français. Le groupe projetait notamment de tuer plusieurs PDG de sociétés cotées au CAC 40. Paulo a été mis en examen par un juge d'instruction parisien en septembre 2014.

Par ailleurs, à la suite du refus opposé par les autorités françaises à son extradition, Antonio, le deuxième fils Buarque, de nationalité brésilienne mais qui a été arrêté en France lors de la dernière visite qu'il fit à ses parents, a été mis en examen en 2012 par un juge d'instruction de Bobigny pour le meurtre d'un entrepreneur tunisien, commis à Bagdad en septembre 2003.

Vous éclairerez Monsieur et Madame Buarque qui vous interrogent, aujourd'hui, sur les conséquences pénales, au regard du droit français, des agissements de leurs fils. Ceux-ci ont entendu dire qu'une réforme de la prescription était intervenue et ils souhaiteraient notamment savoir si elle va pouvoir s'appliquer à leurs fils.

› *Correction*

Nous distinguerons la situation de Paulo (I) et celle d'Antonio (II).

I/ La participation de Paulo au camp d'entraînement au Nicaragua

A – La compétence de la loi pénale française en vertu de l'article 113-13, C. pén.

Se pose, à l'égard de Paulo, un problème de compétence de la loi et des juridictions françaises.

S'agissant, d'une part, de la compétence territoriale, prévue par l'article 113-2, C. pén., elle n'est d'aucun secours. L'association de malfaiteurs en relation avec une entreprise terroriste commise à l'étranger peut être punissable en France, seulement si des faits indivisibles sont commis sur notre sol, sur le fondement de la compétence territoriale. La voie de la territorialité n'est donc ouverte que si un acte a été commis en France.

Or, en l'espèce, puisqu'aucun acte préparatoire n'a été accompli sur notre sol, la compétence territoriale doit être écartée.

S'agissant, d'autre part, de la compétence personnelle, l'article 113-6, al. 1er, C. pén. prévoit que la loi pénale française est applicable à tout crime commis par un Français hors du territoire de la République. Or, l'infraction qui semble pouvoir être reprochée à Paulo étant un crime, l'association de malfaiteurs en relation avec une entreprise terroriste destinée à commettre un ou plusieurs crimes d'atteintes aux personnes (art. 421-2-1, C. pén. ; punie de vingt ans de réclusion en vertu de l'article 421-6, C. pén.), ce chef de compétence semble pouvoir être retenu.

Cependant, l'objectif de l'association de malfaiteurs terroriste – la commission d'un ou plusieurs crimes d'atteintes aux personnes – est une preuve délicate à rapporter. L'association de malfaiteurs étant une infraction-obstacle réprimant l'infraction-fin, dès le stade des actes préparatoires, c'est-à-dire très en amont de l'*iter criminis*, il est souvent difficile de déduire ce dol spécial terroriste de la matérialité des faits, ce qui conduit à ne pas pouvoir retenir cette circonstance aggravante et à retomber dans une qualification délictuelle (art. 421-5, al. 1er, C. pén.), qualification problématique au regard de la compétence personnelle active car nécessitant que soit satisfaite la condition de double incrimination, (article 113-6, al. 2, C. pén.) et que la poursuite ait lieu sur requête du ministère public assortie d'une plainte de la victime ou d'une dénonciation officielle de l'État du lieu de commission (article 113-8, C. pén.).

C'est la raison pour laquelle l'article 2 de la loi du 21 décembre 2012 a créé un nouveau chef de compétence de la loi pénale. Aux termes du nouvel art. 113-13, C. pén., « La loi pénale française s'applique aux crimes et délits qualifiés d'actes de terrorisme et réprimés par le titre II du livre IV commis à l'étranger par un français ou par une personne résidant habituellement sur le territoire français ». Le législateur a ainsi souhaité pouvoir empêcher en amont la commission d'actes de terrorisme lorsqu'il s'avère que des personnes préparent ces actes, notamment en s'entraînant à l'étranger, en éludant les dispositions strictes des articles 113-6 et s., C. pén. applicables en matière délictuelle.

Cette disposition pourrait s'appliquer aux actes commis par Paulo. Cependant, en l'espèce, se pose un problème d'application de la loi dans le temps, car cette disposition est entrée en vigueur postérieurement aux actes commis par Paulo. Il s'agit donc de résoudre un conflit de lois pénales dans le temps.

B – Le conflit de lois dans le temps et l'applicabilité de l'article 113-13, C. pén.

En la matière, le Code pénal opère une distinction entre les lois pénales de fond et les lois pénales de forme. Les lois pénales de fond – relatives à la définition des infractions et à la détermination des peines applicables – sont soumises aux principes de non-rétroactivité de la loi nouvelle plus sévère et de rétroactivité de la loi pénale plus douce (rétroactivité *in mitius*), conformément à l'article 112-1, C. pén. En revanche, les lois pénales de forme sont en principe applicables immédiatement, conformément à l'article 112-2, C. pén.

Or, l'article 113-13, C. pén., en déterminant un nouveau cas de compétence de la loi et des tribunaux français, constitue une loi de forme telle que visée par l'article 112-2, 1° du C. pén., lequel dispose que « sont applicables immédiatement à la répression des infractions commises avant leur entrée en vigueur : 1° Les lois de compétence et d'organisation judiciaire, tant qu'un jugement au fond n'a pas été rendu en première instance ». Dès lors, puisqu'aucune juridiction ne s'est encore prononcée sur la situation de Paulo, il convient de conclure à l'applicabilité de l'article 113-13, C. pén. à l'hypothèse de l'espèce. Ainsi, les tribunaux français pourront se déclarer compétents afin de juger et sanctionner pénalement les actes commis par Paulo à l'étranger.

Si tel est bien le cas, Paulo encourt à titre principal vingt ans de réclusion criminelle et 350 000 € d'amende du chef d'association de malfaiteurs en vue de la préparation d'actes terroristes (art. 421-2-1, C. pén. et 421-6, 1°, C. pén.).

Toutefois, un dernier problème émerge. Les faits ayant été commis entre 2008 et 2011, ne sont-ils pas prescrits ?

C – La question de la prescription de l'action publique

À l'époque des faits, l'action publique se prescrivait, en matière criminelle par dix ans et ce délai se trouvait interrompu par tout acte de poursuite ou d'instruction (anc. art. 7, C. pr. pén.). Toutefois, l'article 706-25-1, C. pr. pén. prévoyait un délai de prescription de trente ans pour les crimes visés par l'article 706-16, C. pr. pén. Or, parmi ces crimes, figuraient l'association de malfaiteurs terroristes de l'article 421-2-1, C. pén.

Les faits ayant eu lieu entre 2008 et 2011, la prescription de l'action publique devrait théoriquement intervenir trente ans plus tard, entre 2038 et 2041. Toutefois, ce délai de prescription a été interrompu par un acte d'instruction. Paulo a en effet été mis en examen en septembre 2014. Aussi, c'est un nouveau délai qui a commencé à courir à cette date et la prescription sera acquise, théoriquement là encore, en 2044.

La loi du 27 février 2017, qui est venue réformer la prescription en matière pénale, n'a pas fondamentalement modifié l'état du droit s'agissant des infractions terroristes. Si, désormais, la prescription de l'action publique des crimes est de vingt ans, et que sont définis légalement les actes interruptifs de prescription (art. 7 et 9-2, C. pr. pén. nouveaux), la loi nouvelle maintient l'exception applicable aux infractions terroristes : le délai de prescription demeure de trente ans pour les crimes terroristes visés par l'article 706-16, C. pr. pén. (art. 7, al. 2, C. pr. pén. nouveau). On relèvera que les lois relatives à la prescription sont d'application immédiate lorsque la prescription n'est pas acquise au jour de son entrée en vigueur, conformément à l'article 112-2, 4°, C. pén. Or, en l'espèce, au jour de l'entrée en vigueur de la loi du 27 février 2017, c'est-à-dire le 1er mars (le lendemain de sa publication au *JO cf.* art. 1er, C. civ.), la prescription de l'action publique pour les faits commis par Paulo n'était pas acquise. Par conséquent la loi nouvelle s'applique à celui-ci, même si cela ne change rien : la prescription sera acquise trente ans après le dernier acte interruptif, théoriquement en 2044, même s'il est vraisemblable que d'autres actes d'instruction interruptifs de la prescription viendront à nouveau interrompre la prescription.

II/ Le meurtre commis en Tunisie par Antonio

Antonio aurait commis en septembre 2003, un crime à l'étranger, à l'encontre d'un étranger.

A – La compétence de la loi pénale française en vertu de l'article 113-8-1, C. pén.

Il convient d'abord d'écarter les hypothèses de compétence territoriale (art. 113-2, C. pén.) et personnelle – active comme passive – (art. 113-6 et 113-7, C. pén.) de la loi et des tribunaux français : le meurtre a été commis à l'étranger, sur un étranger, par un étranger. Ensuite, sachant que l'infraction ne porte pas atteinte aux intérêts de l'État français, la compétence réelle (art. 113-10, C. pén.) ne saurait s'appliquer. Enfin, le meurtre n'entrant pas dans le champ d'application de la compétence universelle (art. 689-1 et s., C. pr. pén.), celle-ci doit également être écartée.

Cependant, la loi du 9 mars 2004, portant adaptation de la justice aux évolutions de la criminalité, a inséré un article 113-8-1 au C. pén., selon lequel la loi pénale et les tribunaux français sont compétents pour juger tout crime ou tout délit puni d'au moins cinq ans d'emprisonnement commis hors du territoire de la République par un étranger dont l'extradition a été refusée par les autorités françaises aux motifs, soit que le fait à raison duquel l'extradition avait été demandée est puni d'une peine ou d'une mesure de sûreté contraire à l'ordre public français, soit que la personne réclamée aurait été jugée dans ledit État par un tribunal n'assurant pas les garanties fondamentales de procédure et de protection des droits de la défense, soit que le fait considéré revêt le caractère d'infraction politique.

En l'espèce, Antonio est bien suspecté d'avoir commis un crime à l'étranger et son extradition a été refusée par la France. L'article 113-8-1, C. pén. paraît donc applicable pour permettre le jugement d'Antonio en France en application de la loi française. Il faudra toutefois que l'extradition d'Antonio ait été refusée pour l'un des motifs visés par l'article 113-8-1, C. pén.

Néanmoins, cette disposition résulte de la loi du 9 mars 2004. Or, les faits ont été commis en septembre 2003, soit antérieurement à l'entrée en vigueur du nouveau texte.

Il s'agit donc de résoudre un conflit de lois pénales dans le temps.

B – Le conflit de lois dans le temps et l'applicabilité de l'article 113-8-1, C. pén.

En la matière, comme on l'a précédemment exposé, le Code pénal opère une distinction entre les lois pénales de fond et les lois pénales de forme. Les lois pénales de fond – relatives à la définition des infractions et à la détermination des peines applicables – sont soumises aux principes de non-rétroactivité de la loi nouvelle plus sévère et de rétroactivité de la loi pénale plus douce (rétroactivité *in mitius*). En revanche, les lois pénales de forme sont en principe applicables immédiatement.

Or, l'article 113-8-1, C. pén., en déterminant un cas de compétence de la loi et des tribunaux français, constitue une loi de forme telle que visée par l'article 112-2, 1° du C. pén., lequel dispose que « sont applicables immédiatement à la répression des infractions commises avant leur entrée en vigueur : 1° Les lois de compétence et d'organisation judiciaire, tant qu'un jugement au fond n'a pas été rendu en première instance ».

Dès lors, puisqu'aucune juridiction ne s'est encore prononcée sur la situation d'Antonio, il convient de conclure à l'applicabilité de l'article 113-8-1, C. pén. à l'hypothèse de l'espèce.

Ainsi, même si la situation d'Antonio apparaît moins favorable – dans la mesure où, sans la loi du 9 mars 2004, il aurait bénéficié de l'impunité – les tribunaux français pourront se déclarer compétents afin de juger et sanctionner pénalement le meurtre commis à l'étranger par un étranger à l'encontre d'un étranger.

Si tel est bien le cas, Antonio encourt à titre principal trente ans de réclusion criminelle du chef de meurtre (art. 221-1, C. pén.).

Toutefois, un dernier problème émerge. Les faits ayant été commis en 2003, ne sont-ils pas prescrits ?

C – La question de la prescription de l'action publique

À l'époque des faits, l'action publique se prescrivait, en matière criminelle par dix ans et ce délai se trouvait interrompu par tout acte de poursuite ou d'instruction (anc. art. 7, C. pr. pén.).

Les faits ayant eu lieu en 2003, la prescription de l'action publique devait théoriquement être acquise en 2013. Toutefois, ce délai de prescription a été interrompu par un acte d'instruction. Antonio a en effet été mis en examen en 2012. Aussi, c'est un nouveau délai qui a commencé à courir à cette date et la prescription sera acquise, théoriquement là encore, en 2022.

La loi du 27 février 2017, qui est venue réformer la prescription en matière pénale, prévoit que la prescription de l'action publique des crimes est de vingt ans, et définis légalement les actes interruptifs de prescription (art. 7 et 9-2, C. pr. pén. nouveaux). Or les lois relatives à la prescription sont d'application immédiate lorsque la prescription n'est pas acquise au jour de son entrée en vigueur, conformément à l'article 112-2, 4°, C. pén. En l'espèce, au jour de l'entrée en vigueur de la loi du 27 février 2017, c'est-à-dire le 1er mars (le lendemain de sa publication au *JO cf.* art. 1er, C. civ.), la prescription de l'action publique pour les faits commis par Antonio n'était pas acquise. Par conséquent la loi nouvelle s'applique à celui-ci : la prescription sera acquise vingt ans après le dernier acte interruptif, théoriquement en 2032, même s'il est vraisemblable que d'autres actes d'instruction interruptifs de la prescription viendront à nouveau interrompre la prescription.

4. La tentative

Lorsque le résultat exigé par le législateur au titre de la constitution d'une infraction matérielle ne survient pas dans les faits qui vous sont décrits, se pose le problème de la tentative. Il existe toutefois certaines difficultés classiques souvent posées dans les cas pratiques. Nous les présenterons (I) avant d'envisager la méthodologie proprement dite (II).

I/ Les difficultés classiques

Elles sont au nombre de deux. Il s'agit, d'une part, de l'infraction impossible (A), et, d'autre part, de la tentative d'infraction formelle (B).

A – L'infraction impossible

Le problème de l'infraction impossible (meurtre d'une personne déjà décédée, vol du contenu d'une poche vide, etc.) se résout, en jurisprudence, sur le terrain de la tentative :

– *en cas d'impossibilité de fait* (qui résulte d'une inefficacité des moyens employés par exemple), la jurisprudence s'est finalement engagée dans la voie de la répression inconditionnelle, dans un célèbre arrêt *Époux Fleury* rendu par la chambre criminelle le 9 novembre 1928 (*D.* 1929 I 97) : l'injection de substances inaptes à provoquer l'avortement – qui constituait à l'époque des faits un crime – est considérée comme une tentative punissable ;

– *en cas d'impossibilité de droit* (lorsque l'élément matériel expressément requis par la loi pour la qualification de l'infraction fait défaut), la chambre criminelle a décidé, là aussi, d'entrer en voie de répression. Dans un arrêt, célèbre lui aussi, l'arrêt *Perdereau* du 16 janvier 1986 (*Bull. crim.* n° 25), la chambre criminelle a considéré que les violences accomplies avec l'intention de donner la mort sur le corps d'une personne supposée en vie alors qu'elle était décédée, caractérise un commencement d'exécution d'homicide volontaire, le prédécès de la victime étant une circonstance indépendante de la volonté de l'auteur.

Attention

L'infraction impossible ne doit pas être confondue avec l'infraction putative. Cette dernière notion renvoie à une infraction que l'agent croit avoir commise mais qui ne tombe objectivement sous le coup d'aucune loi pénale (ex. : agent qui a eu des relations sexuelles avec

▶

une personne majeure en la croyant mineure). Aucune sanction ne peut être en principe prononcée, non pas parce que le délit serait impossible, mais parce que l'infraction n'existe pas légalement. Il en va différemment lorsque le législateur assimile expressément l'infraction putative à l'infraction consommée (par exemple, le trafic d'influence où l'article 433-1, C. pén. envisage l'abus d'une influence « réelle ou supposée » ; les discriminations où l'article 225-1, C. pén. sanctionne les pratiques discriminatoires qui ont visé des personnes à raison de leur appartenance ou de leur non-appartenance « vraie ou supposée » à une ethnie, une nation, une race, ou une religion déterminée ; les circonstances aggravantes tirées du mobile raciste ou sexiste des articles 132-76 et 132-77, C. pén.). De même de l'infraction surnaturelle qui consiste pour l'agent, au lieu d'utiliser une arme ou du poison, à user de procédés tirés de la sorcellerie (envoûtements, sortilèges) pour provoquer la mort ou la maladie d'un tiers, ne peut être réprimée.

B – La tentative d'infraction formelle

Les infractions formelles sont des infractions qui répriment un comportement indépendamment de son résultat éventuel. Si ce comportement tend normalement à la production d'un dommage, l'infraction est toutefois réputée consommée en l'absence de production de ce dommage : l'atteinte effective à la valeur protégée n'est pas une condition de la consommation de ces infractions. Ainsi, **dans ces hypothèses, la loi incrimine à titre principal une tentative, donc un simple commencement d'exécution, sans distinguer selon que cette tentative réussit ou échoue** : par exemple : l'empoisonnement qui est consommé que la victime soit morte ou non (art. 221-5, C. pén.) ; la corruption qui est consommée par le simple fait de « proposer » un marché à une personne dépositaire de l'autorité publique (art. 433-1, C. pén.). **En raison de ce particularisme, la tentative punissable intervient en amont sur l'*iter criminis* : l'infraction formelle, en ce qu'elle s'achève plus tôt sur l'*iter criminis* que l'infraction matérielle – au stade du commencement d'exécution –, permet à la jurisprudence de qualifier de commencements d'exécution des agissements que l'on aurait qualifiés d'actes préparatoires si l'on avait eu affaire à une infraction matérielle** (Crim. 2 juill. 1886, *S.* 1887. 1. 449 : remise d'un flacon contenant le breuvage empoisonné, mais présenté comme un médicament utile, à un tiers chargé de l'administrer ; Crim. 5 févr. 1958, *Bull. crim.* n° 126 qui juge que le fait de jeter du poison dans un puits constitue une tentative d'empoisonnement, même si l'acte ne tend pas à provoquer effectivement la mort de la victime qui peut ne pas boire l'eau du puits). Toutefois, la vigueur de ce particularisme doit être relativisée : l'article 221-5-3, al. 1er, C. pén. prévoit que la personne ayant tenté de commettre les crimes d'assassinat ou d'empoisonnement est exempte de peine si, ayant averti l'autorité administrative ou judiciaire, elle a permis d'éviter la mort de la victime et d'identifier, le cas échéant, les autres auteurs ou complices.

II/ La méthodologie proprement dite

Pour caractériser une tentative, il faut adopter une présentation didactique mais exhaustive : caractérisez, d'abord, le préalable légal qui incrimine la tentative (A), caractérisez, ensuite, les éléments constitutifs de la tentative (B), précisez, enfin, la peine encourue (C).

A – Le préalable légal : l'incrimination de la tentative

Visez l'article 121-4 car c'est l'élément légal de l'incrimination de la tentative : « Est auteur de l'infraction la personne qui : 1° Commet les faits incriminés ; 2° Tente de commettre un crime ou, dans les cas prévus par la loi, un délit ». Explicitez ensuite, en l'espèce : s'il s'agit d'un crime tenté, il n'y a pas de difficulté car la tentative de crime est toujours réprimée. S'il s'agit d'un délit, il faut viser un texte spécial d'incrimination car **l'article 121-4, 2°, C. pén. consacre le principe de spécialité de la tentative délictuelle** (par exemple pour la tentative de vol, citer l'article 311-13, C. pén.). À défaut de texte spécial d'incrimination, la tentative de délit n'est pas réprimée. En outre, le silence de l'art. 121-4, C. pén., concernant les contraventions oblige à conclure que la tentative de celles-ci ne saurait être sanctionnée.

Soyez vigilant

L'ord. du 18 septembre 2019 est venue incriminer spécialement – par une disposition plus sévère et qui ne saurait rétroagir – la tentative d'abus de confiance visant les recettes, les dépenses ou les avoirs de l'Union européenne (art. 314-1-1, al. 3, C. pén.). À défaut de porter atteinte à ces intérêts, la tentative d'abus de confiance n'est toutefois toujours pas incriminée.

B – Les éléments constitutifs de la tentative : commencement d'exécution et absence de désistement volontaire

Caractérisez ensuite les éléments constitutifs de la tentative punissable :

1. L'élément matériel : un commencement d'exécution

L'article 121-5, C. pén. exige, pour que la tentative soit établie, qu'un commencement d'exécution puisse être caractérisé. La jurisprudence prend soin de distinguer le commencement d'exécution des simples actes préparatoires. Les actes préparatoires ne sont en effet pas punissables au titre de la tentative. Ainsi, à défaut de texte les incriminant de manière autonome (ex. : l'association de malfaiteurs de l'article 450-1, C. pén. ; le mandat criminel de l'article 221-5, C. pén. ; l'administration à une personne, à son insu, d'une substance de nature à altérer son discernement ou le contrôle de ses actes en vue de commettre un viol ou une autre agression sexuelle de l'art. 222-30-1, C. pén., issu de la loi du 3 août 2018 ; etc.), et sauf l'hypothèse où l'infraction est une infraction formelle, ils resteront impunis. **Le commencement d'exécution caractérisant l'élément matériel de la tentative a été défini par l'arrêt *Lacour* du 25 octobre 1962** (*Bull. crim.* n° 292), qu'il convient de citer : il s'agit de « l'acte qui doit avoir pour conséquence directe et immédiate de consommer le crime, celui-ci étant entré dans sa période d'exécution ». Bien que cette définition paraisse distinguer clairement le commencement d'exécution des actes préparatoires – le premier supposant des agissements entretenant une proximité causale (« conséquence directe ») et temporelle (« conséquence immédiate ») avec la consommation de l'infraction, alors que les seconds ne relevant que de l'élaboration ou de la préparation de l'infraction, et ne tendent qu'indirectement et non immédiatement à la consommation du crime ou du délit – il demeure que, dans certaines hypothèses, la frontière entre les deux notions n'est pas si nette. Tel est notamment le cas en matière d'escroquerie. Ainsi, si la chambre criminelle considère que la demande de paiement, adressée à son assureur par un assuré ayant simulé un sinistre, caractérise le commencement d'exécution de la tentative d'escroquerie (Crim. 22 févr. 1996, *Bull. crim.* n° 89), elle juge que, lorsque l'assuré en reste au stade de la mise en scène de l'accident et ne s'adresse pas à la compagnie, il ne s'agit que d'un acte préparatoire non punissable (Crim. 22 mai 1984, *Bull. crim.* n° 187).

2. L'élément moral : l'absence de désistement volontaire

Selon l'article 121-5, C. pén., un commencement d'exécution ne peut caractériser une tentative que s'il a été interrompu par des circonstances indépendantes de la volonté de son auteur. Un désistement involontaire doit ainsi pouvoir être constaté. L'auteur du commencement d'exécution qui renonce volontairement à son action avant que l'infraction ne soit consommée n'est pas pénalement punissable.

Comme le commencement d'exécution, la notion de désistement involontaire a posé problème en jurisprudence. Comment, en effet, distinguer nettement entre le désistement involontaire constitutif de la tentative, et le désistement volontaire exclusif de la tentative ? Les juridictions répressives estiment en principe que lorsque l'intéressé renonce à son action sans l'intervention d'aucune cause externe, le désistement est volontaire, et la tentative n'est donc pas constituée. En revanche, quand l'action du délinquant est stoppée par un événement à la fois extérieur et contraignant (classiquement, l'arrivée de la police), le désistement est involontaire, et la tentative est constituée. L'hypothèse qui fait véritablement difficulté est celle où une cause extérieure mais non contraignante a déterminé le délinquant à mettre fin à son forfait (tout aussi classiquement, un bruit qui a fait peur au cambrioleur). Dans cette hypothèse, les tribunaux statuent suivant les cas d'espèce. La tendance générale de la jurisprudence en la matière est à juger que, lorsque c'est une cause extérieure qui a provoqué la peur qui a donné lieu au désistement, ce dernier doit être considéré comme involontaire et la tentative constituée (en ce sens, Crim. 26 avr. 2000, *Bull. crim.* n° 164, pour la fuite de l'auteur d'une tentative d'enlèvement de mineure, dès lors que la résistance opposée par la victime a mis fin à l'acte en cours d'exécution.). Il faut prendre garde à ne pas confondre le désistement volontaire exclusif de tentative avec le repentir actif. On parle de repentir actif pour désigner la situation dans laquelle le délinquant, après avoir entièrement consommé l'infraction, s'efforce d'en effacer les conséquences (hypothèse du voleur qui vient rendre le portefeuille à sa victime). Le repentir actif est indifférent à la constitution de l'infraction, puisque, quand il survient, celle-ci a déjà été entièrement constituée dans tous ses éléments. Ainsi, ce n'est bien sûr que lorsque le désistement volontaire survient avant la consommation de l'infraction qu'il peut faire obstacle à la mise en jeu de la responsabilité pénale de son auteur.

C – La répression de la tentative

Visez l'article 121-4 et précisez que l'auteur d'une tentative est traité comme l'auteur de l'infraction consommée. Il faut relever que le repentir actif est pris en compte désormais. L'article 132-78, al. 1er, C. pén. dispose en effet que « la personne qui a tenté de commettre un crime ou un délit est, dans les cas prévus par la loi, exempte de peine si, ayant averti l'autorité administrative ou judiciaire, elle a permis d'éviter la réalisation de l'infraction et, le cas échéant, d'identifier les autres auteurs ou complices ». **L'application de ce statut des repentis est toutefois subordonnée à une prévision spéciale du législateur, au titre de l'infraction concernée.** Il vous faudra dans ce cas viser le texte spécial qui applique le statut des repentis à l'infraction tentée que vous avez caractérisée.

Cas pratique n° 13

› *Énoncé*

Marc vient de recevoir un coup de fil de son amie Marie, avocate pénaliste. Elle lui raconte, qu'étant de permanence garde à vue durant la nuit, elle a été amenée à assister Luc, le petit frère de Marc, dont la garde à vue vient de s'achever. Luc vient d'être déféré devant le substitut du procureur de la République. Elle lui explique que celui-ci faisait face à d'importants problèmes d'argent dont il ne souhaitait pas parler à son frère, et que pour s'en sortir, il avait décidé, la veille, de voler une voiture. Seulement Luc n'est pas un criminel né, loin de là. N'ayant aucune compétence, il a essayé de voler une grosse berline à l'aide d'un pied-de-biche, et s'est finalement retrouvé le bras coincé dans la portière. Après de vaines tentatives pour se décoincer il s'est résolu à composer le 112 depuis son téléphone portable et a été appréhendé par la police le bras coincé dans l'objet de son délit.

Quid juris ?

› *Correction*

Il s'agira de qualifier l'infraction recherchée (I), pour ensuite dire si la tentative est constituée (II) avant d'envisager une cause d'irresponsabilité (III).

I/ Sur l'infraction recherchée

Faisant face à des problèmes d'argent, Luc a décidé de s'emparer d'un véhicule ne lui appartenant pas. On peut donc s'interroger sur la question de savoir si ces faits sont constitutifs d'un vol.

Le vol est prévu à l'article 311-1, C. pén. comme étant la soustraction frauduleuse de la chose d'autrui. On relèvera seulement à ce stade que, matériellement, le vol suppose la préexistence d'une chose, laquelle doit appartenir à autrui et que celle-ci doit faire l'objet d'une soustraction, laquelle s'analyse comme une interversion matérielle de possession. Intellectuellement, le vol suppose une intention d'appropriation, ou de maîtrise même momentanée, c'est-à-dire que l'auteur se comporte en propriétaire de la chose.

En l'espèce, l'élément moral du vol semble bien pouvoir être caractérisé : le fait de fracturer une porte pour s'introduire dans une voiture démontre bien la volonté de se comporter en propriétaire de la chose, d'autant plus que l'usage d'un pied-de-biche révèle le caractère frauduleux de cette intention. L'élément matériel du vol fait toutefois défaut. S'il existe bien une chose susceptible d'appropriation, à aucun moment Luc n'est parvenu à soustraire frauduleusement la voiture : il n'a pu ni se comporter en propriétaire de celle-ci, ni n'en a eu l'usage même momentané. L'infraction elle-même ne saurait en conséquence être valablement constituée.

Toutefois, eu égard au comportement de l'auteur, il ne fait aucun doute que le vol était recherché, il convient donc de déterminer si les faits sont constitutifs d'une tentative de vol.

II/ Sur la tentative de soustraction

Luc échoue à ouvrir la voiture, se retrouve le bras coincé dans la portière et se résout à composer le 112 sur son téléphone. Il s'agit de s'interroger sur la question de savoir si ces faits sont constitutifs d'une tentative de vol.

– Élément légal de la tentative : la tentative est prévue aux articles 121-4 et 121-5, C. pén. Ces textes disposent qu'est auteur de l'infraction la personne qui tente de commettre un délit lorsque la loi le prévoit : c'est le principe de spécialité de la tentative délictuelle. En l'espèce, le vol constitue bien un délit susceptible d'une tentative punissable, comme en dispose l'article 311-13, C. pén.

– Élément matériel de la tentative : la tentative est constituée par un commencement d'exécution, c'est-à-dire un acte tendant directement à la consommation de l'infraction, celle-ci étant rentrée dans sa phase d'exécution (Crim. 25 oct. 1962, *Lacour*, *Bull. crim.* n° 292). En l'espèce, il y a bien eu un commencement d'exécution, puisque le fait de fracturer une porte est la condition nécessaire à l'introduction dans le véhicule pour s'en emparer.

– Élément moral de la tentative : le commencement d'exécution ne doit avoir été suspendu ou ne doit avoir manqué son effet qu'en raison de circonstances indépendantes de la volonté de son auteur. La tentative suppose que le commencement d'exécution ait été réalisé avec l'intention de mener l'infraction à bien. Le désistement volontaire de l'infraction par son auteur fait obstacle à la constitution de la tentative (Crim. 20 mars 1974, *Bull. crim.* n° 124). L'absence de résultat ne doit pas résulter d'un comportement volontaire de la part de l'auteur, mais d'un élément extérieur à celui-ci. En l'espèce, il ne fait aucun doute que Luc a eu la volonté de mener à bien le vol comme cela a été démontré précédemment, puisque le recours au pied-de-biche démontre une volonté d'appropriation frauduleuse. La question de l'absence de désistement volontaire peut sembler plus complexe en ce que c'est Luc lui-même qui, en appelant le 112, est à l'origine de l'arrivée des secours et de la police sur place. Toutefois, ce fait ne saurait être constitutif d'un désistement volontaire, puisque l'appel résulte d'un fait extérieur à la volonté de Luc. En effet, c'est par sa maladresse qu'il s'est coincé le bras dans la portière, ce qui ne saurait constituer une volonté de se désister, mais bien plutôt une nécessité d'être secouru. Dès lors qu'il y a bien un commencement d'exécution et que le désistement n'est pas volontaire, Luc a bien commis une tentative de vol.

En vertu de l'article 311-13, C. pén., la tentative de vol est punie des mêmes peines que le vol consommé. S'agissant d'un vol ayant causé des dégradations – la portière a été forcée à l'aide d'un pied-de-biche – et donc aggravé, la tentative de vol commise par Luc fera encourir à celui-ci la peine de cinq ans d'emprisonnement et 75 000 € d'amende.

III/ Sur l'éventuelle cause d'irresponsabilité

Luc a commis ce vol par nécessité pécuniaire, on peut s'interroger sur la question de savoir si ce fait est susceptible de constituer une cause d'irresponsabilité.

L'article 122-7, C. pén. consacre l'état de nécessité et dispose que « n'est pas pénalement responsable la personne qui, face à un danger actuel ou imminent qui menace elle-même, autrui ou un bien, accomplit un acte nécessaire à la sauvegarde de la personne ou du bien, sauf s'il y a disproportion entre les moyens employés et la gravité de la menace ». L'état de nécessité suppose qu'une infraction soit réalisée, mais que celle-ci soit déterminée par la nécessité de sauvegarder une personne ou un bien. Cette nécessité doit découler d'un danger actuel ou d'une menace imminente qui ne peut être une simple commodité. Il est de jurisprudence constante que des difficultés financières sont insuffisantes pour caractériser un danger réel, actuel ou imminent (Poitiers, 11 avr. 1997).

En l'espèce, la tentative d'infraction trouve son origine dans des difficultés financières que traverse Luc, cet état de « nécessité économique » étant rejeté par la jurisprudence, Luc ne saurait se prévaloir d'une quelconque cause d'irresponsabilité.

Cas pratique n° 14

› Énoncé

Louise, chargée de TD, est bien contente que les vacances d'été approchent. Elle a prévu de partir 15 jours en Thaïlande avec Gaspard, son petit ami depuis six mois. Arrivés sur place, ils décident de se rendre sur une île paradisiaque. Quelle n'est pas sa surprise lorsqu'à l'hôtel, au petit-déjeuner, elle croise devant le buffet à volonté Clothilde, une de ses anciennes étudiantes. Le pire est que Gaspard lui avoue qu'il connaît Clothilde : il a passé quelques jours avec elle il y a huit mois. Gaspard ne se perd pas dans les détails, mais Louise sait lire entre les lignes. Sa décision est prise : le lendemain, elle va tuer Clothilde. Non seulement elle est plutôt jolie et représente une menace pour le bonheur du couple de Louise, mais elle était aussi assez insolente en cours. Reste à trouver un moyen.

Le matin du jour fatidique, Louise et Gaspard visitent l'éco-parc de l'île, qui abrite plus de vingt espèces de serpents, dont certains sont très venimeux. Le guide pointe du doigt le laboratoire du parc, où selon lui, des scientifiques font des recherches sur les propriétés des venins. Louise prétexte un mal de tête et laisse le groupe la distancer. Elle en profite pour s'introduire dans le laboratoire, dont l'accès est pourtant interdit au public, et vole une fiole où il est inscrit « poison – do not touch – risk of death » et où un dessin assez suggestif représente une tête de mort dans un triangle orange.

Le soir, alors que Clothilde se déchaîne sur la plage, Louise profite d'un moment où elle a le dos tourné pour verser le contenu entier de la fiole dans son verre. Mais, au moment où Clothilde porte le verre à sa bouche, Gaspard, passablement enivré, perd l'équilibre et la bouscule. Le verre terminera en morceaux sur le sol. Il vous est précisé que tous les protagonistes sont français.

Que risque Louise au regard du droit pénal français ?

› Correction

Il convient d'envisager successivement, la soustraction du poison (I), les faits dont a failli être victime Clothilde (II) et la question de l'application de la loi pénale française (III).

I/ La soustraction du poison

Louise s'est introduite dans un laboratoire dont l'accès était interdit au public et a pris une fiole de poison.

Le vol est incriminé à l'article 311-1, C. pén. Il consiste en « la soustraction frauduleuse de la chose d'autrui ». Concernant l'élément matériel, il faut caractériser la soustraction d'une chose appartenant à autrui. Il doit s'agir d'une chose appropriable et appropriée par la personne d'autrui. La soustraction est caractérisée dès lors que le propriétaire n'entend pas renoncer à ses droits sur la chose subtilisée ou même remise volontairement, mais à titre précaire. Concernant l'élément moral, le vol est une infraction intentionnelle qui suppose que l'agent ait voulu se comporter en propriétaire.

En l'espèce, concernant l'élément matériel, la fiole de poison, bien meuble corporel appropriable, appartient au laboratoire thaïlandais. Il s'agit bien d'une soustraction à l'insu du laboratoire puisque Louise s'est introduite dans le laboratoire sans autorisation. Concernant l'élément moral il s'agit bien d'une soustraction frauduleuse, Louise ayant bien eu l'intention de s'approprier la fiole.

L'infraction de vol est donc constituée. Selon l'article 311-3, C. pén., « il est puni de trois ans d'emprisonnement et de 45 000 € d'amende ». Aux termes de l'article 311-4, C. pén., le vol est aggravé et les peines sont portées à cinq ans et 75 000 € notamment « 6° lorsqu'il est commis dans un local d'habitation ou dans un lieu utilisé ou destiné à l'entrepôt de fonds valeurs, marchandises ou matériels ». Il est probable qu'un laboratoire où est entreposé du matériel scientifique et notamment des produits toxiques permette de retenir cette circonstance aggravante.

Il faut noter enfin que Louise s'est introduite dans le laboratoire en employant la ruse : en prétextant un mal de tête, elle a laissé le groupe la distancer. Si cette ruse est retenue par le juge, la circonstance aggravante est alors celle désormais prévue à l'article 311-5, 3°, soit lorsque le vol « est commis dans un local d'habitation ou dans un lieu utilisé ou destiné à l'entrepôt de fonds, valeurs, marchandises ou matériels, en pénétrant dans les lieux par ruse, effraction ou escalade ». La peine serait alors portée à sept ans et 100 000 € d'amende. Cependant la jurisprudence semble entendre par ruse une mise en scène ou une usurpation d'identité afin d'obtenir l'autorisation de pénétrer dans un local.

En l'espèce il semble donc que c'est plutôt l'article 311-4, 6°, C. pén. qui est applicable. Louise risque donc cinq ans d'emprisonnement et 75 000 € d'amende.

II/ Les faits dont Clothilde a failli être victime

A – Sur l'infraction recherchée

L'article 221-5, C. pén. prévoit que « le fait d'attenter à la vie d'autrui par l'emploi ou l'administration de substances de nature à entraîner la mort constitue un empoisonnement ». L'empoisonnement est l'illustration par excellence de ce que l'on entend par infraction formelle, qui se commet indépendamment du résultat. L'empoisonnement est donc consommé dès qu'il y a emploi ou administration de substance, que la victime décède ou non. D'une part l'élément matériel de l'empoisonnement consiste en l'emploi ou en l'administration de la substance et il suffit simplement que l'acte ait permis l'absorption du poison par la victime. Cette substance doit être de nature particulière, c'est-à-dire de nature à entraîner la mort. D'autre part l'élément moral de l'empoisonnement se compose à la fois d'un dol général, l'infraction devant être intentionnelle, et d'un dol spécial, l'*animus mecandi* ou volonté de tuer.

En l'espèce, Louise a bien eu l'intention de tuer et elle avait parfaitement conscience qu'elle administrait une substance effectivement mortifère puisqu'il s'agit d'un venin de serpent par ailleurs contenu dans une fiole indiquant qu'il s'agit d'un poison (la grande nocivité est indiquée notamment par le pictogramme avec une tête de mort et l'indication « *poison, do not touch, risk of death* »). Toutefois, elle s'est contentée de verser le poison dans un verre que Clothilde n'a pas bu. Aucune absorption n'a, en l'espèce, eu lieu. L'infraction d'empoisonnement ne peut donc être constituée.

B – La tentative d'empoisonnement de Clothilde

Le fait que Clothilde n'ait finalement pas bu le verre n'empêche toutefois pas la répression sur le fondement de la tentative d'empoisonnement. L'empoisonnement étant un crime, sa tentative est punissable, conformément à l'article 121-4, C. pén. qui énonce qu'« est auteur de l'infraction la personne qui : [...] 2° tente de commettre un crime ou, dans les cas prévus par la loi, un délit ». Étant donné que l'empoisonnement est une infraction formelle et vient réprimer, à titre principal, une tentative, donc un commencement d'exécution, la tentative d'empoisonnement permet, elle, de réprimer de simples actes préparatoires, situés plus en amont sur l'*iter criminis*. La tentative d'empoisonnement est donc constituée lorsque, par exemple, la substance mortelle a été préparée et présentée à la victime sans que celle-ci ne l'absorbe.

Il faut toutefois vérifier les conditions de la tentative punissable : selon l'article 121-5, C. pén., « la tentative est constituée dès lors que, manifestée par un commencement d'exécution, elle n'a été suspendue ou n'a manqué son effet qu'en raison de circonstances indépendantes de la volonté de son auteur ». Il faut donc démontrer le commencement d'exécution et l'absence de désistement volontaire.

Selon une jurisprudence classique, « le commencement d'exécution n'est caractérisé que par des actes devant avoir pour conséquence directe et immédiate de consommer le crime, celui-ci étant ainsi entré dans la période d'exécution » (Crim. 25 oct. 1962, *Lacour*, préc.). Le seuil de consommation de l'empoisonnement se situant dans l'absorption par la victime de la substance mortifère, indépendamment de la mort de celle-ci, le commencement d'exécution caractérisant la tentative d'empoisonnement peut se situer au stade des actes tendant directement et immédiatement à cette absorption. En l'espèce il y a bien commencement d'exécution car Louise a versé la substance dans le verre, action qui, sans équivoque, tend directement et immédiatement à son absorption par Clothilde.

S'agissant du désistement, il faut qu'il soit involontaire. En l'espèce, Gaspard a bousculé Clothilde ce qui a entraîné la chute du verre. Il s'agit d'un brusque changement de circonstances complètement indépendant de la volonté de Louise. Il y a donc bien une absence de désistement volontaire, Louise n'ayant à aucun moment cherché à faire machine arrière.

Les éléments de la tentative punissable sont donc présents. L'article 121-4, C. pén. considère qu'est auteur d'une infraction celui qui la commet ou la tente. Louise est donc auteur d'une tentative d'empoisonnement. Concernant la répression, l'article 221-5, C. pén., procédant par renvoi, prévoit que l'empoisonnement est « puni de la réclusion criminelle à perpétuité lorsqu'il est commis dans l'une des circonstances prévues aux articles 221-2, 221-3 et 221-4 ». L'article 221-3 dispose que « le meurtre commis avec préméditation ou guet-apens est un assassinat ». Cela signifie donc que la circonstance de préméditation aggrave la répression de l'empoisonnement. La préméditation est définie à l'article 132-72, C. pén. comme étant « le dessein formé avant l'action de commettre un crime ou un délit déterminé ». En l'espèce Louise avait arrêté sa décision avant la commission de l'infraction et préparé sa mise en œuvre notamment en subtilisant du poison mortel. Il semble donc possible de retenir cette circonstance aggravante. Louise risque donc la réclusion criminelle à perpétuité.

III/ L'application de la loi pénale dans l'espace

Toutes ces infractions ont été commises en Thaïlande. Cet élément d'extranéité a-t-il une incidence sur leurs poursuites par les autorités françaises ? La loi pénale française est en principe applicable, suivant l'article 113-2, C. pén., « aux infractions commises sur le territoire de la République ». En l'espèce les infractions ont été commises en Thaïlande, il ne peut donc être fait application du principe de territorialité. Louise étant française, il peut être fait application du principe de personnalité active, prévu à l'article 113-6, C. pén. et selon lequel « la loi pénale française est applicable à tout crime commis par un Français hors du territoire de la République ». Pour les délits, l'al. 2 du même article dispose que la loi pénale française « est applicable aux délits commis par des Français hors du territoire de la République si les faits sont punis par la législation du pays où ils ont été commis ». Enfin l'article 113-8, C. pén. prévoit que « dans les cas prévus aux articles 113-6 et 113-7, la poursuite des délits ne peut être exercée qu'à la requête du ministère public. Elle doit être précédée d'une plainte de la victime ou de ses ayants droit ou d'une dénonciation officielle par l'autorité du pays où le fait a été commis ».

Le vol de la fiole est un délit. Si Louise est responsable en vertu du principe de personnalité active, il faut encore que le délit de vol soit également puni par la législation thaïlandaise et que le ministère public français ait décidé de poursuivre en raison soit de la plainte de la victime, c'est-à-dire le laboratoire, soit d'une dénonciation officielle des autorités thaïlandaises. Même en l'absence de connaissances sur la loi thaïlandaise, il est probable que le vol est réprimé dans ce pays, cette infraction étant très commune. Ensuite, concernant la mise en mouvement de l'action publique elle devra être exercée à la requête du ministère public.

En revanche, en matière de crime ou de tentative de crime, le principe de personnalité active n'est pas soumis à de telles conditions. Louise étant française, le crime de tentative d'empoisonnement de Clothilde pourra être puni en France en vertu de la loi pénale française.

Conclusion sur les peines

Selon l'article 132-2, C. pén., « il y a concours d'infractions lorsqu'une infraction est commise par une personne avant que celle-ci ait été définitivement condamnée pour une autre infraction ». En cas de concours réel d'infractions, les articles 132-3 et 132-4 combinés indiquent que les peines de nature différente sont cumulables, mais seulement dans la limite du maximum légal le plus élevé.

En l'espèce, outre le crime de tentative d'empoisonnement qui fait encourir à Louise la réclusion criminelle à perpétuité ainsi qu'une période de sûreté pouvant aller jusqu'à trente ans (art. 132-23, al. 2), et qui absorbe largement la peine d'emprisonnement prévue par le vol, le délit de vol commis par celle-ci lui fait encourir une peine d'une autre nature, une amende de 75 000 €. Par application de l'article 132-3, C. pén., Louise encourt donc la réclusion criminelle à perpétuité assortie d'une période de sûreté pouvant aller jusqu'à trente ans, ainsi qu'une amende de 75 000 €.

Cas pratique n° 15

› *Énoncé*

En janvier 2018, Sébastien, un entrepreneur français, dû se rendre à Québec (Canada) pour affaires. Dans son jet privé, il était accompagné de sa jeune stagiaire, Alice, qu'il venait de recruter. Pendant le vol, Sébastien proposa à Alice son « cocktail maison ». Il prit soin au préalable de glisser dans le verre d'Alice une petite dose de Rohypnol, aussi connu sous le nom de drogue du violeur. Cette substance étant indolore, Alice ingéra tout le produit sans s'en rendre compte. Quant à lui, il absorba discrètement une pilule de viagra.

Quelques minutes après, Alice ne sentit pas très bien, comme plus vraiment consciente. Quelque part au-dessus de l'Océan Atlantique, Sébastien déshabilla alors sa stagiaire qui se laissa faire. Il mit un préservatif, mais au moment de passer à l'acte, l'avion traversa une zone de turbulence, ce qui déconcentra Sébastien incapable d'aller plus loin. Alice reprit peu à peu conscience.

Quelques semaines plus tard, Alice se souviendra précisément de ce qui s'est passé dans l'avion et se rendra immédiatement au commissariat du 4e arrondissement de Paris pour porter plainte. Sébastien sera arrêté.

Quid juris ?

› *Correction*

Il convient d'abord d'étudier l'infraction recherchée par Sébastien (I) pour ensuite envisager la répression de sa tentative (II) et enfin de vérifier l'applicabilité de la loi pénale française (III).

I/ Sur l'infraction recherchée

Le viol est incriminé à l'article 222-23, C. pén. Dans sa version antérieure à la loi du 3 août 2018, seule applicable en janvier 2018 en raison du principe de non-rétroactivité de la loi pénale plus sévère (art. 112-1, C. pén.), ce texte définissait le viol comme « tout acte de pénétration sexuelle, de quelque nature qu'il soit, commis sur la personne d'autrui par violence, menace, contrainte ou surprise ».

– Élément matériel : le viol se compose d'un acte qui implique le recours à la violence, la menace, la contrainte ou surprise. L'un de ces éléments doit être caractérisé pour établir l'absence de consentement de la victime. À la différence des autres agressions sexuelles, le viol exige la pénétration sexuelle. Cet acte doit être réalisé sur autrui, c'est-à-dire sur la victime, qu'elle soit un homme ou une femme. La pénétration doit être de nature sexuelle, c'est-à-dire soit c'est le sexe de la victime qui est pénétré, soit la pénétration est le fait du sexe de l'auteur.

– Élément moral : s'agissant d'un crime, le viol exige nécessairement une intention en vertu de l'article 121-3, C. pén. Le viol est constitué si l'auteur a voulu l'acte de pénétration sexuelle et s'il l'a perçu comme tel. Cela signifie que l'auteur doit avoir voulu la pénétration sexuelle, mais il doit en plus avoir eu conscience d'aller à l'encontre de la volonté de la victime et d'accomplir un acte de nature sexuelle.

En l'espèce Sébastien, en préparant le cocktail et en y insérant du Rohypnol, a bien usé d'un procédé de ruse destiné à contraindre la victime qui perd conscience. En employant ce procédé, Sébastien est nécessairement conscient d'imposer un acte non consenti à sa victime. La prise de viagra montre sa conscience et sa volonté d'imposer un acte de nature sexuelle. Toutefois, des turbulences l'empêchent d'aller jusqu'à l'acte de pénétration. Si le viol n'a pas été consommé à défaut de pénétration sexuelle, l'intention de procéder à un viol, matérialisée par la mise en place du préservatif, était bien présente. Il convient d'envisager la tentative de viol.

II/ Sur la tentative de viol

– Élément légal de la tentative : il convient d'abord de rappeler que la tentative est générale, donc toujours punissable en matière de crime (art. 121-4, 2°, C. pén.). Le viol étant puni de quinze années de réclusion criminelle, il s'agit bien d'un crime. Donc sa tentative est toujours punissable. La tentative est incriminée à l'article 121-5, C. pén. Deux éléments constitutifs doivent être vérifiés pour caractériser la tentative punissable : un commencement d'exécution et un désistement involontaire.

– Élément matériel : le commencement d'exécution : la Cour de cassation considère qu'il s'agit de « l'acte qui doit avoir pour conséquence directe et immédiate de consommer le crime, celui-ci étant entré dans sa période d'exécution » (Crim. 25 oct. 1962, *Lacour*, préc.). Ainsi deux éléments doivent être caractérisés dans le commencement d'exécution : l'acte doit tendre objectivement, directement, à la commission de l'infraction; l'acte doit être accompli avec l'intention irrévocable de commettre l'infraction. En matière de viol, la Cour de cassation a jugé qu'était auteur d'une tentative de viol, la personne qui « après avoir mis un préservatif, aurait tenté de pénétrer la victime et que seule une déficience momentanée l'aurait contraint à abandonner son projet » (Crim. 10 janv. 1996, *Bull. crim.* n° 14).

– Élément moral : le désistement involontaire : l'auteur doit s'être arrêté avant la consommation de l'infraction. Si l'auteur s'arrête pour une cause extérieure, le désistement est involontaire et l'infraction est bien tentée. Dans l'arrêt du 10 janvier 1996, la Cour de cassation a estimé que bien que cette défaillance physique soit biologiquement interne à l'agent, elle est une cause extérieure.

En l'espèce, après qu'Alice se soit évanouie, Sébastien la déshabille. Il met un préservatif, mais avant de la pénétrer, il est perturbé par des turbulences. Le fait de déshabiller sa victime et de mettre un préservatif est bien un acte qui tend directement et immédiatement à la pénétration sexuelle, donc au viol. Sébastien s'arrête parce que des turbulences le déconcentrent et parce qu'ensuite Alice reprend conscience. Il s'arrête donc de commettre l'acte pour des causes extérieures à sa propre volonté. La tentative de viol est bien caractérisée. On relèvera l'impossibilité de retenir la nouvelle circonstance aggravante issue de la loi du 3 août 2018 et prévue par l'article 222-24, 15°, C. pén. d'administration, à l'insu de la victime, d'une substance afin d'altérer son discernement ou le contrôle de ses actes. Sur ce point, la loi du 3 août 2018, loi de fond, s'avère plus sévère et elle ne peut rétroagir conformément au principe de non-rétroactivité de la loi pénale (art. 112-1, C. pén.). Toutefois une autre circonstance aggravante était applicable à l'époque des faits, et Sébastien n'en encourt pas moins vingt ans de réclusion criminelle conformément à l'article 222-24, 4°, C. pén. puisqu'il dispose sur Alice, en sa qualité de maître de stage, d'« une autorité de droit ou de fait ».

III/ Sur la compétence de la loi pénale française

Il convient de déterminer si les juridictions pénales françaises sont compétentes pour juger la tentative de viol.

Le principe de territorialité, consacré par l'article 113-2, C. pén. s'étend au-delà des infractions commises sur le territoire de la République *stricto sensu*, puisqu'il s'applique aussi aux infractions commises à l'encontre ou à l'intérieur d'un aéronef immatriculé en France, conformément à l'article 113-4, C. pén. Il suffit que l'avion soit immatriculé en France et qu'une infraction ait été commise à bord pour que la loi pénale française s'applique en vertu du principe de territorialité.

En l'espèce, Sébastien et sa stagiaire voyage dans le jet privé de Sébastien. Étant de nationalité française et vivant en France, on peut raisonnablement conclure que cet avion est immatriculé en France. La tentative de viol commise par Sébastien a bien été bien commise à l'intérieur de cet avion. Les juridictions pénales françaises seront donc compétentes pour juger ces faits.

5. La participation à l'infraction

Nous distinguerons la participation à l'infraction par concertation au travers de la complicité (I) de la participation par représentation au travers de la responsabilité pénale des personnes morales (II).

I/ La participation par concertation : la complicité

Celui qui, sans accomplir personnellement les éléments constitutifs de l'infraction imputable à l'auteur, a facilité ou provoqué l'action principale par des agissements d'une importance matérielle secondaire – aide ou assistance, fourniture de moyens, instigation – est un complice. C'est le paradoxe traditionnel de la complicité qu'il faut bien comprendre lorsque l'on se confronte à un cas pratique : le protagoniste qui semble avoir le rôle le plus important, celui qui est criminologiquement à l'origine de l'infraction – le « cerveau » ou instigateur – voit son comportement appréhendé juridiquement sous les traits d'un participant accessoire puisqu'il sera considéré comme complice, alors que le simple exécutant sera considéré comme auteur. Il existe en effet un *hiatus* entre la réalité criminologique et sa traduction juridique. Parfois, le législateur gomme ce *hiatus* en incriminant l'auteur « intellectuel » ou « moral » de l'infraction c'est-à-dire celui qui fait accomplir certains actes pénalement répréhensibles par un tiers, lequel, par opposition au premier, sera qualifié « d'auteur matériel » : par exemple :

– l'article 211-1, C. pén. définit le génocide comme le fait de « commettre ou de faire commettre » l'acte ;

– l'article 223-8, C. pén. qui incrimine le fait de pratiquer ou de faire pratiquer sur une personne une expérimentation sur la personne humaine ;

– l'article 222-34, C. pén. incrimine le fait du dirigeant ou de l'organisateur d'un groupement ayant comme objet le trafic de stupéfiants ;

– l'article 221-5-1, C. pén. incrimine le mandat criminel consistant dans « le fait de faire à une personne des offres ou des promesses ou de lui proposer des dons, présents ou avantages quelconques afin qu'elle commette un assassinat ou un empoisonnement, lorsque ce crime n'a été ni commis ni tenté » ;

– l'article 227-28-3, C. pén., qui incrimine le « fait de faire à une personne des offres ou des promesses ou de lui proposer des dons, présents ou avantages quelconques afin qu'elle commette à l'encontre d'un mineur » viol, agression sexuelle, atteinte sexuelle, proxénétisme, corruption de mineur, ou exploitation a caractère pornographique de l'image d'un mineur.

Dans toutes ces hypothèses, les personnes visées sont des auteurs et non des complices par instigation. **Il faut toutefois prendre garde : en l'absence d'incrimination autonome de l'instigation, la responsabilité pénale de celui qui a provoqué à la commission de l'infraction ne pourra être recherchée que sur le fondement de la complicité par instigation**. Il faut en outre bien distinguer le complice de l'auteur d'une infraction de conséquence. Le complice ne doit être confondu ni avec le receleur, ni avec le blanchisseur. Ces derniers ne participent pas à la commission de l'infraction initiale, mais interviennent après que celle-ci ait été entièrement commise. Contrairement au recel ou au blanchiment, la complicité n'est pas une infraction en tant que telle, mais un mode de participation à l'infraction.

La caractérisation de la complicité, dans un cas pratique, nécessite une rigueur toute particulière : il vous faut décliner invariablement, l'élément légal (A), la condition préalable (B), l'élément matériel (C) et l'élément moral de celle-ci (D) avant d'envisager sa répression (E).

A – Élément légal de la complicité

La complicité est prévue aux articles 121-6, 121-7 et R. 610-2, C. pén. :
– *La complicité par instigation est toujours incriminée*, que l'infraction principale soit un crime, un délit ou une contravention, l'article 121-7, al. 2nd, C. pén. visant de façon générale « une infraction » sans en préciser la nature.
– *La complicité par aide ou assistance*, en revanche, n'est en principe incriminée que si l'infraction principale est un crime ou un délit, seules infractions visées par l'article 121-7, al. 1er, C. pén. Lorsque l'infraction principale est une contravention, cette forme de complicité n'est réprimée que si un texte spécial le prévoit : par exemple : pour le tapage nocturne (art. R. 623-2, C. pén.), la diffusion de messages contraires à la décence (art. R. 624-2, C. pén.), les violences volontaires (art. R. 624-1 et R. 625-1, C. pén. selon qu'elles n'ont entraîné aucune incapacité ou une incapacité inférieure à 8 jours) ou encore des destructions, dégradations et détériorations dont il n'est résulté qu'un dommage léger (art. R. 635-1, C. pén.). **C'est le principe de spécialité de la complicité par aide ou assistance en matière contraventionnelle.**

B – La condition préalable de la complicité

1. Il n'y a pas de complicité punissable sans infraction principale *a minima* tentée

L'acte de complicité est conçu par notre droit comme un acte accessoire rattaché à un comportement principal dont il emprunte la criminalité. Aussi :
– *il ne saurait y avoir de complicité d'un fait qui ne constitue pas une infraction* : par exemple le fait d'aider une personne à se suicider n'a pendant longtemps pu faire l'objet de poursuite, le suicide n'étant pas pénalement

réprimé (Crim. 26 avr. 1988, *Suicide, mode d'emploi, Bull. crim.* n° 178). Aussi, le législateur a-t-il été contraint de sanctionner ce genre de comportement de manière autonome en créant les délits de provocation au suicide et de publicité en faveur de produits, d'objets ou de méthodes préconisés comme moyens de se donner la mort (art. 223-13 et 14, C. pén.) ;

– *il ne saurait y avoir de complicité lorsqu'un individu provoque un tiers à commettre une infraction, mais que celle-ci n'est ni commise, ni même tentée.* Faute d'un fait principal, la complicité dans l'acte préparatoire (ou tentative de complicité) échappe à la répression. Ainsi, le fait de soudoyer un homme de main en vue de lui faire commettre un assassinat n'est pas pénalement répréhensible si l'agent d'exécution n'est, volontairement, pas passé à l'acte (Crim. 25 oct. 1962, *Lacour*, préc.). Là encore la loi a comblé ce vide juridique en réprimant le « mandat criminel », qui vise la provocation non suivie d'effet à un assassinat ou à un empoisonnement (art. 221-5-1, C. pén.) ;

– *en revanche, une personne peut être complice d'une infraction qu'elle ne pouvait juridiquement pas commettre elle-même.* C'est le cas lorsqu'une qualité propre à l'auteur principal est un élément constitutif de l'infraction principale (infractions commises par un fonctionnaire). Dans de tels cas, la chambre criminelle décide que « la circonstance que la qualité personnelle de l'auteur de l'infraction est un élément constitutif et nécessaire de celle-ci n'exclut en rien la complicité des tiers » (Crim. 13 mars 1936, *Bull. crim.* n° 33).

2. Il n'est pas nécessaire que l'infraction principale soit subjectivement punissable ou effectivement punie

La complicité est réprimée si l'auteur principal est déclaré pénalement irresponsable en raison d'une cause subjective d'irresponsabilité pénale (comme un trouble psychique ayant aboli le discernement) ou s'il n'est tout simplement pas poursuivi pour des raisons de fait (auteur demeuré inconnu : Crim. 18 nov. 1976, *Bull. crim.* n° 332 ; auteur décédé : Crim. 29 oct. 1886, *Bull. crim.* n° 358 ; auteur ayant pris la fuite : Crim. 1er mars 1886, *Bull. crim.* n° 50). Dans tous ces cas, le juge devra tout de même constater que l'infraction principale a bien été objectivement commise. En revanche, la complicité ne sera pas réprimée si l'infraction principale n'est pas punissable. Par exemple, l'infraction principale est prescrite (Crim. 26 juin 1873, *Bull. crim.* n° 175), ou elle se trouve légitimée par une cause objective d'irresponsabilité pénale (ex. : la légitime défense). En outre, dans un arrêt du 8 janvier 2003, la chambre criminelle a énoncé que « dès lors que l'existence d'un fait principal punissable, soit l'exportation illicite de stupéfiants, a été souverainement constatée par la Cour d'appel, la relaxe de l'auteur principal au motif qu'il ne connaissait pas la nature du produit transporté n'exclut pas la culpabilité du complice » (Crim. 8 janv. 2003, *Bull. crim.* n° 5). **La caractérisation du seul élément matériel de l'infraction principale suffit à engager la responsabilité pénale du complice.**

C – L'élément matériel de la complicité

Il faut distinguer la complicité par aide ou assistance (1) et la complicité par instigation (2).

1. La complicité par aide ou assistance

Les formes que peut revêtir cette aide ou cette assistance sont très variées (fourniture de moyens, présence auprès de l'auteur pour conforter son action, la surveillance des allées et venues…). Il faut immédiatement relever que l'efficacité et le caractère direct de l'aide ou de l'assistance ne conditionnent pas la caractérisation de cet élément matériel de la complicité. **Il y a en effet complicité même si l'aide ou l'assistance a été inefficace, et la chambre criminelle réprime la complicité de complicité** (Crim. 15 déc. 2004, *Bull. crim.* n° 322 : la Cour de cassation qualifie de complice celui qui aide un tiers à aider l'auteur principal). En revanche, trois conditions doivent être réunies pour que l'on puisse conclure à la complicité par aide ou assistance :

– *l'acte de complicité doit être consommé*. Il n'existe pas de tentative de complicité ;

– *l'acte de complicité doit consister en un acte positif* : celui qui reste passif devant la commission de l'infraction ne peut être qualifié de complice (Crim. 15 janv. 1948, *Bull. crim.* n° 10 : pour un individu qui surprend des voleurs en flagrant délit et s'abstient de les dénoncer à la police). La jurisprudence a toutefois aménagé deux tempéraments à cette règle :

- elle retient la complicité par abstention lorsque l'agent, de part son statut ou sa profession, avait l'obligation de s'opposer à l'infraction ou disposait de moyens légaux pour intervenir (Crim. 27 oct. 1971, *Bull. crim.* n° 284 : douanier qui fait la promesse de ne pas s'opposer, comme il l'aurait dû, du fait de ses fonctions, aux délits de marchandages projetés par des individus, procurant ainsi à ces derniers l'assurance de pouvoir les commettre sans être inquiétés ; Crim. 15 janv. 1979, *Bull. crim.* n° 21 : expert-comptable qui se rend coupable de complicité du délit de fraude fiscale commis par son client pour ne pas avoir observé son obligation professionnelle d'organiser, vérifier et redresser la comptabilité de ce dernier) ;
- elle considère comme complice l'individu dont la présence a joué un rôle causal dans la réalisation de l'infraction (Crim. 19 déc. 1989, *Bull. crim.* n° 488) ;

– *l'acte de complicité doit être antérieur ou concomitant à la commission de l'infraction principale*. En effet, l'aide ou l'assistance qui intervient postérieurement à la commission de l'infraction doit être qualifiée de recel (de chose, de malfaiteur, de cadavre) ou de blanchiment, et non de complicité. La solution est cependant différente lorsque l'aide a été promise avant la commission de l'infraction : l'aide redevient alors complicité (Crim. 30 avr. 1963, *Bull. crim.* n° 157 : intervention tendant à assurer la fuite de l'auteur principal, dès lors que cette action résulte d'un accord préalable à l'infraction).

2. La complicité par instigation

L'instigateur est celui qui, sans participer physiquement à l'infraction, a suggéré à l'auteur matériel de la commettre. Elle peut revêtir deux formes et n'est répréhensible que si elle est adressée à un individu déterminé et se traduit par un acte de complicité positif, consommé et antérieur ou concomitant à la commission de l'infraction :

– *la complicité par provocation* : elle n'est punissable que si elle a été accompagnée des agissements décrits par l'article 121-7, al. 2nd, C. pén. : don, promesse, menace, ordre, abus d'autorité ou de pouvoir ;

– *la complicité par fourniture d'instructions.* Il n'est pas nécessaire que les instructions aient été accompagnées de l'un des agissements visés à l'article 121-7, al. 2nd, C. pén.

Cas d'assimilation à un acte de complicité : le « happy slapping »

Selon l'article 222-33-3, al. 1er, C. pén. « est constitutif d'un acte de complicité des atteintes volontaires à l'intégrité de la personne prévues par les articles 222-1 à 222-14-1 et 222-23 à 222-31 et est puni des peines prévues par ces articles le fait d'enregistrer sciemment, par quelque moyen que ce soit, des images relatives à la commission de ces infractions ». L'article 222-33-3, al. 2, quant à lui, vient incriminer à titre autonome « le fait de diffuser de telles images », les peines applicables étant alors de cinq ans d'emprisonnement et de 75 000 € d'amende. Enfin, l'article 222-33-3, al. 3 précise que les dispositions précédentes ne sont « pas applicable[s] lorsque l'enregistrement ou la diffusion résulte de l'exercice normal d'une profession ayant pour objet d'informer le public ou est réalisé afin de servir de preuve en justice ».

D – L'élément moral de la complicité

La complicité est nécessairement intentionnelle et requiert que le complice ait agit en ayant conscience de son aide ou de son instigation et en connaissance du fait infractionnel de l'auteur principal. Il n'est en revanche pas nécessaire que le complice ait partagé l'intention de l'auteur principal (Crim. 23 janv. 1997, *Papon, Bull. crim.* n° 32 : une personne peut être déclarée complice de crimes contre l'humanité alors même qu'elle n'a pas adhéré à la politique d'hégémonie idéologique des auteurs principaux). Deux difficultés classiques sont toutefois susceptibles de rendre délicate la caractérisation de l'élément moral de la complicité :

1. La discordance entre l'infraction envisagée par le complice et l'infraction finalement commise par l'auteur

La jurisprudence vous invite ici à distinguer : si l'infraction réalisée est sans rapport avec l'infraction projetée (une personne remet une arme pour commettre un vol, et l'auteur utilise l'arme pour tuer sa femme), la complicité ne peut être retenue ; si l'infraction réalisée est bien celle qui avait été envisagée mais qu'elle s'est réalisée dans des conditions différentes de celles qui avaient été initialement prévues (un meurtre ou un vol simple devient un meurtre ou un vol aggravé), la Cour de cassation décide que « le complice devait prévoir toutes les qualifications dont le fait était susceptible, toutes les circonstances dont il pouvait être accompagné », et retient la complicité (Crim. 19 juin 1984, *Bull. crim.* n° 231) ;

2. La question de la complicité des infractions non intentionnelles

Peut-il y avoir complicité d'une infraction non intentionnelle, dans la mesure où la complicité est nécessairement intentionnelle ? Sans ambiguïté, la chambre criminelle a répondu positivement dans un arrêt en date du 13 septembre 2016 (Crim. 13 sept. 2016, n° 15-85.046 : une patiente d'un centre pratiquant l'épilation au laser avait été victime de brûlures cutanées à la suite de plusieurs interventions, lui occasionnant une ITT de quatre jours, alors que le gérant de la société exploitante du centre mettait à la disposition des employées du matériel pour pratiquer des épilations au laser après quelques heures de formations seulement et sans présence permanente du médecin du centre pourtant responsable des interventions au laser. Outre la confirmation des condamnations pour exercice illégal de la médecine, la chambre criminelle approuve la condamnation du médecin pour complicité de blessures par imprudence. Les juges du fond ont, en effet, d'abord caractérisé le délit de blessures par imprudence commis par l'employée qui avait mal réglé l'appareil laser à l'origine des brûlures de la patiente, lui ayant occasionné une incapacité totale de travail de quatre jours. Puis, ils ont estimé que le défaut de surveillance du médecin à l'origine de la mauvaise utilisation de l'appareil laser constituait une complicité de ce délit de blessures par imprudence).

E – La répression de la complicité

– **Prescription de l'action publique de la complicité** : elle est indissociable de celle de l'infraction principale, ce qui se traduit par une identité de durée du délai de prescription, une identité de point de départ de la prescription, et une identité d'actes interruptifs ou suspensifs de prescription (tout acte interruptif ou suspensif à l'égard de l'auteur produit effet à l'égard du complice, et inversement).

– **Application de la loi dans l'espace** (v. *supra*, p. 57).

– **Peines** : l'article 121-6 énonce désormais que le complice sera puni « comme auteur » (et non plus comme le prévoyait l'article 59 anc. C. pén. « comme l'auteur »). Le complice encourt ainsi la même peine que s'il avait été lui-même auteur principal de l'infraction et non plus une pénalité d'emprunt. Toutefois, la jurisprudence retient à l'encontre du complice certaines circonstances applicables à l'auteur de l'infraction. Il faut distinguer selon la nature des circonstances aggravantes :

- *les circonstances aggravantes réelles* (réunion ou de la bande organisée, de l'usage ou de la menace d'une arme, de la nature du lieu où l'infraction est commise, de l'âge ou de la qualité de la victime), de par leur caractère objectif, affectent directement l'infraction et se répercutent sur tous les protagonistes de l'infraction, s'appliquent au complice;
- *les circonstances purement personnelles* à l'auteur principal, telle que la récidive, ne peuvent en aucune manière être étendues au complice;
- *les circonstances mixtes*, qui tiennent à la fois à la personne et à l'acte, s'appliquent au complice (Crim. 7 sept. 2005, *Bull. crim.* n° 219).

II/ La participation par représentation : la responsabilité des personnes morales

Prévue à l'article 121-2, C. pén., elle coûte souvent cher aux étudiants peu aguerris car elle est bien souvent omise par ceux-ci alors même qu'elle ne présente pas de difficulté particulière. Toute mention dans un cas pratique de l'intervention d'un organe ou d'un représentant d'une personne morale appellera pourtant nécessairement quelques explications de votre part, ayant trait soit au champ d'application de cette responsabilité (A), soit à la mise en œuvre de celle-ci (B). Il vous faut également garder à l'esprit que la loi autorise le cumul de responsabilité entre la personne morale et la personne physique (C).

A – Le champ d'application de la responsabilité pénale des personnes morales

1. Une responsabilité générale quant aux personnes morales, à l'exclusion de l'État

Tous les groupements ayant la personnalité morale, à l'exclusion de l'État, peuvent voir leur responsabilité pénale engagée, qu'ils relèvent du droit privé ou du droit public, la responsabilité pénale des collectivités territoriales étant toutefois limitée à certaines situations juridiques :

– *condition tenant à la personnalité juridique du groupement* : cette condition s'apprécie, selon la nature de la personne morale, à la lumière des règles de droit civil ou de droit commercial. En conséquence, ne peuvent voir leur responsabilité pénale engagée les sociétés en participation (art. 1871, C. civ.; Crim. 14 déc. 1999, *Bull. crim.* n° 306), la société dissoute ou absorbée (Crim. 9 févr. 2010, n° 09-81.574 : « la fusion faisant perdre son existence juridique à la société absorbée, l'action publique est éteinte à son égard »; Crim. 20 juin 2000, *Bull. crim.* n° 237 : nul n'étant pénalement responsable que de son propre fait, il est impossible de retenir la responsabilité de la société absorbante pour des faits commis par la société absorbée avant l'absorption réalisée en cours de procédure; solution confirmée par Crim. 29 juin 2016, n° 16-90.009, malgré une position différente de la CJUE : CJUE 5 mars 2015, *Modelo Continente Hipermercados*, aff. n° C-343/13 : une fusion-absorption entraîne la transmission à la société absorbante de la responsabilité pénale de la société absorbée et l'obligation de payer l'amende infligée à cette dernière pour des infractions commises avant la fusion) ;

– *condition propre à la responsabilité pénale des collectivités territoriales* : l'article 121-2, al. 2, C. pén. limite la responsabilité pénale des collectivités territoriales et de leurs groupements aux seules « infractions commises dans l'exercice d'activités susceptibles de faire l'objet de conventions de délégation de service public ». **Les collectivités territoriales** (communes, départements, régions, collectivités d'outre-mer) et leurs groupements (syndicats intercommunaux, communautés urbaines, communautés d'agglomérations ou communautés de communes) **encourent donc la même responsabilité pénale que les personnes de droit privé lorsqu'elles exercent elles-mêmes, en régie directe, des activités relevant du secteur privé concurrentiel, mais bénéficient d'une immunité s'agissant des infractions commises dans l'exercice d'activités qui ne sont pas susceptibles de faire l'objet de convention de délégation de service public**. La chambre criminelle considère qu'« est susceptible de faire l'objet d'une convention de délégation de service public toute activité ayant pour objet la gestion d'un tel service lorsque, au regard de la nature de celui-ci et en l'absence de dispositions légales ou réglementaires contraires, elle peut être confiée, par la collectivité territoriale, à un délégataire public ou privé rémunéré, pour une part substantielle, en fonction des résultats de l'exploitation » (Crim. 3 avr. 2002, *Bull. crim.* n° 77). Sont ainsi susceptibles de faire l'objet d'une telle délégation : le service des transports en commun, la restauration des établissements scolaires, la gestion d'un abattoir intercommunal (Crim. 23 mai 2000, *Bull. crim.* n° 200), l'exploitation en régie d'un domaine skiable par une commune (Crim. 14 mars 2000, *Bull. crim.* n° 114) ou encore l'exploitation d'un théâtre municipal (Crim. 3 avr. 2002, *Bull. crim.* n° 77). En revanche, ne sont pas délégables : les activités qui relèvent de l'état civil, de l'organisation des élections ou encore de la police administrative, les activités scolaires et périscolaires (Crim. 12 déc. 2000, *Bull. crim.* n° 371). Récemment, la chambre criminelle a pu considérer que la fixation d'une taxe et l'attribution d'un marché public ne constituaient pas une activité susceptible de faire l'objet d'une convention de délégation de service public au sens de l'art. 121-2, C. pén. (Crim. 19 déc. 2018, n° 18-81.328).

2. Une responsabilité en principe générale quant aux infractions

La loi du 9 mars 2004 a supprimé le principe de spécialité jusque-là consacré par l'article 121-2, C. pén. Aussi, depuis le 1er janvier 2006, vous est-il possible de retenir en principe la responsabilité pénale des personnes morales pour toutes les infractions pourvu que les conditions de mise en jeu de cette responsabilité soient satisfaites. Le législateur a toutefois maintenu une exception à ce principe en ce qui concerne les délits de presse et les infractions commises par un moyen de communication audiovisuelle, afin d'éviter que l'application cumulée des règles sur la responsabilité « en cascade » prévue en ces matières et celles sur la responsabilité pénale des personnes morales n'aboutissent à une répression excessive. Cela concerne principalement les délits de provocation à un crime ou un délit (L. 29 juill. 1881, art. 23 et 24), de diffamation ou d'injure publique (L. 29 juill. 1881, art. 29 à 33), de publication des actes de procédure criminelle ou correctionnelle (L. 29 juill. 1881, art. 38), ou de diffusion de l'image d'une personne menottée, entravée ou placée en détention provisoire (L. 29 juill. 1881, art. 35 *ter*).

B – La mise en œuvre de la responsabilité pénale des personnes morales

La responsabilité pénale des personnes morales est une responsabilité par représentation : elle ne peut être engagée qu'à deux conditions :

1. Une infraction commise par un organe ou un représentant nécessairement identifié

La Cour de cassation avait admis que les juges pouvaient se dispenser de l'identification de l'organe ou du représentant lorsque les circonstances permettaient de déterminer que les faits poursuivis n'ont pu être commis « que » par les organes ou représentants de la personne morale, instituant de la sorte une véritable présomption d'imputation de l'infraction aux organes ou aux représentants de la personne morale (Crim. 20 juin 2006, *Bull. crim.* n° 188). La Cour de cassation est depuis revenue à une application plus stricte des conditions posées par la loi : les juges doivent donc préciser en quoi les infractions retenues à l'encontre de la personne morale prévenue ont été commises pour son compte, par un de ses organes ou représentants (Crim. 22 janv. 2013, *Bull. crim.* n° 24 ; Crim. 17 oct. 2017, n° 16-87.249) :

– *la notion d'organe* ne soulève pas de difficultés particulières. Sont concernés les organes de droit, c'est-à-dire les personnes physiques qui sont chargées par la loi ou les statuts de la personne morale d'administrer ou de diriger la personne morale. Il peut s'agir indistinctement d'organes individuels ou d'organes collectifs. Sont également concernés les dirigeants de fait, étant précisé que cette qualité ne se présume pas et que les juges du fond doivent établir que la personne concernée a exercé en toute indépendance une activité positive de direction et de gestion de la société suivant la définition habituellement retenue en jurisprudence. Le gérant de fait s'entend d'une personne qui joue un rôle déterminant dans la marche de la société, tel celui qui donne des instructions au personnel, signe les documents administratifs de la société, notamment les déclarations fiscales, et dispose de la signature en banque (Crim. 13 sept. 2006, n° 05-86.489) ou celui qui constitue pour les clients et les fournisseurs de la société l'interlocuteur unique pour toutes les décisions administratives, financières ou contentieuses (Crim. 11 oct. 2006, n° 06-81.904) ;

– *la notion de représentant* se confond pour partie avec celle d'organe dans la mesure où la plupart des personnes chargées de la direction de la personne morale ont aussi pour fonction de représenter celle-ci. Mais cette notion ne se limite pas aux seuls représentants légaux de la personne morale. Sont en outre concernés : les représentants judiciaires de la personne morale, notamment l'administrateur provisoire ou le liquidateur d'une société en difficulté ; les représentants conventionnels, ce qui vise les personnes mandatées par la personne morale elle-même aux fins de la représenter. A ainsi la qualité de représentant : le préposé pourvu d'une délégation de pouvoirs (Crim. 1er déc. 1998, *Bull. crim.* n° 328) ou d'une subdélégation de pouvoirs (Crim. 26 juin 2001, *Bull. crim.* n° 91), un avocat (Crim. 21 mars 2000, *Bull. crim.* n° 128), ou encore le courtier indépendant qui agit pour le compte de la personne morale (Crim. 23 févr. 2010, *Dr. pén.* 2010, comm. 73). À l'inverse, la responsabilité pénale de la personne morale ne peut être retenue lorsqu'il est établi que l'infraction a été commise par un salarié dépourvu de délégation ou de fonctions particulières au sein de la personne morale (Crim. 11 oct. 2011, *Bull. crim.* n° 202).

2. Une infraction commise pour le compte de la personne morale

Cette condition est aisément caractérisée : la responsabilité pénale de la personne morale est engagée toutes les fois où la personne physique a agi dans l'exercice d'activités ayant pour but d'assurer l'organisation, le fonctionnement ou les objectifs de la personne morale, quand bien même aucun profit n'aurait été retiré par la personne morale. On relèvera que lorsque plusieurs sociétés formant un groupement d'entreprises délèguent à un salarié de l'une d'elles une mission particulière, les infractions commises dans le cadre de cette délégation de pouvoirs engagent la responsabilité pénale de la seule personne morale, membre du groupement, qui est l'employeur de la victime (Crim. 13 oct. 2009, *Bull. crim.* n° 169).

C – Le principe du cumul possible des responsabilités

Selon l'article 121-2, al. 3, C. pén., la responsabilité pénale des personnes morales peut se cumuler avec celle des personnes physiques. Cette règle ne signifie pas pour autant que la personne physique et la personne morale seront systématiquement poursuivies de manière conjointe, notamment en raison du principe de l'opportunité des poursuites (art. 40, C. pr. pén.). En outre, dans certaines situations, seule la personne morale peut être poursuivie :

– tel est notamment le cas lorsque l'organe est une entité collective, comme un conseil municipal ou un conseil d'administration, car la poursuite d'une personne physique se révèle alors souvent impossible ;

– tel pourra être également le cas lorsque l'infraction commise est une atteinte involontaire à la vie ou à l'intégrité de la personne. Parce que le mécanisme d'imputation des atteintes involontaires à la vie ou à l'intégrité de la personne issu de la loi du 10 juillet 2000, mécanisme qui distingue selon que le lien de causalité est direct ou indirect, ne s'applique qu'aux personnes physiques (art. 121-3, al. 4, C. pén.), il sera possible en ce domaine qu'une personne physique organe ou représentant voit sa responsabilité pénale écartée en cas de causalité indirecte faute de pouvoir retenir à son encontre une faute qualifiée mais que puisse être engagée la responsabilité pénale de la personne morale. Aussi, en cas d'infraction involontaire, si la personne physique, organe ou représentant d'une personne morale, qui commet une faute d'imprudence simple ayant indirectement causé un dommage, ne peut être déclarée pénalement responsable, cette infraction, pourvu qu'elle ait été commise pour le compte de la personne morale, peut être retenue à l'encontre de cette dernière (Crim. 24 oct. 2000, *Bull. crim.* n° 308). Les personnes morales sont ainsi responsables pénalement de toutes les fautes non intentionnelles de leurs organes ou représentants ayant entraîné une atteinte à l'intégrité physique, alors même qu'en l'absence de faute délibérée ou caractérisée au sens de l'article 121-3, alinéa 4, du Code pénal, la responsabilité pénale de ces derniers, en tant que personnes physiques, ne pourrait être recherchée (Crim. 28 avr. 2009, *Bull. crim.* n° 80).

Cas pratique n° 16

› Énoncé

Tristan et Nathalie reviennent tous les deux d'un dîner bien arrosé avec des amis. Dans son imposant 4×4, Tristan traverse les petits villages à toute vitesse. D'un coup, ils percutent quelque chose. Dans le rétroviseur, Tristan distingue un homme étendu sur le sol dans une mare de sang. Nathalie lui intime de reprendre la route immédiatement. Ils ont déjà suffisamment de problèmes comme ça. Les policiers sont alertés par une voisine témoin de la scène qui a relevé le numéro de leur plaque d'immatriculation. Tristan et Nathalie sont arrêtés à leur domicile. Ils apprennent que la victime est vivante, mais elle devrait rester hospitalisée quatre mois.

Que risquent les différents protagonistes ?

› Correction

Nous distinguerons les conséquences pénales de l'accident causé par Tristan (I) et celles de la fuite qui a suivi la découverte du corps (II).

I/ L'accident causé par Tristan

La responsabilité pénale de Nathalie ne peut être recherchée. Elle ne peut en effet pas être complice au sens de l'article 121-7, C. pén. car son attitude est passive dans la voiture et elle n'est pas non plus déterminante dans la commission de l'infraction de violences involontaires.

La responsabilité de Tristan peut en revanche être recherchée. N'ayant pas voulu les conséquences de son comportement, c'est sur le fondement d'une atteinte involontaire à la personne qu'il convient de raisonner.

L'article 222-19-1, C. pén. prévoit une incrimination spéciale de violences involontaires commises par un véhicule terrestre à moteur. Les violences involontaires ayant entraîné une ITT d'une durée supérieure à 3 mois résultant d'une maladresse, d'une imprudence, d'une inattention, d'une négligence ou d'un manquement à une obligation de prudence ou de sécurité imposée par la loi sont punies de 3 ans d'emprisonnement et 45 000 € d'amende.

À ce stade, relevons simplement que la causalité est certaine et que l'article 121-3, C. pén., dont la rédaction est issue de la loi du 10 juillet 2000 fixe le régime des infractions involontaires et invite à distinguer :

– 1re étape : il faut un lien de causalité certain entre l'acte et le dommage. En l'espèce, la certitude du lien de causalité ne pose aucune difficulté : Tristan conduit la voiture qui percute la victime.

– 2e étape : la nature du lien de causalité doit être établie, car la responsabilité pénale en dépend : en cas de causalité directe, une faute simple suffit, en cas de causalité indirecte, une faute qualifiée (faute délibérée ou faute caractérisée) doit pouvoir être retenue pour engager la responsabilité pénale d'une personne physique. Le lien de causalité direct n'est pas défini par le législateur mais par la circulaire du 11 octobre 2000 précise qu'est auteur direct la personne qui heurte la victime ou initie le mouvement de l'objet qui heurte la victime. Le lien de causalité indirect est défini à l'article 121-3, al. 4, C. pén., lequel vise la situation de celui qui a créé ou contribué à créer la situation qui a permis la réalisation du dommage. En l'espèce, Tristan est auteur direct puisque c'est lui qui est au volant et qui heurte la victime.

– 3e étape : parce que Tristan est auteur direct, une faute simple suffit à engager sa responsabilité pénale. Cette faute est définie par les articles 121-3, al. 2, et 222-19-1, C. pén. Il s'agit d'une imprudence, d'une négligence ou manquement à une obligation de sécurité imposée par la loi ou le règlement.

En l'espèce, Tristan a certainement un comportement imprudent.

– 4e étape : l'article 222-19-1, al. 2, C. pén. prévoit un certain nombre de circonstances aggravantes : la violation manifestement délibérée d'une obligation particulière de prudence ou de sécurité prévue par la loi ou le règlement autre que celles mentionnées ci-après (1°), la conduite en état d'ivresse manifeste (2°), la commission d'un dépassement de la vitesse maximale autorisée égal ou supérieur à 50 km/h (4°).

En l'espèce, deux circonstances aggravantes peuvent être relevées à l'encontre de Tristan : il conduisait en état d'ivresse et a commis un excès de vitesse qui semble être supérieur à 50 km/h (« à toute vitesse »). Si toutefois Tristan ne roulait pas à une vitesse supérieure de 50 km/h à la vitesse maximale autorisée, il n'en aurait pas moins commis une faute délibérée en méconnaissant l'obligation particulière de prudence imposée par le Code de la route et consistant à limiter sa vitesse.

Tristan est l'auteur de violences involontaires avec ITT supérieure à 3 mois aggravées. Il encourt sept ans d'emprisonnement et 100 000 € d'amende. Il pourrait également se voir imputer l'éventuelle contravention au Code de la route.

Après l'accident, Nathalie intime l'ordre à Tristan de reprendre la route. Tous deux s'enfuient.

II/ La fuite après la découverte du blessé

Tristan est l'auteur du délit de fuite (A) et Nathalie sa complice par instigation (B).

A – Le délit de fuite de Tristan

Le délit de fuite est incriminé à l'article 434-10, C. pén. « le fait, pour tout conducteur d'un véhicule ou engin terrestre, fluvial ou maritime, sachant qu'il vient de causer ou d'occasionner un accident, de ne pas s'arrêter et de tenter ainsi d'échapper à la responsabilité pénale ou civile qu'il peut avoir encourue, est puni de trois ans d'emprisonnement et de 75 000 € d'amende ». Plusieurs éléments constitutifs doivent être vérifiés :

– Condition préalable : l'auteur doit conduire un véhicule.

– Élément matériel : le conducteur doit avoir causé un accident et doit ensuite s'être enfui sans qu'il ne soit possible de l'identifier.

– Élément moral : le conducteur doit avoir conscience d'avoir commis un accident et il doit avoir la volonté d'échapper à sa responsabilité pénale ou civile.

En l'espèce, Tristan conduit son 4×4 à toute vitesse et en état d'ivresse. Il percute une personne. Un accident a donc été commis. Celui-ci ne s'arrête pas pour vérifier l'état de la victime, ni pour laisser ses coordonnés. Son identification interviendra grâce à une voisine témoin de la scène. Il reprend le volant immédiatement après l'accident pour échapper à sa responsabilité pénale. La matérialité de l'acte montre clairement la conscience et sa volonté de fuir du lieu de l'accident.

Tristan est l'auteur d'un délit de fuite. Il encourt trois ans d'emprisonnement et 45 000 € d'amende.

B – La complicité de Nathalie

Deux formes de complicité sont prévues par le Code pénal : la complicité par aide ou assistance (art. 121-7, al. 1er) générale pour les crimes et les délits et spéciale pour la contravention. La complicité par instigation (art. 121-7, al. 2) est générale pour toutes les infractions.

Pour que la complicité soit punissable, un fait principal punissable doit exister. L'acte de complicité est par nature un acte accessoire, nécessairement rattaché à un comportement principal dont il « emprunte » le caractère délictueux.

Un acte de complicité doit avoir été commis. Dans l'instigation, il peut s'agit soit d'une provocation en procédant par don, promesse, menace, soit d'une instruction, c'est-à-dire fournir des indications pour procéder à l'infraction.

Cet acte de complicité doit être positif et antérieurement ou concomitamment commis à l'infraction.

Concernant l'élément moral : le complice doit avoir la connaissance du caractère délictueux des actes de l'auteur et la volonté de participer à leur commission.

La Cour de cassation a considéré que le faire de dire « fonce, fonce ne t'arrête pas » au conducteur d'un véhicule afin que celui-ci force un barrage de police est un ordre. Cet acte est constitutif d'une complicité par instigation. (Crim. 18 mars 2003, *Bull. crim.* n° 70).

En l'espèce, de manière concomitante avec l'accident, Nathalie intime, ce qui signifie qu'elle donne l'ordre (acte positif) à Tristan de reprendre immédiatement le volant, car ils sont suffisamment de problèmes avec la justice. Le fait principal punissable est le délit de fuite. L'ordre est constitutif d'une complicité par instigation. Elle est témoin de la scène et elle veut éviter qu'ils aient davantage de problèmes juridiques. Elle agit donc volontairement et est consciente de son acte de complicité.

Nathalie est donc complice du délit de fuite.

Conclusion : les sanctions encourues

– Nathalie est complice de l'infraction de délit de fuite et encourt à ce titre, comme si elle avait été auteur, conformément à l'article 121-6, C. pén., trois ans d'emprisonnement et 75 000 € d'amende.

– Tristan est auteur de violences involontaires commises avec un véhicule terrestre à moteur. Cette infraction est aggravée de plusieurs circonstances : il a manifestement violé une obligation particulière de sécurité et de prudence, il était en état d'ivresse, il a vraisemblablement dépassé la vitesse des 50 km/h autorisés et il s'est enfui. Sa responsabilité pénale est donc élevée à sept ans d'emprisonnement et 100 000 € d'amende. Pour le délit de fuite, il encourt trois ans d'emprisonnement et 75 000 € d'amende. Tristan est donc en situation de concours réel. Conformément à l'article 132-3, C. pén. Tristan encourt sept ans d'emprisonnement et 375 000 € d'amende.

Cas pratique n° 17

› *Énoncé*

Sven s'interroge sur les conséquences de l'histoire vécue par son amie Michelle.

Celle-ci demanda en effet à son frère Jean, détenu à la prison de Saint-Martin-de-Ré, de concevoir le projet de punir son mari, un certain Pierre Lajoie qui trompait régulièrement Michelle. Pour ce faire, Jean contacta un autre détenu, Gérard qui accepta d'exécuter la mission moyennant une rémunération de 20 000 €.

Les trois individus échangèrent plusieurs correspondances et, après la remise en liberté des deux hommes, se rencontrèrent à diverses reprises afin de concrétiser le projet. Ils se mirent d'accord pour que Gérard se fasse passer pour un client auprès de

Pierre Lajoie, qui est chauffeur de taxi, et puisse profiter d'une course en taxi pour le corriger. À cette fin, Michelle communiqua à Gérard le numéro de la plaque d'immatriculation du taxi de son mari.

Quelques jours avant de passer à l'acte, Gérard fut recontacté par Jean qui, excédé par le comportement de son beau-frère, lui demanda d'aller au-delà de la correction et de se débarrasser définitivement de Pierre Lajoie. En échange, la prime fut revue à la hausse et passa à 40 000 €. Gérard accepta mais, tout à son rêve d'acquérir une belle voiture avec tant d'argent, ne fit pas attention dans l'escalier de sa maison, tomba et se cassa le bras. Bien décidé malgré tout à empocher les 40 000 € promis, il sous-traita sa mission aux jumeaux Paul et Gaspard Lepetit, tueurs bien connus du milieu parisien, et s'engagea à leur verser 10 000 € chacun une fois le travail accompli.

Pendant que son frère Paul surveillait les alentours, Gaspard Lepetit grimpa dans le taxi et exécuta le contrat. Les deux frères encaissèrent immédiatement la prime promise.

Vous éclairerez Sven en lui indiquant ce que risque chacun des protagonistes.

› *Correction*

Puisqu'il s'agissait d'infliger initialement une correction à Pierre Lajoie, c'est à la consommation de l'infraction de violences volontaires que devaient aboutir l'entente entre les trois comparses, Michelle, Jean et Gérard. Celle-ci est prévue par l'article 222-11, C. pén. et fait encourir à son auteur, à titre principal, une peine d'emprisonnement, si les violences entraînent une ITT de 8 jours ou, si l'ITT est inférieure à 8 jours, en cas de pluralité de participants ou de préméditation (art. 222-12, 8° et 9°, C. pén.). Aussi, constitue-t-elle un délit (*cf.* art. 111-3, C. pén. et art. 133-3, C. pén.). Par conséquent, toutes les formes de complicité sont réprimées (*i.e.* également la complicité par provocation ou instigation : art. 121-7, al. 2nd, *a contrario*).

L'article 121-7, C. pén. envisage en effet deux formes de complicité :

– *la complicité par aide ou assistance* (art. 121-7, al. 1er, C. pén. : « Est complice d'un crime ou d'un délit la personne qui sciemment, par aide ou assistance, en a facilité la préparation ou la consommation ») ;

– *la complicité par provocation ou par instigation* (art. 121-7, al. 2nd, C. pén. : « Est également complice la personne qui par don, promesse, menace, ordre, abus d'autorité ou de pouvoir aura provoqué à une infraction ou donné des instructions pour la commettre »).

Il convient en conséquence d'envisager la responsabilité de chacun des protagonistes : Michelle (I), Jean (II), Gérard (III), Gaspard et Paul (V).

I/ Michelle

En l'espèce, la responsabilité de Michelle semblerait pouvoir être engagée, au titre d'une complicité par aide ou assistance. Il serait en effet possible de caractériser, à son égard, toutes les conditions de la complicité :

– *L'élément matériel : l'aide ou l'assistance*. Le complice doit avoir aidé, assisté ou facilité la préparation ou la consommation de l'infraction. En l'espèce, Michelle a bien fourni le numéro de la plaque d'immatriculation de Pierre Lajoie, directement, à Gérard. Il semble en revanche plus difficile de caractériser la provocation qui suppose que le complice ait « par don, promesse, menace, ordre, abus d'autorité ou de pouvoir » provoqué une infraction puisque si elle demande à Jean d'intervenir, elle ne semble utiliser aucun des moyens prévus par la loi, c'est son frère qui semble avoir promis 20 000 € à Gérard. Aussi, sauf à ce que les fonds aient été promis par Michelle, il convient de retenir avec plus de certitude la complicité par aide ou assistance de Michelle.

– *L'élément moral : l'intention*. La jurisprudence impose que le complice ait agi avec intention, une simple négligence ne pouvant être assimilée à une participation intentionnelle. Mais la jurisprudence n'hésite pas à recourir, pour caractériser l'intention, à des présomptions de fait, tirées de l'expérience de l'individu (*cf.* par exemple Crim. 23 mai 2013, nº 12-83.677, où les juges du fond avaient relevé que les « agissements résultent d'une volonté consciente de la prévenue, avocate d'expérience, qui ne pouvait ignorer la nature et l'étendue de ses obligations en matière de maniement de fonds »). En l'espèce, les agissements résultent certainement d'une volonté consciente de Michelle qui souhaite se venger des infidélités dont elle accuse Pierre Lajoie.

– *Pourtant, il manque en l'espèce la condition préalable de la complicité punissable : un fait principal punissable*. Il est en effet difficile de caractériser un tel fait puisque Gérard n'est pas passé à l'acte. Aussi, même si la jurisprudence retient une définition seulement matérielle de l'infraction susceptible de constituer un fait principal punissable en considérant que « dès lors que l'existence d'un fait principal punissable a été souverainement constatée par la Cour d'appel, la relaxe en faveur du prévenu principal pour défaut d'intention coupable n'exclut pas la culpabilité d'un complice » (Crim. 8 janv. 2003, *Bull. crim.* nº 5) – cette condition fait défaut : Gérard n'a commis, matériellement, aucune violence à l'égard de Pierre Lajoie. Il n'est d'ailleurs pas possible de retenir à l'encontre de Gérard une tentative de violences puisque, d'une part, aucun commencement d'exécution ne peut être relevé et, d'autre part, la tentative de violences n'est pas incriminée. Or, en matière délictuelle, s'applique le principe de spécialité de la tentative (art. 121-4, C. pén.). En conséquence, Michelle ne saurait être complice de violences, ni même de tentative de violences.

Pourrait-elle, en revanche, être complice de l'assassinat commis par Gaspard ? C'est soulever, en réalité deux problèmes : celui de la complicité de complicité et celui de la discordance entre l'infraction envisagée par Michelle et l'infraction finalement commise par l'auteur matériel.

– *Le problème de la complicité de complicité*

Les informations fournies par Michelle n'ont finalement pas servi à Gérard mais à Paul et à Gaspard. Il peut en effet arriver que les actes de nature à constituer un cas de complicité apportent un concours, non pas à l'auteur principal de l'infraction lui-même, mais à un tiers – Gérard – qui en fera profiter l'auteur principal – Gaspard. Le tiers est certainement complice, mais la question se pose de savoir si celui qui a aidé ce tiers en connaissance de cause peut lui aussi être considéré comme complice.

Certains auteurs, tel Garçon, ont prétendu que la complicité de complicité n'était pas punissable, parce que la complicité impliquerait une participation immédiate du complice et des relations directes avec l'auteur principal. Cette affirmation est discutée, et la jurisprudence est loin d'adopter une position aussi tranchée. Ce qui est certain, c'est que la répression est possible lorsque l'agent a bien l'intention d'apporter son aide à l'auteur principal, même s'il ne prête pas directement son concours à celui-ci mais le fait par le truchement d'un tiers (Crim. 15 déc. 2004, *Bull. crim.* n° 322). Peu importe, par exemple, que les instructions n'aient pas été données directement à l'auteur principal, dès lors qu'elles ont bien été communiquées afin de faciliter l'exécution du projet criminel de celui-ci (Crim. 23 mai 1844, *Bull. crim.* n° 179 ; Crim. 30 mai 1989, *Bull. crim.* n° 222).

Aussi, Michelle pourrait théoriquement être complice du complice. Mais se pose alors en l'espèce le problème de la discordance entre l'infraction initialement projetée et l'infraction qui a effectivement été commise.

– Le problème de la discordance entre l'infraction envisagée par Michelle et l'infraction finalement commise par Gaspard

Une difficulté se présente lorsque l'auteur principal a accompli une infraction autre que celle à laquelle le complice voulait prêter son concours. Peut-on poursuivre le complice, et sous quelle qualification le peut-on, lorsque l'infraction commise diffère de l'infraction projetée ?

Si l'acte accompli est moins grave que celui que le complice voulait favoriser, son aide demeure répréhensible et il encourt la peine attachée à l'acte réellement accompli par l'auteur principal. En effet, sa volonté coupable englobe l'acte accompli réellement, à condition toutefois qu'il s'agisse d'une infraction de même nature : le complice, par exemple, croyait aider un meurtre et il n'y a eu que violences.

Mais si l'acte accompli, tout en étant moins grave que celui projeté, n'est pas de même nature, il semble difficile en revanche d'incriminer le complice, faute d'intention : celui qui fournit une arme à un tiers pour qu'il commette un meurtre ne peut pas, semble-t-il, être déclaré complice de l'extorsion de fonds qui serait commise, avec cette arme, sur une autre victime.

Si l'acte accompli est, en lui-même, plus grave que celui auquel le complice entendait s'associer, ce dernier ne pourra être poursuivi, car il ne participe pas à l'intention de l'auteur principal. Ainsi, le créancier, qui remet une arme à un tiers pour que celui-ci aille impressionner son débiteur, n'est pas complice du meurtre qu'exécute ce tiers sur une autre personne avec laquelle il a eu une altercation (Crim. 13 janv. 1955, *D.* 1955. 291). Cette impunité peut être fâcheuse, car le complice avait malgré tout manifesté une intention antisociale. Elle est pourtant le résultat inéluctable de l'emprunt de criminalité : le complice ne peut pas être réprimé pour l'infraction à laquelle il a voulu s'associer, puisque celle-ci n'a pas été commise ; mais il ne peut pas non plus être réprimé pour celle qui a été commise, puisqu'il n'a pas pu avoir l'intention de s'y associer, ne l'ayant pas envisagée.

La situation est différente lorsque l'infraction effectivement commise par l'auteur principal est de même nature que celle qui avait été envisagée par le complice, mais s'est seulement vue adjoindre des circonstances aggravantes. La jurisprudence décide dans ce cas que le complice doit supporter certaines aggravations. Par exemple, celui qui donne des instructions pour que l'on « prenne à partie » la victime et lui fasse « une grande frayeur », subira l'aggravation liée à la circonstance que les violences exercées ont entraîné une incapacité totale de travail supérieure à huit jours, alors même que le complice n'attendait pas un tel résultat (Crim. 21 mai 1996, *Bull. crim.* n° 206). Encore, celui qui a donné des instructions pour qu'un groupe d'individus se rende au domicile familial d'une personne, fasse disparaître des documents, enlève la personne et éventuellement l'élimine est complice des homicides exécutés sur l'ensemble des personnes présentes en ce domicile, car l'éventualité de tels meurtres ne pouvait être exclue (Crim. 19 juin 1984, *Bull. crim.* n° 231). La chambre criminelle estime en effet que le complice « devait prévoir toutes les qualifications dont le fait était susceptible, toutes les circonstances dont il pouvait être accompagné » (Crim. 31 déc. 1947, *Bull. crim.* n° 270).

En l'espèce il ne semble pas possible de poursuivre Michelle pour complicité de tentative car Gérard n'a pas tenté l'infraction. Et puisque l'infraction commise n'est pas de même nature que l'infraction projetée, Michelle ne saurait être pénalement responsable.

II/ Jean

Il convient d'applique le même raisonnement à deux différences près :

– d'une part, Jean est complice de Gérard par instruction – par promesse plus précisément ;

– d'autre part, il n'y a pas de discordance entre l'infraction projetée par Jean et celle finalement commise : Jean voulait effectivement qu'on se débarrasse de Pierre Lajoie. L'infraction projetée et l'infraction commise sont donc identiques : un assassinat, c'est-à-dire un meurtre commis avec préméditation défini par l'article 221-3, C. pén. Il est donc tout à fait envisageable de retenir la responsabilité de Jean pour complicité de complicité d'assassinat.

Quant à la peine encourue, en vertu de l'article 121-6, C. pén., « sera puni comme auteur le complice de l'infraction, au sens de l'article 121-7 ».

Jean encourt la réclusion criminelle à perpétuité.

III/ Gérard

Gérard avait vocation à être auteur de violences mais il se trouvera finalement complice par instruction, plus précisément par promesse (il donnera 10 000 € une fois le travail accompli), d'un assassinat. Il n'y a aucune distorsion entre l'infraction projetée et l'infraction commise : c'est bien un assassinat que visait Gérard et qui fut commis par Gaspard.

Gérard encourt donc la réclusion criminelle à perpétuité.

IV/ Gaspard et Paul

Gaspard est l'auteur d'un assassinat (art. 221-3, C. pén.) : matériellement, il a bien commis un acte mortifère ; intellectuellement, on peut caractériser à la fois le dol spécial – l'*animus necandi* – et le dol aggravé – préméditation – nécessaires à la constitution de l'assassinat.

Paul surveille les alentours. Il peut donc être considéré comme complice par assistance d'un assassinat. Ils encourent chacun la réclusion criminelle à perpétuité.

Cas pratique n° 18

› Énoncé

En janvier 2020, des travaux débutent devant le domicile de Garance et Léon qui se situe à proximité de la mer. En se renseignant, ils apprennent qu'il s'agit de travaux d'assainissement qui ont été confiés par la commune à la société CitySaine. Quelques jours plus tard, Gabriel, le petit-fils de Garance et de Léon âgé de cinq ans, qui faisait du vélo devant chez ses grands-parents, est violemment heurté par un tuyau de fonte entreposé devant le domicile et mal arrimé. Le petit garçon décède sur le coup.

Les ennuis ne s'arrêtent pas là. Dans la nuit du 6 au 7 février dernier le Sud-Ouest de la France, où se situe le domicile de Garance et de Léon, a subi une énorme tempête. La maison de Garance et Léon, construite avec l'autorisation de la commune en dessous du niveau de la mer, est totalement envahie par les flots et complètement détruite.

Effondrés, Garance et Léon veulent porter plainte contre la Société CitySaine et contre la commune et vous demandent conseil.

› Correction

Deux problèmes doivent ici être examinés : il s'agit du décès du petit-fils de Garance et de Léon (I), de la destruction de la maison de ces derniers (II).

I/ Le décès de Gabriel

Le petit-fils de Garance et Léon est décédé des suites d'un accident dû à la mauvaise fixation d'un tuyau par une société chargée par la commune de travaux d'assainissement. La qualification envisageable est celle d'homicide involontaire de l'article 221-6, C. pén.

La responsabilité pénale de la société (A) et de la commune (B) est-elle envisageable ? Toutes deux sont des personnes morales. Il faut donc vérifier que les conditions d'engagement de la responsabilité pénale des personnes morales sont réunies, à savoir les conditions de l'article 121-2, C. pén.

A – Sur la responsabilité de la société CitySaine

– *Une infraction commise* : l'infraction qui semble en l'espèce avoir été commise est un homicide involontaire (art. 221-6, C. pén.). Pour les personnes morales, la distinction de l'article 121-3, C. pén. à propos de l'élément moral ne s'applique pas : il n'est pas nécessaire de distinguer selon qu'elle est auteure directe ou auteure indirecte. En toutes hypothèses, une faute simple suffit à engager sa responsabilité pénale.

– *Pour son compte* : en l'espèce, un tuyau a été mal arrimé dans le cadre de travaux d'assainissement. L'infraction a donc bien été réalisée pour le compte de la personne morale.

– *Par un organe ou représentant* : rien n'est précisé dans les faits. La jurisprudence a certes, pendant un temps, estimé que l'identification de l'organe ou du représentant importait peu, dès lors que l'infraction « n'a pu n'a pu être commise, pour le compte de la personne morale, que par ses organes ou représentants » (par exemple, Crim. 20 juin 2006, *Bull. crim.* n° 188). Toutefois, la chambre criminelle est revenue à plus d'orthodoxie et exige désormais des juges du fond qu'ils identifient avec précision l'organe ou le représentant ayant commis l'infraction pour le compte de la personne morale, pour pouvoir entrer en voie de condamnation (dernièrement, Crim. 17 oct. 2017, n° 16-87.249).

En l'état, faute d'identification de l'organe ou du représentant, la société ne pourra être condamnée pour homicide involontaire. Si celui-ci est identifié, elle encourra une peine d'amende égale au quintuple de la peine encourue par la personne physique, soit 45 000 × 5 = 225 000 € ainsi que les peines complémentaires selon ce qui est prévu à l'article 221-7, C. pén., quand bien même la responsabilité de l'organe ou du représentant personne physique serait écartée.

B – Sur la responsabilité de la commune

Les mêmes conditions s'appliquent mais il faut au préalable vérifier les conditions exigées par l'al. 2 de l'article 121-2, C. pén. qui dispose que la responsabilité pénale des collectivités territoriales, et donc en l'espèce de la commune, n'est possible que dans le cadre d'activités susceptibles de faire l'objet de conventions de délégation de service public. En d'autres termes, soit l'activité à l'occasion de laquelle l'infraction est commise n'est pas susceptible d'une délégation de service public et on ne peut retenir la responsabilité de la collectivité territoriale, soit l'activité à l'occasion de laquelle l'infraction est commise est susceptible d'une délégation de service public, la responsabilité pénale est possible. Mais dans ce dernier cas, il faut distinguer : soit l'activité est simplement susceptible d'une telle délégation sans avoir en pratique été déléguée et alors la responsabilité pénale de la collectivité territoriale est possible, soit l'activité est non seulement susceptible de délégation mais encore effectivement déléguée et alors, la responsabilité pénale de la collectivité territoriale doit être écartée du fait d'une délégation existante. Et c'est ce qui se produit en l'espèce, la commune, nous dit-on, ayant confié les travaux à une société.

C'est en ce sens que s'est prononcée la chambre criminelle dans un arrêt en date du 14 mars 2006 (*Bull. crim.* n° 73) dont les faits sont identiques à ceux du cas pratique. La commune avait été relaxée en appel du chef d'homicide involontaire. La Cour de cassation rejette le pourvoi et confirme la relaxe au profit de la collectivité territoriale, parce que non seulement l'activité de travaux publics était susceptible de délégation mais qu'elle avait réellement été déléguée. En effet, la Cour d'appel avait bien relevé que l'infraction ne pouvait être retenue à l'égard de la commune, car celle-ci « avait délégué ses obligations ».

La commune ne risque donc aucune condamnation pénale.

II/ La destruction de la maison

La qualification envisageable pour ces faits n'est pas évidente. On pourrait envisager les destructions et dégradations du bien d'autrui, incriminées par l'article 322-5, C. pén. Toutefois, cette disposition est limitée aux destructions par explosion ou incendie et ne peut, en conséquence, s'appliquer ici.

Il serait possible d'envisager la mise en danger de la personne d'autrui prévue à l'article 223-1, C. pén. Toutefois, puisqu'il s'agit d'engager la responsabilité pénale de la commune, c'est la condition préalable de cette responsabilité qui pose ici problème. Comme on l'a indiqué précédemment, il est nécessaire que l'infraction commise pour le compte d'une collectivité territoriale l'ait été dans le cadre d'activités susceptibles de faire l'objet de conventions de délégation de service public. Or, tout ce qui a trait à l'octroi des permis de construire et à l'établissement du plan d'occupation des sols n'est pas susceptible de délégation.

La responsabilité pénale de la commune n'est donc pas envisageable.

6. Les atteintes à l'humanité et à l'espèce humaine

I/ Les atteintes à l'humanité

L'une des difficultés classiques posée dans un cas pratique résulte de la combinaison, d'une part, de l'imprescriptibilité des crimes contre l'humanité, et, d'autre part, du particularisme historique de l'incrimination de ces crimes. La loi du 26 décembre 1964, loi déclarative et donc rétroactive (Crim. 26 janv. 1984, *Bull. crim.* n° 34), a en effet posé la règle de l'imprescriptibilité de ces crimes (aujourd'hui reprise à l'art. 7, al. 3, C. pr. pén.), règle qui peut vous conduire à devoir qualifier des faits anciens. Or, à cet égard, il vous faut toujours, distinguer, au entre le droit applicable avant l'entrée en vigueur du C. pén., le 1er mars 1994, et le droit résultant de celle-ci :

• **Avant l'entrée en vigueur du C. pén., les crimes contre l'humanité n'étaient incriminés que par renvoi** :

– *soit au statut du tribunal de Nuremberg* : la loi du 26 décembre 1964 reconnaissait l'imprescriptibilité de ces crimes « tels qu'ils sont définis par la Résolution des Nations unies du 13 février 1946, prenant acte de la définition des crimes contre l'humanité telle qu'elle figure dans la charte du Tribunal international du 8 août 1945 ». Le crime n'était ainsi défini que par référence à la définition de la Charte de Nuremberg (préambule, § 3). Pour cette dernière, les crimes contre l'humanité sont : « l'assassinat, l'extermination, la réduction en esclavage, la déportation, et tout autre acte inhumain commis contre toutes populations civiles, avant ou pendant la guerre, ou bien les persécutions pour des motifs politiques, raciaux ou religieux, lorsque ces actes ou persécutions, qu'ils aient constitué ou non une violation du droit interne du pays où ils ont été perpétrés, ont été commis à la suite de tout crime rentrant dans la compétence du Tribunal, ou en liaison avec ce crime » (art. 6, al. 2, § c). Cette référence restreignait donc l'application de la loi française aux seuls crimes qui, selon l'article 1er de la Charte de Nuremberg, étaient : localisés géographiquement en Europe ; commis temporellement pendant la Seconde Guerre mondiale ; et imputables matériellement aux pays européens de l'Axe c'est-à-dire à l'Allemagne nazie ou à l'Italie fasciste ainsi qu'à leurs alliés de fait ou de droit (Albanie, Bulgarie, Danemark, Finlande, Grèce, Hongrie, Norvège, Roumanie, Slovaquie, Yougoslavie et la France) ;

– *soit aux statuts des tribunaux pénaux internationaux de La Haye et d'Arusha* : la loi du 2 janvier 1995 portant adaptation de la législation française au

TPIY donnera compétence aux juridictions françaises, selon le même raisonnement qu'en 1964, pour poursuivre et juger les auteurs ou complices de violations graves du droit international humanitaire commises sur le territoire de l'ex-Yougoslavie depuis le 1er janvier 1991, s'ils sont « trouvés » en France (art. 1 et 2). La définition de ces violations graves devant alors être recherchée textuellement dans les « articles 2 à 5 du statut du tribunal international » de La Haye aux Pays-Bas (art. 1er, al. 3). Les mêmes remarques valent pour la loi du 22 mai 1996 portant adaptation de la législation française au TPIR qui étend la compétence des juridictions françaises aux violations graves du droit international humanitaire commises sur le territoire du Rwanda, ainsi que par des citoyens rwandais sur le territoire d'États voisins, entre le 1er janvier et le 31 décembre 1994 (art. 1er). Ces actes pouvant alors être qualifiés de génocide, de crimes contre l'humanité ou même de crimes de guerre « au sens des articles 2 à 4 du statut du tribunal international » d'Arusha en Tanzanie (al. 3).

Ainsi, à l'exception des crimes commis en Europe pendant la Seconde Guerre mondiale, en ex-Yougoslavie depuis 1991 et dans les Grands Lacs africains en 1994, aucun acte ne peut être qualifié de crime contre l'humanité avant l'entrée en vigueur du « nouveau » C. pén., la chambre criminelle refusant que la coutume internationale puisse pallier l'absence de texte incriminateur, notamment pour les faits commis durant les guerres d'Indochine (Crim. 1er avr. 1993, *Boudarel, Bull. crim.* n° 143) ou d'Algérie (Crim. 17 juin 2003, *Aussaresse, Bull. crim.* n° 122).

• **Après l'entrée en vigueur du Code pénal, le 1er mars 1994** : la définition des crimes contre l'humanité est désormais fixée par les articles 211-1 et s., C. pén. Ces dispositions ne peuvent s'appliquer aux faits commis avant la date de leur entrée en vigueur.

Nous étudierons successivement les incriminations des crimes contre l'humanité (A) puis le régime de ces crimes (B). Nous dirons enfin un mot de certaines infractions connexes aux crimes contre l'humanité (C).

A – Les incriminations des crimes contre l'humanité

Il faut distinguer le génocide (1) des autres crimes contre l'humanité (2).

1. Le génocide

La loi du 9 août 2010 a modifié le C. pén. pour qu'à côté du génocide à proprement parler (a) soit également sanctionnée la provocation à la commission de cette infraction (b).

a. L'infraction de génocide

• **Élément légal** : l'article 211-1, C. pén. dispose que « constitue un génocide le fait, en exécution d'un plan concerté tendant à la destruction totale ou partielle d'un groupe national, ethnique, racial ou religieux, ou d'un groupe déterminé à partir de tout autre critère arbitraire, de commettre ou de faire commettre, à l'encontre des membres de ce groupe, l'un des actes suivants : – atteinte volontaire à la vie; – atteinte grave à l'intégrité physique ou psychique; – soumission à des conditions d'existence de nature à entraîner la destruction totale ou partielle du groupe; – mesures visant à entraver les naissances; – transfert forcé d'enfants. »

• **Élément matériel** : il se distingue à la fois par son résultat et par les actes incriminés :

– *le résultat* se caractérise par une atteinte à un groupe déterminé arbitrairement, quel que soit d'ailleurs le critère (l'article 211-1 ne donne que des exemples non limitatifs : nationalité, religion, race, ethnie). Il faut noter que l'infraction n'est constituée que si les actes visés ont atteint des « membres de ce groupe » ce qui implique une pluralité de victimes;

– *les actes constitutifs de génocide* sont variés mais ils sont tous de nature à entraîner l'extinction du groupe précédemment défini soit à court terme (en supprimant les individus) soit à long ou moyen terme (en entravant les naissances ou en transférant les enfants). En outre, ces actes, constitutifs par ailleurs de crimes de droit commun, doivent avoir été accomplis en exécution d'un plan concerté pour constituer le crime de génocide. Cette condition est d'ailleurs commune à tous les crimes contre l'humanité.

• **Élément moral** : criminelle, l'infraction est donc nécessairement intentionnelle (*cf.* : art. 121-3, al. 1er, C. pén. : « Il n'y a point de crime ou de délit sans intention de le commettre ») et requiert :

– *au titre du dol général*, que l'agent ait agi volontairement en ayant conscience de violer la loi pénale;

– *au titre d'un dol spécial* que l'agent ait agi en exécution d'un plan concerté tendant à un résultat précis : la destruction totale ou partielle d'un groupe arbitrairement déterminé.

b. La provocation au génocide

La loi du 9 août 2010 a intégré un article 211-2 dans le C. pén. incriminant de manière autonome la provocation au génocide. Ce texte sanctionne en effet « la provocation publique et directe, par tous moyens, à commettre un génocide ». Le texte distingue les sanctions encourues selon que la provocation a été suivie d'effet ou pas. Dans le premier cas, elle est punie de la réclusion criminelle à perpétuité; dans le second cas, l'al. 2 de l'article 211-2 prévoit sept ans d'emprisonnement et 100 000 € d'amende. La provocation au génocide est ainsi un crime ou un délit en fonction des conséquences qu'elle a engendrées.

2. Les autres crimes contre l'humanité

La catégorie des « autres crimes contre l'humanité » comprend deux modes différents de réalisation de ces crimes : d'une part, la réalisation des crimes eux-mêmes à savoir le fait de commettre un crime contre l'humanité contre une population civile (a) ou contre des combattants (b) mais aussi, d'autre part, le fait de participer à un groupement préparant la commission de l'un des différents crimes contre l'humanité (c).

a. Les crimes contre l'humanité dirigés contre les populations civiles

• **Élément légal** : l'article 212-1, C. pén. vise l'accomplissement de certains actes qu'il énumère lorsqu'ils sont commis « en exécution d'un plan concerté à l'encontre d'un groupe de population civile dans le cadre d'une attaque généralisée et systématique ». Ce crime se distingue par le groupe visé en tant que victime : il doit s'agir d'un groupe de population civile. La chambre criminelle admet le cumul entre les qualifications de génocide et de crime contre l'humanité (Crim. 16 oct. 2019, n° 18-84608, qui approuve une condamnation prononcée par une Cour d'assises de ces deux chefs « dès lors que le génocide exige la preuve de l'intention de détruire, en tout ou partie, un groupe national, ethnique, racial ou religieux tandis que le crime contre l'humanité exige la preuve que le crime a été commis dans le cadre d'une attaque généralisée ou systématique dirigée contre une population civile, la cour d'assises a, sans méconnaître le principe *non bis in idem*, caractérisé les crimes commis et justifié sa décision »).

• **Élément matériel**, il se distingue du crime de génocide à la fois quant à son résultat et quant aux actes incriminés :

– *le résultat* est en effet l'atteinte à la liberté – déportation, esclavage, disparition forcée –, à la vie – exécutions –, à l'intégrité physique – torture, actes inhumains – ou à la dignité – déportation, esclavage, torture, actes inhumains – d'un groupe de population civile. Peu importe la façon dont ce groupe a été sélectionné, il suffit que ces actes atteignent un groupe de population civile, ce qui implique une pluralité de victimes ;

– *les actes incriminés* sont variés (atteinte volontaire à la vie ; extermination ; réduction en esclavage ; déportation ou transfert forcé de population ; emprisonnement ou toute autre forme de privation grave de liberté physique en violation des dispositions fondamentales du droit international ; torture ; viol, prostitution, grossesse, stérilisation forcées ou toute autre forme de violence sexuelle de gravité comparable ; persécution de tout groupe ou de toute collectivité identifiable pour des motifs d'ordre politique, racial, national, ethnique, culturel, religieux ou sexiste ou en fonction d'autres critères universellement reconnus comme inadmissibles en droit international ; disparition forcée ; actes de ségrégation commis dans le cadre d'un régime institutionnalisé d'oppression systématique et de domination d'un groupe racial sur tout autre groupe racial ou tous autres groupes raciaux et dans l'intention de maintenir ce régime ; autres actes inhumains de caractère analogue causant intentionnellement de grandes souffrances ou des atteintes graves à l'intégrité physique ou psychique). Depuis la loi du 9 août 2010, ces actes n'ont plus à être pratiqués de manière massive et systématique. Ils doivent toutefois avoir été commis « dans le cadre d'une attaque généralisée ou systématique » et « en exécution d'un plan concerté ».

- **Élément moral** : le crime est intentionnel et requiert, au titre du dol général que les auteurs aient agi volontairement et en connaissance de cause. La loi du 9 août 2010, en supprimant l'exigence que les actes aient été inspirés par des motifs discriminatoires, ne rend ainsi plus nécessaire la caractérisation de principe d'un dol spécial. Toutefois, le dol spécial resurgit pour certains des actes qui constituent ce crime, notamment pour l'acte de ségrégation.

b. Les crimes contre l'humanité dirigés contre les combattants

- **Élément légal** : l'article 212-2, C. pén. incrimine les actes visés à l'article 212-1 du même code « lorsqu'ils sont commis en temps de guerre en exécution d'un plan concerté contre ceux qui combattent le système idéologique au nom duquel sont perpétrés des crimes contre l'humanité ».
- **Élément matériel** : le crime n'est constitué qu'en cas de pluralité de victimes et suppose que les actes incriminés aient été accomplis en exécution d'un plan concerté. Ces actes sont ceux visés à l'article 212-1, C. pén. auquel il est expressément renvoyé. Seule change la qualité des victimes – sont ici visés les combattants de l'idéologie au nom de laquelle des crimes contre l'humanité sont perpétrés – et les circonstances de la commission – le crime d'avoir été accompli en temps de guerre.
- **Élément moral** : le crime est intentionnel et requiert en théorie seulement un dol général. Toutefois un mobile, et donc un dol aggravé, semble se dégager de la qualité particulière des victimes : elles ne sont victimes que parce qu'elles sont combattantes.

c. La participation à un groupement préparant un crime contre l'humanité

L'article 212-3 du C. pén. incrimine « la participation à un groupement formé ou à une entente établie en vue de la préparation, caractérisée par un ou plusieurs faits matériels, de l'un des crimes définis par les articles 211-1, 212-1 et 212-2 ». Cette disposition constitue une incrimination de l'association de malfaiteurs (art. 450-1, C. pén.) appliquée au cas particulier des crimes contre l'humanité. L'intérêt de cette incrimination spécifique réside dans la répression puisque l'article 450-1, C. pén. ne prévoit que dix ans d'emprisonnement et 150 000 € d'amende alors que l'article 212-3, C. pén. prévoit la réclusion criminelle à perpétuité. **Aussi, lorsque cette incrimination trouvera à s'appliquer, y aura-t-il nécessairement un concours apparent de qualifications qu'il vous faudra résoudre expressément en retenant l'incrimination spéciale conformément à la règle *specialia generalibus derogant*.**

B – Le régime des crimes contre l'humanité

- **Responsabilité des personnes morales** : la responsabilité des personnes morales pour crime contre l'humanité est incriminée spécialement et inutilement par l'article 213-3, C. pén. Cette responsabilité peut être engagée dans les conditions prévues par l'article 121-2, C. pén.

• **Complicité** : il faut relever deux spécificités :
– d'une part, la provocation, qui est, en droit commun, l'une des formes de la complicité (art. 121-7, al. 2, C. pén.), se trouve, dans le cas du génocide (au sens strict), autonomisée. Celui qui provoque à un génocide sera considéré comme auteur d'une provocation en vertu de l'article 211-2, C. pén. et non comme le complice par provocation ;
– d'autre part, l'article 213-4-1, C. pén. précise que, sans préjudice de l'application des dispositions de l'article 121-7, C. pén. qui définit les modalités de la complicité, deux catégories de personnes seront considérées comme complice des crimes contre l'humanité (au sens large, donc y compris le génocide) :
  - il s'agit, d'une part, du chef militaire ou de la personne qui en faisait fonction et qui savait ou, qui en raison des circonstances, aurait dû savoir que des subordonnés placés sous son autorité et son contrôle effectifs commettaient ou allaient commettre ce crime et « qui n'a pas pris toutes les mesures nécessaires et raisonnables qui étaient en son pouvoir pour en empêcher ou en réprimer l'exécution ou pour en référer aux autorités compétentes aux fins d'enquête et de poursuites » ;
  - il s'agit, d'autre part, du supérieur hiérarchique n'exerçant pas la fonction de chef militaire qui savait que des subordonnés placés sous son autorité et son contrôle effectifs commettaient ou allaient commettre ce crime « ou a délibérément négligé de tenir compte d'informations qui l'indiquaient clairement et qui n'a pas pris toutes les mesures nécessaires et raisonnables qui étaient en son pouvoir pour en empêcher ou en réprimer l'exécution ou pour en référer aux autorités compétentes aux fins d'enquête et de poursuites, alors que ce crime était lié à des activités relevant de sa responsabilité et de son contrôle effectifs ».

Les cas de complicité créés par ce texte sont remarquables à deux égards :
– *l'article 213-4-1 reconnaît tout d'abord une complicité par abstention* puisqu'il est reproché tant au chef militaire qu'au supérieur hiérarchique de ne pas avoir pris les mesures nécessaires pour empêcher ou réprimer les crimes contre l'humanité réalisés par les subordonnés ;
– *il permet ensuite de caractériser la complicité sans avoir à établir l'intention du complice de s'associer à la commission des crimes contre l'humanité* puisqu'il suffit d'établir que le chef militaire aurait dû savoir que ses subordonnés commettaient ou allaient commettre le crime ou que le supérieur hiérarchique a négligé délibérément de tenir compte d'informations indiquant que ses subordonnés allaient commettre le crime.

• **Causes d'irresponsabilité pénale** : l'article 213-4, C. pén. prévoit des règles particulières, dans le sens apparent de la sévérité : l'ordre de la loi ou le commandement de l'autorité légitime (*cf.* art. 122-4, C. pén.) ne pourront être invoqués par l'auteur ou le complice d'un crime contre l'humanité pour échapper à sa responsabilité pénale. Ce texte est toutefois inutile et paradoxal : inutile puisqu'en droit commun, le commandement de l'autorité légitime n'est exclusif de la responsabilité pénale que si l'ordre reçu n'était pas manifestement illégal (art. 122-4, al. 2, C. pén.) et la chambre criminelle a considéré que l'illégalité d'un ordre portant sur la commission d'un crime contre l'humanité est toujours manifeste (Crim. 23 janv. 1997, *Bull. crim.* n° 32) ; paradoxal car l'article 213-4, C. pén. autorise le juge à tenir compte de la circonstance que l'individu jugé a agi sur ordre de la loi ou commandement de l'autorité légitime pour fixer la peine, alors qu'en droit commun un tel ordre est inefficace... Finalement, sous les apparences de la sévérité, se profile, derrière l'article 213-4, C. pén., la manifestation d'une véritable clémence...

- **Peines** : la réclusion criminelle à perpétuité est prévue par tous les textes d'incrimination. En outre, l'article 133-2, dernier al., C. pén. prévoit que les peines prononcées pour les crimes contre l'humanité sont imprescriptibles.
- **Action publique** : l'article 7, al. 3, C. pr. pén. pose le principe d'imprescriptibilité des crimes contre l'humanité.
- **Détermination de la juridiction compétente** : celle-ci se déterminera en vertu des règles d'application de la loi pénale dans l'espace. Pourtant les juridictions pénales françaises peuvent être compétentes en dehors des hypothèses prévues aux articles 113-2 et s., C. pén. :

– les lois du 2 janvier 1995 et du 22 mai 1996, adaptant la législation française aux résolutions 827 et 955 du Conseil de sécurité de l'ONU instituant respectivement le TPIY et le TPIR énoncent en effet que les auteurs et complices des infractions relevant de la compétence de ces tribunaux internationaux peuvent être poursuivis et jugés par les juridictions françaises, s'ils sont trouvés en France. La compétence des juridictions répressives françaises ne peut en toute hypothèse qu'être exceptionnelle en raison de la primauté des Tribunaux pénaux internationaux sur les juridictions internes. Il est cependant loisible à ces tribunaux de déférer aux juridictions françaises des affaires qu'ils ne souhaitent plus juger (v. TPI Rwanda, ch., 20 nov. 2007, *Le Procureur c/ Laurent Bucyibaruta*, n° ICTR-2005-85-I et *Le Procureur c/ Wenceslas Munyeshyaka*, n° ICTR-2005-87-I). Par ailleurs, lorsqu'une juridiction pénale française est compétente pour juger de ces crimes, elle doit retenir la définition des crimes contre l'humanité posée par les statuts des tribunaux et non celle résultant des articles 211-1 et suivants du Code pénal, par exception au principe de la solidarité des compétences législatives et juridictionnelles ;

– l'article 689-11, C. pr. pén. que nous avons déjà évoqué lors de l'étude de l'application de la loi pénale dans l'espace, accorde compétence, à certaines conditions, aux juridictions françaises pour juger de l'un des crimes relevant de la compétence de la CPI.

C – Les infractions connexes : apologie et contestation de crime contre l'humanité

Nous distinguerons le délit d'apologie (1) et le délit de contestation des crimes contre l'humanité (2).

1. Le délit d'apologie de crimes contre l'humanité

L'apologie des crimes contre l'humanité est un délit, puni de cinq ans d'emprisonnement et de 45 000 € d'amende, aux termes de l'article 24, al. 5, de la loi du 29 juillet 1881. Sont visés l'apologie de crimes de guerre, de crimes contre l'humanité ou des crimes ou délits de collaboration avec l'ennemi. Le Conseil constitutionnel avait jugé que cette incrimination ne réprimait pas la seule apologie des crimes commis durant la Seconde Guerre mondiale puisque « le législateur n'a pas prévu une répression pénale différente pour l'apologie [...] selon que ces crimes ont été commis ou non pendant la seconde guerre mondiale » (Cons. const. 16 oct. 2015, n° 2015-492 QPC, cons. 6-7). Toutefois, la chambre criminelle a estimé que l'apologie d'un crime seulement reconnu par le législateur ne suffit pas : loi du 21 mai 2001 tendant à la reconnaissance de la traite et de l'esclavage en tant que crime contre l'humanité ayant pour seul objet de reconnaître une infraction de cette nature, elle ne saurait être revêtue de la portée normative attachée à la loi et caractériser l'un des éléments constitutifs du délit d'apologie (Crim. 5 févr. 2013, n° 11-85.909). Afin de briser cette jurisprudence, la loi du 27 janvier 2017 a précisé, outre que le délit d'apologie s'étend désormais aux crimes de réduction en esclavage ou d'exploitation d'une personne réduite en esclavage, que celui-ci est constitué « même en l'absence de condamnation de leurs auteurs ».

2. Le délit de contestation de crime contre l'humanité

Le délit de contestation de crimes contre l'humanité, connu aussi sous le nom de révisionnisme, a été introduit à l'article 24 *bis* loi du 29 juillet 1881 sur la liberté de la presse, par la loi du 13 juillet 1990 dite « loi Gayssot », tendant à réprimer tout acte raciste, antisémite ou xénophobe. Ce texte prévoit que « seront punis des peines prévues par le sixième alinéa de l'article 24 ceux qui auront contesté, par un des moyens énoncés à l'article 23, l'existence d'un ou plusieurs crimes contre l'humanité tels qu'ils sont définis par l'article 6 du statut du tribunal militaire international annexé à l'accord de Londres du 8 août 1945 et qui ont été commis soit par les membres d'une organisation déclarée criminelle en application de l'article 9 dudit statut, soit par une personne reconnue coupable de tels crimes par une juridiction française ou internationale ». **Cette disposition n'a pas de portée universelle puisque, d'une part, elle fait référence aux crimes contre l'humanité au sens du statut du tribunal de Nuremberg, et que, d'autre part, elle exige que ces faits aient été jugés par une juridiction française ou internationale**. Elle vise donc uniquement le négationnisme de l'holocauste nazi (TGI Paris, 15 nov. 2004, Légipresse janv.-févr. 2006, n° 228-18, qui a jugé que la négation du génocide arménien n'entre pas dans les prévisions de l'article 24 *bis* de la loi de 1881).

La jurisprudence française étend le délit de contestation à la discussion ou « minoration outrancière du nombre des victimes de la politique d'extermination menée dans les camps de concentration » nazis. La chambre criminelle maintient toutefois l'exigence que cette minoration outrancière soit commise de mauvaise foi, c'est-à-dire avec la conscience et la volonté nécessaires pour constituer suffisamment l'intention dolosive de l'auteur : soit « sous forme déguisée ou dubitative, ou encore par voie d'insinuation »; soit « sous couvert de recherche d'une supposée vérité historique » (Crim. 17 juin 1997, *Bull. crim.* n° 236). Cependant, la Cour de Strasbourg affirme que « la recherche de la vérité historique fait partie intégrante de la liberté d'expression » tant qu'elle n'ouvre pas « une polémique gratuite ou éloignée de la réalité ». Partant, le juge européen se montre favorable à « la réflexion sur les diverses causes possibles de l'extermination des Juifs en Europe » du moment qu'il ne s'agit aucunement de « contester la réalité de faits historiques clairement établis » mais d'en comprendre les raisons (CEDH 31 janv. 2006, *Giniewski c/ France*, req. n° 64016/00, § 49 à 52).

À plusieurs reprises, la Cour de cassation est venue affirmer la conformité de l'article 24 *bis* à l'article 10 de la Conv. EDH (Crim. 23 févr. 1993, *Bull. crim.* n° 86; Crim. 12 sept. 2000, n° 98-88.200). La CEDH l'a également affirmé (CEDH 23 sept. 1998, *Lehideux et Isorni c/ France*, req. n° 24662/94, § 47). La multiplication des lois mémorielles a cependant soulevé certaines contestations dont le Conseil constitutionnel a été saisi. La loi du 29 janvier 2001 a en effet reconnu « publiquement le génocide arménien de 1915 » et la loi du 21 mai 2001 dite « Taubira », a reconnu « que la traite négrière transatlantique ainsi que la traite dans l'océan Indien, d'une part, et l'esclavage, d'autre part, perpétrés à partir du XVe siècle, aux Amériques et aux Caraïbes, dans l'océan Indien et en Europe contre les populations africaines, amérindiennes, malgaches et indiennes constituent un crime contre l'humanité ». Or, en raison de cette reconnaissance, a été soulevée la question de la pertinence de la limitation du délit de contestation à la seule contestation des crimes nazis et de l'atteinte que porterait ce délit à la liberté de la recherche historique et à l'égalité devant la loi :

– en 2012 une proposition de loi visant à réprimer la contestation de l'existence des génocides reconnus par la loi proposa ainsi de sanctionner d'un an d'emprisonnement et de 45 000 € d'amende les contestations de génocides reconnus par la France. Le Conseil constitutionnel, saisi par des députés et sénateurs, a jugé, dans une décision n° 2012-647 DC du 28 février 2012, que le texte de la proposition de loi était contraire à la Constitution, considérant que « la liberté d'expression et de communication est d'autant plus précieuse que son exercice est une condition de la démocratie et l'une des garanties du respect des autres droits et libertés ». Certes, sur le fondement de l'article 34 de la Constitution, le législateur peut « instituer des incriminations réprimant les abus de l'exercice de la liberté d'expression et de communication qui portent atteinte à l'ordre public et aux droits des tiers ». Toutefois, « une disposition législative ayant pour objet de « reconnaître » un crime de génocide ne saurait, en elle-même, être revêtue de la portée normative qui s'attache à la loi ». Le Conseil concluait « qu'en réprimant ainsi la contestation de l'existence et de la qualification juridique de crimes qu'il aurait lui-même reconnus et qualifiés comme tels, le législateur a porté une atteinte inconstitutionnelle à l'exercice de la liberté d'expression et de communication » ;

– l'article 24 *bis* a aussi vu sa conformité à la Constitution discutée sur le terrain de la liberté d'expression et plus précisément de la liberté de la recherche historique ainsi que sur le terrain de l'égalité devant la loi par le biais d'une QPC. Le Conseil constitutionnel, dans une décision n° 2015-512 QPC du 8 janvier 2016, a déclaré cette disposition conforme à la Constitution. Concernant la liberté de la recherche historique, le Conseil souligne qu'« en incriminant exclusivement la contestation de l'existence de faits commis durant la Seconde Guerre mondiale, qualifiés de crimes contre l'humanité et sanctionnés comme tels par une juridiction française ou internationale », le délit vise à lutter contre « certaines manifestations particulièrement graves d'antisémitisme et de haine raciale ; que seule la négation, implicite ou explicite, ou la minoration outrancière de ces crimes est prohibée ; que les dispositions contestées n'ont ni pour objet ni pour effet d'interdire les débats historiques ; qu'ainsi, l'atteinte à l'exercice de la liberté d'expression qui en résulte est nécessaire, adaptée et proportionnée à l'objectif poursuivi par le législateur ; que, par suite, le grief tiré de l'atteinte à cette liberté et à la liberté d'opinion doit être écarté ». S'agissant de la rupture d'égalité devant la loi – qui résulterait de la limitation du délit à la contestation des crimes commis durant la Seconde Guerre mondiale – le Conseil ne se laisse pas convaincre et met en avant deux éléments, qui selon lui, différencient la Shoah des autres crimes contre l'Humanité : « d'une part, la négation de faits qualifiés de crime contre l'humanité par une décision d'une juridiction française ou internationale reconnue par la France se différencie de la négation de faits qualifiés de crime contre l'humanité par une juridiction autre ou par la loi ; que, d'autre part, la négation des crimes contre l'humanité commis durant la Seconde Guerre mondiale, en partie sur le territoire national, a par elle-même une portée raciste et antisémite » ;

– la loi n° 2017-86 du 27 janvier 2017 relative à l'égalité et à la citoyenneté a inséré un deuxième al. à l'article 24 *bis* incriminant « ceux qui auront nié, minoré ou banalisé de façon outrancière, par un des moyens énoncés à l'article 23, l'existence d'un crime de génocide autre que ceux mentionnés au premier alinéa du présent article, d'un autre crime contre l'humanité, d'un crime de réduction en esclavage ou d'exploitation d'une personne réduite en esclavage ou d'un crime de guerre défini aux articles 6, 7 et 8 du statut de la Cour pénale internationale signé à Rome le 18 juillet 1998 et aux articles 211-1 à 212-3, 224-1 A à 224-1 C et 461-1 à 461-31 du Code pénal, lorsque : "1° Ce crime a donné lieu à une condamnation prononcée par une juridiction française ou internationale" ». Dans sa version initiale, il était prévu, en outre, que l'infraction pourrait être commise, en dehors d'une condamnation prononcée, lorsque « la négation, la minoration ou la banalisation de ce crime constitue une incitation à la violence ou à la haine à l'égard d'un groupe de personnes ou d'un membre d'un tel groupe défini par référence à la prétendue race, la couleur, la religion, l'ascendance ou l'origine nationale ». Toutefois, le Conseil constitutionnel, dans sa décision n° 2016-745 DC du 26 janvier 2017 a censuré cette partie du texte, considérant que « le législateur, en réprimant la négation, la minoration et la banalisation de certains crimes n'ayant fait l'objet d'aucune condamnation judiciaire préalable, a porté une atteinte à l'exercice de la liberté d'expression qui n'est ni nécessaire ni proportionnée ». Aussi, en l'état, le fait de nier, minorer ou banaliser l'existence d'un crime de génocide autre que commis durant la seconde guerre mondiale, d'un autre crime contre l'humanité, d'un crime de réduction en esclavage ou d'un crime de guerre n'est incriminé qu'à la condition que ce crime ait donné lieu à une condamnation prononcée par une juridiction française ou internationale.

II/ Les atteintes à l'espèce humaine

• **Trois incriminations sont prévues par le C. pén.** :

– *l'eugénisme* : l'article 214-1, C. pén. incrimine « le fait de mettre en œuvre une pratique eugénique tendant à l'organisation de la sélection des personnes ». La définition du comportement incriminé n'est pas particulièrement claire : il semble que l'eugénisme soit *a minima* une infraction formelle, consommée sans résultat, puisqu'il n'est pas nécessaire que la mise en œuvre ait effectivement abouti à la sélection des personnes. Quant à l'élément moral, il ne peut être qu'une intention puisque l'eugénisme est un crime. La preuve de cette intention sera rapportée lorsqu'il sera prouvé que l'auteur a volontairement mis en œuvre cette pratique eugénique en ayant conscience qu'elle tend à l'organisation de la sélection des personnes ;

– *le clonage reproductif* : l'article 214-2, C. pén. sanctionne « le fait de procéder à une intervention ayant pour but de faire naître un enfant génétiquement identique à une autre personne vivante ou décédée ». Là encore l'élément matériel de cette incrimination n'est pas particulièrement précis et l'on peut notamment s'interroger sur la notion d'« intervention ». Le terme est en effet suffisamment large pour englober toute participation à une opération de clonage. De même, le terme permet de viser les actes fantaisistes mais dont le but affiché par l'auteur était le clonage reproductif. L'acte n'est en réalité défini que par le but poursuivi : faire naître un enfant génétiquement identique à une autre personne. L'élément moral de ce crime est l'intention et consiste donc pour l'agent à avoir voulu procéder à une intervention en ayant conscience qu'elle avait pour but la naissance d'un enfant génétiquement identique à une autre personne ;

– *l'association de malfaiteurs en vue de la préparation des crimes contre l'espèce humaine* est spécialement incriminée par l'article 214-4, C. pén.

• **Peines encourues** : pour l'eugénisme et le clonage reproductif : trente ans de réclusion criminelle et à 7 500 000 € d'amende, les peines se trouvant aggravées lorsque l'infraction est commise en bande organisée ; pour l'association de malfaiteurs en vue de la préparation des crimes contre l'espèce humaine : la réclusion criminelle à perpétuité et de 7 500 000 € d'amende.

• **Prescription** : pour l'eugénisme et le clonage reproductif, les articles 7, al. 2, C. pr. pén. et 133-2, al. 2, C. pén. prévoient respectivement que l'action publique et la peine se prescrivent par trente ans. L'article 9-1, al. 2, C. pr. pén. prévoit que lorsque le clonage reproductif a conduit à la naissance d'un enfant, le délai de prescription de l'action publique ne commence à courir qu'à partir de la majorité de cet enfant.

7. Les atteintes à la vie et à l'intégrité de la personne humaine

Nous distinguerons les atteintes volontaires (I) et les atteintes involontaires (II) à la vie et à l'intégrité physique de la personne humaine.

I/ Les atteintes volontaires

A – Les atteintes volontaires à la vie

Il faut avoir en tête les quatre incriminations qui visent à protéger la vie de la personne : le meurtre (1), l'empoisonnement (2), et le mandat criminel (3), qui permettent d'appréhender des agissements provoquant ou tendant à provoquer la mort d'autrui commis par des individus désireux d'infliger la mort ; les violences mortelles (4), qui permettent quant à elle la répression de celui qui, bien qu'animé de la seule volonté de blesser, a néanmoins tué.

1. Le meurtre

L'article 221-1, C. pén. incrimine le « fait de donner volontairement la mort à autrui ». Nous envisagerons l'élément matériel, l'élément moral et la répression de ce crime.

• **Élément matériel** : il se décline en trois composantes : un comportement, un résultat et un lien de causalité entre les deux :

– *le comportement* : infraction de commission, le meurtre ne peut être constitué que par un acte matériel positif. À défaut d'un tel acte, il vous faudra rejeter cette qualification, (par exemple, des tortures morales ; une abstention, en conscience, d'agir devant la noyade d'autrui, etc. ce dernier comportement ne pouvant être éventuellement poursuivi que sur le fondement de l'omission de porter secours). En revanche, la nature de l'acte matériel positif importe peu : il n'y a aucune restriction dans la consistance de l'acte homicide, sauf forme spécifiée d'atteinte à la vie, tel l'empoisonnement, par exemple : coups, étouffement, étranglement, avec arme, etc. L'acte homicide peut se traduire, soit par un acte unique, soit par des actes multiples (Crim. 9 juin 1977, *Bull. crim.* n° 211 : un homicide volontaire peut résulter de moyens multiples et successifs employés pendant un temps plus ou moins long, ce qui implique que le crime n'est pas nécessairement commis en un lieu unique) ;

– *le résultat* : infraction matérielle, le meurtre ne peut être constitué que par la survenance d'un résultat précis, la mort d'autrui :

- s'il vous est impossible de caractériser la mort d'autrui, alors qu'elle était recherchée en l'espèce, vous devrez envisager la tentative d'homicide (toujours incriminée en matière criminelle conformément à l'article 121-4, C. pén.). La solution sera la même si, malgré sa volonté mortifère, il était objectivement impossible à l'agent de provoquer la mort : c'est l'hypothèse de l'infraction impossible (Crim. 16 janv. 1986, *Perdereau*, préc. : personne visée par l'acte homicide déjà décédée) ;

– la référence à « autrui » dans l'article 221-1, C. pén. soulève deux difficultés classiques, souvent mises en avant dans les cas pratiques :

- *d'une part, la question de la répression du suicide* : la victime de l'homicide doit être une tierce personne par rapport à l'auteur des faits. Le droit français, depuis la Révolution, n'incrimine plus le suicide, ce qui entraîne deux conséquences : la première est que le suicide manqué ne peut donner lieu à aucune sanction puisqu'à défaut d'infraction principale il ne peut y avoir de tentative ; la seconde est que la complicité de celui qui aide autrui à se suicider n'est pas davantage réprimée ;

Attention

Il faut toutefois prendre garde : celui qui procure le moyen d'un suicide n'est pas susceptible d'être puni, mais il n'en est par forcément de même de celui qui assiste de plus près celui qui se suicide. Il demeure, en effet, que le consentement de la victime n'est pas un fait justificatif du meurtre et que celui qui pousserait l'aide au suicidé jusqu'à tuer lui-même celui qui le désire serait coupable, non pas d'aide et d'assistance à un suicide non incriminé, mais de meurtre. En outre, celui qui n'intervient pas devant un projet de suicide annoncé et crédible est coupable de non-assistance à personne en péril et il faut tenir compte des incriminations distinctes de provocation au suicide, ainsi que de propagande et de publicité en sa faveur qui constituent des infractions de mise en danger de la personne.

- *d'autre part, la question de la détermination des frontières de la vie, et plus particulièrement celle de l'applicabilité de l'infraction à l'enfant à naître*. La solution rendue par l'assemblée plénière de la Cour de cassation le 29 juin 2001 (*Bull. crim.* n° 156) en matière d'homicide involontaire, consistant à refuser, en vertu du principe de l'interprétation stricte de la loi pénale, l'assimilation de l'enfant à naître à « autrui », a vocation à s'appliquer à l'homicide volontaire, puisque l'analogie *in favorem* est admise. L'enfant à naître n'est ainsi pas susceptible d'être la victime d'un meurtre ;

Attention toutefois

Celui qui provoque intentionnellement la mort d'un enfant à naître pourrait être poursuivi soit sur le fondement de l'article 223-10, C. pén. qui incrimine l'interruption de grossesse pratiquée sans le consentement de l'intéressée si ces agissements ont eu lieu à l'insu de la

►

mère, soit sur le fondement de l'article L. 2222-2, CSP qui incrimine l'interruption illégale de la grossesse d'autrui et permet d'appréhender les interruptions de grossesse qui, bien qu'effectuées avec le consentement de la mère, n'ont pas respecté les conditions légales de l'IVG.

– *le lien de causalité* : l'élément matériel de l'homicide volontaire n'est caractérisé que dans la mesure où un lien de cause à effet unissant le comportement prohibé au résultat survenu peut être constaté. Ici comme ailleurs, le lien de causalité doit répondre à la condition de certitude.

• **Élément moral** : comme tout crime, le meurtre est intentionnel :

– *il requiert, au titre du dol général que l'agent ait voulu l'acte positif en ayant conscience de violer la loi pénale. Surtout, il requiert un dol spécial, l'intention de donner la mort ou* animus necandi : **c'est ce dol spécial qui fonde la distinction entre le meurtre et les violences mortelles**. Dans la mesure, en effet, où il existe une infraction violences mortelles (coups volontairement donnés, ayant entraîné la mort mais sans que celle-ci ait été recherchée), cela implique, que la seule conscience de la possibilité du résultat ne suffit pas à constituer le meurtre et qu'il faut, en outre, avoir recherché la mort ;

– *peu importent en revanche les mobiles qui ont inspiré l'auteur, comme le consentement de la victime* (Crim. 22 juin 1837, *S.* 1837.1.465 : il y a meurtre ou tentative de meurtre dans le cas des duellistes) *ou l'erreur de fait.* À cet égard, deux types d'erreurs de fait sont concevables : l'agent veut tuer Pierre et c'est Paul qui se présente et est atteint (*error personae* ou *error in objecto*) ; l'agent veut tuer Pierre mais en le visant il fait preuve de maladresse et tue Paul (*aberratio ictus* ou une erreur du projectile ou du tir). En toute rigueur on se trouve ici en présence d'un concours réel d'infractions : une tentative de meurtre (ou d'assassinat) sur Pierre et un meurtre consommé sur Paul dans le premier cas, une tentative de meurtre sur Pierre et un homicide involontaire sur Paul, dans le second. La jurisprudence traite toutefois la situation en question comme une infraction unique, réalisée sur la personne de la victime effectivement atteinte, mais avec les caractéristiques qu'aurait eue l'action à l'égard de la personne visée. Dans notre exemple, la jurisprudence estimera qu'il n'y a qu'une seule infraction, le meurtre de Paul, mais qu'il sera aggravé, excusé ou justifié en fonction de ce qu'était l'acte envisagé par rapport à Pierre : il y aura assassinat de Paul si la mort de Pierre avait été préméditée ou, à l'inverse, absence d'infraction si l'agent était en état de légitime défense à l'égard de Pierre (Crim. 31 janv. 1835, *S.* 1835.1.564 ; 18 févr. 1922, *Bull. crim.* n° 82 ; 22 févr. 1922, *S.* 1922.1.239 ; 4 janv. 1978, *Bull. crim.* n° 5). **On parle à cet égard de transfert d'intention** ;

– *la preuve directe de l'intention étant impossible, la jurisprudence déduit celle-ci de la conjonction de l'emploi de certains moyens particulièrement dangereux ou efficaces* – ainsi, le fait d'utiliser une arme dangereuse, en frappant la victime sur une partie du corps particulièrement exposée, voire sur tout le corps (Crim. 24 juill. 1974, *Gaz. Pal.* 1974. 2. Somm. 289) – *et de l'atteinte portée à certaines parties du corps, susceptible d'entraîner la mort.* L'intention peut s'induire de tirs groupés dans le dos (Crim. 22 mai 1989, n° 89-81.397), ou de la force avec laquelle le coup a été donné (Crim. 9 janv. 1990, *Bull. crim.* n° 15). C'est seulement en cas de conjonction de l'usage de certains moyens et de l'obtention du résultat que la jurisprudence crée une présomption de fait d'existence de la volonté de tuer, un seul de ces éléments ne suffisant pas (Crim. 3 mars 1964, *Bull. crim.* n° 78 ; 8 janv. 1991, *Bull. crim.* n° 14). La chambre criminelle a récemment rappelé sa solution traditionnelle à propos d'une agression à la sortie d'un lycée (Crim. 15 mars 2017, n° 16-87.694 : l'intention homicide résultait en l'espèce du fait, tant de l'utilisation d'un couteau « dont la lame, par sa longueur, pouvait provoquer la mort », que de l'action de l'agresseur, qui avait « frappé sciemment au niveau du thorax, qui constitue une zone vitale »).

• **Répression** : il n'est pas indispensable que l'on connaisse de façon précise l'identité de la victime (Crim. 15 mai 1946, *Gaz. Pal.* 1946. 1. 237), du moment qu'on est certain qu'elle a bien été tuée. Il n'est en outre pas nécessaire que le corps de la victime soit présenté. Mais les deux règles ne peuvent se combiner : si le corps n'est pas représenté, une accusation de meurtre n'est possible que si l'identité de la victime est connue, sa disparition certaine et les actes homicides de l'agent établis. Et sur l'autre versant de la difficulté, la poursuite pour meurtre d'un inconnu ne sera possible que si le corps est retrouvé et sa rencontre avec la personne poursuivie établie.

• **Peines** : à l'état simple, le meurtre est puni de trente ans de réclusion criminelle. Rappelons que la tentative est toujours punissable (art. 121-4, C. pén.). Toutefois, nombreuses sont les circonstances aggravantes, dont l'application porte la répression à la réclusion criminelle à perpétuité :

– *le concours avec d'autres infractions* : l'article 221-2, C. pén. pose deux circonstances qui font porter la peine à la réclusion criminelle à perpétuité et qui permettent de déroger aux règles traditionnelles du concours réel, qui, elles, sont plus clémentes : la circonstance de concomitance, c'est-à-dire le « meurtre qui précède, accompagne ou suit un autre crime » ; la circonstance de corrélation, c'est-à-dire le « meurtre qui a pour objet soit de préparer ou de faciliter un délit, soit de favoriser la fuite ou d'assurer l'impunité de l'auteur ou du complice d'un délit » ;

– *la préméditation* : l'article 221-3, C. pén. énonce que « le meurtre commis avec préméditation constitue un assassinat. Il est puni de la réclusion criminelle à perpétuité ». La préméditation est définie par l'article 132-72, C. pén. comme « le dessein formé avant l'action de commettre un crime ou un délit déterminé ». Compte tenu de cette définition large, on retrouvera cette circonstance toutes les fois où l'homicide n'aura pas été commis sous le coup d'une impulsion ;

– *les circonstances aggravantes relatives à la personne de la victime* : l'article 221-4, C. pén. énumère plusieurs circonstances aggravantes tenant à la personne de la victime, et qui portent la peine à la réclusion criminelle à perpétuité : le meurtre commis sur mineur de 15 ans, le meurtre commis sur un ascendant légitime ou naturel ou sur les père ou mère adoptifs, le meurtre commis sur une personne vulnérable lorsque l'état de celle-ci est apparent ou connu de l'auteur, le meurtre commis sur un magistrat, un juré, un avocat ou toute personne dépositaire de l'autorité publique dans l'exercice de ses fonctions, lorsque la qualité est apparente ou connue, le meurtre commis sur un enseignant, le meurtre commis contre une personne en raison de son refus de contracter un mariage ou de conclure une union ;

– *les circonstances aggravantes relatives à la personne de l'auteur* : l'article 221-4, C. pén. porte la peine à la réclusion criminelle à perpétuité lorsque le meurtre est commis par le conjoint ou le concubin de la victime ou le partenaire lié à la victime par un pacte civil de solidarité ;

– *la loi du 27 janvier 2017 relative à l'égalité et à la citoyenneté* a supprimé, dans le texte d'incrimination, deux circonstances relatives aux mobiles : en vertu de l'article 221-4, 6°, C. pén. le meurtre était jusqu'alors aggravé lorsqu'il était commis, soit à raison de l'appartenance ou de la non-appartenance, vraie ou supposée, de la victime à une ethnie, une nation, une race ou une religion déterminée, soit à raison de l'orientation sexuelle de la victime. **La circonstance n'a toutefois pas disparu, elle a seulement changé de nature : de spéciale, elle est devenue générale.** La loi égalité citoyenneté crée en effet une véritable circonstance aggravante de discrimination applicable à tous les crimes et délits, soit à raison de la race (art. 132-76, C. pén.) soit à raison du sexe (art. 132-77, C. pén.) ;

– *les circonstances aggravantes liées au contexte de l'infraction* : le meurtre est aggravé lorsqu'il est commis par plusieurs personnes agissant en bande organisée, circonstance définie par l'art. 132-71, C. pén., comme « tout groupement formé ou toute entente établie en vue de la préparation, caractérisée par un ou plusieurs faits matériels, d'une ou de plusieurs infractions » et qui suppose la préméditation des infractions et, à la différence de l'association de malfaiteurs, une organisation structurée entre ses membres (Crim. 8 juill. 2015, n° 14-88.329) ;

– *enfin, le dernier al. de l'article 221-4 prévoit une cause d'aggravation ultime*, qui, non seulement porte la peine à la réclusion criminelle à perpétuité, mais qui aménage également la possibilité pour la Cour d'assises de prononcer une période de sûreté de trente ans. Il s'agit de l'hypothèse dans laquelle la victime est un mineur de 15 ans ou une personne dépositaire de l'autorité publique, ou encore lorsque le meurtre est précédé ou accompagné d'un viol, de tortures ou d'actes de barbarie.

• **Statut des repentis** : le meurtre aggravé de la circonstance de préméditation fait partie des infractions aux titres desquelles la loi du 9 mars 2004 a édicté des dispositions favorables aux repentis (prévu par l'article 132-78, C. pén.). Ainsi, l'article 221-5-3, C. pén. prévoit que « toute personne qui a tenté de commettre les crimes d'assassinat [...] est exempte de peine si, ayant averti l'autorité administrative ou judiciaire, elle a permis d'éviter la mort de la victime et d'identifier, le cas échéant, les autres auteurs ou complices ».

• **Prescription de l'action publique** : elle est de vingt ans depuis la loi du 27 février 2017 et court à compter du jour où l'infraction a été commise (art. 7, al. 1er, C. pr. pén.), c'est-à-dire du jour de la mort puisque la mort est un élément constitutif de l'infraction.

2. L'empoisonnement

L'article 221-5, C. pén. le définit comme « le fait d'attenter à la vie d'autrui par l'emploi ou l'administration de substances de nature à entraîner la mort ». Il se distingue du meurtre, qui suppose une mort effectivement donnée et ne nécessite pas la démonstration d'un comportement spécial au titre de son élément matériel, et de l'administration de substances nuisibles, infraction matérielle dont l'acte constitutif est l'administration d'une substance qui n'est pas mortifère mais simplement nuisible et dont la consommation exige la survenance d'un résultat (une atteinte à l'intégrité d'autrui).

• **Élément matériel** :

– *le comportement* : infraction de commission, l'empoisonnement nécessite la preuve d'un acte positif. Mais à la différence du meurtre, l'acte positif exigé doit consister en un acte :

- d'« *emploi ou d'administration* » : la généralité de ces termes permet d'appréhender tous les procédés imaginables d'emploi ou d'administration (ingestion, inhalation, injection, ou encore irradiation) ;
- « *de substances* » : la notion de substances ouvre la voie à toutes sortes d'hypothèses : bacille ou virus, radiations émises par des objets radioactifs déposés près de la victime, etc. ;
- « *de nature à entraîner la mort* » : le législateur impose seulement que l'emploi des substances soit de nature à entraîner la mort, non qu'il conduise à la mort. La nature mortelle de la substance ne dépend pas des caractéristiques intrinsèques du produit utilisé mais de l'usage qui en est fait et, éventuellement des caractéristiques personnelles de la victime (personne dont la sensibilité à un produit normalement inoffensif, est connue de l'auteur des faits). Qualitativement, des produits isolément inoffensifs constituent un poison si leur mélange les rend mortels : un produit d'usage normal tel du sang ou un médicament devient un poison s'il en est fait un usage anormal mortel ou s'il a été infecté d'une façon ou d'une autre. Quantitativement, il y a empoisonnement non seulement à administrer, en une seule dose, la quantité mortelle d'un produit mais aussi à administrer, sur une longue période de temps, des doses qui, prises isolément ne sont pas mortelles, du moment qu'il y avait un plan dans le but d'administrer finalement une quantité mortelle ;

– *l'indifférence au résultat* : les particularismes rédactionnels de l'article 221-5, C. pén., qui visent l'attentat et non l'atteinte au travers du « fait d'attenter » conduisent à deux originalités :

- d'une part, une incrimination élargie de l'infraction consommée : l'article 221-5, C. pén. vise le fait « d'attenter à la vie d'autrui » et non l'atteinte à la vie. Le législateur incrimine ainsi, en quelque sorte, une tentative à titre principal, et ne distingue pas suivant que la tentative réussit ou échoue. L'empoisonnement est dès lors consommé dès l'absorption de la substance, peu importe que la victime décède ou survive, et constitue donc une infraction formelle ;

- d'autre part, une incrimination élargie de l'infraction tentée : puisque ce n'est pas le décès de la victime, mais l'absorption du poison qui consomme l'infraction, le commencement d'exécution constitutif de tentative intervient plus tôt sur l'*iter criminis* que s'agissant des infractions matérielles. C'est pourquoi le commencement d'exécution est caractérisé par le fait de mettre les substances à disposition de la victime, avant que celle-ci ne les ingère (Crim. 5 févr. 1958, préc. : le fait de jeter du poison dans un puits, constitue une tentative d'empoisonnement, alors même que la victime ne boit pas l'eau du puits).

• **Élément moral** : l'empoisonnement est une infraction intentionnelle, et requiert :

– *un dol général* : l'empoisonnement suppose que l'agent ait délibérément administré la substance, en connaissance de son caractère mortel. Il n'y a pas empoisonnement à administrer un produit mortel dans l'ignorance de sa toxicité, ni non plus à administrer un produit mortel en une quantité qu'on croit, à tort, insusceptible de provoquer la mort. Il n'y a donc pas empoisonnement en cas d'ignorance du caractère mortifère d'une substance par ailleurs administrée volontairement. La preuve du dol général est parfois difficile à rapporter. Ainsi, dans l'affaire du sang contaminé, la Cour de cassation a considéré que la preuve de la connaissance, par les médecins prescripteurs, du caractère nécessairement mortifère des lots du CNTS n'a pas été rapportée, au motif que des incertitudes régnaient à l'époque des faits dans les milieux médicaux quant au caractère mortel du virus du SIDA (Crim. 18 juin 2003, *Bull. crim.* n° 127) ;

– *un dol spécial* : sans entrer dans le débat théorique, relevons simplement que la chambre criminelle, dans un arrêt du 2 juillet 1998 (*Bull. crim.* n° 211), a considéré que « l'empoisonnement exige une intention homicide que ne suffit pas à caractériser la seule connaissance du pouvoir mortel de la substance administrée ». Elle a confirmé sa solution à l'occasion de l'affaire du sang contaminé, dans un arrêt du 18 juin 2003 (préc.) : « le crime d'empoisonnement ne peut être caractérisé que si l'auteur a agi avec l'intention de donner la mort, élément moral commun à l'empoisonnement et aux autres crimes d'atteintes volontaires à la vie de la personne ».

• **Répression** :

– *peines* : trente ans de réclusion criminelle. Les deux premiers al. de l'article 132-23, C. pén. relatif à la période de sûreté obligatoire sont applicables à tout empoisonnement, qu'il soit simple ou aggravé, alors que la période de sûreté n'intervient de plein droit que s'agissant du meurtre aggravé. L'article 221-5, C. pén. se contente, pour la définition des circonstances aggravantes, de renvoyer aux dispositions relatives au meurtre, et il faut relever que **vous serez conduit bien souvent à retenir la préméditation car l'empoisonnement est assez rarement impulsif** ;

– *correctionnalisation* : dans un arrêt du 10 janvier 2006 (*Bull. crim.* n° 11) la Cour de cassation a approuvé la condamnation d'un individu qui avait volontairement transmis à sa partenaire le virus du SIDA du chef d'administration de substances nuisibles. Certes, la constance des progrès de la recherche augure de réels espoirs de guérison des malades du SIDA, et la qualification de substance nuisible semble plus appropriée que celle de substance mortifère. Toutefois, comme la doctrine l'a souligné, une substance ne change pas de nature si un traitement, un vaccin ou un antidote vient en atténuer ou en supprimer les effets. Le venin du serpent demeure un poison même depuis que l'on a découvert le contrepoison et il en va de même pour le SIDA. Le SIDA demeure donc en soi une substance de nature à entraîner la mort et le demeurera lorsque l'on aura mis au point le vaccin ou le remède pour l'anéantir.

3. Le mandat criminel

L'affaire *Lacour* avait abouti à l'impunité de celui qui avait recruté un tueur à gages, lequel s'était finalement désisté du projet criminel : faute d'infraction principale punissable, le commanditaire n'avait pas pu être réprimé sur le fondement de la complicité d'assassinat, pas davantage d'ailleurs que sur le fondement de la tentative pour laquelle le commencement d'exécution faisait défaut (Crim. 25 oct. 1962, *Lacour*, préc.). Afin d'appréhender semblable situation, la loi du 9 mars 2004 a incriminé le mandat criminel, défini par l'article 221-5-1, C. pén. comme « le fait de faire à une personne des offres ou des promesses ou de lui proposer des dons, présents ou avantages quelconques afin qu'elle commette un assassinat ou un empoisonnement lorsque ce crime n'a été ni commis ni tenté ». Ce délit est puni de dix ans d'emprisonnement et de 150 000 € d'amende. On relèvera que le mandat criminel incrimine les agissements de l'auteur intellectuel : il s'agit de réprimer en tant qu'auteur celui qui tente de faire faire. De plus, il constitue une infraction-obstacle aux crimes d'assassinat et d'empoisonnement : le délit incrimine en effet à titre autonome certains actes préparatoires des crimes d'assassinat ou d'empoisonnement. En outre, et **c'est là le propre des infractions-obstacles, s'il est suivi d'effets, le délit disparaît, et vous devrez retenir la complicité d'assassinat ou d'empoisonnement**.

4. Les violences mortelles

L'article 222-7, C. pén. incrimine « les violences ayant entraîné la mort sans intention de la donner ». Ces violences constituent bien une infraction intentionnelle : si l'auteur n'a pas poursuivi le but d'infliger la mort, il n'est pas simplement imprudent, puisqu'il a volontairement exercé des violences sur sa victime dans le but de la blesser plus ou moins gravement.

• **Élément matériel** : il se décompose entre un comportement, un résultat et un lien de causalité. Ces trois composantes sont, pour l'essentiel, identiques à celles qui constituent l'élément matériel du meurtre. Il y a toutefois une différence dans l'élément matériel du meurtre et des violences mortelles : **la tentative de violences mortelles n'est jamais envisageable**, car on ne peut logiquement reprocher à un individu une tentative de violences ayant entraîné la mort sans intention de la donner. **Toutefois, celui qui tente d'infliger des violences mais dont l'entreprise échoue ne restera pas nécessairement impuni : il pourra faire l'objet de poursuites du chef de violences ayant entraîné un résultat moindre, tel un choc émotif.**

• **Élément moral** : l'infraction est intentionnelle (*cf.* art. 121-2, al. 1er, C. pén.) et requiert : un dol général, similaire au meurtre, qui se définit comme la volonté de l'acte positif en ayant conscience de violer la loi pénale ; un dol dépassé, qui distingue les violences mortelles du meurtre qui lui requiert un dol spécial : les violences mortelles exigent que l'agent n'ait eu que la volonté de blesser sa victime, sans jamais désirer sa mort. **Si le cas pratique laisse apparaître l'intention de donner la mort, intention déduite des circonstances de fait comme nous l'avons vu, la qualification de violences mortelles doit être abandonnée au profit de celle de meurtre.**

• **Répression** : quinze ans de réclusion criminelle ; vingt ans de réclusion criminelle si les violences sont aggravées par l'une des nombreuses circonstances aggravantes prévues par l'article 222-8, C. pén. (victime mineure de 15 ans ; l'auteur est le conjoint ou le concubin de la victime ; violences commises avec préméditation ou guet-apens, avec usage ou menace d'une arme, etc.) ; trente ans pour l'infraction commise sur un mineur de 15 ans par un ascendant légitime, naturel ou adoptif ou par toute autre personne ayant autorité sur le mineur (art. 222-7 *in fine*).

B – Les atteintes volontaires à l'intégrité de la personne

Ces infractions ont pour point commun, outre de porter atteinte à l'intégrité de la personne, d'être intentionnelles, c'est-à-dire d'être commises par un individu animé de l'intention de blesser. On regroupe traditionnellement dans la catégorie des atteintes volontaires à l'intégrité de la personne, non seulement les violences (1), qui en constituent l'illustration la plus marquante, mais aussi diverses infractions au champ d'application plus restreint (2).

1. Les violences

• **Élément légal** : il n'est, de prime abord, pas aisé à déterminer, car de très nombreuses incriminations pénales appréhendent les violences. Il vous faudra un peu d'entraînement car vous serez amené à jongler entre les parties législatives et réglementaires du C. pén., entre des incriminations générales et spéciales. Une circonstance peut en effet faire basculer une qualification contraventionnelle vers une qualification délictuelle ou une qualification générale vers une qualification spéciale. Il faut avoir en tête que les diverses incriminations se distinguent les unes des autres en fonction de la gravité du résultat effectivement produit, mais aussi, parfois, des circonstances qui ont entouré leur commission.

Aussi, faut-il, en principe, d'abord envisager le résultat produit puis les circonstances de l'infraction, pour déterminer le texte incriminateur :

- *si le résultat consiste en une mutilation ou en une infirmité permanente*, c'est l'article 222-10, C. pén. incriminant « les violences ayant entraîné une mutilation ou une infirmité permanente », qu'il faudra viser;
- *si le résultat consiste en une ITT de plus de huit jours*, c'est l'article 222-11, C. pén. incriminant « les violences ayant entraîné une incapacité totale de travail pendant plus de huit jours », qu'il faudra viser;
- *si le résultat consiste en une ITT inférieure ou égale à huit jours*, plusieurs qualifications pénales sont susceptibles de s'appliquer en fonction des circonstances de l'infraction :

– une qualification générale (qui s'applique hors circonstances particulières) qui se trouve à l'article R. 625-1, C. pén. incriminant, « hors les cas prévus par les articles 222-13 et 222-14, les violences volontaires ayant entraîné une incapacité totale du travail d'une durée inférieure ou égale à huit jours »;

– une qualification spéciale de violences aggravées qui se trouve à l'article 222-13, C. pén. incriminant à titre autonome « les violences ayant entraîné une incapacité de travail inférieure ou égale à huit jours [...] lorsqu'elles sont commises dans l'une des circonstances visées par le texte ». Le législateur dresse ensuite une longue liste de circonstances propres à caractériser l'infraction :

- certaines circonstances tiennent à la qualité de la victime : la victime est un mineur de 15 ans; une personne vulnérable pour une raison apparente ou connue de leur auteur et qui tient à son son âge, à une maladie, à une infirmité, à une déficience physique ou psychique ou à un état de grossesse; un ascendant légitime ou naturel ou sur les père ou mère adoptifs; un magistrat, un juré, un avocat, un officier public ou ministériel, un membre ou un agent de la Cour pénale internationale, un militaire de la gendarmerie nationale, un fonctionnaire de la police nationale, des douanes, de l'administration pénitentiaire ou toute autre personne dépositaire de l'autorité publique, un sapeur-pompier professionnel ou volontaire, un gardien assermenté d'immeubles ou de groupes d'immeubles ou un agent exerçant pour le compte d'un bailleur des fonctions de gardiennage ou de surveillance des immeubles à usage d'habitation en application de l'article L. 127-1 du Code de la construction et de l'habitation, dans l'exercice ou du fait de ses fonctions, lorsque la qualité de la victime est apparente ou connue de l'auteur; un enseignant ou tout membre des personnels travaillant dans les établissements d'enseignement scolaire, sur un agent d'un exploitant de réseau de transport public de voyageurs ou toute personne chargée d'une mission de service public, ainsi que sur un professionnel de santé, dans l'exercice ou du fait de ses fonctions, lorsque la qualité de la victime est apparente ou connue de l'auteur; le conjoint, les ascendants ou les descendants en ligne directe ou sur toute autre personne vivant habituellement au domicile des personnes précédemment mentionnées en raison des fonctions exercées par ces dernières ; un témoin, une victime ou une partie civile, soit pour l'empêcher de dénoncer les faits, de porter plainte ou de déposer en justice, soit en raison de sa dénonciation ou de sa plainte, soit à cause de sa déposition devant une juridiction nationale ou devant la Cour pénale internationale ; une personne qui se livre à la prostitution, y compris de façon occasionnelle, si les faits sont commis dans l'exercice de cette activité ;

- d'autres circonstances tiennent aux mobiles : l'auteur des violences a agi en raison de l'appartenance ou de la non-appartenance, vraie ou supposée, de la victime à une ethnie, une nation, une prétendue race ou une religion déterminée ; du sexe, de l'orientation sexuelle ou de l'identité de genre vraie ou supposée de la victime ; contre une personne, en raison de son refus de contracter un mariage ou de conclure une union ou afin de la contraindre à contracter un mariage ou à conclure une union ;
- d'autres circonstances tiennent à la qualité de l'auteur : les violences ont été commises par le conjoint ou le concubin de la victime ou le partenaire lié à la victime par un pacte civil de solidarité ; une personne dépositaire de l'autorité publique ou chargée d'une mission de service public dans l'exercice ou à l'occasion de l'exercice de ses fonctions ou de sa mission ;
- d'autres circonstances tiennent enfin au mode de réalisation ou au lieu de commission : les violences ont été commises par plusieurs personnes agissant en qualité d'auteur ou de complice ; avec préméditation ou avec guet-apens ; avec usage ou menace d'une arme ; dans les établissements d'enseignement ou d'éducation ou dans les locaux de l'administration, ainsi que, lors des entrées ou sorties des élèves ou du public ou dans un temps très voisin de celles-ci, aux abords de ces établissements ou locaux ; par un majeur agissant avec l'aide ou l'assistance d'un mineur ; dans un moyen de transport collectif de voyageurs ou dans un lieu destiné à l'accès à un moyen de transport collectif de voyageurs ; par une personne agissant en état d'ivresse manifeste ou sous l'emprise manifeste de produits stupéfiants ; par une personne dissimulant volontairement en tout ou partie son visage afin de ne pas être identifiée ;

• *si le résultat ne se traduit pas par une ITT* : plusieurs qualifications pénales sont là encore susceptibles de s'appliquer en fonction des circonstances de l'infraction :

– une qualification générale (qui s'applique hors circonstances particulières) qui se trouve à l'article R. 624-1, C. pén. incrimine, « hors les cas prévus par les articles 222-13 et 222-14, les violences volontaires n'ayant entraîné aucune incapacité totale de travail » ;

– la qualification spéciale de violences aggravées de l'article 222-13, C. pén. qui incrimine à titre autonome, également, « les violences [...] n'ayant entraîné aucune incapacité de travail » lorsqu'elles sont commises dans l'une des circonstances visées par le texte.

Par exception, le législateur a instauré deux qualifications, qui prennent d'abord en compte les circonstances de l'infraction avant de déterminer la peine encourue en fonction du résultat :

– les violences habituelles sur mineur de 15 ans ou sur personne vulnérable : l'article 222-14, C. pén. incrimine à titre autonome « les violences habituelles sur un mineur de 15 ans ou sur une personne dont la particulière vulnérabilité, due à son âge, à une maladie, à une infirmité, à une déficience physique ou psychique ou à un état de grossesse, est apparente ou connue de leur auteur » ;

– les violences particulièrement aggravées : l'article 222-14-1, C. pén., institué par la loi du 5 mars 2007, incrimine à titre autonome, « lorsqu'elles sont commises en bande organisée ou avec guet-apens, les violences commises avec usage ou menace d'une arme sur un fonctionnaire de la police nationale, un militaire de la gendarmerie, un membre du personnel de l'administration pénitentiaire ou toute autre personne dépositaire de l'autorité publique, ou sur un sapeur-pompier civil ou militaire ou agent d'un exploitant de réseau de transport public de voyageurs dans l'exercice, à l'occasion de l'exercice ou en raison de ses fonctions ou de sa mission ».

• **Élément matériel** : il repose sur la réunion d'un comportement, d'un résultat et d'un lien de causalité :

– *le comportement* : seul un acte positif est susceptible de caractériser le comportement incriminé (Poitiers, 20 nov. 1901, *affaire de la séquestrée de Poitiers*). Les auteurs de comportements d'omission ne peuvent être poursuivis que sur le fondement des délits d'omission (ex. : privation de soins ou d'aliments à mineur, omission de porter secours, non-dénonciation de crime…). Les violences constituent par ailleurs des infractions simples : un acte unique suffit à les caractériser. Peu importe en outre la nature de l'acte positif. Il n'est ainsi pas nécessaire d'établir l'existence d'un contact physique direct avec la victime : **les violences peuvent être caractérisées en l'absence de contact matériel avec le corps de la victime**, « par tout acte ou comportement de nature à causer sur la personne de celle-ci une atteinte à son intégrité physique ou psychique caractérisée par un choc émotif ou une perturbation psychologique ». Ce n'est néanmoins que lorsque de tels actes auront provoqué un résultat qu'ils pourront être qualifiés de violences (par exemple Crim. 8 nov. 1990, n° 89-86.904 : envoi d'un colis d'excréments) ;

– *le résultat* : infractions matérielles, les violences nécessitent la survenance d'un résultat pour être constituées. On l'a vu, en fonction de l'incrimination de violences que l'on considère, le résultat exigé diffère, mais dans tous les cas, ce résultat peut consister en une atteinte à l'intégrité physique ou en une atteinte à l'intégrité psychique de la victime : **la jurisprudence incluait dans la qualification de violences, les actes qui, sans atteindre physiquement la victime, sont nature à provoquer une sérieuse émotion** (par exemple : Crim. 9 juin 2004, n° 03-84.934 : fait de projeter volontairement une pâtisserie au visage d'une personne ; Crim. 4 juin 2019, n° 18-84.720 : cassation de la relaxe, en appel, d'un prévenu, aux motifs que les violences physiques qui lui étaient reprochées n'étaient corroborées ni par des constatations médicales, ni par aucun témoignage direct des faits : même en l'absence de violences physiques, à défaut de preuves pour en établir la réalité, il appartenait à la cour d'appel de rechercher si le comportement du prévenu « était de nature à impressionner vivement la partie civile et à lui causer un choc émotif susceptible de caractériser, dans la limite des faits objet de la poursuite, une faute civile ayant entraîné un préjudice direct et personnel ouvrant droit à réparation »). La loi n° 2010-769 du 9 juillet 2010 relative aux violences faites spécifiquement aux femmes, aux violences au sein des couples et aux incidences de ces dernières sur les enfants, est venue consacrer cette solution (l'art. 222-14-3, C. pén., dispose ainsi que « [l]es violences prévues par les dispositions de la présente section sont réprimées quelle que soit leur nature, y compris s'il s'agit de violences psychologiques »). Il faut néanmoins se garder de toute confusion : dans tous les cas, y compris celui des violences n'ayant entraîné aucune ITT, les violences demeurent des infractions matérielles nécessitant la survenance d'un résultat pour être constituées. À défaut d'ITT, le résultat devra consister dans la souffrance physique ou psychologique éprouvée par la victime ;

– *lien de causalité* : il doit revêtir le caractère de certitude. Cette condition reçoit toutefois un tempérament lorsque les violences sont le fait de plusieurs personnes agissant simultanément, car il est souvent difficile d'imputer avec certitude un résultat à chacun des auteurs. En pareille hypothèse, **la jurisprudence considère chacun des participants à la « scène unique de violences » comme auteur du résultat final et donc de l'infraction correspondant au dommage effectivement subi par la victime** (Crim. 13 juin 1972, *Bull. crim.* n° 195 : « lorsque des blessures ont été faites volontairement par plusieurs prévenus au cours d'une scène unique de violences, l'infraction peut être appréciée dans son ensemble, sans qu'il soit nécessaire, pour les juges du fond, de préciser la nature des coups portés par chacun des prévenus à chacune des victimes »).

• **Élément moral** : qu'elles soient criminelles, délictuelles ou contraventionnelles, les violences sont intentionnelles et requièrent un dol général – qui consiste dans la volonté de l'acte positif (volonté de porter le coup), en conscience de violer la loi pénale (présomption qui s'applique à tous) – et un dol indéterminé – qui suppose que l'auteur ait agi dans l'intention de porter atteinte à l'intégrité de la victime (physique ou psychique), sans toutefois être en mesure de prédire les conséquences dommageables de son acte.

• **Répression** :

– *absence d'incrimination de la tentative* : l'individu qui, bien qu'accomplissant l'acte violent, ne produit pas de résultat n'est pas susceptible d'être poursuivi du chef de tentative de violences. Toutefois, l'absence de résultat consistant en une atteinte physique ne fait pas nécessairement obstacle à l'exercice de poursuites du chef de violences en tant qu'infraction consommée. Il sera en effet parfois possible de caractériser un choc émotif en la personne de la victime, ce qui, malgré l'absence d'ITT, pourra constituer le résultat de l'infraction de violences légères (art. R. 624-1, art. 222-13, C. pén.). Par ailleurs, lorsqu'aucun choc émotif n'aura pu être démontré, il sera parfois possible de poursuivre l'auteur de l'acte sur le fondement de l'embuscade, infraction-obstacle édictée par la loi du 5 mars 2007. Ce délit est prévu à l'article 222-15-1, C. pén. : « Constitue une embuscade le fait d'attendre un certain temps et dans un lieu déterminé un fonctionnaire de la police nationale, un militaire de la gendarmerie, un membre du personnel de l'administration pénitentiaire ou toute autre personne dépositaire de l'autorité publique, ainsi qu'un sapeur-pompier civil ou militaire ou un agent d'un exploitant de réseau de transport public de voyageurs, dans le but, caractérisé par un ou plusieurs faits matériels, de commettre à son encontre, à l'occasion de l'exercice de ses fonctions ou de sa mission, des violences avec usage ou menace d'une arme ». L'embuscade est punie de cinq ans d'emprisonnement et de 75 000 € d'amende, et, lorsque les faits sont commis en réunion, les peines sont portées à sept ans d'emprisonnement et à 100 000 € d'amende ;

– *circonstances indifférentes* : peu importe l'erreur sur l'identité de la victime, ou les mobiles qui, ici comme ailleurs, sont indifférents à la constitution de l'infraction ;

– *justification de l'infraction* : les violences constituent, dans l'énoncé d'un cas pratique, un terrain d'application privilégié des faits justificatifs, et notamment d'hypothèses particulières d'ordre ou d'autorisation de la loi :

- *plusieurs dispositions du C. pr. pén. justifient certaines formes de violences policières*. Par exemple les articles 73 et 78, C. pr. pén. L'effet justificatif est néanmoins subordonné au fait que les violences aient été nécessaires et proportionnées au but poursuivi ;

- *le droit de correction permet aux parents ou aux enseignants exerçant des violences légères sur leurs enfants d'échapper à toute répression pénale*. Il fut cependant récemment question d'interdire les châtiments corporels des parents envers les enfants, par un amendement voté dans le cadre de l'examen du projet de loi « égalité et citoyenneté ». L'autorité parentale aurait été redéfinie dans le C. civ., pour préciser que parmi les devoirs des parents figure « l'exclusion de tout traitement cruel, dégradant ou humiliant, y compris tout recours aux violences corporelles ». Bien que les auteurs de l'amendement aient précisé que la règle posée est de nature exclusivement civile et ne s'accompagne d'aucune sanction pénale nouvelle à l'encontre des parents, une telle modification aurait pu avoir une incidence sur la jurisprudence répressive. Cette dernière autorise en effet des violences légères exercées par les parents sur leurs enfants (Crim. 29 oct. 2014, n° 13-86.371) et des enseignants sur leurs élèves (par exemple T. pol. Sarlat, 11 sept. 1997). Doctrine et jurisprudence rattachent traditionnellement cet effet justificatif de la coutume à la permission de la loi. Pour les parents, ce sont les dispositions du C. civ. relatives à l'autorité parentale qui constitueraient ainsi le fondement du droit coutumier de correction des parents sur leurs enfants. En conséquence, en modifiant la définition de l'autorité parentale pour exclure tout châtiment corporel, la loi aurait remis en cause cet effet justificatif de la coutume et vider de sa substance le droit de correction parental. Toutefois, le Conseil constitutionnel, dans sa décision n° 2016-745 DC du 26 janvier 2017 a censuré cet amendement, en tant qu'il constitue un cavalier législatif (consid. 155). Le droit de correction parental demeure en conséquence de droit positif, même si une récente proposition de loi visant à interdire les violences éducatives ordinaires a été adoptée, le 29 novembre 2018, en première lecture, à l'Assemblée nationale (en l'état le texte ajouterait un alinéa à l'article 371-1 du Code civil précisant que « [l'autorité parentale s'exerce sans violences physiques ou psychologiques »)... ;

- *les règlements des fédérations sportives justifient, selon la jurisprudence, les violences exercées dans le cadre de l'exercice de sports violents lorsqu'elles sont conformes aux règles du jeu.* La doctrine rattache cet effet justificatif de la coutume à la permission de la loi. C'est la réglementation de chaque sport qui justifierait les violences commises par les sportifs et seules les violences conformes aux règles du jeu se trouvent justifiées (Poitiers 28 janv. 1999) ;

- *la permission implicite de la loi civile permet aux médecins et chirurgiens de se livrer sur leurs patients à des actes qui s'apparentent à des violences,* dès lors qu'ils poursuivent une finalité thérapeutique, c'est-à-dire qu'ils œuvrent au mieux-être du patient, et qu'ils agissent conformément aux règles de l'article En revanche, lorsqu'un chirurgien pratique une opération qu'il sait interdite, il n'est pas couvert par l'autorisation de la loi (Crim. 30 mai 1991, *Bull. crim.* n° 232) ;

- *enfin, de manière tout à fait exceptionnelle, les violences semblent parfois admettre la justification par l'effet du consentement de la victime* (CEDH 11 févr. 2005, *K. A et K. D c/ Belgique*, req. n° 42758/98 et 45558/99 : si la justice belge a pu valablement sanctionner des violences sadomasochistes, c'est parce que les vidéos tournées en l'espèce montrent que les auteurs n'ont pas respecté l'accord selon lequel la séance devait s'arrêter lorsque la femme utilisait les mots « pitié » et « stop » ; *a contrario*, dès lors que le consentement des participants est respecté, la pénalisation des pratiques sadomasochistes constituerait une atteinte disproportionnée au droit à la vie privée) ;

– *peines* : à l'état simple, la sanction des infractions de violences varie en fonction de l'intensité du dommage éprouvé par la victime (dix ans d'emprisonnement, 150 000 € d'amende pour les violences ayant entraîné une mutilation ou une infirmité permanente ; trois ans d'emprisonnement, 45 000 € d'amende pour les violences ayant entraîné une ITT de plus de 8 jours ; contravention de la 5e classe pour les violences ayant entraîné une ITT de moins 8 jours : contravention de la 4e classe pour les violences n'ayant entraîné aucune ITT). Ces peines sont néanmoins susceptibles d'être considérablement aggravées grâce au jeu des circonstances aggravantes. À cet égard, les circonstances aggravantes applicables aux violences sont nombreuses : certaines tiennent à la qualité de la victime (mineur, membre de l'autorité publique...) ; d'autres tiennent à la qualité de l'auteur (personne dépositaire de l'autorité publique, conjoint ou concubin...) ; d'autres sont relatives au mobile poursuivi (mobile raciste, mobile homophobe...) ; d'autres encore portent sur les moyens de l'infraction (usage ou menace d'une arme...) ; d'autres enfin reflètent le contexte de l'infraction (infraction commise dans un moyen de transport ; dans un établissement scolaire, dissimulation de son visage par l'auteur...). On relèvera que la loi du 3 août 2018 est venue aggraver la répression des violences, sous deux aspects (cette précision pourrait toutefois être considérée comme interprétative et, sur ce point, la loi pourrait s'appliquer de manière rétroactive) : d'une part, la définition générale, par l'article 132-80, C. pén. de la circonstance aggravante de commission d'une infraction par le conjoint, le concubin ou le partenaire lié à la victime par un pacte civil de solidarité, a été complétée pour préciser qu'elle s'applique y compris lorsque l'auteur des faits ne cohabite pas avec la victime ; d'autre part, l'aggravation des violences déjà prévue par les articles 222-8, 222-10, 222-12 et 222-13, C. pén., lorsque les faits sont commis sur un mineur de 15 ans par un ascendant légitime, naturel ou adoptif ou par toute autre personne ayant autorité sur le mineur, est étendue aux cas dans lesquels un mineur assiste aux faits et que ceux-ci sont commis soit par le conjoint ou le concubin de la victime ou le partenaire lié à la victime par un pacte civil de solidarité, soit si la victime est mineure, par un ascendant légitime, naturel ou adoptif ou par toute autre personne ayant autorité sur le mineur victime.

• **Particularités procédurales** :

– *prescription de l'action publique* : c'est la survenance du résultat qui, consommant l'infraction, marque le point de départ du délai de prescription de l'action publique et une survenance tardive du résultat a pour effet de reporter d'autant le point de départ du délai de prescription. En outre, la loi du 27 février 2017 reprend l'exception issue de la loi du 4 avril 2016, qui figure aujourd'hui à l'article 8, al. 3, C. pr. pén. : la durée du délai de la prescription de l'action publique des violences commises sur une victime mineure, ayant entraîné, soit une mutilation ou une infirmité permanente, soit une ITT de plus de huit jours, est de vingt ans ;

– *application de la loi pénale dans l'espace* : dans l'hypothèse particulière des violences commises sur une victime mineure, la loi du 4 avril 2006 a aménagé une exception aux conditions traditionnelles de la compétence personnelle passive. En effet, en pareille hypothèse, l'article 222-16-2, C. pén. prévoit que la loi pénale française à vocation à s'appliquer dès lors que la victime « réside habituellement sur le territoire français ». Il n'est donc pas ici nécessaire que la victime de l'infraction soit de nationalité française. En outre, s'il s'agit d'un délit, « les dispositions de la seconde phrase de l'article 113-8 ne sont pas applicables ». Il s'est agi, par ce texte, de renforcer la protection des mineurs contre l'excision et les autres mutilations sexuelles. De même, dans l'hypothèse où les violences ont été commises par le conjoint, le concubin ou le partenaire de la victime, la même dérogation s'applique en vertu de l'article 222-16-3 issu de la loi du 9 juillet 2010.

2. Autres infractions

a. Les actes de tortures et actes de barbarie

• **Élément légal** : l'article 222-1, C. pén. incrimine à titre autonome « le fait de soumettre une personne à des tortures ou à des actes de barbarie ». Toutefois, de tels actes constituent toujours des circonstances aggravantes des atteintes aux personnes (par exemple pour le meurtre : art. 221-3, al. 2, et 221-4, dern. al. ; pour le viol : art. 222-26 ; pour l'enlèvement et la séquestration : art. 224-2, al. 2 ; pour le proxénétisme : art. 225-9 ; pour le vol : art. 311-10 ; pour l'extorsion : art. 312-7). L'incrimination autonome de ces tortures et actes de barbarie peut paraître maladroite puisqu'elle aboutira souvent à un concours apparent de qualifications entre les tortures et actes de barbarie des articles 222-1 et s., C. pén. et les infractions aggravées par ces actes, concours qu'il vous conviendra de régler en retenant ces dernières. De même, parce que la répression organisée par les articles 222-1 et suivants est graduée en fonction du résultat provoqué sur la victime, les tortures et actes de barbarie seront nécessairement en concours avec les violences dont ils constituent un mode spécifique de réalisation. Dans cette hypothèse de concours apparent de qualifications, c'est la qualification spéciale que vous devrez retenir à savoir celle de torture et actes de barbarie.

• **Élément matériel** : l'infraction nécessite :

– *Un comportement qui consiste dans « le fait de soumettre une personne à des tortures ou à des actes de barbarie »*. Le législateur n'ayant pas fourni d'éléments de définition de ces notions, la jurisprudence a eu l'occasion de préciser que l'élément matériel de cette infraction consiste dans la commission d'un ou plusieurs actes d'une gravité exceptionnelle qui dépassent de simples violences et occasionnent à la victime une douleur ou une souffrance aiguë (Lyon, ch. acc., 19 janv. 1996, *D.* 1996. 258) ;

– *un résultat qui doit consister en une atteinte à l'intégrité corporelle de la personne, sans qu'il soit pour autant nécessaire qu'il se matérialise par une ITT.* La loi ne distinguant pas suivant l'ampleur du résultat effectivement survenu, dès lors que l'atteinte à l'intégrité corporelle est constatée, l'infraction est consommée ;

– *un lien de causalité* certain doit exister entre le comportement prohibé et le résultat survenu.

• **Élément moral** : l'infraction est intentionnelle et requiert un dol général (volonté de l'acte en ayant conscience de violer la loi pénale). La cour d'appel de Lyon a considéré que l'élément moral consistait en la volonté de nier dans la victime la dignité de la personne humaine (Lyon, ch. acc., 19 janv. 1996, préc.). En revanche, l'intention de donner la mort est exclusive de l'infraction de tortures et actes de barbarie, la qualification de meurtre devant alors s'appliquer.

• **Répression** : quinze ans de réclusion criminelle ; de nombreuses circonstances aggravantes, identiques à celle que l'on trouve au titre des violences, sont prévues par les articles 222-2 et suivants C. pén. On notera que l'article 222-2, C. pén. porte la peine à la réclusion criminelle à perpétuité lorsque l'infraction précède, accompagne ou suit un crime autre que le meurtre et le viol. L'exclusion du meurtre et du viol du champ de l'aggravation s'explique par le fait, qu'au titre de chacune de ces infractions, le législateur a érigé les tortures et actes de barbarie en circonstance aggravante. Il s'agit donc d'éviter les qualifications redondantes. La peine est encore portée à la réclusion criminelle à perpétuité par l'article 222-6, C. pén. lorsque les tortures ou actes de barbarie ont entraîné la mort sans intention de la donner.

b. Les menaces

Elles constituent des infractions-obstacles ne nécessitant pas la survenance d'un résultat pour être constituées car elles visent à prévenir la commission des infractions matérielles d'atteintes volontaires à la vie ou à l'intégrité de la personne.

• **Quant à l'élément légal et au comportement prohibé**, le législateur distingue entre plusieurs formes de menaces aux articles 222-17 et suivants C. pén. :

– *l'article 222-17, C. pén. incrimine la menace réitérée ou matérialisée*, qu'il définit comme « la menace de commettre un crime ou un délit contre les personnes dont la tentative est punissable lorsqu'elle est, soit réitérée, soit matérialisée par un écrit, une image ou tout autre objet ». La chambre criminelle considère que le fait pour un individu d'avoir pointé du doigt quatre personnes comme s'il tenait une arme en disant « pan, pan, pan, pan, toutes les quatre fusillées » et en mimant l'acte de souffler sur le canon d'un pistolet ne peut s'analyser qu'en un simple geste accompagnant une menace verbale, non une image ou un objet matérialisant la menace au sens de l'article 222-17, C. pén. (Crim. 22 sept. 2015, n° 14-82.435). L'infraction est punie de six mois d'emprisonnement et de 7 500 € d'amende. La peine est portée à trois ans d'emprisonnement et à 45 000 € d'amende s'il s'agit d'une menace de mort ;

– *l'article R. 623-1, C. pén. incrimine la menace réitérée ou matérialisée de violences légères* : « Hors les cas prévus par les articles 222-17 et 222-18, la menace de commettre des violences contre une personne, lorsque cette menace est soit réitérée, soit matérialisée par un écrit, une image ou tout autre objet, est punie de l'amende prévue pour les contraventions de la 3e classe ». Cette incrimination n'a vocation à s'appliquer que lorsque l'infraction dont on menace la victime ne consiste pas en « un crime ou un délit contre les personnes dont la tentative est punissable » ;

– *l'article 222-18, C. pén. incrimine la menace avec ordre de remplir une condition* : « la menace, par quelque moyen que ce soit, de commettre un crime ou un délit contre les personnes, lorsqu'elle est faite avec l'ordre de remplir une condition » est punie de trois ans d'emprisonnement et de 45 000 € d'amende. Ici, peu importe le moyen de la menace et celle-ci n'a pas besoin d'être réitérée. La peine est portée à cinq ans d'emprisonnement et à 75 000 € d'amende s'il s'agit d'une menace de mort. Il faut prendre garde : si la menace de violences tend à obtenir « une signature, un engagement ou une renonciation », seule la qualification d'extorsion devra être retenue ;

– *l'article 222-18-1, C. pén., issu de la loi du 9 mars 2004, incriminait de manière spéciale les menaces à caractère racial, religieux ou sexuel* : depuis la loi du 27 janvier 2017, ce type de menaces n'est plus incriminé à titre autonome, le caractère raciste ou sexiste étant pris en compte par le biais des circonstances aggravantes générales prévues par les articles 132-76 et 132-77, C. pén.

• **Au titre de leur élément moral**, les menaces dont intentionnelles et requièrent seulement un dol général (Crim. 20 sept. 2016, n° 15-84.746, pour un individu qui, en litige avec la Banque postale à propos d'un prétendu défaut de versement d'une assurance-vie, était entré dans un bureau de poste et avait déclaré à la responsable qu'« il y allait avoir une prise d'otage » : le délit de menaces avec condition est constitué même si son auteur n'a pas entendu mettre la menace à exécution ; Crim. 10 déc. 2014, n° 14-81.313 à propos d'une lettre adressée par un avocat à plusieurs confrères sollicitant leur concours pour exercer une action en justice indiquant que « la seule façon d'obtenir justice contre cette avocate pourrie sera de me procurer une arme et de lui ôter la vie » : le délit de menace de commettre un crime contre une personne est établi lorsque son auteur ne pouvait ignorer que la menace formulée parviendrait à la connaissance de la ou des personnes visées).

Quant aux peines, on relèvera que la loi n° 2019-1480 du 28 décembre 2019 visant à agir contre les violences au sein de la famille est venue aggraver la répression des menaces matérialisée ou réitérée "lorsqu'elles sont commises par le conjoint ou le concubin de la victime ou le partenaire lié à la victime par un PACS" (art. 228-1-3, C. pén.). La peine encourue est désormais de trois ans d'emprisonnement et de 45 000 € d'amende (et non plus de deux ans et de 30 000 euros d'amende).

c. L'administration de substances nuisibles

Elle est incriminée à l'article 222-15, C. pén., selon lequel « l'administration de substances nuisibles ayant porté atteinte à l'intégrité physique ou psychique d'autrui » est punie des peines prévues au titre des violences.

• **Élément matériel** : il nécessite :

– *un comportement qui consiste en un acte d'administration portant sur des substances nuisibles*. L'acte d'administration est similaire à celui de l'empoisonnement. La notion de « substances nuisibles » vise les produits de nature à provoquer un dommage corporel à l'exclusion de ceux qui pourraient entraîner la mort car dans ce cas, c'est la qualification d'empoisonnement qu'il vous faudra appliquer (v. toutefois, Crim. 10 janv. 2006, préc., qui a approuvé une Cour d'appel ayant appliqué la qualification d'ASN dans une affaire de contamination par le virus HIV) ;

– *un résultat qui consiste en une atteinte à l'intégrité physique ou psychique de la personne*. **À la différence de l'empoisonnement, l'ASN est une infraction matérielle, nécessitant la survenance d'un résultat pour être constituée** (Crim. 5 mars 2019, n° 18-82.704 : « en l'absence de contamination de la victime, après des relations sexuelles non protégées avec une personne séropositive portant une charge virale indétectable du virus de l'immunodéficience humaine, l'élément matériel du délit d'administration de substances nuisibles fait défaut », et les faits n'étant susceptibles d'aucune autre qualification pénale, le non-lieu se trouve justifié). La gravité du résultat survenu sera déterminante de la sévérité de la répression pénale, puisque le législateur renvoie, au titre de la répression de l'infraction, aux peines prévues du chef des infractions de violences. En outre, à l'instar des violences, la tentative d'ASN n'est pas incriminée;

– *enfin, un lien de causalité certain entre le comportement prohibé et le résultat survenu doit pouvoir être caractérisé*.

• **Élément moral** : l'infraction est intentionnelle et requiert la preuve d'un dol général consistant dans la connaissance du caractère nuisible des substances administrées volontairement, ce qui exclut de la répression les erreurs de manipulation ou de dosage, les imprudences ou négligences. En revanche, **à la différence de l'empoisonnement, le dol spécial n'est pas une composante de l'infraction**. En effet, l'ASN est classée parmi les infractions de violences et l'on sait que ces infractions procèdent soit d'un dol indéterminé, soit d'un dol dépassé.

d. Les appels téléphoniques malveillants et les agressions sonores

• **Élément légal** : l'article 222-16, C. pén. punit « les appels téléphoniques malveillants réitérés ou les agressions sonores en vue de troubler la tranquillité d'autrui ». Le principe de l'interprétation stricte de la loi pénale devait interdire jusqu'à présent aux juridictions pénales d'étendre cette incrimination à l'envoi de SMS ou d'e-mails. Toutefois, la chambre criminelle avait admis l'application de l'incrimination à l'envoi de textos malveillants et réitérés puisque « la réception d'un sms se manifeste par l'émission d'un signal sonore par le téléphone portable de son destinataire » (Crim. 30 sept. 2009, *Bull. crim.* n° 162). La loi n° 2014-873 du 4 août 2014 pour l'égalité réelle entre les femmes et les hommes consacre la jurisprudence en énonçant que sont désormais également incriminés par ce texte « les envois réitérés de messages malveillants émis par la voie des communications électroniques ». La loi va toutefois plus loin que la jurisprudence antérieure puisqu'il n'est pas besoin que l'envoi de textos entraîne un signal sonore…

• **Élément matériel** : il peut consister alternativement soit en « des appels téléphoniques malveillants réitérés » ou des « envois réitérés de messages malveillants émis par la voie des communications électroniques » soit en des « agressions sonores » :

– *s'agissant de la première modalité de l'infraction*, ce n'est que lorsque les appels téléphoniques ou les messages électroniques sont réitérés qu'ils caractérisent l'élément matériel (Crim. 4 mars 2003, *Bull. crim.* n° 57 : deux appels successifs suffisent à caractériser la réitération) ;

– *quant à la seconde modalité de l'élément matériel*, l'agression sonore n'est pas soumise à une condition de réitération, si bien qu'un seul bruit, dont l'origine est indifférente, suffit à constituer l'infraction. Le bruit doit toutefois s'avérer d'une certaine intensité pour être qualifié d'« agression sonore ».

• **Élément moral** : le délit est intentionnel et requiert, au titre du dol général, la volonté du comportement en ayant conscience de violer la loi pénale, et, au titre du dol spécial, que les appels téléphoniques procèdent d'une intention de nuire, soit que les agressions sonores aient été accomplies en vue de troubler la tranquillité d'autrui (Crim. 11 janv. 2017, n° 16-80.557 : les juges doivent caractériser en quoi le prévenu a voulu nuire à la victime).

• **Répression** : un an d'emprisonnement et une amende de 15 000 €.

e. Les infractions de harcèlement

Nous étudierons le harcèlement sexuel avec les infractions sexuelles, et le harcèlement moral commis dans le cadre des relations de travail avec les infractions relevant du droit pénal du travail. Nous nous intéresserons ici aux deux autres formes de harcèlement qui sont incriminées :

• **Le harcèlement moral au sein du couple** : issu de la loi du 9 juillet 2010, l'article 222-33-2-1, C. pén. prévoit que « le fait de harceler son conjoint, son partenaire lié par un pacte civil de solidarité ou son concubin par des agissements ou propos répétés ayant pour objet ou pour effet une dégradation de ses conditions de vie se traduisant par une altération de sa santé physique ou mentale est puni de trois ans d'emprisonnement et de 45 000 € d'amende lorsque ces faits ont causé une incapacité totale de travail inférieure ou égale à huit jours ou n'ont entraîné aucune incapacité de travail et de cinq ans d'emprisonnement et de 75 000 € d'amende lorsqu'ils ont causé une incapacité totale de travail supérieure à huit jours. Les mêmes peines sont encourues lorsque cette infraction est commise par un ancien conjoint ou un ancien concubin de la victime, ou un ancien partenaire lié à cette dernière par un pacte civil de solidarité. » La loi du 3 août 2018 a créé une nouvelle circonstance aggravante qui résulte de ce que les faits de harcèlement « ont été commis alors qu'un mineur était présent et y a assisté ».

• **Le harcèlement de vie quotidienne** : issu de la loi du 4 août 2014, l'article 222-33-2-2, C. pén. incrimine « le fait de harceler une personne par des propos ou comportements répétés ayant pour objet ou pour effet une dégradation de ses conditions de vie se traduisant par une altération de sa santé physique ou mentale [...], lorsque ces faits ont causé une incapacité totale de travail inférieure ou égale à huit jours ou n'ont entraîné aucune incapacité de travail ». La loi du 3 août 2018 a précisé l'exigence de répétition des propos ou comportements, afin que le délit de harcèlement de vie quotidienne puisse également s'appliquer dans les cas où cette répétition est le fait de plusieurs personnes. Il est ainsi désormais prévu que le délit est également constitué : lorsque les propos ou comportements sont « imposés à une même victime par plusieurs personnes, de manière concertée ou à l'instigation de l'une d'elles, alors même que chacune de ces personnes n'a pas agi de façon répétée »; lorsque les propos ou comportements « sont imposés à une même victime, successivement, par plusieurs personnes qui, même en l'absence de concertation, savent que ces propos ou comportements caractérisent une répétition ». Cette extension de la notion de répétition a principalement pour objet de réprimer les faits de « cyber-harcèlement », qui sont fréquemment commis par plusieurs personnes dont aucune n'a cependant agi de façon répétée, et que l'on peut alors qualifier de « raid numérique ». Le délit de harcèlement de vie quotidienne est puni d'un an d'emprisonnement et de 15 000 € d'amende. La répression est portée à deux ans d'emprisonnement et 30 000 € d'amende lorsque les propos ou comportements ont causé une ITT supérieure à huit jours; lorsqu'ils ont été commis sur un mineur de 15 ans; lorsqu'ils ont été commis sur une personne dont la particulière vulnérabilité, due à son âge, à une maladie, à une infirmité, à une déficience physique ou psychique ou à un état de grossesse, est apparente ou connue de leur auteur; lorsqu'ils ont été commis par l'utilisation d'un service de communication au public en ligne (la loi du 3 août 2018 a ajouté « ou par le biais d'un support numérique ou électronique » et la circonstance aggravante qui résulte de ce que les faits de harcèlement « ont été commis alors qu'un mineur était présent et y a assisté »). Les peines sont portées à trois ans d'emprisonnement et 45 000 € d'amende lorsqu'ils sont commis dans deux de ces circonstances.

f. Les infractions-obstacles aux violences

Pour faire échec à la commission d'infractions violentes, le législateur a institué de nombreuses infractions-obstacles :

- **Le délit de participation à une bande dangereuse** : issu de la loi du 2 mars 2010, l'article 222-14-2, C. pén. réprime « le fait pour une personne de participer sciemment à un groupement, même formé de façon temporaire, en vue de la préparation, caractérisée par un ou plusieurs faits matériels, de violences volontaires contre les personnes ou de destructions ou dégradations de biens », d'un an d'emprisonnement et de 15 000 € d'amende. Dans sa décision du 25 février 2010, le Conseil constitutionnel a jugé que le « délit est défini en des termes suffisamment clairs et précis pour ne pas méconnaître le principe de légalité des délits » et a précisé que les notions de « groupement » et de « préparation, caractérisée par un ou plusieurs faits matériels » doivent être comprises comme dans la circonstance aggravante de bande organisée (art. 132-71, C. pén.) et dans l'infraction d'association de malfaiteurs (art. 450-1, C. pén.).
- **Le délit d'occupation des espaces communs** : issu de la loi du 2 mars 2010, l'article 126-3, CCH réprime « le fait d'occuper en réunion les espaces communs ou les toits des immeubles collectifs d'habitation en empêchant délibérément l'accès ou la libre circulation des personnes ou le bon fonctionnement des dispositifs de sécurité et de sûreté », de deux mois d'emprisonnement et de 3 750 € d'amende.

• **Les délits protégeant les établissements scolaires** : la loi du 2 mars 2010 a encore institué deux incriminations :

– *l'intrusion dans un établissement scolaire* : l'article 431-22, C. pén. réprime « le fait de pénétrer ou de se maintenir dans l'enceinte d'un établissement d'enseignement scolaire sans y être habilité en vertu de dispositions législatives ou réglementaires ou y avoir été autorisé par les autorités compétentes, dans le but de troubler la tranquillité ou le bon ordre de l'établissement » d'un an d'emprisonnement et de 7 500 € d'amende. L'infraction est aggravée lorsqu'elle est commise en réunion ou par une personne porteuse d'une arme (trois ans d'emprisonnement et 45 000 € d'amende). À cet égard, le conseil constitutionnel a précisé, dans sa décision nº 2010-604 DC du 25 février 2010 que la circonstance aggravante de port d'une arme ne s'appliquera qu'au porteur de l'arme et non aux autres membres du groupe présents lors de l'infraction. Les peines sont portées à cinq ans d'emprisonnement et 75 000 € d'amende lorsque ces deux circonstances se cumulent ;

– *l'introduction d'armes dans un établissement scolaire par une personne habilitée à y pénétrer* : l'article 431-28, C. pén. réprimait « le fait pour une personne habilitée ou autorisée à pénétrer dans un établissement scolaire de pénétrer ou de se maintenir dans un tel établissement en étant porteuse d'une arme sans motif légitime » de trois ans d'emprisonnement et 45 000 € d'amende. Cette disposition a été abrogée par la loi du 3 juin 2016 et remplacée par l'article 222-55, C. pén. qui réprime désormais ces faits de sept ans d'emprisonnement et de 100 000 € d'amende. Il s'agit donc d'une loi plus sévère…

• **L'infraction-obstacle au mariage forcé** : issu de la loi du 5 août 2013, l'article 222-14-4, C. pén., réprime « le fait, dans le but de contraindre une personne à contracter un mariage ou à conclure une union à l'étranger, d'user à son égard de manœuvres dolosives afin de la déterminer à quitter le territoire de la République », de trois ans d'emprisonnement et de 45 000 € d'amende.

• **Le délit de provocation à subir ou à commettre des mutilations sexuelles** : les mutilations sexuelles sont réprimées au titre des violences ayant entraîné une mutilation ou une infirmité permanente et l'article 227-24-1, C. pén., issu de la loi du 5 août 2013 vient réprimer « le fait de faire à un mineur des offres ou des promesses ou de lui proposer des dons, présents ou avantages quelconques, ou d'user contre lui de pressions ou de contraintes de toute nature, afin qu'il se soumette à une mutilation sexuelle », de cinq ans d'emprisonnement et de 75 000 € d'amende lorsque la mutilation n'a pas été réalisée. En outre, « le fait d'inciter directement autrui, par l'un des moyens énoncés au premier alinéa, à commettre une mutilation sexuelle sur la personne d'un mineur, lorsque cette mutilation n'a pas été réalisée » est puni des mêmes peines.

II/ Les atteintes involontaires

Elles sont, dans un cas pratique, incontournables, et vous ne pouvez faire l'économie de leur parfaite maîtrise. Il faut être extrêmement méthodique car leur présentation présente des spécificités, spécificités renforcées lorsque les agissements ou les omissions de plusieurs protagonistes vous sont décrits. Il faut en effet toujours commencer par envisager la responsabilité pénale la plus évidente (A) : il s'agit de celle de la personne physique qui sera qualifiée d'auteur direct (par ex, en étant caricatural, l'ouvrier qui laisse tomber une clef à mollette sur un de ses collègues, le conducteur qui percute un piéton, etc.). C'est une question de logique : commencer par envisager la responsabilité pénale de la personne morale (RPPM) apparaît au correcteur comme peu méthodique car l'engagement de celle-ci suppose en principe qu'une infraction ait été commise par un organe ou un représentant personne physique. Il faut, ensuite, envisager la responsabilité du protagoniste personne physique dont le rôle dans la survenance du dommage apparaît moins évident (B) : il s'agit de l'auteur, qui sera qualifié d'auteur indirect : d'abord celle de la personne qui éventuellement n'est pas chef d'entreprise (par exemple : le collègue ou le contremaître de l'ouvrier qui a payé a celui-ci un sérieux apéritif peu avant l'accident si l'on poursuit la caricature, le contremaître ou le supérieur hiérarchique qui a donné des ordres discutables, etc.) ; ensuite, celle du chef d'entreprise, s'il en est fait mention. Il faut enfin envisager la responsabilité de la personne morale (C) et conclure en récapitulant les peines encourues par chacun des protagonistes (D).

A – Première étape : l'engagement de la responsabilité la plus évidente : celle de l'auteur direct

C'est au cours de cette première étape que vous allez préciser, en autant de sous-étapes, que le comportement ne présente aucun caractère intentionnel (1), déterminer l'élément légal de l'infraction (2), déterminer la nature certaine du lien de causalité (3), déterminer la nature directe ou indirecte du lien de causalité et, conséquemment, de la gravité de la faute requise pour pouvoir engager la responsabilité pénale de la personne physique (4) et, préciser, pour finir, la répression applicable (5).

1. La détermination du caractère non-intentionnel du comportement adopté

D'abord, il faut préciser, au préalable, que le comportement adopté par le protagoniste, en l'espèce, est exclusif de toute intention.

2. La détermination de l'élément légal de l'infraction et donc du texte incriminateur

Il faut ensuite déterminer l'élément légal de l'infraction que vous allez développer. Cet élément est déterminé par un jeu de renvois et présente une structure duale reposant à la fois sur une disposition de droit pénal général et un texte incriminateur de droit pénal spécial :

– il faut, d'une part, viser l'article 121-3, al. 2, C. pén. qui prévoit, par exception à l'al. 1er, que « dans les cas prévus par la loi » les délits peuvent être non intentionnels ;

– il faut, d'autre part, viser le texte incriminateur. La détermination de ce dernier est relativement complexe car de très nombreuses incriminations pénales appréhendent les atteintes involontaires à la vie ou à l'intégrité de la personne. En principe, il faut distinguer, d'une part, l'homicide involontaire, et, d'autre part, les multiples infractions de blessures involontaires qui se distinguent les unes des autres en fonction de la gravité du résultat effectivement produit. Toutefois, le législateur est progressivement venu superposer à cette architecture générale d'autres classifications fondées sur le contexte de l'infraction. Pour bien maîtriser l'élément légal des atteintes involontaires il faut avoir à l'esprit que les diverses incriminations se distinguent les unes des autres en fonction de la gravité du résultat effectivement produit, mais aussi, parfois, des circonstances qui ont entouré leur commission. **Aussi, faut-il, en principe, d'abord envisager le résultat produit par le comportement involontaire puis, ensuite, envisager les circonstances de l'infraction, pour déterminer le texte incriminateur** :

• **Lorsque le résultat consiste dans la mort de la victime (c'est-à-dire en cas d'homicide involontaire)** : plusieurs qualifications pénales sont susceptibles de s'appliquer en fonction des circonstances de l'infraction :

– *une qualification générale (qui s'applique hors circonstances particulières)* : l'article 221-6, C. pén. incrimine l'homicide involontaire, définit comme « le fait de causer, dans les conditions et selon les distinctions prévues à l'article 121-3, par maladresse, imprudence, inattention, négligence ou manquement à une obligation de sécurité ou de prudence imposée par la loi ou le règlement, la mort d'autrui » ;

– *deux qualifications spéciales* :

- la première s'applique lorsque la mort a été provoquée par le conducteur d'un véhicule : l'article 221-6-1, C. pén., issu de la loi du 12 juin 2003, incrimine à titre autonome l'homicide involontaire « lorsque la maladresse, l'imprudence, l'inattention, la négligence ou le manquement à une obligation législative ou réglementaire de sécurité ou de prudence est commis par le conducteur d'un véhicule terrestre à moteur » ;

- la seconde s'applique lorsque la mort a été provoquée par un chien : l'article 221-6-2, C. pén., issu de la loi du 20 juin 2008, incrimine de manière autonome l'homicide involontaire lorsqu'il « résulte de l'agression commise par un chien ». Le texte précise en outre que le responsable pénal est alors « le propriétaire ou celui qui détient le chien au moment des faits ».

- **Lorsque le résultat consiste en une ITT de plus de trois mois (c'est-à-dire en cas de blessures involontaires)** : plusieurs qualifications pénales sont susceptibles de s'appliquer en fonction des circonstances de l'infraction :

– *une qualification générale (qui s'applique hors circonstances particulières)* : l'article 222-19, C. pén. incrimine « le fait de causer à autrui, dans les conditions et selon les distinctions prévues à l'article 121-3, par maladresse, imprudence, inattention, négligence ou manquement à une obligation de sécurité ou de prudence imposée par la loi ou le règlement, une incapacité totale de travail pendant plus de trois mois » ;

– *deux qualifications spéciales* :

- la première s'applique lorsque les blessures ont été provoquées par le conducteur d'un véhicule : l'article 222-19-1, C. pén., issu de la loi du 12 juin 2003, incrimine à titre autonome les blessures ayant entraîné une ITT de plus de trois mois « lorsque la maladresse, l'imprudence, l'inattention, la négligence ou le manquement à une obligation législative ou réglementaire de sécurité ou de prudence est commis par le conducteur d'un véhicule terrestre à moteur » ;
- la seconde s'applique lorsque les blessures ont été provoquées par un chien : l'article 222-19-2, C. pén., issue de la loi du 20 juin 2008, incrimine à titre autonome les blessures ayant entraîné une ITT de plus de trois mois « lorsque l'atteinte involontaire à l'intégrité de la personne résulte de l'agression commise par un chien ». Comme précédemment, le texte précise en outre que le responsable pénal est alors « le propriétaire ou celui qui détient le chien au moment des faits ».

- **Lorsque le résultat consiste en une ITT inférieure ou égale à trois mois (blessures involontaires)** : plusieurs qualifications pénales sont là encore susceptibles de s'appliquer en fonction des circonstances de l'infraction :

– *une qualification générale (qui s'applique hors circonstances particulières)* : l'article R. 625-2, C. pén. incrimine comme une contravention de la 5ᵉ classe, « hors les cas prévus par les articles 222-20 et 222-20-1, le fait de causer à autrui, par maladresse, imprudence, inattention, négligence ou manquement à une obligation de sécurité ou de prudence imposée par la loi ou le règlement, dans les conditions et selon les distinctions prévues à l'article 121-3, une incapacité totale de travail d'une durée inférieure ou égale à trois mois » ;

– *trois qualifications spéciales* :

- une qualification qui s'applique lorsque les blessures procèdent d'une faute de mise en danger délibérée : l'article 222-20, C. pén. incrimine en effet comme un délit spécial « le fait de causer à autrui, par la violation manifestement délibérée d'une obligation particulière de sécurité ou de prudence imposée par la loi ou le règlement, une incapacité totale de travail d'une durée inférieure ou égale à trois mois » ;

- une qualification qui s'applique lorsque les blessures ont été provoquées par le conducteur d'un véhicule : l'article 222-20-1, issu de la loi du 12 juin 2003, incrimine spécialement les blessures ayant entraîné une ITT inférieure ou égale à 3 mois « lorsque la maladresse, l'imprudence, l'inattention, la négligence ou le manquement à une obligation législative ou réglementaire de sécurité ou de prudence est commis par le conducteur d'un véhicule terrestre à moteur » ;
- une qualification qui s'applique lorsque les blessures ont été causées par un chien : l'article 222-20-2, issu de la loi du 20 juin 2008, énonce que « lorsque l'atteinte involontaire à l'intégrité de la personne ayant entraîné une incapacité totale de travail de moins de trois mois prévue par l'article 222-20 résulte de l'agression commise par un chien, le propriétaire ou celui qui détient le chien au moment des faits est puni de deux ans d'emprisonnement et de 30 000 € d'amende ».

• **Lorsque le résultat ne se matérialise par aucune ITT** : plusieurs qualifications pénales sont enfin, de nouveau, susceptibles de s'appliquer en fonction des circonstances de l'infraction :

– *une qualification générale (qui s'applique hors circonstances particulières)* : l'article R. 622-1, C. pén. incrimine comme une contravention de la deuxième classe « hors le cas prévu par l'article R. 625-3, le fait, par maladresse, imprudence, inattention, négligence ou manquement à une obligation de sécurité ou de prudence imposée par la loi ou le règlement, dans les conditions et selon les distinctions prévues à l'article 121-3, de porter atteinte à l'intégrité d'autrui sans qu'il en résulte d'incapacité totale de travail » ;

– *une qualification spéciale lorsque les blessures procèdent d'une faute de mise en danger délibérée* : l'article R. 625-3, C. pén. incrimine comme une contravention de la 5e classe, « le fait, par la violation manifestement délibérée d'une obligation particulière de sécurité ou de prudence prévue par la loi ou le règlement, de porter atteinte à l'intégrité d'autrui sans qu'il en résulte d'incapacité totale de travail ».

On précisera que les atteintes involontaires à la personne sont des infractions matérielles, nécessitant la survenance d'un résultat pour être consommées et que la tentative n'est jamais incriminée. La survenance effective d'un résultat est donc la condition *sine qua non* de toute poursuite exercée du chef d'une atteinte involontaire à la personne. On rappellera, que le décès d'un fœtus ne permet pas de retenir l'homicide involontaire (*cf.* Cass., ass. plén., 29 juin 2001, préc.) mais que la chambre criminelle a décidé que celui qui a causé la mort d'un enfant qui a vécu une heure après sa naissance, et qui est décédé des suites des lésions subies au moment de l'accident est coupable d'homicide involontaire (Crim. 2 déc. 2003, *Bull. crim.* n° 230). **Ainsi, le critère utilisé par la jurisprudence est celui de la vie à la naissance** : soit l'enfant est né vivant, et l'homicide involontaire peut être retenu quel que soit le temps durant lequel se sera prolongée la vie ; soit l'enfant n'est pas né vivant, et l'homicide involontaire ne peut pas être retenu, peu importe la viabilité du fœtus (par exemple Crim. 2 oct. 2007, *Bull. crim.* n° 234 : une femme avait accouché d'un enfant gravement handicapé, à la suite de nombreuses négligences d'un médecin obstétricien ; la chambre criminelle affirme l'applicabilité de l'infraction de blessures involontaires à l'enfant à naître en approuvant la cour d'appel d'avoir considéré que « la seule exigence de la loi est la constatation sur autrui d'une ITT supérieure à trois mois, sans que soit exigée une concomitance entre les faits reprochés et les manifestations de leurs conséquences sur la victime » ; en l'espèce, une ITT supérieure à trois mois a bien été constatée sur la personne de l'enfant né vivant, peu importe que cette incapacité soit le résultat d'actes commis avant sa naissance).

3. La détermination du caractère certain de la causalité

C'est un préalable logique, qu'il faut ensuite expressément envisager : il n'est point nécessaire de déterminer si le lien de causalité est direct ou indirect s'il est en réalité incertain, car dans cette dernière hypothèse, la responsabilité de l'agent ne peut pas être engagée.

Pour que l'on puisse parler de lien de causalité certain, il faut que la faute reprochée à la personne poursuivie ait été l'une des conditions *sine qua non* du dommage (par exemple, Crim. 1er oct. 2003, *Bull. crim.* n° 177, où des restaurants ont été mis en cause à la suite du décès de plusieurs personnes atteintes d'une variante de la maladie de Creutzfeld-Jakob, une chambre de l'instruction a pu considérer qu'il n'existait aucun indice justifiant une mise en examen pour homicide involontaire, rien ne permettant de penser, en l'état de l'information, que la maladie ait trouvé son origine dans la consommation de viande servie par les restaurants de cette enseigne plutôt que dans les autres sources alimentaires des victimes). La causalité, en droit pénal, n'a en principe pas à être exclusive : la faute de la victime ou une prédisposition de celle-ci n'exclut pas que la faute commise par l'agent puisse être certainement causale (par exemple, Crim. 30 janv. 2007, *Bull. crim.* n° 23 : lors d'une sortie organisée par une commune, une animatrice avait laissé des adolescents se baigner dans un bassin interdit à la baignade et l'un des adolescents, souffrant d'une pathologie cardiaque, s'était noyé ; l'animatrice fut poursuivie du chef d'homicide involontaire mais la Cour d'appel avait conclu à sa relaxe, faute de certitude dans la causalité entre ses agissements et la mort de l'adolescent ; la Cour de cassation censure l'arrêt d'appel : le lien de causalité entre la mort de l'adolescent et le comportement de l'animatrice est certain en l'espèce car la pathologie préexistante a été déclenchée par la noyade, et donc par le comportement de l'animatrice – la décompensation de la pathologie cardiaque était due « à l'effort intense déployé par la victime, qui ne savait pas bien nager, afin de progresser dans un bassin [...] interdit à la baignade »).

Souvent, dans les cas pratiques donnés aux étudiants, ce point ne pose pas de difficulté et quelques lignes suffisent dans votre devoir pour trancher cette question. **Il faut toutefois être vigilant et gardez en tête que dans cer-**

tains domaines, la jurisprudence a éprouvé des difficultés dans l'appréciation de la certitude du lien de causalité. C'est le cas, notamment :

– *en matière médicale*. La jurisprudence procède à une distinction : quand la faute du médecin a fait seulement perdre au malade une chance de survie ou de guérison, elle décide que le lien de causalité ne répond pas à la condition de certitude et conclut à la relaxe (Crim. 22 mars 2005, n° 04-84.459 : à la suite du décès d'une patiente, on reproche à plusieurs médecins des anomalies au cours des soins et du suivi médical ; selon les experts, un diagnostic plus précoce n'aurait pas constitué l'assurance de sauver la malade et il n'y a donc pas de responsabilité pénale faute de lien de causalité certain) ; quand la faute du médecin a fait perdre à son patient « toute chance de survie », elle considère à l'inverse que le lien de causalité est certain (Crim. 1er avr. 2003, n° 02-81.872 : pour un interne n'ayant pas organisé le transfert immédiat d'un patient grièvement blessé dans une unité de soins intensifs) ;

– *en cas d'infection nosocomiale* : dans un arrêt en date du 5 octobre 2004, un automobiliste avait blessé légèrement un piéton, qui, conduit à l'hôpital, était décédé quelques jours plus tard des suites d'une infection nosocomiale. La Cour d'appel avait condamné l'automobiliste du chef d'homicide involontaire (auteur indirect, il avait commis une faute caractérisée). La Cour de cassation censure cette décision au motif que la cour d'appel n'a pas recherché si l'infection nosocomiale n'était pas le seul fait en relation de causalité avec le décès (Crim. 5 oct. 2004, *Bull. crim.* n° 230). Elle n'a donc pas établi l'existence d'un lien de causalité certain entre le heurt du piéton et le décès. Cette solution s'explique par la nature particulière des infections nosocomiales. Ces infections n'ont aucun lien avec l'état initial du patient, ni avec l'évolution prévisible de cet état, et peuvent ainsi parfois constituer la cause exclusive du décès.

4. La détermination de la nature directe ou indirecte du lien de causalité et, conséquemment, de la gravité de la faute requise pour pouvoir engager la responsabilité pénale de la personne physique

Il faut ensuite expressément et de manière pédagogique expliquer le mécanisme mis en place par la loi du 10 juillet 2000 et décrit par les al. 3 et 4 de l'article 121-3, C. pén. s'agissant de l'engagement de la responsabilité d'une personne physique pour une infraction non-intentionnelle. L'un des travers récurrents des étudiants consiste à se contenter de recopier l'article 121-3 sans plus d'explications, ce qui est proprement inutile et même contreproductif puisque c'est une démarche chronophage et ce que souhaite vérifier le correcteur, c'est justement que l'étudiant a bien compris le mécanisme d'imputation des infractions non-intentionnelles, au-delà de la lettre de l'article en question. Il vous suffit de préciser que pour engager la responsabilité pénale d'une personne physique, en matière d'infractions non-intentionnelles, **il convient de caractériser « une gravité de la faute inversement**

proportionnelle à la proximité de ses conséquences dommageables » selon l'excellente formule de Frédéric Desportes et Francis Le Gunehec. Pour le dire autrement, plus la causalité est distendue, plus la culpabilité requise pour engager la responsabilité de la personne physique doit se trouver renforcée. La causalité directe se satisfait d'une simple indifférence aux règles sociales. La causalité indirecte requiert une antisocialité plus marquée. La loi du 10 juillet 2000 distingue ainsi selon la nature du lien de causalité : en cas de causalité directe, une faute simple suffit ; en cas de causalité indirecte, il est nécessaire de pouvoir retenir une faute qualifiée (faute délibérée ou faute caractérisée). Cette règle s'applique à toutes les atteintes involontaires à la personne, sauf aux blessures involontaires des articles 222-20 et R. 625-3, C. pén. qui nécessitent toujours la preuve d'une faute de mise en danger délibérée.

Pour bien montrer à son correcteur que le mécanisme est compris, l'idéal est de distinguer, formellement, deux sous-parties : d'une part, la détermination de la nature du lien de causalité en l'espèce (a), et, d'autre part, et conséquemment, la gravité de la faute requise pour engager la responsabilité du protagoniste (b).

a. La détermination de la nature du lien de causalité en l'espèce

Cette détermination est en principe relativement simple. Avant de trancher, vous rappellerez expressément que la loi ne définit pas la causalité directe, à la différence de la causalité indirecte :

– une circulaire du 11 octobre 2000 établit qu'« il n'y aura causalité directe que lorsque la personne en cause aura elle-même frappé ou heurté la victime, soit aura initié ou contrôlé le mouvement d'un objet qui aura heurté ou frappé la victime » (Crim-00-9/F1, BOMJ, n° 80, p. 81). Plus juste est certainement la position doctrinale selon laquelle il y aura lien de causalité direct « chaque fois que l'imprudence ou la négligence reprochée est soit la cause unique, exclusive, soit la cause immédiate ou déterminante de l'atteinte à l'intégrité de la personne » (D. Commaret, « La loi du 10 juillet 2000 et sa mise en œuvre par la chambre criminelle de la Cour de cassation », *in Gaz. Pal.*, 12-13 avr. 2002, p. 4) ;

– le législateur a pris soin de définir l'auteur indirect à l'al. 4 de l'article 121-3, C. pén. comme la personne qui, sans avoir elle-même directement causé le dommage, a soit « créé soit contribué à créer la situation qui a permis sa réalisation », soit « n'a pas pris les mesures permettant de l'éviter ».

Pourtant, dans certaines hypothèses, la chambre criminelle a pu adopter des solutions perturbantes en interprétant assez largement la notion de causalité directe. Une telle position, qui vise à faciliter la répression – puisque, encore une fois, en cas de causalité directe, une faute simple suffit à engager la responsabilité de la personne physique – est facilitée par l'absence de définition légale du lien de causalité directe :

– les tribunaux répressifs retiennent ainsi assez facilement la causalité directe, notamment à la lumière de la notion de paramètre déterminant dans la survenance du dommage dont ils font application depuis un arrêt de la chambre criminelle du 25 septembre 2001 (*Bull. crim.* n° 188) ;

– sans avoir recours à la notion de paramètre déterminant, la jurisprudence estime parfois qu'est auteur indirect celui qui pourrait être raisonnablement qualifié d'auteur indirect d'après les critères dégagés par l'article 121-3, al. 4, C. pén. (parce qu'il a « contribué à créer la situation qui a permis la réalisation du dommage » ou qu'il « n'a pas pris les mesures permettant de l'éviter »).

Deux exemples

Le cas du dommage causé par un chien

Crim. 21 janv. 2014, *Bull. crim.* n° 17 : le propriétaire de chiens dont les morsures avaient provoqué la mort de sa voisine alors qu'ils se trouvaient à l'extérieur de la résidence de leur propriétaire, était poursuivi du chef d'homicide involontaire. La chambre criminelle censure l'arrêt d'appel qui avait qualifié le propriétaire des chiens d'auteur indirect et avait jugé qu'aucune faute qualifiée ne pouvait en l'espèce être reprochée au prévenu – les chiens étaient habituellement enfermés pendant la journée dans un chenil clos et les expertises ont montré leur apparente absence de dangerosité. Au visa de l'article 121-3, C. pén. elle énonce « qu'il résulte de ce texte que cause directement le dommage subi par une personne mordue par un chien la faute de négligence du propriétaire de l'animal l'ayant laissé sortir de chez lui sans être contrôlé et tenu en laisse » : en conséquence, la démonstration d'une faute d'imprudence ordinaire suffit à engager la responsabilité pénale du propriétaire.

En matière médicale la chambre criminelle considère que, lorsque le dommage résulte d'une imprudence commise par le médecin lui-même, dans une prescription ou lors d'un examen, d'une intervention chirurgicale ou d'un suivi post-opératoire, le lien de causalité doit être qualifié de direct (Crim. 13 nov. 2002, *Bull. crim.* n° 203, décès d'un nouveau-né en raison de la sous-estimation d'un risque et d'un défaut de surveillance par le pédiatre auquel il était confié). En revanche, le chef du service hospitalier auquel il est reproché de ne pas s'être assuré de la bonne exécution de ses instructions par le personnel placé sous son autorité est considéré comme un auteur indirect (Crim. 10 janv. 2001, *Bull. crim.* n° 3). Un arrêt rendu par la Cour de cassation le 10 février 2009 (*Bull. crim.* n° 33) a toutefois semé le trouble quant à cette dernière solution. En effet, la chambre criminelle y adopte une conception large de la notion de lien de causalité direct en décidant que, le médecin, dont l'interne a commis une erreur médicale à l'origine du décès d'un patient, doit être traité comme l'auteur direct du dommage.

Dès lors, que faire lorsqu'il y a véritablement matière à hésiter sur la nature du lien de causalité en l'espèce ? Faut-il adopter l'approche extensive retenue par la chambre criminelle de la Cour de cassation ou demeurer fidèle à l'interprétation stricte de la loi pénale ? **Dans ces hypothèses limites, le mieux est pour vous de présenter les deux solutions** : la solution qui résulte d'une interprétation stricte de la notion de causalité directe puis la solution qui se dégage d'une conception plus relâchée de cette notion (et éventuellement adoptée, en droit positif, par la jurisprudence). Tranchez en faveur de l'une, mais réservez toutefois la solution contraire. Ce qui compte, ce n'est jamais tant la solution positive que la logique et la force de conviction qui animent votre raisonnement.

b. La gravité de la faute requise pour engager la responsabilité pénale de la personne physique

Il vous faudra à nouveau sous-distinguer :

- **Si une faute simple suffit**, définissez cette faute en visant l'article 121-3, al. 3, C. pén. Il s'agit d'une « faute d'imprudence, de négligence ou de manquement à une obligation de prudence ou de sécurité prévue par la loi ou le règlement ». Elle est assez facile à caractériser car elle ne suppose pas nécessairement la méconnaissance d'une obligation légale ou réglementaire. Elle est donc très large. Il faut en outre établir « que l'auteur des faits n'a pas accompli les diligences normales compte tenu, le cas échéant, de la nature de ses missions ou de ses fonctions, de ses compétences ainsi que du pouvoir et des moyens dont il disposait ». La faute simple s'apprécie ainsi *in concreto*. Rappelons que pour les blessures involontaires des articles 222-20 et R. 625-3, la faute de mise en danger délibérée constitue le seul élément moral susceptible de constituer l'infraction. Aussi, même en cas de causalité directe, la faute simple ne suffit pas à caractériser ces blessures.

- **Si une faute qualifiée est requise**, il faut encore sous-distinguer et envisagez successivement la commission :

– *d'une faute délibérée* – sauf pour les blessures involontaires des articles R. 625-2 et R. 622-1 car la faute de mise en danger délibérée n'est jamais susceptible de caractériser l'élément moral de ces blessures ; effet, le législateur n'incrimine ici les blessures involontaires qu'« hors les cas » prévus respectivement par les articles 222-20 et R. 625-3, C. pén. – qui est défini par l'article 121-3, al. 4, C. pén. comme la « violation manifestement délibérée d'une obligation particulière de prudence ou de sécurité imposée par la loi ou le règlement ». Cette faute se trouve ainsi subordonnée à la réunion de trois éléments :

- une violation d'une obligation particulière de sécurité ou de prudence : il faut que l'obligation violée s'avère « particulière », c'est-à-dire suffisamment précise et circonstanciée. La jurisprudence considère à cet égard de manière constante que les obligations édictées par le Code la route sont de nature à fonder une faute de mise en danger délibérée. Tel ne serait pas le cas en revanche d'une prévision légale qui imposerait de manière générale aux maires de veiller à la sécurité sur le territoire de leur commune. La chambre criminelle a estimé que l'obligation qui figure à l'article L. 4142-2, C. trav., qui impose à l'employeur de faire bénéficier les salariés affectés à des postes de travail présentant des risques particuliers pour leur santé ou leur sécurité d'une formation renforcée à cette sécurité, constitue une obligation particulière (Crim. 25 avr. 2017, n° 15-85.890) ;
- une obligation imposée par la loi ou le règlement : l'obligation violée devant être inscrite dans la loi ou le règlement, au sens formel des termes, la faute de mise en danger délibérée ne pourra pas être reprochée à celui qui aura violé une règle de conduite de simple bon sens, ou le règlement intérieur d'une entreprise. Elle se distingue en cela de la faute d'imprudence ordinaire ;

- une violation manifestement délibérée : il faudra donc ici rapporter la preuve d'un dol éventuel, c'est-à-dire de la volonté tendue vers une prise de risque. Peu importe en revanche que l'auteur de la violation ait eu connaissance de la nature possible des conséquences dommageables de son acte (Crim. 16 févr. 1999, *Bull. crim.* n° 24).

La faute de mise en danger délibérée est ainsi difficile à établir. C'est pourquoi la jurisprudence ne nous en fournit que peu d'illustrations, les tribunaux préférant, quand le choix leur est offert, caractériser l'élément moral sur le terrain de la faute caractérisée ;

– *d'une faute caractérisée* – sauf pour les blessures involontaires des articles 222-20 et R. 625-3, C. pén. qui nécessitent toujours la preuve d'une faute de mise en danger délibérée – qui est, elle aussi, définie par l'article 121-3, al. 4, C. pén. Cette faute ne nécessite pas la violation d'une obligation légale ou réglementaire et peut résulter de la violation d'une règle de simple bon sens. Trois éléments cumulatifs sont requis par la jurisprudence pour démontrer la faute caractérisée :

- la faute doit revêtir un certain degré de gravité, gravité qui peut être déduite d'une succession de fautes simples ;
- la faute doit avoir exposé autrui à un risque d'une particulière gravité et il faut donc démontrer qu'il existait objectivement de fortes probabilités qu'une personne fût exposée à un risque de mort ou de blessures graves ;
- l'auteur du dommage ne pouvait ignorer le risque auquel son comportement exposait autrui. Elle impose de démontrer que le prévenu, au regard du contexte, aurait dû connaître l'existence du risque. La connaissance du risque par l'auteur ne fera guère de doute lorsque la faute résultera de la violation d'une obligation légale ou réglementaire. En dehors de cette hypothèse, la jurisprudence s'appuie sur la qualité de professionnel de l'auteur pour caractériser une telle faute (Crim. 5 oct. 2004, *Bull. crim.* n° 236, qui retient la faute caractérisée en la personne d'un loueur professionnel de scooters de mer qui avait loué l'un de ses scooters à un client qu'il savait dépourvu du permis imposé par la réglementation).

5. La répression

Il faut conclure sur les peines applicables en envisageant les circonstances aggravantes :

• **Les peines** : il vous suffit, pour les déterminer, de lire le code en gardant à l'esprit qu'elles sont fixées en fonction de la gravité du dommage provoqué : plus le dommage est important, plus la peine est lourde ; de la nature de la faute commise : les atteintes involontaires à la personne dont l'élément moral procède exclusivement d'une faute de mise en danger délibérée sont plus sévèrement réprimées que les autres ; de la nature des intérêts protégés : les homicides et blessures involontaires commis par le conducteur d'un véhicule ou par agression d'un chien dangereux font l'objet d'une répression plus sévère.

• **Les circonstances aggravantes** : elles diffèrent suivant que l'on s'intéresse aux atteintes involontaires de droit commun ou aux atteintes involontaires spéciales :

– *pour les atteintes involontaires de droit commun (l'homicide involontaire de l'article 221-6 et les blessures involontaires de l'article 222-19, C. pén.)* : à ce stade de votre développement, la circonstance aggravante a été envisagée préalablement : c'est la circonstance de commission d'une faute délibérée. **Rappelez ici le particularisme de la faute délibérée** : celle-ci est à la fois une condition de la responsabilité de la personne physique (en cas de causalité indirecte) et une circonstance aggravante (quelle que soit la nature de la causalité). En fonction de ce que vous aurez conclu précédemment sur la faute délibérée, vous retiendrez ou non la circonstance aggravante ;

– *pour les atteintes involontaires spéciales* :

- celles procédant de la conduite d'un véhicule : elles sont aggravées par la faute de mise en danger délibérée ; la conduite en état d'ivresse manifeste, sous l'empire d'un état alcoolique, de substances ou de plantes classées comme stupéfiants, en l'absence du permis de conduire ; en dépassement de la vitesse maximale autorisée égal ou supérieur à 50 km/h, et, en cas de délit de fuite ;

- celles procédant de l'agression d'un chien : elles sont aggravées lorsque : la propriété ou la détention du chien est illicite en application de dispositions législatives ou réglementaires ou d'une décision judiciaire ou administrative ; le propriétaire ou le détenteur du chien se trouvait en état d'ivresse manifeste ou sous l'emprise manifeste de produits stupéfiants ; le propriétaire ou le détenteur du chien n'avait pas exécuté les mesures prescrites par le maire pour prévenir le danger présenté par l'animal ; le propriétaire ou le détenteur du chien n'était pas titulaire du permis de détention prévu par la loi ; le propriétaire ou le détenteur du chien ne justifie pas d'une vaccination antirabique de son animal en cours de validité lorsqu'elle est obligatoire ; il s'agissait d'un chien de la première ou de la deuxième catégorie qui n'était pas muselé ou tenu en laisse par une personne majeure ; il s'agissait d'un chien ayant fait l'objet de mauvais traitements de la part de son propriétaire ou de son détenteur.

• **La prescription de l'action publique** : elle ne commence à courir qu'à compter de l'apparition du résultat (ex. : blessures et homicide involontaires dont le résultat n'apparaîtrait que tardivement).

• **L'action civile** : en exigeant, pour les personnes physiques, que soit rapportée la preuve d'une faute d'imprudence qualifiée en cas de causalité indirecte, la loi du 10 juillet 2000 a remis en cause le principe de l'unité des fautes civile et pénale posé par l'arrêt *Brochet et Deschamps* (Civ. 18 déc. 1912), principe, qui, combiné au principe de l'autorité sur le civil de la chose jugée au criminel, obligeait le juge statuant au civil à rester fidèle à la décision prise par le juge statuant au pénal. L'article 4-1, C. pr. pén. prévoit désormais que « l'absence de faute pénale non intentionnelle au sens de l'article 121-3 du Code pénal ne fait pas obstacle à l'exercice d'une action devant les juridictions civiles afin d'obtenir la réparation d'un dommage sur le fondement de l'article 1241 du Code civil si l'existence de la faute civile prévue par cet article est établie [...] ». Aussi :

– le refus d'une faute qualifiée par le juge répressif en cas de causalité indirecte laisse place à une faute simple que pourra relever le juge civil ;

– le rejet d'une faute d'imprudence ordinaire en cas de causalité directe devrait interdire au juge civil de retenir la responsabilité civile, car la loi du 10 juillet 2000 ne réforme en rien la faute d'imprudence ordinaire, et l'unité des fautes se trouve maintenue. Toutefois, dans un arrêt *Beauchêne*, rendu le 30 janvier 2001, la première chambre civile affirme dans une hypothèse de causalité directe que « la déclaration par le juge répressif de l'absence de faute pénale, ne fait pas obstacle à ce que le juge civil retienne une faute civile d'imprudence ou de négligence » (*Bull. civ.* n° 19). Désormais, le juge civil, en matière de délit non-intentionnel, n'est plus jamais tenu par la relaxe du juge pénal, y compris lorsqu'une personne morale est auteur de l'infraction ou lorsqu'il est question de causalité indirecte ;

– le principe d'autorité du pénal sur le civil continue à s'appliquer dans le cas où le juge pénal a prononcé une condamnation pénale. L'article 4-1, C. pr. pén. ne vise en effet que les jugements de relaxe. Dès lors, l'admission d'une faute pénale continue à obliger le juge civil, qui ne pourra pas refuser une indemnisation si le préjudice existe (Civ. 1re, 29 oct. 2002, *Bull. civ.* n° 196).

B – Deuxième étape : l'engagement de la responsabilité moins évidente, celle de l'auteur indirect

Il faut distinguer selon que l'auteur indirect qui apparaît dans les faits est chef d'entreprise (2) ou non (1). S'il est fait mention, dans les faits, d'une délégation de pouvoirs du premier au profit du second, il vous faudra apprécier la validité de celle-ci pour déterminer si elle est exonératoire de la responsabilité du chef d'entreprise (3).

1. L'auteur indirect autre que le chef d'entreprise

Il faudra reprendre le mécanisme mis en place par la loi du 10 juillet 2000, mais de manière plus succincte car vous l'aurez précédemment décrit pour montrer que le contremaître, le collègue de l'auteur direct est auteur indirect et qu'une faute qualifiée est nécessaire pour engager sa responsabilité pénale. Reprenez, chacune des fautes qualifiées pour vérifier que l'une d'elles peut être retenue en l'espèce et, le cas échéant, précisez les peines encourues en envisageant les éventuelles circonstances aggravantes.

2. L'auteur indirect chef d'entreprise

Il est nécessaire ici de faire d'abord référence à la jurisprudence : la chambre criminelle a précisé que « la responsabilité pénale peut naître du fait d'autrui, dans des cas exceptionnels où certaines obligations légales imposent le devoir d'exercer une action directe sur les faits d'un subordonné » (Crim. 28 févr. 1956, *Bull. crim.* n° 205).

Il faut ensuite reprendre le mécanisme mis en place par la loi du 10 juillet 2000. Puisque le chef d'entreprise est bien souvent auteur indirect, il faut, pour retenir sa responsabilité, pouvoir identifier l'une des fautes qualifiées. Reprenez, là encore, chacune des fautes qualifiées pour vérifier que l'une d'elles peut être retenue en l'espèce et, le cas échéant, précisez les peines encourues en envisageant les éventuelles circonstances aggravantes.

3. L'efficacité de l'éventuelle délégation de pouvoirs

Il faut vérifier si le chef d'entreprise peut s'exonérer de sa responsabilité pénale par le biais d'une délégation de pouvoirs. Celui-ci peut en effet s'exonérer de sa responsabilité en démontrant qu'il avait délégué ses pouvoirs (Crim. 11 mars 1993, *Bull. crim.* n° 112 : sauf disposition légale contraire, le chef d'entreprise peut s'exonérer de sa responsabilité pénale s'il rapporte la preuve qu'il avait délégué ses pouvoirs à une personne pourvue de la compétence, de l'autorité et des moyens nécessaires, à condition toutefois que ce chef d'entreprise n'ait pas personnellement pris part à la réalisation de l'infraction). Au-delà des conditions expressément visées par la Cour de cassation, il est constant que cette délégation doit notamment être nécessaire, non équivoque, antérieure à l'infraction et circonscrite à un domaine précis. Il faut faire attention : **si la jurisprudence admet qu'une subdélégation est valable, elle rejette en revanche la co-délégation**. Le chef d'entreprise ne peut ainsi déléguer ses pouvoirs à plusieurs personnes pour l'exécution d'un même travail, un tel cumul étant de nature à restreindre l'autorité et à entraver les initiatives de chacun des prétendus délégataires (ex. : Crim. 23 nov. 2004, *Bull. crim.* n° 295). En outre, la chambre criminelle a récemment considéré que la délégation de pouvoirs à une personne frappée d'interdiction de gérer était inefficace (Crim. 22 août 2018, n° 17-83.966 : l'arrêt juge inefficace une délégation effectuée par une gérante de droit à son époux frappé d'une interdiction de gérer; elle est dès lors pénalement responsable des infractions qui lui étaient imputées).

Il faut conclure : si la délégation est valable, la responsabilité pénale du délégataire sera seule engagée, à l'exclusion de celle du chef d'entreprise.

C – Troisième étape : l'engagement de la responsabilité de la personne morale

Il faut reprendre les conditions posées par l'article 121-2, C. pén. En fonction de ce que vous aurez conclu antérieurement, vous retiendrez que la responsabilité de la personne morale peut être engagée en raison de l'infraction commise soit par son organe (si le chef d'entreprise est pénalement responsable) soit par son représentant (si le délégataire est finalement responsable).

Soyez vigilant

Il faut envisager la RPPM quand bien même auriez-vous conclu que l'organe ou le représentant ne peut voir sa responsabilité pénale engagée pour l'infraction non-intentionnelle que vous avez étudiée car celui-ci, auteur indirect, n'aurait commis qu'une faute simple. En effet, le mécanisme mis en place par la loi du 10 juillet 2000 ne s'applique qu'aux personnes physiques. En conséquence, même en cas de causalité indirecte, une faute simple commise par l'organe ou le représentant personne physique suffit à engager la responsabilité pénale de la personne morale.

D – Quatrième étape : le récapitulatif des peines applicables

Un court récapitulatif des peines encourues par chacun des protagonistes est le bienvenu. Vous prendrez soin ici d'envisager l'éventuelle responsabilité pécuniaire (et non pénale) du chef d'entreprise : l'article L. 4741-2, C. trav. dispose en effet que « [l]orsqu'une des infractions énumérées à l'article L. 4741-1, qui a provoqué la mort ou des blessures dans les conditions définies aux articles 221-6, 222-19 et 222-20 du Code pénal ou, involontairement, des blessures, coups ou maladies n'entraînant pas une incapacité totale de travail personnelle supérieure à trois mois, a été commise par un délégataire, la juridiction peut, compte tenu des circonstances de fait et des conditions de travail de l'intéressé, décider que le paiement des amendes prononcées sera mis, en totalité ou en partie, à la charge de l'employeur si celui-ci a été cité à l'audience ».

Cas pratique n° 19

› *Énoncé*

Cela ne va pas fort pour les parents Dupont dont tous les enfants sont majeurs et de nationalité française :

– En ce début de mois de mars 2007, Marc Dupont, l'aîné des enfants Dupont, prend la route pour le chalet familial situé en Suisse. Alors qu'il n'est plus qu'a une demi-heure d'un week-end reposant, il reçoit un appel de son petit frère Jules, qu'il prend sur le dispositif bluetooth de la voiture. Celui-ci est en pleurs, visiblement très choqué. Entre les sanglots, Marc comprend progressivement qu'une dispute a éclaté entre son frère Jules et sa copine Clémence, de nationalité Suisse. Jules, de colère, a agressé et poignardé Clémence avec un couteau de cuisine.

Arrivé au chalet, Marc trouve Jules en pleurs dans le salon, couvert de sang, Clémence gisant au sol inerte, un couteau dans le torse. Marc se saisit alors d'une bâche, d'une corde d'alpinisme et de lourdes pierres. Il enroule le corps de Clémence dans la bâche, et y attache des pierres avec la corde avant de reprendre la route pour aller le jeter dans le lac Léman, laissant Jules seul, encore sous le choc.

Il y a seulement quelques jours, le corps de Clémence est remonté à la surface et les policiers n'ont pas tardé à appréhender Jules. L'autopsie révélera la présence de beaucoup d'eau du lac dans les poumons – preuve que Clémence n'était en fait pas morte lorsqu'elle a été jetée dans le lac – et que Clémence était enceinte…

– Jacques, le dernier fils Dupont, a lui aussi des problèmes avec la justice. Vexé de ne pas avoir été retenu pour un poste d'expert en sécurité des logiciels embarqués dans une grande société de pacemakers, il a décidé de mettre en place un scénario bien connu de science-fiction dit « hacking dead ». Il est parvenu à implanter à distance un programme dans le pacemaker de son voisin fabriqué par l'entreprise ayant refusé de l'embaucher. Pendant deux mois, à chaque fois que son voisin croisait un porteur du même pacemaker dans la rue, le programme se transmettait. Il a été arrêté chez lui il y a quelques jours, alors qu'il venait d'ouvrir le programme permettant d'activer le contrôle des pacemakers pour leur faire infliger une décharge mortelle à leurs porteurs. Il avait calculé que 300 pacemakers minimum étaient infectés. L'autopsie de routine sur un porteur décédé avait permis de détecter le programme et de remonter jusqu'à son auteur.

– Quant au dernier fils Dupont, Tristan, il vient d'écoper d'une amende en raison de sa présence à une fête organisée par l'amicale des étudiants de son université. Le maire de la commune où se situe l'Université, inquiet de la recrudescence des bizutages rapportée par la presse nationale, venait de prendre un arrêté interdisant sur le territoire de sa ville l'organisation de manifestations festives étudiantes.

Les parents Dupont vous interrogent. Ils souhaiteraient connaître les conséquences pénales des agissements de leurs enfants.

› *Correction*

Nous distinguerons les conséquences pénales résultant de l'agression de Clémence (I), des faits commis par Jacques (II) et des faits commis par Tristan (III).

I/ L'agression de Clémence

Nous envisagerons, d'une part, la responsabilité de Jules (A), d'autre part, la responsabilité de Marc (B).

A – La responsabilité de Jules

Jules a poignardé Clémence au cours d'une dispute avec un couteau de cuisine. Si celle-ci n'est finalement pas décédée du fait de ce coup de couteau, il convient de démontrer l'infraction recherchée (1), pour déterminer si la tentative est constituée (2), la loi française applicable (3) et la prescription de l'action publique acquise (4).

Au préalable, il convient d'écarter toute qualification pour la mort du fœtus, y compris l'homicide involontaire de l'article 221-6, C. pén. Rappelons en effet que le fœtus ne saurait être assimilé à une personne vivante, eu égard au principe d'interprétation stricte de la loi pénale, comme l'a clairement affirmé l'Assemblée plénière de la Cour de cassation dans un arrêt du 29 juin 2001, à propos du délit d'homicide involontaire.

1. L'infraction recherchée et sa tentative

Jules, sous le coup de la colère, plante un couteau dans le torse de son amie Clémence.

Il convient tout d'abord d'écarter l'homicide involontaire (art. 221-6, C. pén.), puisque Jules avait la volonté de porter le coup de couteau. L'assassinat (art. 221-3, C. pén.) doit également être écarté, puisque rien ne permet d'envisager une préméditation de la part de Jules. Celui-ci prévoyait un week-end familial, a agi sous le coup de la colère. Il convient également d'évincer les violences volontaires ayant causé la mort sans intention de la donner (art. 222-7, C. pén.), faute de pouvoir caractériser le résultat requis : Clémence n'est pas décédée de ce coup de couteau. Il convient donc d'envisager le meurtre.

L'article 221-1, C. pén. dispose que constitue un meurtre le fait de donner volontairement la mort à autrui. Le meurtre suppose au préalable l'existence d'un tiers à l'auteur, personne physique vivante (Crim. 16 janvier 1986, *Perdereau*, préc.). Matériellement, il nécessite un acte positif de violence, lequel doit conduire au décès de la victime. Intellectuellement, il suppose que l'auteur ait réalisé l'acte positif de violence, avec la volonté de tuer, c'est-à-dire que soit rapportée la preuve de l'*animus necandi*, celle-ci pouvant être induite de l'arme utilisée et de la nature des coups portés (Crim. 15 mars 2017, n° 16-87.694).

En l'espèce, un coup a été porté à l'aide d'une arme longue et tranchante, dans le torse de la victime. La nature du coup et le moyen utilisé démontrent bien l'intention de porter atteinte à la vie. S'agissant de l'élément matériel, la condition de l'existence d'un tiers, personne physique vivante est à l'évidence remplie. Il y a bien eu un acte positif de violence par le coup de couteau porté au torse. Toutefois, l'expertise démontre que le décès résulte d'une noyade et non du coup de couteau qui a été porté à la victime. Si l'infraction recherchée était bien un meurtre, celui-ci n'a pas été pleinement consommé. Il convient donc de rechercher si la responsabilité de Jules peut être retenue sur le fondement de la tentative.

2. La tentative

Les articles 121-4 et 121-5, C. pén. régissent la tentative. En matière criminelle, comme c'est le cas en l'espèce, la tentative est toujours incriminée. La tentative suppose la manifestation d'un commencement d'exécution, c'est-à-dire un acte tendant directement à la consommation de l'infraction, celle-ci étant rentrée dans sa phase d'exécution, (Crim. 25 oct. 1962, *Lacour*, préc.). L'absence de résultat ne doit, en outre, pas résulter d'un comportement volontaire de la part de l'auteur, mais d'un élément extérieur à celui-ci.

En l'espèce, comme nous l'avons déjà démontré, eu égard à la nature des coups portés, Jules avait bien l'intention d'ôter volontairement la vie à Clémence, l'élément moral ne saurait faire défaut. Il y a également commencement d'exécution incontestable, puisque le coup supposément fatal a bien été porté. Si l'infraction a manqué son objectif, c'est tout d'abord parce que Jules était persuadé que celle-ci était bien pleinement consommée, mais aussi parce que Clémence est finalement décédée des manœuvres destinées à dissimuler son supposé cadavre.

Il y a donc bien eu un commencement d'exécution volontaire, qui a manqué son objectif par des circonstances indépendantes de la volonté de Jules, celui-ci a donc bien tenté de commettre un meurtre et encourt à ce titre les mêmes peines que l'infraction consommée. Il convient d'écarter la circonstance aggravante prévue à l'article 221-4 lorsque la victime se trouve être le conjoint, le concubin ou le partenaire lié par un pacte civil de solidarité, en effet, rien ne permet d'affirmer qu'ils étaient mariés, pacsés, ou vivaient en concubinage. Jules encourt donc, pour tentative de meurtre, la peine de trente années de réclusion criminelle.

3. L'application de la loi dans l'espace

Les faits ont eu lieu en Suisse. Il faut donc exclure l'application de la loi française sur le fondement de la territorialité (art. 113-2, C. pén.).

Toutefois, Jules est français. On peut donc retenir la compétence personnelle active (art. 113-6, al. 1er, C. pén.), sous réserve du respect éventuel de la chose jugée (art. 113-9, C. pén. : « Dans les cas prévus aux articles 113-6 et 113-7, aucune poursuite ne peut être exercée contre une personne justifiant qu'elle a été jugée définitivement à l'étranger pour les mêmes faits et, en cas de condamnation, que la peine a été subie ou prescrite »). Les conditions procédurales posées par l'article 113-8, C. pén. n'ont toutefois pas à être respectées car nous sommes en matière criminelle (« Dans les cas prévus aux articles 113-6 et 113-7, la poursuite des délits ne peut être exercée qu'à la requête du ministère public. Elle doit être précédée d'une plainte de la victime ou de ses ayants droit ou d'une dénonciation officielle par l'autorité du pays où le fait a été commis »).

4. L'absence de prescription de l'action publique

Les délais de prescription de l'action publique ont été allongés par la loi du 27 février 2017. Avant l'entrée en vigueur de cette loi, le délai était de dix ans en matière criminelle et en application ce celui-ci, l'action publique pour la tentative de meurtre semble prescrite.

Aujourd'hui toutefois, l'article 7, C. pr. pén. prévoit que « l'action publique des crimes se prescrit par vingt années révolues à compter du jour où l'infraction a été commise ». S'agissant du régime de l'application des lois de prescription dans le temps, l'article 112-2, C. pén. prévoit que « Sont applicables immédiatement à la répression des infractions commises avant leur entrée en vigueur : 4° Lorsque les prescriptions ne sont pas acquises, les lois relatives à la prescription de l'action publique et à la prescription des peines ». Aussi, pour que le délai nouveau soit applicable il faut que la prescription de l'infraction en cause ne soit pas déjà acquise au jour de l'entrée en vigueur de la loi nouvelle.

S'agissant de l'infraction de meurtre, elle est un crime qui, en mars 2007, se prescrivait par dix ans. Le meurtre aurait donc dû être prescrit en mars 2017. Toutefois, puisque la prescription n'était pas acquise au jour de l'entrée en vigueur de la loi du 27 février 2017, cette loi nouvelle s'applique et le nouveau délai de vingt ans permettra de poursuivre Jules.

B – La responsabilité de Marc

Il convient d'envisager l'éventuelle complicité de Marc (1) puis, à défaut de pouvoir retenir celle-ci, le fondement de la responsabilité de celui-ci (2).

1. Sur l'éventuelle complicité de Marc pour la tentative de meurtre commise par Jules

Une fois arrivé au chalet, Marc prend en charge la disparition du corps, on peut donc s'interroger sur la question de savoir si sa responsabilité peut être engagée au titre de la complicité de tentative de meurtre.

L'article 121-6, C. pén. dispose que sera puni comme auteur le complice au sens de l'article 121-7, c'est-à-dire la personne qui sciemment, par aide ou assistance, en a facilité la préparation ou la consommation. Il convient d'écarter l'hypothèse de la complicité par instigation prévue à l'al. 2 de l'article 121-7 puisqu'à l'évidence, Marc ne saurait être instigateur des faits commis par son frère.

Matériellement, la complicité suppose un fait principal punissable, c'est-à-dire une infraction matériellement constituée, ou une tentative punissable. Ainsi, la complicité dans les éléments préparatoires échappe à la répression (Crim. 25 oct. 1962, *Lacour*, préc.). Ce fait principal punissable doit être antérieur ou concomitant à l'acte de complicité (Crim. 23 juill. 1927, *S.* 1929 I 73). La complicité ne peut être retenue pour un acte postérieur au fait principal punissable que si l'assistance résulte d'un accord antérieur à celui-ci (Crim. 4 nov. 1991, *Bull. crim.* n° 391).

Intellectuellement, la complicité suppose que l'acte positif qui la matérialise soit volontaire et conscient, il faut donc une intention coupable dans la volonté de contribuer à l'infraction (Crim. 15 nov. 1990, *Bull. crim.* n° 388).

En l'espèce, la complicité ne saurait être retenue. S'il y a bien un fait principal punissable dans la tentative de meurtre et, si en cherchant à se débarrasser du corps de Clément, Marc a bien conscience de prendre part à la dissimulation d'une infraction, et donc d'y apporter son aide, cette assistance est postérieure au fait principal punissable et ne résulte pas d'un accord antérieur à celui-ci puisque Marc a découvert les faits après leur réalisation.

C'est dans cet acte qui ne peut être qualifié de complicité que Clémence trouve finalement la mort. Il convient donc de rechercher les qualifications pénales applicables à la mort effective de celle-ci.

2. Sur le fondement de la responsabilité de Marc dans la mort effective de Clémence

Nous envisagerons tout d'abord l'hypothèse du meurtre (a) puis des violences volontaires (b) pour les rejeter et retenir l'homicide involontaire (c) avant d'envisager le recel de cadavre et l'infraction d'atteinte à l'intégrité du cadavre (d).

a. Le meurtre

Marc enroule Clémence dans une bâche, l'attache, la leste puis la jette dans le lac Léman. Clémence décédera de noyade.

L'article 221-1, C. pén. dispose que constitue un meurtre le fait de donner volontairement la mort à autrui. Le meurtre suppose au préalable l'existence d'un tiers à l'auteur, personne physique vivante (Crim. *Perdereau*, 16 janv. 1986, préc.). Matériellement, il nécessite un acte positif de violence, lequel doit conduire au décès de la victime. Intellectuellement, il suppose que l'auteur ait réalisé l'acte positif de violence, avec la volonté de tuer, c'est-à-dire que soit rapportée la preuve de l'*animus necandi*, celle-ci pouvant être induite de l'arme utilisée et de la nature des coups portés.

En l'espèce, préalablement à l'action de Marc, Clémence se trouvait bien être un tiers, personne physique et encore vivant. Le fait de l'enrouler et de l'attacher dans une bâche puis de la jeter lestée à l'eau constitue bien un acte positif de violence. Cet acte positif a causé la mort de la victime, puisque de l'eau du lac a été retrouvée dans ses poumons lors de l'autopsie. Toutefois, l'élément moral fait ici défaut. Marc est persuadé que Clémence est déjà morte, puisqu'il l'a trouvée un couteau dans la poitrine, inanimée, et que son frère lui a dit l'avoir tuée. Il n'a donc aucunement l'intention de lui ôter la vie, l'intention de tuer ne saurait être démontrée.

Faute d'élément moral, le meurtre ne peut être retenu à l'encontre de Marc.

b. Les violences volontaires ayant entraîné la mort

On pourrait envisager de rechercher la responsabilité de Marc sur le fondement des violences volontaires ayant entraîné la mort sans intention de la donner. L'article 222-7, C. pén. réprime les violences ayant entraîné la mort sans intention de la donner. Matériellement, cette infraction suppose l'existence d'un tiers, personne physique vivante, d'un acte positif de violence, lequel doit avoir pour conséquence le décès du tiers. Intellectuellement, cette infraction est exclusive de l'*animus necandi*. Elle nécessite seulement que soit rapportée la preuve de l'intention de l'agent de porter atteinte à l'intégrité physique de la personne d'autrui.

En l'espèce, tel que nous l'avons démontré, il y a bien un tiers, personne physique vivante, laquelle fait l'objet d'actes positifs de violence ayant conduit à sa noyade. La difficulté porte là aussi sur l'élément moral. En effet, Marc étant persuadé de jeter à l'eau non une personne vivante, mais un cadavre, il est logique qu'il n'ait pas à ce moment précis la volonté de porter atteinte à l'intégrité physique d'autrui, mais bien de dissimuler un cadavre et non une personne.

Les violences volontaires ayant entraîné la mort ne sauraient, faute d'élément moral être retenues à l'encontre de Marc.

c. L'homicide involontaire

Marc a donc tué Clémence, sans le vouloir, et sans savoir que cela était susceptible d'arriver. Il convient de rechercher sa responsabilité pour homicide involontaire.

L'article 221-6, C. pén. dispose que constitue un homicide involontaire le fait de causer, dans les conditions et selon les distinctions prévues à l'article 121-3, C. pén., la mort d'autrui. L'article 121-3, C. pén. dans sa rédaction issue de la loi du 10 juillet 2000, distingue selon la qualité de l'auteur personne physique, la nature de la faute qu'il convient de retenir pour engager la responsabilité pénale. L'auteur direct voit sa responsabilité pénale engagée par la commission d'une faute simple, l'auteur indirect ne voyant sa responsabilité engagée qu'en cas de commission d'une faute qualifiée (délibérée ou caractérisée).

Au préalable, toutefois, le lien de causalité entre la faute et le dommage doit être certain. On se contentera ici de relever que cette condition ne pose pas difficulté, Marc est bien à l'origine du décès de Clémence.

Marc est auteur direct puisque son comportement a été immédiatement à l'origine de la mort. Aussi, une faute simple suffit-elle à engager sa responsabilité. Celle-ci est constituée par une imprudence, une négligence ou un manquement à une obligation de prudence ou de sécurité prévue par la loi ou le règlement, s'il est établi que l'auteur des faits n'a pas accompli les diligences normales compte tenu, le cas échéant, de la nature de ses missions ou de ses fonctions, de ses compétences ainsi que du pouvoir et des moyens dont il disposait.

En l'espèce, la difficulté réside dans la faute, puisque le comportement de Marc peut s'analyser en des actes positifs de violence, lesquels ont été accomplis volontairement et sont donc, *a priori*, exclusifs de toute négligence ou imprudence. Toutefois, les actes accomplis par Marc ne sont pas subjectivement volontaires : dans l'esprit de celui-ci, il n'était matériellement plus possible ni même envisageable de faire acte de violence envers Clémence. Toute volonté de porter atteinte à l'intégrité de la personne de Clémence est exclue. Le comportement de Marc pourra ainsi être considéré comme fautif puisque négligent, en ce qu'il a cherché à se débarrasser du corps sans prendre la peine de s'assurer que Clémence était effectivement décédée.

L'infraction étant dès lors constituée, Marc encourt 3 ans d'emprisonnement et 45 000 € d'amende.

d. Le recel de cadavre et l'atteinte à l'intégrité du cadavre

Il serait possible d'envisager la qualification de recel de cadavre. L'article 434-7, C. pén. incrimine en effet le fait de receler ou de cacher le cadavre d'une personne victime d'un homicide ou décédée des suites de violences. Intellectuellement, le recel de cadavre suppose la volonté de détenir, ou dissimuler un cadavre. Matériellement, cette infraction suppose l'existence préalable d'un cadavre à receler. La simple détention illégitime suffit à caractériser le recel, indifféremment du mobile qu'il s'agisse de le dissimuler la dépouille le temps d'effacer des preuves (Angers, 24 janv. 1985) ou pour une escroquerie à la pension de retraite. Cette infraction n'est pas applicable à l'auteur du décès, le recel en étant la suite logique de l'infraction initiale (Crim. 19 juill. 1956, *Bull. crim.* n° 556).

En l'espèce, la condition préalable fait défaut. Au moment où Marc dispose du corps de Clémence, celui-ci est encore en vie, il n'y a donc pas de recel du cadavre d'une personne décédée. Marc ne pourra donc pas être poursuivi pour recel de cadavre. Il convient de préciser qu'aucune disposition ne prévoit la répression de la tentative de cette infraction, aussi si matériellement il y a bien une tentative de recel de cadavre, faute d'élément légal s'agissant d'un délit, celle-ci ne peut être poursuivie.

Peut-on de la même façon envisager une atteinte à l'intégrité du cadavre de Clément ? L'article 225-17, al. 1er, C. pén. réprime toute atteinte à l'intégrité du cadavre, par quelque moyen que ce soit. Intellectuellement, cette infraction suppose la volonté de porter atteinte non à une personne vivante, mais à l'intégrité d'une dépouille. Matériellement, cette infraction suppose l'existence préalable de la dépouille d'une personne humaine. Celle-ci peut être réalisée de quelque façon que ce soit, les moyens sont indifférents, seul importe le résultat.

En l'espèce, cette qualification se heurte également au défaut de condition préalable. L'acte d'atteinte que commet Marc est réalisé sur une personne vivante et non une dépouille humaine. La loi pénale étant d'interprétation stricte, en vertu de l'article 111-4, C. pén., il ne peut lui être reproché d'avoir porté atteinte à une future dépouille. Là aussi, la loi ne prévoit pas que la tentative de ce délit soit punissable, elle est donc exclue.

Conclusion

Pour conclure, Marc n'a commis qu'un homicide involontaire, ce qui lui fait encourir trois ans d'emprisonnement et 45 000 € d'amende. Même si les faits ont été commis en Suisse, la loi pénale française pourra être applicable en vertu de l'article 113-6, C. pén. car Marc est français. Toutefois, devront être respectées quelques conditions pour que cette compétence personnelle active soit applicable et trouve effectivement à s'appliquer : d'abord, que l'homicide involontaire soit incriminé en droit Suisse conformément à l'article 113-6, al. 2, C. pén. (ce qui ne pose pas de difficulté en l'espèce) ; ensuite, les poursuites ne pourront être exercées qu'à la requête du ministère public et devront être précédées d'une plainte de la victime ou de ses ayants droit ou d'une dénonciation officielle par l'autorité du pays où le fait a été commis, conformément à l'article 113-8, C. pén ; enfin, aucune poursuite ne pourra être exercée contre Marc s'il justifie qu'il a été jugé définitivement à l'étranger pour les mêmes faits et, en cas de condamnation, que sa peine a été subie ou prescrite, conformément à l'article 113-9, C. pén.

II/ Les faits commis par Jacques

A – L'atteinte à un système de traitement automatisé

Jacques modifie sans autorisation les logiciels de plusieurs pacemakers. Nous rechercherons donc sa responsabilité pénale pour entrave à un système de traitement automatisé de données.

L'article 323-2, C. pén. réprime le fait d'entraver ou de fausser le fonctionnement d'un système de traitement automatisé de données.

Matériellement, cette infraction suppose tout d'abord la préexistence d'un système de traitement automatisé de données, lequel s'entend pour tout système numérique ou analogique apte à appliquer un traitement pré-programmé à des données de quelque nature que ce soit, qu'il s'agisse d'une puce électronique avec circuit intégré (TGI Paris, 25 févr. 2000), d'un terminal, d'un serveur ou d'une base de données. Il s'agit dans une définition plus technique d'un ensemble composé d'une ou plusieurs unités de traitement, de mémoire, de données de logiciel, d'organes d'entrées et sorties et de liaisons qui concourent à un résultat déterminé (T. corr. Carpentras 25 juin 2004), L'entrave vise, elle, la limitation, la contrainte ou le bridage du traitement normalement effectué par le système en question. Le fait de fausser est relativement synonyme, mais peut également viser le fait d'attribuer à ce système des fonctions supplémentaires ou différentes de celles initialement programmées. Bien que le texte ne soit pas clair sur ce point il est sous-entendu que ces faits ne visent pas le propriétaire légitime dudit système de traitement dès lors qu'il ne lui est pas interdit par la loi de procéder à cette modification.

Intellectuellement, cette infraction ne suppose pas de volonté particulière autre que celle de réaliser les faits, en ayant conscience de n'en avoir aucune autorisation.

En l'espèce, le pacemaker est composé d'un générateur d'impulsion comprenant des récepteurs et un circuit électronique analysant l'activité cardiaque et étant parfois capables de liaisons à distance. Il s'agit donc bien d'un système de traitement automatisé de données. En programmant et insérant d'autres fonctions, Jacques a bien faussé le fonctionnement normal de ce système. Il l'a fait par vengeance de l'entreprise qui ne l'a pas embauché, c'est donc sans droit qu'il a procédé à cette altération, et en toute connaissance de cause.

Il encourt donc de ce fait la peine de cinq années d'emprisonnement et 150 000 € d'amende.

B – Les assassinats recherchés

Le but de Jacques était de tuer à distance, en provoquant des impulsions électriques, tous les porteurs de pacemakers infectés. On peut donc rechercher sa responsabilité pour assassinat.

L'article 221-3, C. pén. dispose que le meurtre commis avec préméditation constitue un assassinat. L'article 221-1, C. pén. dispose quant à lui que constitue un meurtre le fait de donner volontairement la mort à autrui.

Matériellement, le meurtre suppose au préalable l'existence d'un tiers à l'auteur, personne physique vivante (Crim. 16 janv. 1986). Il nécessite un acte positif de violence, lequel doit conduire au décès de la victime. Lorsqu'il s'agit d'un assassinat, il doit être prémédité, la préméditation s'analyse comme le dessein formé avant l'action (art. 132-72, C. pén.).

Intellectuellement, l'assassinat suppose que l'auteur ait réalisé l'acte positif de violence, avec la volonté de tuer, c'est-à-dire que soit rapportée la preuve de l'*animus necandi*, celle-ci pouvant être induite de l'arme utilisée et de la nature des coups portés (Crim. 22 mai 1989, n° 89-81.397).

En l'espèce, Jacques a longuement mûri son plan, puisqu'il a introduit le programme et laissé passer plusieurs mois dans l'espoir d'infecter un maximum de porteurs, et a même fait des projections en ce sens. La préméditation ne saurait donc faire défaut. Le programme était destiné à infliger une décharge mortelle aux porteurs, il ne fait donc aucun doute que l'assassinat était l'infraction recherchée. Toutefois, l'infraction n'a pas été consommée, puisque le programme n'a pas été activé. Il convient donc de rechercher la responsabilité de Jacques sur le fondement de la tentative d'assassinat.

C – Les tentatives d'assassinats

Les articles 121-4 et 121-5, C. pén. régissent la tentative, c'est-à-dire le crime, ou le délit lorsque la loi le prévoit, qui manifestée par un commencement d'exécution n'a manqué son objectif ou n'a été suspendue que par des circonstances indépendantes de sa volonté. Est auteur de l'infraction, et donc susceptible d'encourir les mêmes peines que pour l'infraction consommée, la personne qui tente de commettre les faits incriminés.

La tentative suppose que le commencement d'exécution ait été réalisé avec l'intention de mener l'infraction à bien. Le désistement volontaire de l'infraction par son auteur fait obstacle à la constitution de la tentative.

En matière de crime, la tentative est toujours punissable sans que la loi ne doive spécialement le prévoir. La tentative suppose la manifestation d'un commencement d'exécution, c'est-à-dire un acte tendant directement à la consommation de l'infraction, celle-ci étant rentrée dans sa phase d'exécution (Crim. 25 oct. 1962, *Lacour*, préc.). L'absence de résultat ne doit pas résulter d'un comportement volontaire de la part de l'auteur, mais d'un élément extérieur à celui-ci.

En l'espèce, nous l'avons démontré, il y a bien une volonté de commettre une infraction, et de la mener à bien. L'intervention de force de police à fait obstacle à ce que celle-ci soit consommée, c'est donc par des circonstances indépendantes de la volonté de Jacques que l'infraction a été suspendue.

La difficulté réside dans la question de savoir s'il y a ou non un commencement d'exécution. En effet, le fait de réaliser le programme, de l'implanter, et de patienter le temps de sa diffusion est constitutif d'actes préparatoires, puisqu'ils sont une condition préalable à sa réalisation, et n'ont pas pour conséquence de tendre directement à la consommation de l'infraction. En revanche, le fait pour Jacques d'avoir lancé le programme d'activation sur son terminal pose davantage de question. Matériellement, rien ne permet d'établir qu'il s'agit d'un commencement d'exécution ayant pour conséquence directement la consommation de l'infraction. Rien ne permet d'établir que celle-ci était rentrée dans sa phase d'exécution et qu'il ne s'agissait pas d'une simple contemplation malsaine d'une capacité de causer la mort de centaines de personnes, sans intention de passer directement à l'action, puisqu'aucune ligne de commande ne semble avoir été tapée. Toutefois la jurisprudence tend, dans certaines conditions, à avoir une interprétation extensive du commencement d'exécution dans les hypothèses où une personne est surprise en possession des moyens et dans les circonstances de la réalisation immédiate d'une infraction, notamment en matière de vol (Crim. 7 sept. 1993, *Bull. crim.* n° 262). Ici, on ne saurait trancher avec certitude, la solution à cette question est du ressort de la politique pénale, puisque bien que le risque ait été clairement identifié, il n'est jamais advenu. Il y a fort à parier que dans une logique de dissuasion, et dans une hypothèse aussi proche de la capacité d'exécution immédiate une juridiction retienne la tentative, auquel cas, Jacques serait passible de la réclusion criminelle à perpétuité.

Conclusion

Il convient de retenir, à l'encontre de Jacques, l'ensemble des infractions ci-dessus mentionnées. En l'espèce il y a bien une pluralité de valeurs protégées par les incriminations en concours : le meurtre protège la vie, l'atteinte au système informatique protège les biens et plus précisément l'intégrité du système informatique. En outre, la pluralité de victimes entraînera autant de déclarations de culpabilité qu'il y a de victimes, même potentielles s'agissant de tentatives.

L'atteinte à un système de traitement automatisé et les tentatives d'assassinats commises l'ont été en concours réel. Conformément à l'article 132-3, C. pén. s'appliquera la règle du cumul plafonné des peines de même nature. Aussi, en l'espèce, Jacques encourt la réclusion criminelle à perpétuité et 150 000 € d'amende.

III/ Les faits commis par Tristan

Tristan pourra soulever l'illégalité de l'arrêté devant le tribunal de police sur le fondement de l'article 111-5, C. pén. En effet, en l'espèce, de la légalité de l'arrêté dépend la solution du procès pénal. On concluera que l'arrêté sera certainement considéré par le juge pénal comme illégal parce trop général et parce que celui-ci n'est justifié par aucune considération tirée de la situation de fait locale.

Cas pratique n° 20

› *Énoncé*

Mme X a passé un été détestable. En voie de séparation avec son compagnon, qu'elle soupçonne de l'avoir trompée, elle avait décidé de se réfugier chez sa sœur à Cannes. Les soucis, se disait-elle, sont plus vite oubliés au soleil... Quelques jours après son arrivée dans la ville, elle reçut pourtant le coup de téléphone d'une amie qui lui indiquait avoir aperçu son compagnon dans la rue, prenant par la main une autre femme. Après avoir raccroché le téléphone, étouffée par la jalousie, Mme X décida de s'expliquer avec son compagnon. Elle se souvenait qu'en février 2014, alors qu'il la soupçonnait d'entretenir une relation avec un collègue de travail, son compagnon lui avait envoyé durant quelques heures plusieurs dizaines de textos afin de l'interroger sur la nature de cette relation et pour régler ses comptes. Même si Mme X avait pour habitude de laisser son téléphone en mode silencieux et qu'en conséquence, elle n'en fut pas vraiment gênée, elle avait éprouvé un véritable choc psychologique en découvrant la jalousie maladive de son compagnon.

Aussi décida-t-elle de se venger. Pendant plusieurs heures, elle lui envoya une centaine de messages par lesquels elle lui posa d'innombrables questions sur sa nouvelle relation. Celui-ci la laissa sans aucune réponse, elle savait de toute façon qu'il avait lui aussi l'habitude de garder son téléphone en mode « silencieux » mais c'était pour le principe, pour l'embêter...

En considérant que la prescription de l'action publique n'est pas acquise, que risquent, au regard du droit pénal français, les protagonistes de cette histoire ?

› *Correction*

Deux questions doivent être résolues :

– la première a trait à l'apparent concours de qualifications qui se dégage des faits de l'espèce. Puisque le contenu des messages adressés au compagnon de Mme X ne semble pas injurieux ou diffamatoire, aucune des qualifications de la loi du 29 juillet 1881 ne semble pouvoir être envisagée. Toutefois, l'infraction de violences peut permettre d'appréhender les chocs psychologiques. Elle pourrait donc théoriquement trouver à s'appliquer. Cependant, l'article 222-16, C. pén. incrimine spécifiquement les appels téléphoniques malveillants ou réitérés. Or, en présence d'une qualification générale et d'une qualification spéciale la jurisprudence fait prévaloir l'infraction spéciale sur l'infraction générale (*specialia generalibus derogant*), quand bien même l'infraction spéciale ferait encourir à son auteur une peine moins importante. C'est donc cette dernière qualification qu'il conviendrait de retenir en l'espèce;

– la seconde interroge à la fois la portée dans le temps de la loi pénale et la portée du principe de l'interprétation stricte de la loi pénale. L'incrimination des appels téléphoniques malveillants ou réitérés prévue par l'article 222-16, C. pén. a subi une modification résultant de la loi du 4 août 2014. Cette qualification pénale pourrait-elle être appliquée aux messages envoyés, d'une part, en février 2014 par son compagnon à Mme X (I) et, d'autre part, par Mme X à son compagnon (II) ?

I/ Concernant les textos envoyés par le compagnon en février 2014

Avant la loi du 4 août 2014, l'article 226-16, C. pén. disposait que « les appels téléphoniques malveillants réitérés ou les agressions sonores en vue de troubler la tranquillité d'autrui, sont punis d'un an d'emprisonnement et de 15 000 € d'amende ».

L'article 111-4, C. pén. prévoit que « la loi pénale est d'interprétation stricte ». Ce principe est un corollaire du principe de légalité qui implique que le pouvoir d'interprétation du juge est limité par les termes de la loi. Il lui est ainsi, en particulier, interdit d'avoir recours à l'interprétation par analogie. Le juge n'est cependant pas dépourvu de tout pouvoir d'interprétation. En l'espèce la question est donc de savoir si l'incrimination d'appels téléphoniques malveillants réitérés ou d'agressions sonores peut être considérée comme applicable à des envois réitérés de messages écrits par téléphone.

Par un arrêt du 30 septembre 2009 (préc.), la chambre criminelle de la Cour de cassation a admis une telle application. Elle a considéré que « justifie sa décision la Cour d'appel qui déclare un prévenu coupable du délit prévu et réprimé par l'article 222-16, C. pén. pour avoir adressé à la partie civile des textos ou SMS malveillants ou réitérés de jour comme de nuit, en vue de troubler sa tranquillité dès lors que la réception desdits messages se traduit par l'émission d'un signal sonore par le téléphone portable de son destinataire ».

En l'espèce, la qualification pourrait donc être retenue dans la mesure où les textos apparaissent à la fois malveillants (il avait l'intention de « régler ses comptes » avec son ancienne compagne) et réitérés (plusieurs dizaines de messages sur plusieurs heures). Se pose néanmoins une difficulté liée au fait que le téléphone de Mme X aurait pu être placé en mode « silencieux » car l'arrêt de la chambre criminelle retient, en effet, la qualification prévue par l'article 222-16, C. pén., dès lors que la réception des textos « se traduit par l'émission d'un signal sonore par le téléphone portable de son destinataire ». Cette circonstance doit-elle être appréciée de manière concrète ou abstraite ? Le mode silencieux du téléphone ferait-il obstacle à cette condamnation ?

Une telle solution ne semble pas admissible, tant il serait difficile de prouver cet élément. Il serait possible de considérer que la faculté d'émission d'un signal sonore de tout téléphone au moment de la réception d'un texto suffit à justifier la qualification pénale prévue par l'article 222-16, C. pén. Sous cette réserve, le compagnon de Mme X encourt donc un an d'emprisonnement et 15 000 € d'amende.

II/ Concernant les textos envoyés par Mme X à son compagnon

La solution de la chambre criminelle fut consacrée par le législateur. La loi du 4 août 2014 a réécrit l'article 226-16, C. pén. Celui-ci dispose désormais que « les appels téléphoniques malveillants, les envois réitérés de messages malveillants émis par la voie des communications électroniques ou les agressions sonores en vue de troubler la tranquillité d'autrui, sont punis d'un an d'emprisonnement et de 15 000 € d'amende ».

En l'espèce les envois effectués par Mme X sont, là aussi, malveillants (« pour l'embêter ») et réitérés (une centaine de textos). Aussi, sans difficulté, Mme X pourrait encourir les mêmes peines que son compagnon, même si le téléphone de celui-ci est en mode silencieux, la nouvelle rédaction de l'article 222-16, C. pén. ayant vocation à s'appliquer.

Cas pratique n° 21

› *Énoncé*

Denis Raoult, rencontre un certain nombre de difficultés depuis qu'il a récupéré la gérance de l'entreprise de fabrication d'accessoires automobiles créée par son père il y a plus de trente ans maintenant, à Lyon.

Il y a une semaine, alors qu'un de ses ouvriers était en train de procéder à la réparation d'une machine défectueuse, un accident grave est survenu. L'ouvrier, qui se trouvait à dix mètres au-dessus du sol, a malencontreusement laissé tomber sa lourde clef à mollette sur un autre collègue situé en contrebas et qui, contrairement à ce qu'exige la réglementation, ne portait pas de casque. L'ouvrier est décédé des suites de ses blessures.

M. Raoult, qui estime que, n'ayant pas lui-même laissé tomber la clef à mollette, ne peut être tenu pour responsable et qu'en tout état de cause, la responsabilité du respect des règles de sécurité ne lui incombait plus étant donné qu'il avait, le mois précédent l'accident, expressément chargé M. Liégeon, un de ses employés, de tous les aspects relatifs à la sécurité des travailleurs. Par souci de prévoyance, il avait même chargé un autre employé, M. Bréchet, en des termes similaires, de s'occuper de la sécurité, pensant que deux personnes valaient mieux qu'une en ce domaine sensible.

Michel, le frère de Denis, rencontre lui aussi quelques difficultés. Producteur d'huile d'olive dans le sud de la France, il a créé en 2000, avec Sergio (de nationalité italienne) une affaire d'import/export qui était florissante. Depuis leur première rencontre, Michel et Sergio ont noué des liens qui ont dépassé le simple cadre professionnel. Sergio a même été sollicité pour devenir le parrain du benjamin des enfants de Michel et de sa femme Francine. Cependant, des tensions importantes sont nées entre les deux amis, liées à une importante chute des chiffres de l'entreprise et à la compétition accrue entre les deux hommes qui s'en est suivie.

Pour tenter de renouer un lien de confiance qu'ils ont perdu, Michel et Francine ont invité Sergio à venir passer une semaine de l'été dernier dans leur résidence secondaire en Corse. Quelques jours après l'arrivée de ce dernier, le couple proposa une promenade à bord de leur bateau, bateau immatriculé à Bergame dans le nord de l'Italie mais stationnant dans le port de Bonifacio. Après quelques verres de rosé et moins d'une demi-heure en mer, non loin du port de départ, le ton finit par monter entre les deux hommes. Sergio et Michel étaient gravement en désaccord sur la manière dont ils devraient gérer les difficultés croissantes de l'entreprise. Francine, très en verve, se moqua de Sergio. Fou de rage face à ce type de propos que la femme de Michel avait déjà prononcés à plusieurs reprises, Sergio se leva et fit un mouvement rapide dans la direction de Francine. Michel à la fois très surpris et inquiet pour sa femme se saisit d'une bouteille de vin encore pleine et frappa son ami au visage pour interrompre sa course. Sergio perdit connaissance quelques minutes et subit une coupure importante au niveau de l'arcade sourcilière en raison des bris de verre.

Après cet incident, les esprits semblaient s'être apaisés. Sergio avait été soigné par Francine et les trois acolytes décidèrent de poursuivre leur virée en mer pour aller passer la nuit dans une petite crique à l'abri des côtes italiennes de la Sardaigne. Mais pendant la nuit, Francine se réveilla et murmura à l'oreille son mari : « Tu ne peux pas le laisser te marcher sur les pieds comme ça, il faut en finir avec lui, faisons le disparaître, personne ne sait qu'il est là avec nous, on sera débarrassés de tous ces problèmes ! ». Une heure plus tard, Michel se leva après mûre réflexion. Il entra silencieusement dans la cabine de Sergio, armé d'un couteau et lui porta plusieurs coups violents au niveau de la poitrine. Aidés par Francine, ils jetèrent le corps de Sergio par-dessus bord, espérant que les courants forts de la nuit l'emportent rapidement…

Vous qualifierez juridiquement les faits au regard du droit pénal français et envisagerez les éventuelles responsabilités, peines encourues, obstacles aux poursuites susceptibles d'être soulevés. Il vous est précisé que, sauf mention contraire, tous les protagonistes sont majeurs et de nationalité française.

› *Correction*

Nous distinguerons les faits commis dans l'entreprise de Denis (I) et les faits qui se sont déroulés sur le bateau (II).

I/ Les faits commis dans l'entreprise de Denis

Nous envisagerons successivement la responsabilité pénale de l'ouvrier (A), celle de Denis (B), l'efficacité de la délégation de pouvoirs octroyée par celui-ci (C) et la responsabilité de l'entreprise personne morale (D).

A – La responsabilité pénale de l'ouvrier

Dans la mesure où il n'était pas animé de l'intention de tuer, l'ouvrier qui procédait à la réparation et qui a laissé tomber la clef à l'origine du décès peut être poursuivi pour homicide involontaire.

En vertu de l'article 221-6, al. 1er, C. pén. : « Le fait de causer, dans les conditions et selon les distinctions prévues à l'article 121-3, par maladresse, imprudence, inattention, négligence ou manquement à une obligation de sécurité ou de prudence imposée par la loi ou le règlement, la mort d'autrui constitue un homicide involontaire puni de trois ans d'emprisonnement et de 45 000 € d'amende ».

La loi du 10 juillet 2000 (dite « loi Fauchon ») a créé, à l'encontre des personnes physiques (mais non des personnes morales), un mécanisme original d'engagement de la responsabilité pénale en matière d'infractions non-intentionnelles précisé par l'article 121-3, C. pén. Ainsi, pour engager la responsabilité pénale d'une personne physique pour une infraction non intentionnelle, il est nécessaire de caractériser une gravité de la faute inversement proportionnelle à la proximité de ses conséquences dommageables.

Il convient de vérifier en l'espèce, d'abord la certitude du lien de causalité, ensuite la nature de celui-ci, enfin la gravité de la faute requise pour pouvoir engager la responsabilité de l'ouvrier :

– La certitude du lien de causalité : elle ne pose aucun problème particulier en l'espèce, la chute de la clef est bien la condition *sine qua non* du dommage subi.

– La nature du lien de causalité : l'ouvrier est l'auteur matériel du geste à l'origine du décès. Il est le paramètre déterminant dans la survenance du dommage. La jurisprudence retient en effet une interprétation pragmatique de la causalité directe pour reconnaître la qualité d'auteur direct à celui qui a été un paramètre déterminant dans la survenance du dommage.

En l'espèce, la causalité est indiscutablement directe, l'ouvrier a effectivement laissé tomber la clef à molette, ce qui a directement causé la mort.

– La gravité de la faute requise : parce que la causalité est directe, une faute simple suffit à engager la responsabilité pénale de l'ouvrier. Cette faute simple peut consister en « une maladresse, une imprudence, une négligence » précise l'article 221-6, al. 1er, C. pén.

En l'espèce, l'ouvrier a effectivement commis une maladresse en laissant tomber la clef à mollette.

L'ouvrier encourt par conséquent une peine de trois ans d'emprisonnement et de 45 000 € d'amende.

Peut-on retenir la circonstance aggravante de commission d'une faute délibérée ? Il n'est pas évident de s'assurer que toutes les conditions de cette faute sont remplies en l'espèce… On ne sait notamment pas si l'obligation de port du casque est imposée par la loi ou le règlement même si elle semble particulière; surtout, la violation n'est pas imputable à l'ouvrier et ne semble pas délibérée.

B – La responsabilité pénale de Denis

Denis Raoult estime que, n'ayant pas lui-même accompli matériellement l'acte litigieux, il n'encourt aucune responsabilité pénale. En principe, en effet, en vertu de l'article 121-1, C. pén., « nul n'est pénalement responsable que de son propre fait ». Il n'en demeure pas moins que ce principe connaît un certain nombre d'aménagements, notamment à l'occasion des infractions survenues dans l'entreprise.

Ainsi, la chambre criminelle a-t-elle pu préciser que « la responsabilité pénale peut naître du fait d'autrui, dans des cas exceptionnels où certaines obligations légales imposent le devoir d'exercer une action directe sur les faits d'un subordonné » (Crim. 28 févr. 1956). Dès lors, la responsabilité du commettant ou du chef d'entreprise peut être engagée du fait d'agissements délictueux commis par ses employés, s'agissant d'entreprises ou d'activités faisant l'objet d'une réglementation particulière.

Cette « responsabilité du fait d'autrui » ne peut naître que si deux conditions sont remplies : d'une part, si une infraction non intentionnelle a été commise par autrui, et, d'autre part, si le chef d'entreprise s'est rendu coupable d'une faute qualifiée car, conformément au mécanisme mis en place par la loi du 10 juillet 2000, il est auteur indirect.

– S'agissant de la première, l'ouvrier qui procédait à la réparation a, on l'a vu, commis une faute non-intentionnelle en laissant tomber la clef à mollette. Il apparaît ainsi que l'ouvrier a commis le délit d'homicide involontaire, prévu et réprimé à l'article 221-6, C. pén. La première condition semble ainsi satisfaite.

– S'agissant de la seconde condition, elle nécessite que le chef d'entreprise ait commis une faute qualifiée qui peut être soit une faute de mise en danger, soit une faute caractérisée. Certes, la jurisprudence a pu admettre par le passé que la faute du chef d'entreprise n'a pas à être démontrée par le ministère public en considérant qu'elle procède de la simple absence de respect des prescriptions légales ou réglementaires par l'employé. Toutefois, depuis l'entrée en vigueur de la loi du 10 juillet 2000, la faute qualifiée doit être démontrée :

- quant à la faute de mise en danger, elle semble devoir être exclue. Certes, Denis a été négligent dans sa gestion de la sécurité de ses salariés en octroyant une co-délégation. Mais on ne sait pas en l'espèce si la réglementation méconnue concernant le port du casque constitue une obligation légale ou réglementaire, même si elle semble être particulière. En toutes hypothèses, il sera difficile d'établir le caractère manifestement délibéré de la violation de l'obligation, Denis ayant délégué ses pouvoirs justement pour que les règles de sécurité soient respectées ;
- quant à la faute caractérisée : en l'espèce il est indiscutable que les règles les plus élémentaires de sécurité n'ont pas été observées, l'énoncé signalant que l'ouvrier victime ne portait pas de casque. Toutefois, il est nécessaire que la faute de Denis ait exposé autrui à un risque d'une particulière gravité qu'il ne pouvait ignorer. Or, sur cette question, le doute est permis. Denis a-t-il exposé ses salariés à un risque d'une particulière gravité ? Pouvait-il ignorer le risque qu'il faisait encourir en octroyant une co-délégation ? *A priori*, l'on serait tenté d'exclure la faute caractérisée précisément parce qu'il souhaitait protéger ses salariés en octroyant une délégation : il ne pouvait pas savoir que c'est la mesure de prévention du risque qui, précisément, a fait naître celui-ci… Mais à l'inverse, la jurisprudence admet qu'une

succession de fautes simples puisse constituer la faute caractérisée et tend à présumer la connaissance du risque de la qualité de professionnel de l'auteur de la faute...

Il semble ainsi que Denis pourrait voir sa responsabilité engagée. Sous réserve de l'absence de faute délibérée (qui semble devoir être exclue), Denis encourrait 3 ans d'emprisonnement et 45 000 € d'amende (art. 221-6, C. pén.).

C – La question de l'exonération de Denis par l'octroi de délégations de pouvoirs

Denis pourrait s'exonérer de sa responsabilité en démontrant qu'il avait délégué ses pouvoirs (Crim. 11 mars 1993 : sauf disposition légale contraire, le chef d'entreprise peut s'exonérer de sa responsabilité pénale s'il rapporte la preuve qu'il avait délégué ses pouvoirs à une personne pourvue de la compétence, de l'autorité et des moyens nécessaires, à condition toutefois que ce chef d'entreprise n'ait pas personnellement pris part à la réalisation de l'infraction).

Il est constant que cette délégation doit notamment être nécessaire, non équivoque, antérieure à l'infraction et circonscrite à un domaine précis.

En l'espèce, aucune de ces conditions ne semble poser de difficultés. Cependant, la délégation en matière de sécurité avait été faite à deux personnes. Or, de jurisprudence constante, le chef d'entreprise ne peut déléguer ses pouvoirs à plusieurs personnes pour l'exécution d'un même travail, un tel cumul étant de nature à restreindre l'autorité et à entraver les initiatives de chacun des prétendus délégataires (ex. : Crim. 23 nov. 2004, préc.).

En l'espèce, la délégation consentie n'est pas valable et Denis ne pourra s'exonérer de sa responsabilité pénale.

D – La responsabilité de l'entreprise, personne morale

Il convient de rappeler les conditions de la RPPM posées par l'article 121-2, C. pén. : qu'une infraction ait été commise pour le compte de la PM par un organe ou un représentant.

En l'espèce, Denis est gérant de l'entreprise : il est donc un organe.

L'infraction a par ailleurs été commise pour le compte de la PM, l'acte ayant eu pour objet d'assurer l'organisation, le fonctionnement ou les objectifs du groupement, et ce même si la PM n'y a trouvé aucun intérêt.

L'entreprise encourt ainsi à titre principal 225 000 € d'amende (45 000 fois 5; art. 131-38, al. 1er et 221-6 du C. pén.).

Il convient de préciser que la responsabilité pénale de la personne morale n'est pas exclusive de la responsabilité de la personne physique (principe du cumul des responsabilités PM et PP : al. 3, art. 121-2, C. pén.).

II/ Les faits commis sur le bateau

Des incidents se sont déroulés sur le bateau qui voyageait entre la France et l'Italie. Divers agissements peuvent être reprochés aux deux protagonistes principaux. Il conviendra donc d'envisager les agissements de Michel d'abord (A) et les agissements de Francine ensuite (B).

A – Les faits commis par Michel

Il y a deux temps à considérer dans les agissements de Michel. Celui du déjeuner, moment où il frappe son ami au visage avec une bouteille de vin (1). Celui de la nuit, où il lui porte des coups de couteau pour le tuer et fait disparaître son corps (2).

1. Le coup de bouteille

Il faut d'abord s'interroger sur la qualification que peut revêtir l'acte violent (a), envisager ensuite l'état de légitime défense (b) et enfin déterminer si la loi française s'applique (c).

a. La qualification de l'acte violent

Le coup porté au visage de Sergio est manifestement volontaire, quel que soit le résultat qui en était attendu. La qualification pénale pouvant être ici envisagée est donc celle de violences volontaires prévue aux articles 222-7 et s. Ces infractions de violences sont des infractions de résultat en ce que la qualification de l'infraction et la sanction encourue dépendent du résultat effectivement provoqué sur l'intégrité de la personne.

Les violences volontaires sont donc constituées d'un élément matériel – un acte de violence et un résultat attentatoire à l'intégrité de la personne – et un élément moral impliquant la volonté de commettre l'acte violent mais aussi celle d'atteindre l'intégrité de la victime.

En l'espèce, s'agissant de la matérialité de l'infraction, Michel a porté un coup au visage de son ami, il a donc commis un acte violent. Et cet acte a porté atteinte à son intégrité puisqu'il en a découlé une perte de connaissance et une coupure importante au niveau de l'arcade sourcilière. S'agissant de l'élément moral de l'infraction, il ne fait pas de doute que le coup porté l'était volontairement car il était précisément destiné à interrompre le mouvement de Sergio. Il importe peu que le résultat voulu par Michel par son intervention ait été dépassé : l'état d'esprit de Michel caractérise l'élément moral des violences.

Dans la mesure où le fondement légal de la répression dépend du résultat dommageable effectivement constaté, il semble ici possible de considérer que le préjudice est peu important et l'hypothèse de l'ITT de 8 jours semble cohérente.

Selon l'article 222-11, C. pén. « Les violences ayant entraîné une incapacité totale de travail pendant plus de huit jours sont punies de trois ans d'emprisonnement et de 45 000 € d'amende ».

En outre, l'infraction a été commise avec au moins une circonstance aggravante. Selon l'article 222-13, C. pén. : « L'infraction définie à l'article 222-11 est punie de cinq ans d'emprisonnement et de 75 000 € d'amende lorsqu'elle est commise : [...] 10° Avec usage ou menace d'une arme; [...] 14° Par une personne agissant en état d'ivresse manifeste ou sous l'emprise manifeste de produits stupéfiants ».

Cette aggravation permet d'ailleurs d'affirmer que même s'il n'était résulté aucune ITT de ces violences, la qualification resterait délictuelle en raison de ces circonstances aggravantes (art. 222-13, C. pén. *in fine*).

En l'espèce, il est indiqué que les trois amis ont consommé « quelques verres de rosé ». Il est donc incertain que Michel ait été au moment des faits en état d'ivresse manifeste. La quantité d'alcool consommée semble insuffisante à caractériser un tel état.

Cependant, il a bien fait l'usage d'une arme. En effet, il est de jurisprudence constante que « constituent des armes au sens (de cette disposition), non seulement les armes par nature, mais encore les armes par l'usage qu'on en fait » (Crim. 14 mars 1989, *Bull. crim.* n° 126). Il n'est donc pas indispensable que l'arme soit un couteau ou une arme à feu pour être considérée comme telle. En l'espèce, il utilise une bouteille, elle sera considérée comme une arme par destination. La jurisprudence a ainsi reconnu cette qualité à un trousseau de clé (Pau, 12 oct. 1994), à un tabouret de bar (Crim. 23 oct. 1996, *Bull. crim.* n° 370) ou encore à un verre (Crim. 7 mai 1996, *Bull. crim.* n° 191).

L'infraction de violences volontaires aggravées par l'usage d'une arme apparaît donc constituée. Michel, sur un tel fondement pourrait encourir cinq ans d'emprisonnement et 75 000 € d'amende.

b. La question de l'état de légitime défense

Un premier élément pourrait faire obstacle à la répression de cette infraction. En effet, Michel a agi pour défendre sa femme et empêcher Sergio de porter atteinte à son intégrité. Ses agissements auraient-ils pu être justifiés par la légitime défense d'autrui ?

Selon l'article 122-5, al. 1er, C. pén. : « N'est pas pénalement responsable la personne qui, devant une atteinte injustifiée envers elle-même ou autrui, accomplit, dans le même temps, un acte commandé par la nécessité de la légitime défense d'elle-même ou d'autrui, sauf s'il y a disproportion entre les moyens de défense employés et la gravité de l'atteinte ».

Pour que puisse être appliquée cette disposition, plusieurs conditions doivent être réunies. L'acte de riposte ne pourra être justifié que s'il intervient dans le même temps que l'agression. L'acte doit donc être nécessaire mais également proportionné.

– *Actualité de l'atteinte et immédiateté de la riposte* : selon la jurisprudence, la légitime défense n'est autorisée que pour repousser un mal présent, car c'est alors seulement qu'elle devient nécessaire. (Crim. 27 juin 1927, *S.* 1929. 1. 356). L'état de légitime défense suppose la nécessité actuelle de la défense de soi-même ou d'autrui. (Crim. 21 déc. 1954, *Bull. crim.* n° 423).

En l'espèce, Michel a répondu à un mal présent, sur le point de se réaliser, car Sergio allait se jeter sur sa femme. Sa réponse a d'ailleurs été immédiate puisqu'il a interrompu la course de son associé par le coup de bouteille.

– *Proportionnalité de la riposte* : la condition de proportionnalité pourrait sans doute poser plus de question dans la mesure où il existe une incertitude sur ce que comptait faire précisément Sergio. Interrompu avant d'atteindre Francine, il ne lui a donc pas porté de coup mais c'était sans doute ce qu'il avait envisagé. Selon une jurisprudence constante il appartient aux juges du fond d'apprécier si la défense est, ou non, en disproportion avec l'attaque et se trouve justifiée par un péril actuel commandant la nécessité des coups portés ou des blessures faites (Crim. 4 août 1949, *Bull. crim.* nº 274). A ainsi été considéré en état de légitime défense le prévenu qui, pour dégager son père d'un groupe hostile, s'est emparé d'une bouteille qu'il a lancée en direction de ce groupe, atteignant l'un de ses membres à la tête (Crim. 10 juin 1998, *Gaz. Pal.* 1998. 2, chron. crim. 180).

En l'espèce, il pouvait donc être considéré que Michel a agi dans cette hypothèse en état de légitime défense, l'exonérant ainsi de toute responsabilité.

c. L'application de la loi pénale française

Les faits ont été commis sur un bateau italien mais dans les eaux territoriales françaises. C'est ce que semble indiquer l'expression « non loin du port de départ ». Selon le principe de territorialité prévu à l'article 113-2, C. pén. « la loi pénale française est applicable aux infractions commises sur le territoire de la République ». Il est d'ailleurs précisé à la disposition précédente que « pour l'application du présent chapitre, le territoire de la République inclut les espaces maritime et aérien qui lui sont liés » (art. 113-1, C. pén.).

En l'espèce, les faits de violences ont lieu en mer, mais non loin du port ce qui signifie que le bateau est toujours dans l'espace maritime français. En application du principe de territorialité, les actes infractionnels commis sur le territoire de la République, y compris dans les eaux territoriales, relèvent de la compétence de la loi pénale française. La loi française peut donc s'appliquer à ces faits.

2. La mort de Sergio

Pendant la nuit qu'ils passent dans une crique de Sardaigne, Michel décide de tuer son associé Sergio et se débarrasse de son corps. Il faut déterminer, d'une part, la qualification applicable (a), d'autre part, l'application de la loi française (b).

a. La qualification de l'acte de mise à mort

Après y avoir été incité par sa femme, Michel se décide dans la nuit à tuer son associé Sergio à coups de couteau. Après une heure de réflexion, il se décide et porte à la victime plusieurs coups au niveau de la poitrine. Ensuite, il se débarrasse du corps en mer.

Selon l'article 221-1, C. pén. : « Le fait de donner volontairement la mort à autrui constitue un meurtre. Il est puni de trente ans de réclusion criminelle ». Il est précisé à l'article 221-3, C. pén. que : « Le meurtre commis avec préméditation ou guet-apens constitue un assassinat. Il est puni de la réclusion criminelle à perpétuité ».

L'assassinat est donc un homicide volontaire aggravé. L'élément matériel de l'homicide volontaire est un résultat (la mort) mais aussi un acte qui doit avoir provoqué ce résultat. En l'espèce, la mort de la victime n'est pas discutée. Mais le meurtre exige aussi un acte homicide, il est l'acte ou les actes ayant entraîné la mort. Le juge devra rechercher le lien de causalité entre les actes reprochés à l'accusé et le décès de la victime. En l'espèce, il ne fait guère de doute que des coups de couteau portés à la poitrine entretiennent une relation causale avec le décès de Sergio. L'élément moral de l'homicide volontaire est l'*animus necandi*, c'est-à-dire la volonté de provoquer la mort de la victime. Cet élément moral est généralement déduit des circonstances de la commission de l'infraction. En effet, des coups volontairement portés en direction du cœur et des organes vitaux révèlent cette intention.

En ce sens, il est admis que l'intention homicide, dont l'appréciation appartient aux juges, peut s'induire de la circonstance que l'auteur des coups portés et des blessures faites volontairement a fait usage d'une arme dangereuse et frappé la victime sur une partie du corps particulièrement exposée (Crim. 5 févr. 1957, *Bull. crim.* n° 110).

En l'espèce l'homicide volontaire semble constitué, il serait même aggravé par la circonstance de préméditation. L'article 132-72, C. pén. prévoit que « la préméditation est le dessein formé avant l'action de commettre un crime ou un délit déterminé ». Elle implique donc une volonté réfléchie de l'agent qui précède le temps de l'action.

En l'espèce, la réflexion commune avec Francine durant la nuit témoigne sans doute d'un acte prémédité qui pourrait être sanctionné sur le fondement de l'assassinat. L'infraction d'assassinat fait encourir la réclusion à perpétuité.

b. L'application de la loi pénale dans l'espace

Ici, l'infraction aurait été commise en Italie (Sardaigne), dans un bateau italien, sur une victime italienne, par un Français. L'application du principe de territorialité n'est donc pas possible, il faut donc rechercher les chefs accessoires de compétence. Seule la nationalité de l'auteur semble pouvoir rattacher la commission de l'infraction à la France.

En application de l'article 113-6, al. 1er, C. pén. : « La loi pénale française est applicable à tout crime commis par un Français hors du territoire de la République ». En matière criminelle, il est à préciser que les conditions restrictives de mise en mouvement de l'action publique liées à la spécificité du principe de personnalité ne sont pas applicables.

Un assassinat commis par un Français à l'étranger justifierait ainsi la compétence de la loi française sans condition.

B – Les faits commis par Francine

Nous envisagerons, d'une part, l'incitation à tuer Sergio (1), d'autre part, l'application de la loi française (2).

1. L'incitation à tuer Sergio

Francine apparaît à l'origine de la décision de Michel de tuer Sergio. Comment son rôle pourrait-il être qualifié ?

Selon l'article 121-7, C. pén. « Est complice d'un crime ou d'un délit la personne qui sciemment, par aide ou assistance, en a facilité la préparation ou la consommation (al. 1er). Est également complice la personne qui par don, promesse, menace, ordre, abus d'autorité ou de pouvoir aura provoqué à une infraction ou donné des instructions pour la commettre ». Pour que la complicité soit retenue, plusieurs éléments doivent être identifiés : un fait principal punissable et un acte de complicité.

– *Le fait principal punissable* : il est de jurisprudence constante que l'acte poursuivi au titre de la complicité doit se référer à une infraction principale, elle-même punissable

(Crim. 2 juill. 1958, *Bull. crim.* n° 513). Cependant, il n'est pas indispensable que l'auteur principal ait été lui-même poursuivi. En effet, « dès lors que les juges ont constaté l'existence d'un fait principal punissable, il n'importe que seul le complice ait été poursuivi » (Crim. 28 nov. 2006, *Bull. crim.* n° 294).

En l'espèce, il existe bien un fait principal punissable puisque l'assassinat commis par Michel semble pouvoir être qualifié. Francine pourrait être poursuivie pour complicité d'assassinat.

– *L'acte de complicité* : en l'espèce, la forme de la complicité est celle de conseils donnés par Francine à son mari, il s'agit donc d'une hypothèse de complicité par instigation visée par l'article 121-7, C. pén. qui fait référence à des « instructions ». En l'espèce, c'est bien l'incitation claire de Francine qui conduit à l'assassinat de Sergio. En affirmant « Tu ne peux pas le laisser te marcher sur les pieds comme ça, il faut en finir avec lui, faisons le disparaître, personne ne sait qu'il est là avec nous, on sera débarrassés de tous ces problèmes ! », elle donnait clairement à son mari l'instruction de tuer son associé.

L'élément matériel de l'acte de complicité est donc présent. S'agissant de l'élément moral de la complicité qui exige que cet acte soit accompli « sciemment », il n'y a guère de difficulté en matière de complicité par instruction. En disant « faisons le disparaître », Francine ne pouvait ignorer qu'elle incitait son mari à prendre une décision définitive.

Francine pourra donc être considérée comme complice d'assassinat par instruction. En application de l'article 121-6, C. pén. (« Sera puni comme auteur le complice de l'infraction, au sens de l'article 121-7 »), elle encourt la réclusion criminelle à perpétuité.

2. L'application de la loi pénale française

Ici il s'agit d'un acte de complicité commis à l'étranger par un Français d'un crime commis par un Français sur un étranger… Il faut exclure 113-5, C. pén. qui vise l'hypothèse d'un acte de complicité en France d'une infraction commise à l'étranger (« La loi pénale française est applicable à quiconque s'est rendu coupable sur le territoire de la République, comme complice, d'un crime ou d'un délit commis à l'étranger si le crime ou le délit est puni à la fois par la loi française et par la loi étrangère et s'il a été constaté par une décision définitive de la juridiction étrangère »).

C'est la jurisprudence qui a posé la solution (Crim. 19 avr. 1888 (sol. impl.) : *DP* 1888. 1. 284) : la juridiction compétente pour juger le fait principal est compétente pour juger le complice, quelle que soit sa nationalité, et quel que soit le lieu où les actes de complicité se sont accomplis.

Cas pratique n° 22

› *Énoncé*

Augustin, réside dans un petit pavillon de la banlieue de Rouen. Il est l'heureux propriétaire de plusieurs animaux de compagnie : trois chiens, deux chats, un cochon vietnamien ainsi que plusieurs variétés d'oiseaux. Bien que ces animaux n'aient jamais manifesté une agressivité particulière, Augustin garde ses oiseaux et son cochon vietnamien en cage, sans jamais perdre un œil sur ses trois chiens, qu'il attache d'ailleurs lorsqu'il n'est pas en leur compagnie. Pourtant, un incident survient. Augustin constate, en rentrant du travail, que son cochon vietnamien, dont il avait manifestement mal fermé la cage, s'est échappé de sa propriété. Il s'avère qu'il a divagué pendant plusieurs heures dans la ville avant de mordre violemment une jeune fille qui s'approchait de lui dans l'intention de jouer, causant à l'imprudente une interruption temporaire de travail de 5 mois.

Augustin s'interroge sur son sort : pouvez-vous l'éclairer ?

› *Correction*

Le cochon vietnamien a mordu une jeune fille après s'être échappé de la cage où il était maintenu. En tant que propriétaire de l'animal à l'origine des blessures, Augustin est susceptible de voir sa responsabilité pénale mise en cause. Dans la mesure où Augustin n'était pas animé de l'intention de causer des blessures à autrui par l'intermédiaire de cet animal, c'est sur la qualification de blessures par imprudence qu'il convient de raisonner.

I/ Sur la question du dommage et du texte incriminateur de référence

Le dommage est effectif et résulte ici de la morsure du cochon vietnamien. Il est par ailleurs précisé que cette morsure a entraîné pour la victime une interruption temporaire de travail de 5 mois. Il faut donc se référer aux articles 222-19 et s., C. pén., incriminant les blessures non intentionnelles lorsque celles-ci ont entraîné une ITT supérieure à trois mois.

II/ Sur la certitude du lien de causalité

Dès lors qu'elle est nécessaire à la constitution de l'élément matériel de l'infraction, la causalité doit répondre à la condition de certitude. Cette exigence s'explique par le fait qu'en matière pénale, on ne saurait condamner sur le fondement de simples probabilités ou de simples possibilités, et le doute doit toujours profiter au prévenu. Ainsi, qu'elle soit confrontée à une hypothèse de causalité directe ou à une hypothèse de causalité indirecte, la juridiction répressive ne peut entrer en voie de condamnation qu'après avoir constaté que la faute imputée au prévenu a causé avec certitude le dommage subi par la victime.

Pour que l'on puisse parler de lien de causalité certain, il faut que la faute reprochée à la personne poursuivie ait été l'une des conditions *sine qua non* du dommage. S'il n'en est pas ainsi, la relation de causalité doit normalement se trouver exclue. On relèvera que la causalité, en droit pénal, n'a pas à être exclusive et sera constatée même en cas de prédisposition de la victime et même si celle-ci a commis une faute à l'origine de la survenance du dommage.

En l'espèce, cette condition ne soulève pas de difficulté : quelle que soit la gravité de la faute que l'on puisse reprocher à Augustin, celle-ci est bien la condition *sine qua non* du dommage subit par la jeune fille.

III/ Sur la détermination du lien de causalité et, conséquemment, sur la gravité de la faute requise

C'est l'article 121-3, C. pén. qui établit le schéma de la répression des infractions non intentionnelles. Une distinction est ainsi faite entre le lien de causalité direct, où une faute simple suffit pour engager la responsabilité pénale de l'agent (art. 121-3, al. 3), et le lien de causalité indirect, où une faute qualifiée (faute délibérée ou caractérisée) est alors nécessaire à l'engagement de la responsabilité pénale de l'agent (art. 121-3, al. 4).

Le lien de causalité indirect est défini par le législateur : le lien est indirect en vertu de l'alinéa 4 de l'article 121-3 lorsque « les personnes physiques [...] n'ont pas causé directement le dommage, mais [...] ont créé ou contribué à créer la situation qui a permis la réalisation du dommage ou [...] n'ont pas pris les mesures permettant de l'éviter ».

Le lien de causalité direct ne reçoit en revanche pas de définition législative : une circulaire du 11 octobre 2000 établit d'une manière quelque peu restrictive qu'« il n'y aura causalité directe que lorsque la personne en cause aura elle-même frappé ou heurté la victime, soit aura initié ou contrôlé le mouvement d'un objet qui aura heurté ou frappé la victime ». Plus juste est la position doctrinale selon laquelle il y aura lien de causalité direct « chaque fois que l'imprudence ou la négligence reprochée est soit la cause unique, exclusive, soit la cause immédiate ou déterminante de l'atteinte à l'intégrité de la personne ». (D. Commaret, « La loi du 10 juillet 2000 et sa mise en œuvre par la chambre criminelle de la Cour de cassation », *in Gaz. Pal.*, 12-13 avr. 2002, p. 4.).

La tendance actuelle est à « l'envahissement de la causalité directe », les tribunaux répressifs retenant assez facilement cette causalité directe, notamment à la lumière de la notion de paramètre déterminant dont la chambre criminelle a fait application dès l'arrêt du 25 septembre 2001 (préc.), où un conducteur en excès de vitesse avait heurté un sanglier traversant la chaussée et, à la suite du choc avec l'animal, percuté une autre voiture, entraînant le décès de la conductrice. La chambre criminelle avait ainsi considéré que la vitesse excessive du premier conducteur, qui l'avait empêché de maîtriser son véhicule, était un paramètre déterminant dans les causes et conséquences de l'accident, analyse conduisant les conseillers à valider le choix de la cour d'appel d'avoir ici retenu un lien de causalité direct.

Dans le domaine des agressions provoquées par un chien, situations relativement proche de l'espèce, la chambre criminelle fait preuve similairement d'une assez grande sévérité. Dans un arrêt du 21 janvier 2014 (préc.), la chambre criminelle considère que la faute du propriétaire consistant à ne pas veiller sur ses chiens ne peut être qu'en rapport direct avec les dommages causés par leurs morsures.

La doctrine a néanmoins émis un certain nombre de critiques à l'égard de l'approche choisie par la chambre criminelle, tant il est vrai que les situations décrites semblent davantage correspondre à l'hypothèse où une personne a « créé ou contribué à créer la situation qui a permis la réalisation du dommage » ou n'a « pas pris les mesures permettant de l'éviter », situations relevant d'une causalité indirecte.

Il est donc ici possible d'hésiter sur la nature du lien de causalité et nous envisagerons alternativement la nature de la causalité en l'espèce, d'une part, en application de la jurisprudence extensive de la chambre criminelle (A), d'autre part, en application d'une lecture stricte de l'article 121-3, al. 4, C. pén. (B).

A – L'application de la jurisprudence extensive de la chambre criminelle aux faits de l'espèce : une causalité directe

En vertu de l'al. 3 de l'article 121-3, C. pén., une faute simple est ici de nature à permettre l'engagement de la responsabilité pénale d'Augustin pour blessures non intentionnelles. Plus précisément, il peut s'agir d'une maladresse, d'une imprudence, d'une inattention, d'une négligence ou encore d'un manquement à une obligation de prudence ou de sécurité imposée par la loi ou le règlement.

En l'espèce, il est établi qu'Augustin, propriétaire du cochon vietnamien, « avait manifestement mal fermé la cage » de ce dernier. Il y a donc là clairement une légèreté, une étourderie, un manque de vigilance au moins assimilable à une inattention, constitutive d'une faute simple.

En revanche, il ne semble pas que soit envisageable une violation manifestement délibérée d'une obligation particulière de prudence ou de sécurité imposée par la loi ou le règlement. Aucune aggravation de la répression ne peut donc intervenir sur ce fondement.

Il faut donc conclure à l'applicabilité de l'article 222-19, al. 1er, aux termes duquel « le fait de causer à autrui, dans les conditions et selon les distinctions prévues à l'article 121-3, par maladresse, imprudence, inattention, négligence ou manquement à une obligation de prudence ou de sécurité imposée par la loi ou le règlement, une incapacité totale de travail pendant plus de trois mois est puni de deux ans d'emprisonnement et de 30 000 € d'amende ».

B – L'application d'une lecture stricte de l'article 121-3, al. 4, C. pén. aux faits de l'espèce : une causalité indirecte

En vertu de l'al. 4 de l'article 121-3, C. pén., la responsabilité d'Augustin ne peut être mise en cause que dans l'hypothèse où il aurait violé de façon manifestement délibérée une obligation particulière de prudence ou de sécurité prévue par la loi ou le règlement, ou encore commis une faute caractérisée et qui exposait autrui à un risque d'une particulière gravité qu'il ne pouvait ignorer.

En l'espèce, si nulle obligation de prudence ou de sécurité prévue par la loi ou le règlement ne semble pouvoir être recensée, il est possible de s'interroger sur l'existence d'une éventuelle faute caractérisée. La faute caractérisée est définie par l'article 121-3, al. 4, C. pén. Cette faute ne nécessite pas la violation d'une obligation légale ou réglementaire et peut résulter de la violation d'une règle de simple bon sens. Trois éléments cumulatifs sont requis par la jurisprudence pour démontrer la faute caractérisée : la faute doit revêtir un certain degré de gravité, gravité qui peut être déduite d'une succession de fautes simples ; la faute doit avoir exposé autrui à un risque d'une particulière gravité et il faut donc démontrer qu'il existait objectivement de fortes probabilités qu'une personne fût exposée à un risque de mort ou de blessures graves, l'auteur du dommage ne pouvait ignorer le risque auquel son comportement exposait autrui. Elle impose de démontrer que le prévenu, au regard du contexte, aurait dû connaître l'existence du risque. La connaissance du risque par l'auteur ne fera guère de doute lorsque la faute résultera de la violation d'une obligation légale ou réglementaire. En dehors de cette hypothèse, la jurisprudence s'appuie sur la qualité de professionnel de l'auteur pour caractériser une telle faute (Crim. 5 oct. 2004, préc. qui parvient à la même conclusion à l'encontre d'un loueur professionnel de scooters de mer qui avait loué l'un de ses scooters à un client qu'il savait dépourvu du permis imposé par la réglementation).

En l'espèce, Augustin n'est à l'origine que d'une unique défaillance, au regard d'une obligation qui ne semble pas essentielle et il n'est guère envisageable de soutenir que cette défaillance exposait autrui à un risque d'une particulière gravité qu'Augustin pouvait envisager, même si, là encore, il est clair que les éléments peuvent être discutés et cette appréciation contestée.

Dans cette optique, il faudrait probablement conclure à l'absence de responsabilité pénale d'Augustin.

IV/ Question commune : la question de l'aggravation de la répression à raison de l'origine du dommage

Dans certaines hypothèses, la répression des infractions non intentionnelles est aggravée à raison de l'origine particulière du dommage : il en est ainsi lorsque le dommage a été causé par un véhicule terrestre à moteur mais également, depuis la loi du 20 juin 2008, lorsque l'homicide ou les blessures par imprudence ont été commis par l'intermédiaire d'un chien.

Au regard du cas soumis, il est possible de faire observer que l'article 222-19-2 envisage une aggravation de la répression des blessures non intentionnelles ayant entraîné une ITT supérieure à trois mois lorsqu'elles trouvent leur source dans une agression canine, le texte prévoyant que « le propriétaire ou celui qui détient le chien au moment des faits est puni de trois ans d'emprisonnement et de 45 000 € d'amende ».

Toutefois, ces textes envisagent le cas d'une agression par un chien, alors que l'énoncé fait mention d'un cochon vietnamien. Il faut se souvenir que la loi pénale est d'interprétation stricte (art. 111-4, C. pén.) et que le droit français prohibe notamment le raisonnement par analogie. Si l'on peut songer de prime abord que ce qui vaut pour un chien vaut également pour un cochon vietnamien – dont l'agression est potentiellement tout autant dommageable, rien dans le texte n'autorise une telle extension au regard du principe décrit.

Cas pratique n° 23

› *Énoncé*

Dominique est pilote de moto professionnel. Lors d'une course officielle dans un circuit pourtant fermé, alors qu'il roulait à très vive allure, il a raté un virage, enfoncé les barrières de sécurité qui protégeaient le public et provoqué la mort de plusieurs personnes qui assistaient à la course en les percutant de plein fouet. Il est vrai que le terrain était mouillé et qu'il y avait dans ce virage une série de bosses d'ailleurs présentées par les organisateurs comme la difficulté majeure de l'épreuve.

Quelque temps plus tard, un soir où Dominique faisait la fête avec des amis dans une discothèque, Bertrand, un ami qui souhaitait aller faire un tour en moto, lui a demandé les clés de sa bécane. Dans un premier temps, constatant que Bertrand est très fortement sous l'emprise du cannabis, Dominique refuse. Puis, sur l'insistance de son ami, il accepte finalement de lui remettre les clés. Malheureusement, Bertrand, perd le contrôle de la moto et vient percuter un arbre, se tuant sur le coup.

› *Correction*

Nous distinguerons les faits commis lors de la course (I) et les faits commis à la sortie de la discothèque (II).

I/ Les faits commis lors de la course

Dominique n'ayant pas eu l'intention de causer la mort des spectateurs ni de leur causer des blessures, c'est sur le terrain de l'homicide involontaire qu'il convient de raisonner. Aux termes de l'article 221-6, C. pén. « le fait de causer, dans les conditions et selon les distinctions prévues à l'article 121-3, par maladresse, imprudence, inattention, négligence ou manquement à une obligation de prudence ou de sécurité imposée par la loi ou le règlement, la mort d'autrui constitue un homicide involontaire puni de trois ans d'emprisonnement et de 45 000 € d'amende ». Toutefois, l'article 221-6-1, C. pén. prévoit une incrimination spécifique lorsque l'homicide a été commis par un véhicule terrestre à moteur. Or, une moto constitue un tel véhicule. Aussi faut-il appliquer cette disposition.

Au préalable, il convient de relever que le lien de causalité entre le comportement de Dominique et la mort des spectateurs est certain.

Une distinction étant faite par l'article 121-3, C. pén. suivant la nature du lien de causalité entre le comportement et le dommage, il convient de déterminer celle-ci : le conducteur ayant directement percuté les victimes et été en contact physique avec elles, il ne fait aucun doute que le lien de causalité est, en l'espèce, direct.

Dès lors, une faute simple suffit à engager la responsabilité pénale du conducteur, puisqu'aux termes de l'article 121-3, al. 3, C. pén. : « il y a [...] délit, lorsque la loi le prévoit, en cas de faute d'imprudence, de négligence ou de manquement à une obligation de prudence ou de sécurité prévue par la loi ou le règlement, s'il est établi que l'auteur des faits n'a pas accompli les diligences normales compte tenu, le cas échéant, de la nature de ses missions ou de ses fonctions, de ses compétences ainsi que du pouvoir et des moyens dont il disposait ».

En l'espèce, la vitesse excessive du conducteur ne saurait en tant que telle constituer une faute s'agissant d'une course de vitesse professionnelle en circuit fermé. Toutefois, les participants étaient pleinement informés du fait que le terrain était mouillé et accidenté : sur ce dernier point, il est même précisé que la « série de bosses » ayant provoqué l'accident avait été « présentée(s) par les organisateurs comme la difficulté majeure de l'épreuve ». Dans ces conditions, il appartenait à ceux-ci d'être vigilants dans la négociation de ce virage, de faire preuve d'une certaine prudence.

C'est en ce sens que s'est prononcé un arrêt rendu par la chambre criminelle le 8 mars 2005 (nº 04-83.341). Dans ces conditions, il semble que Dominique s'est rendu coupable d'une faute d'imprudence en négligeant de prendre en compte les paramètres susmentionnés. Il encourt, en application de l'article 221-6-1, C. pén. cinq ans d'emprisonnement et 100 000 € d'amende.

II/ Les faits commis à la sortie de la discothèque

Là encore, dans la mesure où le comportement de Dominique a entraîné la mort de Bertrand sans que puisse être relevée une intention homicide, le raisonnement doit d'abord être placé sur le terrain de l'article 221-6, C. pén. Il convient d'exclure l'application de l'article 221-6-1, C. pén. qui s'applique « lorsque la maladresse, l'imprudence, l'inattention, la négligence ou le manquement à une obligation législative ou réglementaire de prudence ou de sécurité prévu par l'article 221-6 est commis par le conducteur d'un véhicule terrestre à moteur ». En effet, si Bertrand a conduit la moto de Dominique, ce dernier n'était pas conducteur de celle-ci au moment de l'accident.

Au préalable, on relèvera que le lien de causalité entre le comportement de Dominique et la mort de Bertrand est certain, même si Bertrand a certainement commis une faute en prenant la route alors qu'il était sous l'emprise de stupéfiants. En effet, pour que l'on puisse parler de lien de causalité certain, il faut que la faute reprochée à la personne poursuivie ait été l'une des conditions *sine qua non* du dommage. La causalité, en droit pénal, n'a en principe pas à être exclusive : la faute de la victime ou une prédisposition de celle-ci n'exclut pas que la faute commise par l'agent puisse être certainement causale (par exemple Crim. 30 janv. 2007, préc.). Ainsi, en matière de violences intentionnelles, les juges répressifs n'exigent pas que la faute du prévenu ait été la cause exclusive du dommage (*cf.* par exemple Crim. 30 mai 1972, *Bull. crim.* n° 179).

Une distinction étant faite par l'article 121-3, C. pén. suivant la nature du lien de causalité entre le comportement et le dommage, il convient de déterminer celle-ci. En l'espèce, en remettant les clés de son véhicule à Bertrand, Dominique n'a pas directement causé la mort de ce dernier. Toutefois, en permettant ainsi à Bertrand de conduire, il a indéniablement « créé ou contribué à créer la situation qui a permis la réalisation du dommage » : son comportement est donc la cause indirecte du dommage subi par Bertrand.

Il convient alors de faire application de l'article 121-3, al. 4, C. pén. celui-ci prévoyant que : « les personnes physiques qui n'ont pas causé directement le dommage, mais qui ont créé ou contribué à créer la situation qui a permis la réalisation du dommage ou qui n'ont pas pris les mesures permettant de l'éviter, sont responsables pénalement s'il est établi qu'elles ont, soit violé de façon manifestement délibérée une obligation particulière de prudence ou de sécurité prévue par la loi ou le règlement, soit commis une faute caractérisée et qui exposait autrui à un risque d'une particulière gravité qu'elles ne pouvaient ignorer ».

Ce texte exige la preuve d'une faute qualifiée, soit qu'il s'agisse d'une faute délibérée, soit qu'il s'agisse d'une faute caractérisée, la faute simple étant insuffisante pour fonder la responsabilité d'une personne physique dans cette hypothèse :
– concernant la violation manifestement délibérée d'une obligation particulière de prudence ou de sécurité prévue par la loi ou le règlement : étant donné le contexte, rien ne permet d'établir que Dominique a contrevenu à un impératif légal ou réglementaire de prudence ou de sécurité particulier ;
– concernant la faute caractérisée : une telle qualification paraît ici plus appropriée, dans la mesure où étant informé du fait que le discernement de Bertrand était fortement altéré par l'absorption de cannabis, Dominique a tout de même fait le choix de lui prêter son véhicule, en parfaite connaissance des risques inhérents à une telle initiative. C'est en ce sens que s'est prononcée la Cour de cassation dans un arrêt du 14 décembre 2010 (n° 10-81.189), même si dans cette affaire le conducteur n'était pas titulaire du permis de conduire en plus d'être sous l'emprise de l'alcool.

Conformément à l'article 221-6, C. pén., Dominique encourt trois ans d'emprisonnement.

Conclusion : les infractions commises par Dominique l'ont été en concours réel (art. 132-2, C. pén.). Conformément à l'article 132-3, C. pén., si Dominique fait l'objet d'une poursuite unique, il encourra cinq ans d'emprisonnement et 100 000 € d'amende.

Cas pratique n° 24

› Énoncé

Pierre est gérant d'une petite entreprise, la SARL *Bigboxon*, spécialisée dans la confection de boîtes en plastique destinées à différents groupes industriels. L'usine de boîtes est à Mulhouse et Pierre surveille de près les commandes car, avec la crise, le chiffre d'affaires de l'entreprise a considérablement baissé au cours des 15 derniers mois. Les problèmes de trésorerie sont tels que Pierre a dû faire des économies sur la sécurité. C'est ainsi que, contrevenant à la réglementation applicable à son activité, Pierre s'est abstenu de renouveler les casques, les chaussures et les gants avec lesquels travaillent les employés de son usine.

Et l'accident ne tarde pas à survenir à cause d'Antoine, un ouvrier noceur qui aime faire la fête jusqu'à l'aube et arrive souvent dans un état de fatigue chronique sur son lieu de travail. Le 2 mars dernier, alors qu'il manipule une cuve remplie d'un produit chimique corrosif destiné au nettoyage des outils de travail, Antoine renverse par inadvertance celle-ci sur le sol. Par malheur, un autre ouvrier, Franck, travaillant juste à côté d'Antoine au moment de l'incident, en subi les conséquences : le produit corrosif se déverse sur les pieds de Franck qui, faute de protection adéquate, est brûlé au deuxième degré. Il bénéficie d'une interruption temporaire de travail de quatre mois.

Quid juris ?

› Correction

Nous envisagerons successivement la responsabilité d'Antoine (I), celle de Pierre (II) et celle de la SARL (III).

I/ La responsabilité d'Antoine pour blessures involontaires

Antoine n'était pas animé de l'intention de causer des blessures à Franck, même si le dommage subi par ce dernier est le résultat d'un accident dans la genèse duquel le comportement d'Antoine joue un rôle majeur. C'est donc sur la qualification de blessures par imprudence qu'il convient de raisonner.

A – La question du dommage et du texte incriminateur de référence

Le dommage est effectif et résulte ici du déversement d'une cuve de produit chimique corrosif. Il est par ailleurs précisé que cet accident a entraîné pour la victime une interruption temporaire de travail de quatre mois. Il faut donc se référer aux articles 222-19 et suivants du Code pénal, incriminant les blessures non intentionnelles lorsque celles-ci ont entraîné une ITT supérieure à trois mois.

B – La certitude du lien de causalité

Elle ne pose pas de problème en l'espèce.

C – Le lien de causalité et la détermination de la faute

Pour rappel, c'est l'article 121-3, C. pén. qui établit le schéma de la répression des infractions non intentionnelles. Une distinction est ainsi faite entre le lien de causalité direct, où une faute simple suffit pour engager la responsabilité pénale de l'agent (art. 121-3, al. 3), et le lien de causalité indirect, où une faute qualifiée (faute délibérée ou caractérisée) est alors nécessaire à l'engagement de la responsabilité pénale de l'agent (al. 4 du même article).

Le lien de causalité indirect est défini par le législateur : le lien est indirect en vertu de l'al. 4 de l'article 121-3 lorsque « les personnes physiques [...] n'ont pas causé directement le dommage, mais [...] ont créé ou contribué à créer la situation qui a permis la réalisation du dommage ou [...] n'ont pas pris les mesures permettant de l'éviter ».

Le lien de causalité direct ne reçoit en revanche pas de définition législative : une circulaire du 11 octobre 2000 (Crim-00-9/F1, BOMJ, n° 80, p. 81) établit d'une manière quelque peu restrictive qu'« il n'y aura causalité directe que lorsque la personne en cause aura elle-même frappé ou heurté la victime, soit aura initié ou contrôlé le mouvement d'un objet qui aura heurté ou frappé la victime ». Plus juste est la position doctrinale selon laquelle il y aura lien de causalité direct « chaque fois que l'imprudence ou la négligence reprochée est soit la cause unique, exclusive, soit la cause immédiate ou déterminante de l'atteinte à l'intégrité de la personne ». (D. Commaret, « La loi du 10 juillet 2000 et sa mise en œuvre par la chambre criminelle de la Cour de cassation », *in Gaz. Pal.*, 12-13 avr. 2002, p. 4).

La tendance actuelle est à « l'envahissement de la causalité directe », les tribunaux répressifs retenant assez facilement cette causalité directe, notamment à la lumière de la notion de paramètre déterminant dont elle a fait application dès l'arrêt du 25 septembre 2001 (préc.).

En l'espèce, Antoine a manipulé une cuve qui s'est déversée sur Franck : l'hypothèse est donc indéniablement très proche de la situation décrite dans laquelle l'agent a initié ou contrôlé le mouvement d'un objet qui aura heurté ou frappé la victime, mais si elle n'y correspond pas exactement car c'est le contenu de la cuve qui est entré en contact avec la victime. Cela étant, au regard du critère de la cause immédiate ou déterminante, il semble bien que le lien de causalité puisse être qualifié de direct car le geste d'Antoine est bien le paramètre décisif dans l'atteinte causée à Franck.

Sous cet éclairage, en vertu de l'al. 3 de l'article 121-3, C. pén., une faute simple est ici de nature à permettre l'engagement de sa responsabilité pénale pour blessures non intentionnelles. Plus précisément, il peut s'agir d'une maladresse, d'une imprudence, d'une inattention, d'une négligence ou encore d'un manquement à une obligation de prudence ou de sécurité imposée par la loi ou le règlement.

En l'espèce, il est établi qu'Antoine, « un ouvrier noceur qui aime faire la fête jusqu'à l'aube et arrive souvent dans un état de fatigue chronique sur son lieu de travail », a renversé par « inadvertance » la cuve dont il avait la maîtrise matérielle. Il y a donc là clairement un manque de concentration, un défaut d'attention, une défaillance de la vigilance au moins assimilable à une inattention, constitutive d'une faute simple.

Par contre, il ne semble pas que soit envisageable une violation manifestement délibérée d'une obligation particulière de prudence ou de sécurité imposée par la loi ou le règlement. Aucune aggravation de la répression ne peut donc intervenir sur ce fondement.

D – La répression

Il faut conclure à l'applicabilité de l'article 222-19, al. 1er, aux termes duquel « Le fait de causer à autrui, dans les conditions et selon les distinctions prévues à l'article 121-3, par maladresse, imprudence, inattention, négligence ou manquement à une obligation de prudence ou de sécurité imposée par la loi ou le règlement, une incapacité totale de travail pendant plus de trois mois est puni de deux ans d'emprisonnement et de 30 000 € d'amende ».

II/ La responsabilité de Pierre en tant que chef d'entreprise

En tant que chef d'entreprise, Pierre peut être pénalement inquiété à raison d'une infraction matériellement commise par son préposé dès lors qu'une faute personnelle en relation avec cette infraction peut lui être imputée. Selon un arrêt bien connu rendu par la chambre criminelle de la Cour de cassation en date du 28 février 1956 (préc.), « la responsabilité pénale peut naître du fait d'autrui, dans les cas exceptionnels où certaines obligations légales imposent le devoir d'exercer une action directe sur les faits d'un subordonné » (v. également Crim. 30 déc. 1892, *S.* 1894 1. 201). Il ne s'agit toutefois pas, à l'instar des mécanismes connus du droit civil, d'une responsabilité du fait d'autrui, mais bien d'une responsabilité fondée sur la faute personnelle du dirigeant ne dérogeant pas au principe énoncé à l'article 121-1 selon lequel « nul n'est pénalement responsable que de son propre fait ».

En l'espèce, il a été démontré qu'Antoine a commis l'infraction de blessures non intentionnelles. Pierre, quant à lui, est en charge d'une entreprise industrielle faisant l'objet d'une réglementation particulière qu'il n'a pas respecté : il est ainsi indiqué dans l'énoncé qu'il a contrevenu « à la réglementation applicable à son activité », s'étant « abstenu de renouveler les casques, les chaussures et les gants avec lesquels travaillent les employés de son usine ».

À quel titre Pierre peut-il voir sa responsabilité pénale engagée ? Sa faute ne peut être qu'en rapport indirect avec le dommage subi par Franck, dont la cause immédiate est la faute commise par Antoine : il reste possible de retenir que Pierre n'a pas pris les mesures permettant d'éviter ce dommage. En vertu de l'al. 4 de l'article 121-3, la responsabilité de Sébastien ne peut donc être mise en cause que dans l'hypothèse où il aurait violé de façon manifestement délibérée une obligation particulière de prudence ou de sécurité prévue par la loi ou le règlement, ou encore commis une faute caractérisée et qui exposait autrui à un risque d'une particulière gravité qu'il ne pouvait ignorer. Il n'est guère difficile d'établir cette faute, Pierre ayant contrevenu à une réglementation précise concernant la sécurité des travailleurs, la preuve du caractère manifestement délibéré de la violation pouvant être établie à la lumière des connaissances de Pierre.

Reste simplement à souligner que Pierre encourt alors une responsabilité aggravée, l'article 222-19, C. pén. prévoyant qu'« en cas de violation manifestement délibérée d'une obligation particulière de prudence ou de sécurité imposée par la loi ou le règlement, les peines encourues sont portées à trois ans d'emprisonnement et à 45 000 € d'amende ».

III/ La responsabilité de *Bigboxon* en tant que personne morale

Dans la mesure où l'incident survenu au préjudice de Franck est lié au fonctionnement de l'entreprise et résulte au moins pour partie d'un souci d'économie de la part de son dirigeant, la question de la responsabilité pénale de *Bigboxon* en tant que société doit être abordée.

Le Code pénal prévoit en son art. 121-2, C. pén. que « les personnes morales, à l'exclusion de l'État, sont responsables pénalement, selon les distinctions des articles 121-4 à 121-7, des infractions commises, pour leur compte, par leurs organes ou représentants ».

Bigboxon est bien, en tant que SARL, une personne morale rentrant dans le champ d'application de cette disposition. Une infraction a par ailleurs été commise par Antoine mais également par Pierre, qui en, tant que dirigeant de l'entreprise, a nécessairement la qualité d'organe ou de représentant de celle-ci. Précisions que la nature de l'infraction n'importe plus au regard de l'article 121-2 depuis que le principe de spécialité a été abandonné (disposition de la loi du 9 mars 2004 entrée en vigueur au 31 décembre 2005). L'infraction commise est ici clairement imputable à un organe (ici, Pierre, gérant), aucune difficulté d'identification ne se posant.

Reste à démontrer que l'infraction a été commise pour le compte de la personne morale, c'est-à-dire pour son profit ou au moins dans son intérêt, la poursuite d'un intérêt personnel par la personne physique à l'origine de l'infraction excluant la responsabilité de la personne morale qu'il pourrait représenter. En l'espèce, il est précisé qu'« avec la crise, le chiffre d'affaires de l'entreprise a considérablement baissé au cours des 15 derniers mois » et que « les problèmes de trésorerie sont tels que Pierre a dû faire des économies sur la sécurité », économies ayant conduit à la réalisation du dommage. Il est vrai que l'infraction commise n'a pas, en elle-même, permis de conférer à l'entreprise un avantage financier objectivement appréciable : au contraire, l'accident qui a suivi la compression des coûts n'est ni profitable, ni utile à la société *Bigboxon*. Toutefois, les tribunaux répressifs ont jugé qu'était accomplie pour le compte de la personne morale l'infraction permettant à cette dernière de réaliser des économies. En vertu de cette approche jurisprudentielle, il ne fait aucun doute que l'infraction a été commise pour le compte de la société car elle est liée à un défaut de mise aux normes des équipements de sécurité nécessaires et prend donc bien sa source dans une volonté de la part de son dirigeant de réaliser des économies en s'abstenant d'une dépense particulière.

Ces éléments étant caractérisés, la société *Bigboxon* peut donc voir sa responsabilité pénale engagée, car la Cour de cassation a précisé que « la faute pénale de l'organe ou du représentant suffit, lorsqu'elle est commise pour le compte de la personne morale, à engager la responsabilité pénale de celle-ci, sans que doive être établie une faute distincte à la charge de la personne morale » (Crim. 26 juin 2001 *Bull. crim.* n° 161).

Il convient, *in fine*, de préciser que « La responsabilité pénale des personnes morales n'exclut pas celle des personnes physiques auteurs ou complices des mêmes faits » (art. 121-2, al. 3, C. pén.) : les responsabilités de Pierre, d'Antoine et la société peuvent donc parfaitement être cumulées.

8. Les infractions sexuelles

Il vous faut avoir en tête la distinction fondamentale entre agressions sexuelles (I) et atteintes sexuelles (II), ainsi que d'autres infractions sexuelles entourant notamment la prostitution et protégeant les mineurs (III).

Sur la qualification d'inceste

À titre liminaire, il faut relever que la loi du 14 mars 2016 relative à la protection de l'enfant est venue rétablir, dans le Code pénal, la qualification d'inceste, initialement introduite par la loi du 8 janv. 2010 mais censurée par le Conseil constitutionnel dans sa décision n° 2011-163 QPC du 16 septembre 2011 pour méconnaissance des exigences de clarté et de précision de la loi. Aux termes de l'article 222-31-1, dans sa rédaction issue de la loi du 14 mars 2016, les viols et les agressions sexuelles sont qualifiés d'incestueux lorsqu'ils sont commis sur la personne d'un mineur par : 1° un ascendant ; 2° un frère, une sœur, un oncle, une tante, un neveu ou une nièce ; 3° le conjoint, le concubin d'une des personnes mentionnées aux 1° et 2° ou le partenaire lié par un pacte civil de solidarité avec l'une des personnes mentionnées aux mêmes 1° et 2°, s'il a sur le mineur une autorité de droit ou de fait. Des dispositions similaires sont prévues à l'article 227-27-2-1 concernant les infractions d'atteintes sexuelles sur mineurs prévues par les articles 227-25 à 227-27 du Code pénal. Il faut relever :

– d'abord, que seuls les mineurs étaient initialement susceptibles d'être les victimes d'inceste. La loi du 3 août 2018 est toutefois venue modifier le texte de l'article 222-31-1, C. pén., afin que la qualification d'inceste prévue en matière de viol et d'agression sexuelle, s'applique désormais également aux victimes majeures ;

– ensuite, que le lien unissant l'auteur à la victime importe peu, dès lors que l'infraction prend place dans un contexte familial ;

– enfin, qu'il ne s'agit pas là d'une nouvelle incrimination pénale, ni d'une cause d'aggravation de la répression, mais d'une simple définition, destinée, le cas échéant, à accompagner les qualifications de viol, d'agression sexuelle, et d'atteinte sexuelle. C'est la raison pour laquelle la chambre criminelle a pu juger que l'article 222-31-1 qui définit l'inceste ne modifie pas les éléments constitutifs des infractions de viol et d'agression sexuelle ni les peines encourues, et, qu'en conséquence, il ne tombe pas sous le coup du principe de non-rétroactivité de la loi pénale plus sévère (Crim. 20 juin 2018, n° 17-86.423 ; Crim. 27 nov. 2019, n° 18-85.852 : « l'art. 222-31-1, C. pén., introduit par la loi du 14 mars 2016, n'a aggravé ni la définition de l'infraction, ni les peines encourues »). C'est également la raison pour laquelle l'extension de l'inceste à laquelle a procédé la loi du 3 août 2018 est immédiatement applicable, y compris aux faits commis avant l'entrée en vigueur de la loi. L'unique effet juridique attaché à cette consécration légale de l'inceste est précisé par l'article 222-31-2, C. pén., « Lorsque le viol incestueux ou l'agression sexuelle incestueuse est commis contre un mineur par une personne titulaire sur celui-ci de l'autorité parentale, la juridiction de jugement doit se prononcer sur le retrait total ou partiel de cette autorité en application des articles 378 et 379-1 du Code civil. Elle peut alors statuer sur le retrait de cette autorité en ce qu'elle concerne les frères et sœurs mineurs de la victime. Si les poursuites ont lieu devant la cour d'assises, celle-ci statue sur cette question sans l'assistance des jurés ».

I/ Les agressions sexuelles

L'article 222-22, C. pén. définit l'agression sexuelle comme « toute atteinte sexuelle commise avec violence, contrainte, menace ou surprise ». **L'agression sexuelle, en tant que catégorie juridique, se distingue ainsi de l'atteinte sexuelle par deux traits qu'il faut immédiatement avoir à l'esprit lors de l'opération de qualification** : d'une part, elle suppose le recours à la violence, à la contrainte, à la menace ou à la surprise, alors que l'atteinte sexuelle ne suppose pas l'emploi de tels procédés ; d'autre part, l'agression sexuelle se conçoit à l'égard de toute personne, alors que l'atteinte sexuelle n'est susceptible d'être commises qu'à l'encontre de mineurs.

Le législateur intègre dans la catégorie des agressions sexuelles le viol (A), les autres agressions sexuelles (B), l'exhibition et le harcèlement sexuels (C).

A – Le viol

L'article 222-23, C. pén. définit le viol comme « tout acte de pénétration sexuelle, de quelque nature qu'il soit, commis sur la personne d'autrui ou sur la personne de l'auteur par violence, contrainte, menace ou surprise ».

• **Élément matériel** : l'élément matériel du viol se compose d'un acte de pénétration sexuelle, et de l'emploi de violence, contrainte, menace ou surprise :

– *un acte de pénétration sexuelle* : un acte de pénétration sexuelle est toujours nécessaire à la caractérisation de l'élément matériel du viol. **Cette composante est essentielle puisqu'elle fonde la distinction entre le viol et les autres agressions sexuelles**. Il faut remarquer :

- *d'abord, que l'acte de pénétration n'était jusqu'à récemment constitutif de viol que dans la mesure où il était effectué par celui dont on recherchait la responsabilité sur la personne d'autrui*. À l'inverse, lorsque l'acte de pénétration était accompli par la victime sur la personne de celui dont on recherchait la responsabilité, la qualification de viol devait être exclue au profit de la qualification d'agression sexuelle. Ainsi, après quelques hésitations, la Cour de cassation avait finalement jugé que ne constitue pas un viol le fait pour une femme d'abuser de l'autorité dont elle dispose sur un jeune garçon pour lui imposer d'avoir avec elle des rapports sexuels, l'élément matériel n'étant caractérisé que si l'auteur réalise l'acte de pénétration sexuelle sur la personne de la victime (Crim. 21 oct. 1998, *Bull. crim.* n° 274) ; cet état du droit a toutefois été modifié par la loi du 3 août 2018 puisque l'article 222-23, C. pén., précise désormais que l'acte de pénétration sexuelle peut être commis sur la personne d'autrui ou « sur la personne de l'auteur » (sur ce point la loi nouvelle s'avère plus sévère parce qu'elle étend le champ de l'incrimination du viol et elle ne saurait en conséquence rétroagir…) ;

- *ensuite, que l'acte de pénétration doit être de nature sexuelle.* Cela implique de caractériser un acte de pénétration par le sexe et/ou dans le sexe. Caractérise ainsi le viol la fellation, dès lors qu'il y a eu pénétration de la verge dans la bouche de la victime (Crim. 22 févr. 1984, *Bull. crim.* n° 71). Toutefois, il est arrivé à la Cour de cassation d'inclure dans la qualification de viol des agissements ne se caractérisant pas par un acte de pénétration par le sexe et/ou dans le sexe, mais présentant simplement une connotation sexuelle (Crim. 27 avr. 1994, *Bull. crim.* n° 157 pour des actes de pénétration anale pratiqués avec le doigt ou des carottes dans un but d'initiation sexuelle ; Crim. 6 déc. 1995, *Bull. crim.* n° 372 pour l'introduction par une femme d'un manche de pioche recouvert d'un préservatif dans l'anus d'un homme). Dans un arrêt du 21 février 2007 (*Bull. crim.* n° 61) la chambre criminelle semble néanmoins revenir à l'exigence d'un acte de pénétration par le sexe et/ou dans le sexe : dans une affaire où un médecin avait forcé de jeunes patientes à introduire dans leur bouche un objet de forme phallique recouvert d'un préservatif, et leur avait fait accomplir des mouvements de va-et-vient, elle rejette la qualification de viol, considérant que le viol doit consister « en un acte de pénétration sexuelle », ce qui signifie un acte de pénétration par le sexe du coupable ou dans le sexe de la victime. C'est pourquoi, pour être constitutive d'un viol, « la fellation implique une pénétration par l'organe sexuel masculin de l'auteur et non par un objet le représentant » ;

- *un acte commis par violence, contrainte, menace ou surprise* : l'usage de tels procédés permet de caractériser l'absence de consentement de la victime à l'acte de pénétration sexuelle, et permet ainsi de distinguer nettement le viol des atteintes sexuelles :
  - ○ la violence exigée par le texte peut consister en une violence physique, mais aussi en une violence morale (Crim. 31 janv. 1968, *Bull. crim.* n° 32 qui qualifie de violence constitutive de viol la menace faite à une femme de l'abandonner nue dans un endroit isolé) ;
  - ○ la contrainte – comme la menace –, peut également être physique ou morale (Crim. 8 févr. 1995, n° 94-85.202 : crainte suscitée par un supérieur hiérarchique, qui, d'un caractère tyrannique et d'une grande force physique, exerçait de façon despotique ses fonctions de directeur ; Crim. 25 oct. 1994, n° 94-83.726 : état de grande vulnérabilité dans lequel se trouvait une femme face à un médecin au cours d'une consultation). Cette jurisprudence fut consacrée par la loi n° 2010-121 du 8 février 2010 tendant à inscrire l'inceste commis sur les mineurs dans le Code pénal et à améliorer la détection et la prise en charge des victimes d'actes incestueux, laquelle a inséré dans le C. pén. un article 222-22-1 aux termes duquel « la contrainte prévue par le premier alinéa de l'article 222-22 peut être physique ou morale » (auj. al. 1er de l'article 222-22-1). La loi du 8 février 2010 avait également précisé, dans ce même article que : « la contrainte morale peut résulter de la différence d'âge existant entre une victime mineure et l'auteur des faits et de l'autorité de droit ou de fait que celui-ci exerce sur cette victime » ;

○ la surprise recoupe diverses hypothèses dans lesquelles la victime n'a pu avoir la présence d'esprit de repousser son agresseur (Crim. 25 oct. 1994, nº 94-83.726 : le viol est caractérisé, même à défaut de résistance de la victime lorsque celle-ci, âgée de 16 ans, souffrant d'un retard mental profond et de surdité a été surprise par l'arrivée inopinée de l'auteur des faits ; Crim. 3 sept. 1991, nº 91-83.469 : viol commis en état d'hypnose, la victime n'ayant plus le contrôle ni de sa volonté ni de sa conscience). Dans un arrêt en date du 23 janvier 2019, la chambre criminelle a admis que « l'emploi d'un stratagème destiné à dissimuler l'identité et les caractéristiques physiques de son auteur pour surprendre le consentement d'une personne et obtenir d'elle un acte de pénétration sexuelle constitue la surprise » au sens de l'article 222-23, C. pén. (Crim. 23 janv. 2019, nº 18-82.833, *publié au Bulletin* : en l'espèce, une femme déposa plainte pour des faits de viol contre un homme qu'elle avait contacté sur un site de rencontre, et qui s'était présenté à elle comme étant une personne de 37 ans, bien proportionné, demeurant à Nice, et exerçant la profession d'architecte d'intérieur à Monaco. Une photo du séducteur lui avait été adressée, censée le représenter, afin de témoigner de la réalité de toutes ses qualités physiques. Peu à peu, une relation amoureuse s'était instaurée par téléphone, au cours de laquelle elle avait confié son passé sentimental, son enfance marquée par des attouchements dont elle avait été la victime, ainsi que son manque de confiance envers les hommes. Puis elle avait accepté une première rencontre, orchestrée par son compagnon virtuel et qui devait être « magique »... Elle devait entrer dans l'appartement, se bander les yeux sans l'avoir vu, se mettre dans une nudité complète, et le rejoindre dans la chambre, uniquement guidée par sa voix. Après l'avoir menottée au montant du lit, il eut alors une relation sexuelle avec elle, puis il la détacha et l'invita à enlever son bandeau... L'individu ne correspondait pas au profil « internet » du site de rencontre, mais n'était qu'un « vieil homme », à la peau fripée et au ventre bedonnant... L'enquête démontrera que l'homme avait 68 ans et était déjà connu des services de police pour des faits similaires, classés sans suite. La chambre criminelle censure ainsi l'arrêt de la chambre de l'instruction, lequel avait estimé que la surprise, au sens de l'article 222-23 du Code pénal, n'était pas remplie, et que, faute de violence, de contrainte ou de menace, la relation avait été librement consentie, ce qui interdisait tout recours à la qualification de viol, au motif que ladite chambre « en prononçant ainsi, alors qu'elle avait caractérisé l'emploi d'un stratagème », a méconnu l'art. 222-23, C. pén.).

L'apport de la loi du 3 août 2018 à l'appréciation de la contrainte morale et de la surprise

La loi du 8 février 2010, on l'a vu, avait introduit un article 222-22-1 au Code pénal aux termes duquel, d'une part, la contrainte peut être physique ou morale, et, d'autre part, la contrainte morale peut résulter de la différence d'âge existant entre une victime mineure

►

et l'auteur des faits et de l'autorité de droit ou de fait que celui-ci exerce sur cette victime. *Cette réforme préservait donc la liberté d'appréciation des magistrats* : le texte prévoyant que la contrainte morale « peut » résulter des circonstances décrites, les juges demeuraient libres de s'appuyer ou de ne pas s'appuyer sur ces circonstances pour déduire la contrainte morale. *En outre, la déduction ne pouvait être opérée que si des circonstances constatées cumulativement pouvaient être caractérisées* : la contrainte morale ne pouvait résulter que de la constatation, d'une part, de la différence d'âge existant entre une victime mineure et l'auteur des faits, **et**, d'autre part, de l'autorité de droit ou de fait que celui-ci exerce sur la victime.

Pour remédier aux difficultés que soulève le consentement du mineur à l'acte sexuel et répondre aux polémiques soulevées par des affaires médiatisées mettant en présence des adultes ayant eu des relations sexuelles avec des mineurs âgés de 11 ou 12 ans, fut envisagée, au cours des débats parlementaires qui donneront lieu à la loi du 3 août 2018, la création du délit d'atteinte sexuelle avec pénétration et/ou la création d'une présomption de non-consentement du mineur de treize ans à l'acte sexuel. Chacune de ces solutions fut cependant rejetée, la première car elle fut perçue par certains comme une correctionnalisation légale du viol commis sur mineur, la seconde car elle porterait atteinte à la présomption d'innocence proclamée par l'article 9 de la DDHC.

Au final, le législateur a préféré modifier les dispositions interprétatives contenues dans l'article 222-22-1, C. pén. en précisant les notions de contrainte morale et de surprise. Selon l'article 222-22-1, C. pén., dans sa version résultant de la loi du 3 août 2018, l'appréciation de la contrainte morale ou de la surprise varie selon que la victime est seulement mineure ou est mineure de 15 ans :

– **si la victime est simplement mineure (art. 222-22-1, al. 2, C. pén.)** : la contrainte morale ou la surprise « peuvent résulter de la différence d'âge existant entre la victime et l'auteur des faits et de l'autorité de droit ou de fait que celui-ci exerce sur la victime, cette autorité de fait pouvant être caractérisée par une différence d'âge significative entre la victime mineure et l'auteur majeur ». On remarquera :
  – *d'une part, que l'utilisation du verbe pouvoir laisse entendre que la juridiction demeure maîtresse de son appréciation*. Il s'agit d'une simple possibilité : la juridiction peut s'appuyer sur ces circonstances pour caractériser la contrainte morale ou la surprise. Mais elle peut également estimer que ces circonstances ne caractérisent pas la contrainte morale ou la surprise ;
  – *d'autre part que les circonstances décrites qui autorisent la déduction de la contrainte morale ou de la surprise sont, en principe, cumulatives* : la contrainte morale ou la surprise ne peuvent résulter que de la combinaison **et** de la différence d'âge existant entre la victime et l'auteur **et** de l'autorité de droit ou de fait que celui-ci exerce sur sa victime. *Toutefois, le caractère cumulatif de ces circonstances se trouve exclu en cas de différence d'âge significative entre l'auteur majeur et la victime mineur* : la différence d'âge (première circonstance), lorsqu'elle est significative, pouvant caractériser l'autorité de fait (seconde circonstance).

– **si la victime est mineure de 15 ans (art. 222-22-1, al. 3, C. pén.)** : la contrainte morale ou la surprise « sont caractérisées par l'abus de la vulnérabilité de la victime ne disposant pas du discernement nécessaire pour ces actes ». On relèvera :
  – *d'une part, que l'utilisation combinée du verbe être et de l'impératif laisse entendre que la caractérisation de la contrainte morale ou de la surprise résulte, ipso jure, de l'abus décrit.*

►

En d'autres termes, une fois caractérisé l'abus de la vulnérabilité d'un mineur non discernant, la juridiction perd tout pouvoir d'appréciation. Il s'agit donc, littéralement, d'une obligation pour la juridiction qui a constaté un tel abus de retenir la contrainte morale ou la surprise;

– d'autre part, que les circonstances décrites sont cumulatives : la contrainte morale et la surprise sont caractérisées s'il y a abus de la vulnérabilité de la victime ***et*** *que la victime ne dispose pas du discernement nécessaire pour ces actes.* On ne peut toutefois manquer de relever que la première condition aurait dû logiquement, au regard des objectifs recherchés par la réforme, être absorbée par la seconde : si le mineur ne dispose pas du discernement nécessaire pour consentir à l'acte sexuel, il devrait importer peu que l'auteur ait abusé ou non de la vulnérabilité de celui-ci. En introduisant un cumul de conditions, le législateur apprécie, pour les besoins de la caractérisation de la contrainte morale ou de la surprise, le consentement de la victime à l'aune du comportement de l'auteur... Ce n'est donc, littéralement, qu'en cas d'abus de la vulnérabilité du mineur de 15 ans non discernant de la part de l'auteur que la contrainte morale ou la surprise seront caractérisés.

La réforme ne manquera pas de faire naître un problème d'application de la loi dans le temps. En effet, la nouvelle rédaction de l'article 222-22-1 du Code pénal est issue de la loi du 3 août 2018, qui est entrée en vigueur le lendemain de sa publication au *JO*. Cette dernière ayant eu lieu le 5 août dernier, la loi est entrée en vigueur, conformément à l'article 1er du Code civil, le 6 août.

On serait tenté de considérer que la loi nouvelle est une loi de fond, en ce qu'elle a trait à la définition des éléments constitutifs d'une infraction. En outre, cette loi semble être une loi plus sévère puisqu'elle vient faciliter la répression du viol subi par un mineur. En conséquence, cette loi ne devrait pas pouvoir rétroagir conformément au principe de non-rétroactivité de la loi pénale (art. 8 DDHC, art. 7 CEDH, art. 112-1, C. pén.).

Toutefois, sur ce point, la loi nouvelle constitue une loi interprétative, puisqu'elle vient préciser le sens des notions de contrainte morale et surprise constitutives des agressions sexuelles au sens large. Rappelons que les lois interprétatives ont pour objet de préciser le sens d'une loi antérieure. Or pour la jurisprudence, les lois interprétatives font corps avec la loi interprétée et sont donc d'application rétroactive (Crim. 12 janv. 2000, *Bull. crim.* n° 20). La chambre criminelle, dans un arrêt en date du 15 avril 2015, avait ainsi considéré que l'article 222-22-1, C. pén., dans ses dispositions issues de la loi n° 2010-121 du 8 février 2010, présentait un caractère interprétatif et pouvait en conséquence s'appliquer à des faits commis avant son entrée en vigueur. Selon ce texte, rappelons-le, la contrainte – qui peut être « physique ou morale » – peut résulter « de la différence d'âge existant entre une victime mineure et l'auteur des faits ainsi que de l'autorité de droit ou de fait que celui-ci exerce sur cette victime » (Crim. 15 avr. 2015, *Bull. crim.* n° 93). La chambre criminelle a récemment confirmé la solution, dans un arrêt en date du 15 novembre 2017 (Crim. 15 nov. 2017, n° 17-85.272).

La solution est donc acquise : une loi pénale interprétative, même si elle consacre une solution plus sévère, opère de manière rétroactive, parce que, faisant corps avec la loi interprétée, elle n'est pas réellement nouvelle. Il en ira probablement de même de la nouvelle rédaction de l'article 222-22-1 du Code pénal qui pourra s'appliquer aux faits commis avant son entrée en vigueur.

• **Élément moral** : le viol, étant un crime, il est nécessairement intentionnel (art. 121-3, al. 1er, C. pén.) et requiert, au titre du dol général que l'auteur ait non seulement eu la volonté d'accomplir l'acte de pénétration sexuelle, mais aussi qu'il ait eu conscience de l'absence de consentement de la victime à cet acte. Cette conscience du refus opposé aux actes accomplis par la victime est le plus souvent établie par la nature des moyens employés.

• **Répression** :

– *viol entre époux* : la chambre criminelle avait admis la possibilité de viol entre époux, considérant que « la présomption de consentement des époux aux actes sexuels accomplis dans l'intimité de la vie conjugale ne vaut que jusqu'à preuve contraire » (Crim. 5 sept. 1990, *Bull. crim.* n° 313). Cette solution fut consacrée par la loi du 4 avril 2006 : l'article 222-22, al. 2, C. pén., précise désormais que les faits de viol et autres agressions sexuelles sont constitués « quelle que soit la nature des relations existant entre l'agresseur et sa victime, y compris s'ils sont unis par les liens du mariage ». Le législateur de 2006 avait aussi consacré la présomption simple de consentement : l'article 222-22, C. pén. précisait, *in fine* que « [d]ans ce cas, la présomption de consentement des époux à l'acte sexuel ne vaut que jusqu'à preuve du contraire ». Toutefois le législateur a abrogé cette présomption avec la loi du 9 juillet 2010. L'appréciation des éléments du viol peut s'avérer délicate lorsque la victime aura pu, pour des raisons pouvant tenir tant à sa psychologie qu'au contexte, avoir un comportement ambigu, même si la jurisprudence ne tient généralement pas pour un sésame délivré à son agresseur ce comportement (Crim. 10 juill. 1973, n° 73-90.104 : l'auto-stoppeuse qui, ayant accepté de monter dans un véhicule et de se laisser embrasser par son conducteur, manifeste son refus d'entreprendre une relation sexuelle par des supplications, ne saurait évidemment être considérée comme ayant consenti à une telle relation). Il en va différemment au sein du couple où les juges du fond prennent en compte les habitudes (Crim. 29 mars 2017, n° 17-80.237 : où la chambre criminelle approuve une cour d'appel qui avait relevé que les relations sexuelles s'inscrivent dans un « mode de fonctionnement très particulier du couple », couple qui use des relations sexuelles comme « levier de règlement », et qu'il n'est nullement établi en l'espèce « qu'elles aient été imposées par M. Y… à son épouse ») ;

– *tentative* : le viol constituant un crime, sa tentative est incriminée (art. 121-4, C. pén.). Une difficulté classique des cas pratiques de droit pénal réside dans le point de savoir quels agissements constituent le commencement d'exécution car toutes les fois où l'action est interrompue avant l'acte de pénétration sexuelle, la frontière séparant la tentative de viol de l'agression sexuelle est délicate à tracer. **Ce n'est que lorsqu'il vous sera possible de constater sans équivoque l'intention de l'agent parvenir à une pénétration sexuelle que vous pourrez caractériser la tentative de viol**. Dans le cas contraire, vous devrez retenir la qualification d'agression sexuelle. Ainsi, le fait de renverser une femme et de relever ses vêtements, est empreint d'équivoque et ne manifeste pas nécessairement l'intention de violer. En revanche, commet une tentative de viol celui qui, après avoir mis un préservatif, renonce à son acte en raison d'une déficience physique (Crim. 10 janv. 1996, *Bull. crim.* n° 14). Nous le verrons par la suite, la loi du 3 août 2018 est en effet venue introduire dans notre Code pénal, une nouvelle incrimination, celle de l'administration de substance de nature à altérer le discernement ou le contrôle des actes de la personne. Le nouvel article 222-30-1, C. pén., incrimine ainsi « le fait d'administrer à une personne, à son insu, une substance de nature à altérer son discernement ou le contrôle de ses actes afin de commettre à son égard un viol ou une agression sexuelle ». Il s'agit d'une nouvelle infraction-obstacle au crime de viol et au délit d'agression sexuelle qui vient incriminer l'acte préparatoire à ces infractions. Si le résultat redouté par le législateur survient – c'est-à-dire que le viol ou l'agression sexuelle est effectivement commis –, l'administration préalable d'une telle substance constituera une circonstance aggravante du crime de viol et du délit d'agression sexuelle (art. 222-24, 15°, C. pén. pour le viol ; art. 222-28, 11° et art. 222-30, 8°, C. pén. pour l'agression sexuelle). **Il vous faudra donc désormais être vigilants et bien distinguer selon que, dans votre cas pratique, l'individu en est demeuré au stade du seul acte préparatoire, en administrant une substance de nature à altérer le consentement, ou en est arrivé au commencement d'exécution**, pour retenir soit le délit de l'article 222-30-1, C. pén., soit la tentative de viol ou d'agression sexuelle selon que l'individu avait en vu un viol ou une agression sexuelle.

• **Exercice des poursuites** :

– *application de la loi dans l'espace* : en vertu de l'article 222-22, al. 3, C. pén., lorsque le viol est commis à l'étranger contre un mineur par un Français ou par une personne résidant habituellement sur le territoire français, la loi française est applicable par dérogation au deuxième alinéa de l'article 113-6 et les dispositions de la seconde phrase de l'article 113-8 ne sont pas applicables ;

– *prescription de l'action publique* : elle est de vingt ans depuis la loi du 27 février 2017, puisque le viol est un crime, et court à compter de la commission. Toutefois, lorsqu'il est commis sur une victime mineure, le point de départ de la prescription de l'action publique est repoussé au jour de la majorité de la victime. De plus, la loi du 9 mars 2004 avait porté en pareille hypothèse la durée du délai de prescription à vingt ans ;

– *dénonciation des faits* : l'article 226-14, C. pén. autorise le médecin à violer le secret professionnel en portant à la connaissance du Procureur de la République les sévices qu'il a constatés dans l'exercice de sa profession, et qui lui permettent de présumer que des violences sexuelles ont été commises. Lorsque la victime est majeure, son accord à une telle révélation est nécessaire à la justification par l'autorisation de la loi. Il n'est en revanche pas requis lorsque la victime est mineure ou hors d'état de se protéger ;

– *peines* : quinze ans de réclusion criminelle ; plusieurs circonstances aggravantes portent toutefois la répression à vingt ans de réclusion criminelle (viol ayant entraîné une mutilation ou une infirmité permanente ; viol commis sur un mineur de 15 ans ou sur une personne vulnérable, viol commis par un ascendant ou par toute autre personne ayant autorité sur la victime, ou par une personne qui abuse de l'autorité que lui confèrent ses fonctions, viol commis par plusieurs personnes agissant en qualité d'auteur ou de complice, etc.) ; **la loi du 3 août 2018 a ajouté trois nouvelles circonstances aggravantes** : la première, résulte de ce que le viol a été commis « sur une personne dont la particulière vulnérabilité ou dépendance résultant de la précarité de sa situation économique ou sociale est apparente ou connue de l'auteur » (art. 222-24, 3° *bis*, C. pén.), la deuxième de ce que le viol a été commis alors qu'un mineur était présent et y a assisté (art. 222-24, 14°, C. pén.), la troisième, on l'a vu résulte de l'administration à la victime, à son insu, afin d'altérer son discernement ou le contrôle de ses actes (art. 222-24, 15°, C. pén.) ; le viol est puni de trente ans de réclusion criminelle lorsqu'il a entraîné la mort de la victime. Enfin, l'article 222-26, C. pén. prévoit que la répression est portée à la réclusion criminelle à perpétuité lorsqu'il est précédé, accompagné ou suivi de tortures ou d'actes de barbarie.

B – Autres agressions sexuelles

Il y en a trois : les agressions sexuelles proprement dites (1), le mandat sexuel (2) et l'administration, à l'insu de la personne, d'une substance de nature à altérer son discernement ou le contrôle de ses actes (3).

1. Les agressions sexuelles proprement dites

L'article 222-22, C. pén. qualifie d'agression sexuelle « toute atteinte sexuelle commise avec violence, contrainte, menace ou surprise ». L'article 222-27, C. pén. incrimine quant à lui, sans plus de détails « les agressions sexuelles autres que le viol ».

• **Élément matériel** : les agressions sexuelles se définissent par opposition au viol et par rapprochement avec celui-ci :

– *le critère de distinction entre les qualifications d'agression sexuelle et de viol consiste dans l'acte de pénétration sexuelle* : lorsque vous ne pouvez caractériser un acte de pénétration sexuelle de la victime ou, désormais, de l'auteur, vous devrez retenir la qualification d'agression sexuelle ;

– *l'agression sexuelle nécessite l'existence d'une atteinte à caractère sexuel accomplie sur la personne d'autrui*. Ainsi, les actes de nature sexuelle que l'auteur accomplirait sur lui-même doivent être poursuivis du chef d'exhibition sexuelle, et non d'agression sexuelle. Ceci étant précisé, la notion d'agression sexuelle recouvre diverses formes d'atteintes : attouchements, caresses suggestives ou encore baisers ;

– *à l'image du viol, l'élément matériel de l'agression sexuelle suppose que la victime n'ait pas consenti à l'atteinte*. Cette absence de consentement doit être matérialisée par l'emploi de violence, contrainte, menace ou surprise (par exemple : Crim. 18 févr. 2015, nº 14-80.772 : la contrainte peut résulter de l'aura et du statut du professeur, qui créé une proximité relationnelle et affective avec de jeunes enfants ; Crim. 11 janv. 2017, nº 15-86.680, pour un individu invité à une soirée qui rejoint son hôte dans le lit, laquelle, en raison de son alcoolisation, s'était imaginée avoir affaire à son compagnon et avait donc, pendant quelques instants, accepté baisers et caresses intimes : en l'absence même de toute autre manœuvre, constitue le délit d'agression sexuelle commise par surprise, le fait de profiter, en connaissance de cause, de l'erreur d'identification commise par une personne pour pratiquer sur elle des gestes à caractère sexuel comportant un contact corporel). L'article 222-22-1, C. pén., relatif à l'appréciation de la contrainte et de la surprise, s'applique à l'agression sexuelle. Crim. 4 sept. 2019, nº 18-83.467, à propos de la condamnation pour des agressions sexuelles commises par un grand-père sur ses petits-enfants, toutes mineures de 15 ans, fondée sur le fait qu'il présentait « des dispositions de personnalité parfaitement compatibles avec la commission des faits » ; qu'il manifestait « des troubles en lien avec un alcoolisme chronique » ; qu'il était « décrit comme égocentrique » ; qu'il était désigné par un médecin expert comme « l'archétype de l'agresseur sexuel intra-familial », tandis qu'un autre n'excluait pas « le risque de passage à l'acte délinquant, de nature sexuelle ou autre », même à supposer faible la probabilité ; qu'il avait déjà été condamné par le passé pour des faits d'atteintes sexuelles sur ses deux filles ; que l'exploitation de son ordinateur démontrait la présence de plus de cent images et vidéos pédopornographiques, ainsi que des adresses internet de sites de même nature ; enfin qu'une personne avait témoigné de son « appétit sexuel assez important » : cassation au visa de l'art. 593, C. pr. pén., que la CA n'a pas justifié sa décision, faute d'avoir caractérisé « en quoi les attouchements sexuels auraient été commis avec violence, contrainte, menace ou surprise ».

- **Élément moral** : il est similaire à celui du viol.
- **Répression** :

– *tentative* : la tentative d'agression sexuelle est incriminée à l'article 222-31, C. pén. Là encore, **la définition du commencement d'exécution pose problème et il vous faudra déterminer si l'auteur entendait réaliser une pénétration sexuelle, auquel cas il faudra retenir la tentative de viol, ou s'il comptait se livrer à une autre forme d'atteinte, auquel cas il faudra retenir la tentative d'agression sexuelle** ; on se contentera de relever la même difficulté que celle mise en avant dans l'étude du viol : il vous faudra désormais bien distinguer l'acte préparatoire du commencement d'exécution de l'agression sexuelle dans la mesure où le nouvel article 222-30-1, C. pén., vient désormais incriminer de manière autonome l'acte préparatoire au délit d'administration d'une substance de nature à altérer le consentement ou le contrôle des actes ;

– *prescription de l'action publique* : l'agression sexuelle est un délit qui se prescrit en principe, depuis la loi du 27 février 2017, par six ans à compter de sa commission. Toutefois, lorsqu'il est commis sur une victime mineure, le point de départ de la prescription de l'action publique est repoussé au jour de la majorité de la victime. De plus, la loi du 9 mars 2004 a porté en pareille hypothèse la durée du délai de prescription à vingt ans ;

– *application de la loi pénale dans l'espace* : de manière à faciliter la répression du « tourisme sexuel », la loi du 17 juin 1998 a aménagé des dérogations aux conditions traditionnelles de la compétence personnelle en matière d'infractions sexuelles consistant en des délits (art. 222-22, al. 3, C. pén.) ;

– *dénonciation* : les règles sont identiques à celles précédemment examinées relativement au viol ;

– *peines* : cinq ans d'emprisonnement et de 75 000 € d'amende ; plusieurs circonstances aggravantes, identiques pour la plupart à celles du viol, sont prévues par le texte, qui portent la répression à sept ans, ou à dix ans d'emprisonnement. À noter : la loi du 5 août 2013 renforce la répression des agressions sexuelles autres que le viol sur mineur de 15 ans en portant la peine encourue de sept à dix ans d'emprisonnement. En outre, **on relèvera que la loi du 3 août 2018** :

– a étendu la circonstance aggravante de l'agression sexuelle prévue par le 1° de l'art. 222-28, C. pén., qui porte la peine de cinq à sept ans d'emprisonnement lorsque l'infraction a entraîné une blessure ou une lésion, aux hypothèses dans lesquelles l'infraction a causé une incapacité totale de travail supérieure à huit jours ;

– a ajouté les circonstances aggravantes de présence d'un mineur au moment des faits et d'administration d'une substance à la victime, à son insu, afin d'altérer son discernement ou le contrôle de ses actes (art. 222-28, 10° et 11°, C. pén.) ;

– a étendu la circonstance aggravante d'agression sexuelle sur une personne vulnérable prévue par l'art. 222-29, C. pén., à l'hypothèse de la vulnérabilité économique de la victime. De tels faits sont à nouveau aggravés par l'art. 222-30, C. pén., en cas d'administration d'une substance à la victime afin d'altérer son discernement ou le contrôle de ses actes.

2. L'agression sexuelle de l'article 222-22-2, C. pén. : le mandat sexuel

La loi du 5 août 2013 a créé une nouvelle infraction sexuelle, qui incrimine les agissements de l'auteur intellectuel : selon l'article 222-22-2, C. pén., constitue une agression sexuelle, « le fait de contraindre une personne par la violence, la menace ou la surprise à subir une atteinte sexuelle de la part d'un tiers ». Ces faits sont punis des peines encourues au titre du viol et des agressions sexuelles selon la nature de l'atteinte subie. Il s'agit d'une infraction matérielle : l'atteinte sexuelle doit avoir été consommée. Toutefois, l'al. 3 de l'article 222-22-2, C. pén. incrimine la tentative de ce délit et le commencement d'exécution constitutif de la tentative au sens de l'article 121-5 semble alors apparaître dès la réalisation de l'acte contraignant.

3. L'administration, à l'insu de la personne, d'une substance de nature à altérer son discernement ou le contrôle de ses actes

• **Élément légal** : selon le nouvel art. 222-30-1, C. pén., issu de la loi du 3 août 2018, « le fait d'administrer à une personne, à son insu, une substance de nature à altérer son discernement ou le contrôle de ses actes afin de commettre à son égard un viol ou une agression sexuelle est puni de cinq ans d'emprisonnement et de 75 000 € d'amende ». Il s'agit d'une nouvelle infraction-obstacle au crime de viol et au délit d'agression sexuelle. On l'a vu, si le résultat redouté par le législateur survient – c'est-à-dire que le viol ou l'agression sexuelle est effectivement commise –, l'administration préalable d'une telle substance constituera une circonstance aggravante du crime de viol et du délit d'agression sexuelle (art. 222-14, 15°, C. pén. pour le viol ; art. 222-28, 11° et art. 222-30, 8°, C. pén. pour l'agression sexuelle).

• **Élément matériel** : matériellement, ce nouveau délit suppose un acte d'administration d'une substance de nature à altérer le discernement ou le contrôle des actes de la personne. Aucun résultat n'est cependant requis au titre de la constitution de l'infraction. L'infraction présente ainsi un caractère formel.

• **Élément moral** : intellectuellement, ce nouveau délit requiert :

– un dol général, qui suppose la connaissance de la nature de la substance et que l'administration s'opère à l'insu de la personne ;

– un dol spécial, puisqu'il est en effet nécessaire que la substance ait été administrée à la victime « afin de commettre à son égard un viol ou une agression sexuelle ».

• **Répression** : cinq ans d'emprisonnement et 75 000 € d'amende. Lorsque les faits sont commis sur un mineur de 15 ans ou une personne particulièrement vulnérable, les peines sont portées à sept ans d'emprisonnement et à 100 000 € d'amende. **On relèvera que l'art. 222-31, C. pén., réprime la tentative de ce nouveau délit.**

C – L'exhibition et le harcèlement sexuels

Nous envisagerons d'abord l'exhibition sexuelle (1), puis le harcèlement sexuel (2).

1. L'exhibition sexuelle

L'article 222-32, C. pén. incrimine, au titre des agressions sexuelles « l'exhibition sexuelle imposée à la vue d'autrui dans un lieu accessible aux regards du public ».

• **Élément matériel** : il faut que le corps ou la partie du corps volontairement exposée soit ou paraisse dénudé (Crim. 4 janv. 2006, *Bull. crim.* n° 3 : ne commet pas de délit le prévenu qui fait un geste obscène en direction d'une personne en prenant son sexe entre ses mains à travers son short). En outre, la nudité doit être perceptible par le public. À cet égard, l'article 222-32 exige que l'exhibition se produise dans un lieu « accessible aux regards du public ». Dès lors que cette condition est remplie, il n'importe pas que celui qui s'exhibe se trouve en un lieu public ou en un lieu privé. Enfin, l'exhibition doit être « imposée » à la vue d'autrui. Ainsi, l'infraction n'est pas constituée lorsque les victimes ont recherché le spectacle ou si l'exhibition n'est accessible qu'à des personnes consentantes (ex. : plages naturistes).

- **Élément moral** : il doit consister dans l'intention, laquelle repose sur la volonté d'exposer sa nudité aux regards du public. Toutefois, la jurisprudence estime qu'il suffit que l'auteur de l'exhibition ait su qu'il pouvait être vu (Crim. 27 janv. 2016, nº 14-87.591 : condamnation d'un individu se masturbant à l'intérieur de son véhicule automobile stationné sur un parking public aperçu par une personne présente sur son balcon au moment des faits).

- **Répression** : un an d'emprisonnement et 15 000 € d'amende. La chambre criminelle, qui avait rappelé le principe de l'indifférence des mobiles (Crim. 10 janv. 2018, nº 17-80.816 : cassation de l'arrêt ayant relaxé une Femen du chef d'exhibition sexuelle au motif que l'exposition d'un torse nu de femme « en dehors de tout élément intentionnel de nature sexuelle, ne peut [...] recouvrir la qualification d'exhibition sexuelle » ; pour la chambre criminelle, en effet, l'infraction d'exhibition sexuelle est bien caractérisée, « indépendamment des motifs invoqués » par la Femen – qui revendiquait un acte politique sans connotation sexuelle – puisque celle-ci a « exhibé volontairement sa poitrine dans un musée, lieu ouvert au public » ; Crim. 9 janv. 2019, nº 17-81.618, publié au *Bulletin* : la chambre criminelle approuve la condamnation d'une Femen qui a volontairement dénudé sa poitrine dans une église qu'elle savait accessible aux regards du public, « peu important les mobiles ayant, selon elle, inspiré son action », et considère, en outre, que la décision de condamnation n'a pas apporté une atteinte excessive à la liberté d'expression de l'intéressée, laquelle doit se concilier avec le droit pour autrui, reconnu par l'article 9 de la Convention européenne des droits de l'homme, de ne pas être troublé dans la pratique de sa religion »), autorise désormais la prise en compte de la démarche politique de l'agent pour faire primer la liberté d'expression (Crim. 26 févr. 2020, nº 19-81.827 : qui approuve la relaxe d'une Femen du chef d'exhibition sexuelle en opérant toutefois une substitution de motifs : « C'est à tort que la cour d'appel a énoncé que la seule exhibition de la poitrine d'une femme n'entre pas dans les prévisions du délit prévu à l'article 222-32 du Code pénal, si l'intention exprimée par son auteur est dénuée de toute connotation sexuelle » ; « Cependant, l'arrêt n'encourt pas la censure, dès lors qu'il résulte des énonciations des juges du fond que le comportement de la prévenue s'inscrit dans une démarche de protestation politique, et que son incrimination, compte tenu de la nature et du contexte de l'agissement en cause, constituerait une ingérence disproportionnée dans l'exercice de la liberté d'expression »).

2. Le harcèlement sexuel

À la suite de sa censure par le Conseil constitutionnel dans une décision n° 2012-240 QPC du 4 mai 2012 pour méconnaissance des exigences de clarté et de précision de la loi, l'infraction a été redéfinie par une loi du 6 août de la même année. Il faut garder à l'esprit qu'en application du principe de non-rétroactivité de la loi pénale plus sévère, **la loi du 6 août 2012 n'est pas applicable aux faits commis antérieurement. Par ailleurs, en application du principe de l'application immédiate de la loi pénale plus douce, la décision d'abrogation du 4 mai 2012 s'applique immédiatement à toutes les procédures en cours. Ainsi, en principe, les faits commis avant la loi du 6 août ne sont plus susceptibles d'être poursuivis sur le terrain du délit de harcèlement sexuel, qu'il s'agisse de l'ancienne version ou de la nouvelle version du délit**. Toutefois, il faut préciser que :

– *si les faits sont antérieurs au 6 août 2012 et que des poursuites n'avaient pas encore été engagées du chef de harcèlement sexuel*, ceux-ci peuvent être poursuivis sur le fondement d'autres qualifications pénales, notamment celle de harcèlement moral, des violences sans ITT, d'agression sexuelle ou de tentative d'agression sexuelle. En outre, dans tous les cas, qu'une autre qualification soit ou non envisageable, une réparation au civil demeure possible, conformément à l'article 12 de la loi du 6 août 2012 ;

– *si les faits sont antérieurs au 6 août 2012 et que des poursuites ont déjà été engagées avant la décision du 4 mai sans avoir abouti à un jugement définitif, une requalification demeure possible*, sous réserve du respect des droits de la défense ;

– *si les faits sont antérieurs et définitivement jugés au 4 mai 2012*, la loi pénale plus douce (l'abrogation du conseil constitutionnel) n'opère que pour les faits non définitivement jugés au jour de son entrée en vigueur, mais l'article 112-4, C. pén. énonce que « la peine cesse de recevoir exécution quand elle a été prononcée pour un fait qui, en vertu d'une loi postérieure au jugement, n'a plus le caractère d'une infraction pénale ».

L'infraction de harcèlement sexuel est dorénavant définie, à l'article 222-33, C. pén., comme « le fait d'imposer à une personne, de façon répétée, des propos ou comportements à connotation sexuelle ou sexiste qui soit portent atteinte à sa dignité en raison de leur caractère dégradant ou humiliant, soit créent à son encontre une situation intimidante, hostile ou offensante ». En outre, « est assimilé au harcèlement sexuel le fait, même non répété, d'user de toute forme de pression grave dans le but réel ou apparent d'obtenir un acte de nature sexuelle, que celui-ci soit recherché au profit de l'auteur des faits ou au profit d'un tiers ». Ainsi, il convient désormais de distinguer entre deux délits de harcèlement sexuel : le harcèlement sexuel proprement dit (1), et le harcèlement sexuel par assimilation (2).

1. Le harcèlement sexuel proprement dit

• **Élément matériel** :

– *comportement* : c'est le fait d'« imposer à une personne, de façon répétée, des propos ou comportements à connotation sexuelle », ce qui implique l'absence de consentement de la victime. L'absence de consentement peut résulter du contexte dans lesquels les faits ont été commis – par exemple le silence permanent face aux agissements, une demande à des collègues ou à la hiérarchie d'intervenir. La notion de « propos ou comportements » inclut les paroles ou actes quels qu'ils soient. La répétition indique qu'il s'agit d'une infraction d'habitude. **La loi du 3 août 2018 a élargi l'incrimination sur deux points** : d'une part, sont désormais visés, outre des propos ou comportements à connotation sexuelle, les propos ou comportements à connotation « sexiste » ; d'autre part, comme elle l'a fait pour le harcèlement de vie quotidienne, la loi a précisé l'exigence de répétition des propos ou comportements, afin que le délit de harcèlement sexuel puisse également s'appliquer dans les cas où cette répétition est le fait de plusieurs personnes. Il est ainsi désormais prévu que le délit est également constitué : lorsque les propos ou comportements sont « imposés à une même victime par plusieurs personnes, de manière concertée ou à l'instigation de l'une d'elles, alors même que chacune de ces personnes n'a pas agi de façon répétée » ; lorsque les propos ou comportements « sont imposés à une même victime, successivement, par plusieurs personnes qui, même en l'absence de concertation, savent que ces propos ou comportements caractérisent une répétition ». Comme pour le délit de harcèlement de vie quotidienne, cette extension de la notion de répétition a principalement pour objet de réprimer les faits de « cyber-harcèlement », qui sont fréquemment commis par plusieurs personnes dont aucune n'a cependant agi de façon répétée, et que l'on peut alors qualifier de « raid numérique » ;

– *résultat* : il doit consister en une atteinte à la dignité de la victime ou créer à son encontre une situation intimidante, hostile ou offensante ;

– *lien de causalité* : il doit être certain.

• **Élément moral** : l'infraction est intentionnelle et requiert un dol général nécessitant que l'agent ait voulu le comportement en conscience de la réticence de la victime.

2. Le harcèlement sexuel assimilé

• **Élément matériel** : il doit consister dans le fait d'user de toute forme de pression grave, même de manière non répétée.

• **Élément moral** : il nécessite, en plus d'un dol général, la preuve d'un dol spécial consistant dans le fait de poursuivre le but réel ou apparent d'obtenir un acte de nature sexuelle, que celui-ci soit recherché au profit de l'auteur des faits ou au profit d'un tiers. Cette assimilation permet de sanctionner la personne agissant sans avoir vraiment l'intention d'obtenir un acte sexuel (par exemple par jeu, pour humilier la victime ou obtenir sa démission) si, de façon objective et apparente, cela ne pouvait que donner l'impression à la victime comme aux éventuels témoins, qu'un acte de nature sexuel était recherché.

3. Peines encourues

Dans les deux cas, les faits sont punis de deux ans d'emprisonnement et de 30 000 € d'amende lorsqu'ils sont commis à l'état simple. Plusieurs circonstances aggravantes portent les peines à trois ans d'emprisonnement et 45 000 € (harcèlement commis par une personne qui abuse de l'autorité que lui confèrent ses fonctions ou sur une personne dont la particulière vulnérabilité ou dépendance résultant de la précarité de sa situation économique ou sociale est apparente ou connue de leur auteur) ; **la loi du 3 août 2018 a ajouté trois nouvelles circonstances aggravantes** résultant soit de l'utilisation d'un service de communication au public en ligne ou par le biais d'un support numérique ou électronique, soit de la commission des faits par un ascendant ou par toute autre personne ayant sur la victime une autorité de droit ou de fait, soit de la commission des faits en présence d'un mineur qui y a assisté. Relevons en outre que constitue une discrimination « toute distinction opérée entre les personnes parce qu'elles ont subi ou refusé de subir des faits de harcèlement sexuel tels que définis à l'article 222-33 ou témoigné de tels faits, y compris, dans le cas mentionné au I du même article, si les propos ou comportements n'ont pas été répétés » (art. 225-1-1, C. pén.).

II/ Les atteintes sexuelles

• **Élément légal** : les atteintes sexuelles ne sont susceptibles d'être commises qu'à l'encontre de mineurs contrairement au viol ou aux agressions sexuelles. Elles sont en outre exclusives de la violence, contrainte, menace et surprise, et s'il apparaît dans l'énoncé que l'un de ces procédés a été mis en œuvre à l'encontre du mineur, vous devrez envisager les qualifications de viol ou d'agressions sexuelles, aggravés par la circonstance de minorité de la victime. Les atteintes sexuelles sont incriminées aux articles 227-25 et s., C. pén. On relèvera que la rédaction de l'art. 227-25, C. pén., a été revue par la loi du 3 août 2018. Cet article ne dispose plus que le délit est constitué lorsque l'atteinte est exercée « sans violence, contrainte, menace ni surprise » par un majeur, sur un mineur de 15 ans, mais que la qualification s'applique à l'atteinte sexuelle commise par un majeur sur un mineur de 15 ans « hors le cas de viol ou de toute autre agression sexuelle ». Cette nouvelle rédaction ne modifie pas sur le fond les éléments constitutifs du délit, le législateur ayant seulement voulu éviter de donner l'impression que ces faits impliquent nécessairement une forme de consentement du mineur, cette qualification pouvant en effet s'appliquer à chaque fois que l'existence des éléments constitutifs du viol ou de l'agression n'a pas pu être démontrée. L'art. 227-27, C. pén., punit quant à lui « les atteintes sexuelles sans violence, contrainte, menace ni surprise sur un mineur âgé de plus de 15 ans et non émancipé par le mariage : 1° Lorsqu'elles sont commises par un ascendant légitime, naturel ou adoptif ou par toute autre personne ayant autorité sur la victime ; 2° Lorsqu'elles sont commises par une personne qui abuse de l'autorité que lui confèrent ses fonctions ».

- **Élément matériel** :

– *les atteintes sexuelles supposent que l'auteur n'ait pas eu recours à la violence, la contrainte, la menace ou la surprise.* Le consentement de la victime à l'atteinte apparaît ainsi, malgré la volonté de la loi du 3 août 2018 de le masquer, comme une composante de l'infraction. Cet aspect pose difficulté lorsque la victime est jeune puisqu'elle ne peut consentir de manière éclairée à l'atteinte, difficulté renforcée car le législateur ne détermine aucun âge à partir duquel un enfant peut consentir de manière éclairée à un acte sexuel. En pratique, les parquets se déterminent en fonction des circonstances propres à chaque espèce : ils poursuivent pour viol ou agression sexuelle lorsque la victime est très jeune, car son consentement est nécessairement surpris ; ils poursuivent pour atteinte sexuelle, y compris en cas de pénétration, lorsque la victime atteint l'âge de 11-12 ans et/ou que l'auteur n'est pas beaucoup plus âgé ; il n'est pas certain que la loi du 3 août 2018 parvienne à modifier fondamentalement cette approche ;

– *il faut que soit démontrée une atteinte de nature sexuelle.* L'atteinte peut ici consister en un acte de pénétration sexuelle ou en toute autre atteinte de nature sexuelle. Mais il faut un contact corporel entre l'auteur et la victime (Crim. 7 sept. 2016, n° 15-83.287 : rejet de la qualification d'agression sexuelle pour l'exhibition des parties génitales et des actes de masturbation devant la victime car, pour être constitué, le délit d'atteinte sexuelle suppose l'existence d'un contact corporel entre l'auteur et la victime) ;

– *dans le seul cas où l'infraction a été commise sur un mineur de 15 à 18 ans, l'élément matériel n'est caractérisé que s'il a été commis par deux catégories de personnes* : un ascendant légitime, naturel ou adoptif ou par toute autre personne ayant autorité sur la victime ; par une personne qui abuse de l'autorité que lui confèrent ses fonctions.

- **Élément moral** : l'infraction est intentionnelle et requiert un dol général reposant sur la volonté de commettre l'acte sexuel en connaissance de l'âge de la victime. L'erreur sur l'âge de la victime, lorsqu'elle est vraisemblable fait ainsi obstacle à la caractérisation de l'élément moral de l'infraction.

- **Répression** :

– *peines* : **elles ont été aggravées par la loi du 3 août 2018** : de cinq ans d'emprisonnement et de 75 000 € d'amende, elles ont été élevées, pour l'atteinte sexuelle sur mineur de 15 ans, à sept ans d'emprisonnement et à 100 000 € d'amende, les peines étant portées à dix ans d'emprisonnement et 150 000 € d'amende dans plusieurs circonstances (infraction commise par un ascendant ou par toute autre personne ayant autorité sur la victime, par une personne qui abuse de l'autorité que lui confèrent ses fonctions, par plusieurs personnes agissant en qualité d'auteur ou de complice, grâce à l'utilisation, pour la diffusion de messages à destination d'un public non déterminé, d'un réseau de télécommunications, par une personne agissant en état d'ivresse manifeste ou sous l'emprise manifeste de produits stupéfiants) ; trois ans d'emprisonnement et de 45 000 € d'amende pour l'atteinte sexuelle sur mineur de plus de 15 ans ;

– *tentative* : la loi du 5 août 2013 est venue incriminer la tentative des infractions consistant en des atteintes sexuelles (art. 227-27-2, C. pén.).

• **Particularités procédurales** : les mêmes règles s'appliquent que celles décrites à propos du viol et des agressions sexuelles quant à l'application de la loi pénale dans l'espace (art. 227-27-1, C. pén.), la prescription de l'action publique, la dénonciation.

III/ Les autres infractions sexuelles

Le Code pénal comporte de nombreuses infractions qui, bien que non classifiées par le législateur dans la catégorie des « agressions sexuelles », présentent une forte connotation sexuelle. On y trouve notamment les infractions relatives à la prostitution (A), les infractions formelles et obstacle sur mineur (B), et, depuis l'entrée en vigueur de la loi du 3 août 2018, l'atteinte à l'intimité de la personne ou voyeurisme (C) et l'outrage sexiste (D).

A – Les infractions relatives à la prostitution

Si la prostitution ne constitue pas une infraction, de nombreux comportements qui s'y rapportent sont pénalement réprimés : le proxénétisme (1), l'achat d'acte prostitutionnel (2) et le recours à la prostitution de mineur ou de personne vulnérable (3).

1. Le proxénétisme

Incriminé à l'article 225-5, C. pén., il peut prendre trois formes : le proxénétisme par aide, assistance ou protection de la prostitution d'autrui ; le proxénétisme-profit qui consiste à tirer profit de la prostitution d'autrui, à en partager les produits ou à recevoir des subsides d'une personne se livrant habituellement à la prostitution ; le proxénétisme-incitation consistant dans le fait d'embaucher, d'entraîner ou de détourner une personne en vue de la prostitution ou d'exercer sur elle une pression pour qu'elle se prostitue ou continue à le faire. En outre le législateur assimile au proxénétisme quatre comportements :

– le fait de faire office d'intermédiaire entre deux personnes dont l'une se livre à la prostitution et l'autre exploite ou rémunère la prostitution d'autrui ;

– le fait de faciliter à un proxénète la justification de ressources fictives ;

– le fait de ne pouvoir justifier de ressources correspondant à son train de vie tout en vivant avec une personne qui se livre habituellement à la prostitution ou tout en étant en relations habituelles avec une ou plusieurs personnes se livrant à la prostitution ;

– le fait d'entraver l'action de prévention, de contrôle, d'assistance ou de rééducation entreprise par les organismes qualifiés à l'égard de personnes en danger de prostitution ou se livrant à la prostitution.

Dans tous les cas, l'infraction est intentionnelle. Elle est réprimée par sept ans d'emprisonnement et de 150 000 € d'amende. Le législateur prévoit toutefois de nombreuses circonstances aggravantes portant la répression jusqu'à la réclusion criminelle à perpétuité lorsque le proxénétisme est accompagné de tortures et actes de barbarie.

Par ailleurs, l'article 225-10, C. pén. incrimine spécialement le proxénétisme par fourniture de locaux. Ainsi, est puni de dix ans d'emprisonnement et de 750 000 € d'amende le fait, par quiconque, agissant directement ou par personne interposée : de détenir, gérer, exploiter, diriger, faire fonctionner, financer ou contribuer à financer un établissement de prostitution ; d'accepter ou de tolérer habituellement qu'une ou plusieurs personnes se livrent à la prostitution à l'intérieur de l'établissement ou de ses annexes ou y recherchent des clients en vue de la prostitution ; de vendre ou de tenir à la disposition d'une ou de plusieurs personnes des locaux ou emplacements non utilisés par le public, en sachant qu'elles s'y livreront à la prostitution ; de vendre, de louer ou de tenir à la disposition, de quelque manière que ce soit, d'une ou plusieurs personnes, des véhicules de toute nature en sachant qu'elles s'y livreront à la prostitution.

2. L'achat d'acte prostitutionnel

La loi n° 2016-444 du 13 avril 2016 visant à renforcer la lutte contre le système prostitutionnel et à accompagner les personnes prostituées a abrogé l'article 225-10-1, C. pén. qui incriminait le racolage. Ce texte a préféré pénaliser le client en incriminant l'achat d'acte sexuel par la création d'une contravention de 5e classe. L'article 611-1, C. pén., unique article du titre premier (« Du recours à la prostitution ») du livre VI dispose ainsi que : « le fait de solliciter, d'accepter ou d'obtenir des relations de nature sexuelle d'une personne qui se livre à la prostitution, y compris de façon occasionnelle, en échange d'une rémunération, d'une promesse de rémunération, de la fourniture d'un avantage en nature ou de la promesse d'un tel avantage est puni de l'amende prévue pour les contraventions de la cinquième classe », c'est-à-dire 1 500 €. Commis en récidive, l'achat d'un acte sexuel glisse de la qualification de contravention à celle de délit prévu à l'al. 1er de l'article 225-12-1, C. pén., et pour lequel la peine encourue est de 3 750 € d'amende. On précisera que le Conseil constitutionnel a récemment considéré que l'incrimination était conforme aux droits et libertés garanties par la Constitution (Cons. const. 1er févr. 2019, déc. n° 2018-761 QPC).

3. Le recours à la prostitution de mineur ou de personne vulnérable

L'article 225-12-1, C. pén., issu de la loi du 18 mars 2003, incrimine le fait de « solliciter, d'accepter ou d'obtenir, en échange d'une rémunération ou d'une promesse de rémunération, des relations de nature sexuelle » de la part d'une personne qui se livre à la prostitution, lorsque cette personne est mineure ou lorsqu'il s'agit d'une personne d'une particulière vulnérabilité, apparente ou connue de son auteur, due à une maladie, à une infirmité, à une déficience physique ou psychique ou à un état de grossesse. **Il s'agit d'une qualification spéciale que vous devrez préférer à la qualification générale d'achat d'acte prostitutionnel, lorsque la personne qui se prostitue est mineure ou vulnérable**. L'infraction est punie de trois ans d'emprisonnement et de 45 000 € d'amende. Ces peines sont portées à sept ans d'emprisonnement et 100 000 € d'amende lorsqu'il s'agit d'un mineur de 15 ans.

B – Les infractions formelles et obstacles sur mineur

Le législateur a édicté plusieurs infractions, consommées indépendamment de la survenance d'un résultat, et ayant pour objet, soit de faire obstacle à la commission d'infractions sexuelles sur mineur, soit de protéger la moralité d'un mineur :

- **La corruption de mineur (art. 227-22, C. pén.)** : l'article 227-22, C. pén. punit « le fait de favoriser ou de tenter de favoriser la corruption d'un mineur » de cinq ans d'emprisonnement et de 75 000 € d'amende. Ces peines sont portées à sept ans d'emprisonnement et 100 000 € d'amende lorsque le mineur est âgé de moins de 15 ans ou lorsqu'il a été mis en contact avec l'auteur des faits grâce à l'utilisation d'un réseau de communications électroniques.
- **L'organisation de réunions ou d'exhibitions (art. 227-22, C. pén.)** : les mêmes peines s'appliquent au fait, commis par un majeur, d'organiser des réunions comportant des exhibitions ou des relations sexuelles auxquelles un mineur assiste ou participe.
- **Le délit de proposition sexuelle à mineur (art. 227-22-1, C. pén.)** : depuis la loi du 5 mars 2007, est incriminé à titre principal, le seul fait, pour un majeur de faire des propositions sexuelles à un mineur de 15 ans ou à une personne se présentant comme telle en utilisant un moyen de communication électronique. Ces agissements sont punis de deux ans d'emprisonnement et de 30 000 € d'amende. Les peines sont portées à cinq ans d'emprisonnement et 75 000 € d'amende lorsque les propositions ont été suivies d'une rencontre.
- **L'exploitation de l'image pornographique d'un mineur (art. 227-23, C. pén.)** : l'article 227-23, C. pén. punit « le fait, en vue de sa diffusion, de fixer, d'enregistrer ou de transmettre l'image ou la représentation d'un mineur lorsque cette image ou cette représentation présente un caractère pornographique » de cinq ans d'emprisonnement et de 75 000 € d'amende. En outre, le fait d'offrir, de rendre disponible ou de diffuser une telle image ou représentation, par quelque moyen que ce soit, de l'importer ou de l'exporter, de la faire importer ou de la faire exporter, est puni des mêmes peines. Depuis, la loi du 4 avril 2006, a également incriminé « le fait de consulter habituellement un service de communication au public en ligne mettant à disposition

une telle image ou représentation ou de détenir une telle image ou représentation par quelque moyen ». Cette dernière modalité de l'infraction, particulièrement large, est punie de deux ans d'emprisonnement et 30 000 € d'amende. Pour le cas où il ne serait pas possible d'établir avec certitude l'âge du mineur représenté sur l'image exploitée, le législateur a prévu que ces différentes incriminations sont applicables aux images pornographiques « d'une personne dont l'aspect physique est celui d'un mineur, sauf s'il est établi que cette personne était âgée de dix-huit ans au jour de la fixation ou de l'enregistrement de son image ». Enfin, la loi du 5 août 2013 vient élargir le champ de cette incrimination. D'une part, les faits de fixation, transmission, enregistrement d'une image pornographique lorsqu'il s'agit d'un mineur de 15 ans alors même que ces faits ne seraient pas commis en vue d'une diffusion. D'autre part, se trouve incriminée la simple consultation internet, même occasionnelle, d'un site à caractère pédopornographique dès lors que l'accès a eu lieu en contrepartie d'un paiement.

• **La fabrication et la diffusion de message à caractère pornographique (art. 227-24, C. pén.)** : est également incriminé le fait soit de fabriquer, de faire commerce, de transporter, de diffuser, par quelque moyen que ce soit et quel qu'en soit le support, un message à caractère pornographique, lorsque ce message est susceptible d'être vu ou perçu par un mineur soit de faire commerce d'un tel message. L'infraction est punie de trois ans d'emprisonnement et de 75 000 € d'amende.

• **La provocation sur mineur (art. 227-28-23, C. pén.)** : la loi du 4 avril 2006 a donné naissance à une incrimination nouvelle consistant dans le fait de faire à une personne des offres ou des promesses ou de lui proposer des dons, présents ou avantages quelconques afin qu'elle commette à l'encontre d'un mineur l'une des infractions sexuelles limitativement énumérées par le texte, lorsque cette infraction n'a été ni commise ni tentée. De tels faits sont réprimés de trois ans d'emprisonnement et 45 000 € d'amende.

C – L'atteinte à l'intimité de la personne ou voyeurisme

Les juges du fond avaient jusqu'alors été divisés sur la qualification applicable à des faits de voyeurisme, comme par exemple lorsqu'un individu regardait, à l'aide d'un miroir ou filmait, à l'aide de son téléphone portable ou d'un camescope dissimulé, les sous-vêtements de femmes en train de se changer dans la cabine d'essayage d'un magasin ou qui, notamment dans les transports en commun, sont en robe ou en jupe. Plusieurs qualifications avaient en effet été mobilisées par ceux-ci, même si aucune ne paraissait réellement convaincante : les infractions de violences volontaires (art. 222-7 et s., C. pén., voire la contravention de 5e classe de l'art. R. 625-1, C. pén. ; qualification retenue par la cour d'appel de Douai, dans un arrêt du 1er mars 2006, n° 05/01479) ; l'atteinte à l'intimité de la vie privée (art. 226-1, 2°, C. pén. ; qualification retenue par la cour d'appel d'Aix-en-Provence dans un arrêt du 31 mars 2010, n° 307/J/2010 ; l'infraction d'agression sexuelle (art. 222-27, C. pén., qualification retenue par le tribunal correctionnel de Saverne dans un jugement du 8 décembre 2011, n° Parquet 1119300003. Toutefois, dans un arrêt du 28 février 2008 (n° 07/01002), la cour d'appel de Montpellier a prononcé une relaxe du chef d'agression sexuelle en relevant que si les faits « heurtent la morale et font preuve d'un réel manque de dignité, le texte visé ne permet pas de les réprimer sur le plan pénal, la loi ne punissant que les agissements constitutifs d'une agression sexuelle proprement dite et non la simple atteinte à la délicatesse d'une personne ».

Pour surmonter ces difficultés, **la loi du 3 août 2018 vient créer une incrimination spécifique** : le délit d'atteinte à l'intimité de la personne ou délit de voyeurisme. Le nouvel article 226-3-1, C. pén., vient ainsi réprimer « [l]e fait d'user de tout moyen afin d'apercevoir les parties intimes d'une personne que celle-ci, du fait de son habillement ou de sa présence dans un lieu clos, a caché à la vue des tiers, lorsqu'il est commis à l'insu ou sans le consentement de la personne, est puni d'un an d'emprisonnement et de 15 000 € d'amende ».

- **Élément matériel** : le comportement incriminé est extrêmement large puisque le texte vise l'usage de « tout moyen ». La victime – vêtue ou se trouvant dans un lieu clos (maison, cabine, véhicule, etc.) – ne doit toutefois ni s'exposer elle-même, serait-ce involontairement (il n'y a pas de voyeurisme punissable sur une plage nudiste), ni consentir à être vue, mais être surprise dans son plus simple appareil. Aucun résultat n'est cependant requis : le délit de voyeurisme est une infraction formelle puisque l'usage du moyen est punissable même s'il n'est pas fructueux.
- **Élément moral** : outre un dol général, un dol spécial est requis : l'auteur doit agir afin d'apercevoir les « parties intimes » (c'est-à-dire les zones sexuelles *stricto sensu*).
- **Répression** :

– *peines* : 1 an d'emprisonnement et 15 000 € d'amende ; les peines sont toutefois portées à deux ans d'emprisonnement et à 30 000 € d'amende en cas d'abus d'autorité, de commission sur un mineur ou sur une personne particulièrement vulnérable, de commission en réunion, de commission dans un véhicule affecté au transport collectif de voyageurs ou lorsque des images ont été fixées, enregistrées ou transmises ;

– *tentative* : elle est incriminée en vertu de l'art. 226-5, C. pén., de sorte que se trouve réprimée le fait de tenter d'user de tout moyen afin d'apercevoir les parties intimes de la victime ;

– *concours de qualifications* : un risque de concours de qualification existe avec le délit d'atteinte à l'intimité de la vie privée établi à l'article 226-1 du Code pénal (par exemple en cas d'introduction dans un domicile afin d'observer la victime nue). C'est alors ce dernier qui doit l'emporter, eu égard au montant plus élevé de l'amende qui le sanctionne (45 000 €), faute de pouvoir nettement caractériser la spécialité de l'un des textes.

D – L'outrage sexiste

La loi du 3 août 2018 a introduit dans notre Code pénal une nouvelle contravention, l'outrage sexiste. En vertu de l'article 621-1, I, C. pén. « constitue un outrage sexiste le fait, hors les cas prévus aux articles 222-13, 222-32, 222-33 et 222-33-2-2, d'imposer à une personne tout propos ou comportement à connotation sexuelle ou sexiste qui soit porte atteinte à sa dignité en raison de son caractère dégradant ou humiliant, soit crée à son encontre une situation intimidante, hostile ou offensante ».

Cette définition est ainsi similaire à celle du harcèlement sexuel, à la différence que n'est pas reprise l'exigence de répétition des faits, et qu'un propos ou comportement unique peut ainsi caractériser l'infraction. La circulaire de présentation de la loi du 3 août 2018 considère que cette incrimination comble un vide juridique en permettant de réprimer un certain nombre de comportements à connotation sexuelle ou sexiste qui échappaient jusqu'alors à toute sanction pénale, par exemple des propositions sexuelles, mais également certaines attitudes non verbales telles que des gestes imitant ou suggérant un acte sexuel, des sifflements ou des bruitages obscènes ou ayant pour finalité d'interpeller la victime de manière dégradante ; des commentaires dégradants sur l'attitude vestimentaire ou l'apparence physique de la victime ; une poursuite insistante de la victime dans la rue (circulaire CRIM/2018-10/H2 du 3 sept. 2018).

L'outrage sexiste constitue une contravention de 4e classe punie de 750 € d'amende, conformément à l'article 131-13, 4°, C. pén. L'outrage sexiste constitue toutefois une contravention de 5e classe et est en conséquence puni d'une amende de 1 500 €, conformément à l'article 131-13, 5°, C. pén., lorsqu'il est commis par une personne qui abuse de l'autorité que lui confèrent ses fonctions ; sur un mineur de 15 ans ; sur une personne dont la particulière vulnérabilité, due à son âge, à une maladie, à une infirmité, à une déficience physique ou psychique ou à un état de grossesse, est apparente ou connue de son auteur ; sur une personne dont la particulière vulnérabilité ou dépendance résultant de la précarité de sa situation économique ou sociale est apparente ou connue de son auteur ; par plusieurs personnes agissant en qualité d'auteur ou de complice ; dans un véhicule affecté au transport collectif de voyageurs ou dans un lieu destiné à l'accès à un moyen de transport collectif de voyageurs ; en raison de l'orientation sexuelle, vraie ou supposée, de la victime.

Attention aux concours de qualifications

La qualification d'outrage sexiste risque bien souvent, dans les faits qui vous sont décrits dans un cas pratique, d'entrer en concours avec d'autres qualifications (harcèlement sexuel, exhibition sexuelle, violences, injure notamment). Il faudra être vigilant le jour de l'examen. Le législateur du 3 août 2018 solutionne en effet expressément certains concours de qualifications.

►

Ainsi, la qualification d'outrage sexiste ne s'applique que sous réserve – « hors les cas » dit le texte – que les faits ne constituent pas des violences délictuelles ayant entraîné une ITT inférieure à huit jours ou n'ayant entraîné aucune ITT commise dans certaines circonstances (art. 222-13, C. pén., par ex. à raison du sexe, de l'orientation sexuelle ou de l'identité de genre vraie ou supposée de la victime), une exhibition sexuelle (art. 222-32, C. pén.), un harcèlement sexuel (art. 222-33, C. pén.) ou un harcèlement moral (art. 222-33-2-2, C. pén.). En cas de concours entre ces qualifications et l'outrage sexiste, ce sont donc ces qualifications qui primeront. Dans cette perspective, l'outrage sexiste constitue une qualification qui s'applique à défaut d'autres qualifications. Ainsi, puisque, par exemple, les nouvelles formes du harcèlement permettent d'assouplir la condition de réitération en cas de pluralité d'individus agissant de manière coordonnée ou en connaissance de cause, en vertu du 2° de l'alinéa 2 du I de l'article 222-33, C. pén., la personne qui réalise un acte non réitéré, comme tel constitutif d'une simple contravention d'outrage sexiste, mais en sachant que la victime a déjà subi de tels faits, se rendra coupable de harcèlement sexuel.
En revanche, lorsque la qualification qui entre en concours avec l'outrage sexiste n'est pas réservée par le texte de l'article 621-1, C. pén., la difficulté s'accroît... Ainsi, par exemple, le texte ne réserve pas la qualification d'injure et notamment d'injure publique à caractère sexiste. Il faudrait en conséquence en déduire que lorsque les faits sont susceptibles de constituer notamment une injure publique à raison du sexe ou de l'orientation sexuelle de la victime (art. 33, al. 4, loi du 29 juillet 1881), c'est la qualification spéciale qui devrait en théorie être seule retenue. Pourtant, il est difficile de caractériser la spécialité de l'outrage sexiste par rapport à l'injure publique sexiste. En outre, les deux qualifications semblent bien protéger la même valeur, la dignité de la personne, sauf à considérer plus subtilement que l'injure protège l'honneur et la considération de la personne et l'outrage sexiste la dignité de la personne... Aussi :
– si l'on considère que les deux qualifications protègent la même valeur, il faudra solutionner le concours en application du principe de la plus haute expression pénale, c'est-à-dire en faveur de la seule injure publique à raison du sexe ou de l'orientation sexuelle de la victime qui fait encourir six mois d'emprisonnement et 22 000 € d'amende, au détriment de l'outrage sexiste qui ne fait encourir qu'une peine d'amende de 750 € ;
– si l'on considère que ce ne sont pas les mêmes valeurs qui sont protégées par chacune des qualifications, il y aurait place pour une double déclaration de culpabilité, et pour injure à caractère sexiste et pour outrage sexiste. Conformément à la jurisprudence *Ben Haddadi* (Crim. 3 mars 1960, préc.), rappelons que lorsqu'une action délictueuse unique matériellement indivisible est susceptible de revêtir des qualifications pénales protégeant des valeurs sociales distinctes, la situation doit être solutionnée en application des règles du concours réel. Quant aux peines encourues dans une telle hypothèse, elles seraient celles prévues en matière d'injure mais l'amende encourue pour l'outrage sexiste devrait se cumuler à ces peines en application de la règle figurant à l'art. 132-7, C. pén. qui, nous le verrons, consacre le cumul illimité des peines contraventionnelles.

Cas pratique n° 25

› Énoncé

– Lucas, âgé de 30 ans, entretient depuis quelques mois une relation avec Juliette, avec laquelle il a fréquemment des relations sexuelles non protégées, alors même qu'il se sait atteint du VIH depuis de nombreuses années. Juliette, qui ignorait la séropositivité de Lucas, apprend qu'elle a été contaminée.

– Adèle, âgée de 31 ans, rencontre quant à elle des problèmes avec Jean, de quatre ans son aîné, qu'elle vient d'épouser après quelques mois de relation. Elle a rapidement découvert un homme impatient et même violent. Un soir, il l'a même attachée de force au lit conjugal après l'avoir déshabillée : après avoir lui-même ôté ses vêtements, il rapporta de la salle de bain une bassine, un gant de toilettes et un pot de vaseline. Il se déshabilla et, alors qu'il était sur le point de rejoindre Adèle sur le lit, le téléphone sonna. Jean apprit alors le décès de sa mère. Effondré par la nouvelle, celui-ci se rétracta et s'enfuit. C'est une voisine et amie, alertée par des cris, qui libérera finalement Adèle.

Par ailleurs, Adèle continue dans le même temps à voir de temps à autre Lucien, son ancien concubin, dont elle a eu deux enfants. Un soir, alors qu'elle dîne chez lui en compagnie du frère aîné de ce dernier, Alexandre, son ancien compagnon lui impose des relations sexuelles, lui présentant son comportement comme un acte de vengeance à l'égard de toutes les souffrances qu'elle lui aurait infligées lorsqu'ils entretenaient des relations intimes. Alexandre, doté pourtant d'un certain ascendant sur son jeune frère, resta présent pendant l'acte et observa la scène sans intervenir.

– À l'issue d'un jeu comportant des « gages sexuels », Faustin, âgé de 13 ans, a récemment réalisé une fellation à un enfant de 12 ans dans les toilettes de l'école. En outre, il a été surpris par le vigile d'un magasin de vêtements alors qu'il filmait, à l'aide de son téléphone portable, les sous-vêtements de clients en train de se changer dans une cabine d'essayage. Le vigile immobilisa l'enfant jusqu'à l'arrivée des policiers. En fouillant son téléphone, les enquêteurs ont d'ailleurs pu constater qu'il n'en était pas à son premier coup d'essai, plusieurs dizaines de vidéos du même type ayant été découvertes à cette occasion.

Il vous est précisé que tous ces événements se sont déroulés en 2017. Quid juris ?

› Correction

Nous distinguerons les actes commis par Lucas (I), ceux commis par Jean (II), ceux commis par Lucien et Alexandre (III) et ceux commis par Faustin (IV). Il convient toutefois de relever, au préalable, que les faits ayant eu lieu en 2017, la loi du 3 août 2018, pour les dispositions de fond plus sévères qu'elle introduit, s'avère inapplicable, en raison du principe de non-rétroactivité de la loi pénale (art. 112-1, C. pén.).

I/ La transmission du VIH à Juliette par Lucas

– *Première qualification envisageable* : l'empoisonnement (art. 221-5, C. pén.) : « le fait d'attenter à la vie d'autrui par l'emploi ou l'administration de substances de nature à entraîner la mort constitue un empoisonnement ». Dans un arrêt du 2 juillet 1998, à propos d'un individu ayant transmis en connaissance de cause le VIH à sa partenaire, la Cour de cassation a précisé s'agissant de l'élément moral de l'infraction d'empoisonnement que ce dernier nécessitait l'intention de donner la mort (*animus necandi*) et que « la seule connaissance du pouvoir mortel de la substance administrée ne suffit pas à caractériser l'intention homicide ». Puis dans deux arrêts postérieurs (Crim. 10 janv. 2006 préc. ; 5 oct. 2010, *Bull. crim.* n° 147), toujours à propos de la transmission du VIH par la voie de relations sexuelles, la Cour de cassation retient l'infraction d'administration de substances nuisibles (ASN) ayant entraîné l'infirmité permanente de la victime, délit prévu et réprimé aux articles 222-15 et 222-9, C. pén.

En l'espèce, il faut donc exclure l'empoisonnement au profit de l'ASN.

– *Deuxième qualification envisageable* : l'ASN (art. 222-15, C. pén.) : « L'administration de substances nuisibles ayant porté atteinte à l'intégrité physique ou psychique d'autrui est punie des peines mentionnées aux articles 222-7 à 222-14-1 suivant les distinctions prévues par ces articles. »

– *Élément matériel* :

- le comportement : une administration d'une substance nuisible : celle-ci peut être réalisée non seulement par voie buccale, respiratoire ou cutanée, mais également par la voie anale ou vaginale, comme en l'espèce. Quant au caractère nuisible de la substance, celle-ci peut être définie comme un produit de nature à provoquer un dommage à l'intégrité physique ou psychique à l'exclusion de ceux pouvant entraîner la mort. Le VIH constitue certainement une substance nuisible mais pourrait bien relever en réalité des substances de nature à entraîner la mort ;
- le dommage : l'infraction est matérielle et nécessite dès lors la preuve d'un dommage. En l'espèce, il s'agit d'une mutilation ou d'une infirmité permanente : le VIH est à l'origine d'une « affection virale » produisant une altération irréversible elle-même constitutive d'une infirmité permanente (*cf.* Crim. 21 mars 2006, n° 05-87-683) ;
- le rôle causal de cette administration dans la transmission du VIH : l'analyse de ce lien, qui relève de l'appréciation souveraine des juges du fond, ne pose pas réellement problème en l'espèce, dans la mesure où il est affirmé que Lucas avait « fréquemment des relations sexuelles non protégées » et qu'aucune autre précision n'est apportée.

– *Élément moral* : l'ASN suppose de la part de son auteur qu'il ait administré volontairement une substance qu'il savait être nuisible. C'est d'ailleurs ce qu'a retenu la chambre criminelle dans l'arrêt rendu le 10 janvier 2006 précédemment évoqué, jugeant que « l'élément moral de l'infraction [prévue à l'article 222-15] ne suppose [...] que l'administration volontaire d'une substance en connaissance de son caractère nuisible pour la santé ». Appliquant cette conception à propos de la transmission du VIH lors de rapports sexuels non protégés, la Cour de cassation retenait par ailleurs dans cette affaire que « le fait de dissimuler volontairement son état de séropositivité pour avoir des relations sexuelles non protégées avec sa partenaire qui a été finalement contaminée », sachant que « le prévenu ne pouvait pas ignorer les risques de contamination liés à son comportement », constitue bien l'infraction prévue à l'article 222-15, C. pén.

L'infraction est donc caractérisée à l'égard de Lucas. S'agissant d'un dommage assimilé à une mutilation ou une infirmité permanente, il convient d'appliquer la peine fulminée par l'article 222-9, C. pén., aux termes duquel « les violences ayant entraîné une mutilation ou une infirmité permanente sont punies de dix ans d'emprisonnement et de 150 000 € d'amende. ».

II/ Concernant les actes de Jean

S'agissant de l'infraction recherchée, on peut hésiter entre deux qualifications : d'une part, le viol défini par l'article 222-23, C. pén. comme « tout acte de pénétration sexuelle, de quelque nature qu'il soit, commis sur la personne d'autrui par violence, contrainte, menace ou surprise est un viol » (version antérieure à la loi du 3 août 2018, seule applicable), d'autre part, l'agression sexuelle, définie par l'article 222-22, C. pén. comme « toute atteinte sexuelle commise avec violence, contrainte, menace ou surprise » (version là aussi antérieure à la loi du 3 août 2018, et là encore, seule applicable).

En l'espèce, il n'y a eu ni acte de pénétration sexuelle, ni atteinte sexuelle sur la personne d'Adèle, Jean s'étant rétracté. La question se pose néanmoins de savoir s'il y a tentative de viol ou d'atteinte sexuelle, l'infraction pouvant être rentrée dans sa phase d'exécution.

Selon l'article 121-5, C. pén. « la tentative est constituée dès lors que, manifestée par un commencement d'exécution, elle n'a été suspendue ou n'a manqué son effet qu'en raison de circonstances indépendantes de la volonté de son auteur. » Si la tentative d'un délit n'est punissable que dans les cas prévus par la loi, la tentative de crime l'est toujours (art. 121-4, C. pén.). Le viol étant revêtu d'une qualification criminelle, la tentative de viol est par principe répréhensible. L'agression sexuelle étant un délit, sa tentative doit être spécialement incriminée. Or, l'article 222-31, C. pén. incrimine expressément la tentative d'agression sexuelle.

– *Le commencement d'exécution* : il peut être défini comme un acte tendant immédiatement et directement à la consommation de l'infraction et accompli avec la volonté irrévocable de commettre celle-ci (V. Crim. 25 oct. 1962, *Lacour*, préc.). En l'espèce, un commencement d'exécution peut être caractérisé : Jean a attaché Adèle, l'a déshabillée avant d'ôter ses propres vêtements pour la rejoindre.

La difficulté réside, en l'espèce dans le point de savoir à quels agissements le commencement d'exécution se rapporte car toutes les fois où l'action est interrompue avant l'acte de pénétration sexuelle, la frontière séparant la tentative de viol de l'agression sexuelle est délicate à tracer. Ce n'est que lorsque pourra être constatée sans équivoque l'intention de parvenir à une pénétration sexuelle que la tentative de viol pourra être caractérisée. Dans le cas contraire, la qualification d'agression sexuelle devra être retenue. Ainsi, le fait de renverser une femme et de relever ses vêtements, est empreint d'équivoque et ne manifeste pas nécessairement l'intention de violer. En revanche, commet une tentative de viol celui qui, après avoir mis un préservatif, renonce à son acte en raison d'une déficience physique (Crim. 10 janv. 1996, *Bull. crim.* n° 14).

En l'espèce, rien ne permet d'affirmer avec certitude que Jean avait l'intention de parvenir à une pénétration sexuelle. Il convient donc de retenir la tentative d'agression sexuelle.

– *L'absence de désistement volontaire* : pour être répréhensible, la tentative doit n'avoir été suspendue ou manqué son effet qu'en raison de circonstances indépendantes de la volonté de son auteur. En l'espèce, la cessation de l'activité délictueuse de Jean ne paraît nullement liée à une quelconque volonté de sa part dans la mesure où elle résulte du trouble que lui a causé le décès de sa mère.

Jean a donc commis une tentative d'agression sexuelle. Il encourt sept ans d'emprisonnement et 100 000 € d'amende en vertu de l'article 222-28, 7°, C. pén. car il est le conjoint d'Adèle.

III/ Concernant les actes de Lucien et Alexandre

Nous envisagerons, d'une part, les faits commis par Lucien (A), d'autre part, le comportement d'Alexandre (B).

A – Les faits commis par Lucien

Il convient d'envisager la qualification de viol (art. 222-23, C. pén., dans sa version antérieure à la loi du 3 août 2018, seule applicable). Matériellement, le viol implique une pénétration de la victime par l'auteur et le recours à la violence, la contrainte, la menace ou la surprise. Intellectuellement, le viol suppose que l'agent ait l'intention de pénétrer en connaissance de l'absence de consentement de la victime.

En l'espèce, ces éléments semblent bien réunis et Lucien a bien commis un viol. En principe, le viol est puni de quinze ans de réclusion criminelle. Toutefois, l'article 222-24, 11° lorsqu'il est commis par le concubin. Le problème, en l'espèce, est que Lucien est ancien concubin d'Adèle. Il faut donc se référer à l'article 132-80, C. pén., dans sa version antérieure à la loi du 3 août 2018, seule applicable en l'espèce, aux termes duquel « dans les cas respectivement prévus par la loi ou le règlement, les peines encourues pour un crime, un délit ou une contravention sont aggravées lorsque l'infraction est commise par le conjoint, le concubin ou le partenaire lié à la victime par un pacte civil de solidarité (al. 1er). La circonstance aggravante prévue au premier alinéa est également constituée lorsque les faits sont commis par l'ancien conjoint, l'ancien concubin ou l'ancien partenaire lié à la victime par un pacte civil de solidarité. Les dispositions du présent alinéa sont applicables dès lors que l'infraction est commise en raison des relations ayant existé entre l'auteur des faits et la victime. (al. 2nd) ». Cette dernière circonstance doit être démontrée (*cf.* pour une censure prononcée : Crim. 12 oct. 2011, *Bull. crim.* n° 210).

En l'espèce, cela semble bien être le cas, puisque Lucien justifie son acte par sa volonté de vengeance à l'égard de toutes les souffrances qu'Adèle lui aurait infligées lorsqu'ils entretenaient des relations intimes.

À la lumière de ces circonstances, Lucien encourt vingt ans de réclusion criminelle.

B – Le comportement d'Alexandre

Le comportement d'Alexandre est tel qu'il suscite un questionnement sur une éventuelle complicité de sa part. Aux termes de l'article 121-7 : « Est complice d'un crime ou d'un délit la personne qui sciemment, par aide ou assistance, en a facilité la préparation ou la consommation (al. 1er). Est également complice la personne qui par don, promesse, menace, ordre, abus d'autorité ou de pouvoir aura provoqué à une infraction ou donné des instructions pour la commettre (al. 2nd) »

En vertu de l'emprunt de criminalité, la complicité nécessite une infraction principale punissable sur laquelle l'acte du complice vient se greffer. En l'espèce, il s'agit sans aucune difficulté du crime de viol commis par son frère Lucien.

La véritable difficulté en l'espèce concerne l'acte matériel de complicité : quel que soit le type de complicité envisagée (provocation, fourniture d'instructions, aide et assistance), l'acte doit en effet être positif, de commission. Ainsi, le spectateur qui assiste à la commission d'une infraction sans l'en empêcher n'est pas complice au sens du droit français, demeurant totalement passif.

La jurisprudence a certes pu adopter une position plus sévère à l'occasion de certaines affaires, la Haute juridiction jugeant en particulier que la simple présence d'une personne pendant la commission d'une infraction pouvait parfois conforter l'auteur de cette dernière par l'octroi d'un appui moral (*cf.* notamment Crim. 19 déc. 1989). Toutefois, ces décisions sont très isolées et les solutions retenues ne sauraient être érigées en règles générales.

Il faut donc en conclure qu'Alexandre, par son attitude purement passive et en dépit de l'ascendant qu'il possède sur son jeune frère, ne saurait être assimilé à un complice, l'étude de l'élément moral de la complicité s'avérant dès lors superflue. N'ayant pas réuni sur sa personne les éléments constitutifs de l'infraction de viol, il ne saurait davantage être considéré comme coauteur.

En revanche, il convient certainement d'envisager l'infraction autonome prévue et réprimée à l'article 223-6, al. 1er, C. pén. : « quiconque pouvant empêcher par son action immédiate, sans risque pour lui ou pour les tiers, soit un crime, soit un délit contre l'intégrité corporelle de la personne s'abstient volontairement de le faire est puni de cinq ans d'emprisonnement et de 75 000 € d'amende ». Matériellement, il y a bien en l'espèce crime contre l'intégrité corporelle s'agissant d'une scène de viol. Alexandre pouvait certainement empêcher par son action immédiate cette infraction, sans risque pour lui ou pour les tiers. Intellectuellement, son abstention paraît parfaitement volontaire : il demeure passif alors qu'il a pleinement conscience d'assister à des agissements constitutifs d'une infraction.

Alexandre encourt en conséquence cinq ans d'emprisonnement et 75 000 € d'amende.

IV/ Concernant les actes de Faustin

Nous envisagerons d'abord la fellation pratiquée sur l'enfant de 12 ans (A), ensuite les actes de voyeurisme (B).

A – La fellation sur l'enfant de douze ans

1. Sur la qualification envisageable

Il convient d'abord d'envisager la qualification de viol (art. 222-23, C. pén.). Toutefois, un problème se pose quant à la matérialité de l'infraction : ici, c'est l'auteur qui est pénétré par la victime, et non l'inverse. Confrontée à une telle difficulté, la jurisprudence avait, dans un premier temps, retenu la qualification de viol, estimant que tout acte de fellation constitue un viol dès lors qu'il est imposé avec violence, menace, contrainte ou surprise, à celui qui le subit ou à celui qui le pratique (Crim. 16 déc. 1997, *Bull. crim.* n° 429). Puis, au nom du principe de l'interprétation stricte de la loi pénale (art. 111-4, C. pén.), elle était revenue à une position plus restrictive excluant le viol (Crim. 21 oct. 1998, préc. : l'élément matériel du crime de viol n'est caractérisé que si l'auteur réalise l'acte de pénétration sexuelle sur la personne de la victime).

En l'espèce, il ne saurait donc y avoir viol, la qualification alors envisageable étant celle d'agression sexuelle prévue par l'article 222-27, C. pén. Certes, la loi du 3 août 2018 a étendu le crime de viol à l'hypothèse où c'est l'auteur qui est pénétré. Mais cette disposition de fond est plus sévère et ne saurait par conséquent s'appliquer à des faits commis en 2017, avant l'entrée en vigueur du texte (art. 112-1, C. pén.).

S'agissant d'une victime âgée de 12 ans, c'est l'article 222-29-1, C. pén. qui trouverait à s'appliquer : « les agressions sexuelles autres que le viol sont punies de dix ans d'emprisonnement et de 150 000 € d'amende lorsqu'elles sont imposées à un mineur de 15 ans ».

2. Sur le contexte « ludique » de la fellation

Le fait que la fellation ait été réalisée comme « gage » dans le cadre d'un jeu sexuellement connoté ne constitue pas en soi un fait justificatif mais soulève la question du consentement. En effet, l'acte n'a pas été accompli avec violence ou contrainte et Faustin n'a ni menacé ni surpris le consentement de la personne qui a fait l'objet de la fellation. L'article 222-29, C. pén. semble donc inapplicable, faute pour l'acte de Faustin de constituer une véritable « agression » au sens légal du terme. La loi du 3 août 2018 a toutefois introduit, à l'article 222-22-1, C. pén., certaines dispositions interprétatives des notions de contrainte morale ou de surprise constitutives de l'agression sexuelle au sens large. Ces dispositions, bien qu'entrées en vigueur après la commission des faits, sont applicables aux faits de l'espèce puisqu'elles sont interprétatives. Pourtant, ces dispositions ne sont d'aucun secours :

– l'al. 2e de l'art. 222-22-1, C. pén., prévoit certes que « [l]orsque les faits sont commis sur la personne d'un mineur, la contrainte morale [...] ou la surprise [...] peuvent résulter de la différence d'âge existant entre la victime et l'auteur des faits et de l'autorité de droit ou de fait que celui-ci exerce sur la victime, cette autorité de fait pouvant être caractérisée par une différence d'âge significative entre la victime mineure et l'auteur majeur ». Toutefois, en l'espèce, malgré la différence d'âge entre Faustin (13 ans) et sa victime (12 ans), celui-ci n'exerce aucune véritable autorité sur celle-là. En outre, on ne peut relever de différence d'âge significative entre Faustin et sa victime (un an seulement...). Surtout, l'auteur, Faustin, est mineur... ;

– l'al. 3e, de l'art. 222-22-1, C. pén., prévoit certes que « [l]orsque les faits sont commis sur la personne d'un mineur de 15 ans, la contrainte morale ou la surprise sont caractérisées par l'abus de la vulnérabilité de la victime ne disposant pas du discernement nécessaire pour ces actes ». Comme le précise la circulaire de présentation de la loi du 3 août 2018, il découle de cette disposition que « le principal critère devant être pris en compte par les juridictions pour apprécier l'existence d'une contrainte morale ou d'une surprise lorsque les faits ont été commis sur un mineur de 15 ans est celui du discernement de la victime et de sa capacité à consentir ou non à une atteinte sexuelle ». En outre, la circulaire relève qu'« [i]l convient d'observer que c'est le discernement nécessaire pour accomplir un acte sexuel qui doit être recherché, et non pas le discernement du mineur en général ou portant sur d'autres aspects de la vie en société » (circulaire CRIM/2018-10/H2 du 3 sept. 2018). En l'espèce, la victime est mineur de 15 ans. On peut en outre douter qu'elle dispose du discernement nécessaire pour subir une fellation. Toutefois, rien ne laisse, en l'espèce, penser que la victime soit vulnérable et que Faustin ait abusé de cette vulnérabilité.

En l'espèce, il convient de rejeter la qualification d'agression sexuelle. Il ne pourrait donc s'agir que d'une atteinte sexuelle.

Toutefois, l'article 227-25, C. pén., dans sa version antérieure à la loi du 3 août 2018, comme dans sa version issue de la loi du 3 août 2018 (qui pourrait trouver à s'appliquer à des faits commis postérieurement à l'entrée en vigueur de la loi car elle n'est pas plus sévère), ne réprime que l'atteinte commise par un majeur sur la personne d'un mineur de 15 ans. Or, Faustin n'étant nullement majeur, une telle disposition lui est totalement inapplicable.

Il faut donc conclure à l'impossibilité de poursuivre pénalement Faustin pour cette fellation.

B – Les actes de voyeurisme

On relèvera que le nouveau délit de voyeurisme de l'art. 226-3-1, C. pén., est inapplicable, puisqu'il a été introduit par la loi du 3 août 2018 donc postérieurement aux faits décrits (art. 112-1, C. pén.). C'est donc sous l'empire du droit antérieur qu'il convient de raisonner.

Plusieurs qualifications peuvent être envisagées, même si aucune ne paraît réellement convaincante, à tel point qu'une relaxe paraît la seule solution envisageable en l'espèce :

1. Les infractions de violences volontaires (les délits prévus et réprimés par les articles 222-7 et s., C. pén., voire en l'espèce la contravention de 5ᵉ classe de l'article R. 625-1, C. pén.)

C'est la qualification retenue par la Cour d'appel de Douai dans un arrêt du 1er mars 2006 (nº 05/01479) pour des faits similaires.

Matériellement, les violences peuvent être psychologiques comme physiques, dès lors que les agissements sont de nature à impressionner fortement la victime et à lui causer un choc émotif ou un trouble conséquent. Il est cependant difficile d'identifier un tel trouble en présence d'une action aussi discrète que celle qui consiste simplement à filmer des sous-vêtements. Par ailleurs, intellectuellement, les violences supposent la volonté de porter atteinte à l'intégrité physique ou psychique de la personne, et une telle volonté étant difficilement caractérisable en l'espèce.

2. L'atteinte à l'intimité de la vie privée

L'article 226-1, 2°, C. pén. réprime « ... le fait, au moyen d'un procédé quelconque, volontairement de porter atteinte à l'intimité de la vie privée d'autrui : [...] 2° En fixant, enregistrant ou transmettant, sans le consentement de celle-ci, l'image d'une personne se trouvant dans un lieu privé », d'un an d'emprisonnement et de 45 000 € d'amende. C'est la qualification retenue par la Cour d'Appel d'Aix-en-Provence dans un arrêt du 31 mars 2010 (n° 307/J/2010).

Toutefois, la caractérisation de l'élément moral de l'infraction n'est pas évidente. D'une part, Faustin n'a filmé que les sous-vêtements des clients, et n'a pas à proprement parler fixé « l'image » de ceux-ci (application du principe d'interprétation stricte, art. 111-4, C. pén.) ; d'autre part, et surtout, la personne doit se trouver dans un « lieu privé », ce que ne constitue pas nécessairement une cabine d'essayage dans un magasin ouvert à tous, même si l'on peut retenir une définition autonome d'un tel lieu.

3. Le délit d'atteinte sexuelle

Ce délit est prévu et réprimé à l'article 227-25, C. pén. : « le fait, par un majeur, d'exercer sans violence, contrainte, menace ni surprise une atteinte sexuelle sur la personne d'un mineur de 15 ans est puni de cinq ans d'emprisonnement et de 75 000 € d'amende ».

Il y a toutefois deux problèmes liés aux protagonistes de l'infraction, car, d'une part, Faustin est mineur, alors que le fait réprimé doit être accompli par un majeur et, d'autre part, ses victimes sont manifestement majeures, alors que le texte n'envisage que le mineur de 15 ans. En outre, le délit d'atteinte sexuelle suppose un contact corporel entre l'auteur et la victime, ce qui fait défaut en l'espèce (Crim. 7 sept. 2016, n° 15-83.287).

4. L'infraction d'agression sexuelle

L'article 222-22, al. 1er, C. pén. prévoit que « constitue une agression sexuelle toute atteinte sexuelle commise avec violence, contrainte, menace ou surprise » (répression prévue par l'article 222-27, en l'absence de viol : cinq ans d'emprisonnement et 75 000 € d'amende). C'est la qualification retenue par le tribunal correctionnel de Saverne dans un jugement du 8 décembre 2011 (n° Parquet 1119300003).

Toutefois, il serait abusif d'envisager en l'espèce une « atteinte sexuelle » quelle qu'elle soit en l'absence de tout contact physique entre Faustin et les clients qu'il a filmés. De plus, il n'y a pas de contrainte, de menace ou de violence exercée par Faustin : resterait l'hypothèse de la surprise, mais Faustin n'a pas davantage « surpris le consentement » des clients, dans la mesure où il a agi à leur insu, ces derniers n'ayant donc pu voir leur consentement extorqué. Dans un arrêt du 28 février 2008 (n° 07/01002) rendu pour des faits analogues, la Cour d'appel de Montpellier a prononcé une relaxe du chef d'agression sexuelle en relevant que si les faits « heurtent la morale et font preuve d'un réel manque de dignité, le texte visé ne permet pas de les réprimer sur le plan pénal, la loi ne punissant que les agissements constitutifs d'une agression sexuelle proprement dite et non la simple atteinte à la délicatesse d'une personne ».

5. L'infraction dite de « happy slapping »

L'article 222-33-3, C. pén. sanctionne le fait d'enregistrer sciemment, par quelque moyen que ce soit, sur tout support que ce soit, des images relatives à la commission de violences volontaires, de viols ou d'agressions sexuelles. Toutefois, en l'espèce, aucune de ces infractions n'est en train de se commettre au moment où Faustin capte les images litigieuses.

Cas pratique n° 26

› *Énoncé*

Dans la soirée du 10 août 2017, alors qu'il lisait son journal sur la terrasse de sa maison située sur les hauteurs de Nice, Pierre fut dérangé par des cris stridents provenant de la maison d'à côté. Furieux de ne pouvoir profiter de la soirée pour lire dans son jardin, il se décida à prévenir la police. Se rendant sur place, les policiers trouvèrent la porte de la maison ouverte et découvrirent à l'intérieur de celui-ci deux jeunes femmes en larmes. Celles-ci racontèrent qu'elles devaient prendre l'apéritif chez leur ami Adhémar, âgé de 30 ans, avant de rejoindre d'autres amis. Alors qu'elles étaient dans la maison, elles purent constater qu'Adhémar n'était pas dans son état normal, sa conversation étant très incohérente. Après avoir mis de la musique et allumé quelques bougies pour tamiser la pièce, ce dernier sortit un revolver et leur ordonna de se déshabiller. Il demanda d'abord à Annabelle de faire pénétrer un vibromasseur de forme phallique dans le vagin de Chloé. Terrorisée, celle-ci s'exécuta. Puis, Adhémar demanda à Annabelle dans les mêmes conditions de faire pénétrer l'objet dans son propre vagin. Toujours terrorisée, Annabelle s'exécuta. Satisfait, Adhémar quitta brutalement les lieux, en emportant son arme et son vibromasseur. Laissées seules dans une grande détresse, Annabelle et Chloé ne purent reprendre véritablement leurs esprits avant l'arrivée des policiers qui auditionnèrent immédiatement les deux jeunes femmes. Adhémar sera finalement retrouvé errant dans un état catatonique.

Que risque les protagonistes de cette histoire au regard du droit pénal français ? S'agissant d'Adhémar, sans vous intéresser à la question de la prescription de l'action publique, quelles auraient été les conséquences de son comportement si les faits avaient été commis en 2012 ?

› *Correction*

Nous distinguerons la pénétration opérée par Annabelle sur Chloé (I) et la pénétration réalisée par Annabelle sur elle-même (II), avant d'envisager le jeu éventuel de la cause d'irresponsabilité tirée du trouble psychique (III). Il convient toutefois de relever, au préalable, que les faits ayant eu lieu en 2017, la loi du 3 août 2018, pour les dispositions de fond plus sévères qu'elle introduit, s'avère inapplicable, en raison du principe de non-rétroactivité de la loi pénale (art. 112-1, C. pén.).

I/ La pénétration opérée par Annabelle sur Chloé

A – L'absence de responsabilité d'Annabelle

1. L'accomplissement matériel d'un viol sur Chloé

L'acte accompli par Annabelle sur Chloé constitue une pénétration d'un objet dans le sexe. Le fait que la pénétration ne soit pas réalisée par un sexe, mais par un vibromasseur de forme phallique, ne saurait constituer un obstacle à cette qualification. Il en irait différemment dans l'hypothèse d'une pénétration buccale de l'objet, qui ne constitue pas une pénétration dans le sexe de la victime (Crim. 21 févr. 2007, préc.).

Incontestablement, la pénétration a eu lieu sans le consentement de Chloé. Pour être constitutive d'un viol (art. 222-23, al. 1er, C. pén., dans sa version applicable avant l'entrée en vigueur de la loi du 3 août 2018), la pénétration doit être effectivement accompagnée d'une violence, contrainte, menace ou surprise. La contrainte et la menace semblent ici caractérisées. Cependant, il faut relever que la contrainte comme la menace émanent ici d'Adhémar et non d'Annabelle, qui commet plutôt sur Chloé une violence.

Sous cette réserve, l'acte accompli par Annabelle sur Chloé constitue un viol. Il fait normalement encourir à son auteur une peine de quinze ans de réclusion criminelle (art. 222-23, al. 2, C pén.).

2. L'irresponsabilité pénale d'Annabelle du fait de la contrainte morale exercée sur elle

Cependant, la responsabilité pénale d'Annabelle ne pourra probablement pas être retenue. C'est en effet sous la menace qu'Annabelle a commis sur Chloé l'acte matériel de pénétration. La menace constitue, en l'espèce, une contrainte morale externe « à laquelle elle n'a pu résister » au sens de l'article 122-2, C. pén.

La contrainte constitue en effet une cause d'irresponsabilité pénale aussi bien lorsqu'elle résulte d'un événement naturel que d'une menace du fait de l'homme faisant craindre, comme en l'espèce, un péril imminent. L'arme tenue par Adhémar caractérise certainement, dans ce contexte, une force à laquelle Annabelle n'a pu résister.

B – La responsabilité d'Adhémar

Nous distinguerons, comme demandé, la responsabilité d'Adhémar selon que les faits ont été commis en 2012 (1) ou, comme l'indique l'énoncé, en août dernier (2).

1. Si les faits avaient été commis en 2012

a. L'exclusion de la qualité d'auteur intellectuel d'Adhémar

Dans des situations où, comme en l'espèce, l'auteur matériel d'une infraction ne faisait qu'exécuter, sans véritable liberté, des ordres reçus d'un tiers, lequel était à l'origine du processus criminel, la doctrine a parfois été tentée de retenir la notion d'« auteur intellectuel » pour désigner, comme un auteur, le provocateur à l'infraction. Selon cette analyse, Adhémar n'aurait pas été complice par instigation mais auteur du viol, perpétré par l'intermédiaire d'Annabelle qui n'agissait que comme un instrument soumis à sa volonté.

Cependant, faute, à l'époque, d'incrimination spécifique de l'auteur intellectuel du viol, et en application du principe de la personnalité de la responsabilité pénale (art. 121-1, C. pén.), ce n'est qu'en qualité de complice par instigation, que la participation d'Adhémar au viol aurait dû être recherchée.

b. La responsabilité d'Adhémar pour complicité de viol

On l'a vu, Annabelle échappe, du fait de la contrainte, à toute responsabilité pénale : l'absence de caractérisation de l'élément moral rend imparfaite la constitution du viol matériellement commis par Annabelle sur Chloé. Cependant, bien que ne réalisant pas une infraction constituée en tous ses éléments, l'acte d'Annabelle demeure un acte matériellement punissable, et peut dès lors être considéré comme un « fait principal » dont la caractérisation permet d'engager la responsabilité du complice (Crim. 8 janv. 2003, préc.).

Aux termes de l'article 121-6, C. pén., le complice est puni « comme auteur », c'est-à-dire comme s'il était lui-même auteur de l'infraction. Le viol fait encourir une peine de quinze ans de réclusion criminelle (art. 222-23, C. pén.), peine portée à vingt ans lorsqu'est caractérisée une des circonstances aggravantes énumérées à l'article 222-24, C. pén.

En l'espèce, il est possible de douter de l'applicabilité de la circonstance énoncée au 6° de l'article 222-24, C. pén. (le viol dit « en réunion », c'est-à-dire « commis par plusieurs personnes agissant en qualité d'auteur ou de complice ») ainsi que sur l'applicabilité de la circonstance énoncée au 7° (le viol « commis avec usage ou menace d'une arme »). Cependant, il convient de faire application de ces circonstances au cas d'espèce. En effet, les circonstances relevées sont des circonstances réelles ou objectives, car elles concernent les faits, et non la qualité de l'auteur ou du complice. À cet égard, il est admis tant par la doctrine que par la jurisprudence que les effets de ces circonstances doivent se répercuter sur l'ensemble des participants de l'infraction (ex. pour la bande organisée : Crim. 15 sept. 2004, *Bull. crim.* n° 213 : l'existence d'une bande organisée s'analyse en une circonstance aggravante réelle qui a trait aux conditions dans lesquelles l'infraction a été commise et qui a vocation à s'appliquer à l'ensemble des coauteurs et complices).

En l'espèce, l'usage de l'arme par le complice et la réunion résultent des faits, non de la qualité de l'auteur, et doivent donc s'appliquer à l'ensemble des coauteurs et complices.

Il aurait donc fallu retenir ces deux circonstances aggravantes. Par conséquent, si les faits s'étaient déroulés en 2012, Adhémar aurait encouru la peine de vingt ans de réclusion criminelle, aux termes de l'article 222-24, C. pén.

2. Si les faits ont été commis en août 2017

La loi du 5 août 2013 a créé une nouvelle infraction sexuelle : selon l'article 222-22-2, C. pén., constitue une agression sexuelle, « le fait de contraindre une personne par la violence, la menace ou la surprise à subir une atteinte sexuelle de la part d'un tiers ». Ces faits sont punis des peines encourues au titre du viol et des agressions sexuelles selon la nature de l'atteinte subie. Il s'agit d'une infraction matérielle : l'atteinte sexuelle doit avoir été consommée, même si l'al. 3 de l'article 222-22-2, C. pén. incrimine la tentative de cette infraction.

En l'espèce, Adhémar sera considéré comme auteur de cette nouvelle infraction sexuelle. Il a effectivement contraint Chloé à subir une atteinte sexuelle de la part d'Annabelle. Il encourra, en qualité d'auteur de celle-ci la peine prévue au titre du viol aggravé par la circonstance d'usage d'une arme et la circonstance de réunion, c'est-à-dire vingt ans de réclusion criminelle (art. 222-22-2, C. pén. renvoyant à l'article 222-23, 6° et 7°, C. pén.).

II/ La pénétration réalisée par Annabelle sur elle-même

Les faits commis par Annabelle sur elle-même constituent une pénétration sexuelle, au moyen d'un vibromasseur. Cependant, c'est Annabelle elle-même qui a, matériellement, fait pénétrer cet objet dans son sexe. L'acte de pénétration sexuelle n'a pas été « commis sur la personne d'autrui » : si Adhémar a bien exercé la menace ainsi que la contrainte qui sont susceptibles de justifier une qualification de viol, il n'a pas, personnellement, commis l'acte de pénétration. Le principe d'interprétation stricte de la loi pénale (art. 111-4, C. pén.) s'oppose, très clairement, à ce que la qualification de viol soit retenue contre elle. De plus, faute de fait principal punissable, Adhémar ne saurait être regardé comme complice, notamment par provocation, d'une quelconque infraction, au sens de l'article 121-7, C. pén. – le cas d'espèce soulevant ainsi une difficulté analogue à celle constatée, dans les années 1980, en matière de provocation au suicide, avant la création, par la loi du 31 décembre 1987, d'infractions spécifiques, remèdes à l'impunité (art. 223-13 à 223-15, C. pén.). En outre, la nouvelle infraction sexuelle prévue par l'article 222-22-2, C. pén. ne saurait trouver à s'appliquer à l'encontre d'Adhémar : elle vise « le fait de contraindre une personne par la violence, la menace ou la surprise à subir une atteinte sexuelle de la part d'un tiers », non de contraindre une personne, par les mêmes moyens, à subir une atteinte sexuelle de la part d'elle-même…

La mobilisation des autres qualifications existant en matière d'infractions sexuelles se heurte à une difficulté similaire : les « agressions sexuelles autres que le viol » (articles 222-27 à 222-30, C. pén.) supposent logiquement la même condition de réalisation sur la personne d'autrui, même si cette condition n'apparaît pas aussi explicite.

Dans une telle situation, l'analyse doctrinale, rapportée précédemment, qualifiant Adhémar d'« auteur intellectuel » de l'infraction, serait certes adaptée aux besoins de la répression, mais une telle analyse se heurte au principe de personnalité de la responsabilité pénale (art. 121-1, C. pén.).

Il reste à envisager les atteintes aux personnes, qui sont naturellement réprimées hors de toute activité sexuelle. Ainsi, les violences – c'est-à-dire les atteintes volontaires à l'intégrité d'autrui – sont incriminées aux articles 222-7 et s., C. pén. ; *a contrario*, les violences sur soi-même ne sont pas incriminées.

Cependant, puisque les violences ne nécessitent pas de contact physique, la menace exercée par Adhémar sur Annabelle pourrait entrer dans le domaine de l'incrimination.

Pour autant, faute de précision sur la durée de l'interruption de travail qu'aurait causé à Annabelle le choc émotif résultant des violences, il convient de se tourner vers les menaces.

Ainsi, la présence de l'arme caractérise bien la « menace de commettre un crime ou un délit » au sens de l'article 222-17, C. pén., et cette menace a été faite avec « ordre de remplir une condition » au sens de l'article 222-18. Compte tenu de cette circonstance aggravante, les peines encourues par Adhémar en tant qu'auteur des menaces sont portées à cinq ans d'emprisonnement et à 75 000 € d'amende.

III/ L'éventuelle irresponsabilité d'Adhémar pour trouble mental

Adhémar fut retrouvé errant dans un état catatonique. Si les faits qui lui sont reprochés ont été commis alors qu'il souffrait d'un trouble psychique ou neuropsychique ayant aboli son discernement ou le contrôle de ses actes, au sens de l'article 122-1, C. pén., Adhémar ne sera pas pénalement responsable. Depuis la loi du 25 février 2008 cependant, lorsque la chambre de l'instruction ou une juridiction de jugement prononce un arrêt ou un jugement de déclaration d'irresponsabilité pénale pour cause de trouble mental, elle peut ordonner à l'encontre de la personne des mesures de sûreté (interdiction d'entrer en relation avec la victime de l'infraction ou certaines personnes ou catégories de personnes ; interdiction de paraître dans tout lieu spécialement désigné ; interdiction de détenir ou de porter une arme, etc.).

Cas pratique n° 27

› *Énoncé*

Joël est un garçon solitaire. Lundi 26 février 2018, une fois son service de chauffeur de bus effectué, il se connecta sur le réseau TOR. La veille, pour le prix de deux centièmes de bitcoin, il avait commandé sur un site pédopornographique hébergé en Thaïlande une vidéo réalisée sur place dont il a écrit le scénario, impliquant le viol de plusieurs jeunes enfants par plusieurs hommes. Il s'empressa de consulter cette vidéo puis de la partager comme il l'avait déjà fait plusieurs fois.

Insatisfait, il se décida à sortir de chez lui, direction le bois de Boulogne. Alors qu'il attendait à un feu, il fut accosté par une jeune femme assez légèrement vêtue qui lui proposa une heure de plaisir en sa compagnie. Joël l'interrogea sur son état apparent de grossesse mais la jeune femme le rassura en soulignant que cela ne lui posait pas de problème. La jeune femme monta donc dans la voiture de celui-ci. Après une petite balade en voiture, Joël se gara en bordure d'une allée tranquille et commença à entreprendre la jeune femme. Alors en pleine action, ils entendirent le bruit d'un tapotement sur la vitre du véhicule : un officier de police leur demanda très poliment ce qu'ils étaient en train de faire.

Quid juris ?

› Correction

Nous distinguerons la commande de la vidéo pédo-pornographique (I) et les relations sexuelles entre Joël et la jeune femme (II).

I/ La commande de la vidéo pédo-pornographique

Joël commande la réalisation et le tournage de viol de mineurs, nous envisagerons tout d'abord la consultation habituelle et de diffusion d'images pédo-pornographiques (A), puis la complicité de viol (B) et ses circonstances aggravantes (C) avant de résoudre les difficultés liées à l'application de la loi française (D).

A – La consultation et la diffusion d'images pédo-pornographiques

L'article 227-23, C. pén. incrimine fait de consulter habituellement un service de communication au public en ligne mettant à disposition la représentation d'un mineur lorsque cette image ou cette représentation présente un caractère pornographique, ainsi que le fait de rendre disponible ou de diffuser une telle image, notamment par un réseau de communications électroniques.

Cet article incrimine plusieurs infractions distinctes :

– *la consultation habituelle*, qui suppose une répétition d'une consultation, notamment sur internet, d'images représentant des mineurs, lorsque celles-ci présentent un caractère pornographique, c'est-à-dire « une représentation complaisante – à caractère sexuel – de sujets, de détails obscènes, dans une œuvre » qu'il s'agisse d'images réelles ou non réelles comme un dessin (Crim. 12 sept. 2007, n° 06-86.763) ;

– *la diffusion* ou mise à disposition de ces images.

Intellectuellement, ces deux infractions ne supposent pas d'intention renforcée, la seule volonté de consulter, ou de diffuser intentionnellement des images suffit à caractériser l'élément matériel.

En l'espèce le site internet thaïlandais consulté propose bien la mise à disposition d'image de mineurs en train de subir des atteintes sexuelles, il s'agit donc d'images de mineur à caractère pornographique. Il est mentionné que Joël a consulté à plusieurs reprises ce site, il y a donc bien infraction d'habitude. Il est également mentionné qu'il diffuse lui-même par la suite sur d'autres sites ces vidéos. Il y a donc bien consultation habituelle et diffusion d'images pédo-pornographiques. Il ne fait aucun doute que, du fait de la diffusion, et de la réitération, ces infractions ont été réalisées de façon intentionnelle, et non par erreur.

Joël a donc bien commis les infractions de consultation habituelle et diffusion d'images à caractère pédo-pornographiques, par le biais d'un réseau de communication électronique, à savoir internet. À ce titre il encourt, pour chacune de ces infractions, la peine de sept années d'emprisonnement et 100 000 € d'amende.

B – La complicité de viols de mineurs

Il est mentionné que les images consultées représentent le viol de plusieurs mineurs, par plusieurs hommes, selon un scénario élaboré par Joël lui-même. À ce titre, nous rechercherons directement sa responsabilité pour complicité de viol.

L'article 121-6, C. pén. dispose que sera puni comme auteur le complice au sens de l'article 121-7, C. pén. L'al. 2nd de cette dernière disposition vise la personne qui par don, promesse, menace, ordre, abus d'autorité ou de pouvoir aura provoqué une infraction ou donné des instructions pour la commettre.

La complicité suppose un fait principal punissable, c'est-à-dire une infraction, ou une tentative punissable. Ce fait principal punissable, dans l'hypothèse de l'al. 2nd de l'article 121-7, C. pén., doit avoir été directement causé par celui qui a provoqué l'infraction, ou donné des instructions pour la commettre, il s'agit d'une complicité par instigation. Il faut donc un acte positif incitatif de l'infraction.

La complicité suppose que l'acte positif qui la matérialise soit volontaire et conscient.

En l'espèce, le viol est une commande, que Joël a payée en crypto-monnaie. Il a transmis un scénario qui a été réalisé à sa demande. Il a donc transmis des instructions pour réaliser des viols. L'apparence contractuelle de la démarche, même si elle n'est pas directement mentionnée par l'article 121-7 ne fait pas obstacle à la complicité, puisqu'il s'agit d'instructions. Il y a donc un acte positif d'incitation à l'infraction, dont la nature contractuelle démontre une intention coupable remplissant ainsi la condition liée à l'élément moral.

C – Les circonstances aggravantes

Au titre de l'article 222-23 le viol est puni de quinze de réclusion criminelle. L'article 222-24, C. pén. prévoit plusieurs circonstances aggravantes, notamment lorsque le viol est commis sur un mineur de 15 ans (2°), par plusieurs personnes agissant en qualité d'auteurs ou de complices (6°), lorsqu'il est commis en concours, avec un ou plusieurs autres viols commis sur d'autres victimes (10°).

En l'espèce, il est fait mention de « jeunes enfants », ce qui semble indiqué que ceux-ci ont moins de 15 ans. Le film réalisé montre le viol de plusieurs de ces jeunes enfants, par plusieurs hommes, il y a donc plusieurs co-auteurs, et probablement plusieurs complices par fourniture de moyens dans la réalisation du film du viol et sa diffusion.

L'infraction de viol dont Joël est complice est donc aggravée de trois circonstances, toutefois, le cumul de celles-ci n'entraîne pas de sur-aggravation de la peine. À ce titre, Joël, mais également les auteurs des viols, ainsi que ceux qui en ont fourni les moyens sont passibles de vingt années de réclusion criminelle.

On précisera qu'il y aura autant de déclarations de culpabilité qu'il y a de victimes de viol.

NB : on ne retiendra pas la circonstance aggravante nouvelle introduite par la loi du 3 août 2018 à l'art. 222-24, 14°, C. pén., et qui résulte de ce que le viol a été commis alors qu'un mineur était présent au moment des faits et y a assisté. Elle aurait pu être envisagée puisque le viol de chacun des enfants a pu être réalisé en présence des autres. Toutefois, cette disposition plus sévère ne saurait rétroagir (art. 112-1, C. pén.).

D – L'application de la loi française

Les viols ont vraisemblablement eu lieu en Thaïlande, sur des mineurs probablement thaïlandais, par des auteurs qui le sont tout autant. On peut donc s'interroger sur la question de savoir si la loi pénale française s'applique.

L'article 113-2, C. pén. dispose que la loi pénale française est applicable aux infractions commises sur le territoire de la République, une infraction étant commise sur le territoire de la République dès lors qu'un de ces faits constitutifs a lieu sur le territoire de la République.

À première vue, tout a été réalisé en Thaïlande, donc hors du territoire de la République, y compris les différents éléments constitutifs du viol. L'article 113-2, C. pén. n'a donc pas vocation à s'appliquer pour le viol. En revanche, il s'applique pour la détention et la diffusion d'images pédo-pornographiques qui ont été réalisées en France.

L'article 113-5, C. pén. prévoit que l'acte de complicité en France d'une infraction principale commise à l'étranger relève de la compétence de la loi pénale française dès lors qu'existe, d'une part, une réciprocité d'incrimination du fait principal et, d'autre part, que l'infraction principale a été constatée par une décision définitive de la juridiction étrangère. S'agissant du viol de mineur, il est bien évidemment répréhensible en Thaïlande, toutefois, l'infraction a été commise la veille et n'a donc pas fait l'objet d'un jugement définitif en Thaïlande, et rien n'indique même que les auteurs principaux aient été appréhendés.

Il convient toutefois de noter que l'article 113-5, C. pén. est d'application subsidiaire. Il ne justifiera en effet la compétence de la loi pénale française que lorsque l'auteur du fait principal ne pourra être jugé par les juridictions françaises en vertu d'un autre chef de compétence (Crim. 20 févr. 1990, *Bull. crim.* n° 84).

Or, la jurisprudence a reconnu la compétence française, sur le fondement du principe de territorialité, pour « des faits commis à l'étranger par un étranger dès lors que ces faits apparaissent comme formant un tout indivisible avec les infractions également imputées en France à cet étranger et dont elle est légalement saisie » (Crim. 23 avr. 1981, *Bull. crim.* n° 116). La chambre criminelle a récemment confirmé cette solution, dans un arrêt en date du 31 mai 2016, tout en précisant qu'elle s'applique à l'indivisibilité, non à la connexité entre les infractions : la loi pénale française est applicable « lorsque l'infraction est commise à l'étranger, dans le seul cas où il existe un lien d'indivisibilité entre cette infraction et une autre commise sur le territoire de la République, les faits étant indivisibles lorsqu'ils sont rattachés entre eux par un lien tel que l'existence des uns ne se comprendrait pas sans l'existence des autres » (Crim. 31 mai 2016, n° 15-85.920).

En l'espèce, la consultation et la diffusion des images sont susceptibles d'êtres poursuivies en France, puisque commis sur le territoire de la République. La complicité de viol pourra certainement être poursuivie en France car elle est indivisible des infractions commises sur le territoire français : il existe en effet un lien tel que l'existence de la consultation et de la diffusion ne se comprendrait pas sans l'existence du viol. On précisera que c'est sur le fondement de la territorialité que la loi française sera ainsi compétente, rendant par là même indifférent un éventuel jugement rendu par la suite en Thaïlande.

II/ Les relations de Joël avec la jeune femme

A – L'infraction de racolage

La jeune femme offrant de toute évidence publiquement des services sexuels rémunérés, il aurait été possible de songer ici à l'infraction de racolage. Aux termes de l'anc. art. 225-10-1, C. pén., « le fait, par tout moyen, y compris par une attitude même passive, de procéder publiquement au racolage d'autrui en vue de l'inciter à des relations sexuelles en échange d'une rémunération ou d'une promesse de rémunération est puni de deux mois d'emprisonnement et de 3 750 € d'amende ».

Toutefois, cette infraction a été abrogée par la loi du 13 avril 2016. En vertu du principe de la rétroactivité *in mitius*, consacré par l'article 112-1, al. 3, C. pén., cette loi nouvelle plus douce pourra s'appliquer en faveur de la jeune femme.

B – Le recours au service d'une prostituée en état de grossesse

Le fait de recourir en tant que client aux services d'une personne se livrant à la prostitution ne faisait pas, jusqu'à la loi du 13 avril 2016, l'objet d'une incrimination générale.

Dans deux hypothèses particulières toutefois, le législateur avait fait le choix de pénaliser les clients. Il en est ainsi en premier lieu du fait « solliciter, d'accepter ou d'obtenir, en échange d'une rémunération ou d'une promesse de rémunération, des relations de nature sexuelle de la part d'un mineur qui se livre à la prostitution, y compris de façon occasionnelle » (anc. art. 225-12-1, al. 1er, C. pén.), mais également, en second lieu, du fait « de solliciter, d'accepter ou d'obtenir, en échange d'une rémunération ou d'une promesse de rémunération, des relations sexuelles de la part d'une personne qui se livre à la prostitution, y compris de façon occasionnelle, lorsque cette personne présente une particulière vulnérabilité, apparente ou connue de son auteur, due à une maladie, à une infirmité, à une déficience physique ou psychique ou à un état de grossesse » (anc. art. 225-12-1, al. 2nd, C. pén.).

Cet état du droit a été modifié par la loi du 13 avril 2016. Désormais, le recours à la prostitution de mineure ou d'une personne en état de grossesse ne fait plus l'objet que d'une seule disposition, l'al. 2nd de l'article 225-12-1, C. pén. Surtout, ce texte a institué une incrimination générale de l'achat d'acte sexuel par la création d'une contravention de 5e classe. L'article 611-1, C. pén., unique article du titre (« Du recours à la prostitution ») du livre VI dispose ainsi que : « le fait de solliciter, d'accepter ou d'obtenir des relations de nature sexuelle d'une personne qui se livre à la prostitution, y compris de façon occasionnelle, en échange d'une rémunération, d'une promesse de rémunération, de la fourniture d'un avantage en nature ou de la promesse d'un tel avantage est puni de l'amende prévue pour les contraventions de la cinquième classe », c'est-à-dire 1 500 €. Lorsqu'il est commis en état de récidive, l'achat d'acte sexuel est puni de 3 750 € d'amende (art. 225-12-1, al. 1er, C. pén.).

Il y a, en l'espèce, en apparence, un conflit de qualifications, entre, d'une part, une qualification générale (la contravention de l'article 611-1, C. pén. qui réprime de manière générale, l'achat d'acte sexuel) et une qualification spéciale (le délit de l'article 225-12-1, C. pén. de recours au service d'une prostituée en état de grossesse). Ce conflit apparent de qualifications doit être dissipé en faisant application de la règle *specialia generalibus derogant*. Nous retiendrons en conséquence seulement le délit de recours à la prostitution d'une prostituée en état de grossesse.

En l'espèce, l'état de grossesse de la jeune femme étant non seulement avéré sur le plan objectif mais également apparent sur le plan subjectif (une discussion a même eu lieu sur ce point entre Joël et la jeune femme), il ne fait aucun doute que Joël, informé de cet état de vulnérabilité, s'est, en acceptant des relations de nature sexuelle avec celle-ci, rendu coupable de l'infraction prévue au 2nd al. de l'article 225-12-1, C. pén., s'exposant à une peine de trois ans d'emprisonnement et 45 000 € d'amende.

C – L'exhibition sexuelle

Le fait que Joël et la jeune femme soient en train d'avoir des rapports sexuels à l'intérieur d'un véhicule stationné en pleine rue conduit à s'interroger sur l'infraction d'exhibition sexuelle. Cette infraction est prévue par l'article 222-32, C. pén. qui vise « l'exhibition sexuelle imposée à la vue d'autrui dans un lieu accessible aux regards du public ».

Celle-ci suppose principalement des actes de nature sexuelle ou des gestes et attitudes obscènes, c'est-à-dire des actes de nature à offenser la pudeur de témoins ou de personnes susceptibles de l'être. Il ne fait aucun doute que le fait de réaliser un acte sexuel a deux correspond aux prévisions du texte incriminateur.

L'exhibition doit non seulement se produire dans un lieu accessible aux regards du public mais également être imposée à la vue d'autrui. La voiture est certes un lieu privé mais elle reste ici accessible aux regards du public depuis un lieu public, ici la voie publique (la rue, en l'absence de précisions concernant d'éventuelles vitres teintées).

Par ailleurs, l'infraction sanctionne celui qui s'exhibe en sachant qu'il se trouve dans un lieu accessible aux regards du public, elle vise l'exhibition volontaire de celui qui veut ou a conscience qu'on le voit. la jurisprudence estime ainsi qu'il suffit que l'auteur de l'exhibition ait su qu'il pouvait être vu (Crim. 27 janv. 2016, n° 14-87.591 : condamnation d'un individu se masturbant à l'intérieur de son véhicule automobile stationné sur un parking public aperçu par une personne présente sur son balcon au moment des faits).

Ces éléments semblent bien caractérisés, les deux acteurs ayant conscience de l'ensemble des paramètres objectifs établissant la matérialité du délit. Ainsi, Joël et la jeune femme sont passibles, chacun, d'une peine d'un an d'emprisonnement et de 15 000 € d'amende.

Conclusion : les sanctions encourues

– Joël est : auteur de l'infraction de consultation habituelle et de l'infraction de diffusion d'images à caractère pédo-pornographiques, par le biais d'un réseau de communication électronique et encourt à ce titre pour chacune de ces infractions, la peine de sept années d'emprisonnement et 100 000 € d'amende ; coauteur du délit d'exhibition sexuelle et encourt à ce titre un an d'emprisonnement et 45 000 € d'amende ; complice de viols sur mineurs et encourt à ce titre vingt ans de réclusion criminelle ;

auteur du délit de recours au service d'une prostituée mineure et encourt à ce titre trois ans d'emprisonnement et 45 000 € d'amende.

Toutes ces infractions ont été commises en situation de concours réel, puisque chacune a été commise avant que Joël ait été définitivement condamné pour une autre infraction (art. 132-2, C. pén.). Aussi, en vertu de l'article 132-3, C. pén., si Joël fait l'objet d'une seule procédure pour l'ensemble de ces infractions, « chacune des peines encourues peut être prononcée ». « Toutefois, lorsque plusieurs peines de même nature sont encourues, il ne peut être prononcé qu'une seule peine de cette nature dans la limite du maximum légal le plus élevé ».

En l'espèce Joël encourra vingt ans de réclusion criminelle et 100 000 € d'amende.

– La jeune femme est coauteur du délit d'exhibition sexuelle. Elle encourt un an d'emprisonnement et 45 000 € d'amende.

Cas pratique n° 28

› *Énoncé*

Lucas, 21 ans, et Pierre, 23 ans, ont l'habitude de passer les vacances d'été sur l'île d'Oléron où ils disposent chacun d'une maison de famille et de nombreux amis.

En cet été 2018, ils ont pu constater que, comme chaque été, un même problème revient. Des animaux sont laissés sur le parking du centre commercial de Saint-Pierre d'Oléron dans la touffeur des voitures par des propriétaires peu vigilants. Ils savent qu'un véhicule garé en plein soleil peut être un piège mortel pour un animal : la température dans l'habitacle peut atteindre et dépasser les 40 °C en moins de 10 minutes, et, en cas de canicule, le mercure peut osciller autour des 60° en seulement 15 minutes, ce qui peut être fatal pour l'animal qui s'y retrouve enfermé.

Constatant qu'un labrador suffoquait et hurlait dans l'habitacle d'une Renault Clio garée en plein soleil sur le parking du centre commercial, alors que la température avoisinait les 38 degrés, Lucas se décida à secourir l'animal en brisant toutes les vitres du véhicule pour le libérer de cet enfer.

Le comportement de Lucas ne devait toutefois pas masquer qu'il a fait sienne la maxime d'Edgar Morin : la valeur des vacances réside pour lui dans la vacance des valeurs…

La deuxième quinzaine de juillet, Lucas a en effet débuté une relation avec Chloé, âgée de 12 ans. Lucas avait certes trouvé celle-ci très jeune – elle lui avait indiqué son âge – et immature, mais tellement jolie qu'il s'amusa à la séduire. Ce ne fut pas difficile : Chloé se trouvait très fière de sortir avec un garçon plus âgé qu'elle et qui, de surcroît, avait de nombreux copains sur l'île, disposant ainsi de nombreuses entrées dans les fêtes organisées par les adolescents insulaires. Le 28 juillet, lors d'une de ces fêtes, elle céda finalement aux sollicitations de Lucas et consentit à avoir avec celui-ci une relation sexuelle. Parvenu à ses fins, Lucas décida dès le lendemain de « larguer » Chloé. Effondrée, la jeune fille alla tout raconter à ses parents qui furent scandalisés par l'attitude du jeune homme.

Lucas ne s'arrêta pas là. Le 8 août dernier, alors qu'il ne parvenait toujours pas à séduire Anaïs, une vacancière âgée de 21 ans, il se décida à employer des moyens plus efficaces. Lors d'une soirée organisée dans la boîte de nuit « La boîte à sel », à Saint-Denis d'Oléron, il versa dans le verre de celle-ci une dose de GHB qu'elle absorba à son insu. Son projet échoua cependant : Magalie, l'une des amies d'Anaïs, constata l'état chancelant de celle-ci et, craignant que la soirée ne « parte en sucette », décida de raccompagner Anaïs chez elle.

Le lendemain, Lucas croisait sur la place du marché Sarah. Voyant la plastique très avantageuse de la jeune femme, Lucas ne put se réfréner. Après l'avoir sifflée, il s'approcha d'elle pour lui susurrer à l'oreille son « envie de la déshabiller ».

Le 10 août, Lucas fut surpris par le vigile d'un magasin de vêtements alors qu'il filmait, à l'aide de son téléphone portable, les sous-vêtements de clientes en train de se changer dans une cabine d'essayage. Le vigile immobilisa Lucas jusqu'à l'arrivée des policiers.

Quant à Pierre, le 11 août, il rejoignit quelques copains à la soirée hebdomadaire organisée par le camping « Des cinq vents ». Il y croisa Samantha, âgée de 29 ans, dont il avait à de multiples reprises au cours de son séjour sur l'île repoussé les avances. Décidé malgré tout à passer une bonne soirée, il ne lésina pas sur les verres de téquila. Satisfait de sa soirée et fortement grisé, il se décida à rentrer chez lui à pied. Au détour d'un sentier, il se fit cependant agripper par Samantha qui, malgré le refus éthylique opposé par Pierre, se décida à pratiquer sur lui, manu militari, une fellation.

Vous préciserez les conséquences pénales des agissements des différents protagonistes.

› Correction

Nous distinguerons successivement les conséquences pénales attachées aux faits commis sur le parking du centre commercial (I), les faits commis à l'encontre de Chloé (II), les faits commis à l'encontre d'Anaïs (III), les faits commis à l'encontre de Sarah (IV), les faits commis dans les cabines d'essayage (V) et les faits commis par Samantha à l'encontre de Pierre (VI).

I/ Les faits commis sur le parking du centre commercial

Nous envisagerons d'une part, la responsabilité du propriétaire du chien (A), et, d'autre part, la responsabilité de Lucas (B).

A – Sur la responsabilité du propriétaire du chien

On serait tenté d'envisager la responsabilité du propriétaire pour le délit de sévices graves envers un animal. En effet, aux termes de l'article 521-1 du Code pénal, « le fait, publiquement ou non, d'exercer des sévices graves, ou de nature sexuelle, ou de commettre un acte de cruauté envers un animal domestique, ou apprivoisé, ou tenu en captivité, est puni de deux ans d'emprisonnement et de 30 000 € d'amende ».

Toutefois, une difficulté se présente immédiatement : le délit est, conformément à l'article 121-3, al. 1er, du Code pénal, une infraction intentionnelle. Or, en l'espèce, il semble difficile de caractériser l'intention du propriétaire d'infliger des sévices à son labrador. Tout au plus pourrait-on lui reprocher une négligence.

Aussi faut-il se fonder davantage sur l'article R. 653-1 du Code pénal qui réprime « [l]e fait par maladresse, imprudence, inattention, négligence ou manquement à une obligation de sécurité ou de prudence imposée par la loi ou les règlements, d'occasionner la mort ou la blessure d'un animal domestique ou apprivoisé ou tenu en captivité » d'une amende prévue pour les contraventions de la 3e classe.

Une négligence peut certainement être reprochée au propriétaire qui a laissé l'animal enfermé dans son véhicule sous une chaleur étouffante, occasionnant une déshydratation et donc une blessure au labrador. Aussi, celui-ci encourt-il une amende de 450 €, conformément à l'article 131-13, 3°, C. pén.

B – Sur la responsabilité de Lucas

Lucas peut certainement se voir reprocher le délit de destruction, dégradation et détérioration ne présentant pas de danger pour les personnes. L'article 322-1, al. 1er, C. pén. réprime en effet la destruction, la dégradation ou la détérioration d'un bien appartenant à autrui, « sauf s'il n'en est résulté qu'un dommage léger ».

Matériellement, la constitution du délit se montre indifférente aux moyens employés pour parvenir à la dégradation. Elle suppose que le bien appartienne à autrui et que le dommage ne soit pas « léger », étant entendu que le dommage léger peut se définir comme une dégradation qui n'atteint pas la substance même du bien qui peut être remis en état sans frais (ex. dégonfler les pneus d'une voiture). Ces conditions ne posent pas de difficultés en l'espèce : le véhicule dégradé appartient bien à autrui et le dommage n'est pas léger en ce qu'il nécessite une remise en état qui s'avérera onéreuse pour le propriétaire ou l'assureur de celui-ci.

Intellectuellement, l'infraction est intentionnelle et requiert que l'agent ait su que le bien visé ne lui appartenait pas et qu'il n'avait sur lui aucun droit de disposition. Là encore, cette condition ne pose pas de difficulté : Lucas savait qu'il ne disposait d'aucun droit sur le véhicule.

Aussi Lucas encourt-il en théorie deux ans d'emprisonnement et de 30 000 € d'amende (art. 322-1, al. 1er, C. pén.).

Pour sa défense, Lucas pourrait toutefois faire valoir un certain nombre de faits justificatifs.

On songe immédiatement à la légitime défense des biens prévue par l'article 122-5, al. 2nd, C. pén. Toutefois, il convient d'exclure ce fait justificatif. En effet, même si le chien constitue, au sens de la loi pénale, un bien, la légitime défense des biens suppose un acte visant à interrompre l'exécution d'un crime ou d'un délit contre un bien. Or, nous l'avons vu, l'infraction dont l'interruption est envisagée par Lucas constitue une contravention.

On pourrait également envisager de se fonder sur l'état de nécessité. L'article 122-7, C. pén. dispose en effet que « n'est pas pénalement responsable la personne qui, face à un danger actuel ou imminent qui menace elle-même, autrui ou un bien, accomplit un acte nécessaire à la sauvegarde de la personne ou du bien, sauf s'il y a disproportion entre les moyens employés et la gravité de la menace ». Toutefois, en l'espèce, même si un danger actuel menaçait effectivement le chien, on ne peut manquer de relever la disproportion entre les moyens employés et la menace. En effet, Lucas ne s'est pas contenté de briser une vitre pour libérer l'animal. Il les a toutes brisées… Aussi il semble que Lucas ne pourra bénéficier de ce fait justificatif.

II/ Sur les faits commis à l'encontre de Chloé

Il convient ici de procéder avec précaution : a minima, le comportement de Lucas semble constitutif d'une atteinte sexuelle (A). Nous envisagerons toutefois si son comportement serait susceptible de constituer un viol (B).

A – *A minima* : la commission d'une atteinte sexuelle

Lucas peut certainement se voir reprocher d'avoir commis sur Chloé une atteinte sexuelle. L'art. 227-25, C. pén., dans sa version applicable au 28 juillet 2018, incrimine en effet « le fait, par un majeur, d'exercer sans violence, contrainte, menace ni surprise une atteinte sexuelle sur la personne d'un mineur de 15 ans » (on relèvera que la réécriture de cette disposition, par la loi du 3 août 2018 pourrait, selon la circulaire de présentation de la loi, s'appliquer en l'espèce, puisque « la nouvelle rédaction ne modifie aucunement sur le fond les éléments constitutifs du délit, mais elle évite de donner l'impression que ces faits impliquent nécessairement une forme de consentement du mineur », *cf.* circulaire CRIM/2018-10/H2 du 3 sept. 2018). Or, en l'espèce, Lucas est majeur puisqu'il est âgé de 21 ans et Chloé est mineure puisqu'elle est âgée de 12 ans.

Matériellement, l'atteinte sexuelle suppose :

– *que l'auteur n'ait pas eu recours à la violence, la contrainte, la menace ou la surprise*. Le consentement de la victime à l'atteinte apparaît ainsi comme une composante de l'infraction. Cet aspect pose difficulté lorsque la victime est très jeune puisqu'elle ne peut consentir de manière éclairée à l'atteinte, difficulté renforcée car le législateur ne détermine, pour l'heure, aucun âge à partir duquel un enfant peut consentir de manière éclairée à un acte sexuel. En pratique, les parquets se déterminent en fonction des circonstances propres à chaque espèce : ils poursuivent pour viol ou agression sexuelle lorsque la victime est très jeune, car son consentement est nécessairement surpris ; ils poursuivent pour atteinte sexuelle, y compris en cas de pénétration, lorsque la victime atteint l'âge de 11-12 ans et/ou que l'auteur n'est pas beaucoup plus âgé.

En l'espèce, Chloé a bien consenti à la relation sexuelle qu'elle a eue avec Lucas. Étant donné son âge, il semble difficile de considérer que son consentement a été nécessairement surpris ;

– *que soit démontrée une atteinte de nature sexuelle*. L'atteinte peut ici consister en un acte de pénétration sexuelle ou en toute autre atteinte de nature sexuelle. Mais il faut un contact corporel entre l'auteur et la victime (Crim. 7 sept. 2016, n° 15-83.287 : rejet de la qualification d'agression sexuelle pour l'exhibition des parties génitales et des actes de masturbation devant la victime car, pour être constitué, le délit d'atteinte sexuelle suppose l'existence d'un contact corporel entre l'auteur et la victime). En l'espèce, il y a bien eu atteinte sexuelle de la part de Lucas, celle-ci étant constituée par un acte de pénétration qui implique un contact entre l'auteur et la victime.

Intellectuellement, l'atteinte sexuelle est intentionnelle et requiert un dol général reposant sur la volonté de commettre l'acte sexuel en connaissance de l'âge de la victime. L'erreur sur l'âge de la victime, lorsqu'elle est vraisemblable fait ainsi obstacle à la caractérisation de l'élément moral de l'infraction. En l'espèce, cette intention ne pose pas de difficulté, Lucas connaissait l'âge de Chloé.

S'agissant de la peine encourue par Lucas, on notera que la loi du 3 août 2018 a aggravé la répression de l'atteinte sexuelle. Désormais, l'article 227-25 du Code pénal prévoit une peine de sept ans d'emprisonnement et de 100 000 € d'amende. Cette loi est toutefois entrée en vigueur postérieurement aux faits qui ont eu lieu le 28 juillet 2018. Aussi, en application du principe de non-rétroactivité de la loi pénale de fond plus sévère (art. 8 DDHC, art. 7, CEDH et art. 112-1, C. pén.), c'est la peine fulminée au moment des faits qu'il convient d'appliquer à Lucas : cinq ans d'emprisonnement et 75 000 € d'amende.

B – La commission d'un viol ?

À l'aune de la réforme opérée par la loi du 3 août 2018, on serait tenté de caractériser un viol (1). Toutefois, il conviendra de résoudre un conflit de lois dans le temps (2).

1. La caractérisation du viol à l'aune de la réforme opérée par la loi du 3 août 2018

Le viol suppose, en vertu de l'article 222-23 du Code pénal, un « acte de pénétration sexuelle, de quelque nature qu'il soit », commis « par violence, contrainte, menace ou surprise ».

Peut-on considérer, en l'espèce, que le jeune âge de Chloé implique, malgré le consentement donné par celle-ci, que l'acte de pénétration a été commis, si ce n'est par violence ou menace, du moins par contrainte ou surprise ?

La loi du 8 février 2010 avait introduit un article 222-22-1 au Code pénal aux termes duquel, d'une part, la contrainte constitutive peut être physique ou morale, et, d'autre part, la contrainte morale peut résulter de la différence d'âge existant entre une victime mineure et l'auteur des faits et de l'autorité de droit ou de fait que celui-ci exerce sur cette victime.

Cette réforme préservait donc la liberté d'appréciation des magistrats : le texte prévoyant que la contrainte morale « peut » résulter des circonstances décrites, les juges demeuraient libres de s'appuyer ou de ne pas s'appuyer sur ces circonstances pour déduire la contrainte morale. *En outre, la déduction ne pouvait être opérée que si des circonstances constatées cumulativement pouvaient être caractérisées* : la contrainte morale ne pouvait résulter que de la constatation, d'une part, de la différence d'âge existant entre une victime mineure et l'auteur des faits, **et**, d'autre part, de l'autorité de droit ou de fait que celui-ci exerce sur la victime.

Pour remédier aux difficultés que soulève le consentement du mineur à l'acte sexuel et répondre aux polémiques soulevés par des affaires médiatisées mettant en présence des adultes ayant eu des relations sexuelles avec des mineurs âgés de 11 ou 12 ans, fut envisagée, au cours des débats parlementaires qui donneront lieu à la loi du 3 août 2018, la création du délit d'atteinte sexuelle avec pénétration et/ou la création d'une présomption de non-consentement du mineur de treize ans à l'acte sexuel. Chacune de ces solutions fut cependant rejetée, la première car elle fut perçue par certains comme une correctionnalisation légale du viol commis sur mineur, la seconde car elle porterait atteinte à la présomption d'innocence proclamée par l'article 9 de la DDHC.

Au final, le législateur a préféré modifier les dispositions interprétatives contenues dans l'article 222-22-1 du Code pénal en précisant les notions de contrainte morale et de surprise. Selon l'article 222-22-1 du Code pénal, dans sa version résultant de la loi du 3 août 2018, l'appréciation de la contrainte ou de la surprise varie selon que la victime est seulement mineure ou est mineure de 15 ans :

– **si la victime est simplement mineure (art. 222-22-1, al. 2, C. pén.)** : la contrainte morale ou la surprise « peuvent résulter de la différence d'âge existant entre la victime et l'auteur des faits et de l'autorité de droit ou de fait que celui-ci exerce sur la victime, cette autorité de fait pouvant être caractérisée par une différence d'âge significative entre la victime mineure et l'auteur majeur ». On remarquera :
  - *d'une part, que l'utilisation du verbe pouvoir laisse entendre que la juridiction demeure maîtresse de son appréciation*. Il s'agit d'une simple possibilité : la juridiction peut s'appuyer sur ces circonstances pour caractériser la contrainte morale ou la surprise. Mais elle peut également estimer que ces circonstances ne caractérisent pas la contrainte morale ou la surprise,
  - d'autre part que les circonstances décrites qui autorisent la déduction de la contrainte morale ou de la surprise sont, en principe, cumulatives : la contrainte morale ou la surprise ne peuvent résulter que de la combinaison et de la différence d'âge existant entre la victime et l'auteur et de l'autorité de droit ou de fait que celui-ci exerce sur sa victime. Toutefois, le caractère cumulatif de ces circonstances se trouve exclu en cas de différence d'âge significative entre l'auteur et la victime : la différence d'âge significative (première circonstance) pouvant caractérisée l'autorité de fait (seconde circonstance) ;

– **si la victime est mineure de 15 ans (art. 222-22-1, al. 3, C. pén.)** : la contrainte morale ou la surprise « sont caractérisées par l'abus de la vulnérabilité de la victime ne disposant pas du discernement nécessaire pour ces actes ». On relèvera :
  - d'une part, que l'utilisation combinée du verbe être et de l'impératif laisse entendre que la caractérisation de la contrainte morale ou de la surprise résulte, *ipso jure,* de l'abus décrit. En d'autres termes, une fois caractérisé l'abus de la vulnérabilité d'un mineur non discernant, la juridiction perd tout pouvoir d'appréciation. Il s'agit donc, littéralement, d'une obligation pour la juridiction qui a constaté un tel abus de retenir la contrainte morale ou la surprise,
  - d'autre part, que les circonstances décrites sont cumulatives : la contrainte morale et la surprise sont caractérisées s'il y a abus de la vulnérabilité de la victime et que la victime ne dispose pas du discernement nécessaire pour ces actes.

En l'espèce, Chloé étant mineure et même mineure de 15 ans, il est possible de s'appuyer à la fois sur l'article 222-22-1, al. 2 et sur l'article 222-22-1, al. 3, C. pén. pour apprécier s'il y a ou non contrainte morale ou surprise :

– si l'on s'appuie sur l'article 222-22-1, al. 2, C. pén., on peut tout à fait considérer que la différence d'âge de 9 ans entre Lucas qui est majeur et âgé de 21 ans et Chloé qui est mineure âgée de 12 ans, est « significative ». Par conséquent, cette différence d'âge significative caractérise l'autorité de fait qui peut elle-même caractériser la contrainte morale ou la surprise. La juridiction (par hypothèse le juge d'instruction puis la Cour d'assises puisque le viol constitue un crime) pourra ainsi s'appuyer sur cette différence d'âge significative pour caractériser la contrainte morale ou la surprise. Mais elle pourra tout à fait considérer, à l'inverse, que cette différence d'âge ne permet pas de caractériser cette contrainte morale ou cette surprise ;

– si l'on s'appuie sur l'article 222-22-1, al. 3, C. pén., aucune certitude ne se dégage, car il semble difficile de caractériser catégoriquement et l'absence de discernement de Chloé et l'abus de la vulnérabilité de celle-ci de la part de Lucas. Peut-on considérer que Chloé ne disposait pas du discernement nécessaire pour la relation sexuelle qu'elle a eu avec Lucas ? Certes, en l'espèce, Lucas jugeait Chloé immature, mais cette immaturité permet-elle de considérer qu'elle ne disposait pas du discernement nécessaire pour consentir à l'acte sexuel ? Peut-on considérer que Lucas a abusé de la vulnérabilité de Chloé ? Si les « sollicitations » provenant de Lucas ne sont en elles-mêmes pas susceptibles de constituer un abus, le comportement de celui-ci après la consommation de la relation sexuelle pourrait toutefois accréditer l'idée d'un abus. Rappelons en effet qu'il a « largué » Chloé dès le lendemain.

Ainsi, la juridiction d'instruction et éventuellement la Cour d'assises pourraient mais ne seraient vraisemblablement pas tenues de considérer que Lucas est l'auteur d'un viol sur Chloé. Il encourrait, en vertu de l'article 222-24 du Code pénal, vingt ans de réclusion criminelle.

2. Le problème de l'application dans le temps de la réécriture de l'article 222-22-1 du Code pénal

Un conflit de lois dans le temps se pose toutefois en l'espèce. En effet, la nouvelle rédaction de l'article 222-22-1, C. pén., est issue de la loi du 3 août 2018, qui est entrée en vigueur le lendemain de sa publication au *JO*. Cette dernière ayant eu lieu le 5 août dernier, la loi est entrée en vigueur, conformément à l'article 1er du Code civil, le 6 août. Elle est donc postérieure aux faits de l'espèce, commis le 28 juillet 2018.

A priori, la loi nouvelle, est une loi de fond, en ce qu'elle a trait à la définition des éléments constitutifs d'une infraction. En outre, cette loi semble être une loi plus sévère puisqu'elle vient faciliter la répression du viol subi par un mineur. En conséquence, cette loi ne saurait rétroagir conformément au principe de non-rétroactivité de la loi pénale (art. 8 DDHC, art. 7 CEDH, art. 112-1, C. pén.).

Toutefois, la loi nouvelle constitue une loi interprétative, puisqu'elle vient préciser le sens des notions de contrainte morale et surprise constitutives des agressions sexuelles au sens large. Rappelons que les lois interprétatives ont pour objet de préciser le sens d'une loi antérieure. Or, pour la jurisprudence, les lois interprétatives font corps avec la loi interprétée et sont donc d'application rétroactive (Crim. 12 janv. 2000, *Bull. crim.* no 20). La chambre criminelle, dans un arrêt en date du 15 avril 2015, avait ainsi considéré que l'article 222-22-1, C. pén., dans ses dispositions issues de la loi no 2010-121 du 8 février 2010, présentait un caractère interprétatif et pouvait en conséquence s'appliquer à des faits commis avant leur entrée en vigueur. Selon ce texte, rappelons-le, la contrainte – qui peut être « physique ou morale » – peut résulter « de la différence d'âge existant entre une victime mineure et l'auteur des faits ainsi que de l'autorité de droit ou de fait que celui-ci exerce sur cette victime » (Crim. 15 avr. 2015, *Bull. crim.* no 93). La chambre criminelle a récemment confirmé la solution, dans un arrêt en date du 15 novembre 2017 (no 17-85.272).

La solution est donc acquise : une loi pénale interprétative, même si elle consacre une solution plus sévère, opère de manière rétroactive, parce que, faisant corps avec la loi interprétée, elle n'est pas réellement nouvelle. Il en ira probablement de même de la nouvelle rédaction de l'article 222-22-1 du Code pénal qui pourra s'appliquer aux faits commis par Lucas. C'est d'ailleurs en ce sens que se prononce la circulaire de présentation de la loi du 3 août 2018 (préc.).

III/ Les faits subis par Anaïs

Ils semblent, *prima facie,* susceptibles de constituer à la fois le délit d'administration de substance nuisible (A) et le nouveau délit d'administration de substance de nature à altérer le discernement ou le contrôle des actes de la personne (B).

A – L'hypothèse de l'administration de substances nuisibles

L'art. 222-15, C. pén., incrimine « l'administration de substances nuisibles ayant porté atteinte à l'intégrité physique ou psychique d'autrui ».

Matériellement, ce délit nécessite :

– *Un comportement qui consiste en un acte d'administration portant sur une substance nuisible*. L'acte d'administration est similaire à celui de l'empoisonnement. La notion de « substances nuisibles » vise le produit de nature à provoquer un dommage à l'exclusion de celui qui pourrait entraîner la mort car dans ce cas, c'est la qualification d'empoisonnement qu'il faut appliquer (v. toutefois, Crim. 10 janv. 2006, préc., qui a approuvé une cour d'appel ayant appliqué la qualification d'ASN dans une affaire de contamination par le virus HIV).

En l'espèce, Lucas a bien administré à Anaïs une substance de nature à provoquer un dommage non mortel à Anaïs. Dans deux arrêts rendus par les cours d'appel de Paris et d'Aix en Provence, il fut d'ailleurs jugé que le GHB constituait une substance nuisible (Paris 18 janv. 2013, RG n° 12/03195. – Aix-en-Provence 30 mai 2011, n° 843/D/2011) ;

– *Un résultat qui consiste en une atteinte à l'intégrité physique ou psychique de la personne*. À la différence de l'empoisonnement, l'ASN est une infraction matérielle, nécessitant la survenance d'un résultat pour être constituée. La gravité du résultat survenu sera déterminante de la sévérité de la répression pénale, puisque le législateur renvoie, au titre de la répression de l'infraction, aux peines prévues du chef des infractions de violences.

En l'espèce, un résultat s'est effectivement produit, une atteinte à l'intégrité psychique d'Anaïs, qui a conduit Magalie à raccompagner celle-ci chez elle ;

– Enfin, un lien de causalité certain entre le comportement prohibé et le résultat survenu doit pouvoir être caractérisé.

En l'espèce, ce lien ne pose pas de difficultés.

Intellectuellement, l'infraction est intentionnelle et requiert la preuve d'un dol général consistant dans la connaissance du caractère nuisible des substances administrées volontairement, ce qui exclut de la répression les erreurs de manipulation ou de dosage, les imprudences ou négligences. En revanche, à la différence de l'empoisonnement, le dol spécial n'est pas une composante de l'infraction. En effet, l'ASN est classée parmi les infractions de violences et l'on sait que ces infractions procèdent soit d'un dol indéterminé, soit d'un dol dépassé.

En l'espèce, Lucas avait connaissance du caractère nuisible de la substance administrée.

En vertu de l'article 222-15, C. pén., « [l]'administration de substances nuisibles ayant porté atteinte à l'intégrité physique ou psychique d'autrui est punie des peines mentionnées aux articles 222-7 à 222-14-1 suivant les distinctions prévues par ces articles ».

En l'espèce, il est possible d'estimer qu'Anaïs n'a pas souffert d'une ITT supérieure à huit jours, voire même qu'elle n'a souffert d'aucune ITT. Par renvoi vers l'article 222-13, C. pén., Lucas encourrait une peine de trois ans d'emprisonnement et de 45 000 € d'amende. Toutefois, une difficulté de taille se présente ici : le renvoi opéré par l'article 222-15, C. pén., se limite aux articles 222-7 à 222-14-1 du même code, c'est-à-dire aux violences criminelles et délictuelles. Aucun renvoi n'est opéré vers les articles R. 624-1 et R. 625-1 du code qui répriment respectivement les violences n'ayant entraîné aucune ITT et les violences n'ayant entraîné qu'une ITT inférieure à huit jours. Or, les violences n'ayant entraîné qu'une ITT de moins de huit jours ou n'ayant entraîné aucune ITT ne peuvent constituer le délit de l'article 222-13 que si elles sont commises à l'encontre des personnes visées par cet article (mineur de 15 ans, personne vulnérable, ascendant, etc.), ce qui n'est pas le cas en l'espèce…

Ainsi, si l'article 222-15 renvoie à l'échelle des sanctions prévues en matière de violences volontaires, variables en fonction des circonstances et du résultat constaté, c'est sous réserve de l'article R. 624-1 et de l'article R. 625-1 qui ne sont pas visés. En conséquence, l'administration de substances nuisibles qui n'occasionne qu'une incapacité temporaire de travail inférieure ou égale à huit jours, voire n'occasionne pas d'incapacité temporaire de travail, ne saurait être punie lorsqu'aucune des circonstances énumérées à l'article 222-13 ne peut être retenue. Le principe d'interprétation stricte de la loi pénale, consacré par l'article 111-4, C. pén., ne peut autoriser cette dernière solution. En l'état, il nous semble que les hypothèses envisagées par les articles R. 624-1 et R. 625-1 ne sont pas applicables à l'administration de substances nuisibles, faute de référence explicite à ces mêmes articles.

Aussi, faut-il conclure à l'impossibilité de condamner Lucas du chef d'administration de substances nuisibles.

B – Le délit d'administration à une personne, à son insu, d'une substance de nature à altérer son discernement ou le contrôle de ses actes en vue de commettre un viol ou une autre agression sexuelle

Selon le nouvel article 222-30-1, C. pén., issu de la loi du 3 août 2018, « le fait d'administrer à une personne, à son insu, une substance de nature à altérer son discernement ou le contrôle de ses actes afin de commettre à son égard un viol ou une agression sexuelle est puni de cinq ans d'emprisonnement et de 75 000 € d'amende ».

Il s'agit d'une nouvelle infraction-obstacle au crime de viol et au délit d'agression sexuelle. Si le résultat redouté par le législateur survient – c'est-à-dire que le viol ou l'agression sexuelle est effectivement commise –, l'administration préalable d'une telle substance constituera une circonstance aggravante du crime de viol et du délit d'agression sexuelle (art. 222-14, 15°, C. pén. pour le viol ; art. 222-28, 11° et art. 222-30, 8°, C. pén. pour l'agression sexuelle).

Matériellement, ce nouveau délit suppose un acte d'administration d'une substance de nature à altérer le discernement ou le contrôle des actes de la personne. Aucun résultat n'est cependant requis au titre de la constitution de l'infraction. L'infraction présente ainsi un caractère formel. En l'espèce, la substance administrée par Lucas est bien de nature à altérer le consentement ou le contrôle des actes d'Anaïs.

Intellectuellement, ce nouveau délit requiert :

– un dol général, qui réside dans la connaissance de la nature de la substance et que l'administration s'opère à l'insu de la personne ;

– un dol spécial, puisqu'il est en effet nécessaire que la substance ait été administrée à la victime « afin de commettre à son égard un viol ou une agression sexuelle ».

En l'espèce, ces conditions ne posent aucune difficulté, Lucas connaissait la nature du produit, l'a administré à l'insu d'Anaïs et son objectif était effectivement d'avoir une relation sexuelle avec elle.

Lucas encourt en conséquence cinq ans d'emprisonnement et 75 000 € d'amende.

IV/ Les faits subis par Sarah

Il convient d'envisager la nouvelle contravention d'outrage sexiste. En vertu de l'article 621-1, I, C. pén., « constitue un outrage sexiste le fait, hors les cas prévus aux articles 222-13, 222-32, 222-33 et 222-33-2-2, d'imposer à une personne tout propos ou comportement à connotation sexuelle ou sexiste qui soit porte atteinte à sa dignité en raison de son caractère dégradant ou humiliant, soit crée à son encontre une situation intimidante, hostile ou offensante ».

En l'espèce, Lucas en sifflant et en susurrant à Sarah son envie de la déshabiller a effectivement adopté un comportement et tenu des propos à connotation sexuelle. Ce comportement et ces propos ont certainement créé à l'encontre de Sarah une situation offensante.

Selon l'article 621-1, II, C. pén. « [l]'outrage sexiste est puni de l'amende prévue pour les contraventions de la 4e classe. Cette contravention peut faire l'objet des dispositions du Code de procédure pénale relatives à l'amende forfaitaire, y compris celles concernant l'amende forfaitaire minorée.

En conséquence, Lucas encourt une amende de 750 € conformément à l'article 131-13, 4°, du Code pénal.

V/ Les faits commis dans le magasin de vêtement

La loi du 3 août 2018 vient créer une incrimination spécifique : le délit d'atteinte à l'intimité d'une personne. Le nouvel article 226-3-1 du Code pénal vient ainsi réprimer

« [l]e fait d'user de tout moyen afin d'apercevoir les parties intimes d'une personne que celle-ci, du fait de son habillement ou de sa présence dans un lieu clos, a caché à la vue des tiers, lorsqu'il est commis à l'insu ou sans le consentement de la personne, est puni d'un an d'emprisonnement et de 15 000 € d'amende.

Le texte prévoit une circonstance aggravante « [l]orsque des images ont été fixées, enregistrées ou transmises » (art. 226-3-1, 6°, C. pén.).

En l'espèce, Lucas encourt ainsi une peine de deux ans d'emprisonnement et de 30 000 € d'amende.

VI/ Les faits commis par Samantha

On pourrait hésiter ici entre les qualifications de viol et celle d'agression sexuelle. On se souvient que la chambre criminelle avait hésité sur cette question, à la fin des années 90. L'acte de pénétration sexuelle, constitutif, matériellement, du crime de viol, peut-il être subi par l'auteur dudit crime ?

Traditionnellement, la jurisprudence considérait que l'acte de pénétration n'est constitutif de viol que dans la mesure où il est effectué par celui dont on recherche la responsabilité sur la personne d'autrui. À l'inverse, lorsque l'acte de pénétration est accompli par la victime sur la personne de celui dont on recherche la responsabilité, la qualification de viol doit être exclue au profit de la qualification d'agression sexuelle.

Cependant, dans une décision remarquée du 16 déc. 1997 (*Bull. crim.* n° 429), la chambre criminelle était revenue sur cette conception stricte du crime de viol. Elle avait considéré que tout acte de fellation constitue un viol au sens des articles 332 ancien et 222-23 nouv. C. pén., dès lors qu'il est imposé par violence, contrainte, menace ou surprise, à celui qui le subit ou à celui qui le pratique.

Rapidement, toutefois, la chambre criminelle revint à sa solution traditionnelle en jugeant que ne constitue pas un viol le fait pour une femme d'abuser de l'autorité dont elle dispose sur un jeune garçon pour lui imposer d'avoir avec elle des rapports sexuels, l'élément matériel n'étant caractérisé que si l'auteur réalise l'acte de pénétration sexuelle sur la personne de la victime (Crim. 21 oct. 1998, *Bull. crim.* n° 274).

Le législateur a toutefois souhaité consacrer la conception extensive du crime de viol. Désormais, l'article 222-23 du Code pénal, dans sa rédaction issue de la loi du 3 août 2018, dispose que « [t]out acte de pénétration sexuelle, de quelque nature qu'il soit, commis sur la personne d'autrui ou sur la personne de l'auteur par violence, contrainte, menace ou surprise est un viol ».

Samantha encourra en conséquence quinze ans de réclusion criminelle.

Conclusion : les peines encourues par chacun des protagonistes

– Le propriétaire du véhicule encourt une amende de 450 € pour la contravention d'atteinte involontaire à l'intégrité d'un animal domestique ;

– Samantha encourt quinze ans de réclusion criminelle pour le viol commis sur Pierre ;

– Lucas encourt :

- deux ans d'emprisonnement et 30 000 € d'amende pour la dégradation du véhicule ;
- vingt ans de réclusion criminelle pour le viol de Chloé ;
- cinq ans d'emprisonnement et 75 000 € d'amende pour l'administration de substance de nature à altérer le consentement ou le contrôle des actes de la personne commis sur Anaïs ;
- 750 € pour la contravention d'outrage sexiste commise à l'encontre de Sarah ;
- deux ans d'emprisonnement et de 30 000 € d'amende pour la commission du délit d'atteinte à l'intimité des clientes du magasin.

Lucas a toutefois commis chacune des infractions décrites avant d'avoir été condamné définitivement pour l'une d'elles. En conséquence, en vertu de l'article 132-2, C. pén., nous sommes en présence d'un concours réel d'infractions. En application de la solution décrite par cette disposition – le cumul des peines délictuelles et criminelles de même nature dans la limite du maximum légal prévu pour l'infraction la plus sévèrement réprimée – et de celle décrite par l'article 132-7 du Code pénal – le cumul illimité des peines contraventionnelles entre elles et avec les peines criminelles et délictuelles – Lucas encourt vingt ans de réclusion criminelle et 75 750 €.

9. Les infractions de mise en danger

Elles figurent pour la plupart aux articles 223-1 à 223-20, C. pén. Prohibant des comportements générateurs de risques pour la vie ou l'intégrité des personnes, elles sont consommées indépendamment de la survenance d'un résultat. Nous envisagerons le délit de risques causés à autrui (I), les délits d'omission de porter secours (II), l'abus frauduleux de l'état d'ignorance ou de faiblesse (III), et d'autres infractions de portée moindre (IV). Nous y ajouterons les infractions relatives aux stupéfiants (V) et le trafic d'armes (IV) qui, bien qu'intégrées par le législateur dans les atteintes à l'intégrité de la personne, sont pour la plupart consommées indépendamment d'une telle atteinte et correspondent davantage à une mise en danger.

I/ Le délit de risques causés à autrui

• **Élément légal** : l'article 223-1, C. pén. incrimine « le fait d'exposer directement autrui à un risque immédiat de mort ou de blessures de nature à entraîner une mutilation ou une infirmité permanente par violation manifestement délibérée d'une obligation particulière de sécurité ou de prudence imposée par la loi ou le règlement ».

• **Élément matériel** :

– *le comportement* : il consiste dans la « violation d'une obligation particulière de prudence ou de sécurité imposée par la loi ou le règlement ». Sa caractérisation repose donc sur la réunion de trois conditions :

- un acte de commission ou d'omission : selon que l'obligation violée prescrit une obligation de ne pas faire (ex. : ne pas excéder les limitations de vitesse lors de la conduite d'un véhicule) ou une obligation de faire (ex. : marquer l'arrêt au signal « stop »), le délit de risques causés à autrui pourra résulter soit d'une commission, soit d'une omission ;
- une obligation prévue par la loi ou le règlement au sens constitutionnel, c'est-à-dire des actes des autorités administratives à caractère général et impersonnel, ce qui exclut du champ de l'incrimination la violation de règlements émanant d'autorités privées (règlements intérieurs d'entreprises, règlements sportifs…), et les actes administratifs à caractère non réglementaire (Crim. 10 mai 2000, *Bull. crim.* n° 183 : la violation d'un arrêté préfectoral déclarant un immeuble insalubre et imposant des travaux à son propriétaire ne caractérise pas le délit) ;

– une obligation particulière de sécurité ou de prudence : une obligation particulière est nécessairement circonstanciée. Ainsi, ne peuvent pas être considérées comme telles les dispositions imposant aux maires et aux préfets de prendre des mesures contre la pollution (Crim. 25 juin 1996, *Bull. crim.* n° 274). Entrent en revanche dans le champ de l'incrimination : un arrêté municipal interdisant l'accès à une piste de ski du fait du risque d'avalanche (Crim. 9 mars 1999, *Bull. crim.* n° 34) ; la plupart des dispositions du Code de la route (Crim. 11 mars 1998, *Bull. crim.* n° 99) ; la chambre criminelle a récemment précisé l'office du juge à cet égard, en décidant qu'« *il incombe au juge de rechercher, au besoin d'office et sans qu'il soit tenu par les mentions ou l'absence de mention de la citation pour mise en danger sur ce point, l'existence d'une obligation particulière de prudence ou de sécurité imposée par la loi ou le règlement dont la violation est susceptible de permettre la caractérisation du délit ; [...] il lui appartient ensuite d'apprécier le caractère immédiat du risque créé, puis de rechercher si le manquement relevé ressort d'une violation manifestement délibérée de l'obligation de sécurité* » (Crim. 13 nov. 2019, n° 18-82.718) ;

– *le résultat* : infraction-obstacle, le délit ne nécessite pas la survenance d'un résultat pour être constituée. **Au contraire, si le résultat survient, ce n'est plus sur le fondement du délit de risques causés qu'il vous faudra engager la responsabilité pénale, mais sur le fondement des infractions dont le délit de risques causés à autrui avait précisément pour objet d'empêcher la réalisation** : homicide ou de blessures involontaires, aggravés, le cas échéant, par la faute de mise en danger délibérée. Toutefois, cela ne signifie pas pour autant que la notion de résultat soit étrangère à l'infraction. En effet, si le résultat survenu est exclusif de l'infraction, le résultat virtuel, c'est-à-dire celui qui n'est pas survenu mais qui aurait pu survenir, en est une composante à part entière. En effet, l'article 223-1 n'incrimine que les mises en danger « qui exposent autrui à un risque immédiat de mort ou de blessures de nature à entraîner une mutilation ou une infirmité permanente ». Se fondant sur ce texte, la Cour de cassation impose aux juges du fond de caractériser concrètement le risque auquel autrui s'est trouvé exposé. Ce risque se matérialisera le plus souvent par un contexte particulier qu'il appartiendra aux juges du fond de caractériser, tel la présence de personnes autour du lieu où la violation a été commise (Crim. 3 avr. 2001, *Bull. crim.* n° 90) ;

– *le lien de causalité* unissant la violation de l'obligation légale ou réglementaire au résultat virtuel, qui aurait pu survenir, doit être caractérisé. La Cour de cassation exige que soit rapportée la preuve d'un lien de causalité direct et immédiat (Crim. 16 févr. 1999, *Bull. crim.* n° 24). **Attention toutefois : seul le risque doit être immédiat, non la mort, la mutilation ou l'infirmité permanente, les dommages virtuels pouvant intervenir beaucoup plus tard** (Crim. 19 avr. 2017, n° 16-80.695 : à propos de l'exposition à l'amiante où la chambre criminelle confirme la compatibilité de la mise en danger avec la potentialité d'un dommage inscrit dans un futur éloigné, en l'espèce un futur cancer).

• **Élément moral** : seule la faute de mise en danger délibérée est à même de caractériser l'élément moral du délit de risques causés à autrui. Il faudra donc rapporter la preuve d'un dol éventuel, c'est-à-dire de la volonté tendue vers une prise de risque. Par exemple, pour que le non-respect d'un feu tricolore soit constitutif du délit, il faudra démontrer que l'inobservation de la signalisation résulte clairement d'un choix du conducteur et non d'une simple inattention. Peu importe en revanche que l'auteur de la violation ait eu connaissance de la nature possible des conséquences dommageables de son acte (Crim. 16 févr. 1999, préc.).

• **Répression** : un an d'emprisonnement et de 15 000 € d'amende. Aucune circonstance aggravante n'est prévue par le législateur et la tentative n'est pas incriminée.

II/ Les délits d'omission de porter secours

Nous envisagerons la non-assistance à personne en péril (A), le non-obstacle à la commission d'une infraction contre l'intégrité corporelle (B) et l'abstention de prendre les mesures susceptibles de combattre un sinistre (C).

A – La non-assistance à personne en péril

L'article 223-6, al. 2, C. pén. réprime « quiconque s'abstient volontairement de porter à une personne en péril l'assistance que, sans risque pour lui ou pour les tiers, il pouvait lui prêter soit par son action personnelle, soit en provoquant un secours ».

• **Condition préalable : un péril imposant l'assistance** :

– *quant à la nature du péril,* il doit s'agir d'un danger pour la vie ou pour l'intégrité physique « d'une personne » (toutefois Crim. 2 avr. 1992, *Bull. crim.* n° 140 : le péril imposant l'assistance est caractérisé lorsqu'il concerne un enfant à naître, solution pouvant être remise en cause depuis l'arrêt rendu par l'Assemblée plénière de la Cour de cassation en matière d'homicide involontaire du fœtus) ;

– *quant à l'origine du péril,* elle est indifférente (par exemple Crim. 26 avr. 1988, *Bull. crim.* n° 178 : victime qui tente de se suicider). Le péril peut ainsi résulter du fait de la personne dont on recherche la responsabilité du chef d'omission de porter secours ;

– *quant à l'imminence du péril* : de jurisprudence constante, « le péril doit être imminent et constant et de nature à nécessiter une intervention immédiate » (Crim. 31 mai 1949, *Bull. crim.* n° 202). La situation doit donc avoir débuté sans pour autant être parvenue à son achèvement qu'est la réalisation du péril.

• **L'élément matériel** :

– *le comportement* : il s'agit d'une omission résultant d'un manquement à une obligation d'agir. Quant au contenu de cette obligation, l'article 223-6, al. 2 envisage deux possibilités : agir personnellement ou provoquer les secours. Le législateur n'établissant pas de hiérarchie entre ces deux modalités de l'assistance, l'intéressé reste libre de préférer l'une à l'autre. Cette liberté de choix comporte toutefois une limite car la jurisprudence n'hésite pas à condamner ceux qui se sont contentés de provoquer les secours alors que la situation imposait une intervention personnelle immédiate (Crim. 26 juill. 1954, *Bull. crim.* n° 276 : condamnation de celui qui, trouvant un nouveau-né abandonné dans une poubelle, se contente de contacter un membre de sa famille; Crim. 20 févr. 1958, *Bull. crim.* n° 186 : condamnation d'un médecin, qui, appelé en urgence par une personne de son voisinage, se contente de la renvoyer vers son médecin traitant pourtant éloigné de plusieurs kilomètres). En toutes hypothèses, on ne peut reprocher son défaut de secours à la personne qui n'avait pas les moyens de porter assistance à autrui, mais la jurisprudence ne décèle aucune impossibilité d'agir dans l'éloignement de la personne sollicitée du lieu du péril (Crim. 21 janv. 1954, *Bull. crim.* n° 25 : condamnation du médecin ayant refusé de répondre aux appels de personnes réclamant leur intervention). Enfin, l'infraction suppose que l'assistance ait été sans risque pour la personne ou pour les tiers;

– *le résultat* : la non-assistance est une infraction formelle constituée indépendamment de la survenance d'un résultat. Ainsi, que le péril soit ou non finalement écarté n'influe pas sur la responsabilité pénale (Crim. 21 janv. 1954, préc. : la loi ne prend pas en considération les circonstances ultérieures qui démontreraient soit que le péril n'était pas si grave qu'il ne pût être conjuré sans assistance, soit, au contraire, qu'il était tel que le secours eût été nécessairement inefficace; elle a seulement égard à la nature du péril à l'heure même où la personne qui peut y porter secours en a connaissance). L'obligation d'assistance constitue donc une obligation de moyen : peu importe que l'assistance se soit finalement avérée inefficace, pourvu qu'elle ait été appropriée. La tentative de non-assistance à personne en péril n'est quant à elle pas incriminée, car inconcevable, ce qui entraîne l'impunité de l'infraction impossible (par exemple personne qui s'abstient volontairement d'agir devant une situation qu'elle analyse comme un péril imminent, mais qui, en réalité, ne l'est pas).

• **Élément moral** : infraction intentionnelle, la non-assistance requiert, au titre du dol général que l'agent ait eu conscience du péril et se soit volontairement refusé à agir. L'ignorance du péril, résultant éventuellement d'une erreur de fait, est donc exclusive de l'infraction (Crim. 3 nov. 1954 : celui qui s'est abstenu de porter secours à un blessé qu'il avait, de bonne foi, pris pour un ivrogne, doit être relaxé; Crim. 26 nov. 1969, *Bull. crim.* n° 317 : il en va de même du médecin qui, commettant une erreur de diagnostic, a rendu possible l'aggravation de l'état de son patient).

• **Répression** :

– *peines* : cinq ans d'emprisonnement et 75 000 € d'amende ; **la loi du 3 août 2018 a cependant aggravé les peines lorsque la personne en péril est un mineur de 15 ans** : sept ans d'emprisonnement et 100 000 € d'amende sont alors encourus (art. 223-6, al. 3, C. pén.) ;

– *concours d'infractions* : sa question se pose car cette infraction est couramment reprochée à celui-là même qui a généré le péril (ex. personne qui ne porte pas secours à la victime qu'elle a préalablement blessée). La jurisprudence admet l'existence d'un concours réel entre les qualifications d'homicide ou de blessures involontaires et d'omission de porter secours en se fondant sur la pluralité d'intentions. La solution est en revanche différente s'agissant des violences volontaires car il semble cohérent de la part de celui qui a voulu blesser de ne pas porter secours à sa victime une fois son forfait accompli, l'intention étant alors unitaire. Toutefois, il arrive que l'action volontairement violente se traduise par un résultat dépassant la volonté de son auteur. Si l'auteur s'abstient dans cette hypothèse de porter secours à sa victime, l'intention devient plurale, et le cumul des qualifications se justifie (Crim. 24 juin 1980, *Bull. crim.* n° 202 : l'inculpation de coups et blessures volontaires ayant entraîné la mort sans intention de la donner n'est pas nécessairement exclusive de celle d'abstention volontaire de porter secours à une personne en péril) ;

– *prescription de l'action publique* : la non-assistance est un délit qui se prescrit par six années à compter de la commission de l'infraction. Si la non-assistance s'est prolongée sur plusieurs mois ou plusieurs années (ex. : non-assistance à l'enfant dont on sait qu'il est victime de mauvais traitements), la jurisprudence la traite comme une infraction continue, considérant que le délai de prescription commence à courir au jour où l'obligation d'agir cesse.

B – Le non-obstacle à un crime ou un délit contre l'intégrité corporelle

L'article 223-6, al. 1er, C. pén. punit « quiconque pouvant empêcher par son action immédiate, sans risque pour lui ou pour les tiers, soit un crime, soit un délit contre l'intégrité corporelle s'abstient volontairement de le faire ». Cette infraction est une application particulière de l'infraction plus générale de non-assistance à personne en péril.

• **Condition préalable** :

– *un crime ou un délit contre l'intégrité corporelle* : il n'est pas question d'avoir recours à cette incrimination lorsque la personne dont on recherche la responsabilité a été le témoin d'une infraction moins grave, telle une infraction contre les biens. En revanche, le domaine de l'infraction recouvre toutes les hypothèses dans lesquelles l'intégrité corporelle de la personne est menacée (vol avec violence, agression sexuelle, etc.) ;

– *l'imminence du crime ou du délit* : cela implique, soit que l'infraction est en train de se produire, soit qu'elle est sur le point de se produire (Crim. 4 mai 1951, *Bull. crim.* n° 121 : condamnation d'une femme, qui n'a pas fait obstacle à l'assassinat de son mari par son amant, alors qu'elle connaissait le projet).

• **Élément matériel** :

– *le comportement* : il consiste là encore en une abstention d'agir, là où l'action était possible, sans risque pour soi ou pour les tiers. L'action peut prendre la forme soit d'une intervention personnelle, soit de l'appel à des tiers. Ces différents éléments sont appréciés de la même manière que pour la non-assistance à personne en péril ;

– *le résultat* : v. sur ce point les développements relatifs à la non-assistance à personne en péril.

• **Élément moral** : il est similaire à celui de la non-assistance.

• **Peines** : les mêmes peines sont encourues que pour la non-assistance à personne en péril ; **la loi du 3 août 2018 a, là aussi, aggravé les peines lorsque le crime ou le délit contre l'intégrité corporelle de la personne est commis sur un mineur de 15 ans** : sept ans d'emprisonnement et 100 000 € d'amende sont alors encourus (art. 223-6, al. 3, C. pén.).

C – L'abstention de combattre un sinistre

L'article 223-7, C. pén. réprime « quiconque s'abstient volontairement de prendre ou de provoquer les mesures permettant, sans risque pour lui ou pour les tiers, de combattre un sinistre de nature à créer un danger pour la sécurité des personnes ». Seule originalité de ce délit : sa condition préalable, laquelle repose sur l'existence d'un « sinistre de nature à créer un danger pour la sécurité des personnes ». Cette infraction doit être rapprochée de celle de l'article 223-5, C. pén., qui incrimine un acte positif consistant dans « le fait d'entraver volontairement l'arrivée de secours destinés à faire échapper une personne à un péril imminent ou à combattre un sinistre présentant un danger pour la sécurité des personnes ».

III/ L'abus frauduleux de l'état d'ignorance ou de faiblesse

L'article 223-15-2, C. pén. incrimine « l'abus frauduleux de l'état d'ignorance ou de la situation de faiblesse soit d'un mineur, soit d'une personne dont la particulière vulnérabilité, due à son âge, à une maladie, à une infirmité, à une déficience physique ou psychique ou à un état de grossesse, est apparente ou connue de son auteur, soit d'une personne en état de sujétion psychologique ou physique résultant de l'exercice de pressions graves ou réitérées ou de techniques propres à altérer son jugement, pour conduire ce mineur ou cette personne à un acte ou à une abstention qui lui sont gravement préjudiciables ».

• **Condition préalable : une situation de faiblesse de la victime vulnérable** : l'abus de faiblesse suppose non seulement que la victime appartienne à l'une des catégories visées par le législateur, mais encore que des éléments concrets tirés des faits de l'espèce accréditent l'état d'ignorance ou la situation de faiblesse :

– *l'infraction d'abus de faiblesse n'est susceptible d'être commise qu'à l'encontre de victimes se trouvant dans un « état d'ignorance » ou dans une « situation de faiblesse »*. Le législateur dresse l'inventaire des personnes qui peuvent être considérées comme telles : le mineur ; la personne « d'une particulière vulnérabilité, due à son âge, à une maladie, à une infirmité, à une déficience physique ou psychique ou à un état de grossesse » ; la personne en « état de sujétion psychologique ou physique résultant de l'exercice de pressions graves ou réitérées ou de techniques propres à altérer son jugement » ;

– *l'appartenance de la victime à l'une de ces catégories est nécessaire mais jamais suffisante à caractériser pareille situation*. La Cour de cassation exige des juges du fond qu'ils établissent en quoi, dans chaque espèce, l'appartenance à l'une ou l'autre de ces catégories a généré la situation d'ignorance ou de faiblesse. Il n'est donc pas question de présumer l'état d'ignorance ou la situation de faiblesse.

• **Élément matériel** :

– *le comportement* : le législateur vise d'une manière générale « l'abus » de l'état d'ignorance ou de la situation de faiblesse. Cette notion recoupe essentiellement les hypothèses d'exploitation outrancière d'une situation de fait, laquelle peut se traduire par des comportements très divers : pressions exercées sur la victime par la mise en place d'un harcèlement téléphonique ou de visites rapprochées, exploitation de son sentiment d'insécurité ou de dépendance, fausses promesses, mensonge... ;

– *le résultat* : l'abus doit conduire la victime « à un acte ou à une abstention qui lui sont gravement préjudiciables ». Toutefois, la jurisprudence considère que l'infraction est réalisée par le seul fait de la signature d'un acte de nature à causer un préjudice, même si ce préjudice ne se manifeste pas réellement, l'acte initial n'ayant pu être mené à bonne fin (Crim. 12 janv. 2000, *Bull. crim.* n° 15) ou étant révocable et sans incidence sur la disponibilité du patrimoine (Crim. 16 déc. 2014, n° 13-86.620 : « constitue un acte gravement préjudiciable ouvrant droit à réparation le fait pour une personne vulnérable de disposer de ses biens par testament en faveur de la personne l'ayant conduite à disposition »). **L'abus de faiblesse est donc une infraction formelle**. De plus, l'intégration de l'infraction dans les atteintes aux personnes opérée par la loi du 12 juin 2001 a considérablement élargi la nature des préjudices envisageables. En effet, alors que le préjudice potentiel ne pouvait auparavant s'entendre que d'une atteinte au patrimoine, il s'étend désormais aux atteintes physiques ou psychiques à la personne ;

– *le lien de causalité* : un lien de causalité certain doit pouvoir être constaté entre le comportement manifestant l'abus et l'acte ou l'abstention potentiellement préjudiciable.

• **Élément moral** : l'infraction est intentionnelle et requiert, au titre du dol général que la vulnérabilité impliquant la situation de faiblesse ait été « apparente ou connue » de l'auteur de l'infraction et que ce dernier ait voulu conduire la victime à un acte ou à une abstention qui lui seraient gravement préjudiciables.

• **Répression** :

– *peines* : trois ans d'emprisonnement et de 375 000 € d'amende; cinq ans d'emprisonnement et à 750 000 € d'amende lorsque l'infraction est commise par le dirigeant de fait ou de droit d'un groupement qui poursuit des activités ayant pour but ou pour effet de créer, de maintenir ou d'exploiter la sujétion psychologique ou physique des personnes qui participent à ces activités (223-15-2, al. 2, C. pén.);

– *prescription de l'action publique* : le délit est considéré comme une infraction instantanée pour laquelle le point de départ du délai de prescription est fixé au jour où l'infraction est consommée. Toutefois, l'abus de faiblesse fait partie de ces infractions qui se traduisent fréquemment par des exécutions successives (ex. : versements de la victime échelonnés dans le temps). Or, en pareille hypothèse, la jurisprudence reporte le point de départ de la prescription à la dernière exécution de l'infraction (Crim. 27 mai 2004, *Bull. crim.* n° 141).

IV/ Autres infractions de mise en danger

Nous envisagerons le délaissement de personne hors d'état de se protéger (A), l'expérimentation sur la personne humaine (B), les infractions relatives à l'interruption de grossesse (C) et les infractions entourant le suicide (D).

A – Le délaissement de personne hors d'état de se protéger

L'article 223-3, C. pén. incrimine « le délaissement, en un lieu quelconque, d'une personne qui n'est pas en mesure de se protéger en raison de son âge ou de son état physique ou psychique ».

• **Condition préalable : une victime hors d'état de se protéger** : à la différence de l'abus de faiblesse, le législateur ne dresse pas l'inventaire des personnes susceptibles d'être victimes de l'infraction, mais vise, de manière générale la personne n'étant pas « en mesure de se protéger en raison de son âge ou de son état physique ou psychique ». Les mineurs de 15 ans doivent cependant être exclus du champ d'application de l'article 223-3, C. pén., puisque le législateur a incriminé spécialement leur délaissement à l'article 227-1, C. pén.

- **Élément matériel** : il consiste en un « délaissement » que l'on peut définir comme le fait d'abandonner à elle-même une personne, alors qu'elle se trouve dans l'impossibilité de subvenir à ses besoins. La jurisprudence considère toutefois que **l'infraction est une infraction de commission** qui nécessite donc la preuve d'un acte positif pour être constituée : il est nécessaire que celui dont on recherche la responsabilité ait placé une personne vulnérable en un lieu avant de l'y abandonner ou se soit éloigné du lieu où elle se trouve (Crim. 23 févr. 2000, *Bull. crim.* n° 84). Il s'agit par ailleurs d'une infraction formelle, ne nécessitant pas la survenance d'un résultat dommageable pour être constituée.
- **Élément moral** : l'infraction est intentionnelle et requiert un dol général consistant dans la volonté de se défaire de la victime et un dol spécial qui consiste dans la volonté de se défaire définitivement de la victime (Crim. 13 nov. 2007, *Bull. crim.* n° 273).
- **Répression** : l'infraction est punie de cinq ans d'emprisonnement et de 75 000 € d'amende. Toutefois, l'article 223-4, C. pén. porte la peine à quinze ans de réclusion criminelle lorsque le délaissement a entraîné une mutilation ou une infirmité permanente, et à vingt ans de réclusion criminelle s'il a provoqué la mort.

B – L'expérimentation sur la personne humaine

L'article 223-8, C. pén. incrimine le « fait de pratiquer ou de faire pratiquer sur une personne une recherche biomédicale sans avoir recueilli le consentement libre, éclairé et exprès de l'intéressé, des titulaires de l'autorité parentale ou du tuteur ou d'autres personnes, autorités ou organes désignés pour consentir à la recherche ou pour l'autoriser, dans les cas prévus par les dispositions du Code de la santé publique » et le fait de pratiquer ou de faire pratiquer une recherche biomédicale « alors que le consentement a été retiré ». Il s'agit donc de sanctionner pénalement la violation de l'article L. 1122-1, CSP, qui réglemente le recueil du consentement de la personne qui se prête à une recherche biomédicale. Parce que l'infraction vise le fait de « pratiquer ou de faire pratiquer » une recherche biomédicale, elle constitue une incrimination autonome des agissements de l'auteur moral. Enfin, dans son dernier alinéa, le texte prévoit son inapplicabilité « à l'examen des caractéristiques génétiques d'une personne ou à son identification par ses empreintes génétiques effectués à des fins de recherche scientifique ».

C – Les infractions relatives à l'interruption de grossesse

Quatre incriminations pénales continuent d'intéresser la grossesse : il s'agit de réprimer des comportements qui mettent en danger la mère potentielle ou portent atteinte à sa liberté de mettre fin à sa grossesse et non parce qu'ils mettent un terme à l'existence de l'enfant à naître.

• **L'interruption de grossesse sans le consentement de l'intéressée (art. 223-10, C. pén.)** : l'incrimination est susceptible de s'appliquer à toute interruption de grossesse, pratiquée volontairement et sans le consentement de l'intéressée, peu importe que celle-ci soit mineure ou majeure. L'infraction suppose une condition préalable – l'absence de consentement de la mère à l'interruption de grossesse –, un élément matériel – l'interruption de la grossesse d'autrui –, un élément moral – un dol général consistant dans la volonté d'interrompre la grossesse en connaissance de l'absence de consentement de l'intéressée. L'infraction est punie par cinq ans d'emprisonnement et 75 000 € d'amende. Depuis la loi du 5 août 2013, la tentative de cette infraction est incriminée.

• **L'interruption illégale de la grossesse d'autrui (art. L. 2222-2, CSP)** : l'incrimination vise notamment l'interruption de grossesse pratiquée en connaissance de cause après l'expiration du délai dans lequel elle est autorisée par la loi (12 semaines depuis la loi du 4 juillet 2001) sauf motif médical (hypothèse de l'interruption thérapeutique de grossesse), par une personne n'ayant pas la qualité de médecin ou effectuée dans un autre lieu qu'un établissement d'hospitalisation. Dans tous ces cas, le consentement de la femme enceinte n'est pas un fait justificatif. L'infraction est punie de deux ans d'emprisonnement.

• **La fourniture de moyens matériels à l'IVG (art. L. 2222-4, CSP)** : est puni de trois ans d'emprisonnement le fait de fournir à la femme les moyens matériels de pratiquer une IVG sur elle-même. Peu importe que la femme en fasse ou non réellement usage. Le législateur précise que la femme ne peut jamais être considérée comme complice du délit.

• **L'entrave à l'IVG (art. L. 2223-2, CSP)** : est puni de deux ans d'emprisonnement le fait d'empêcher ou de tenter d'empêcher de pratiquer ou de s'informer sur une IVG ou les actes préalables à celle-ci, soit en perturbant l'accès aux établissements ou la circulation des personnes à l'intérieur des établissements, soit en exerçant des menaces ou tout acte d'intimidation à l'encontre des personnels médicaux et non médicaux travaillant dans ces établissements ou des femmes souhaitant subir une IVG. Depuis la loi n° 2017-347 du 20 mars 2017 relative à l'extension du délit d'entrave à l'interruption volontaire de grossesse, l'infraction peut être commise par tout moyen « y compris par voie électronique ou en ligne, notamment par la diffusion ou la transmission d'allégations ou d'indications de nature à induire intentionnellement en erreur, dans un but dissuasif, sur les caractéristiques ou les conséquences médicales d'une interruption volontaire de grossesse ».

D – Les infractions entourant le suicide

Le droit pénal contemporain n'incriminant pas le suicide, il ne peut réprimer des comportements consistant à aider ou à provoquer le suicide d'un autre, le défaut d'infraction principale punissable rendant impossible toute poursuite exercée du chef de complicité. La publication d'un livre intitulé « Suicide, mode d'emploi », qui fût suivi du passage à l'acte de quelques lecteurs, conduisit la loi du 31 décembre 1987 à incriminer de manière autonome la provocation au suicide. Les articles 223-13 et 223-14, C. pén. incriminent désormais la provocation au suicide et la propagande ou publicité en faveur du suicide, l'article 223-15, C. pén. précisant que lorsque l'une de ces infractions est commise par voie de presse, le mécanisme dit de la « responsabilité en cascade » trouvera à s'appliquer :

1. La provocation au suicide

L'article 223-13, C. pén. incrimine « le fait de provoquer au suicide d'autrui lorsque la provocation a été suivie du suicide ou d'une tentative de suicide ».

- **Élément matériel** : il consiste dans le « fait de provoquer ». Un acte positif est donc nécessaire et celui qui reste passif devant le suicide d'un autre n'est pas susceptible de faire l'objet de poursuites sur ce fondement. Il faudra en pareille hypothèse se tourner vers l'incrimination d'omission de porter secours. L'acte positif doit en outre consister en une provocation, ce qui exclut l'aide au suicide d'un autre. Peu importe en revanche que la provocation soit individualisée ou publique. Quant à son résultat, l'infraction doit avoir donné lieu à un suicide ou à une tentative de suicide. Il est donc nécessaire que la provocation n'ait pas été vaine.
- **Élément moral** : la jurisprudence est rare, on peut seulement préciser que l'infraction est intentionnelle et suppose *a minima* un dol général consistant dans la conscience de la volonté de la victime de se suicider et la volonté de l'auteur provoquer au suicide.
- **Répression** : trois ans d'emprisonnement et de 45 000 € d'amende ; cinq ans et 75 000 € lorsque la victime est un mineur de 15 ans.

2. La propagande ou la publicité en faveur du suicide

L'article 223-14, C. pén. réprime de trois ans d'emprisonnement et de 45 000 € d'amende « la propagande ou la publicité, quel qu'en soit le mode, en faveur de produits, d'objets ou de méthodes préconisés comme moyens de se donner la mort ». Le texte n'exige pas que la propagande ou la publicité aient été suivis d'effets.

V/ Les infractions relatives aux stupéfiants

Condition préalable : des stupéfiants. Selon l'article 222-41, C. pén., constituent des stupéfiants les substances ou plantes classées comme telles en application de l'article L. 5132-7, CSP (anc. art. L. 627, CSP). La classification d'un produit comme stupéfiants relève d'un arrêté du ministre chargé de la santé pris sur proposition du directeur général de l'Agence française de sécurité sanitaire des produits de santé. Sont notamment classés comme tel : l'opium, le LSD, la morphine, l'héroïne, la cocaïne, les amphétamines, les champignons hallucinogènes ou encore le cannabis.

Les différentes incriminations sont prévues soit par le Code pénal (A), soit par le Code de la santé publique (B) et leur répression obéit à certaines particularités (C).

A – Les incriminations prévues par le Code pénal

Certaines qualifications sont de nature criminelle (1) d'autres de nature délictuelle (2).

1. Les qualifications criminelles

a. La direction ou l'organisation d'un groupement destiné au trafic

L'article 222-34, C. pén. réprime de la réclusion criminelle à perpétuité et de 7 500 000 € d'amende « le fait de diriger ou d'organiser un groupement ayant pour objet la production, la fabrication, l'importation, l'exportation, le transport, la détention, l'offre, la cession, l'acquisition ou l'emploi illicite de stupéfiants ». On relèvera que le fait de former un tel groupement alors qu'aucun trafic n'est encore réalisé relève de la qualification d'association de malfaiteurs (Crim. 13 mars 1997, *Bull. crim.* n° 105).

b. La production ou la fabrication illicites de stupéfiants

Elles sont punies par l'article 222-35, C. pén. de vingt ans de réclusion criminelle et de 7 500 000 € d'amende. La peine est portée à trente ans de réclusion lorsque les faits sont commis en bande organisée. On relèvera que la jurisprudence considère qu'il n'y a pas lieu de distinguer entre la culture, en l'espèce de cannabis, en vue du trafic et la culture aux fins de consommation personnelle (Crim. 9 mars 1992, *Bull. crim.* n° 103), alors même que, pour la simple consommation, elle retient la qualification délictuelle de détention (v. cas pratique n° 1, p. 27).

c. L'importation ou l'exportation illicite de stupéfiants en bande organisée

Elles sont réprimées de trente ans de réclusion et 7 500 000 € d'amende (art. 222-36, al. 2, C. pén.). Chacune des deux modalités visées constitue une infraction distincte, ce qui permet à la chambre criminelle de considérer que celui qui a exporté des produits stupéfiants depuis la France peut être poursuivi devant les juridictions françaises sans qu'il y ait lieu de rechercher si l'intéressé a déjà été jugé à l'étranger du chef d'importation de ces mêmes substances (Crim. 22 déc. 1973, *Bull. crim.* n° 434). Par ailleurs, doit être considéré comme importateur (mais la solution peut être transposée au cas de l'exportateur) non seulement celui qui transporte matériellement lui-même des stupéfiants d'un État dans un autre État et franchit la frontière avec lesdites substances, mais également celui qui achète à l'étranger des produits illicites puis les fait matériellement porter par une autre personne agissant pour son compte (Crim. 7 avr. 2004, *Bull. crim.* n° 95).

d. Le blanchiment lié à des infractions criminelles

L'article 222-38, al. 1er, C. pén. réprime de dix ans d'emprisonnement et de 750 000 € d'amende « le fait de faciliter, par tout moyen, la justification mensongère de l'origine des biens ou des revenus de l'auteur de l'une des infractions mentionnées aux articles 222-34 à 222-37 ou d'apporter son concours à une opération de placement, de dissimulation ou de conversion du produit de l'une de ces infractions ». La peine d'amende peut être élevée jusqu'à la moitié de la valeur des biens ou des fonds sur lesquels ont porté les opérations de blanchiment. L'article 222-38, al. 2, C. pén. prévoit que « lorsque l'infraction a porté sur des biens ou des fonds provenant de l'un des crimes mentionnés aux articles 222-34, 222-35 et 222-36, deuxième alinéa, son auteur est puni des peines prévues pour les crimes dont il a eu connaissance ».

2. Les qualifications délictuelles

a. L'importation ou l'exportation illicite de stupéfiants hors bande organisée

L'article 222-36, al. 1er, C. pén. punit ces formes de trafic de dix ans d'emprisonnement et de 7 500 000 € d'amende.

b. Le transport, la détention, l'offre, la cession

L'article 222-37, al. 1er, C. pén. punit des mêmes peines le transport, la détention, l'offre, la cession, l'acquisition ou l'emploi illicites de stupéfiants. Ces termes visent l'activité des intermédiaires, des grossistes ou demi-grossistes ainsi que l'acquisition en vue de la revente. Tel est le cas, par exemple, de celui qui admet avoir dépanné une toxicomane et au domicile duquel il a été découvert des barrettes de résine de cannabis, une cinquantaine de grammes d'héroïne ainsi qu'une balance de précision habituellement utilisée par les revendeurs de drogue (Crim. 5 nov. 1998, n° 97-84.337). La jurisprudence refuse de distinguer selon la quantité de produit saisie. A ainsi été condamné du chef de détention de substances stupéfiantes un prisonnier qui détenait un gramme de haschich dans sa cellule, et alors même que celui-ci soutenait que la drogue avait été cachée à cet emplacement par un autre détenu et qu'il n'avait pas osé l'en ôter de peur de représailles (Crim. 17 oct. 1994, *Bull. crim.* n° 334).

c. Les facilités à l'usage illicite et les ordonnances de complaisance

L'article 222-37, al. 2, C. pén. incrimine d'abord le fait de faciliter, par quelque moyen que ce soit, l'usage illicite de stupéfiants, ensuite le fait de se faire délivrer des stupéfiants au moyen d'ordonnances fictives ou de complaisance, enfin le fait de délivrer en connaissance de cause des stupéfiants sur la présentation de telles ordonnances. La première modalité permet de réprimer une abstention : tel est le cas du gérant de club qui, ayant connaissance du trafic organisé dans son établissement, ne fait rien pour y mettre un terme (Crim. 27 févr. 1997, *Bull. crim.* n° 81).

d. La non-justification ou la justification mensongère de ressources

L'article 222-38, C. pén. punit de dix ans d'emprisonnement et de 750 000 € d'amende le fait de faciliter, par tout moyen, la justification mensongère de l'origine des biens ou revenus de l'auteur d'une des infractions mentionnées aux articles 222-34 à 222-37. L'article 222-39-1 (abrogé par la loi du 23 janv. 2006) punissait le fait de ne pas pouvoir justifier de ressources correspondant à son train de vie, tout en étant en relations habituelles avec une ou plusieurs personnes se livrant à l'une des infractions sanctionnant le trafic des stupéfiants ou avec plusieurs personnes se livrant à l'usage des stupéfiants. Cette incrimination figure aujourd'hui aux articles 321-6 et 321-6-1, C. pén.

e. Le blanchiment du produit des infractions délictuelles

L'article 222-38, C. pén. punit également de dix ans d'emprisonnement et de 750 000 € d'amende, le fait d'apporter son concours à une opération de placement, de dissimulation ou de conversion du produit de l'une des infractions prévues par les articles 222-34 à 222-37. La peine d'amende peut être élevée jusqu'à la moitié de la valeur des biens ou des fonds sur lesquels ont porté les opérations de blanchiment.

f. La cession ou l'offre en vue de la consommation personnelle

L'article 222-39, C. pén. punit de cinq ans d'emprisonnement et de 75 000 € d'amende la cession ou l'offre illicites de stupéfiants à une personne en vue de sa consommation personnelle. La peine d'emprisonnement est portée à dix ans lorsque les faits se rapportent à des mineurs ou sont commis dans des centres d'enseignement ou d'éducation, dans les locaux de l'administration, ainsi que, lors des entrées ou sorties des élèves ou du public ou dans un temps très voisin de celles-ci, aux abords de ces établissements ou locaux.

B – Les incriminations prévues par le Code de la santé publique

1. L'usage de stupéfiant

L'article L. 3421-1, CSP punit d'un an d'emprisonnement et 3 750 € d'amende l'usage illicite de stupéfiants.

2. La provocation à l'usage ou au trafic

L'article L. 3421-4, CSP punit de cinq ans d'emprisonnement et 75 000 € d'amende le fait de provoquer à l'usage de stupéfiants ou à l'une des infractions constituant le trafic de stupéfiants, alors même que cette provocation n'a pas été suivie d'effet, ou de présenter ces infractions sous un jour favorable. Est puni des mêmes peines la provocation, même non suivie d'effet, à l'usage de substances présentées comme ayant les effets de substances stupéfiantes. En vertu du principe de spécialité, cette qualification s'efface au profit de certaines incriminations applicables aux mineurs : le fait de provoquer directement un mineur à faire un usage illicite de stupéfiants est puni de cinq ans d'emprisonnement et de 100 000 € d'amende (art. 227-18, C. pén.) et le fait de provoquer directement un mineur à transporter, détenir, offrir ou céder des stupéfiants est puni de sept ans d'emprisonnement et de 150 000 € d'amende (art. 227-18-1, C. pén.).

C – Particularités de la répression

• **Tentative** : l'article 222-40, C. pén. incrimine la tentative de tous les délits prévus par le Code pénal.

• **Statut des repentis** : il s'applique en vertu des articles 222-43 et 222-43-1, C. pén.

• **Ordre ou permission de la loi** : seuls les faits de trafic illicite sont pénalement sanctionnés. Ne sont pas concernés le personnel médical ou les pharmaciens qui sont régulièrement autorisés par la loi à faire commerce et à délivrer des produits de cette nature. De même, les agents de police qui ont été autorisés à procéder à une opération d'infiltration en application des articles 706-81 et s., C. pr. pén. ne peuvent être poursuivis des chefs d'acquisition, de détention ou de transport de substances stupéfiantes.

VI/ Le trafic d'armes

La loi du 3 juin 2016 a introduit aux articles 222-52 et s., C. pén. toute une série d'infractions relatives au trafic d'armes. Sont ainsi réprimés, y compris au titre de la tentative (art. 222-60, C. pén.) :

– l'achat, la détention ou la cession de matériels de guerre, armes, éléments d'armes ou munitions relevant des catégories A ou B, sans l'autorisation prévue au § I de l'article L. 2332-1 du Code de la défense. L'infraction est punie de cinq ans d'emprisonnement et de 75 000 € d'amende ;

– le fait de détenir un dépôt d'armes ou de munitions des catégories A ou B. La peine encourue est de cinq ans d'emprisonnement et 75 000 € d'amende ;

– le port ou le transport, hors de son domicile, sans motif légitime, et sous réserve des exceptions résultant des articles L. 315-1 et L. 315-2 du Code de la sécurité intérieure (relatifs aux fonctionnaires et agents des administrations publiques exposés par leurs fonctions à des risques d'agression, ainsi que les personnels auxquels est confiée une mission de gardiennage et qui ont été préalablement agréés à cet effet, ainsi qu'aux gendarmes), des matériels de guerre, armes, éléments d'armes ou munitions relevant des catégories A ou B, même en en étant régulièrement détenteur. Les faits sont punis de sept ans d'emprisonnement et de 100 000 € d'amende ;

– le fait de supprimer, masquer, altérer ou modifier de façon quelconque les éléments distinctifs (marquages, poinçons, numéros de série, emblèmes) des armes ou leurs éléments essentiels afin de garantir leur identification. La peine encourue est de cinq ans d'emprisonnement et de 75 000 € d'amende ;
– l'achat, la vente, la livraison ou le transport de matériels, d'armes et de leurs éléments essentiels dépourvus des éléments susmentionnés ou dont ces éléments ont été supprimés, masqués, altérés ou modifiés. Ces infractions sont punies de cinq ans d'emprisonnement et 75 000 € d'amende ;
– la contrefaçon de poinçon d'épreuve ou l'utilisation frauduleuse de poinçons contrefaits est punie de cinq ans d'emprisonnement et de 75 000 € d'amende ;
– le fait de constituer ou de reconstituer une arme est puni de cinq ans d'emprisonnement et de 75 000 € d'amende, de même que le fait de modifier une arme et d'en changer la catégorie ou de détenir en connaissance de cause une arme ayant fait l'objet d'une telle modification.

Cas pratique n° 29

› *Énoncé*

Emma vient vous consulter car elle souhaiterait connaître les conséquences pénales des événements dont elle et sa sœur Johanna furent les protagonistes :

– Emma et Jérôme ont été mariés pendant cinq années. Ils formaient un couple heureux et nourrissaient de nombreux projets. Mais tout bascula en quelques semaines, quand Jérôme fut licencié. Jérôme se mit à boire et Emma décida de se séparer de Jérôme. La peur que celui-ci ne devienne très violent la détermina à solliciter du juge aux affaires familiales une ordonnance de protection. Au regard des éléments rapportés, elle l'obtint. L'ordonnance de protection enjoignait Jérôme de quitter le logement conjugal, et d'y paraître de nouveau.

Les premiers temps furent calmes et Emma put retrouver un peu de sérénité, mais Jérôme se présentait un soir à son ancien domicile. Il profitait d'une fenêtre laissée ouverte pour rentrer dans l'appartement. Prêt à en découdre, il se saisissait d'un petit couteau à légumes à bout rond en criant des insultes et se dirigeait vers la chambre d'où il entendait Emma. Sous l'effet de l'alcool qu'il n'avait décidément pas quitté, il chuta sur le sol. Emma réussit à s'enfermer dans la chambre et à prévenir la police. En attendant les secours, il ne cessait de vociférer qu'il voulait la tuer si elle ne décidait pas de se remettre avec lui.

– Johanna, la petite sœur d'Emma, vient de frôler la mort... Le dernier week-end d'août, elle se rendit dans la petite commune de X., située en Normandie. La commune organisait alors, comme tous les ans, le championnat de cricket franco-britannique, championnat qui devait se conclure par le traditionnel « baloche ». Le maire avait fait, pour l'occasion, installer une scène sur la place principale du village et prit un arrêté interdisant la circulation aux abords de la place.

Alors que le bal allait débuter, une voiture conduite par un certain Bertrand Z. fonça brusquement vers les quelques personnes qui se trouvaient déjà présentes et parmi lesquelles figurait alors Johanna. Cette dernière se vit mourir et ce n'est qu'au dernier moment, dans un geste inouï, qu'elle réussit à esquiver la voiture. Miraculeusement, celle-ci termina sa course sur le rond-point situé à l'entrée de la commune de Y. sans causer de dommage – forte heureusement – alors que d'autres fêtards se rendaient au bal. L'accident fut relayé par les médias et fit beaucoup de bruit. Une expertise révélera que Bertrand Z. roulait à une vitesse comprise entre 110 et 120 km/h, la vitesse maximale autorisée sur la totalité du parcours suivi étant de 50 km/h. L'enquête démontrera qu'il avait un rendez-vous urgent pour lequel il était en retard. Un témoin témoignera que Bertrand, alors qu'il arrivait devant les panneaux matérialisant l'interdiction de la circulation dans le centre-ville de la commune, lui avait demandé s'il existait un chemin rapide pour se rendre vers sa destination et que, face à sa réponse négative, le conducteur avait grommelé « j'emmerde leur bal à la con ».

Traumatisée par cet événement, Johanna finit par se confesser de tous ses péchés. Le lendemain, elle raconta à sa sœur que sa grand-mère adorée de 90 ans lui avait demandé, il y a plusieurs mois maintenant, de lui fournir des cachets pour en finir avec une vie qu'elle considérait comme intolérable. Johanna, lui avoua, les larmes aux yeux, qu'elle avait alors donné les cachets à sa grand-mère, qui les avait absorbés le soir même, et que sa grand-mère était décédée dans la nuit.

› *Correction*

Nous distinguerons les faits dans lesquels Emma est impliquée (I), l'accident évité lors du bal (II) et l'aide au suicide apportée par Johanna (III).

I/ Les faits dans lesquels Emma est impliquée

A – La pénétration dans le domicile en violation de l'ordonnance de protection par Jérôme

Deux qualifications semblent en concours en l'espèce.

1. La violation de domicile

L'article 226-4, C. pén. réprime l'introduction (al. 1er) et le maintien (al. 2nd) dans le domicile d'autrui « à l'aide de manœuvres, menaces, voies de fait ou contrainte, hors les cas où la loi le permet ».

Matériellement, l'infraction exige ainsi une violation de domicile mais accomplie par des moyens strictement énumérés, sans le consentement de la personne. La jurisprudence a retenu du domicile une interprétation autonome par rapport au droit civil (Crim. 26 févr. 1963, Bull. crim. n° 92 : il s'agit de tout lieu où la personne a le droit de se dire chez elle, qu'elle y habite ou non, quel que soit le titre juridique de son occupation et l'affectation des locaux; Crim. 22 janv. 1997, Bull. crim. n° 31 : il faut toutefois que le lieu soit occupé, au moins par moments).

Intellectuellement, l'infraction est intentionnelle et requiert, au titre du dol général, que les actes aient été accomplis volontairement en ayant conscience de violer le domicile d'autrui.

En l'espèce, Jérôme a pénétré dans le domicile à l'aide de voies de fait, en ayant conscience de violer le domicile de Johanna. La difficulté présente en l'espèce est celle de savoir si le domicile dans lequel il a pénétré n'est pas demeuré le sien, ce qui exclurait la qualification puisque l'article 226-4, C. pén. vise la violation du domicile d'« autrui ». Puisque le JAF a statué sur la résidence séparée des époux en précisant que Johanna continuera à résider dans le logement conjugal, on peut penser que Jérôme ne dispose plus du droit de se dire chez lui.

En conséquence, Jérôme encourt an d'emprisonnement et 15 000 € d'amende.

2. La violation de l'ordonnance de protection

La loi du 9 juillet 2010 relative aux violences faites spécifiquement aux femmes, aux violences au sein des couples et aux incidences de ces dernières sur les enfants a instauré une nouvelle mesure de protection à destination des victimes de violences conjugales. Ces dernières peuvent solliciter sur requête au juge aux affaires familiales la délivrance d'une ordonnance de protection conformément aux dispositions des articles 515-9 et s., C. civ. Parmi les obligations ou interdictions que peut prévoir le juge dans son ordonnance, figure l'interdiction faite à la partie défenderesse de rencontrer la victime requérante et de paraître à son domicile.

Le législateur a prévu une nouvelle incrimination pour renforcer l'efficacité de ce dispositif. En vertu de l'article 227-4-2, C. pén. : « Le fait, pour une personne faisant l'objet d'une ou plusieurs obligations ou interdictions imposées dans une ordonnance de protection rendue en application des articles 515-9 ou 515-13 du Code civil, de ne pas se conformer à cette ou ces obligations ou interdictions est puni de deux ans d'emprisonnement et de 15 000 € d'amende. »

En l'espèce, Emma a obtenu une ordonnance de protection du juge aux affaires familiales enjoignant ce dernier de ne plus résider au domicile familial, ni de la rencontrer de quelque façon que ce soit.

Le fait pour Jérôme de s'introduire au domicile d'Emma alors qu'il en était défendu par l'ordonnance de protection suffit à caractériser l'infraction de violation de l'ordonnance prise par le juge aux affaires familiales en cas de violence.

Un dol général est exigé pour que l'infraction soit caractérisée, consistant dans l'intention chez le mis en cause de commettre l'acte incriminé. Aucun élément ne permet d'infirmer que le mis en cause avait conscience de commettre l'acte délictuel à l'encontre de la victime.

En conséquence, Jérôme verra engager sa responsabilité pénale pour les faits de violation de l'ordonnance prise par le juge aux affaires familiales.

3. La résolution du concours de qualifications

En l'espèce, nous sommes en présence d'un concours idéal de qualification. Un fait matériel unique se trouve susceptible de revêtir deux qualifications pénales : la violation de domicile et la violation de l'ordonnance de protection. En principe, la jurisprudence solutionne le concours idéal de qualifications en prescrivant l'unité de qualification en application de la règle de la plus haute expression pénale. Toutefois, par exception et conformément à la jurisprudence *Ben Haddadi*, la pluralité de qualifications peut être retenue lorsque les infractions en concours protègent des valeurs distinctes. Or, en l'espèce, la violation de domicile protège la vie privée de la personne alors que la violation de l'ordonnance de protection protège le mineur ou la famille. Aussi faut-il retenir les deux qualifications et faire application des règles du concours réel (art. 132-3, C. pén.) : Jérôme pourra être condamné pour ces deux infractions mais il n'encourra qu'une peine de deux ans d'emprisonnement et de 15 000 € d'amende.

B – Les menaces de mort de Jérôme à l'encontre d'Emma

Les menaces sont pénalement punies par le législateur en tant que infractions-obstacles : l'incrimination a pour objet de prévenir la commission des infractions matérielles d'atteintes volontaires à la vie ou à l'intégrité de la personne. L'article 222-17, C. pén. réprime la menace réitérée ou matérialisée, « de commettre un crime ou un délit contre les personnes dont la tentative est punissable ». L'article 222-18, C. pén. réprime la menace avec ordre de remplir une condition, « par quelque moyen que ce soit ». Pour cette dernière, la peine est portée à cinq ans d'emprisonnement et à 75 000 € d'amende s'il s'agit d'une menace de mort.

En l'espèce, Jérôme a dit à l'attention d'Emma, qui l'a entendu, qu'il allait la tuer. S'il ne semble l'avoir dit qu'à une seule reprise, il s'est saisi d'un objet pour ce faire. Mais surtout, il a conditionné son acte de la tuer à l'engagement que devait prendre la victime, sa conjointe, de se remettre avec lui.

Un dol général est exigé chez l'agent, consistant dans l'intention chez lui de commettre l'acte incriminé. Particulièrement, la loi réprimant la menace n'exige pas que l'auteur de celle-ci ait voulu la mettre à exécution, ni même qu'il ait été capable de le faire. Il suffit que son auteur l'ait sciemment prononcée. Aucun élément ne permet d'infirmer que le mis en cause avait conscience de commettre l'acte délictuel à l'encontre de la victime.

En conséquence, Jérôme verra engager sa responsabilité pénale pour les faits de menaces de mort avec condition par conjoint.

L'article 222-18-3, C. pén. dispose que « lorsqu'elles sont commises par le conjoint ou le concubin de la victime ou le partenaire lié à la victime par un pacte civil de solidarité, les menaces prévues au premier alinéa de l'article 222-17 sont punies de deux ans d'emprisonnement et de 30 000 € d'amende, celles prévues au second alinéa du même article et au premier alinéa de l'article 222-18 sont punies de cinq ans d'emprisonnement et de 75 000 € d'amende et celles prévues au second alinéa de l'article 222-18 sont punies de sept ans d'emprisonnement et de 100 000 € d'amende ».

C'est cette dernière peine qu'encourt Jérôme.

N.B. La tentative d'homicide par conjoint devait être écartée en l'espèce. Les faits du sujet ne permettaient pas de qualifier un quelconque commencement d'exécution au sens de l'article 121-5 du Code pénal.

II/ L'accident évité lors du bal

L'article 223-1, C. pén. incrimine « le fait d'exposer directement autrui à un risque immédiat de mort ou de blessures de nature à entraîner une mutilation ou une infirmité permanente par violation manifestement délibérée d'une obligation particulière de sécurité ou de prudence imposée par la loi ou le règlement ».

Matériellement, ce délit nécessite indifféremment un acte de commission ou d'omission consistant en la violation d'une obligation prévue par la loi ou le règlement au sens constitutionnel, c'est-à-dire des actes des autorités administratives à caractère général et impersonnel, ce qui exclut du champ de l'incrimination la violation de règlements émanant d'autorités privées (règlements intérieurs d'entreprises, règlements sportifs…), et les actes administratifs à caractère non réglementaire. En outre, l'obligation violée doit être une obligation particulière de sécurité ou de prudence : une obligation particulière est nécessairement circonstanciée. Entre dans le champ de l'incrimination : un arrêté municipal interdisant l'accès à une piste de ski du fait du risque d'avalanche (Crim. 9 mars 1999, préc.) ; la plupart des dispositions du Code de la route (Crim. 11 mars 1998, préc.).

Infraction-obstacle, le délit ne nécessite pas la survenance d'un résultat pour être constitué. Au contraire, si le résultat survient, ce n'est plus sur le fondement du délit de risques causés qu'il faut engager la responsabilité pénale, mais sur le fondement des infractions dont le délit de risques causés à autrui avait précisément pour objet d'empêcher la réalisation. Toutefois, cela ne signifie pas pour autant que la notion de résultat soit étrangère à l'infraction. En effet, si le résultat survenu est exclusif de l'infraction, le résultat virtuel, c'est-à-dire celui qui n'est pas survenu mais qui aurait pu survenir, en est une composante à part entière. En effet, l'article 223-1 n'incrimine que les mises en danger « qui exposent autrui à un risque immédiat de mort ou de blessures de nature à entraîner une mutilation ou une infirmité permanente ». Se fondant sur ce texte, la Cour de cassation impose aux juges du fond de caractériser concrètement le risque auquel autrui s'est trouvé exposé. Ce risque se matérialisera le plus souvent par un contexte particulier qu'il appartiendra aux juges du fond de caractériser, telle la présence de personnes autour du lieu où la violation a été commise (Crim. 19 avr. 2000, Bull. crim. n° 161).

Enfin, doit être démontré un lien de causalité unissant la violation de l'obligation légale ou réglementaire au résultat virtuel, qui aurait pu survenir. La Cour de cassation exige que soit rapportée la preuve d'un lien de causalité direct et immédiat (Crim. 16 févr. 1999, préc.).

Intellectuellement seule la faute de mise en danger délibérée est à même de caractériser l'élément moral du délit de risques causés à autrui. Il faut donc rapporter la preuve d'un dol éventuel, c'est-à-dire de la volonté tendue vers une prise de risque. Peu importe en revanche que l'auteur de la violation ait eu connaissance de la nature possible des conséquences dommageables de son acte (Crim. 16 févr. 1999, préc.).

En l'espèce, Bertrand Z. a bien, par la conduite de son véhicule, méconnu une obligation particulière de sécurité ou de prudence imposée par la loi ou le règlement. On peut même dire qu'il a violé deux obligations de cette nature puisqu'il a méconnu non seulement l'arrêté du maire interdisant la circulation sur la place de la commune et l'article du Code de la route qui limite la vitesse à l'intérieur d'une agglomération. Son comportement relève de l'imprudence consciente comme en atteste l'enquête. Enfin, son comportement a exposé effectivement autrui à un risque de mort ou de blessures graves.

Bertrand Z. encourt ainsi un an d'emprisonnement et de 15 000 € d'amende.

III/ L'aide au suicide apportée par Johanna

Les faits renvoient très clairement à l'euthanasie. Mais l'euthanasie s'entend du fait de donner la mort pour abréger des souffrances, ce qui n'est pas exactement le cas ici : Johanna ne donne pas la mort à sa grand-mère ; elle l'aide à se suicider. La question qui se pose ici est de savoir s'il y a une qualification possible.

Johanna commet peut-être un acte immoral mais cela ne regarde pas le droit pénal qui ne peut sanctionner que des comportements interdits par la loi. Elle aide sa grand-mère à se suicider, en lui apportant les cachets demandés. L'aide fait immédiatement penser à la complicité. On sait cependant que la complicité n'est pas punissable en soi mais n'est punissable que par rattachement à un fait principal punissable. Or ici, le fait principal est un suicide dont on sait qu'il ne constitue pas une infraction en France.

Une infraction périphérique au suicide existe toutefois en droit français. La provocation au suicide est en effet réprimée par l'article 223-13, C. pén. Aux termes de cette disposition, « le fait de provoquer au suicide d'autrui est puni de trois ans d'emprisonnement et de 45 000 € d'amende lorsque la provocation a été suivie du suicide ou d'une tentative de suicide ». Pourtant, l'infraction ne semble pas constituée : rien n'indique que Johanna ait provoqué le suicide de sa grand-mère.

Johanna ne pourra donc pas être poursuivie, son comportement ne tombant sous le coup d'aucune qualification pénale (on pourrait éventuellement réfléchir à d'autres qualifications, comme l'administration de substance nuisible, par exemple, pour les écarter : il n'y a pas d'administration ici, Johanna laissant à la portée de la main de sa grand-mère les cachets).

10. Les atteintes à la liberté, à la dignité, à l'honneur et à l'intimité de la personne, aux mineurs et à la famille

Nous étudierons les atteintes à la liberté (I), à la dignité (II), à l'honneur et à l'intimité de la personne (III), ainsi que les atteintes aux mineurs et à la famille (IV).

I/ Les atteintes à la liberté de la personne

Nous envisagerons ici les disparitions forcées (A), les arrestations et séquestrations arbitraires (B) et la réduction esclavage (C).

A – Les disparitions forcées

• **Élément légal** : l'article 221-12, issu de la loi du 5 août 2013, définit le crime de disparition forcée comme « l'arrestation, la détention, l'enlèvement ou toute autre forme de privation de liberté d'une personne, dans des conditions la soustrayant à la protection de la loi, par un ou plusieurs agents de l'État ou par une personne ou un groupe de personnes agissant avec l'autorisation, l'appui ou l'acquiescement des autorités de l'État, lorsque ces agissements sont suivis de sa disparition et accompagnés soit du déni de la reconnaissance de la privation de liberté, soit de la dissimulation du sort qui lui a été réservé ou de l'endroit où elle se trouve ».

• **Élément matériel** :

– *le comportement* : l'article 221-12 vise l'arrestation, la détention et l'enlèvement ainsi que toute autre forme de privation de liberté pratiqués de manière illégale. Mais **le crime présente une dimension étatique** puisqu'il doit être commis par « un ou plusieurs agents de l'État ou par une personne ou un groupe de personnes agissant avec l'autorisation, l'appui ou l'acquiescement des autorités de l'État » ;

– *le résultat* : le texte exige une atteinte à la liberté qui a provoqué la disparition de la personne, cette disparition étant, au surplus, dissimulée ou niée par l'État.

- **Élément moral** : il consiste en la volonté de porter atteinte à la liberté dans des conditions illégales et de dissimuler cette atteinte.
  - **Répression** :

– *peines* : la réclusion criminelle à perpétuité assortie d'une période de sûreté (art. 221-12, al. 2 et 3). S'il s'agit d'une personne morale, les peines encourues sont une amende de 1 000 000 d'€ et les peines de l'article 131-39 (art. 221-17, C. pén.) ;

– *complicité* : le législateur a étendu la définition de la complicité en incriminant **une complicité par abstention du supérieur hiérarchique**. L'article 221-13, C. pén. dispose, en effet, que « sans préjudice de l'application de l'article 121-7, est considéré comme complice d'un crime de disparition forcée mentionné à l'article 221-12 commis par des subordonnés placés sous son autorité et son contrôle effectifs le supérieur qui savait, ou a délibérément négligé de tenir compte d'informations qui indiquaient clairement que ses subordonnés commettaient ou allaient commettre un crime de disparition forcée et qui n'a pas pris toutes les mesures nécessaires et raisonnables qui étaient en son pouvoir pour en empêcher ou en réprimer l'exécution ou pour en référer aux autorités compétentes aux fins d'enquête et de poursuites, alors que ce crime était lié à des activités relevant de sa responsabilité et de son contrôle effectifs » ;

– *prescription de l'action publique* : elle est de trente ans (art. 7, al. 2, du C. pr. pén.). Un délai similaire est prévu pour la prescription de la peine (art. 133-2, al. 2, C. pén.). On relèvera que le crime de disparition forcée est une **infraction continue** dont l'exécution dure tant que la victime n'a pas été retrouvée et qu'en conséquence, le délai de prescription ne commence à courir qu'au jour où l'infraction cesse ;

– *compétence des juridictions françaises* : l'article 689-13, C. pr. pén. ouvre un nouveau cas de compétence universelle aux juridictions françaises pour connaître des disparitions forcées et en juger les auteurs trouvés en France alors que le crime a été commis hors du territoire de la République et ce quelle que soit la nationalité de l'auteur et celle des victimes.

B – Les arrestations et séquestrations arbitraires

Le Code pénal distingue selon que ces actes sont commis par des particuliers (1) ou par des personnes dépositaires de l'autorité publique (2).

1. L'arrestation et la séquestration commises par les particuliers

- **Élément légal** : l'article 224-1, al. 1er, C. pén. définit ces infractions comme « le fait, sans ordre des autorités constituées et hors les cas prévus par la loi, d'arrêter, d'enlever, de détenir ou de séquestrer une personne ». Soyez vigilants : la jurisprudence a considéré que **ce texte incrimine des infractions distinctes** (arrestation illégale et séquestration illégale) pouvant donner lieu à une double déclaration de culpabilité (Crim. 26 juill. 1966, *Bull. crim.* n° 211).

• **Élément matériel** :

– *une appréhension ou une rétention* : l'arrestation illégale implique un acte d'appréhension du corps d'un individu réalisé même en un temps très bref et même s'il ne donne pas lieu ensuite à séquestration. L'arrestation illégale d'un individu pour le relâcher aussitôt entre donc dans les prévisions du texte. L'arrestation illégale est en conséquence, en raison de la nature de cet acte, **une infraction instantanée**. La séquestration illégale s'étale quant à elle dans le temps. L'acte de séquestration consiste en effet à retenir une personne contre son gré. Pour cette raison, la détention, également visée par l'article 224-1, doit être assimilée à la séquestration puisqu'elle implique le même acte et la même durée dans le temps caractéristique des **infractions continues** ;

– *cette appréhension ou cette rétention doivent se dérouler* « sans ordre des autorités constituées et hors les cas prévus par la loi ». L'article 224-1, C. pén. ne fait ici que viser l'absence des faits justificatifs d'ordre de la loi ou de commandement de l'autorité légitime (art. 122-4, C. pén.).

• **Élément moral** : les infractions sont intentionnelles et requiert, au titre du dol général que l'auteur ait voulu les actes accomplis en connaissance de cause, c'est-à-dire qu'il avait conscience d'arrêter ou de détenir illégalement. Les mobiles sont comme ailleurs indifférents (Crim. 23 décembre 1986, *Bull. crim.* n° 384 : peu importe qu'une personne ait été retenue afin de la contraindre à des négociations dans le cadre d'un conflit social).

• **Répression** :

– *peines* : elles sont fonction des conséquences subies par la victime, mais aussi, en fonction de la durée de la détention. De nombreuses circonstances aggravantes sont prévues. On relèvera notamment une peine de vingt ans de réclusion criminelle en principe ; de cinq ans d'emprisonnement et de 75 000 € d'amende si la personne est libérée volontairement avant le septième jour accompli depuis celui de son appréhension (art. 224-1, al. 2, C. pén.), sauf dans les cas prévus à l'article 224-2 (victime ayant subi une mutilation ou une infirmité permanente provoquée volontairement ou résultant soit des conditions de détention, soit d'une privation d'aliments ou de soins) ; de trente ans de réclusion criminelle lorsque les infractions sont précédées ou accompagnées de tortures ; de réclusion criminelle lorsqu'elles sont suivies de la mort de la victime ;

– *tentative* : les infractions d'arrestation et de séquestration illégales constituent tantôt des crimes, tantôt des délits, en fonction notamment de la durée imposée de détention. La tentative de ces infractions n'étant pas spécialement visée par un texte, elle n'est donc incriminée que pour les qualifications criminelles (C. pén., art. 121-4). Or, non sans paradoxe, **vous ne pourrez savoir si l'infraction constitue un crime que lorsque celle-ci est entièrement réalisée et lorsque vous connaîtrez ainsi la durée de détention et les conséquences subies par la victime**… ;

– *statut des repentis* : l'article 224-5-1, C. pén. prévoit l'exemption ou la réduction de peine au bénéfice du repenti.

2. Les arrestations et séquestrations commises par les personnes dépositaires de l'autorité publique

• **Élément légal** : les articles 432-4 à 432-6, C. pén. sanctionnent les atteintes à la liberté individuelle commises par des personnes dépositaires de l'autorité publique, quels qu'elles soient, dans l'exercice ou à l'occasion de l'exercice de leurs fonctions, l'article 432-6 visant toutefois spécialement les agents de l'administration pénitentiaire.

• **Élément matériel** : l'article 432-4, C. pén. sanctionne le fait d'ordonner ou d'accomplir arbitrairement un acte attentatoire à la liberté individuelle, ce qui implique un acte positif de la part de l'agent public. L'article 432-5, C. pén. vise à l'inverse des omissions coupables puisqu'il sanctionne, d'une part, le fait pour cet agent public, ayant eu connaissance dans l'exercice de ses fonctions d'une privation de liberté illégale, de s'abstenir volontairement d'y mettre fin ou de provoquer l'intervention de l'autorité compétente pour y mettre fin, et d'autre part, le fait par ce même agent public, ayant eu connaissance d'une privation de liberté dont l'illégalité est alléguée, de s'abstenir volontairement de procéder aux vérifications nécessaires ou de transmettre la réclamation à une autorité compétente. Enfin, l'article 432-6, C. pén. incrimine un comportement d'atteinte à la liberté plus spécifique puisqu'il s'agit pour un agent de l'administration pénitentiaire de recevoir ou détenir une personne sans mandat, jugement ou ordre d'écrou établi conformément à la loi, ou de prolonger indûment la durée d'une détention.

• **Élément moral** : ces infractions sont intentionnelles, et requièrent, au titre du dol général, les actes ou abstentions volontaires et accomplis en connaissance de cause, c'est-à-dire en connaissance de l'illégalité de l'atteinte à la liberté, sans que les agents puissent invoquer leur méconnaissance de la loi pour établir leur ignorance de l'illégalité d'une arrestation ou détention (Crim. 12 oct. 1993, *Bull. crim.* n° 285).

• **Répression** : on renverra à la lecture des articles 432-4 et s., C. pén. en relevant toutefois que les peines encourues présentent la particularité d'être parfois moins sévères que celles encourues par les particuliers.

C – La réduction en esclavage

Les articles 224-1 A et B, C. pén. répriment de vingt ans de réclusion criminelle, peine qui peut être portée à trente ans de réclusion criminelle par le jeu de multiples circonstances aggravantes, la réduction en esclavage – c'est-à-dire « le fait d'exercer à l'encontre d'une personne l'un des attributs du droit de propriété » – et l'exploitation d'une personne réduite en esclavage – c'est-à-dire « le fait de commettre à l'encontre d'une personne dont la réduction en esclavage est apparente ou connue de l'auteur une agression sexuelle, de la séquestrer ou de la soumettre à du travail forcé ou du service forcé ».

II/ Les atteintes à la dignité de la personne

Nous envisagerons l'obtention de services non rétribués par l'abus de l'état de dépendance et la soumission à des conditions de travail et d'hébergement contraires à la dignité de la personne dans le cadre de l'étude du droit pénal du travail. Nous nous concentrerons ici sur les discriminations (A), la traite des êtres humains, le travail forcé et la réduction en servitude (B), la dissimulation forcée du visage (C), l'exploitation de la mendicité et de la vente à la sauvette (D), le bizutage (E) et les atteintes au respect dû aux morts (F), l'outrage sexiste ayant déjà été abordé au titre des infractions sexuelles.

A – Les discriminations

Il nous faut envisager, d'une part, la définition des discriminations (1) et, d'autre part, les discriminations qui sont sanctionnées (2).

1. La définition des discriminations

Dans sa rédaction issue de la loi du 18 novembre 2016, l'article 225-1 vise désormais la discrimination opérée entre les personnes à raison de « leur origine, de leur sexe, de leur situation de famille, de leur grossesse, de leur apparence physique, de la particulière vulnérabilité résultant de leur situation économique, apparente ou connue de son auteur, de leur patronyme, de leur lieu de résidence, de leur état de santé, de leur perte d'autonomie, de leur handicap, de leurs caractéristiques génétiques, de leurs mœurs, de leur orientation sexuelle, de leur identité de genre, de leur âge, de leurs opinions politiques, de leurs activités syndicales, de leur capacité à s'exprimer dans une langue autre que le français, de leur appartenance ou de leur non-appartenance, vraie ou supposée, à une ethnie, une Nation, une prétendue race ou une religion déterminée ». La distinction ainsi faite entre les personnes peut viser aussi bien les personnes physiques (art. 225-1, al. 1er, C. pén.) que les personnes morales à travers leurs membres ou certains de leurs membres (art. 225-1, al. 2nd, C. pén.). La loi du 6 août 2012 a inséré un autre motif discriminatoire en prévoyant à l'article 225-1-1 que « constitue une discrimination toute distinction opérée entre les personnes parce qu'elles ont subi ou refusé de subir des faits de harcèlement sexuel tels que définis à l'article 222-33 ou témoigné de tels faits, y compris, dans le cas mentionné au I du même article, si les propos ou comportements n'ont pas été répétés ». La loi du 27 janvier 2017 a ajouté un dernier motif discriminatoire en prévoyant, à l'article 225-1-2, C. pén. que « constitue une discrimination toute distinction opérée entre les personnes parce qu'elles ont subi ou refusé de subir des faits de bizutage définis à l'article 225-16-1 ou témoigné de tels faits ».

2. Les discriminations sanctionnées

- **Élément matériel** :

– *pour les discriminations commises par un particulier* : l'article 225-2, C. pén. ne sanctionne la discrimination, telle que définie par les articles 225-1 à 225-1-2, que lorsqu'elle consiste : « 1° À refuser la fourniture d'un bien ou d'un service ; 2° À entraver l'exercice normal d'une activité économique quelconque ; 3° À refuser d'embaucher, à sanctionner ou à licencier une personne ; 4° À subordonner la fourniture d'un bien ou d'un service à une condition fondée sur l'un des éléments visés à l'article 225-1 ou prévue à aux articles 225-1-1 ou 225-1-2 ; 5° À subordonner une offre d'emploi, une demande de stage ou une période de formation en entreprise à une condition fondée sur l'un des éléments visés à l'article 225-1 ou prévue aux articles 225-1-1 ou 225-1-2 ; 6° À refuser d'accepter une personne à l'un des stages visés par le 2° de l'article L. 412-8 du Code de la sécurité sociale ». Ces stages sont ceux qui sont effectués par les étudiants ou élèves des établissements d'enseignement technique ;

– *pour les discriminations commises par une personne dépositaire de l'autorité publique* : l'article 432-7, C. pén. sanctionne les discriminations, au sens des articles 225-1 et 225-1-1, commises par une personne dépositaire de l'autorité publique ou chargée d'une mission de service public, dans l'exercice ou à l'occasion de l'exercice de ses fonctions ou de sa mission, lorsqu'elles consistent à refuser le bénéfice d'un droit accordé par la loi ou à entraver l'exercice normal d'une activité économique quelconque.

- **Élément moral** : qu'elle soit commise par un particulier ou une personne dépositaire de l'autorité publique, l'infraction est intentionnelle et requiert que celui qui prend sa décision, fonde celle-ci volontairement et consciemment sur un motif discriminatoire. Jusqu'alors, la discrimination n'était constituée que si l'acte discriminatoire (par exemple le refus de service) était uniquement fondé que sur le motif discriminatoire, les textes envisageant une distinction opérée « à raison de… ». La loi du 18 novembre 2016 a substitué à cette expression, celle d'une distinction opérée « sur le fondement », ce qui semble indiquer un élargissement du champ de l'incrimination : il n'est plus besoin que le motif discriminatoire soit l'unique motif ayant conduit au refus de service, etc. **Partant, il faudra être vigilant car la loi nouvelle est plus sévère**. Les mobiles de l'auteur sont ici encore indifférents : il importe peu que le motif discriminatoire s'explique, par exemple par une volonté de contenter une clientèle ou un employeur.

- **Répression** :

– *peines* : trois ans d'emprisonnement et 45 000 € d'amende à titre principal ; cinq ans d'emprisonnement et à 75 000 € d'amende lorsque le refus discriminatoire de fournir un bien ou un service est commis dans un lieu accueillant du public ou aux fins d'en interdire l'accès (art. 225-2, dern. al.). Les personnes dépositaires de l'autorité publique ou chargées d'une mission de service public encourent cinq ans d'emprisonnement et 75 000 € d'amende ;

– *mode de preuve* : validation du testing : la chambre criminelle a autorisé les parties civiles à utiliser le procédé dit du « testing » pour rapporter la preuve d'une discrimination (Crim. 11 juin 2002, *Bull. crim.* n° 131). La loi du 31 mars 2006 est allée plus loin en insérant un article 225-3-1 dans le C. pén. selon lequel « les délits prévus par la présente section sont constitués même s'ils sont commis à l'encontre d'une ou plusieurs personnes ayant sollicité l'un des biens, actes, services ou contrats mentionnés à l'article 225-2 dans le but de démontrer l'existence du comportement discriminatoire, dès lors que la preuve de ce comportement est établie » ;

– *les discriminations autorisées* : l'article 225-3, C. pén. prévoit que les dispositions de l'article 225-2 ne sont pas applicables dans certaines hypothèses et autorise ainsi les discriminations :

- fondées sur l'état de santé, lorsqu'elles consistent en des opérations ayant pour objet la prévention et la couverture du risque décès, des risques portant atteinte à l'intégrité physique de la personne ou des risques d'incapacité de travail ou d'invalidité. Toutefois, la loi du 4 mars 2002 a posé une limite à cette permission et sont en conséquence sanctionnées les discriminations sur ces opérations, lorsqu'elles se fondent sur la prise en compte de tests génétiques prédictifs ayant pour objet une maladie qui n'est pas encore déclarée ou une prédisposition génétique à une maladie, ou lorsqu'elles se fondent sur la prise en compte des conséquences sur l'état de santé d'un prélèvement d'organe tel que défini à l'article L. 1231-1, CSP ;
- fondées sur l'état de santé ou le handicap, lorsqu'elles consistent en un refus d'embauche ou un licenciement fondé sur l'inaptitude médicalement constatée soit dans le cadre du titre IV du livre II du Code du travail (qui concerne les services de santé au travail), soit dans le cadre des lois portant dispositions statutaires relatives à la fonction publique ;
- en matière d'embauche, sur le sexe, l'âge ou l'apparence physique, lorsqu'un tel motif constitue une exigence professionnelle essentielle et déterminante et pour autant que l'objectif soit légitime et l'exigence proportionnée, l'article 225-3, 5° écartant aussi du champ de la répression les refus d'embauche fondés sur la nationalité lorsqu'ils résultent de l'application des dispositions statutaires relatives à la fonction publique ;
- en matière d'accès aux biens et services, sur le sexe lorsque la discrimination est justifiée par la protection des victimes de violences à caractère sexuel, des considérations liées au respect de la vie privée et de la décence, la promotion de l'égalité des sexes ou des intérêts des hommes ou des femmes, la liberté d'association ou l'organisation d'activités sportives ;
- liées au lieu de résidence lorsque la personne chargée de la fourniture d'un bien ou service se trouve en situation de danger manifeste (art. 225-3, 6°) ;
- le dernier alinéa du texte dispose que les mesures prises en faveur des personnes résidant dans certaines zones géographiques et visant à favoriser l'égalité de traitement ne constituent pas une discrimination.

B – La traite des êtres humains, le travail forcé et la servitude

L'esclavage domestique était, en France, réprimé par les seuls articles 225-13 et 225-14, C. pén. Ces textes incriminent le fait d'obtenir d'une personne vulnérable ou dépendante, la fourniture d'un travail pas ou insuffisamment rétribué (art. 225-13, C. pén.) et celui de soumettre ces mêmes personnes à des conditions de travail ou d'hébergement incompatibles avec la dignité humaine (art. 225-14, C. pén.). Dans un arrêt *Siliadin c/ France* du 26 juillet 2005 (req. n° 73316/01), la CEDH avait condamné la France pour violation de l'article 4 de la Conv. EDH en relevant que les dispositions de l'article 225-14 « sont susceptibles d'interprétations variant largement d'un tribunal à l'autre » et que « le niveau d'exigence croissant en matière de protection des droits de l'homme et des libertés fondamentales implique [...] une plus grande fermeté dans l'appréciation des atteintes aux valeurs fondamentales des sociétés démocratiques » (condamnation réitérée par la CEDH dans l'arrêt 11 oct. 2012, *C.N. et V. c/ France*, req. n° 67724/09). Aussi la loi du 5 août 2013 est-elle venue refondre le dispositif de lutte contre la traite des êtres humains (1) et incriminé le travail forcé et la réduction en servitude (2).

1. Incrimination de la traite des êtres humains

• **Élément matériel** : l'article 225-4-1, C. pén. définit désormais la traite des êtres humains comme le fait de recruter une personne, de la transporter, de la transférer, de l'héberger ou de l'accueillir à des fins d'exploitation dans l'une des quatre circonstances énumérées par la loi : avec l'emploi de menace, de contrainte, de violence ou de manœuvre dolosive ; par un ascendant ou par une personne ayant autorité ; par abus d'une situation de vulnérabilité ; en échange ou par l'octroi d'une rémunération ou de tout autre avantage ou d'une promesse de rémunération ou d'avantage. Toutefois, la traite des êtres humains à l'égard d'un mineur est constituée même si elle n'est commise dans aucune des circonstances prévues aux 1° à 4° du I de l'article 225-4-1, C. pén.

• **Élément moral** : le législateur définit la notion d'exploitation, qui impose la caractérisation d'un dol spécial, comme « le fait de mettre la victime à sa disposition ou à la disposition d'un tiers, même non identifié, afin soit de permettre la commission contre la victime des infractions de proxénétisme, d'agression ou d'atteintes sexuelles, de réduction en esclavage, de soumission à du travail ou à des services forcés, de réduction en servitude, de prélèvement de l'un de ses organes, d'exploitation de la mendicité, de conditions de travail ou d'hébergement contraires à sa dignité, soit de contraindre la victime à commettre tout crime ou délit ».

• **Répression** : sept ans d'emprisonnement et de 150 000 € d'amende. Les articles 225-4-2 et s. prévoient de nombreuses circonstances aggravantes qui portent la peine à à dix ans d'emprisonnement et 1 500 000 € d'amende.

L'article 225-4-7 réprime la tentative et l'article 225-4-8 prévoit que, lorsqu'une infraction relevant de la traite des êtres humains est commise hors du territoire de la République par un Français (compétence personnelle active), la loi française est applicable, sans que soit exigée la réciprocité d'incrimination et sans que soit exigée une plainte de la victime ou de ses ayants droit ou une dénonciation officielle par l'autorité du pays où le fait a été commis.

2. Incriminations du travail forcé et de la réduction en servitude

a. Incrimination autonome du travail forcé

L'article 225-14-1, C. pén. réprime de sept ans d'emprisonnement et de 200 000 € d'amende « le fait, par la violence ou la menace, de contraindre une personne à effectuer un travail sans rétribution ou en échange d'une rétribution manifestement sans rapport avec l'importance du travail accompli ».

b. La réduction en servitude

L'article 225-14-2, C. pén. réprime de dix ans d'emprisonnement et de 300 000 € d'amende « le fait de faire subir, de manière habituelle, l'infraction de travail forcé à une personne dont la vulnérabilité ou l'état de dépendance sont apparents ou connus de l'auteur ». De multiples circonstances aggravantes sont prévues.

C – La dissimulation forcée du visage

- **Élément légal** : l'article 225-4-10, C. pén., issu de loi du 11 octobre 2010, sanctionne « le fait pour toute personne d'imposer à une ou plusieurs autres personnes de dissimuler leur visage par menace, violence, contrainte, abus d'autorité ou abus de pouvoir, en raison de leur sexe ». Cette infraction doit être bien distinguée des hypothèses où se trouve sanctionnée la dissimulation volontaire du visage. On peut relever en ce sens que la loi n° 2010-201 du 2 mars 2010 renforçant la lutte contre les violences de groupes et la protection des personnes chargées d'une mission de service public a prévu que la dissimulation volontaire de tout ou partie du visage afin d'échapper à une identification puisse constituer une circonstance aggravante de nombreuses infractions (art. 222-12 et 222-13, 311-4, 312-2, 322-3, 431-4 et 431-5, C. pén.). En outre, l'article R. 615-14, C. pén., « puni de l'amende prévue pour les contraventions de la 5e classe le fait pour une personne, au sein ou aux abords immédiats d'une manifestation sur la voie publique, de dissimuler volontairement son visage afin de ne pas être identifiée dans des circonstances faisant craindre des atteintes à l'ordre public » et la loi n° 2019-290 du 10 avril 2019 visant à renforcer et garantir le maintien de l'ordre public lors des manifestations est venue insérer un article 431-9-1 au Code pénal qui réprime d'un an d'emprisonnement et de 15 000 € d'amende « [l]e fait pour une personne, au sein ou aux abords immédiats d'une manifestation sur la voie publique, au cours ou à l'issue de laquelle des troubles à l'ordre public sont commis ou risquent d'être commis, de dissimuler volontairement tout ou partie de son visage sans motif légitime » (disposition déclarée conforme notamment au principe de légalité par Cons. const. 4 avr. 2019, déc. n° 2019-780 DC, § 32).

• **Élément matériel** : la dissimulation du visage doit d'abord avoir été imposée ce qui implique que la victime doit s'être effectivement couvert le visage, faisant ainsi du délit une **infraction matérielle** et **il n'y a pas d'incrimination spéciale de la tentative de ce délit**. Le texte ne précise pas en revanche les caractéristiques de cette dissimulation qui pourra se faire indifféremment avec l'aide d'un vêtement, d'un autre objet ou d'une coiffure couvrant le visage. La dissimulation doit ensuite avoir été obtenue par des moyens contraignants limitativement énumérés : menace, violence, contrainte, abus d'autorité ou abus de pouvoir. Enfin, la dissimulation doit être imposée à la victime en raison de son sexe, ce qui rapproche l'incrimination de celle des discriminations.

• **Élément moral** : l'infraction est intentionnelle et suppose que l'agent ait agi volontairement, ce qui résultera en fait de la nature contraignante des actes employés pour forcer la victime à cette dissimulation, mais aussi en connaissance de cause, c'est-à-dire en ayant parfaitement conscience d'imposer cette dissimulation en raison du sexe de la victime, ce qui ne sera donc évidemment pas le cas de la personne qui impose à une autre le port d'équipements de sécurité dissimulant le visage (par exemple casque de moto ou protection portée par les escrimeurs).

• **Répression** : un an d'emprisonnement et de 30 000 € d'amende; deux ans et 60 000 € d'amende lorsque le fait est commis au préjudice d'un mineur.

D – L'exploitation de la mendicité et de la vente à la sauvette

Nous envisagerons l'exploitation de la mendicité (1) puis la vente à la sauvette (2).

1. L'exploitation de la mendicité

• **Éléments légal et matériel** : l'article 225-12-5, C. pén., issu de la loi du 18 mars 2003 pour la sécurité intérieure, réprime le fait, par quiconque et de quelque manière que ce soit, d'organiser la mendicité d'autrui en vue d'en tirer profit, mais aussi, le fait de tirer profit de la mendicité d'autrui, d'en partager les bénéfices ou de recevoir des subsides d'une personne se livrant habituellement à la mendicité, mais encore, le fait d'embaucher, d'entraîner ou de détourner à des fins d'enrichissement personnel une personne en vue soit de la livrer à la mendicité, ou d'exercer une pression pour qu'elle mendie ou qu'elle continue de le faire, soit de la livrer à l'exercice d'un service moyennant un don sur la voie publique. L'al. 6 de l'article 225-12-5 assimile à l'exploitation de la mendicité le fait de ne pouvoir justifier de ressources correspondant à son train de vie tout en exerçant une influence de fait, permanente ou non, sur une ou plusieurs personnes se livrant à la mendicité ou en étant en relation habituelle avec cette ou ces dernières. Cette disposition permet ainsi de sanctionner une personne dont on présume qu'elle tire profit de la mendicité d'autrui mais sans avoir à prouver cette circonstance.

- **Élément moral** : le délit est intentionnel et les actes devront donc être accomplis volontairement et en connaissance de cause. Au-delà de ce dol général, certaines dispositions de l'article 225-12-5 exigent un dol spécial en ce qu'elles exigent que les actes aient été accomplis soit en vue de tirer profit de la mendicité (art. 225-12-5, 1°, C. pén.) soit à des fins d'enrichissement personnel (art. 225-12-5, 4°, C. pén.).
- **Répression** : 3 ans d'emprisonnement et 45 000 € d'amende, mais les articles 225-12-6 et 225-12-7 prévoient de nombreuses circonstances aggravantes. ces peines peuvent être aggravées dans les hypothèses visées aux articles 225-12-6 et 225-12-7.

2. L'exploitation de la vente à la sauvette

La loi du 14 mars 2011, dite « LOPPSI 2 », a créé, à l'article 225-12-8, C. pén. une nouvelle infraction d'exploitation de vente à la sauvette qui est définie comme « le fait par quiconque d'embaucher, d'entraîner ou de détourner une personne en vue de l'inciter à commettre l'une des infractions mentionnées à l'article 446-1, ou d'exercer sur elle une pression pour qu'elle commette l'une de ces infractions ou continue de le faire, afin d'en tirer profit de quelque manière que ce soit ». Les articles 446-1 et s. sont ceux qui incriminent la vente à la sauvette en délit et la définissent comme « le fait, sans autorisation ou déclaration régulière, d'offrir, de mettre en vente ou d'exposer en vue de la vente des biens ou d'exercer toute autre profession dans les lieux publics en violation des dispositions réglementaires sur la police de ces lieux ». L'article 225-12-8, al. 2 et 3, C. pén. assimile à l'exploitation de la vente à la sauvette le fait de recevoir des subsides d'une personne commettant habituellement l'une des infractions mentionnées au même article 446-1 et le fait de ne pouvoir justifier de ressources correspondant à son train de vie tout en exerçant une influence de fait, permanente ou non, sur une ou plusieurs personnes commettant habituellement l'une des infractions mentionnées audit article 446-1 ou en étant en relation habituelle avec cette ou ces dernières. L'exploitation de la vente à la sauvette est punie de trois ans d'emprisonnement et d'une amende de 45 000 € et les articles 225-12-9 et 10, C. pén. prévoient de nombreuses circonstances aggravantes.

E – Le bizutage

- **Élément légal** : l'article 225-16-1, C. pén., issu de la loi du 17 juin 1998, définit le bizutage comme le fait, pour une personne, « hors les cas de violences, de menaces ou d'atteintes sexuelles, [...] d'amener autrui, contre son gré ou non, à subir ou à commettre des actes humiliants ou dégradants ou à consommer de l'alcool de manière excessive, lors de manifestations ou de réunions liées aux milieux scolaire, sportif et socio-éducatif ». **La qualification de bizutage ne peut donc entrer en concours avec d'autres infractions** : si des violences, des menaces ou des atteintes sexuelles sont exercées, ce sont ces qualifications qu'il vous faudra respectivement retenir.

- **Condition préalable** : les actes doivent avoir été réalisés lors de manifestations ou de réunions liées aux milieux scolaire et socio-éducatif.
- **Élément matériel** : il est alternatif et peut consister soit dans le fait d'accomplir des actes humiliants sur une victime, soit dans le fait d'amener celle-ci à commettre de tels actes. Dans cette seconde hypothèse, la victime du bizutage peut se rendre auteur du délit et ne devrait pouvoir échapper à sa responsabilité pénale qu'en prouvant une situation de contrainte (art. 122-2, C. pén.). Le bizutage est réprimé que la victime ait accompli ou subi ces actes contre son gré ou non.
- **Élément moral** : le délit est intentionnel (art. 121-3, al. 1er, C. pén.) : les actes doivent donc avoir été accomplis volontairement et en ayant conscience de leur caractère humiliant et dégradant.
- **Répression** : six mois d'emprisonnement et 7 500 € d'amende ; un an d'emprisonnement et 15 000 € d'amende si l'infraction est commise sur une personne dont la particulière vulnérabilité, due à son âge, à une maladie, à une infirmité, à une déficience physique ou psychique ou à un état de grossesse, est apparente ou connue de son auteur (art. 225-16-2, C. pén.).

F – Les atteintes au respect dû aux morts

L'article 225-17, C. pén. sanctionne la violation ou la profanation de tombeaux, sépultures, urnes cinéraires ou de monuments édifiés à la mémoire des morts (al. 2nd) et toute atteinte à l'intégrité du cadavre, par quelque moyen que ce soit (al. 1er). **La jurisprudence a cependant restreint le domaine de l'incrimination en ne sanctionnant que les atteintes portant atteinte au respect dû au mort, confirmant que l'infraction protège plutôt la dignité physique du cadavre que son intégrité**. Ainsi, le délit n'est pas constitué par un prêtre qui avait pratiqué une césarienne sur une femme morte alors qu'elle était enceinte dans l'espoir d'administrer le baptême à l'enfant s'il était encore en vie (Crim. 20 juin 1896, *DP* 1897. 1. 29). En revanche, constitue le délit le fait de prendre des photos d'un cadavre de jeune fille après l'avoir partiellement déshabillée et avoir déplacé ses jambes, même si aucune atteinte à l'intégrité physique n'a été réalisée (TGI Arras, 27 oct. 1998, *D.* 1999. 511). Le délit est intentionnel, ce qui implique des actes accomplis volontairement sur le cadavre et en ayant conscience de porter atteinte au respect dû au corps du défunt.

III/ Les atteintes à l'honneur et à l'intimité de la personne

Nous étudierons d'abord les atteintes à l'honneur de la personne (A), ensuite les atteintes à l'intimité de celle-ci (B).

A – Les atteintes à l'honneur de la personne

Nous envisagerons successivement la dénonciation calomnieuse (1), la diffamation (2), l'injure (3) et les particularismes de la répression de ces deux dernières infractions (4).

1. La dénonciation calomnieuse

• **Élément légal** : l'article 226-10, al. 1er, C. pén. réprime la dénonciation, « effectuée par tout moyen et dirigée contre une personne déterminée, d'un fait qui est de nature à entraîner des sanctions judiciaires, administratives ou disciplinaires et que l'on sait totalement ou partiellement inexact, lorsqu'elle est adressée soit à un officier de justice ou de police administrative ou judiciaire, soit à une autorité ayant le pouvoir d'y donner suite ou de saisir l'autorité compétente, soit aux supérieurs hiérarchiques ou à l'employeur de la personne dénoncée ». On relèvera que le projet qui deviendra la loi nº 2016-1524 du 14 novembre 2016, visant à renforcer la liberté, l'indépendance et le pluralisme des médias, avait modifié la rédaction de cette disposition pour prévoir que la dénonciation pouvait être adressée « en dernier ressort, à un journaliste, au sens de l'article 2 de la loi du 29 juillet 1881 sur la liberté de la presse ». Toutefois, cet élargissement de l'incrimination a été déclaré contraire à la Constitution par la décision nº 2016-741 DC du Conseil constitutionnel du 8 décembre 2016.

• **Élément matériel** : pour caractériser le délit, il importe que la dénonciation ait été adressée à une autorité ayant le pouvoir d'y donner suite (not. un agent de police), ou directement à l'autorité compétente, aux supérieurs hiérarchiques ou à l'employeur de la personne dénoncée. Pour entrer en voie de condamnation contre le dénonciateur, le juge doit apprécier la pertinence des accusations portées par celui-ci. Par exception, « la fausseté du fait dénoncé résulte nécessairement de la décision, devenue définitive, d'acquittement, de relaxe ou de non-lieu, déclarant que le fait n'a pas été commis ou que celui-ci n'est pas imputable à la personne dénoncée » (art. 226-10, al. 2, C. pén.).

• **Élément moral** : le dénonciateur doit savoir que le fait dénoncé est totalement ou partiellement inexact.

• **Répression** : cinq ans d'emprisonnement et de 45 000 € d'amende. Dans l'hypothèse où le fait dénoncé a donné lieu à des poursuites pénales, il ne peut être statué sur les poursuites exercées contre l'auteur de la dénonciation qu'après qu'il a été statué définitivement sur le fait dénoncé (art. 226-11, C. pén.).

2. La diffamation

• **Éléments légal et matériel** : il s'agit, selon l'article 29 de la loi du 29 juillet 1881, de toute allégation ou imputation d'un fait qui porte atteinte à l'honneur ou à la considération de la personne ou du corps auquel il est imputé :

– *une allégation ou une imputation* : l'allégation consiste à affirmer le fait d'après les assertions d'autrui et le diffamateur ne fait ainsi que colporter des faits diffamatoires ; l'imputation repose au contraire sur des constatations personnelles, et l'auteur de la diffamation affirme alors personnellement l'existence du fait. À ces deux procédés d'affirmation du fait diffamatoire, l'article 29 en ajoute un autre qui est la publication directe ou par voie de reproduction de cette imputation ou de cette allégation. Quel que soit le procédé, la forme de l'expression importe peu : il y a diffamation même si le fait est présenté de façon ironique, dubitative, par insinuation ou sous une forme déguisée (Crim. 23 nov. 1993, *Bull. crim.* n° 350) ;

– *l'allégation ou l'imputation doit porter sur un fait attentatoire à l'honneur ou à la considération de la personne ou du corps auquel il est imputé* : le fait exprimé doit être :

- diffamatoire, c'est-à-dire porter atteinte à l'honneur ou à la considération. Le juge pénal se demandera si le fait imputé était de nature à porter atteinte à l'honneur ou à la considération d'un individu moyen, sans qu'il y ait à tenir compte ni des conceptions personnelles de la victime concernant l'honneur, ni de l'opinion du public sur cette personne (Crim. 2 juill. 1975, *Bull. crim.* n° 174) ;
- imputé à une personne ou à un corps, ce qui implique qu'il s'agisse d'un fait précis. Il est donc nécessaire que cette personne ou ce corps soit désignée, identifiée ou identifiable pour que l'infraction soit constituée. Il est aussi requis que l'imputation soit celle d'un fait précis, c'est-à-dire d'un fait qui puisse être vérifié, car à défaut, les termes employés sont constitutifs d'une injure. La distinction n'est pas toujours aisée car il faut tenir compte, non seulement des termes employés, mais aussi du contexte. La jurisprudence a ainsi considéré que l'emploi des termes « imposteur » et « charlatan » pouvait caractériser le délit, la précision du fait imputé pouvant être déguisée sous des expressions outrageantes (Crim. 14 avr. 1992, *Bull. crim.* n° 162) tandis qu'il a été jugé par ailleurs que les termes « nazi » et « nazillon polonais », sans aucune imputation d'un fait particulier, ne sauraient à eux seuls caractériser une diffamation (Paris, 1er juin 1995, *Dr pénal* 1995, comm. 253).

• **Élément moral** : l'infraction est intentionnelle et exige au titre d'un dol général, que l'agent ait eu conscience de porter atteinte à l'honneur ou à la considération. La particularité est que la jurisprudence présume la mauvaise foi dès que l'élément matériel est constaté et n'admet que restrictivement la preuve par l'agent de sa bonne foi : la simple croyance en la vérité des faits allégués, de même que la volonté d'informer le public ou l'absence d'intention de nuire n'ont pas été considérées comme des circonstances suffisantes pour établir la bonne foi de l'auteur.

• **Justifications** :

– *l'exceptio veritatis* : la vérité du fait diffamatoire n'est admise que dans les conditions de fond et de formes posées par les articles 35 et 55 de la loi de 1881. Le premier de ces textes excluait la preuve de la vérité du fait diffamatoire dans trois hypothèses. Le Conseil constitutionnel ayant, dans une décision n° 2013-319 QPC du 7 juin 2013, censuré une partie de cette disposition, seule la protection de la vie privée est désormais visée parmi les circonstances qui doivent empêcher la preuve de vérité du fait diffamatoire. La loi du 17 juin 1998 prévoit cependant que cette exception liée à la protection de la vie privée ne s'applique pas lorsque les faits sont prévus et réprimés par les articles 222-23 à 222-32 et 227-22 à 227-27, C. pén. ont été commis contre un mineur ;

– *la bonne foi* : la jurisprudence admet que la diffamation puisse être justifiée par la bonne foi du prévenu. Celle-ci suppose cumulativement la légitimité du but poursuivi, l'absence d'animosité personnelle, la prudence et la mesure dans l'expression ainsi que la qualité de l'enquête menée pour la vérification du fait imputé ;

– *le sujet d'intérêt général et la liberté d'expression* : reprenant des critères utilisés par la Cour européenne des droits de l'homme, la chambre criminelle de la Cour de cassation a pu écarter toute responsabilité pénale pour des propos diffamatoires portant sur un sujet d'intérêt général et ne dépassant pas les limites admissibles de la liberté d'expression (Crim. 11 mars 2008, *Bull. crim.* n° 59 : article relatif au rachat frauduleux par un organisme bancaire d'une compagnie d'assurance de droit étranger qui avait entraîné la mise à la charge de l'État français, et donc du contribuable, des sommes considérables).

3. L'injure

• **Éléments légal et matériel** : l'article 29, al. 2, de la loi de 1881 définit l'injure comme « toute expression outrageante, termes de mépris ou invective qui ne renferme l'imputation d'aucun fait ». **La différence entre l'injure et la diffamation tient en ce que l'injure n'est constituée que s'il n'y a aucune imputation d'un fait précis.** Cette condition est parfois délicate à appliquer, et il faudra, pour qualifier, ne pas s'arrêter au sens des mots mais tenir compte également du contexte de leur utilisation.

• **Élément moral** : l'injure est intentionnelle : elle implique la volonté de porter atteinte à l'honneur ou à la considération de la personne injuriée. Comme pour la diffamation, la jurisprudence présume l'intention (Crim. 18 janv. 1950, *Bull. crim.* n° 23).

• **Justification par la provocation** : l'article 33, al. 2, de la loi de 1881 prévoit que l'injure précédée de provocation ne sera pas punie. Cette provocation doit être prouvée par la personne qui l'invoque et elle doit à la fois être injuste, en relation directe avec l'injure proférée (Crim. 16 avr. 1985, *Bull. crim.* n° 140) et proportionnée à la provocation faite (Crim. 13 avr. 1999, *Bull. crim.* n° 77).

• **Immunités parlementaire et judiciaire (art. 41 de la loi de 1881)** : les discours tenus à l'Assemblée nationale ou au Sénat, ou les documents imprimés sur ordre d'une de ces assemblées, ne peuvent donner lieu à aucune action. De même, les discours prononcés ou les écrits produits devant les tribunaux ainsi que le compte rendu fidèle fait de bonne foi des débats judiciaires, ne donneront lieu à aucune action en diffamation, injure ou outrage. L'immunité judiciaire exige toutefois que les comptes rendus soient fidèles et aient été faits de bonne foi. Elle n'empêche pas le prononcé de dommages et intérêts à la charge de l'auteur de la diffamation ou de l'injure (art. 41, al. 4), et ne joue que pour les faits en rapport avec la cause jugée (art. 41, al. 5).

4. La répression de la diffamation et de l'injure

• **Peines** :
– *la diffamation non publique constitue une contravention punie par l'article R. 621-1, C. pén.* de l'amende prévue pour les contraventions de la première classe (38 € : art. 131-13, C. pén.) ;
– *la diffamation publique constitue un délit et sa sanction dépend de la qualité de la personne diffamée (art. 30 à 34 de la loi de 1881)* : on relèvera notamment que commise contre un particulier, elle est punie d'une amende de 12 000 € (art. 32, al. 1) ; commise contre une personne ou un groupe de personnes à raison de leur origine ou de leur appartenance ou de leur non-appartenance à une ethnie, une nation, une race ou une religion déterminée ou à raison de leur sexe, de leur orientation ou identité sexuelle ou de leur handicap, elle est punie d'un an d'emprisonnement et 45 000 € d'amende, ou l'une de ces deux peines seulement (art. 32, al. 2 et 3) ;
– *l'injure non publique constitue la contravention incriminée par l'article R. 621-2, C. pén.* et sanctionnée par l'amende des contraventions de la première classe, soit 38 € ;
– *l'injure publique constitue un délit sanctionné par l'article 33 de la loi qui retient les mêmes distinctions quant à la qualité de la victime que celles en cours pour la diffamation* : on relèvera notamment une amende de 12 000 € pour l'injure contre les particuliers ; six mois d'emprisonnement et 22 500 € d'amende pour l'injure commise à raison de l'origine de la victime, de son appartenance ou de sa non-appartenance à une ethnie, une nation, une race ou une religion déterminée ou à raison de leur sexe, de leur orientation ou identité sexuelle ou de leur handicap.

• **Imputation** : « la responsabilité en cascade » : lorsque la diffamation ou l'injure ont été commises par la voie de la presse ou par communication audiovisuelle, il y a lieu d'appliquer les règles particulières d'imputation de l'infraction connues sous le nom de responsabilité en « cascade » et respectivement posées par l'article 42 de la loi du 29 juillet 1881 et les articles 93-2 et 93-3 de la loi du 29 juillet 1982. La responsabilité est ainsi subsidiaire : d'abord les directeurs de publications ou éditeurs ; à leur défaut, les auteurs ;

à défaut des auteurs, les imprimeurs ; à défaut des imprimeurs, les vendeurs, les distributeurs et afficheurs.

• **Poursuites** : l'exercice des poursuites en matière d'injure et de diffamation nécessite une plainte préalable de la victime (art. 48) et le désistement de la victime ou de la partie civile mettra fin aux poursuites engagées, sauf diffamation ou injure commises à raison de l'origine, de la race, etc. Par dérogation aux règles de droit commun le délai de prescription de l'action publique en matière de diffamation et d'injure est de trois mois à compter du jour où les infractions ont été commises ou du jour du dernier acte d'instruction ou de poursuite s'il en a été fait (art. 65). Ce délai est porté à un an pour les diffamations et injures racistes (art. 65-3).

B – Les atteintes à l'intimité de la personne

Nous distinguerons l'atteinte à la vie privée elle-même (1), l'utilisation du produit de l'atteinte à l'intimité de la vie privée (2) et de la fabrication ou de la publicité d'un appareil permettant l'atteinte à la vie privée (3), l'usurpation de l'identité (4), le *revenge porn* (5) et l'inviolabilité du domicile (6), le délit de voyeurisme ayant déjà été étudié avec les infractions sexuelles (v. *supra*, p. 210).

1. L'atteinte à l'intimité de la vie privée

• **Éléments légal et matériel** : l'article 226-1, C. pén. décrit deux modes alternatifs de consommation de ce délit « au moyen d'un procédé quelconque » : soit la captation, l'enregistrement ou la transmission, sans le consentement de leur auteur, de paroles prononcées à titre privé ou confidentiel ; soit la fixation, l'enregistrement ou la transmission, sans le consentement de celle-ci, de l'image d'une personne se trouvant dans un lieu privé. L'infraction suppose l'absence de consentement de la victime pour être constituée et le dernier al. de l'article 226-1 pose une présomption de ce consentement « lorsque les actes mentionnés au présent article sont accomplis au vu et au su des intéressés sans qu'ils s'y soient opposés, alors qu'ils étaient en mesure de le faire ». Les paroles privées ou confidentielles sont ainsi protégées quel que soit le lieu dans lequel elles sont prononcées, alors que l'image d'une personne n'est protégée que lorsque cette personne est dans un lieu privé. La jurisprudence a défini le lieu privé comme l'endroit qui n'est ouvert à personne sauf autorisation de celui qui l'occupe d'une manière permanente ou temporaire (Crim. 28 nov. 2006, *Rev. pénit.* 2007, n° 1, p. 184). Ont ainsi été considérés comme des lieux privés : un véhicule, une chambre d'hôpital, une chambre mortuaire, un bateau, mais non une plage ou une rue. Il a été jugé que la protection de la vie privée devait être accordée à la personne vivante comme à la personne décédée et la fixation sans autorisation et dans un lieu privé de l'image d'un défunt est sanctionnée sur le fondement de l'article 226-1, C. pén. (Crim. 20 oct. 1998, *Bull. crim.*

n° 264). Si le texte vise un « procédé quelconque », tous les actes décrits par le texte, y compris la captation, implique le recours un procédé technique : le fait d'observer une personne avec une paire de jumelles ne constitue donc pas le délit (Crim. 23 août 1993, *Bull. crim.* n° 291).

• **Élément moral** : l'infraction est intentionnelle et implique que l'auteur des actes ait voulu ces actes et ait eu conscience en les accomplissant de porter atteinte à l'intimité de la vie privée d'autrui. La preuve de cette intention résulte de l'accomplissement de l'élément matériel du délit.

• **Répression** :
– *tentative* : elle est incriminée par l'article 226-5, C. pén., mais la mise en œuvre de ce texte pose la difficulté de pouvoir caractériser un commencement d'exécution. La tentative sera, par exemple, réalisée lorsqu'un individu a tenté de procéder à un enregistrement qui n'a pas fonctionné pour des raisons techniques ;
– *poursuite* : elle exige une plainte préalable de la victime, de son représentant légal ou de ses ayants droit (art. 226-6, C. pén.) et le retrait de sa plainte par la victime éteint l'action publique ;
– *peines* : un an d'emprisonnement et 45 000 € d'amende ; **la loi du 7 octobre 2016 pour une République numérique a inséré un article 226-2-1 au C. pén. qui tout à la fois aggrave la répression et élargit le champ de l'incrimination** : si le délit porte « sur des paroles ou des images présentant un caractère sexuel prises dans un lieu public ou privé, les peines sont portées à deux ans d'emprisonnement et à 60 000 € d'amende ».

2. L'utilisation du produit d'une atteinte à la vie privée

L'article 226-2, C. pén. incrimine le fait de conserver, porter ou laisser porter à la connaissance du public ou d'un tiers ou d'utiliser de quelque manière que ce soit, tout enregistrement ou document obtenu à l'aide de l'un des actes prévus par l'article 226-1. Il s'agit d'une infraction de conséquence et l'auteur de cette infraction peut être différent de celui qui a commis l'atteinte à l'intimité de la vie privée définie par l'article 226-1, C. pén. Elle suppose l'absence de consentement de la victime et est intentionnelle, l'intention impliquant que les images ou paroles aient été conservées ou diffusées en connaissance de cause, c'est-à-dire que l'auteur doit avoir eu connaissance de l'origine délictueuse des enregistrements. La tentative est incriminée par l'article 226-5, C. pén. Les personnes physiques encourent un an d'emprisonnement et 45 000 € d'amende. Lorsque l'infraction est commise par la voie de la presse écrite ou audiovisuelle, les règles particulières de détermination des personnes responsables en ces matières sont applicables (art. 226-2, al. 2nd, C. pén.). **L'article 226-2-1, C. pén., issu loi de la loi du 7 octobre 2016, aggrave la répression** si le délit porte « sur des paroles ou des images présentant un caractère sexuel prises dans un lieu public ou privé, les peines sont portées à deux ans d'emprisonnement et à 60 000 € d'amende ».

3. La fabrication ou la publicité d'un appareil permettant l'atteinte à la vie privée

L'article 226-3, al. 1er, C. pén. incrimine, à titre préventif, la fabrication, l'importation, la détention, l'exposition, l'offre, la location ou la vente d'appareils ou de dispositifs techniques de nature à permettre la réalisation d'opérations pouvant constituer l'infraction prévue par le second alinéa de l'article 226-15 ou qui, conçus pour la détection à distance des conversations, permettent de réaliser l'infraction prévue par l'article 226-1 ou ayant pour objet la captation de données informatiques prévue aux articles 706-102-1 et 706-102-2, C. pr. pén. et L. 853-2, CSI et figurant sur une liste dressée dans des conditions fixées par décret en Conseil d'État, lorsque ces faits sont commis, y compris par négligence, en l'absence d'autorisation ministérielle dont les conditions d'octroi sont fixées par ce même décret ou sans respecter les conditions fixées par cette autorisation. L'article 226-3, al. 2nd, C. pén. incrimine quant à lui le fait de réaliser une publicité en faveur d'un appareil ou d'un dispositif technique susceptible de permettre la réalisation des infractions prévues par l'article 226-1 et le second al. de l'article 226-15 lorsque cette publicité constitue une incitation à commettre cette infraction ou ayant pour objet la captation de données informatiques prévue aux articles 706-102-1 et 706-102-2, C. pr. pén. et L. 853-2, CSI « lorsque cette publicité constitue une incitation à en faire un usage frauduleux ». La tentative est incriminée par l'article 226-5, C. pén. Les personnes physiques encourent cinq ans d'emprisonnement et 300 000 € d'amende.

4. Le *revenge porn*

La chambre criminelle de la Cour de cassation avait jugé que « n'est pas pénalement réprimé le fait de diffuser, sans son accord, l'image d'une personne réalisée dans un lieu privé avec son consentement » (Crim. 6 mars 2016, n° 15-82.676). La loi pour une République numérique du 7 octobre 2016 est donc venue incriminer le *revenge porn*. L'article 226-2-1, al. 2nd, C. pén. punit de deux ans d'emprisonnement et de 60 000 € d'amende « le fait, en l'absence d'accord de la personne pour la diffusion, de porter à la connaissance du public ou d'un tiers tout enregistrement ou tout document portant sur des paroles ou des images présentant un caractère sexuel, obtenu, avec le consentement exprès de la personne ou par elle-même, à l'aide de l'un des actes prévus à l'article 226-1 ». **La loi comble une lacune** : l'article 226-1, C. pén. incrimine la captation sans le consentement de la victime, l'article 226-2, la diffusion sans le consentement de la victime d'une captation effectuée sans le consentement de celle-ci. Il n'était donc pas possible, sans méconnaître le principe de l'interprétation stricte de la loi pénale (art. 111-4, C. pén.) de réprimer, la diffusion sans consentement de la victime d'une captation effectuée avec le consentement de celle-ci. **Toutefois, cette loi, plus sévère en ce qu'elle crée une incrimination, ne saurait s'appliquer à des**

faits commis avant son entrée en vigueur (art. 112-1, C. pén.). La tentative est incriminée par l'article 226-5, C. pén.

5. L'usurpation d'identité

L'article 226-4-1, C. pén. sanctionne « le fait d'usurper l'identité d'un tiers ou de faire usage d'une ou plusieurs données de toute nature permettant de l'identifier en vue de troubler sa tranquillité ou celle d'autrui, ou de porter atteinte à son honneur ou à sa considération ». Le texte n'incrimine que l'usurpation d'une identité réelle et non pas l'usage d'une fausse identité. L'usurpation elle-même n'est pas définie par le texte et la répression de la tentative laisse place à une répression large. Toutefois le champ de celle-ci sera réduit car la caractérisation de l'élément moral de l'infraction supposera d'établir non seulement un dol général – le fait que l'auteur a volontairement usurpé l'identité d'autrui ou utilisé des données permettant d'identifier autrui en sachant qu'il s'agit de l'identité d'autrui –, mais aussi **un dol spécial** puisque le texte exige que l'usurpation d'identité ou l'usage de données identificatrices ait été accompli soit dans le but de troubler la tranquillité de la victime ou celle d'autrui, soit dans le but de porter atteinte à l'honneur ou à la considération de celle-ci. Le délit est puni d'un an d'emprisonnement et de 15 000 € d'amende avec la précision que les mêmes peines s'appliquent lorsque l'infraction est commise sur un réseau de communication au public en ligne (art. 226-4-1, al. 2nd, C. pén.).

6. La violation de domicile et l'expulsion illicite de celui-ci

a. La violation de domicile commise par des particuliers

L'article 226-4, C. pén. dans sa rédaction issue de la loi du 24 juin 2015 distingue désormais, l'introduction (al. 1er) du maintien (al. 2nd) dans le domicile d'autrui « à l'aide de manœuvres, menaces, voies de fait ou contrainte, hors les cas où la loi le permet ».

• **Matériellement,** l'infraction exige ainsi une violation de domicile mais accomplie par des moyens strictement énumérés, sans le consentement de la personne. **La réécriture effectuée par la loi du 24 juin 2015 conduit désormais à ne sanctionner le maintien dans le domicile que s'il suit une introduction réalisée, elle-même, sans le consentement de l'intéressé,** alors que l'ancienne rédaction permettait de sanctionner le maintien dans le domicile sans le consentement intervenant à la suite d'une introduction consentie dans ce même domicile (en ce sens Crim. 13 avr. 2016, n° 15-82.400). La jurisprudence a retenu du domicile une interprétation autonome par rapport au droit civil (Crim. 26 févr. 1963, *Bull. crim.* n° 92 : il s'agit de tout lieu où la personne a le droit de se dire chez elle, qu'elle y habite ou non, quels que soit le titre juridique de son occupation et l'affectation des locaux; Crim. 22 janv. 1997, *Bull. crim.* n° 31 : il faut toutefois que le lieu soit occupé, au moins par moments).

• **Intellectuellement**, l'infraction est intentionnelle et requiert, au titre du dol général, que les actes aient été accomplis volontairement en ayant conscience de violer le domicile d'autrui.

• **Répression** : un an d'emprisonnement et 15 000 € d'amende. La tentative est spécialement incriminée (art. 226-5, C. pén.).

b. La violation de domicile commise par des personnes dépositaires de l'autorité publique

L'article 432-8, C. pén. incrimine « le fait par une personne dépositaire de l'autorité publique ou chargée d'une mission de service public, agissant dans l'exercice ou à l'occasion de ses fonctions ou de sa mission, de s'introduire ou de tenter de s'introduire dans le domicile d'autrui contre le gré de celui-ci hors les cas prévus par la loi ».

• **Matériellement**, cette violation de domicile implique aussi l'absence de consentement de la personne et une absence d'autorisation de la loi, mais elle présente certaines particularités : n'est en effet ici incriminé que le fait de s'introduire ou de tenter de s'introduire dans un domicile sans autorisation, à l'exclusion du maintien ; aucun procédé particulier n'est requis pour l'introduction au domicile d'autrui.

• **Intellectuellement**, l'infraction est intentionnelle et requiert, un simple dol général.

• **Répression** : deux ans d'emprisonnement et 30 000 € d'amende.

c. L'expulsion de domicile

La loi du 24 mars 2014 a introduit dans le Code pénal un article 226-4-2 qui réprime « le fait de forcer un tiers à quitter le lieu qu'il habite sans avoir obtenu le concours de l'État dans les conditions prévues à l'article L. 153-1 du Code des procédures civiles d'exécution, à l'aide de manœuvres, menaces, voies de fait ou contraintes, est puni de trois ans d'emprisonnement et de 30 000 € d'amende ». Le texte vise à réprimer celui qui souhaiterait procéder à l'expulsion de squatteurs par ses propres moyens, sans solliciter le concours de la force publique.

IV/ Les atteintes aux mineurs et à la famille

Nous étudierons successivement le délaissement de mineur de 15 ans (A), l'abandon de famille (B), la violation des ordonnances de protection prises par le JAF (C), les atteintes à l'exercice de l'autorité parentale (D), les atteintes à la filiation (E) et la mise en péril des mineurs (F).

A – Le délaissement de mineur de 15 ans

L'article 227-1, C. pén. punit le délaissement d'un mineur de 15 ans en un lieu quelconque, sauf lorsque les circonstances du délaissement ont permis d'assurer la santé et la sécurité de celui-ci, de sept ans d'emprisonnement et de 100 000 € d'amende et de vingt ans de réclusion criminelle lorsque le délaissement a entraîné une mutilation ou une infirmité permanente, voire de trente ans de réclusion criminelle s'il est suivi de la mort du mineur.

B – L'abandon de famille

L'article 227-3, C. pén., réprime de deux ans d'emprisonnement et de 15 000 € d'amende le fait de se soustraire, pendant plus de deux mois, à l'exécution d'une décision de justice, d'une convention judiciairement homologuée ou d'une convention signées dans le cadre d'une procédure de divorce par consentement mutuel, imposant le versement au profit d'un enfant mineur, d'un descendant, d'un ascendant ou du conjoint une pension, une contribution, des subsides ou des prestations de toute nature dues en raison de l'une des obligations familiales prévues par le Code civil. La loi réprime par ailleurs de six mois d'emprisonnement et de 7 500 € d'amende le fait, par une personne tenue, dans les conditions prévues à l'article 227-3, à l'obligation de verser une pension, une contribution, des subsides ou des prestations de toute nature, de ne pas notifier son changement de domicile au créancier dans un délai d'un mois à compter de ce changement (art. 227-4, C. pén.).

C – La violation des ordonnances de protection prises par le JAF en cas de violences

La loi du 9 juillet 2010 a créé deux nouvelles infractions : d'une part, l'article 227-4-2, C. pén. réprime de deux ans d'emprisonnement et de 15 000 € d'amende le fait, pour une personne faisant l'objet d'une ou plusieurs obligations ou interdictions imposées dans une ordonnance de protection rendue en application des articles 515-9 ou 515-13, C. civ., de ne pas se conformer à cette ou ces obligations ou interdictions ; d'autre part, l'article 227-4-3, C. pén. réprime de six mois d'emprisonnement et de 7 500 € d'amende le fait pour une personne tenue de verser une contribution ou des subsides au titre de l'ordonnance de protection rendue en application de l'article 515-9, C. civ., de ne pas notifier son changement de domicile au créancier dans un délai d'un mois à compter de ce changement.

D – Les atteintes à l'exercice de l'autorité parentale

Les articles 227-5 et s. répriment, y compris lorsqu'elles sont simplement tentées (art. 227-11, C. pén.) :

– *la non-représentation d'enfant* d'un an d'emprisonnement et de 15 000 € d'amende : c'est le fait de refuser indûment de représenter un enfant mineur à la personne qui a le droit de le réclamer (art. 227-5, C. pén.) ;

– *l'absence de notification de changement de domicile*, dans le délai d'un mois à compter de ce changement, par celui chez qui les enfants résident habituellement à ceux qui peuvent exercer à l'égard des enfants un droit de visite ou d'hébergement (art. 227-6, C. pén.) ;

– *la soustraction de mineur*, c'est-à-dire l'enlèvement d'un mineur des mains de celui (ou ceux) qui exerce(nt) l'autorité parentale, en distinguant selon que les faits sont commis par un ascendant (art. 227-7 : un an d'emprisonnement et 15 000 € d'amende) ou une personne autre (art. 227-8 : cinq ans d'emprisonnement et de 75 000 € d'amende).

E – Les atteintes à la filiation

Les articles 227-12 et 227-13, C. pén. répriment :

– *la provocation à l'abandon d'enfant*. L'infraction doit avoir été commise soit dans un but lucratif, soit par don, promesse, menace ou abus d'autorité. La loi réprime par ailleurs les provocations indirectes résultant du fait de s'entremettre entre une personne désireuse d'adopter un enfant et un parent désireux d'abandonner son enfant né ou à naître, ou du fait de s'entremettre entre une famille d'accueil et une mère porteuse ;

– *la substitution volontaire* – qui consiste à remplacer matériellement un enfant par un autre –, *la simulation* – attribution d'un enfant à une femme qui n'a pas accouché – *ou la dissimulation* – par la mère biologique afin d'en permettre l'attribution à une autre femme par simulation – ayant entraîné une atteinte à l'état civil d'un enfant.

F – La mise en péril des mineurs

Outre les infractions à caractère sexuel déjà évoquées précédemment, sont sanctionnés :

– *la privation de soins ou d'aliments* (art. 227-15, C. pén.), ce qui vise deux comportements : d'une part, le fait, par un ascendant ou toute autre personne exerçant l'autorité parentale ou ayant autorité sur un mineur de 15 ans, de priver celui-ci d'aliments ou de soins au point de compromettre sa santé (al. 1er), et, d'autre part, le fait, par toute personne, de maintenir un enfant de moins de six ans sur la voie publique ou dans un espace affecté au transport collectif de voyageurs, dans le but de solliciter la générosité des passants (al. 2nd). Ce dernier texte fait cependant double emploi avec l'infraction d'exploitation à la mendicité, dont la répression est aggravée lorsque la personne exploitée est un mineur ;

– *l'abandon moral ou matériel d'un enfant mineur* (art. 227-17, C. pén.) qui est caractérisé par le fait, par le père ou la mère, de se soustraire, sans motif légitime, à ses obligations légales au point de compromettre la santé, la sécurité, la moralité ou l'éducation de son enfant mineur ;

– *l'abandon scolaire* : l'article 227-17-1, C. pén. incrimine d'une part, le fait, par les parents d'un enfant ou toute personne exerçant à son égard l'autorité parentale ou une autorité de fait de façon continue, de ne pas l'inscrire dans un établissement d'enseignement, sans excuse valable, en dépit d'une mise en demeure de l'autorité de l'État compétente en matière d'éducation (al. 1er), d'autre part, le fait, par un directeur d'établissement privé accueillant des classes hors contrat, de n'avoir pas pris, malgré la mise en demeure de l'autorité de l'État compétente en matière d'éducation, les dispositions nécessaires pour que l'enseignement qui y est dispensé soit conforme à l'objet de l'instruction obligatoire, et de n'avoir pas procédé à la fermeture de ces classes (al. 2) ;

– *la provocation de mineur à faire un usage illicite de stupéfiants* (art. 227-18, C. pén.), *à transporter, détenir, offrir ou céder des stupéfiants* (art. 227-18-1, C. pén.), *à la consommation excessive d'alcool* (art. 227-19, C. pén.) *ou à commettre un crime ou un délit* (art. 227-21, C. pén.). La peine est aggravée lorsqu'il s'agit d'un mineur de 15 ans ou que les faits sont commis dans les établissements d'enseignement ou d'éducation ou dans les locaux de l'administration, ainsi que, lors des entrées ou sorties des élèves ou du public ou dans un temps très voisin de celles-ci, aux abords de ces établissements ou locaux ;

– *la provocation de mineur à une mutilation sexuelle* : l'article 227-24-1, C. pén. réprime le fait d'inciter un mineur, par offres, promesses, dons, présents ou avantages quelconques, en usant contre lui de pressions ou de contraintes de toute nature, à se soumettre à une mutilation sexuelle (al. 1er) ou à commettre une telle mutilation sur la personne d'un mineur, lorsque cette mutilation n'a pas été réalisée (al. 2). Il faut prendre garde : **si la mutilation a été réalisée, il vous faudra retenir la complicité par instigation de violences** ;

– *la provocation aux crimes et délits contre les mineurs* : l'article 227-28-3, C. pén. incrimine le fait de faire à une personne des offres ou des promesses ou de lui proposer des dons, présents ou avantages quelconques afin qu'elle commette à l'encontre d'un mineur l'un des crimes ou délits visés aux articles 222-22 à 222-31 (agressions sexuelles), 225-5 à 225-11 (proxénétisme), 227-22 (corruption de mineur), 227-23 (diffusion ou enregistrement de l'image d'un mineur à caractère pornographique) et 227-25 à 227-28 (atteintes sexuelles), lorsque cette infraction n'a été ni commise ni tentée. Attention **si l'infraction est tentée ou commise, il vous faudra alors retenir la complicité par instigation.**

Cas pratique n° 30

Sujet donné au concours d'entrée à l'ENM en juin 2017.

› *Énoncé*

Monsieur Jacques R., cadre d'une grande entreprise du Nord de la France déposait plainte au commissariat de Lille le 26 janvier 2017 à l'encontre de son employeur, Monsieur Grandchef.

Il expliquait que ce dernier lui tenait des propos violents qui l'humiliaient devant ses subordonnés et que son quotidien au travail était devenu un enfer. Des tâches contradictoires lui étaient constamment demandées, son bureau avait été vidé et Monsieur Grandchef lui avait supprimé du jour au lendemain son secrétariat.

Monsieur Jacques R. se disait diffamé et ajoutait qu'il avait dû consulter son médecin en raison des pressions qui étaient exercées sur lui et de la tension qui s'ensuivait. Il ajoutait que son employeur lui avait fait parvenir dans un laps de temps très court un nombre considérable de lettres recommandées avant de le licencier. Il fournissait des attestations de témoins qui avaient constaté la dégradation de son état physique. Une enquête était diligentée par le commissariat local à la suite de la plainte de Monsieur Jacques R. et Monsieur Grandchef était convoqué 15 jours après et acceptait d'être entendu. Il expliquait être excédé par Monsieur Jacques R. qui selon lui n'en faisait qu'à sa tête depuis de nombreux mois et déposait plainte à son tour contre Monsieur Jacques R. en raison de ses allégations qu'il estimait mensongères. Après que sa plainte eût été recueillie, il se mettait alors en colère et décidait de mettre fin à l'audition. Les deux procédures étaient transmises au parquet de Lille pour suite à donner.

Le délit de diffamation vous paraît-il pouvoir être retenu à l'encontre de Monsieur Grandchef ? D'autres infractions peuvent-elles être retenues à son encontre ? Quelle infraction pourrait être retenue dans le cadre de la plainte de Monsieur Grandchef à l'encontre de Monsieur Jacques R. ?

› *Correction*

Il convient de distinguer les infractions pouvant être reprochées à M. Grandchef (I) et l'infraction pouvant être retenue à l'encontre de Jacques R. (II).

I/ Sur les infractions pouvant être retenues à l'encontre de M. Granchef

Nous envisagerons d'abord la constitution du délit de diffamation (A) puis la commission d'autres infractions (B).

A – Sur la constitution du délit de diffamation

La diffamation se définit comme toute allégation ou imputation d'un fait qui porte atteinte à l'honneur ou à la considération de la personne ou du corps auquel il est imputé (art. 29, al. 1er, de la loi du 29 juillet 1881). Notre droit pénal distingue la diffamation publique (art. 30 et s. de la loi du 29 juillet 1881) et non-publique (art. R. 621-1, C. pén.). En l'espèce, les faits intervenant dans le cadre de l'entreprise, il convient de privilégier la diffamation non-publique. Selon l'article R. 621-1, C. pén. « la diffamation non publique envers une personne est punie de l'amende prévue pour les contraventions de la 1re classe ». Matériellement, la diffamation exige soit une allégation – qui consiste à affirmer le fait d'après les assertions d'autrui, le diffamateur ne faisant que colporter des faits diffamatoires perçus par ailleurs –, soit une imputation – qui repose au contraire sur des constatations personnelles, l'auteur de la diffamation affirmant alors personnellement l'existence du fait. En outre, l'allégation ou l'imputation doit porter sur un fait attentatoire à l'honneur ou à la considération de la personne ou du corps auquel il est imputé. Il doit donc s'agir d'un fait précis. Quant à l'élément moral de la diffamation, l'infraction est intentionnelle et exige au titre d'un dol général, que l'agent ait eu conscience de porter atteinte à l'honneur ou à la considération.

En l'espèce, il est seulement fait état de propos violents qui humilient Jacques R., sans davantage de précision. Aussi faut-il écarter la diffamation et envisager d'autres infractions.

B – Sur les autres qualifications applicables

– Il serait tout d'abord possible d'envisager l'injure, définie par l'article 29, al. 2, de la loi de 1881 comme « toute expression outrageante, termes de mépris ou invective qui ne renferme l'imputation d'aucun fait ». Notre droit distingue là encore l'injure publique (art. 33 de la loi de 1881) de l'injure non publique (art. R. 621-2, C. pén.). La différence entre l'injure et la diffamation tient en ce que l'injure n'est constituée que s'il n'y a aucune imputation d'un fait précis. L'injure est intentionnelle : elle implique la volonté de porter atteinte à l'honneur ou à la considération de la personne injuriée. En l'espèce, cette qualification semble plus adéquate que la diffamation. Toutefois, en l'absence de précision quant à la teneur des propos reprochés, il semble difficile de caractériser l'injure non-publique.

– Il serait ensuite possible d'envisager les violences légères, de nature contraventionnelle, en l'absence de toute mention d'une ITT. En vertu de l'article R. 624-1, C. pén., « hors les cas prévus par les articles 222-13 et 222-14, les violences volontaires n'ayant entraîné aucune incapacité totale du travail sont punies de l'amende prévue pour les contraventions de la 4e classe ». Les violences volontaires reposent matériellement sur un acte positif de l'auteur, un résultat dommageable pour la victime et un lien de causalité entre ces deux éléments. L'élément moral repose quant à lui sur la volonté de porter atteinte à l'intégrité de la victime. En l'espèce, les propos violents adressés par M. Grandchef à M. Jacques R. peuvent constituer de tels actes positifs de violence, la jurisprudence n'exigeant pas de contact physique entre l'auteur et la victime et admettant les violences qui, sans atteindre matériellement la personne sont cependant de nature à provoquer une sérieuse émotion. Le lien de causalité est également constitué, la victime affirmant que son quotidien au travail est « devenu un enfer ». En outre, l'élément moral ne fait pas défaut, M. Grandchef ne pouvant ignorer les conséquences néfastes de ses agissements sur la victime. Ce délit est donc caractérisé et fait encourir à M. Grandchef une amende de quatrième classe (135 €).

– Il serait enfin possible d'envisager la qualification de harcèlement moral. Aux termes de l'article 222-33-2, C. pén., le « fait de harceler autrui par des propos ou comportements répétés ayant pour objet ou pour effet une dégradation de ses conditions de travail susceptible de porter atteinte à ses droits et à sa dignité, d'altérer sa santé physique ou mentale ou de compromettre son avenir professionnel, est puni de deux ans d'emprisonnement et de 30 000 € d'amende ». Infraction d'habitude, le harcèlement nécessite, matériellement la caractérisation d'agissements répétés imposés à la victime. Cette répétition est caractérisée en l'espèce par la diversité des actes reprochés à M. Grandchef, (humiliations et propos violents subis, tâches contradictoires données, dégradation de ses conditions de travail issue de la suppression du bureau et du secrétariat, multiplication des courriers envoyés). L'élément moral du harcèlement moral repose sur un dol spécial : la volonté délibérée de nuire à la victime en portant atteinte à ses conditions d'existence et d'épanouissement et en compromettant son avenir professionnel. En l'espèce, la multiplication des agissements de M. Grandchef à l'égard de Jacques R. œuvre à une dégradation objective de ses conditions de travail dont l'auteur, en tant que responsable hiérarchique, ne peut ignorer la portée. Le délit de harcèlement moral est donc caractérisé à l'encontre de M. Grandchef qui encourt 2 ans d'emprisonnement et 30 000 € d'amende.

Pour conclure, deux qualifications pénales peuvent être théoriquement retenues contre M. Grandchef : les violences, d'une part, le harcèlement moral, d'autre part. Nous sommes donc, en présence d'un concours idéal de qualifications. Toutefois, ce concours n'est qu'apparent car, en application du principe de spécialité (*specialia generalibus derogant*), la qualification spéciale doit être préférée à la qualification générale. Aussi convient-il de ne retenir, à l'encontre de M. Granchef, que le harcèlement moral.

II/ Sur l'infraction pouvant être retenue dans le cadre de la plainte de M. Grandchef à l'encontre de Jacques R.

Il convient d'envisager l'infraction de dénonciation calomnieuse. L'article 226-10, al. 1er, C. pén. réprime en effet la dénonciation, « effectuée par tout moyen et dirigée contre une personne déterminée, d'un fait qui est de nature à entraîner des sanctions judiciaires, administratives ou disciplinaires et que l'on sait totalement ou partiellement inexact, lorsqu'elle est adressée soit à un officier de justice ou de police administrative ou judiciaire, soit à une autorité ayant le pouvoir d'y donner suite ou de saisir l'autorité compétente, soit aux supérieurs hiérarchiques ou à l'employeur de la personne dénoncée ». Pour caractériser ce délit, il importe, matériellement, que la dénonciation formulée à l'encontre d'une personne déterminée, ait été adressée à une autorité ayant le pouvoir d'y donner suite. Quant à l'élément moral du délit de dénonciation calomnieuse, il suppose que le dénonciateur devait savoir que le fait dénoncé est totalement ou partiellement inexact.

En l'espèce, les faits dénoncés par Jacques R. visent directement M. Granchef, ils sont constitutifs d'un délit – le harcèlement moral – susceptibles d'entraîner des sanctions, et l'ont été à l'autorité judiciaire. Si ces faits s'avéraient mensongers, l'infraction de dénonciation calomnieuse pourrait être constituée à l'encontre de Jacques R. qui a agi en connaissance de cause et celui-ci encourrait cinq ans d'emprisonnement et de 45 000 € d'amende. Précisons que dans l'hypothèse où les faits de harcèlement donneraient lieu à des poursuites pénales, il ne pourra être statué sur les poursuites exercées contre Jacques R. qu'après qu'il a été statué définitivement sur ceux-ci (art. 226-11, C. pén.), mais qu'une relaxe de M. Grandchef du chef de harcèlement entraînerait *ipso jure* constitution de la dénonciation calomnieuse puisque l'article 226-10, C. pén. dispose *in fine* que « la fausseté du fait dénoncé résulte nécessairement de la décision, devenue définitive, d'acquittement, de relaxe ou de non-lieu, déclarant que le fait n'a pas été commis ou que celui-ci n'est pas imputable à la personne dénoncée ».

Cas pratique n° 31

› *Énoncé*

Jordan est un étudiant très créatif. Il a créé et préside l'association *No selection* pour lutter contre la réforme de l'accès à l'Université. Pour commencer, il décide de faire du bruit pour crier la colère de ses camarades. Au nom de l'association, il invite ainsi tous étudiants à se réunir, chaque jour, jusqu'à ce que la réforme soit abandonnée, devant le ministère de la recherche et de l'enseignement supérieur. Il propose que tous les participants soient intégralement vêtus de blanc et portent des cagoules blanches. Environ 2 000 étudiants participeront à ces rassemblements pendant huit jours, début janvier 2019.

Le militantisme actif de Jordan a toutefois mis à mal son couple et la poursuite de ses études. Margot a en effet décidé de le quitter. Jordan n'a pas l'habitude de se laisser marcher sur les pieds et décide de se venger. Une idée diabolique germa dans son esprit. À l'aide d'un logiciel de *face-swapping* disponible sur le net, Jordan procéda à un montage scabreux : il incrusta le visage de Margot sur des scènes d'un vieux film pornographique des années 1980… avant de diffuser la vidéo à tous ses contacts.

Ce n'est pas tout. Un soir, alors qu'il rentrait de l'une des manifestations organisées, il s'aperçut que sa chambre, située dans une résidence étudiante, avait été squattée. Des migrants, qui occupaient jusqu'alors les amphis de l'Université avec le consentement du président de celle-ci, décidèrent de réquisitionner des chambres d'étudiants dans les résidences situées tout près du campus. Furieux, Jordan ne prévint même pas la police : il savait que dans ce genre d'affaire sensible, celle-ci ne bougerait pas le petit doigt. Aussi décida-t-il avec quelques camarades de se charger d'expulser lui-même les individus.

Quid juris ?

› *Correction*

Nous envisagerons successivement la question de la dissimulation du visage dans l'espace public (I), la vengeance de Jordan (II) et le squat de la chambre de Jordan (III).

I/ La dissimulation du visage dans l'espace public

On serait tenté d'envisager de retenir l'incrimination figurant à l'article 225-4-10, C. pén. Ce texte sanctionne « le fait pour toute personne d'imposer à une ou plusieurs autres personnes de dissimuler leur visage par menace, violence, contrainte, abus d'autorité ou abus de pouvoir, en raison de leur sexe ». Toutefois, il faut immédiatement exclure cette qualification puisque, en l'espèce, Jordan n'a pas imposé aux autres manifestants de dissimuler leur visage en raison de leur sexe.

On pourrait alors faire application de l'article R. 615-14, C. pén., aux termes duquel « est puni de l'amende prévue pour les contraventions de la 5e classe le fait pour une personne, au sein ou aux abords immédiats d'une manifestation sur la voie publique, de dissimuler volontairement son visage afin de ne pas être identifiée dans des circonstances faisant craindre des atteintes à l'ordre public ».

Matériellement, cette infraction suppose de dissimuler son visage alors que l'on se trouve au sein ou aux abords immédiats d'une manifestation sur la voie publique.

Intellectuellement, l'infraction suppose, outre un dol général, un dol spécial. La dissimulation doit ainsi non seulement être volontaire mais effectuée afin de ne pas être identifié.

Bien plus, une condition préalable est posée par le texte : la dissimulation ne sera punissable que si elle a été commise dans des circonstances faisant craindre des atteintes à l'ordre public.

En l'espèce, l'infraction ne semble pas pouvoir être retenue. Non seulement, la dissimulation du visage ne semble pas effectuée dans le but de ne pas être identifié, mais aucune circonstance ne fait craindre une atteinte à l'ordre public.

Le nouveau délit créé par la loi n° 2019-290 du 10 avril 2019 visant à renforcer et garantir le maintien de l'ordre public lors des manifestations, qui figure à l'article 431-9-1 du Code pénal, aurait pu être envisagé. Il réprime d'un an d'emprisonnement et de 15 000 € d'amende « [l]e fait pour une personne, au sein ou aux abords immédiats d'une manifestation sur la voie publique, au cours ou à l'issue de laquelle des troubles à l'ordre public sont commis ou risquent d'être commis, de dissimuler volontairement tout ou partie de son visage sans motif légitime ». Toutefois, outre que le risque de commission de troubles à l'ordre public n'est pas, en l'état caractérisé, le délit est postérieur aux faits qui se sont déroulés début janvier 2019.

II/ La vengeance de Jordan

Les faits commis par Jordan constituent ce que les plus jeunes appellent un *face-swapping*, aux fins de réaliser un *fake porn*.

Pour réprimer de tels faits, on pourrait songer à utiliser l'incrimination de l'usurpation d'identité. L'article 226-4-1, C. pén. sanctionne en effet « le fait d'usurper l'identité d'un tiers ou de faire usage d'une ou plusieurs données de toute nature permettant de l'identifier en vue de troubler sa tranquillité ou celle d'autrui, ou de porter atteinte à son honneur ou à sa considération ». L'usurpation elle-même n'est pas définie par le texte ce qui laisse place à une répression large. Toutefois la caractérisation de l'élément moral de l'infraction suppose d'établir non seulement un dol général – le fait que l'auteur a volontairement usurpé l'identité d'autrui ou utilisé des données permettant d'identifier autrui en sachant qu'il s'agit de l'identité d'autrui –, mais aussi un dol spécial puisque le texte exige que l'usurpation d'identité ou l'usage de données identificatrices ait été accompli soit dans le but de troubler la tranquillité de la victime ou celle d'autrui, soit dans le but de porter atteinte à l'honneur ou à la considération de celle-ci. Le délit est puni d'un an d'emprisonnement et de 15 000 € d'amende avec la précision que les mêmes peines s'appliquent lorsque l'infraction est commise sur un réseau de communication au public en ligne (art. 226-4-1, al. 2nd, C. pén.).

En l'espèce, il semble bien que Jordan ait voulu se venger et, en conséquence, voulu troubler la tranquillité de Margot ou porter atteinte à la considération de celle-ci. Aussi, l'infraction paraît-elle caractérisée.

Toutefois, il existe une incrimination spéciale dans le Code pénal qui figure à l'article 226-8, C. pén. et qui punit d'un an d'emprisonnement et de 15 000 € d'amende le fait de publier, par quelque voie que ce soit, le montage réalisé avec les paroles ou l'image d'une personne sans son consentement, s'il n'apparaît pas à l'évidence qu'il s'agit d'un montage ou s'il n'en est pas expressément fait mention.

Aussi en l'espèce, tout dépendra de la qualité du montage... Si le montage réalisé par Jordan est d'une qualité telle qu'il n'apparaît pas à l'évidence qu'il s'agit d'un montage, il faudra retenir, conformément à la règle *specialia generalibus derogant*, l'infraction prévue par l'article 226-8, C. pén. Si celui-ci est d'une médiocre qualité de sorte qu'il apparaît évident qu'il s'agit d'un montage, on pourra retenir le délit d'usurpation d'identité.

Jordan encourra, en toutes hypothèses, un an d'emprisonnement et 15 000 € d'amende.

III/ Le squat de la chambre de Jordan

Nous distinguerons la violation de domicile (A) et l'expulsion illicite (B).

A – La violation de domicile

L'article 226-4, C. pén. incrimine l'introduction (al. 1er) et le maintien (al. 2nd) dans le domicile d'autrui « à l'aide de manœuvres, menaces, voies de fait ou contrainte, hors les cas où la loi le permet ».

– Matériellement, l'infraction exige ainsi une violation de domicile mais accomplie par des moyens strictement énumérés, sans le consentement de la personne. La réécriture effectuée par la loi du 24 juin 2015 conduit désormais à ne sanctionner le maintien dans le domicile que s'il suit une introduction réalisée, elle-même, sans le consentement de l'intéressé, alors que l'ancienne rédaction permettait de sanctionner le maintien dans le domicile sans le consentement intervenant à la suite d'une introduction consentie dans ce même domicile (en ce sens Crim. 13 avr. 2016, n° 15-82.400). La jurisprudence a retenu du domicile une interprétation autonome par rapport au droit civil (Crim. 26 févr. 1963, *Bull. crim.* n° 92 : il s'agit de tout lieu où la personne a le droit de se dire chez elle, qu'elle y habite ou non, quels que soit le titre juridique de son occupation et l'affectation des locaux; Crim. 22 janv. 1997, *Bull. crim.* n° 31 : il faut toutefois que le lieu soit occupé, au moins par moments).

– Intellectuellement, l'infraction est intentionnelle et requiert, au titre du dol général, que les actes aient été accomplis volontairement en ayant conscience de violer le domicile d'autrui.

En l'espèce, les migrants se sont bien introduits à l'aide de voies de fait, dans le domicile de Jordan, sans le consentement de celui-ci, tout en s'y maintenant. Ils encourent ainsi un an d'emprisonnement et 15 000 € d'amende au titre de l'introduction dans le domicile et un an d'emprisonnement et 15 000 € d'amende au titre du maintien dans le domicile.

B – L'expulsion illicite

Il serait possible de reprocher à Jordan et à ses camarades qui sont vraisemblablement coauteurs la commission de l'infraction issue de la loi du 24 mars 2014 et figurant à l'article 226-4-2, C. pén. Selon ce texte, « le fait de forcer un tiers à quitter le lieu qu'il habite sans avoir obtenu le concours de l'État dans les conditions prévues à l'article L. 153-1 du Code des procédures civiles d'exécution, à l'aide de manœuvres, menaces, voies de fait ou contraintes, est puni de trois ans d'emprisonnement et de 30 000 € d'amende ». Le texte vise à réprimer celui qui souhaiterait procéder à l'expulsion de squatteurs par ses propres moyens, sans solliciter le concours de la force publique.

Jordan encourt ainsi trois ans d'emprisonnement et 30 000 € d'amende.

Conclusion : les peines encourues par Jordan

Les infractions commises par Jordan l'ont été en situation de concours réel. Conformément à l'article 132-3, C. pén., s'il fait l'objet d'une seule procédure, il encourra au maximum une peine de deux ans d'emprisonnement et 30 000 € d'amende.

11. Les infractions relatives au secret

Nous distinguerons, classiquement, les infractions qui protègent les personnes (I) et les infractions qui protègent les institutions (II).

I/ Les infractions protégeant les personnes

Nous envisagerons successivement l'atteinte au secret des correspondances (A), les atteintes aux droits résultant des fichiers ou des traitements informatiques (B), l'atteinte à l'inviolabilité des caractéristiques génétiques d'un individu (C), la violation du secret professionnel (D).

A – L'atteinte au secret des correspondances

• **Élément légal** : l'article 226-15, C. pén. réprime, l'atteinte commise par un particulier ; l'article 432-9, C. pén. sanctionne quant à lui l'atteinte au secret des correspondances commise par un agent public.

• **Élément matériel** :

– *indifférence de la forme de la correspondance* : sont visées à la fois les correspondances matérielles (art. 226-15, al. 1er, C. pén. et art. 432-9, al. 1er, C. pén.) et les correspondances immatérielles (art. 226-15, al. 2nd, C. pén. et art. 432-9, al. 2nd, C. pén.). Ainsi, le terme de « correspondance » englobe missives, cartes postales, imprimés, journaux, courrier électronique, ou encore correspondances émises par la voie des télécommunications, dès lors qu'elles sont adressées à des tiers ;

– *comportement constitutif de l'atteinte* : pour les correspondances matérielles, le législateur prohibe « le fait d'ouvrir, de supprimer, de retarder, de détourner la correspondance, ainsi que le simple fait d'en prendre connaissance, sans pour autant entraver son acheminement vers son destinataire » ; pour les correspondances immatérielles, le législateur prohibe le fait d'intercepter, de détourner, d'utiliser ou de divulguer des correspondances dématérialisées, ainsi que le fait de procéder à l'installation d'appareils conçus pour réaliser de telles interceptions.

• **Élément moral** : l'infraction est intentionnelle et requiert, au titre du dol général que l'agent ait voulu le comportement en ayant conscience que la correspondance ne lui était pas destinée, ce qui exclut l'infraction en cas d'ouverture par erreur d'un courrier adressé à un tiers.

- **Sanction** : un an d'emprisonnement et 45 000 € d'amende si elle l'infraction est commise par un particulier, trois ans d'emprisonnement et 45 000 € d'amende si elle est commise par un agent public.

- **Justification, notamment l'autorisation de la loi** : plusieurs dispositions du C. pr. pén. autorisent le juge d'instruction et, depuis la loi du 9 mars 2004, les policiers agissant dans le cadre de la procédure pénale applicable à la délinquance et à la criminalité organisée, à procéder à des écoutes téléphoniques. Par ailleurs, les correspondances matérielles et électroniques sont susceptibles d'être saisies à l'occasion de perquisitions.

B – Les atteintes aux droits résultant des fichiers ou des traitements informatiques

Plusieurs infractions, issues de loi du 6 janvier 1978, prévues aux articles 226-16 à 226-25, C. pén., sanctionnent les infractions à la mise en œuvre des fichiers (défaut de respect des formalités pour recueillir des informations nominatives), à leur fonctionnement (collecte frauduleuse ou illicite de données) ou à leur utilisation (détournement de leur finalité, divulgation à un tiers non autorisé).

C – L'atteinte à l'inviolabilité des caractéristiques génétiques d'un individu

Elle est réprimée par les articles 226-25 et s., C. pén. Sont ainsi incriminés « le fait de procéder à l'examen des caractéristiques génétiques d'une personne à des fins autres que médicales ou de recherche scientifique, ou à des fins médicales ou de recherche scientifique, sans avoir recueilli préalablement son consentement »; « le fait de détourner de leurs finalités médicales ou de recherche scientifique les informations recueillies sur une personne au moyen de l'examen de ses caractéristiques génétiques »; « le fait de procéder à l'identification d'une personne par ses empreintes génétiques à des fins médicales ou de recherche scientifique sans avoir recueilli son consentement »; ou encore « le fait de divulguer des informations relatives à l'identification d'une personne par ses empreintes génétiques ou de procéder à l'identification d'une personne par ses empreintes génétiques ».

D – La violation du secret professionnel

L'article 226-13, C. pén. incrimine « la révélation d'une information à caractère secret par une personne qui en est dépositaire soit par état ou par profession, soit en raison d'une fonction ou d'une mission temporaire ».

- **Condition préalable : une personne tenue au secret** : l'infraction ne peut être commise que par une personne dépositaire d'un secret « soit par état ou par profession, soit en raison d'une fonction ou d'une mission temporaire ».

Il vous faut donc vous référer soit à des textes spécifiques réglementant telle ou telle profession ou mission soit à la jurisprudence de la chambre criminelle pour identifier ces personnes. Quant aux personnes tenues au secret désignées par des textes spécifiques, il s'agit notamment des infirmiers, médecins, assistantes sociales, avocats, ou encore banquiers. Quant aux personnes tenues au secret désignées par la jurisprudence, il s'agit des « confidents obligés », c'est-à-dire ceux que l'intéressé n'a pas pu choisir (ceux qui collaborent au service de la justice ou de la police par exemple). Mais les tribunaux soumettent aussi aujourd'hui au secret des confidents dont le choix a été effectué librement par les intéressés (experts-comptables, prêtres catholiques).

• **Élément matériel** : il consiste en « la révélation d'une information à caractère secret », et implique *d'une part, une révélation* – c'est la communication du secret à un tiers par le dépositaire par un moyen quelconque qui consomme l'infraction – et, *d'autre part, une information couverte par le secret*. Seule la divulgation d'une information confidentielle est incriminée par l'article 226-13, C. pén. La jurisprudence consacre une conception large de la confidentialité en visant non seulement le secret communiqué expressément par le client ou le patient dans le cadre de l'activité mais aussi le secret constaté ou déduit à l'occasion de cette activité (Crim. 17 mai 1973, *Bull. crim.* n° 228).

• **Élément moral** : l'infraction est intentionnelle et nécessite, au titre du dol général, que la personne se sait tenue au secret et procède sciemment à la révélation de celui-ci, à l'exclusion d'une négligence.

• **Répression** : un an d'emprisonnement et de 15 000 € d'amende.

• **Justification** : selon l'article 226-14, al. 1er, C. pén., l'incrimination « n'est pas applicable dans les cas où la loi impose ou autorise la révélation d'un secret » :

– *la divulgation autorisée* : la loi édicte de nombreuses obligations générales de parler dont la méconnaissance est constitutive d'une infraction : l'obligation de témoigner en faveur d'un innocent (art. 434-11, C. pén.) ; l'obligation de dénoncer un crime lorsqu'il est encore possible de prévenir ou de limiter ses effets ou lorsque ses auteurs sont susceptibles d'en commettre de nouveaux qui pourraient être empêchés (434-1, C. pén.) ; l'obligation d'informer les autorités judiciaires ou administratives de privations, de mauvais traitements ou d'atteintes sexuelles infligées à un mineur de 15 ans (art. 434-3, C. pén.). **Ces textes constitueront donc autant de faits justificatifs faisant obstacle à ce que soit engagée la responsabilité pénale de celui qui aura révélé un secret auquel il était tenu**. Il vous faut toutefois garder à l'esprit que, dans de telles hypothèses, la divulgation du secret n'est pas obligatoire : chacun des textes édictant une obligation de parler justifie en effet l'abstention des personnes qui sont tenues au secret en vertu de l'article 226-13 (art. 434-11, dernier al. ; art. 434-1, dernier al. ; art. 434-3, dernier al. C. pén.). Le législateur consacre ainsi **l'option de conscience**.

Quant à l'obligation de déposer en justice dont la violation est pénalement sanctionnée, (art. 326, 438 et 536, C. pr. pén.), elle s'applique sous réserve des dispositions des articles 226-13 et 226-14, C. pén. et de la faculté, pour tout journaliste entendu comme témoin sur des informations recueillies dans l'exercice de son activité, de ne pas révéler sa source (art. 2 Loi du 29 juill. 1881).

Au-delà, l'article 226-14 rend inapplicables les dispositions relatives au respect du secret professionnel à celui qui informe les autorités judiciaires, médicales ou administratives de privations ou de sévices dont il a eu connaissance et qui ont été infligées à un mineur ou à une personne qui n'est pas en mesure de se protéger en raison de son âge ou de son incapacité physique ou psychique ; au médecin ou à tout autre professionnel de santé qui, avec l'accord de la victime, porte à la connaissance du procureur de la République ou de la cellule de recueil, de traitement et d'évaluation des informations à l'article L. 226-3, al. 2, CASF, les sévices ou privations qu'il a constatés, sur le plan physique ou psychique, dans l'exercice de sa profession et qui lui permettent de présumer que des violences physiques, sexuelles ou psychiques de toute nature ont été commises (lorsque la victime est un mineur ou une personne qui n'est pas en mesure de se protéger en raison de son âge ou de son incapacité physique ou psychique, son accord n'est pas nécessaire) ; aux professionnels de la santé ou de l'action sociale qui informent le préfet et, à Paris, le préfet de police du caractère dangereux pour elles-mêmes ou pour autrui des personnes qui les consultent et dont ils savent qu'elles détiennent une arme ou qu'elles ont manifesté leur intention d'en acquérir une.

L'intérêt du dépositaire du secret autorise également la révélation : la jurisprudence autorise le professionnel à révéler ce qu'il sait si cela est nécessaire à l'exercice des droits de sa défense (Crim. 29 mai 1989, *Bull. crim.* n° 218) :

– *la divulgation imposée* : de nombreux textes imposent à certains professionnels la révélation du secret : **un texte général** : l'article 434-12, C. pén. réprime d'un an d'emprisonnement et de 15 000 € d'amende le fait, pour toute personne ayant déclaré publiquement connaître les auteurs d'un crime ou d'un délit, de refuser de répondre aux questions qui lui sont posées à cet égard par un juge : ce texte ne prévoyant pas de justification particulière, le professionnel tenu au secret qui déclarerait publiquement connaître les auteurs d'un crime ou d'un délit et qui refuserait de répondre aux questions encourrait pourrait être sanctionné ; **des textes spécifiques** : par exemple, le médecin doit révéler : certaines maladies contagieuses (art. L. 3113-1, CSP), les troubles mentaux justifiant le placement sous sauvegarde de justice (art. L. 3211-6, CSP). Le commissaire aux comptes doit révéler les infractions dont il a connaissance eu cours de l'accomplissement de sa mission (art. L. 820-7, C. com.).

Le secret professionnel ne peut faire obstacle aux actes d'investigations diligentés par les autorités judiciaires ou policières : le secret bancaire est, par exemple, inopposable à l'autorité judiciaire agissant dans le cadre d'une procédure pénale. La préservation du secret professionnel impose toutefois le respect de règles particulières. Par exemple, les perquisitions au domicile ou au cabinet d'un avocat doivent être effectuées en présence du bâtonnier qui a le pouvoir de s'opposer à la saisie que le juge d'instruction veut opérer (art. 56-1, C. pr. pén.). Surtout, l'article 40, C. pr. pén. impose à toute autorité constituée, tout officier public ou fonctionnaire, qui, dans l'exercice de ses fonctions, acquiert la connaissance d'un crime ou d'un délit, d'en donner avis sans délai au Procureur de la République et de transmettre à ce magistrat tous les renseignements utiles. Dans tous ces cas, l'ordre de la loi dégage, par l'effet de la justification, de toute responsabilité pénale celui qui révèle le secret auquel il était tenu par les obligations relatives au secret professionnel. Mais plus encore, la révélation est obligatoire : celui qui ne trahi pas le secret encourt des sanctions pénales, administratives ou disciplinaires.

Le secret professionnel n'est pas opposable à l'intéressé lui-même qui a droit à communication de tous les éléments d'information qui le concernent. La loi a facilité l'exercice de ce droit : elle a organisé l'accès aux documents administratifs et permis la mise à disposition des malades de leurs dossiers médicaux.

II/ Les infractions protégeant les institutions

Certaines visent à protéger la sécurité nationale (A), d'autres visent à garantir l'efficacité de la justice (B).

A – La protection de la sécurité nationale

L'article 413-10, C. pén. réprime de sept ans d'emprisonnement et de 100 000 € d'amende « le fait, par toute personne dépositaire, soit par état ou profession, soit en raison d'une fonction ou d'une mission, d'un renseignement qui a un caractère de secret de la défense nationale, de le porter à la connaissance du public ou d'une personne non qualifiée ». Est puni des mêmes peines « le fait, par la personne dépositaire, d'avoir laissé accéder à, détruire, détourner, soustraire, reproduire ou divulguer le procédé, objet, document, information, réseau informatique, donnée informatisée ou fichier visé à l'alinéa précédent ». Sont ici protégés les seuls renseignements qui ont fait l'objet de mesures de protection destinées à restreindre leur diffusion. Les niveaux de classification des renseignements présentant un caractère de secret de la défense nationale sont déterminés par décret en Conseil d'État. L'infraction est en principe intentionnelle, mais la loi prévoit de manière tout à fait singulière qu'elle peut être commise par imprudence ou négligence. Les peines sont alors ramenées à trois ans d'emprisonnement et 45 000 € d'amende (art. 413-10, dernier al., C. pén.).

B – La garantie de l'efficacité de la justice

L'efficacité de la justice est protégée par le célèbre secret de l'enquête et de l'instruction (1) ainsi que par l'incrimination plus récente de la divulgation d'informations judiciaires (2) et de la révélation de l'identité d'autrui (3).

1. La violation du secret de l'enquête et de l'instruction

• **Élément légal** : selon l'article 11, C. pr. pén. « sauf dans les cas où la loi en dispose autrement et sans préjudice des droits de la défense, la procédure au cours de l'enquête et de l'instruction est secrète. Toute personne qui concourt à cette procédure est tenue au secret professionnel dans les conditions et sous les peines des articles 226-13 et 226-14 du Code pénal ».

• **Condition préalable** : seules les personnes « qui concourent à la procédure » sont tenues au respect du secret de l'enquête et de l'instruction. La jurisprudence retient une conception stricte de cette notion et n'y inclut que les participants obligés à la procédure (magistrats, auditeurs de justice, greffiers, officiers de police judiciaire, experts, interprètes…). En revanche, « ne concourent pas à la procédure » au sens de l'article 11, C. pr. pén., et ne sont donc pas astreints au secret de l'instruction, les personnes mises en examen, la partie civile (Crim. 9 oct. 1978, *Bull. crim.* n° 263), les témoins et les avocats (Crim. 27 oct. 2004, *Bull. crim.* n° 259). Il vous faut toutefois garder à l'esprit que **cela ne signifie pas que ces personnes peuvent librement parler du dossier de l'enquête ou de l'instruction ou communiquer des pièces de celui-ci à des tiers**. L'article 63-4-4, C. pr. pén. prévoit en effet que, « sans préjudice de l'exercice des droits de la défense, l'avocat ne peut faire état auprès de quiconque pendant la durée de la garde à vue ni des entretiens avec la personne qu'il assiste, ni des informations qu'il a recueillies en consultant les procès-verbaux et en assistant aux auditions et aux confrontations ». L'article 114-1, C. pr. pén. prévoit quant à lui que le fait, pour une partie à qui une reproduction des pièces ou actes d'une procédure d'instruction a été remise de la diffuser auprès d'un tiers est puni de 10 000 € d'amende. En outre, l'article 5 du décret du 12 juillet 2005 organisant la profession d'avocat prévoit que « l'avocat respecte le secret de l'enquête et de l'instruction en matière pénale, en s'abstenant de communiquer, sauf à son client pour les besoins de la défense, des renseignements extraits du dossier, ou de publier des documents, pièces ou lettres intéressant une enquête ou une information en cours. Il ne peut transmettre de copies de pièces ou actes du dossier de la procédure à son client ou à des tiers que dans les conditions prévues à l'article 114 du Code de procédure pénale ». Les parties et leurs avocats peuvent toutefois, conformément à l'article 114, al. 6, C. pr. pén., communiquer à des tiers copies des rapports d'expertise pour les besoins de la défense. En outre, il convient de préciser que les tiers auxquels le secret aurait été divulgué sont quant à eux susceptibles de voir leur responsabilité pénale engagée du chef de recel de violation du secret de l'instruction (art. 321-1, C. pén.).

• **Éléments matériel et moral, répression** : ils sont similaires à ceux de la violation du secret professionnel.

• **Justification** :

– *les dérogations au secret légalement autorisées* : d'abord, l'article 11, al. 1er, C. pr. pén., comme l'article 63-4-4, C. pr. pén., énonce que l'obligation au secret ne joue que « sans préjudice des droits de la défense »; ensuite, l'article 11, al. 3, C. pr. pén. dispose qu'« afin d'éviter la propagation d'informations parcellaires ou inexactes ou pour mettre fin à un trouble à l'ordre public », la possibilité pour le procureur de la République de « rendre publics des éléments objectifs, tirés de la procédure, ne comportant aucune appréciation sur le bien-fondé des charges retenues contre les personnes mises en cause »; de même, l'article 11-1, C. pr. pén. dispose que « sur autorisation du procureur de la République ou du juge d'instruction selon les cas, peuvent être communiqués à des autorités ou organismes habilités [...] des éléments des procédures judiciaires en cours permettant de réaliser des recherches ou enquêtes scientifiques ou techniques, destinées notamment à prévenir la commission d'accidents, ou de faciliter l'indemnisation des victimes ou la prise en charge de la réparation de leur préjudice [...] »; enfin, l'article 11-2, C. pr. pén., issu de la loi du 14 avril 2016, autorise le ministère public à informer l'administration, s'il estime cette information « nécessaire, en raison de la nature des faits ou des circonstances de leur commission, pour mettre fin ou prévenir un trouble à l'ordre public ou pour assurer la sécurité des personnes ou des biens » qu'une personne qu'elle emploie à fait notamment l'objet d'une décision de saisine d'une juridiction de jugement ou de mise en examen pour un crime ou un délit puni d'emprisonnement;

– *les dérogations au secret conventionnellement imposées* : de la liberté d'expression telle que consacrée par l'article 10, Conv. EDH, découle le droit des journalistes à la protection du secret de leurs sources (CEDH, 27 mars 1996, *Goodwin c/ R.-U.*, req n° 17488/90). Or, la protection du secret des sources des journalistes apparaît difficilement conciliable avec l'infraction de violation du secret de l'instruction, qui suppose pour être caractérisée que l'auteur de violation soit identifié comme une personne concourant à la procédure au sens de l'article 11, C. pr. pén. À la suite de la condamnation de la France par la CEDH dans l'affaire *Dupuis*, le 7 juin 2007 (req. n° 1914/02), la loi du 4 janvier 2010 est venue assurer la primauté du secret des sources des journalistes sur le secret de l'instruction (art. 2, loi du 29 juill. 1881).

2. Le délit de divulgation d'informations judiciaires

Selon l'article 434-7-2, C. pén. « sans préjudice des droits de la défense, le fait, pour toute personne qui, du fait de ses fonctions, a connaissance, en application des dispositions du Code de procédure pénale, d'informations issues d'une enquête ou d'une instruction en cours concernant un crime ou un délit, de révéler sciemment ces informations à des personnes qu'elle sait susceptibles d'être impliquées comme auteurs, coauteurs, complices ou receleurs, dans la commission de ces infractions, lorsque cette révélation est réalisée dans le dessein d'entraver le déroulement des investigations ou la manifestation de la vérité, est puni de deux ans d'emprisonnement et de 30 000 € d'amende (al. 1er). Lorsque l'enquête ou l'instruction concerne un crime ou un délit puni de dix ans d'emprisonnement relevant des dispositions de l'article 706-73 du Code de procédure pénale, les peines sont portées à cinq ans d'emprisonnement et à 75 000 € d'amende (al. 2nd) ». On relèvera simplement, que le texte initial, issu de la loi du 9 mars 2004, avait suscité l'ire des avocats et que la loi du 12 décembre 2005, a modifié la rédaction du texte pour que désormais l'infraction ne puisse être constituée que si l'auteur a divulgué l'information « dans le dessein d'entraver la procédure ».

3. Les délits de révélation de l'identité d'autrui

La loi du 9 mars 2004 a érigé en secret pénalement protégé l'identité réelle des officiers, agents de police judiciaire, ou douaniers ayant procédé à une opération d'infiltration sous une identité d'emprunt (art. 706-84, C. pr. pén.) ; l'usage d'une identité d'emprunt par un repenti (art. 706-63-1, C. pr. pén.). La révélation de ces identités est punie de cinq ans d'emprisonnement et de 75 000 € d'amende. Lorsque cette révélation a causé des violences, coups et blessures à l'encontre de ces personnes ou de leurs conjoints, enfants et ascendants directs, les peines sont portées à sept ans d'emprisonnement et à 100 000 € d'amende. Lorsque cette révélation a causé la mort de ces personnes ou de leurs conjoints, enfants et ascendants directs, les peines sont portées à dix ans d'emprisonnement et à 150 000 € d'amende.

Cas pratique n° 32

› Énoncé

Il y a deux mois, à la suite de la découverte à son domicile dans l'Aveyron du cadavre d'un homme, le procureur avait décidé de l'ouverture d'une enquête. Les gendarmes arrivèrent sur les lieux, procédèrent aux premières constatations matérielles et recueillirent les témoignages des riverains. L'homme avait visiblement été victime d'une blessure par arme à feux très peu de temps avant l'arrivée de ces derniers. Les témoins indiquèrent d'ailleurs aux gendarmes qu'ils entendirent vers 10 heures du matin une détonation ressemblant à un coup de feux et qu'ils virent une fourgonnette bleue, à l'intérieur de laquelle il semblait y avoir deux individus, déguerpir des lieux à très vive allure.

Les gendarmes décidèrent de rechercher cette fourgonnette. Ils finirent par déterminer son propriétaire, un certain M. X qui fut immédiatement placé en garde à vue. Au cours de celle-ci, M. X nia farouchement toute implication dans l'affaire et indiqua qu'à l'heure de la mort, il se trouvait sur son lieu de travail. Il précisa que son beau-frère disposait d'un double des clefs et qu'il lui arrivait d'emprunter sa fourgonnette sans l'en avertir. Alors que la garde à vue de M. X courrait, les gendarmes décidèrent de l'interpellation de M. Y. Des prélèvements furent effectués sur les vêtements des deux individus. Aucune trace de résidu de tir ne fut trouvée sur les vêtements de M. X. En revanche, la présence de résidus de tir fut constatée sur la veste de M. Y. Dans la poche de celle-ci, les gendarmes découvrirent les clefs de la fourgonnette. L'employeur de M. X, interrogé parallèlement, confirmait par ailleurs la présence de M. X sur son lieu de travail.

À l'issue de ces gardes à vue et de ces investigations régulières, le procureur de la République délivra un réquisitoire introductif contre M. X et M. Y du chef d'homicide volontaire. Le juge d'instruction décida de mettre en examen MM. X et Y. Les deux protagonistes furent placés en détention.

La presse s'est depuis faite l'écho des rebondissements de l'instruction.

Dans un récent article, un journaliste relate la volonté de Maître Lasalle, l'avocat de M. X, de diffuser sur son blog des procès-verbaux d'auditions exonérant, selon lui, son client de toute responsabilité dans cette affaire, si ce dernier était encore mis en examen dans les prochains mois.

L'article fait d'ailleurs état de certains actes d'investigation réalisés dans le cadre de cette information. Y sont reproduits, in extenso, les procès-verbaux de certains interrogatoires menés à l'encontre de M. Y par le juge d'instruction mettant en cause un certain M. Z.

Dès le lendemain de cette publication, le juge d'instruction décida de placer sur écoute le journaliste. Au cours d'une conversation avec un confrère de sa rédaction, le journaliste affirma avoir obtenu ces différents documents par le biais d'un dénommé Hugo, qui se révéla être le greffier du juge d'instruction chargé des investigations. Apprenant cela, Hugo nia toute implication.

Peu de temps après ce déballage médiatique, un internaute publia sur son blog, à son tour, des procès-verbaux de cette affaire. Il s'agissait notamment du procès-verbal de la perquisition effectuée au domicile de M. Z. L'auteur de cette diffusion affirma avoir reçu ces documents de la part de l'officier de police judiciaire ayant mené cette perquisition.

Au regard des faits ci-dessus exposés, quelles sont les infractions ainsi que la ou les circonstances aggravantes éventuelles, susceptibles d'être caractérisées à l'encontre de Maître Lasalle (y compris si celui-ci met sa menace à exécution), du journaliste, du greffier et de l'internaute ?

› Correction

Nous envisagerons la menace proférée par l'avocat de diffuser sur son blog des procès-verbaux d'auditions (I), la publication des procès-verbaux d'auditions dans la presse par le journaliste et l'implication du greffier (II) et la publication des procès-verbaux sur un blog par un internaute (III).

I/ Sur la menace proférée par l'avocat de diffuser sur son blog des procès-verbaux d'auditions

A – Sur la menace proprement dite

Il convient immédiatement d'envisager le délit de menace. L'article 222-17, C. pén. incrimine la menace réitérée ou matérialisée, qu'il définit comme « la menace de commettre un crime ou un délit contre les personnes dont la tentative est punissable lorsqu'elle est, soit réitérée, soit matérialisée par un écrit, une image ou tout autre objet ». Plus spécifiquement, l'article 222-18, C. pén. incrimine la menace avec ordre de remplir une condition. Toutefois n'est là encore incriminée « lorsqu'elle est faite avec l'ordre de remplir une condition » que « la menace, par quelque moyen que ce soit, de commettre un crime ou un délit contre les personnes ».

Or en l'espèce, la menace proférée par l'avocat vise effectivement à ce que soit remplie une condition : que son client ne soit plus mis en examen. Toutefois, la menace ne semble pas porter sur la commission d'un crime ou d'un délit contre les personnes, la diffusion des procès-verbaux s'apparentant davantage à une atteinte à l'exercice ou à l'autorité de la justice, à condition qu'elle puisse constituer une violation du secret de l'instruction...

On pourrait éventuellement envisager le délit de divulgation d'informations judiciaires. Selon l'article 434-7-2, al. 1er, C. pén. « sans préjudice des droits de la défense, le fait, pour toute personne qui, du fait de ses fonctions, a connaissance, en application des dispositions du Code de procédure pénale, d'informations issues d'une enquête ou d'une instruction en cours concernant un crime ou un délit, de révéler sciemment ces informations à des personnes qu'elle sait susceptibles d'être impliquées comme auteurs, coauteurs, complices ou receleurs, dans la commission de ces infractions, lorsque cette révélation est réalisée dans le dessein d'entraver le déroulement des investigations ou la manifestation de la vérité, est puni de deux ans d'emprisonnement et de 30 000 € d'amende ». En l'espèce, l'avocat souhaite effectivement divulguer des informations judiciaires « dans le dessein d'entraver la procédure ». Toutefois, trois obstacles de taille s'opposent à l'application de cette incrimination : d'abord, la révélation n'est pas destinée à des personnes que l'avocat « sait susceptibles d'être impliquées comme auteurs, coauteurs, complices ou receleurs, dans la commission » de l'infraction; ensuite, le texte précise que l'incrimination s'applique « sans préjudice des droits de la défense », or le comportement de l'avocat s'inscrit indiscutablement dans une stratégie de défense de son client; enfin, la révélation n'a pas eu lieu et la tentative de ce délit, qui requiert une disposition expresse du législateur, conformément à l'article 121-4, 2°, C. pén., n'est pas incriminée.

On serait tenté de retenir le délit figurant à l'article 434-8, C. pén. qui réprime « toute menace ou acte d'intimidation commis envers un magistrat [...] en vue d'influencer son comportement dans l'exercice de ses fonctions ». Dans cette perspective, Maître Lasalle encourrait trois ans d'emprisonnement et 45 000 € d'amende.

B – Sur les conséquences de la mise à exécution de la menace

L'article 11 du C. pr. pén. pose le principe du secret de l'instruction en énonçant que « toute personne qui concourt à cette procédure est tenue au secret professionnel dans les conditions et sous les peines des articles 226-13 et 226-14 du Code pénal ». Or, la jurisprudence retient une conception stricte de la notion de personnes « concourant à la procédure » et décide ainsi que cette notion inclut seulement les personnels de justice (magistrats, greffiers, policiers, expert...). Les avocats ne sont pas susceptibles de commettre l'infraction de violation du secret de l'instruction.

Toutefois, les avocats sont tenus au secret professionnel en vertu des règles qui régissent l'exercice de leur profession. L'article 5 du décret du 12 juillet 2005 prévoit ainsi que « l'avocat respecte le secret de l'enquête et de l'instruction en matière pénale, en s'abstenant de communiquer, sauf pour l'exercice des droits de la défense, des renseignements extraits du dossier, ou de publier des documents, pièces ou lettres intéressant une enquête ou une information en cours (al. 1er). Il ne peut transmettre de copies de pièces ou actes du dossier de la procédure à son client ou à des tiers que dans les conditions prévues à l'article 114 du Code de procédure pénale (al. 2nd) ».

Le texte distingue ainsi la communication de renseignements extraits du dossier de la publication des documents, pièces ou lettres intéressant une enquête ou une information en cours. S'agissant de la communication de renseignements extraits du dossier, celui-ci prescrit une interdiction à destination de l'avocat « sauf pour l'exercice des droits de la défense ». S'agissant de la publication de pièces du dossier, le texte prescrit une interdiction, sans réserver l'hypothèse de l'exercice des droits de la défense. En cas de méconnaissance de ces interdictions l'avocat peut être poursuivi pour violation du secret professionnel prévu par l'article 226-13, C. pén. : « la révélation d'une information à caractère secret par une personne qui en est dépositaire soit par état ou par profession, soit en raison d'une fonction ou d'une mission temporaire, est punie d'un an d'emprisonnement et de 15 000 € d'amende ».

En l'espèce, si l'avocat était amené à publier des procès-verbaux sur son blog, il pourrait donc être poursuivi pénalement sur le fondement de l'article 226-13, C. pén. pour violation du secret professionnel, et être poursuivi, éventuellement, comme le prévoit une circulaire du 3 mars 1997, sur un plan disciplinaire.

II/ Sur la publication des procès-verbaux d'auditions dans la presse par le journaliste et l'implication du greffier

On l'a vu, la jurisprudence retient une conception stricte de la notion de personnes « concourant à la procédure » de l'article 11, C. pr. pén. Les journalistes ne peuvent donc être poursuivis pour violation du secret de l'instruction.

Toutefois, l'article 321-1, al. 1er, C. pén. dispose que « le recel est le fait de dissimuler, de détenir ou de transmettre une chose, ou de faire office d'intermédiaire afin de la transmettre, en sachant que cette chose provient d'un crime ou d'un délit ».

Pour qu'elle soit constituée, l'infraction de recel suppose que soit caractérisée une condition préalable : une infraction originaire doit avoir été commise. Dans le cas d'espèce, le journaliste ne pourrait être poursuivi pour recel de violation du secret de l'instruction que si et seulement si l'infraction de violation de secret de l'instruction était caractérisée.

Dans le cas d'espèce, la source du journaliste est le greffier du juge d'instruction et relève donc, d'après la jurisprudence de la Cour de cassation, des personnes « concourant à la procédure ». En application combinée des articles 11, C. pr. pén. et 226-13, C. pén., le greffier pourrait être auteur d'une violation du secret de l'instruction et encourrait à ce titre un an d'emprisonnement et 15 000 € d'amende. Conséquemment, le journaliste pourrait être considéré comme receleur de cette violation.

Cependant, la loi du 4 janvier 2010 a posé le principe de la nécessaire protection du secret des sources des journalistes. Ainsi, dans un nouvel art. 2, la loi sur la liberté de la presse du 29 juillet 1881 prévoit que « le secret des sources des journalistes est protégé dans l'exercice de leur mission d'information du public ». Le texte pose la règle suivant laquelle « il ne peut être porté atteinte directement ou indirectement au secret des sources que si un impératif prépondérant d'intérêt public le justifie et si les mesures envisagées sont strictement nécessaires et proportionnées au but légitime poursuivi ». Le législateur précise à cet égard qu'il est tenu compte, pour apprécier la nécessité de l'atteinte, « de la gravité du crime ou du délit, de l'importance de l'information recherchée pour la répression ou la prévention de cette infraction et du fait que les mesures d'investigation envisagées sont indispensables à la manifestation de la vérité ». En outre, le législateur définit la notion d'atteinte indirecte au secret des sources comme « le fait de chercher à découvrir les sources d'un journaliste au moyen d'investigations portant sur toute personne qui, en raison de ses relations habituelles avec un journaliste, peut détenir des renseignements permettant d'identifier ces sources ». Enfin, lorsqu'une atteinte au secret des sources peut valablement être mise en œuvre, « elle ne peut en aucun cas consister en une obligation pour le journaliste de révéler ses sources ».

Dans le cas d'espèce, la protection de la source du journaliste semble acquise sauf à ce qu'un impératif prépondérant d'intérêt public ne justifie pas qu'il y soit porté atteinte et que les mesures alors mises en œuvre soient strictement nécessaires et proportionnées au but légitime poursuivi. De plus, l'article 100-5, C. pr. pén. relatif aux interceptions de correspondances émises par la voie des télécommunications prévoit désormais qu'« à peine de nullité, ne peuvent être transcrites les correspondances avec un journaliste permettant d'identifier une source en violation de l'article 2 de la loi du 29 juillet 1881 sur la liberté de la presse ».

En l'espèce, l'écoute téléphonique ayant permis d'identifier la source du journaliste ne pourra donc être retranscrite en procédure. Par conséquent, l'infraction de recel de violation du secret de l'instruction ne pourra pas être prouvée à l'encontre du journaliste…

III/ Sur la publication des procès-verbaux sur un blog par un internaute

Puisque la jurisprudence retient une conception stricte de la notion de personnes « concourant à la procédure » de l'article 11, C. pr. pén., un internaute ne peut donc être poursuivi pour violation du secret de l'instruction.

Toutefois, l'article 321-1, al. 1er, C. pén. incrimine, on l'a vu, le recel. En outre, pour qu'elle soit constituée, l'infraction de recel suppose une infraction originaire. Dans le cas d'espèce, il s'agit de savoir si l'infraction originaire de violation du secret de l'instruction est constituée.

L'internaute affirme avoir reçu les procès-verbaux de la part d'un officier de police judiciaire ayant mené la perquisition. Celui-ci « concourt à la procédure » au sens de l'article 11, C. pr. pén., et est donc tenu par le secret de l'instruction. Il pourra donc être poursuivi pénalement en application combinée des articles 11, C. pr. pén. et 226-13, C. pén. et disciplinairement. Il encourt un an d'emprisonnement et 15 000 € d'amende (art. 223-6, C. pén.).

De son côté, l'internaute encourt des poursuites pour recel de violation du secret de l'instruction si plusieurs conditions sont réunies. Outre l'exigence de la constitution d'une infraction originaire, il est exigé une détention de la chose (élément matériel) et une connaissance de son origine frauduleuse (élément moral).

En l'espèce, l'internaute possède matériellement les procès-verbaux et n'est pas sans ignorer leur origine frauduleuse puisqu'il les tient directement de l'officier de police judiciaire.

Il pourra donc être poursuivi pour recel de violation du secret de l'instruction. Il encourt à ce titre cinq ans d'emprisonnement et 375 000 € d'amende (art. 321-1, al. 1er, C. pén.).

12. Les atteintes aux biens

Nous envisagerons le vol (I), l'escroquerie et les infractions voisines (II), l'abus de confiance et les autres détournements (III), l'extorsion, le chantage et la demande de fond sous contrainte (IV), le recel, les infractions voisines du recel et le blanchiment (V), les destructions, dégradations et détériorations (VI).

I/ Le vol

• **Élément légal** : l'article 311-1, C. pén. définit le vol comme « la soustraction frauduleuse de la chose d'autrui ».

• **Élément matériel** : trois éléments cumulatifs doivent être caractérisés :

– *une soustraction* : elle peut être :

- matérielle : c'est la forme traditionnelle du vol qui consiste dans un déplacement matériel de la chose – « prendre, enlever, ravir » selon les mots célèbres de l'arrêt *Beaudet* du 18 nov. 1837 (*Bull. crim.* n° 405). Elle nécessite donc que l'action se déroule à l'insu ou contre le gré du propriétaire ou possesseur de la chose : la remise volontaire de la chose, même faite par erreur, est exclusive du vol et celui qui conserve ce qui lui a été remis, même de mauvaise foi, n'est pas coupable de vol (Crim. 24 nov. 1983, *Bull. crim.* n° 315 : retrait d'un distributeur automatique de billets de banque, par le titulaire d'une carte magnétique, d'une somme d'argent excédant le montant de la provision disponible de son compte bancaire). À l'inverse, la soustraction matérielle est caractérisée quand le prévenu se fait remettre la chose par une personne dont le consentement n'est pas totalement conscient, soit parce que, trop jeune, elle agit sans discernement, soit parce que ses facultés intellectuelles ou mentales sont altérées par l'âge (Crim. 16 mars 1989, *Bull. crim.* n° 133),

- juridique : cette forme a été développée historiquement par la jurisprudence pour pallier les lacunes de l'incrimination de l'abus de confiance dans l'ancien C. pén., lacunes résultant de la limitation des contrats en vertu desquels la chose devait être remise. Lorsque le propriétaire a volontairement remis la chose ou l'a laissée saisir en n'entendant conférer qu'une détention matérielle et non en transférer la pleine possession, la chambre criminelle a pu décider que la détention purement matérielle, non accompagnée d'une remise de la possession, n'est pas exclusive de l'appréhension (Crim. 15 juin 1939, *Bull. crim.* n° 128). Pour cette raison, fut admis le vol commis dans un supermarché : le fait de franchir la caisse avec des produits impayés constitue un vol, car le vendeur ne remet la chose à l'acheteur que sous condition de paiement et jusque-là il n'y a que remise à titre de détention matérielle. Bien que le législateur ait abandonné, à l'occasion de l'entrée en vigueur du nouveau Code pénal, l'énumération limitative des contrats au titre de l'abus de confiance, la jurisprudence a conservé la qualification de vol par soustraction juridique, **ce qui est de nature à multiplier les hypothèses de concours de qualifications avec l'abus de confiance** ;

– *une chose* : cela vise essentiellement les meubles corporels qui sont susceptibles d'être déplacés. Les immeubles sont exclus du champ de l'incrimination, de la même manière que les *res nullius*, les choses sans maître. La Cour de cassation a eu l'occasion d'étendre la définition des choses susceptibles d'être soustraites, notamment à l'électricité (Crim. 3 déc. 1912, préc.), solution désormais consacrée par l'article 311-2, C. pén. et, après quelques hésitations, à une information (Crim. 20 mai 2015, *Bluetouff*, n° 14-81.336 ; Crim. 28 juin 2017, n° 16-81.113). En outre, le législateur a incriminé spécialement la captation frauduleuse d'une émission télévisée codée à l'aide d'un décodeur pirate (art. 79-1 et s. de la loi du 30 sept. 1986) ;

– *appartenant à autrui* : il importe peu que la chose ait antérieurement appartenu à l'agent (Crim. 24 avr. 2001, *Bull. crim.* n° 128 : constitue un vol la reprise par le salarié d'une attestation antérieurement remise à son employeur) ou que la chose soustraite appartienne en commun à l'auteur de la soustraction et à des tiers (Crim. 12 mai 2015, n° 13-87.668 : vol commis dans le cadre d'une indivision successorale). Les choses abandonnées sont exclues (Crim. 15 déc. 2015, *Bull. crim.* n° 713, n'est pas punissable le fait de se saisir de denrées alimentaires retirées de la vente et mises à la poubelle dans l'attente de leur destruction, quand bien même le règlement intérieur de l'entreprise interdit aux salariés de les appréhender). Toutefois, la jurisprudence considère que les objets de valeur et ceux qui sont neufs doivent être présumés perdus et non abandonnés, ce qui les rend susceptibles de faire l'objet d'un vol.

• **Élément moral** : le vol est intentionnel et nécessite, au titre du dol général, que l'agent ait agi volontairement contre le gré ou à l'insu du propriétaire ou du possesseur – le vol n'est ainsi pas constitué à l'encontre de celui qui, par erreur, emporte un objet qu'il croit être le sien ou qui croit avoir obtenu l'accord implicite du propriétaire (Crim. 17 nov. 2015, n° 14-86.101 : salarié qui avait pu croire de bonne foi à une autorisation tacite de son employeur de disposer des chutes de câbles usagés et de faible valeur) – et, au titre du dol spécial, que l'agent ait eu l'intention de se comporter en propriétaire de la chose, même de manière temporaire puisque la jurisprudence admet « le vol d'usage » (Crim. 19 févr. 1959, *Bull. crim.* n° 123 : il y a vol de voiture dans le fait, par un individu, d'avoir pénétré dans une automobile que son propriétaire venait de laisser à l'arrêt sans retirer la clef de contact, de l'avoir mise en marche, de l'avoir utilisée toute la nuit avec des camarades, et enfin de l'avoir ramenée et abandonnée à une centaine de mètres du lieu où il l'avait prise). Les mobiles sont en revanche indifférents (Crim. 8 janv. 1992,

Bull. crim. n° 5 : il y a vol même si le montant du vol constituait, dans l'esprit des prévenus, une rémunération de nature salariale).

• **Répression** :

– *tentative* : elle est incriminée (art. 311-13, C. pén.) ;

– *peines* : trois ans d'emprisonnement et 45 000 € d'amende. De nombreuses circonstances, prévues aux articles 311-4 et s., viennent aggraver la répression ;

– *justification* :

- l'immunité familiale : l'article 311-12, C. pén. prévoit l'application au vol d'une immunité familiale. Elle bénéficie au conjoint et aux ascendants et descendants. La loi du 4 avril 2006 a toutefois restreint son domaine, en excluant son application lorsque l'infraction porte sur un objet indispensable à la vie quotidienne de la victime (titre de séjour, papiers d'identité, moyens de paiement) ;
- l'exercice des droits de la défense : deux arrêts de la chambre criminelle du 11 mai 2004 (*Bull. crim.* n° 113 et 114) justifient la soustraction par un salarié de documents appartenant à son employeur lorsque celle-ci est « strictement nécessaire à l'exercice des droits de sa défense dans le litige l'opposant à ce dernier ».

II/ L'escroquerie et les infractions voisines

Nous distinguerons l'escroquerie (A) et les filouteries (B).

A – L'escroquerie

• **Élément légal** : l'article 313-1, C. pén. incrimine « le fait, soit par l'usage d'un faux nom ou d'une fausse qualité, soit par l'abus d'une qualité vraie, soit par l'emploi de manœuvres frauduleuses, de tromper une personne physique ou morale et de la déterminer ainsi, à son préjudice ou au préjudice d'un tiers, à remettre des fonds, des valeurs ou un bien quelconque, à fournir un service ou à consentir un acte opérant obligation ou décharge ».

Soyez vigilant

La jurisprudence admet qu'il est possible de cumuler le délit d'escroquerie et le délit de faux (Crim. 14 sept. 2013, n° 12-87.991).

• **Élément matériel** :

– *le comportement* : il peut consister en trois modalités en principe positives, même si la jurisprudence assimile l'omission à un acte positif dès lors qu'elle s'inscrit dans une démarche positive (Crim. 30 avr. 2003, n° 02-86.256 : en omettant de mentionner l'amélioration de son état de santé lors du renouvellement d'une allocation, le prévenu a fait usage d'une fausse qualité) :

- l'usage d'un faux nom ou d'une fausse qualité : l'usage de faux nom consiste à usurper un nom pour inspirer confiance et tromper sa victime et il importe peu que le nom soit ou non celui d'une personne réelle; la qualité renvoie aux éléments de l'état des personnes (âge, situation matrimoniale, profession, titre...), mais aussi à toute particularité de nature à inspirer confiance et à déterminer une remise (par exemple Crim. 18 janv. 2017, n° 16-80.200 : use d'une fausse qualité, caractéristique de l'escroquerie, le président d'une association qui fait état de sa qualité alors que la personne morale a été dissoute, nonobstant sa survie pour les besoins de sa liquidation),
- l'abus de qualité vraie : elle permet d'appréhender celui qui utilise une qualité qu'il possède réellement pour donner une apparence de crédit et de sincérité à ses mensonges grâce à la confiance qu'il inspire (Crim. 7 févr. 1935, *Bull. crim.* n° 21 : médecin qui use de sa qualité pour délivrer des notes d'honoraires majorées),
- l'emploi de manœuvres frauduleuses : **le mensonge ne suffit pas à lui seul à caractériser l'emploi de manœuvres frauduleuses** (Crim. 20 juill. 1960, *Bull. crim.* n° 382). Il doit être renforcé et accrédité par des éléments matériels extérieurs : production d'écrits, intervention d'un tiers, une mise en scène;

– *le résultat* : l'escroquerie étant une infraction matérielle, elle nécessite la survenance d'un résultat pour être consommée. Ce résultat repose lui-même sur deux composantes cumulatives :

- la remise de la chose par la victime de l'escroquerie : la remise peut porter sur des fonds, valeurs ou biens quelconques, sur la fourniture d'un service, ou encore consister dans le consentement à un acte opérant obligation ou décharge. Dans un arrêt du 28 septembre 2016, la chambre criminelle a admis que « l'escroquerie peut porter sur un immeuble, lequel constitue un bien au sens de l'article 313-1 du Code pénal » (Crim. 28 sept. 2016, n° 15-84.485),
- un préjudice : selon l'article 313-1, la remise de la chose par la victime doit être effectuée « à son préjudice ou au préjudice d'un tiers ». Toutefois, la jurisprudence constante a vidé cette exigence de sa substance en estimant que le préjudice n'est pas nécessairement pécuniaire et est établi lorsque l'acte n'a pas été librement consenti par la victime mais a été obtenu par des moyens frauduleux (Crim. 28 janv. 2015, n° 13-86.772);

– *le lien de causalité* : le procédé de tromperie doit être déterminant de la remise.

• **Élément moral** : l'escroquerie est une infraction intentionnelle, qui requiert, au titre du dol général, la volonté d'user d'un faux nom ou d'une fausse qualité, de manœuvres frauduleuses, ou d'abuser d'une qualité vraie, et, au titre du dol spécial, que l'escroc ait poursuivi le but de tromper une personne physique ou morale.

• **Répression** : cinq ans d'emprisonnement et 375 000 € d'amende; sept ans d'emprisonnement et 750 000 € d'amende lorsque l'escroquerie est réalisée :

par une personne dépositaire de l'autorité publique ou chargée d'une mission de service public, dans l'exercice ou à l'occasion de l'exercice de ses fonctions ou de sa mission ; par une personne qui prend indûment la qualité d'une personne dépositaire de l'autorité publique ou chargée d'une mission de service public ; par une personne qui fait appel au public en vue de l'émission de titres ou en vue de la collecte de fonds à des fins d'entraide humanitaire ou sociale ; au préjudice d'une personne dont la particulière vulnérabilité, due à son âge, à une maladie, à une infirmité, à une déficience physique ou psychique ou à un état de grossesse, est apparente ou connue de son auteur ; dix ans d'emprisonnement et 1 000 000 € d'amende lorsque l'escroquerie est commise en bande organisée.

• **Tentative** : elle est spécialement incriminée par l'article 313-3, al. 1er, C. pén.

• **Justification** : l'immunité familiale bénéficie à l'escroc en vertu de l'article 313-3, al. 2nd, C. pén. En outre, la chambre criminelle a admis, dans un arrêt du 26 octobre 2016, que la liberté d'expression pouvait justifier la commission d'une escroquerie par une journaliste infiltrée dans un parti politique (Crim. 26 oct. 2016, n° 15-83.774 : « les agissements dénoncés se sont inscrits dans le cadre d'une enquête sérieuse, destinée à nourrir un débat d'intérêt général sur le fonctionnement d'un mouvement politique, de sorte que, eu égard au rôle des journalistes dans une société démocratique et compte tenu de la nature des agissements en cause, leur incrimination constituerait, en l'espèce, une ingérence disproportionnée dans l'exercice de la liberté d'expression »).

• **Application de la loi dans l'espace** : on rappellera qu'en vertu de l'art. 113-14, C. pén., l'applicabilité de la compétence personnelle active se trouve déconditionnée lorsque l'escroquerie a porté atteinte aux intérêts financiers de l'UE.

B – Les filouteries

L'article 313-5, C. pén. définit la filouterie comme « le fait par une personne qui sait être dans l'impossibilité absolue de payer ou qui est déterminée à ne pas payer : 1° De se faire servir des boissons ou des aliments dans un établissement vendant des boissons ou des aliments ; 2° De se faire attribuer et d'occuper effectivement une ou plusieurs chambres dans un établissement louant des chambres, lorsque l'occupation n'a pas excédé dix jours ; 3° De se faire servir des carburants ou lubrifiants dont elle fait remplir tout ou partie des réservoirs d'un véhicule par des professionnels de la distribution ; 4° De se faire transporter en taxi ou en voiture de place ». La filouterie est punie « de six mois d'emprisonnement et de 7 500 € d'amende ».

La filouterie permet ainsi d'appréhender les comportements d'individus qui laissent leurs victimes leur remettre certains biens ou services, en se sachant dans l'impossibilité de les payer ou en étant déterminés à ne pas les payer. Elle se caractérise donc par l'absence de soustraction matérielle (constitutive du vol), par l'absence d'acte positif de tromperie (constitutif de l'escroquerie) ou de détournement (constitutif de l'abus de confiance). Il faut relever que, depuis un avis rendu le 4 mai 2010 par la chambre criminelle, **il vous faudra retenir la qualification de vol au détriment de la filouterie toutes les fois où l'agent s'est servi seul du bien** (Cass., avis, 4 mai 2010, *Bull. crim.* n° 2 : à propos du fait de se servir en carburant puis de ne pas le payer). Un récent arrêt de la chambre criminelle, du 28 février 2018, a précisé l'élément moral de la filouterie de boissons et d'aliments : le délit est établi dès lors qu'une personne, qui a pris connaissance du prix des aliments ou boissons commandés, ne peut pas ignorer qu'elle ne sera pas en mesure d'effectuer le paiement exigé (Crim. 28 févr. 2018, n° 17-80.242 : personne qui avait commandé des menus « grand luxe » et consommé des boissons, en compagnie de ses deux enfants, au restaurant de l'hôtel où elle séjournait, et avait refusé de payer l'addition, car « elle n'avait pas assez d'argent ». En revanche, elle avait réglé la partie de la facture correspondant à son hébergement. Pour entrer en voie de condamnation, les juges du fond avaient énoncé que la prévenue, « qui n'a[vait] pas réglé la note du restaurant de l'hôtel, faute d'argent suffisant, avait commandé des plats coûteux et devait savoir, en voyant leur prix, qu'elle ne pourrait les payer ». Cette décision, reçoit l'approbation de la Cour de cassation).

III/ L'abus de confiance et les autres détournements

A – L'abus de confiance

• **Élément légal** : l'article 314-1, C. pén. définit l'abus de confiance comme « le fait par une personne de détourner, au préjudice d'autrui, des fonds, des valeurs ou un bien quelconque qui lui ont été remis et qu'elle a acceptés à charge de les rendre, de les représenter ou d'en faire un usage déterminé ».

• **Condition préalable** : vous ne pouvez retenir l'abus de confiance que dans les hypothèses où la chose détournée a préalablement été remise à titre précaire à l'auteur de l'infraction, ce qui implique que vous caractérisiez, au préalable, trois éléments :

– *une remise de source contractuelle, légale ou réglementaire* : depuis l'entrée en vigueur du nouveau Code pénal, l'abus de confiance est susceptible de sanctionner le détournement des choses remise en vertu de n'importe quel contrat ; la jurisprudence considère que l'abus de confiance « ne suppose pas nécessairement que la somme détournée ait été remise en vertu d'un contrat » (Crim. 19 oct. 2000, n° 00-82.132), et admet que l'infraction recouvre les hypothèses dans lesquelles la chose a été remise en application d'un titre légal ou judiciaire (par exemple désignation en qualité de tuteur ou de curateur) ;

– *de fonds, valeurs ou biens quelconques* : à la différence du vol qui ne s'applique qu'aux « choses », l'abus de confiance est applicable aux détournements de « fonds, valeurs ou biens quelconques ». Cette formulation englobe non seulement tous les biens meubles corporels, mais aussi les choses immatérielles : numéro d'une carte bancaire indépendamment de son support matériel (Crim. 14 nov. 2000, *Bull. crim.* n° 338), utilisation par un salarié de son temps de travail à des fins autres que celles pour lesquelles il est employé (Crim. 19 juin 2013, *Bull. crim.* n° 145 ; solution confirmée par Crim. 3 mai 2018, n° 16-86369), utilisation par un dirigeant social du temps de travail d'un salarié de l'entreprise pour lui faire effectuer des travaux à des fins personnelles, ou au profit de sociétés dans lesquelles il a des intérêts, et au détriment de la personne morale qui est son employeur (Crim. 16 janv. 2019, n° 17-81.136), informations relatives à la clientèle (Crim. 22 mars 2017, n° 15-85.929 : constitue un abus de confiance le fait, pour une personne, qui a été destinataire, en tant que salariée d'une société, d'informations relatives à la clientèle de celle-ci, de les utiliser par des procédés déloyaux dans le but d'attirer une partie de cette clientèle vers une autre société). Seule limite véritable, la chambre criminelle estime que l'abus de confiance n'est pas susceptible de s'appliquer aux détournements d'immeubles (Crim. 10 oct. 2001, *Bull. crim.* n° 205 : le bénéficiaire du prêt d'une chambre pour quelques jours qui refuse de restituer les clefs ne commet pas un abus de confiance) ;

– *à titre précaire* : l'abus de confiance ne peut être recherché que lorsque les choses ont été remises par leurs propriétaires ou possesseurs « à charge de les rendre, de les représenter, ou d'en faire un usage déterminé », c'est-à-dire à titre précaire. Ainsi, l'abus de confiance ne s'applique pas aux situations dans lesquelles le contrat transfère à la personne la libre disposition ou la propriété de la chose.

Vers une remise en cause de l'autonomie de la notion de détention précaire ?

Traditionnellement, la chambre criminelle de la Cour de cassation écartait la qualification pénale d'abus de confiance dès lors que l'on devient propriétaire en application des règles du droit civil, l'acte de détournement, qui constitue l'âme du délit de l'article 314-1, C. pén., ne pouvant pas porter sur un bien dont on est propriétaire. C'est en ce sens que s'était prononcée la Chambre criminelle, par un arrêt du 25 mai 2009 (Crim. 25 mars 2009, n° 08-82.784). La Cour de cassation affirmait clairement que « les fonds, remis à titre d'acomptes en exécution d'un contrat de vente, étaient devenues la propriété de la société » qui n'avait pas livré la quantité de marchandises commandées. Ainsi, censurait-elle la décision de la cour d'appel qui avait retenu le délit d'abus de confiance en énonçant que « la somme litigieuse [...] avait été remise [à cette société] à charge d'en faire un usage déterminé ». Une solution analogue avait également été adoptée à propos d'honoraires ou de provisions versés à des avocats en vue d'engager et de suivre une procédure. Contrairement aux juridictions du fond ayant considéré que les sommes ainsi reçues n'avaient été remises aux prévenus qu'à titre précaire, la Haute juridiction avait estimé que le versement de tels honoraires « entraîne un transfert de propriété exclusif de l'abus de confiance » (Crim. 26 janv. 2005, *Bull. crim.* n° 29 ; égal. Crim. 14 janv. 2015, n° 14-80.262).

►

Cependant, la chambre criminelle avait, par un arrêt remarqué en date du 3 février 2016, amorcé un revirement de jurisprudence (Crim. 3 févr. 2016, n° 14-83.427). Dans cette espèce, des acomptes avaient été encaissés par des cuisinistes alors que ces derniers savaient, dès l'origine, que les travaux commandés ne pourraient être exécutés en raison de la situation financière des entreprises. Pour retenir l'infraction, la chambre criminelle a relevé que « les prévenus, qui, dès l'origine, n'entendaient pas respecter leurs engagements, n'[avaient] pas utilisé les fonds selon l'usage convenu ».
Toutefois, dans son dernier état, la chambre criminelle semble revenir à sa position traditionnelle. Dans un arrêt du 5 avril 2018 (Crim. 5 avr. 2018, n° 17-81.085, publié au *Bulletin*), le prévenu, qui exerçait une activité de traiteur et de services pour l'organisation de réceptions, avait reçu des sommes d'argent pour organiser des réceptions de mariage, prestations qui n'avaient jamais été exécutées. Ces sommes avaient été perçues postérieurement à la déclaration de cessation d'activité de l'entreprise (suivie d'une radiation du registre du commerce et des sociétés) que le prévenu dirigeait, si bien que les engagements contractés n'avaient pas été honorés. Poursuivi devant le tribunal correctionnel pour le délit d'abus de confiance, l'intéressé avait été condamné pour cette infraction, au motif qu'il avait détourné, au préjudice des plaignants, « des fonds, en l'espèce en ayant notamment encaissé des arrhes, [...] alors qu'il avait cessé son activité [...], qui lui avaient été remis à charge d'en faire un usage déterminé, en l'espèce l'organisation de mariages ». Cette décision avait été confirmée par la cour d'appel, celle-ci ayant relevé que le prévenu n'avait fourni « aucun élément de nature à l'exonérer de ses obligations résultant des contrats signés avec les plaignants ». La chambre criminelle censure toutefois l'arrêt d'appel : elle considère que « les fonds, remis en vertu de contrats de prestations de service, l'ont été en pleine propriété, peu important la connaissance par le prévenu, dès la remise des fonds, de son impossibilité d'exécuter le contrat » et reproche à la Cour d'appel de ne pas avoir recherché si les faits poursuivis pouvaient recevoir une autre qualification. Un arrêt du 13 juin 2018 vient confirmer cette tendance (Crim. 13 juin 2018, n° 17-82.986 : président d'une société qui avait signé un contrat avec une autre société, de pose d'une importante installation de panneaux photovoltaïques. Alors qu'un acompte de 30 % avait été versé, aucun matériel n'avait été livré et aucune installation n'avait été réalisée. Poursuivi pour le délit d'abus de confiance, le prévenu en avait été déclaré coupable, aussi bien par les juges du premier que du second degré. Ces derniers avaient notamment retenu que l'intéressé « savait pertinemment » « qu'il se trouvait dans une situation financière extrêmement délicate pour avoir contracté préalablement des dettes professionnelles et personnelles très importantes » et « que le fait qu'il ait détourné l'intégralité de l'acompte versé, les dates et les circonstances de ce détournement démontr[ai]ent qu'il savait parfaitement en faisant encaisser l'acompte que les matériaux commandés ne seraient jamais réglés au fabricant ». Le prévenu, ayant ainsi trouvé le moyen de rembourser une partie de ses dettes, n'entendait pas, dès l'origine, « respecter ses engagements en n'utilisant pas les fonds selon l'usage convenu ». Par conséquent, la remise de l'acompte devait « être considérée comme ayant été faite à titre précaire ». La chambre criminelle censure : « en prononçant ainsi, par des motifs faisant apparaître que les fonds, remis à titre d'acompte sur un contrat de vente, l'ont été en pleine propriété à la société venderesse, peu important l'intention de son dirigeant de s'approprier ces fonds dès leur remise, la cour d'appel, qui n'a pas recherché si les faits poursuivis pouvaient recevoir une autre qualification, a méconnu l'art. 314-1, C. pén.)

• **Élément matériel** :

– *le comportement* : il peut s'agir soit d'une commission, soit d'une omission, le texte évoquant seulement un « détournement ». Pour Garçon, il s'agissait d'une interversion de titre par substitution d'une véritable possession à une simple détention matérielle et précaire de la chose. Pour la jurisprudence contemporaine, il s'agit de tout acte frauduleux qui empêche la victime d'exercer ses droits sur la chose (Crim. 12 juin 1978, *Bull. crim.* n° 188) : disparition, destruction de la chose, vente ou donation qui en empêchera toute restitution, usage ou un emploi autre que celui déterminé par le contrat préalable ;

– *le résultat* : un préjudice doit pouvoir être caractérisé au titre du résultat de l'infraction. Toutefois, la jurisprudence a vidé de sa substance cette exigence considérant que le délit est consommé même en cas de préjudice éventuel (Crim. 18 mars 1936, *Gaz. Pal.* 1936. 1. 880) ;

– *le lien de causalité* : un lien de cause à effet doit être constaté entre le détournement et le préjudice éventuel.

• **Élément moral** : intentionnel, l'abus de confiance requiert, au titre du dol général que l'auteur ait voulu se livrer à un détournement en ayant conscience de la précarité de la remise.

• **Répression** : trois ans d'emprisonnement et 375 000 € d'amende ; mais de nombreuses circonstances sont prévues qui portent la peine à sept ans d'emprisonnement et 750 000 € d'amende (art. 314-2, C. pén.) ou à dix ans d'emprisonnement et 1 500 000 € d'amende (art. 314-3, C. pén.). Une double évolution des circonstances aggravantes applicables à l'abus de confiance résulte de l'ord. du 18 septembre 2019. D'une part, une nouvelle circonstance aggravante a été créée par l'ord. du 18 septembre 2019 qui consiste dans « l'atteinte aux recettes perçues, aux dépenses exposées ou aux avoirs qui relèvent du budget de l'Union européenne, des budgets des institutions, organes et organismes de l'Union européenne ou des budgets gérés et contrôlés directement par eux » (art. 314-1-1, al. 1er, C. pén.). Pareille circonstance aggravante a pour effet de porter les peines de l'abus de confiance à cinq ans d'emprisonnement. D'autre part, l'abus de confiance portant atteinte aux intérêts financiers de l'Union européenne, se trouve désormais puni de sept ans d'emprisonnement et de 750 000 euros d'amende lorsqu'il est commis en bande organisée (art. 314-1-1, al. 2, C. pén.).

• **Tentative** : elle n'est pas incriminée. **Toutefois, l'ord. du 18 septembre 2019 est venue incriminer spécialement la tentative d'abus de confiance visant les recettes, les dépenses ou les avoirs de l'UE** (art. 314-1-1, al. 3, C. pén.).

• **Application de la loi dans l'espace** : on rappellera qu'en vertu de l'art. 113-14, C. pén., l'applicabilité de la compétence personnelle active se trouve déconditionnée lorsque l'abus de confiance a porté atteinte aux intérêts financiers de l'UE.

• **Prescription de l'action publique** : la jurisprudence considère que l'abus de confiance est une infraction clandestine, dont la prescription ne court qu'à compter du jour où la victime du délit disposait des éléments nécessaires à sa découverte (Crim. 5 juill. 1945, *Bull. crim.* n° 76). La loi du 27 février 2017 a validé une telle approche en consacrant les notions d'infractions occultes et dissimulées (art. 9-1, C. pr. pén.).

• **Immunités familiales** : les immunités familiales prévues au titre du vol s'appliquent à l'abus de confiance (314-4, C. pén.).

• **Conflit de qualification avec le vol par soustraction par maniement juridique** : la distinction entre l'abus de confiance et le vol par soustraction par maniement juridique est parfois difficile. Tel est le cas notamment lorsque la chose a été remise en vertu d'un contrat de travail. En effet, dans cette hypothèse, la jurisprudence ne sanctionne comme abus de confiance que le détournement de choses remises « à titre personnel et exclusif ». Ainsi, commet un abus de confiance celui qui détourne le fichier clients dont il use normalement pour passer les commandes de la société (Crim. 4 janv. 1968, *Bull. crim.* n° 1). En revanche, commet un vol celui qui emporte des marchandises provenant des magasins bureaux ou usines où il travaille. Toutefois, cette distinction ne vaut pas dans le cas où le salarié s'empare de documents appartenant à l'employeur pour les photocopier. Dans cette hypothèse particulière, les tribunaux préfèrent toujours la qualification de vol à celle d'abus de confiance, quand bien même les documents auraient été remis à l'employé à titre personnel et exclusif.

B – Les autres détournements

1. Le détournement de gage (art. 314-5, C. pén.)

C'est « le fait, par un débiteur, un emprunteur ou un tiers donneur de gage, de détruire ou de détourner l'objet constitué en gage ». Il est puni de trois ans d'emprisonnement et de 375 000 € d'amende. L'objet constitué en gage doit être mobilier et corporel, le texte ne distinguant pas selon qu'il s'agit d'un gage avec dépossession (l'objet gagé est alors entre les mains du créancier) ou sans dépossession (l'objet est resté entre les mains du débiteur, qui en conserve l'usage mais ne peut plus en disposer). La tentative est incriminée (art. 314-5, al. 2, C. pén.).

2. Le détournement d'objet saisi (art. 314-6, C. pén.)

C'est « le fait, par le saisi, de détruire ou de détourner un objet saisi entre ses mains en garantie des droits d'un créancier et confié à sa garde ou à celle d'un tiers ». Il est puni de trois ans d'emprisonnement et de 375 000 € d'amende. L'infraction concerne tout type de saisie (exécution, conservatoire, etc.), même immobilières, ainsi que les séquestres judiciaires ou les mises sous scellés. Et il importe peu que la saisie soit valable : l'infraction est caractérisée alors même que la saisie serait annulée après l'acte de détournement (T. corr. Seine, 18 déc. 1926, *DP* 1928, 2, p. 199). La tentative est incriminée (art. 314-6, al. 2, C. pén.).

3. L'organisation frauduleuse de l'insolvabilité (art. 314-7, C. pén.)

Elle vise à sanctionner le débiteur qui, même avant la décision judiciaire constatant sa dette, organise ou aggrave son insolvabilité (soit en augmentant le passif ou en diminuant l'actif de son patrimoine, soit en diminuant ou en dissimulant tout ou partie de ses revenus, soit en dissimulant certains de ses biens), dans le dessein de se soustraire à l'exécution d'une condamnation de nature patrimoniale prononcée par une juridiction répressive ou, en matière délictuelle, quasi délictuelle ou d'aliments, prononcée par une juridiction civile (al. 1er, C. pén.). L'infraction concerne également le dirigeant de droit ou de fait d'une personne morale qui organise ou aggrave l'insolvabilité de celle-ci en vue de la soustraire aux obligations pécuniaires résultant d'une condamnation prononcée en matière pénale, délictuelle ou quasi délictuelle (al. 2).

IV/ L'extorsion, le chantage et la demande de fond sous contrainte

Il nous faut envisager l'extorsion (I), puis le chantage (II), enfin la demande de fonds sous contrainte (III).

A – L'extorsion

• **Élément légal** : l'article 312-1, C. pén. définit l'extorsion comme le « fait d'obtenir par violence, menace de violences ou contrainte soit une signature, un engagement ou une renonciation, soit la révélation d'un secret, soit la remise de fonds, de valeurs ou d'un bien quelconque ». À la différence du vol, c'est la victime qui doit remettre le bien à l'auteur, et non ce dernier qui doit s'en emparer à son insu. À la différence des violences, l'auteur souhaite parvenir à un résultat précis : obtenir de la victime soit une signature, un engagement ou une renonciation, soit la révélation d'un secret, soit la remise de fonds, de valeurs ou d'un bien quelconque.

• **Élément matériel** :

– *le comportement* : infraction de commission, l'extorsion requiert la preuve d'un acte positif de « violence, menace de violences ou contrainte » pour être constituée. Ces notions sont entendues largement par la jurisprudence : peu importe que ces agissements soient exercés à l'encontre de la victime elle-même, à l'encontre de ses biens ou à l'encontre de tiers ; peu importe que la contrainte soit physique ou morale (par exemple Crim. 3 nov. 2016, n° 15-83.892, à propos d'un enseignant se disant victime d'un élève qui avait menacé ses parents de porter plainte et obtenu d'eux la remise d'une indemnisation d'un montant que les juges du fond estiment excessif par rapport à son dommage : commet l'infraction celui qui use d'une contrainte morale pour obtenir plus que son dû) ;

– *le résultat* : infraction matérielle, l'extorsion nécessite la survenance d'un résultat pour être consommée et le législateur distingue, à cet égard, entre trois possibilités :

- le résultat peut consister dans l'obtention d'une signature, d'un engagement ou d'une renonciation de la victime : cela recouvre un large éventail de possibilités. Ainsi, s'agissant de la signature, peu importe qu'elle porte ou non sur un écrit susceptible de causer préjudice à la victime (reconnaissance de dette, lettre de change, quittance, résiliation d'un bail). L'engagement peut quant à lui être simplement verbal. Enfin, la signature, l'engagement ou la renonciation peuvent indifféremment viser à obtenir de la victime aussi bien une action ou une omission,
- le résultat peut également consister dans l'obtention de la révélation d'un secret par la victime, dont la nature est indifférente à la constitution de l'infraction,
- enfin, le résultat peut consister dans la remise de fonds, valeurs ou biens quelconques : peu importe donc qu'il s'agisse de biens matériels ou immatériels ;

– *le lien de causalité* : un lien de causalité certain doit exister entre les actes de coercition et l'exécution des exigences formulées par l'agent.

• **Élément moral** : l'extorsion est une infraction intentionnelle et requiert, au titre du dol général, la volonté de l'acte positif de coercition, et, au titre du dol spécial que l'agent ait adopté pareil comportement dans le but d'obtenir de la victime « une signature, un engagement ou une renonciation, soit la révélation d'un secret, soit la remise de fonds, de valeurs ou d'un bien quelconque ».

• **Répression** :

– *peines* : sept ans d'emprisonnement et 100 000 € d'amende ; le législateur prévoit des circonstances aggravantes qui sont similaires à celles applicables aux violences et qui aggravent notamment la peine selon l'atteinte à l'intégrité de la personne (art. 312-2 et s.) ;

– *tentative* : elle est spécialement incriminée par l'article 312-9, C. pén. et permet de réprimer lorsque malgré les violences, menaces de violence ou contrainte, l'auteur n'obtient rien de la victime ;

– *justification* : les immunités familiales s'appliquent à l'extorsion (art. 312-9, al. 2nd, C. pén.) ;

– *repenti* : le statut s'applique à la tentative l'extorsion commise en bande organisée (art. 312-6-1, C. pén.).

B – Le chantage

• **Élément légal** : l'article 312-10, C. pén. définit le chantage comme « le fait d'obtenir, en menaçant de révéler ou d'imputer des faits de nature à porter atteinte à l'honneur ou à la considération, soit une signature, un engagement ou une renonciation, soit la révélation d'un secret, soit la remise de fonds, de valeurs ou d'un bien quelconque ». Là ou l'extorsion nécessite des violences, menaces de violence ou contrainte, le chantage requiert une menace bien précise : celle de révéler ou d'imputer des faits portant atteinte à l'honneur ou à la considération. **En application de la règle *specialia generalibus derogant*, vous ne devrez pas rechercher la responsabilité de l'auteur d'une menace de révélation sur le terrain de l'extorsion, même si un tel comportement peut s'apparenter à la contrainte visée à l'article 312-1, mais sur le terrain du chantage.**

• **Élément matériel** :

– *le comportement* : infraction de commission, le chantage nécessite la preuve d'un acte positif, qui doit consister dans la menace, soit de révéler des faits de nature à porter atteinte à l'honneur ou à la considération, soit d'imputer ces mêmes faits. Peu importe pour que le comportement soit caractérisé, que les faits que l'on menace de révéler ou d'imputer soient vrais ou faux et il n'est pas nécessaire que la menace d'imputations ou de révélations ait été adressée directement à la personne visée par ces imputations et révélations ;

– *le résultat* : infraction matérielle, le chantage nécessite, pour être consommé, que l'auteur obtienne une « soit une signature, un engagement ou une renonciation, soit la révélation d'un secret, soit la remise de fonds, de valeurs ou d'un bien quelconque » ;

– *le lien de causalité* : un lien de causalité certain doit être caractérisé entre la menace de révélation et le résultat prohibé.

• **Élément moral** : infraction intentionnelle, le chantage requiert, au titre du dol général la volonté de contraindre autrui à souscrire des engagements ou à remettre des fonds, et, au titre du dol spécial, l'intention d'obtenir une signature, un engagement ou une renonciation, soit la révélation d'un secret, soit la remise de fonds, de valeurs ou d'un bien quelconque. Ici comme ailleurs, les mobiles sont indifférents. Toutefois, **deux hypothèses particulières semblent déroger à l'indifférence des mobiles** :

– *celle de la victime d'une infraction qui menace de dénoncer cette infraction si elle n'est pas dédommagée* : la jurisprudence décide en pareil cas que la victime ne commet pas un chantage faute d'élément moral, dès lors qu'elle agit de manière désintéressée, c'est-à-dire si elle tente simplement d'obtenir réparation de son préjudice par la voie extra-judiciaire. En revanche, celui qui obtient sous la menace d'une plainte une transaction lui assurant une réparation hors de proportion avec l'importance du dommage commet un chantage (Crim. 27 janv. 1960, *Bull. crim.* n° 46) ;

– *celle de la menace faite par un créancier pour retrouver son dû* : un créancier qui réclame simplement ce qui lui est dû en menaçant de recourir aux voies de droit et actions en justice que la loi met à sa disposition ne commet pas de chantage (Crim. 12 mars 1985, *Bull. crim.* n° 110). La solution est bien sûr différente dans le cas où le créancier menace son débiteur de le diffamer pour le contraindre à s'acquitter de sa dette : le chantage est alors constitué si le fait que le créancier se propose de révéler est étranger à la cause de la dette alléguée (Crim. 5 mars 1975, *Bull. crim.* n° 72).

• **Répression** :

– *peines* : cinq ans d'emprisonnement et de 75 000 € d'amende. Lorsque l'auteur du chantage a mis sa menace à exécution, la peine est portée à sept ans d'emprisonnement et à 100 000 € d'amende ;

– *tentative* : lorsque l'auteur de la menace n'obtient rien de la victime malgré sa menace, sa responsabilité doit être recherchée du chef de tentative de chantage, laquelle est incriminée par l'article 312-12, al. 1er, C. pén. ;

– *justification* : l'article 312-12, al. 2, C. pén. accorde le bénéfice des immunités familiales en cas de chantage.

C – La demande de fonds sous contrainte

Issue de la loi du 18 mars 2003 relative à la sécurité intérieure, la demande de fonds sous contrainte est définie par l'article 312-12-1, C. pén. comme « le fait, en réunion et de manière agressive, ou sous la menace d'un animal dangereux, de solliciter, sur la voie publique, la remise de fonds, de valeurs ou d'un bien ».

Il faut avoir à l'esprit certaines différences fondamentales avec la qualification d'extorsion :

– *d'une part, à la différence de l'extorsion, plusieurs éléments cumulatifs sont nécessaires à la caractérisation du comportement de l'élément matériel* : la remise de fonds, de valeurs ou de biens doit être sollicitée ; cette sollicitation doit intervenir alors que celui qui la formule agit en réunion ; l'action doit se dérouler sur la voie publique ; la sollicitation doit avoir lieu « de manière agressive » ou sous la menace d'un animal dangereux ;

– *d'autre part, alors que l'extorsion nécessite pour être consommée que la remise soit effectivement survenue, n'est incriminé au titre de la demande de fonds sous contrainte que le fait de « solliciter »*. **Il s'agit donc d'une infraction-obstacle de l'extorsion, consommée indépendamment de la survenance de la remise.** Ainsi, si la remise a lieu, c'est la qualification d'extorsion que vous devrez préférer à celle de demande de fonds sous contrainte. Le paradoxe est que la tentative d'extorsion étant incriminée, cette incrimination peut paraître non seulement inutile, mais clémente, puisque l'institution de cette qualification spéciale par rapport à l'extorsion et à sa tentative, aura pour effet d'amoindrir la répression. En effet, la peine encourue est ici de six mois d'emprisonnement et de 3 750 € d'amende.

V/ Le recel, les infractions voisines du recel et le blanchiment

Nous distinguerons le recel (A) de ses infractions voisines (B) et du blanchiment (C).

A – Le recel

• **Élément légal** : l'article 321-1, C. pén. définit le recel comme le fait de dissimuler, de détenir ou de transmettre une chose, ou de faire office d'intermédiaire afin de la transmettre, en sachant que cette chose provient d'un crime ou d'un délit (al. 1er). Constitue également un recel, le fait en connaissance de cause, de bénéficier, par tout moyen, du produit d'un crime ou d'un délit (al. 2e).

• **Condition préalable** :

– *l'infraction d'origine* : les choses recelées doivent provenir d'un crime ou d'un délit, à l'exclusion d'une contravention. Les poursuites pour recel sont possibles même si les circonstances de l'infraction d'origine n'ont pas été entièrement éclaircies et si l'auteur de l'infraction d'origine n'a pas été condamné ou identifié (Crim. 7 mai 1942, *Bull. crim.* n° 56), s'il bénéficie d'une immunité familiale (Crim. 6 nov. 1936, *Bull. crim.* n° 111), d'une amnistie personnelle (Crim. 19 mai 1949, *Bull. crim.* n° 173), d'une cause subjective d'irresponsabilité pénale (Crim. 26 déc. 1924, *Bull. crim.* n° 426) ou encore si l'infraction d'origine est prescrite (Crim. 16 juill. 1964, *Bull. crim.* n° 241). Le recel cesse en revanche d'être punissable si les faits d'origine perdent leur caractère délictueux : abrogation du texte incriminateur (Crim. 17 mai 1989, *Bull. crim.* n° 205), amnistie réelle (Crim. 8 janv. 1926, *Gaz. Pal.* 1926. 1. 377). De même, le principe de la non-rétroactivité des lois pénales plus sévères interdit de retenir l'incrimination de recel lorsque les faits constitutifs de l'infraction d'origine ne sont devenus frauduleux que postérieurement à la prise de possession de la chose recelée (Crim. 9 juin 1999, n° 98-80.052, *Bull. crim.* n° 133) ;

– *les choses recelées* : le recel doit porter sur une « chose » qui provient d'un crime ou d'un délit ou sur « le produit » d'une telle infraction. Entrent dans cette catégorie tous les biens meubles corporels. La jurisprudence estime par ailleurs que le recel ne peut pas porter sur une information, mais seulement sur le support matériel de cette information (Crim. 3 avr. 1995, *Bull. crim.* n° 142) ou sur le produit de l'utilisation de l'information (Crim. 26 oct. 1995, *Bull. crim.* n° 324 : si le recel de délit d'initié ne peut résulter de la simple détention d'informations privilégiées, il est toutefois caractérisé à l'égard de celui qui, réalisant, en connaissance de cause, des opérations sur le marché avant que ces informations soient connues du public, bénéficie du produit du délit d'initié ainsi consommé). La chambre criminelle vient d'admettre, dans un arrêt du 28 septembre 2016, le recel d'un bien immobilier (Crim. 28 sept. 2016, n° 15-84.485) et, dans un arrêt du 7 janvier 2020, le recel de fichiers constituant une apologie du terrorisme (Crim. 7 janv. 2020, n° 19-80.136).

• **Élément matériel** : une alternative se présente pour caractériser cet élément :

– *le recel par détention de choses* : l'article 321-1, al. 1er, incrimine le fait de dissimuler, de détenir ou de transmettre une chose, ou de faire office d'intermédiaire afin de la transmettre. Il importe peu que le receleur ait reçu les choses à titre gratuit ou onéreux, qu'il les ait reçues directement de l'auteur de l'infraction ou par l'intermédiaire d'un tiers, que la détention soit personnelle ou non (argent déposé sur un compte bancaire). La durée de la détention est sans influence sur la commission de l'infraction (l'intermédiaire peut même se contenter de jouer le rôle de négociateur pour conclure la vente de choses volées sans jamais les détenir lui-même, Crim. 30 nov. 1999, *Bull. crim.* n° 282). Quant à la chose reçue, il peut tout à fait s'agir d'une chose acquise avec le produit de l'infraction d'origine : le recel se perpétue à travers les transformations subies par les choses reçues ;

– *le recel par profit tiré de l'infraction d'origine* : c'est une création prétorienne consacrée par l'article 321-1, al. 2e, C. pén. qui permet de réprimer tous ceux qui tirent profit ou bénéficient de l'infraction d'origine. Cette notion permet notamment la répression du « recel d'usage » commis par celui qui se sert ou utilise une chose dont il connaît l'origine délictueuse.

• **Élément moral** : le recel est une infraction intentionnelle qui requiert un dol général consistant dans le fait pour celui qui détient, dissimule, transmet la chose ou en tire profit de savoir que cette chose provient d'un crime ou d'un délit. La connaissance par le receleur de la nature et de la qualification exacte de l'infraction d'origine, ou de l'identité de son auteur n'est pas requise. Il suffit d'établir que, compte tenu des circonstances, le receleur n'avait aucun doute ou ne pouvait avoir aucun doute sur l'origine frauduleuse de la chose (par exemple Crim. 27 juin 2012, n° 11-86.555 : justifie sa décision une Cour d'appel qui, pour retenir le délit de recel à l'encontre du prévenu, énonce que les circonstances de l'acquisition d'un scooter auraient dû attirer son attention sur la provenance frauduleuse de ladite chose). La Cour de cassation décide cependant qu'il n'y a pas recel à conserver une chose dont on apprend en cours de détention l'origine frauduleuse (Crim. 24 nov. 1977, *Bull. crim.* n° 371).

• **Répression** :

– *peines* : cinq ans d'emprisonnement et 375 000 € d'amende ; dix ans d'emprisonnement et 750 000 € d'amende lorsqu'il est commis de façon habituelle ou en utilisant les facilités que procure l'exercice d'une activité professionnelle et lorsqu'il est commis en bande organisée (art. 321-2, C. pén.). Les peines d'amende peuvent être élevées jusqu'à la moitié de la valeur des biens recelés (art. 321-3, C. pén.). Lorsque l'infraction dont provient le bien recelé est punie d'une peine privative de liberté d'une durée supérieure à celle de l'emprisonnement encouru le receleur est puni des peines attachées à l'infraction dont il a eu connaissance et, si cette infraction est accompagnée de circonstances aggravantes, des peines attachées aux seules circonstances dont il a eu connaissance (321-4, C. pén.) ;

– *prescription de l'action publique* : parce que le recel est une infraction continue, en principe, la prescription de six ans applicable en matière délictuelle court à compter du jour où celui-ci a pris fin. En outre, parce que le recel est un délit distinct de l'infraction d'origine, de jurisprudence constante, la prescription du recel est indépendante de celle qui s'applique à l'infraction originaire (Crim. 17 mai 1939, *Bull. crim.* n° 114). Toutefois, par exception, la chambre criminelle admet que le recel ne saurait commencer à se prescrire avant que l'infraction dont il procède soit apparue et ait pu être constatée dans des conditions permettant l'exercice de l'action publique (Crim. 6 févr. 1997, *Bull. crim.* n° 48, pour le délit d'ABS ; Crim. 7 mai 2002, *Bull. crim.* n° 102, pour le délit d'abus de confiance).

B – Les infractions voisines du recel

Nous distinguerons le défaut de justification de ressources (1) des infractions relatives à la vente d'objets mobiliers (2).

1. Le défaut de justification de ressources

L'article 321-6, al. 1er, C. pén. réprime « le fait de ne pas pouvoir justifier de ressources correspondant à son train de vie ou de ne pas pouvoir justifier de l'origine d'un bien détenu, tout en étant en relations habituelles avec une ou plusieurs personnes qui soit se livrent à la commission de crimes ou de délits punis d'au moins cinq ans d'emprisonnement et procurant à celles-ci un profit direct ou indirect, soit sont les victimes d'une de ces infractions ». L'article 321-6, al. 2nd, C. pén. incrimine quant à lui « le fait de faciliter la justification de ressources fictives pour des personnes se livrant à la commission de crimes ou de délits punis d'au moins cinq ans d'emprisonnement et procurant à celles-ci un profit direct ou indirect ». La répression s'élève à trois ans d'emprisonnement et de 75 000 € d'amende et est aggravée notamment lorsque les crimes et délits sont commis par un mineur sur lequel la personne ne pouvant justifier ses ressources a autorité (C. pén., art. 321-6-1, al. 1er, C. pén.).

2. Les infractions relatives à la vente d'objets mobiliers

De nombreuses opérations portant sur des objets mobiliers pouvant servir à écouler des marchandises ayant une origine frauduleuse, le législateur a considéré que le moyen de lutte le plus efficace consistait à imposer la transparence en supprimant l'anonymat des opérateurs et la clandestinité des transactions. À cette fin :

• l'article 321-7, C. pén. punit de six mois d'emprisonnement et de 30 000 € d'amende :

– le fait, par une personne dont l'activité professionnelle comporte la vente d'objets mobiliers usagés ou acquis à des personnes autres que celles qui les fabriquent ou en font le commerce, d'omettre, y compris par négligence, de tenir jour par jour, dans des conditions prévues par décret, un registre contenant une description des objets acquis ou détenus en vue de la vente ou de l'échange et permettant l'identification de ces objets ainsi que celle des personnes qui les ont vendus ou apportés à l'échange ;

– le fait, par une personne, à l'exception des officiers publics ou ministériels, qui organise, dans un lieu public ou ouvert au public, une manifestation en vue de la vente ou de l'échange d'objets visés à l'alinéa précédent, d'omettre, y compris par négligence, de tenir jour par jour, dans des conditions prévues par décret, un registre permettant l'identification des vendeurs ;

- l'article 321-8, C. pén., punit des mêmes peines le fait, pour une personne visée à l'article précédent, d'apposer sur le registre des mentions inexactes ou de refuser de présenter ce registre à l'autorité compétente.

C. Le blanchiment

Si les articles 222-38 et 225-6, 2°, C. pén. répriment, spécialement et respectivement, le blanchiment du produit du trafic de stupéfiants et le blanchiment du produit du proxénétisme (limité au seul fait de faciliter à un proxénète la justification de ressources fictives), l'article 324-1, C. pén. réprime, de manière générale, le blanchiment, sous deux formes : la justification mensongère de l'origine de biens ou de revenus (1) et le concours à une opération de placement (2).

1. La justification mensongère de l'origine de biens ou de revenus

- **Élément légal** : l'article 324-1, al. 1er, C. pén. définit le blanchiment comme « le fait de faciliter, par tout moyen, la justification mensongère de l'origine des biens ou des revenus de l'auteur d'un crime ou d'un délit ayant procuré à celui-ci un profit direct ou indirect ». Il s'agit de réprimer une aide apportée à l'auteur d'une infraction qui a procuré à ce dernier un profit : il est possible de condamner l'auteur du blanchiment alors même qu'aucune condamnation n'a été prononcée ou aucune poursuite n'a été engagée contre l'auteur de l'infraction d'origine, à condition que les juges du fond constatent expressément la provenance criminelle ou délictuelle du produit blanchi. Il faut toutefois relever que **cette forme de blanchiment ne peut pas être retenue contre l'auteur du crime ou du délit d'origine**.
- **Élément matériel** : le blanchiment peut porter sur la justification mensongère des biens et des revenus de l'auteur d'une infraction. Ces biens et revenus peuvent par ailleurs être le produit direct ou indirect de l'infraction d'origine. Enfin, la justification peut se faire par tout moyen : factures fictives, faux certificats de vente, faux contrat de travail, etc. Le délit est ainsi réalisé : par le professionnel qui fabrique de faux certificats de vente, des attestations mensongères et des factures fictives pour permettre la revente d'engins de travaux publics provenant d'un vol (Crim. 26 janv. 2011, n° 10-84.081) ; par l'interposition d'une société pour l'achat de véhicule et le paiement d'un entrepreneur chargé de la construction d'une villa (Crim. 5 déc. 2012, n° 11-82.918).
- **Élément moral** : l'infraction est intentionnelle et requiert que celui qui a participé à l'opération de blanchiment l'ait fait en connaissance de cause,

c'est-à-dire en sachant que la personne dont il justifie l'origine des ressources a commis un crime ou un délit. Il n'est toutefois pas nécessaire que l'auteur du blanchiment ait eu connaissance des circonstances précises de l'infraction d'origine. La preuve de la connaissance de l'origine frauduleuse des fonds procède le plus souvent d'un faisceau d'indices ou de la profession du prévenu, spécialement lorsque celui-ci a manqué à ses obligations professionnelles (Crim. 29 mars 2007, *Bull. crim.* n° 98 : étroites relations familiales ou d'affaire entre le prévenu et l'auteur de l'infraction d'origine ; Crim. 7 déc. 1995, *Bull. crim.* n° 375, pour un notaire qui n'a pas exigé la justification de l'origine de fonds).

2. Le concours à une opération de placement

• **Élément légal** : selon l'article 324-1, al. 2, C. pén., constitue également un blanchiment « le fait d'apporter un concours à une opération de placement, de dissimulation ou de conversion du produit direct ou indirect d'un crime ou d'un délit ». Il faut relever que, **pour cette forme de blanchiment, la chambre criminelle admet la répression de l'autoblanchiment** : l'auteur principal d'une infraction peut être poursuivi pour blanchiment des sommes produites par sa propre activité illicite (Crim. 14 janv. 2004, *Bull. crim.* n° 12).

• **Élément matériel** : il s'agit de dissimuler le produit d'une infraction ou le réintégrer dans le circuit financier légal (Crim. 19 févr. 1998, n° 97-80.451 : prévenu qui ouvre un compte bancaire au nom d'une personne fictive ; Crim. 3 déc. 2003, n° 02-84.646 : conseiller financier qui accomplit les formalités nécessaires pour convertir deux millions de francs en bons anonymes ; Crim. 20 févr. 2008, n° 07-82.977 : prévenu qui souscrit des bons anonymes avec des fonds provenant d'une fraude fiscale). **À la différence de la précédente incrimination, le concours n'est punissable que s'il porte sur le produit d'un crime ou un délit** (quelle qu'en soit la nature), **et non sur d'autres biens ou revenus de l'auteur de cette infraction.** L'article 324-1-1, C. pén. instaure une présomption : « les biens ou les revenus sont présumés être le produit direct ou indirect d'un crime ou d'un délit dès lors que les conditions matérielles, juridiques ou financières de l'opération de placement, de dissimulation ou de conversion ne peuvent avoir d'autre justification que de dissimuler l'origine ou le bénéficiaire effectif de ces biens ou revenus » (par ex. Crim. 6 mars 2019, n° 18-81.059, à propos d'un ressortissant allemand qui avait franchi la frontière entre la Suisse et la France, en indiquant ne transporter aucun titre, somme ou valeur et qui, contrôlé par les agents des douanes, avait été trouvé porteur d'une enveloppe contenant la somme de 49 500 €, composée essentiellement de coupures de 500 € : approbation de la CA qui, pour condamner pour blanchiment avait relevé « les incohérences dans le récit fait par le prévenu de son voyage entre l'Allemagne et la France, l'absence de justification des raisons de celui-ci et l'importance de la somme non déclarée »).

• **Application de la loi dans l'espace** : on rappellera qu'en vertu de l'art. 113-14, C. pén., l'applicabilité de la compétence personnelle active se trouve déconditionnée lorsque le blanchiment a porté sur des sommes provenant de l'un des infractions listées ayant portant atteinte aux intérêts financiers de l'UE.

- **Élément moral** : l'infraction est intentionnelle et requiert que l'auteur ait voulu apporter son concours à une opération de placement et ait eu conscience de l'origine criminelle ou délictuelle des fonds.
- **Répression** :

– *peines* : cinq ans d'emprisonnement et 375 000 € d'amende ; dix ans d'emprisonnement et de 750 000 € d'amende lorsqu'il est commis en bande organisée, ou lorsqu'il est commis de façon habituelle ou en utilisant les facilités que procure l'exercice d'une activité professionnelle (art. 324-2, C. pén.). Dans tous les cas, la peine d'amende peut être élevée jusqu'à la moitié de la valeur des biens ou des fonds sur lesquels ont porté les opérations de blanchiment (art. 324-3, C. pén. ; Crim. 11 sept. 2019, n° 18-81.040 : l'assiette de l'amende proportionnelle prévue à l'article 324-3 du Code pénal encourue par l'auteur d'une opération de blanchiment de fraude fiscale doit être déterminée en prenant pour base de calcul le montant des droits éludés et non celui des sommes imposables dissimulées). Par ailleurs, lorsque le crime ou le délit dont proviennent les biens et les fonds sur lesquels ont porté les opérations de blanchiment est puni d'une peine privative de liberté d'une durée supérieure à celle de l'emprisonnement encouru en application des articles 324-1 ou 324-2, le blanchiment est puni des peines attachées à l'infraction dont son auteur a eu connaissance et, si cette infraction est accompagnée de circonstances aggravantes, des peines attachées aux seules circonstances dont il a eu connaissance (art. 324-4, C. pén.) ;

– *tentative* : la tentative de blanchiment est punissable (art. 324-6, C. pén.) ;

– *statut des repentis* : la loi a prévu la possibilité d'exemption ou de réduction de peine en faveur des repentis (art. 324-6-1, C. pén.) ;

– *prescription de l'action publique* : deux arrêts rendus le 11 sept. 2019 (Crim. 11 sept. 2019, n° 18-81.040 et n° 18-83.484), sont venus apporter d'utiles précisions :

- le blanchiment constitue une infraction instantanée. Toutefois, comme le relève la note explicative diffusée par la chambre criminelle, à la suite de la publication de ces arrêts, la solution n'exclut pas que « des opérations répétées de dissimulation, de placement ou de conversion, portant en particulier sur des mêmes fonds, exécutées sur une longue période, puissent être considérées comme formant un tout indivisible, la prescription ne commençant alors à courir qu'à partir de la dernière opération » ;
- lorsque le blanchiment consiste à faciliter la justification mensongère de l'origine de biens ou de revenus ou à apporter un concours à une opération de dissimulation du produit direct ou indirect d'un crime ou d'un délit (art. 324-1, al. 1er, C. pén.), il constitue une infraction occulte par nature ;
- *a contrario*, lorsque le blanchiment consiste à apporter son concours à une opération de placement ou de conversion du produit direct ou indirect d'un crime ou d'un délit, il ne constitue pas une infraction occulte par

nature (art. 324-1, al. 2nd, C. pén.). La prescription de ce type de blanchiment commencera par conséquent à courir le jour de sa commission, à moins que les faits en cause aient été eux-mêmes sciemment cachés, ce qui pourrait autoriser à les considérer, en l'espèce, comme des infractions dissimulées au sens de l'art. 9-1, al. 5, C. pr. pén.

VI/ Les destructions, dégradations et détériorations

Le Code pénal distingue en la matière selon que les procédés de destruction présentent (A) ou non (B) un danger pour les personnes. Sont en outre réprimées les menaces de destruction et les fausses alertes (C).

A – Les destructions, dégradations et détériorations ne présentant pas de danger pour les personnes

L'article 322-1, C. pén. incrimine de manière générale les actes de destruction, de dégradation ou de détérioration d'un bien appartenant à autrui (1), et de manière spéciale les « tags » (2). Le législateur réprime par ailleurs le trafic lié au pillage de biens culturels opéré dans un territoire aux prises avec le terrorisme (3) et les occupations et expulsions illicites (4).

1. Les destructions par un moyen quelconque

• **Élément légal** : l'article 322-1, al. 1er, C. pén. réprime la destruction, la dégradation ou la détérioration d'un bien appartenant à autrui, « sauf s'il n'en est résulté qu'un dommage léger ».

• **Élément matériel** : peu importent les moyens employés pour y parvenir (sauf s'il s'agit de l'un de ceux visés par l'article 322-6 : substance explosive, incendie ou tout autre moyen de nature à créer un danger pour les personnes) ; le législateur visant, sans préciser, « un bien appartenant à autrui », il y inclut les biens de nature immobilière et mobilière ; l'étendue du dommage importe peu : destruction totale ou partielle, ou simple détérioration, dès lors qu'il ne s'agit pas d'un dommage léger (les faits constituent alors une contravention punie à l'article R. 635-1, C. pén., pour laquelle la complicité par aide ou assistance est punissable). Le « dommage léger » peut se définir comme une dégradation qui n'atteint pas la substance même du bien qui peut être remis en état (abattre des animaux, détruire une ruche, dégonfler les pneus d'une voiture, etc.).

• **Élément moral** : l'infraction est intentionnelle et requiert que l'agent ait su que le bien visé ne lui appartenait pas et qu'il n'avait sur lui aucun droit.

• **Répression** : deux ans d'emprisonnement et 30 000 € d'amende (art. 322-1, al. 1er, C. pén.). S'il n'en est résulté qu'un dommage léger, les faits sont punis de l'amende prévue pour les contraventions de la 5e classe (C. pén., art. R. 635-1). La tentative du délit est punissable (C. pén., art. 322-4). Les articles 322-2 et s., C. pén. prévoient de multiples circonstances aggravantes.

2. Les inscriptions, signes ou dessins

L'article 322-1, al. 2, C. pén. incrimine de manière autonome le « tag ». Le texte vise de manière générale « le fait de tracer des inscriptions, des signes ou des dessins, sans autorisation préalable, sur les façades, les véhicules, les voies publiques ou le mobilier urbain lorsqu'il n'en est résulté qu'un dommage léger ». Le texte dresse une liste limitative des biens sur lesquels les inscriptions doivent être réalisées. Cela signifie que le délit n'est pas constitué si les tags sont apposés sur d'autres supports que ceux visés par le texte. Les inscriptions doivent être tracées en l'absence de toute autorisation préalable. Le consentement de la victime fait donc échec à la répression. **Cette incrimination n'est que supplétive. Si le dommage qui en résulte est important, il faut appliquer l'incrimination générale de l'al. 1er**. L'auteur encourt une amende de 3 750 € et une peine de travail d'intérêt général (C. pén., art. 322-1, al. 2). La tentative est punissable (C. pén., art. 322-4). La peine est aggravée dans les circonstances prévues aux articles 322-2 et s.

3. Le commerce illicite de biens culturels provenant d'un théâtre d'opérations terroristes

- **Élément légal** : introduit par la loi du 3 juin 2016, l'article 322-3-2, C. pén. incrimine « le fait d'importer, d'exporter, de faire transiter, de transporter, de détenir, de vendre, d'acquérir ou d'échanger un bien culturel présentant un intérêt archéologique, artistique, historique ou scientifique en sachant que ce bien a été soustrait d'un territoire qui constituait, au moment de la soustraction, un théâtre d'opérations de groupements terroristes et sans pouvoir justifier la licéité de l'origine de ce bien ».
- **Élément matériel** : le bien doit avoir été soustrait d'un territoire qui constituait, au moment de la soustraction, un « théâtre d'opérations de groupements terroristes ».
- **Élément moral** : l'agent doit avoir connaissance du fait que la soustraction a été opérée dans un théâtre d'opérations de groupements terroristes et ne doit pas pouvoir justifier la licéité de l'origine de ce bien. En renversant la charge de la preuve, le texte fait peser sur l'auteur une présomption d'origine illicite tendant à faciliter l'établissement de l'infraction.
- **Répression** : sept ans d'emprisonnement et de 100 000 € d'amende. La tentative est punissable (art. 322-4, C. pén.).

4. Les occupations illicites de terrain

L'article 322-4-1, C. pén. réprime le fait de s'installer en réunion, en vue d'y établir une habitation, même temporaire, sur un terrain appartenant soit à une commune qui s'est conformée aux obligations lui incombant en vertu du schéma départemental prévu à l'article 1er de la loi du 5 juillet 2000 relative à l'accueil et à l'habitat des gens du voyage ou qui n'est pas inscrite à ce schéma, soit à tout autre propriétaire autre qu'une commune, sans être en mesure de justifier de son autorisation ou de celle du titulaire du droit d'usage du terrain, de six mois d'emprisonnement et de 3 750 € d'amende. Ce délit est constitué par le fait de s'installer en réunion sur le terrain d'autrui et n'exige pas la caractérisation d'une dégradation effective du bien d'autrui. En cas de dégradation, il convient de retenir également l'infraction de destruction, dégradation ou détérioration (Crim. 11 oct. 1989, *Bull. crim.* n° 346). Il requiert un dol spécial : l'installation doit être réalisée « en vue d'y établir une habitation, même temporaire ».

B – Les destructions, dégradations et détériorations présentant un danger pour les personnes

Le législateur distingue selon que les faits ont été commis de manière intentionnelle ou non (1). Il sanctionne également des infractions en prévention d'une telle atteinte (2).

1. Les destructions, dégradations et détériorations dangereuses

• **Élément légal** : art. 322-5 ou 322-6, C. pén. selon que la destruction, la dégradation ou la détérioration est involontaire ou volontaire.

• **Élément matériel** : les articles 322-5 et 322-6, C. pén. mentionnent deux procédés particuliers, qui sont intrinsèquement dangereux, de destruction, dégradation et détérioration d'un bien : l'incendie et l'explosion. L'article 322-6 vise une troisième hypothèse : l'emploi de tout autre moyen de nature à créer un danger pour autrui. Dans tous les cas, la constitution de l'infraction est indifférente à la présence effective d'une victime sur les lieux de la destruction (Crim. 30 sept. 2003, *Bull. crim.* n° 171). Il importe donc peu que le prévenu ait cru que les lieux étaient vides de leurs occupants (Crim. 24 juin 1998, *Bull. crim.* n° 206).

• **Élément moral** :

– *l'infraction de l'article 322-5, C. pén.* est la seule infraction d'imprudence du Livre III C. pén. Pour être constituée, l'infraction exige un manquement à une obligation de prudence ou de sécurité imposée par la loi ou le règlement. Une simple négligence ou une simple faute d'inattention, qui ne constituerait pas dans le même temps un manquement à une obligation légale ou réglementaire, ne peut pas caractériser l'élément moral de cette infraction. Ne peut donc être condamné pour dégradation involontaire par explosion ou incendie le prévenu qui abandonne sans l'éteindre un mégot de cigarette faute de texte imposant une telle obligation de sécurité ou de prudence (Crim. 12 janv. 2010, *Bull. crim.* n° 3) ;

– *l'infraction de l'article 322-6, C. pén.* est intentionnelle et requiert que l'agent ait agi volontairement et en connaissance de cause. Il suffit pour cela de constater l'utilisation, par l'auteur des faits, d'une substance explosive, d'un incendie ou de tout autre moyen de nature à créer un danger pour les personnes, sans qu'il soit nécessaire qu'il ait eu en vue de créer un tel danger (Crim. 24 juin 1998, *Bull. crim.* n° 206).

• **Répression** : un an d'emprisonnement et 15 000 € d'amende pour la destruction, la dégradation ou la détérioration involontaire ; deux ans d'emprisonnement et 30 000 € d'amende en cas de violation manifestement délibérée d'une obligation particulière de prudence ou de sécurité prévue par la loi ou le règlement ; les peines sont également aggravées selon l'ITT provoqué ; la tentative est punie des mêmes peines (C. pén., art. 322-6) ; dix ans d'emprisonnement et 150 000 € d'amende pour la destruction, la dégradation ou la détérioration volontaire ; la tentative est punie des mêmes peines (C. pén., art. 322-6) ; les articles 322-7 et s. prévoient plusieurs circonstances aggravantes.

2. Les infractions-obstacles à la destruction, la dégradation ou la détérioration effective des biens

Le législateur incrimine deux comportements dangereux :

a. La diffusion de procédés permettant la fabrication d'engins de destruction (art. 322-6-1, C. pén.)

L'infraction est caractérisée par tout moyen de diffusion de procédés permettant la fabrication d'engins de destruction élaborés à partir de poudre ou de substances explosives, de matières nucléaires, biologiques ou chimiques, ou à partir de tout autre produit destiné à l'usage domestique, industriel ou agricole. Elle est en revanche expressément exclue lorsque la diffusion est faite à l'égard des professionnels. L'infraction est punie de trois ans d'emprisonnement et de 45 000 € d'amende. Les peines sont portées à cinq ans d'emprisonnement et à 75 000 € d'amende lorsque les faits sont commis par Internet ou tout autre réseau de communication électronique à destination du public.

b. La détention ou le transport fait de substances ou produits incendiaires ou explosifs (art. 322-11-1, C. pén.)

Est puni de sept ans d'emprisonnement et de 100 000 € d'amende la détention ou le transport de substances ou produits incendiaires ou explosifs ainsi que d'éléments ou substances destinés à entrer dans la composition de produits ou engins incendiaires ou explosifs en vue de la préparation, caractérisée par un ou plusieurs faits matériels, des infractions définies à l'article 322-6 ou d'atteintes aux personnes. Les peines sont portées à dix ans d'emprisonnement et à 500 000 € d'amende lorsque ces faits sont commis en bande organisée. La loi punit par ailleurs de trois ans d'emprisonnement et de 45 000 € d'amende la détention ou le transport « sans motif légitime » : de substances ou produits explosifs permettant de commettre les infractions définies à l'article 322-6, lorsque ces substances ou produits ne sont pas soumis, pour la détention ou le transport, à un régime particulier ; de substances ou produits incendiaires permettant de commettre les infractions définies à l'article 322-6 ainsi que d'éléments ou substances destinés à entrer dans la composition de produits ou engins incendiaires ou explosifs, lorsque leur détention ou leur transport ont été interdits par arrêté préfectoral en raison de l'urgence ou du risque de trouble à l'ordre public.

C – Les menaces et fausses alertes

Nous distinguerons les menaces (1) des fausses alertes (2).

1. Les menaces de destruction, de dégradation ou de détérioration

Le Code pénal distingue selon que la menace est proférée avec ordre de remplir une condition (art. 322-13, C. pén.) ou sans ordre de remplir une condition (art. 322-12, C. pén.). Comme en matière de délit de menaces contre les personnes, l'infraction peut être commise par tout moyen dans le premier cas, tandis qu'elle doit être soit réitérée, soit matérialisée par un écrit, une image ou tout autre objet dans le second. La menace réitérée ou matérialisée est punie de six mois d'emprisonnement et de 7 500 € d'amende (art. 322-12, C. pén.). La menace n'entraînant qu'un dommage léger est punie de l'amende prévue pour les contraventions de la 1re (art. R. 631-1, C. pén.). La menace de commettre une destruction, une dégradation ou une détérioration ne présentant pas de danger pour les personnes est punie de l'amende prévue pour les contraventions de la 4e classe (art. R. 634-1, C. pén.). La menace sous condition est punie dans tous les cas (même si elle n'entraîne qu'un dommage léger ou ne présente pas de danger pour les personnes) d'un an d'emprisonnement et de 15 000 € d'amende (art. 322-13, al. 1er, C. pén.). Les peines sont portées à trois ans d'emprisonnement et 45 000 € d'amende s'il s'agit d'une menace de destruction, de dégradation ou de détérioration dangereuse pour les personnes (art. 322-13, al. 2, C. pén.).

2. Les fausses alertes

L'article 322-14, C. pén. sanctionne les individus qui seraient tentés de communiquer de fausses nouvelles. L'al. 1er de cet article réprime plus spécialement le fait de communiquer ou de divulguer une fausse information dans le but de faire croire qu'une destruction, une dégradation ou une détérioration dangereuse pour les personnes va être ou a été commise. L'infraction est punie de deux ans d'emprisonnement et de 30 000 € d'amende. L'al. 2 punit des mêmes peines le fait de communiquer ou de divulguer une fausse information faisant croire à un sinistre et de nature à provoquer l'intervention inutile des secours. Les deux alinéas du texte incriminent le fait de communiquer ou de diffuser une fausse information. Toutefois, dans le premier cas, il s'agit de faire croire qu'une destruction ou une dégradation va se produire ou s'est produite (fausse alerte à la bombe) alors que, dans le second, il s'agit de provoquer un déplacement inutile des secours (lancer des fusées de détresse, signaler un suicide ou un accident fictif). Les deux délits sont intentionnels, ce qui suppose que l'auteur de la fausse alerte ait connaissance de la fausseté de l'information et veuille faire croire à autrui soit à l'existence ou à la survenance d'une destruction, dégradation ou détérioration, soit à la nécessité d'une intervention des secours.

Cas pratique n° 33

› Énoncé

En avril 2004, Jules d'Orbigny avait réalisé un faux testament au bénéfice de sa mère pour permettre à celle-ci d'hériter d'un vieil oncle prédécédé d'une superbe maison située en Corse. La mère de Jules lui avait d'ailleurs fait donation de la nue-propriété de celle-ci en juin 2007.

En février 2009, Jules et sa petite famille profitaient d'un séjour touristique en France pour visiter le muséum d'histoire naturelle de la ville de Paris. Au cours de cette visite, Marie d'Orbigny, la femme de Jules, fut émerveillée par les petits phoques empaillés. Son mari, lui lança alors : « Avoue que ça ferait bien dans le salon ma chérie ; je suis sûr que, même pour un petit sac Vuitton, tu ne serais pas capable de chaparder un phoque ». Marie n'étant pas du genre à se laisser impressionner elle se saisit d'un des bébés phoques. Le couple prit alors la fuite. En avril 2014, ils furent interpellés par la brigade anti-criminalité qui, au cours d'une perquisition, a découvert le petit phoque dans leur appartement.

Plus récemment, Jules s'est vu prêter une voiture par son voisin pendant les vacances. Mais Jules, qui connaît quelques difficultés financières s'est mis en tête de la vendre quitte à s'en expliquer ensuite avec son voisin. Il passa alors une annonce dans le journal et rendez-vous fut pris avec des personnes apparemment intéressées. Manque de chance, il s'agit en réalité de policiers qui, agissant dans le cadre d'une enquête par infiltration, surveillaient Jules depuis quelque temps, ce dernier étant soupçonné d'être impliqué dans plusieurs trafics. Sommé de s'expliquer sur le fait de savoir si le propriétaire de la voiture était au courant de l'opération, Jules expliqua qu'il n'allait pas manquer de l'avertir… Il fut arrêté et conduit au commissariat.

Quid juris ?

› Correction

Nous distinguerons les faits liés au décès du vieil oncle de Jules (I), la soustraction du phoque (II) et la vente projetée du véhicule (III).

I/ Les faits liés au décès du vieil oncle de Jules

Il convient de distinguer la situation de la mère de Jules (A) de celle de Jules (B).

A – La mère de Jules

La mère de Jules aurait pu être poursuivie pour usage de faux (art. 441-1, C. pén.) et escroquerie (art. 313-1, C. pén.), la jurisprudence admettant qu'il est possible de cumuler le délit d'escroquerie et le délit de faux (Crim. 14 sept. 2013, n° 12-87.991). Toutefois, les faits sont trop tardifs : la prescription des délits était à l'époque de trois ans, conformément à l'ancien art. 8, C. pr. pén. et l'usage de faux comme l'escroquerie commise par celle-ci se sont donc prescrits en avril 2007. Conformément à l'article 6, C. pr. pén., l'action publique est éteinte.

B – Jules

Jules pourrait être poursuivi pour faux et complicité de l'escroquerie commise par sa mère. Le faux est toutefois prescrit. De même, l'escroquerie étant prescrite, et la prescription opérant *in rem*, le complice ne peut pas non plus être poursuivi. Demeure la possibilité de poursuivre Jules pour recel d'escroquerie (1). Mais une question devra être également résolue : celle de l'absence de prescription des faits (2).

1. Le recel d'escroquerie commis par Jules

Aux termes de l'article 321-1, al. 2, C. pén., « constitue également un recel le fait, en connaissance de cause, de bénéficier, par tout moyen, du produit d'un crime ou d'un délit ».

– Condition préalable : le recel est une infraction de conséquence, comme l'est le blanchiment. Or, les infractions de conséquence sont soumises à un régime juridique assez particulier puisqu'elles ne peuvent valablement se constituer que si les infractions d'origine sur l'objet ou le produit desquels elles portent le sont dans tous leurs éléments. Constitué, toutefois, ne signifie pas que le défaut d'identification, de poursuite ou de sanction à l'endroit de l'auteur de l'infraction d'origine neutralise la répression du délit de conséquence. Dès lors que le juge vérifie que les choses recelées proviennent effectivement d'un crime ou d'un délit existant, alors il peut, s'il y a lieu, entrer en voie de condamnation.

Aussi en l'espèce, si délit d'escroquerie commis par la mère n'était pas valablement constitué – faute pour lui de pouvoir porter sur un immeuble – alors le recel postérieur commis par son fils ne pourrait l'être non plus. *A priori*, les chances de succès d'un tel argument sont grandes, tant il ressort d'une jurisprudence établie que « la remise d'un immeuble construit [...] n'entre pas dans les prévisions de [l'escroquerie] » (Crim. 12 nov. 1864, *Bull. crim.* n° 237 ; Crim. 27 mars 1995, *Bull. crim.* n° 124). En énonçant toutefois dans un récent arrêt du 28 septembre 2016 (préc.) – pour des faits similaires à ceux du présent cas pratique – que « l'escroquerie peut porter sur un immeuble, lequel constitue un bien au sens de l'article 313-1 du Code pénal », la chambre criminelle de la Cour de cassation choisit d'opérer un revirement de jurisprudence, reconnaissant qu'un individu peut être convaincu de recel d'escroquerie d'un bien immobilier.

– Élément matériel : le recel suppose un bénéfice par tout moyen du produit de l'infraction d'origine. En l'espèce, il n'y a aucune difficulté puisque Jules bénéficie de la nue-propriété de la villa.

– Élément moral : conformément à l'article 121-3, C. pén., « il n'y a point de crime ou de délit sans intention de le commettre ». Le délit de recel-profit suppose la connaissance de l'origine délictueuse du bien. En l'espèce, cette condition ne pose pas de difficulté : Jules savait nécessairement que la villa avait une origine frauduleuse puisqu'il a aidé sa mère, au moyen d'un faux, à obtenir celle-ci.

2. La tardiveté des faits

La donation date de juin 2007. Au regard du délai de prescription des délits applicables à l'époque, qui était de trois ans, les faits pourraient sembler prescrits.

Toutefois, le recel est une infraction continue : la prescription ne court que du jour où le recel a cessé... et celui-ci n'a, en l'espèce, jamais cessé vraisemblablement. La prescription n'est donc pas acquise.

Conclusion : pour ce recel d'escroquerie, Jules encourt cinq ans d'emprisonnement et 375 000 € d'amende.

II/ La soustraction de la défense de l'éléphant

Nous distinguerons la situation de Marie (A) et celle de Jules (B).

A – La situation de Marie

Le comportement de Marie peut s'analyser en un vol. Le vol est défini par l'article 311-1, C. pén. comme la soustraction frauduleuse de la chose d'autrui.

Pour être constitué matériellement, trois éléments cumulatifs doivent être caractérisés :

– Une soustraction qui peut être matérielle : c'est la forme traditionnelle du vol qui consiste dans un déplacement matériel de la chose – « prendre, enlever, ravir » selon l'arrêt *Beaudet* de 1837 (préc.).

– Une chose : cela vise essentiellement les meubles corporels qui sont susceptibles d'être déplacées. Les immeubles sont exclus du champ de l'incrimination, de la même manière que les *res nullius*, les choses sans maître.

– Appartenant à autrui : les choses abandonnées sont notamment exclues (Crim. 15 déc. 2015, *Bull. crim.* nº 713, n'est pas punissable le fait d'appréhender de denrées alimentaires retirées de la vente et mise à la poubelle dans l'attente de leur destruction, quand bien même le règlement intérieur de l'entreprise interdit aux salariés de les appréhender).

En l'espèce tous ces éléments peuvent être aisément caractérisés : le phoque est un bien meuble appartenant à autrui et Marie procède effectivement à une soustraction matérielle de celui-ci.

Intellectuellement, le vol est intentionnel et nécessite, au titre du dol général, que l'agent ait agit volontairement contre le gré ou à l'insu du propriétaire ou du possesseur et, au titre du dol spécial, que l'agent ait eu l'intention de se comporter en propriétaire de la chose, même de manière temporaire puisque la jurisprudence admet « le vol d'usage » (Crim. 19 févr. 1959, préc.).

En l'espèce, Marie a bien agit contre le gré du propriétaire et même à son insu et elle avait bien l'intention de se comporter en propriétaire de la chose.

Le vol est en conséquence constitué. Toutefois, le vol est une infraction instantanée, qui se prescrit par trois ans à compter de la commission de l'infraction; en l'absence d'indications plus précises sur l'existence d'actes interruptifs de prescription réalisés depuis la commission de l'infraction, il faut considérer que l'infraction est prescrite en février 2012. Marie ne pourra être condamnée.

B – La situation de Jules

1. La complicité de vol

Le rôle de Jules semble être celui d'un complice par instigation, et plus exactement par provocation au sens de l'article 121-7, al. 2, C. pén. (en ce qu'il pousse sa femme à commettre l'infraction). Il convient cependant de vérifier la présence des adminicules nécessaires à la constitution de l'infraction (« don, promesse, menace, etc. »). Si le défi lancé à sa femme ne peut être considéré comme une provocation, au sens de l'article 121-7, al. 2, il faut souligner que ce défi s'accompagne de la promesse d'un cadeau (sac Vuitton); il y aurait ainsi provocation par promesse de don. On peut retenir la responsabilité pénale de Jules au titre de la complicité de vol. Toutefois, le vol est prescrit et, la prescription opérant *in rem*, la complicité de celui-ci l'est aussi.

2. Le recel de vol

Le fait de détenir un bien en connaissance de sa provenance délictueuse constitue le délit de recel (v. 321-1, C. pén.). ; la détention du phoque dérobé correspond à cette qualification.

Le recel n'est cependant pas imputable à Marie, auteur du vol. Selon une jurisprudence constante, on ne saurait être receleur du produit de sa propre infraction.

Il est possible, en revanche, de l'imputer à Jules. Il n'y a pas d'incompatibilité entre la complicité d'une infraction et le recel du produit de cette infraction.

Le fait que l'infraction d'origine (le vol commis par Marie) soit prescrite, que son auteur ne soit pas poursuivi, est sans incidence. Le recel est une infraction autonome à cet égard.

Pour ce recel, Jules encourt ainsi cinq ans d'emprisonnement et de 375 000 € d'amende.

III/ La vente projetée du véhicule

Jules essaie de vendre un véhicule prêté mais l'opération échoue en raison de la qualité des candidats-acquéreurs, qui sont policiers.

Si la vente avait été conclue, la qualification d'abus de confiance (art. 314-1, C. pén.) aurait certainement pu être retenue puisqu'aurait pu être effectivement caractérisé un détournement d'un bien confié à charge de le restituer. La vente n'ayant pas eu lieu, le détournement n'est pas constitué. L'abus de confiance n'est donc pas consommé.

Toutefois, en l'espèce, la vente était en réalité impossible puisque les policiers n'avaient pas et ne pouvaient avoir l'intention d'acquérir véritablement le bien. Nous sommes donc confrontés à une infraction impossible. Or, la problématique de l'infraction impossible se résout, en jurisprudence, par le biais de la tentative, plus précisément par assimilation du délit impossible au délit manqué pour des raisons indépendantes de la volonté de l'auteur (*cf.* Crim. 16 janv. 1986, *Perdereau*, préc.).

Une difficulté apparaît immédiatement, cependant : l'application de la tentative pour résoudre l'infraction impossible se trouve subordonnée à l'incrimination de la tentative. Or en matière délictuelle, la tentative n'est punissable que « dans les cas prévus par la loi » (art. 121-4, C. pén.). et la tentative d'abus de confiance n'est pas incriminée. Jules ne peut donc être poursuivi pour tentative (manquée) d'abus de confiance.

Dès lors, la question se pose de savoir s'il est susceptible d'engager sa responsabilité pénale sur un autre fondement.

Il serait possible de contourner l'absence d'incrimination de la tentative d'abus de confiance en recourant à la théorie du vol d'usage, qui sanctionne le fait de se servir d'une chose sans le consentement du propriétaire en l'absence de toute volonté d'appropriation (Crim. 19 févr. 1959, préc.).

Cette conception extensive de la notion de « soustraction frauduleuse » a été utilisée pour sanctionner le photocopiage illicite de documents (Crim. 11 mai 2004, préc., sur le photocopiage des documents d'entreprise).

Un parallèle peut en effet être établi avec la situation des employés qui photocopient les documents d'entreprise et sont poursuivis pour vol, au motif qu'ils se comportent comme propriétaires desdits documents « le temps nécessaire à leur reproduction » et la situation de Jules qui, en publiant une annonce destinée à vendre la voiture, se comporte comme le propriétaire du véhicule le temps nécessaire à sa mise en vente.

Dans cette perspective, Jules encourrait trois ans d'emprisonnement et 45 000 € d'amende.

Conclusion : les peines encourues par Jules

Jules a commis trois infractions : un recel d'escroquerie, pour lequel Jules encourt cinq ans d'emprisonnement et 375 000 € d'amende ; un recel de vol pour lequel Jules encourt ainsi cinq ans d'emprisonnement et de 375 000 € d'amende ; un vol pour lequel il encourt en théorie trois ans d'emprisonnement et 45 000 € d'amende. Toutes ces infractions ont été commises en situation de concours réel. Conformément à l'article 132-3, C. pén., s'il fait l'objet d'une seule procédure, il encourra au maximum une peine de cinq ans d'emprisonnement et de 375 000 € d'amende.

Cas pratique n° 34

› Énoncé

Son certificat d'aptitude à la profession d'avocat en poche, Nicolas Robillot a été recruté en 2016 comme jeune collaborateur au sein du cabinet de Maître Thomas l'As, cabinet qui a épousé la forme d'une société d'exercice libéral à responsabilité limitée unipersonnelle (SELARLU) dont Maître l'As est le gérant. Les affaires du cabinet sont aujourd'hui prospères mais Maître l'As envisage de développer encore son activité, essentiellement axée sur le contentieux des affaires et de l'environnement, en s'associant avec son vieux copain de faculté, Maîtres Charles Désasse, spécialisé dans le conseil aux entreprises et qui exerce en tant qu'entrepreneur individuel, pour, après fermeture des deux cabinets, former une nouvelle structure : la SELARL l'As-Désasse…

Une telle fusion des activités constituerait une aubaine pour Nicolas Robillot, puisque Maître l'As lui a promis une augmentation substantielle de sa rétrocession. Cependant, depuis quelque temps, il est en proie au doute : il s'interroge sur certaines pratiques du cabinet l'As et se demande s'il ne va pas partir en quête d'une nouvelle collaboration…

Un soir, alors qu'il fêtait avec les collaborateurs et secrétaires la belle décision obtenue dans un important dossier d'indemnisation de victimes défendues par le cabinet, Mademoiselle Sardais, la secrétaire du département environnement dans lequel il officie, lui rappela de ne pas oublier de lui déposer sa feuille de temps, car la finalisation de la facturation des dernières diligences effectuées dans ce dossier devait intervenir le lendemain.

Le lendemain, Nicolas Robillot s'exécuta et compléta sa feuille de diligences. Il se rendit ensuite dans le bureau de la secrétaire mais trouva le bureau de Mademoiselle Sardais vide. S'apprêtant à déposer sa feuille de diligences sur le bureau de l'adorable secrétaire, son œil fut attiré par plusieurs documents visiblement laissés ouverts par inadvertance. Parmi ceux-ci, il trouva un bordereau signé par Maître l'As constatant la remise d'un chèque sur un compte rémunéré de la SELARLU l'As ouvert à la banque Monte Paschi, et correspondant au montant de l'indemnisation octroyée par la juridiction dans l'affaire dont la victoire avait été célébrée la veille.

C'est à ce moment qu'il entendit des cris provenant des toilettes situées au fond du couloir desservant les bureaux des secrétaires du cabinet. Il s'y rendit en courant et trouva Mademoiselle Sardais à terre tenant entre ses jambes Mademoiselle Meunant, la secrétaire du département contentieux des affaires. Le jeune collaborateur parvint à séparer les deux jeunes femmes et raccompagna Mademoiselle Sardais dans son bureau. Celle-ci lui expliqua alors que la bagarre était partie tout simplement du refus de Mademoiselle Sardais de décaler les dates de ses congés, ce qui aurait permis à « la Meunant » de pouvoir partir avec son compagnon… Face au refus opposé par Mademoiselle Sardais, Mademoiselle Meunant fut prise d'une colère noire et sauta littéralement sur Mademoiselle Sardais pour lui tirer les cheveux. C'est alors que Mademoiselle Sardais, qui pratique à ses heures perdues le close-combat, saisit Mademoiselle Meunant et la plaqua au sol. Mademoiselle Meunant eut le bras et trois côtes cassés à la suite de son immobilisation. Elle dut être évacuée par les pompiers et subir une interruption de travail de deux mois. Quant à Mademoiselle Sardais, elle s'en tira simplement avec une belle marque sur le front et retourna dans son bureau avec Nicolas Robillot.

Avant de quitter le bureau, Nicolas Robillot osa lui faire part de son étonnement quant au bordereau car les indemnisations octroyées par les juridictions transitent habituellement sur le compte ouvert au nom du cabinet à la CARPA. L'épreuve de déontologie de l'avocat n'était pas si éloignée et Nicolas, qui avait à l'époque bien potassé, savait que l'article 240 du décret n° 91-1197 du 27 novembre 1991 organisant la profession d'avocat dispose que « les fonds, effets ou valeurs mentionnés à l'article 53-9° de la loi du 31 décembre 1971 précitée, reçus par les avocats, sont déposés à un compte ouvert au nom de la caisse des règlements pécuniaires des avocats dans les écritures d'une banque ou de la caisse des dépôts et consignations ». Celle-ci lui expliqua que Maître Désasse avait expressément demandé à Maître l'As d'encaisser dorénavant les fonds perçus pour le compte de ses clients directement sur le compte bancaire de la SELARLU, et non pas de les faire transiter par le compte CARPA du cabinet, s'il voulait que le regroupement de leurs activités se fasse.

Nicolas Robillot s'en retourna alors à son bureau, qu'il partage avec la charmante Mademoiselle Letessier, également collaboratrice de Maître l'As. Il conta à cette dernière le combat des deux secrétaires. Le visage de Mademoiselle Letessier esquissa cependant une grimace. « Ce n'est pas uniquement à cause de la date des congés de Mademoiselle Sardais que les deux jeunes femmes se sont battues », lui dit-elle en substance, « c'est également parce que Mademoiselle Meunant a demandé à Mademoiselle Sardais de ne plus utiliser les photocopieuses ultra-perfectionnées dont dispose le cabinet pour effectuer des impressions de photos qu'elle revend ».

Mademoiselle Letessier en profita pour lui faire part de l'une de ses préoccupations : elle vient de recevoir une notification du conseil de l'Ordre des avocats à propos d'une affaire qu'elle a traité six mois plus tôt. Au cours d'une procédure de divorce, elle avait mis sa cliente, Mme Y., en relation avec un de ses amis ancien policier, Pierre, qui procédait à des enquêtes privées rémunérées. Mme Y. et Pierre se rencontraient ainsi régulièrement au cabinet. Mademoiselle Letessier, qui sait que Pierre s'est fait réglé en liquide, craint de ne pas faire uniquement l'objet d'une procédure disciplinaire…

Qualifiez les faits et précisez les peines encourues.

› Correction

Nous distinguerons l'encaissement du chèque sur le compte du cabinet l'As (I), les faits commis par les secrétaires (II) et les faits commis par Mademoiselle Letessier (III).

I/ L'encaissement du chèque sur le compte du cabinet l'As

A – La responsabilité de Maître l'As pour abus de confiance

Les maniements de fonds par les avocats sont soumis à une réglementation précise. Ainsi, l'avocat qui reçoit des fonds pour le compte de ses clients a-t-il l'obligation, lorsque les fonds ne sont pas directement versés à son client par la partie qui succombe, de les déposer auprès d'une caisse créée à cette fin pour chaque barreau (Caisse autonome des règlements pécuniaires des avocats – CARPA).

Le non-respect de cette obligation peut constituer un abus de confiance au sens de l'article 314-1, C. pén. comme a pu en décider la chambre criminelle (Crim. 23 mai 2013, n° 12-83.677).

Le délit d'abus de confiance est prévu et réprimé par l'article 314-1, C. pén. Ce délit se définit comme « le fait par une personne de détourner, au préjudice d'autrui, des fonds, des valeurs ou un bien quelconque qui lui ont été remis et qu'elle a accepté à charge de les rendre, de les représenter ou d'en faire un usage déterminé ».

Pour être constitué, l'abus de confiance suppose que soient caractérisés plusieurs éléments :

– *Une condition préalable : une remise à titre précaire*. La jurisprudence considère qu'il ne peut être commis d'abus de confiance lorsque l'auteur des faits disposait de la pleine propriété des biens ou des fonds qui lui étaient confiés, car il ne peut alors y avoir d'acte de détournement. Ainsi en est-il des fonds remis dans le cadre d'un contrat de prêt : l'emprunteur disposant de la pleine propriété des fonds remis, il ne commet pas un acte de détournement en ne remboursant pas la somme prêtée (Crim. 14 févr. 2007, n° 06-82.283, *Bull. crim.* n° 48). Cependant, dès lors que des dispositions légales prévoient que le détenteur de la chose ne peut librement en disposer, l'acte de détournement est constitué (Crim. 23 mai 2013, n° 12-83.677).

Cette condition est donc, en l'espèce, remplie, les fonds correspondants aux indemnités des victimes n'étant remis qu'à charge pour l'avocat de les verser au compte ouvert auprès de la CARPA.

– *Un élément matériel composé* :

- d'un détournement. Les choses doivent avoir été remises « à charge de les rendre, de les représenter ou d'en faire un usage déterminé ».

  En l'espèce, le fait de ne pas encaisser les fonds perçus pour le compte de ses clients sur le compte CARPA, en application de la réglementation de la profession d'avocat, caractérise l'élément matériel de détournement. Il importe peu que Maître l'As n'ait pas utilisé les sommes à son profit dès lors que celles-ci ont généré, au bénéfice de la SELARLU, des intérêts. Dès lors que des dispositions légales prévoient que le détenteur de la chose ne peut librement en disposer, l'acte de détournement est constitué ;

- d'un préjudice qui peut être matériel ou moral. La jurisprudence est traditionnellement peu exigeante sur ce point, admettant même que l'abus de confiance soit constitué du seul fait de l'exécution du détournement. En principe, le profit éventuellement réalisé par l'auteur de l'infraction est indifférent. Il suffit que l'acte de détournement soit susceptible de priver le propriétaire ou le possesseur de ses droits sur la chose (Crim. 18 mars 1936, *Gaz. Pal.* 1936. 1. 880).

En l'espèce, un préjudice est, en tout état de cause, constitué par le manque à gagner de la CARPA, ces fonds ayant séjourné sur le compte professionnel de la SELARLU.

– *Un élément moral*. L'abus de confiance suppose, en outre, une intention frauduleuse, conformément au principe posé par l'article 121-3, al. 2, C. pén. (aux termes duquel « il n'y a pas de crime ou de délit sans intention de la commettre ») : la mauvaise foi de l'auteur du détournement. Celle-ci se déduit classiquement des faits, des circonstances du détournement. À ce titre, la jurisprudence, admet que la qualité particulière de l'auteur constitue, dans cette perspective, une donnée déterminante (Crim. 30 juin 2010, *Bull. crim.* n° 121).

En l'espèce, Maître l'As est un avocat d'expérience qui ne pouvait ignorer la nature et les obligations qui sont les siennes en matière de maniement de fonds.

En conséquence, Maître l'As encourt une peine de trois ans d'emprisonnement et une amende de 375 000 €. Il convient d'écarter la circonstance prévue par l'article 314-3, C. pén., et qui porte la peine à dix ans d'emprisonnement, un avocat étant un auxiliaire de justice et non un mandataire de justice (*cf.* : interprétation stricte de la loi pénale : art. 111-4, C. pén.).

B – La responsabilité de Maître Désasse pour complicité d'abus de confiance

L'abus de confiance étant puni, à titre principal d'une peine d'emprisonnement, il constitue un délit (*cf.* art. 111-3, C. pén. et art. 133-3, C. pén.). Par conséquent, toutes les formes de complicité sont réprimées (*i.e.* également la complicité par provocation ou instigation : art. 121-7, al. 2nd, *a contrario*).

En effet, l'article 121-7, C. pén. envisage deux formes de complicité :

– la complicité par aide ou assistance (art. 121-7, al. 1er, C. pén. : « Est complice d'un crime ou d'un délit la personne qui sciemment, par aide ou assistance, en a facilité la préparation ou la consommation »);

– la complicité par provocation ou instigation (art. 121-7, al. 2nd, C. pén. : « Est également complice la personne qui par don, promesse, menace, ordre, abus d'autorité ou de pouvoir aura provoqué à une infraction ou donné des instructions pour la commettre »).

En l'espèce, la responsabilité de Maître Désasse semble pouvoir être engagée, non pas au titre d'une complicité par aide ou assistance, mais au titre d'une complicité par provocation.

Il est en effet possible de caractériser toutes les conditions de la complicité :

– *La condition préalable : un fait principal punissable*. La jurisprudence retient une définition seulement matérielle de l'infraction susceptible de constituer un fait principal punissable. Elle a ainsi pu considérer que « dès lors que l'existence d'un fait principal punissable a été souverainement constatée par la Cour d'appel, la relaxe en faveur du prévenu principal pour défaut d'intention coupable n'exclut pas la culpabilité d'un complice » (Crim. 8 janv. 2003, *Bull. crim.* n° 5). Il convient de relever qu'il est indifférent que le complice soit poursuivi, alors que l'auteur ne le serait pas : l'existence d'un fait principal punissable suffit pour entrer en voie de condamnation à l'égard du complice, peu importe que l'action publique ne soit éventuellement pas exercée à l'encontre de l'auteur du fait principal (Crim. 28 nov. 2006, *Bull. crim.* n° 94).

En l'espèce, il est possible de caractériser un fait principal punissable : l'abus de confiance commis par Maître l'As.

– *L'élément matériel*. Le complice par provocation doit avoir « par don, promesse, menace, ordre, abus d'autorité ou de pouvoir » provoqué une infraction. Il est donc nécessaire que le complice ait incité l'auteur à commettre l'infraction en accompagnant son incitation d'un don, d'une promesse, d'une menace, d'un ordre, d'un abus d'autorité ou d'un abus de pouvoir. Ainsi, si le simple conseil de commettre une infraction ne rentre pas dans l'un des modes de complicité prévus par le Code pénal (Crim. 24 déc. 1942, *Gaz. Pal.* 1943 I 117), la menace constitue en revanche un mode admissible (*cf.* par exemple, Crim. 24 juill. 1958, *Bull. crim.* n° 573 : menace de licenciement par un employeur pour obtenir un faux témoignage).

En l'espèce, il est possible de caractériser une menace formulée par Maître Désasse à l'encontre de Maître l'As : il a effectivement menacé Maître l'As de ne pas s'associer avec lui si ce dernier encaissait les chèques sur son compte CARPA.

– *L'élément moral*. La jurisprudence impose que le complice ait agi avec intention, une simple négligence ne pouvant être assimilée à une participation intentionnelle. Mais la jurisprudence n'hésite pas à recourir, pour caractériser l'intention, à des présomptions de fait, tirées de l'expérience de l'individu (*cf.* Crim. 23 mai 2013, n° 12-83.677 où les juges du fond avaient relevé que les « agissements résultent d'une volonté consciente de la prévenue, avocate d'expérience, qui ne pouvait ignorer la nature et l'étendue de ses obligations en matière de maniement de fonds »).

En l'espèce, les agissements résultent certainement d'une volonté consciente de Maître Désasse, puisque, avocat d'expérience, il ne pouvait ignorer la nature et l'étendue des obligations qui pèsent sur l'avocat en matière de maniement de fonds.

En vertu de l'article 121-6, C. pén., « sera puni comme auteur le complice de l'infraction, au sens de l'article 121-7 ». Dès lors, Maître Désasse encourt une peine de trois ans d'emprisonnement et de 375 000 € d'amende.

C – La responsabilité des cabinets

1. La responsabilité de la SELARLU l'As pour abus de confiance

Aux termes de l'article 121-2, C. pén. : « Les personnes morales, à l'exclusion de l'État, sont responsables pénalement, selon les distinctions des articles 121-4 à 121-7, des infractions commises, pour leur compte, par leurs organes ou représentants ». Rappelons que la loi du 9 mars 2004 a mis fin au principe de spécialité de la responsabilité des personnes morales. Depuis le 31 décembre 2005, la responsabilité pénale des personnes morales peut donc être mise en œuvre pour toutes les infractions, sous la seule réserve d'une exclusion expresse. Or, aucune exclusion ne vise l'abus de confiance.

– *Il convient avant tout de caractériser une condition préalable* : la personnalité morale du cabinet.

En l'espèce, le cabinet l'As est constitué sous la forme d'une SELARLU, structure dotée de la personnalité morale.

– Il convient ensuite, pour engager la responsabilité d'une personne morale, que l'infraction ait été commise pour son compte par un organe ou un représentant.

Dans son dernier état, la jurisprudence semble avoir mis un terme à son interprétation libérale antérieure fondée sur l'utilisation de présomptions d'imputation. Elle exige désormais que les juges du fond caractérisent expressément en quoi l'infraction a été commise pour le compte de la personne morale et par quel organe ou représentant l'infraction a été commise (ex. : Crim. 22 janv. 2013, nº 12-80.022 : « en prononçant comme elle l'a fait, sans mieux s'expliquer sur le défaut de conception dénoncé ni préciser en quoi les infractions qu'elle retenait avaient été commises pour le compte de la société SICRA, par un de ses organes ou représentants, a méconnu les textes susvisés et les principes ci-dessus rappelés »).

– L'infraction est incontestablement commise pour le compte d'une personne morale lorsque la personne morale tire elle-même un profit financier.

En l'espèce, l'encaissement du chèque sur le compte de la SELARLU lui a très certainement procuré des intérêts, puisque le compte sur lequel ont été déposés les fonds était « rémunéré ».

– L'infraction doit être commise par un organe. Il convient, dans ce cas, de se référer aux organes statutaires.

En l'espèce, Maître l'As, dont la signature figure sur le bordereau de remise du chèque, est bien un organe de la personne morale au sens de l'article 121-2, C. pén. puisqu'il est le gérant.

En conclusion, la SELARLU l'As encourt à titre principal une peine d'amende (art. 131-37, C. pén.) dont le montant maximum est égal au quintuple de celui prévu pour les personnes physiques par la loi qui réprime l'infraction, soit 1 875 000 € (375 000 € multipliés par 5).

2. L'absence de responsabilité de l'entreprise individuelle Désasse pour complicité d'abus de confiance

Il aurait été possible d'envisager l'engagement de la responsabilité du cabinet Désasse pour complicité d'abus de confiance. Cependant, celui-ci étant constitué sous la forme d'une entreprise individuelle, il n'est donc pas doté de la personnalité morale.

3. L'incidence du regroupement des activités de Maître l'As et de Maître Désasse au sein de la SELARL l'As – Désasse

Le droit pénal consacre le principe de la personnalité de la responsabilité pénale et de la peine. En effet, aux termes de l'article 121-1, C. pén., « Nul n'est responsable pénalement que de son propre fait ».

Ainsi, le droit pénal répercute les solutions consacrées par le droit des sociétés relativement à la dissolution des sociétés, afin de ne pas prolonger la responsabilité au-delà de la disparition de la personnalité morale. Il en va ainsi dans le cadre d'une liquidation judiciaire (Crim. 20 juin 2000, *Bull. crim.* nº 237).

Dans l'hypothèse de la fusion-absorption d'une société, la chambre criminelle a fait application de ce principe pour juger que méconnaît l'article 121-1, C. pén., la cour d'appel qui, pour déclarer une société, qui avait entre-temps absorbé une autre société, coupable du délit de coups et blessures involontaires (basculement sur deux ouvriers d'un pupitre servant au transport de plaques de verre), retient que cette dernière, quoique radiée du registre du commerce à la suite d'une fusion-absorption, n'a pas été liquidée et n'a pas disparu, la société absorbante s'étant substituée à elle, avec transmission universelle de ses droits, biens et obligations, alors que l'absorption fait perdre son existence juridique à la société absorbée (Crim. 20 juin 2000, *Bull. crim.* n° 237).

Elle a également rappelé ce principe en procédant à la cassation d'un arrêt qui, pour déclarer une société coupable d'homicide involontaire, après avoir constaté qu'elle avait absorbé une autre société postérieurement à l'accident (conséquence de travaux effectués dans les locaux et à la demande de cette dernière), énonce qu'elle a « ainsi continué sa personnalité juridique », alors que l'absorption avait fait perdre son existence juridique à la société absorbée (Crim. 14 oct. 2003, *Bull. crim.* n° 189).

En l'espèce, tout dépendra donc de la date de la condamnation éventuellement prononcée à l'encontre de la SELARLU l'As et des modalités du regroupement des activités :

– si la condamnation intervient avant le regroupement, celle-ci constituera une dette de la SELARLU l'As entrée dans son patrimoine au jour de la condamnation et devant être prise en compte dans le cadre de la future liquidation;

– si, en revanche, aucune condamnation n'est intervenue avant que le regroupement ne s'opère, il faut distinguer selon les modalités que prendra ce regroupement d'activités :

  - si celui-ci s'opère après dissolution des anciennes structures et donc liquidation de la SELARLU l'As, ce qui semble être la volonté des deux avocats, il sera impossible à la nouvelle structure, la SELARL l'As Désasse, de se voir condamnée pour l'abus de confiance commis par la SELARLU l'As, car celle-ci aura perdu sa personnalité morale à l'issue de la liquidation,
  - il en irait différemment si Maître Désasse rejoignait la Société l'As préexistante puisque dans ce cas, la personnalité morale de cette dernière, devenue pluripersonnelle, subsisterait.

En conclusion

– Maître l'As encourt une peine de trois ans d'emprisonnement et une amende de 375 000 €;

– Maître Désasse encourt une peine de trois ans d'emprisonnement et de 375 000 € d'amende;

– La SELARLU encourt à titre principal une peine d'amende d'un maximum de 1 875 000 €.

Il convient de relever qu'aux termes de l'article 121-3, al. 2, C. pén., il est possible d'engager cumulativement la responsabilité de la personne physique et celle de la personne morale.

II/ Les faits commis par les secrétaires

A – Le combat dans les toilettes

1. Les violences mutuelles commises par les deux secrétaires

– *Des violences volontaires délictuelles peuvent être reprochées à Mademoiselle Sardais.*

Celles-ci sont réprimées par l'article 222-11, C. pén. : « Les violences ayant entraîné une incapacité totale de travail pendant plus de huit jours sont punies de trois ans d'emprisonnement et de 45 000 € d'amende ».

Celles-ci sont caractérisées tant dans leur élément matériel que dans leur élément moral :

– elles résultent d'un acte positif de Mademoiselle Sardais (*cf.* Poitiers, 20 nov. 1901, *affaire de la séquestrée de Poitiers*) ;

– elles ont été commises volontairement (*cf.* art. 121-3, al. 1er, C. pén.), par le biais d'un acte « conçu et exercé avec la conscience de sa brutalité et de son danger à l'égard des personnes, et la volonté cependant de le commettre » (TGI Paris, 8 mars 2000) ;

Par conséquent, Mademoiselle Sardais encourt une peine de trois ans d'emprisonnement et de 45 000 € d'amende.

– *Des violences volontaires contraventionnelles peuvent être reprochées à Mademoiselle Meunant.*

Celles-ci sont réprimées par l'article R. 624-1, C. pén. : « Hors les cas prévus par les articles 222-13 et 222-14, les violences volontaires n'ayant entraîné aucune incapacité totale de travail sont punies de l'amende prévue pour les contraventions de la 4e classe ».

Celles-ci sont caractérisées tant dans leur élément matériel que dans leur élément moral :

– elles résultent d'un acte positif de Mademoiselle Meunant (*cf. affaire de la séquestrée de Poitiers*) ;

– elles ont été commises volontairement : malgré les alinéas 1er et 5 de l'article 121-3 qui écartent toute caractérisation d'une intention pour les contraventions, le texte de l'article R. 624-1, C. pén. requiert que les violences aient été commises volontairement.

Par conséquent, Mademoiselle Meunant encourt une amende de 4e classe soit 750 €.

2. La question de l'état de légitime défense de Mademoiselle Sardais

Il convient tout d'abord de rappeler le principe traditionnel de l'indifférence des mobiles qui régit la qualification des faits : peu importe la raison pour laquelle les femmes se sont battues (Crim. 3 janv. 1958, *Bull. crim.* n° 3 : le délit de coups ou violences volontaires est constitué dès qu'il existe un acte volontaire de violence, quel que soit le mobile qui l'ait inspiré et alors même que son auteur n'aurait pas voulu causer le dommage qui en est résulté). Les mobiles seront éventuellement pris en compte par le juge dans la détermination de la peine en vertu de son pouvoir d'individualisation (art. 132-24, C. pén.).

À ce principe, l'article 121-5, C. pén. apporte toutefois une exception : « N'est pas pénalement responsable la personne qui, devant une atteinte injustifiée envers elle-même ou autrui, accomplit, dans le même temps, un acte commandé par la nécessité de la légitime défense d'elle-même ou d'autrui, sauf s'il y a disproportion entre les moyens de défense employés et la gravité de l'atteinte ».

Pour être retenue comme cause d'irresponsabilité pénale, la légitime défense suppose :

– *une agression actuelle* : la légitime défense n'est autorisée que pour repousser un mal présent, car c'est seulement dans ce cas qu'elle apparaît nécessaire.

En l'espèce, la réaction de Mademoiselle Sardais était bien contemporaine de l'agression de Mademoiselle Meunant ;

– *une agression injuste* : la jurisprudence considère traditionnellement que l'article 122-5 n'autorise nullement à se défendre contre un acte conforme au droit. En l'espèce, aucune difficulté, les coups portés par Mademoiselle Meunant n'étaient pas conformes au droit ;

– *une défense proportionnée à l'agression* : la proportionnalité relève de l'appréciation souveraine des juridictions du fond. La jurisprudence a ainsi considéré que la contravention de violences volontaires ne pouvait être retenue contre un directeur de restaurant qui a porté un coup de tête à un serveur, alors que celui-ci venait lui-même, en plein service et devant témoins, de lui porter un coup (Toulouse, 25 nov. 1999). En revanche, elle a pu estimer que des coups de bâton commis par un individu en riposte à un jet de gaz lacrymogène n'étaient pas justifiés par la légitime défense, compte tenu de la gravité des blessures infligées aux victimes (Paris, 12 oct. 1999).

En l'espèce, la riposte opposée par Mademoiselle Sardais semble disproportionnée compte tenu de la gravité des blessures infligée à Mademoiselle Meunant, d'autant que, pratiquant le close-combat, elle devait savoir maîtriser sa force.

B – L'usage immodéré des photocopieuses

Il convient d'envisager là aussi l'abus de confiance prévu et réprimé par l'article 314-1, C. pén.

Pour être constitué, l'abus de confiance suppose que soient caractérisés plusieurs éléments :

– *une remise à titre précaire* : cette condition est, en l'espèce, remplie, le matériel, la photocopieuse, étant remise aux salariés et collaborateurs du cabinet, à charge pour eux de n'utiliser ces outils que pour la réalisation du travail pour lequel ils ont été embauchés ;

– *de fonds, valeurs ou d'un bien quelconque* : ces notions sont bien plus larges que celle de « chose » et englobent, outre les biens corporels, les biens incorporels, tels qu'un numéro de carte bancaire (Crim. 14 nov. 2000, n° 99-84.522, *Bull. crim.* n° 338), un projet industriel (Crim. 22 sept. 2004, *Bull. crim.* n° 218), ou encore des informations sur la clientèle d'une entreprise (Crim. 16 nov. 2011, n° 10-87.866). Il peut également s'agir de biens fongibles, dès lors que l'auteur des faits est tenu de restituer le bien par équivalent (Crim. 13 janv. 2010, *Bull. crim.* n° 6) ;

– *un détournement*, les choses étant remises « à charge de les rendre, de les représenter ou d'en faire un usage déterminé ». En l'espèce, le fait d'utiliser la photocopieuse du cabinet pour se livrer à la reproduction de plaquettes caractérise le détournement ;

– *un préjudice qui peut être matériel ou moral* : la jurisprudence est traditionnellement peu exigeante sur ce point, admettant même que l'abus de confiance soit constitué du seul fait de l'exécution du détournement. En principe, le profit éventuellement réalisé par l'auteur de l'infraction est indifférent. Il suffit que l'acte de détournement soit susceptible de priver le propriétaire ou le possesseur de ses droits sur la chose. En l'espèce, le préjudice est constitué par des dépenses supplémentaires de fonctionnement mises à la charge du cabinet ;

– *un élément moral* : l'abus de confiance suppose, en outre, une intention frauduleuse, la mauvaise foi de l'auteur du détournement. Celle-ci se déduit classiquement des faits, des circonstances du détournement. À ce titre, la jurisprudence admet que la qualité particulière de l'auteur constitue, dans cette perspective, une donnée déterminante (Crim. 30 juin 2010, préc.). Ainsi, en l'espèce, Mademoiselle Sardais est de mauvaise foi, celle-ci étant bien au courant de la destination professionnelle des photocopieuses…

C'est d'ailleurs ce qu'a jugé la chambre criminelle dans un arrêt du 19 juin 2013 (Crim. n° 12-83.031 : « l'utilisation, par un salarié, de son temps de travail à des fins autres que celles pour lesquelles il perçoit une rémunération de son employeur constitue un abus de confiance »).

En conséquence, Mademoiselle Sardais encourt trois ans d'emprisonnement et 375 000 € d'amende.

En conclusion, Mademoiselle Sardais se trouve en situation de concours d'infractions, c'est-à-dire la situation où « une infraction est commise par une personne avant que celle-ci ait été définitivement condamnée pour une autre infraction » (art. 132-1, C. pén.). Celui-ci est régi par les articles 132-3 et s., C. pén. qui distinguent selon que l'agent fait l'objet d'une procédure unique ou de procédures séparées :

– Lorsqu'à l'occasion d'une même procédure, la personne poursuivie est reconnue coupable de plusieurs infractions en concours, chacune des peines encourues peut être prononcée. Toutefois, lorsque plusieurs peines de même nature sont encourues, il ne peut être prononcé qu'une seule peine de cette nature dans la limite du maximum légal le plus élevé (art. 132-3, al. 1er, C. pén.).

– Lorsqu'à l'occasion de procédures séparées, la personne poursuivie a été reconnue coupable de plusieurs infractions en concours, les peines prononcées s'exécutent cumulativement dans la limite du maximum légal le plus élevé. Toutefois, la confusion totale ou partielle des peines de même nature peut être ordonnée soit par la dernière juridiction appelée à statuer, soit dans les conditions prévues par le Code de procédure pénale (art. 132-4, C. pén.).

Dès lors, si Mademoiselle Sardais est jugée pour les infractions commises à l'occasion d'une même procédure, elle encourra trois ans d'emprisonnement et 375 000 € d'amende. Si elle est en revanche jugée pour chacune des infractions en concours au cours de procédures séparées, elle pourra se voir condamnée d'une part, à trois ans d'emprisonnement et à 45 000 € d'amende, d'autre part à trois ans d'emprisonnement et à 375 000 € d'amende. Mais dans ce cas, la peine d'amende exécutée ne pourra dépasser 375 000 € et elle pourra demander à la dernière juridiction appelée à statuer que soit ordonnée une confusion des peines de même nature.

III/ Les faits commis par Mademoiselle Letessier

Le travail dissimulé étant puni, à titre principal d'une peine d'emprisonnement, il constitue un délit (*cf.* art. 111-3, C. pén. et art. 133-3, C. pén.). Par conséquent, toutes les formes de complicité sont réprimées (*i.e.* également la complicité par provocation ou instigation : art. 121-7, al. 2nd, *a contrario*).

En l'espèce, la responsabilité de Maître Letessier semble pouvoir être engagée, non au titre d'une complicité par provocation ou instigation, mais au titre d'une complicité par aide ou assistance.

Il est en effet possible de caractériser à l'encontre de Maître Letessier toutes les conditions de la complicité :

– La *condition préalable* résultant d'un fait principal punissable, peu important que l'auteur soit éventuellement relaxé faute d'intention coupable ou ne fasse pas l'objet de poursuite.

En l'espèce, il est possible de caractériser un fait principal punissable : le délit de travail dissimulé prévu par l'article L. 8222-1, C. trav. et réprimé par l'article L. 8224-1 du même code.

– L'*élément matériel* : le complice par provocation doit avoir sciemment, par aide ou assistance, facilité la préparation ou la consommation de l'infraction. Il est donc nécessaire de caractériser des actes positifs d'aide ou d'assistance, une complicité passive ne saurait rentrer dans aucun des cas prévus par les dispositions du Code pénal relatives à la complicité.

En l'espèce, il est aisé de caractériser ces actes positifs : Maître Letessier a effectivement mis Pierre et Mme Y. en relation et a mis à la disposition de ceux-ci ses locaux professionnels, ce qui constitue à l'évidence une aide et une assistance ayant facilité la préparation et la consommation du délit de travail dissimulé.

– L'*élément moral* : la jurisprudence impose que le complice ait agi avec intention. Une simple négligence ne pouvant être assimilée à une participation intentionnelle. Mais la jurisprudence n'hésite pas à recourir, pour caractériser l'intention, à des présomptions de fait, tirées de l'expérience de l'individu (*cf.* Crim. 3 avr. 2013, n° 12-83.373 : pour des faits similaires : « sa profession d'avocat, auxiliaire de la justice, et son rôle de conseil auprès de sa cliente, qui lui faisait entièrement confiance, auraient dû l'amener à l'empêcher de commettre de tels faits »).

En l'espèce, les agissements de Maître Letessier résultent certainement d'une volonté consciente, puisqu'en raison de sa profession, elle ne pouvait ignorer la nature de l'assistance fournie à son ami Pierre.

En vertu de l'article 121-6, C. pén. « sera puni comme auteur le complice de l'infraction, au sens de l'article 121-7 ».

En conclusion, Maître Letessier encourt une peine de trois ans d'emprisonnement (*cf.* art. L. 8224-1, C. trav.).

Cas pratique n° 35

› Énoncé

Madame X vient vous consulter car elle s'inquiète des pratiques mises en place par son frère Jean-Luc.

Elle vous raconte ainsi que M. Jean-Luc X, exerce une activité de traiteur et de services pour l'organisation de réceptions dans le cadre d'une entreprise qu'il a créée le 1er janvier 2013. Elle a récemment recommandé à l'un de ses amis les services de son frère pour l'organisation de son mariage. Les deux hommes se sont rencontrés au cours d'un dîner organisé chez Madame X et Jean-Luc ne manqua pas de lui laisser sa carte de visite professionnelle au cas où l'ami serait intéressé. Quelques jours plus tard, le 10 décembre 2019, l'ami reprendra contact avec Jean-Luc et lui versera la somme de 1 500 € pour l'organisation de son mariage. Toutefois, la prestation n'a pas été honorée et l'ami de Madame X est furieux. Après quelques investigations, Madame X s'est aperçue que l'entreprise de son frère fut radiée le 25 novembre 2018 après une déclaration de cessation d'activité au 30 septembre 2018 et que les acomptes furent encaissés sur le compte personnel de son frère.

Madame X est d'autant plus inquiète que son frère n'en est pas à sa première entourloupe. Afin de se constituer une trésorerie, M. Jean-Luc X avait recours à une technique audacieuse. Celui-ci avait pris pour habitude de manière quasi quotidienne de déposer des chèques à son propre bénéfice sur son compte personnel puis sur son compte professionnel afin de créer artificiellement des flux financiers par jeux d'écritures. En raison du rythme effréné des opérations, sa banque ne pouvait procéder en temps utile à des vérifications en vue du rejet des chèques pour défaut de provision, ce qui l'amenait ainsi à consentir à Jean-Luc X des avances de fonds sur de très courtes périodes. Dans cette même veine, Jean-Luc X. n'hésitait pas à produire en justice des fausses factures à l'appui de prétendus recours en paiement.

Tout ceci aurait pu en rester là mais Madame X s'inquiète des conséquences des agissements de son frère pour son neveu. Jean-Luc X a en effet un fils, Martin, âgé de 25 ans. Elle vous précise que Jean-Luc X était mû par la volonté de pouvoir financer les études coûteuses de son fils et a investi le reste de cette somme dans une société étrangère.

Quelques jours plus tard, Madame X revient vous solliciter : tous les efforts de Jean-Luc semblent avoir été vains : elle vous apprend que le fils de celui-ci vient d'être arrêté. Loin d'avoir suivi la carrière que ses brillantes études annonçaient, il rejoignit finalement un petit groupuscule néo-nazi. Il est soupçonné, au mois de décembre 2016, d'avoir profané plusieurs tombes du petit cimetière juif d'Ensisheim, en Alsace.

Madame X souhaite connaître, sur le plan pénal, les conséquences des agissements de son frère et de son neveu.

› *Correction*

Il nous faut envisager successivement les conséquences pénales de l'inexécution contractuelle (I), du procédé de cavalerie de chèques (II), de l'utilisation de fausses factures en justice (III) et des agissements subséquents (IV).

I/ L'inexécution contractuelle

A – Un abus de confiance ?

L'article 314-1 du Code pénal définit l'abus de confiance comme « le fait par une personne de détourner, au préjudice d'autrui, des fonds, des valeurs ou un bien quelconque qui lui ont été remis et qu'elle a acceptés à charge de les rendre, de le représenter ou d'en faire un usage déterminé ».

L'abus de confiance suppose que la chose détournée a préalablement été remise à titre précaire à l'auteur de l'infraction. Cette condition implique que soient caractérisés, au préalable, trois éléments :

– Une remise de source contractuelle, légale ou réglementaire : depuis l'entrée en vigueur du nouveau Code pénal, l'abus de confiance est susceptible de sanctionner le détournement des choses remise en vertu de n'importe quel contrat et la jurisprudence considère que l'abus de confiance « ne suppose pas nécessairement que la somme détournée ait été remise en vertu d'un contrat » (Crim. 19 oct. 2000, n° 00-82132), et admet que l'infraction recouvre les hypothèses dans lesquelles la chose a été remise en application d'un titre légal ou judiciaire (par ex. désignation en qualité de tuteur ou de curateur). En l'espèce, la remise effectuée par l'ami de Madame X a bien eu lieu en vertu d'un contrat, plus précisément en vertu d'un contrat de prestation de service. Cette condition est donc satisfaite.

– De fonds, valeurs ou biens quelconques : à la différence du vol qui vise ne s'applique qu'aux « choses », l'abus de confiance est applicable aux détournements de « fonds, valeurs ou biens quelconques ». Cette formulation englobe non seulement tous les biens meubles corporels, mais aussi les choses immatérielles : numéro d'une carte bancaire indépendamment de son support matériel (Crim. 14 nov. 2000, *Bull. crim.* n° 338), utilisation par un salarié de son temps de travail à des fins autres que celles pour lesquelles il est employé (Crim. 19 juin 2013, *Bull. crim.* n° 145), informations relatives à la clientèle (Crim. 22 mars 2017, n° 15-85.929). En l'espèce la remise d'une somme de 1 500 € constitue une remise de fonds qui entre sans difficulté dans les prévisions de l'article 314-1 du Code pénal.

– À titre précaire : l'abus de confiance ne peut être recherché que lorsque les choses ont été remises par leur propriétaire ou possesseur « à charge de les rendre, de les représenter, ou d'en faire un usage déterminé », c'est-à-dire à titre précaire. Ainsi, l'abus de confiance ne s'applique pas aux situations dans lesquelles le contrat transfère à la personne la libre disposition ou la propriété de la chose.

Traditionnellement, la chambre criminelle de la Cour de cassation écartait la qualification pénale d'abus de confiance dès lors que l'on devient propriétaire en application des règles du droit civil, l'acte de détournement, qui constitue l'âme du délit de l'article 314-1 du Code pénal, ne pouvant pas porter sur un bien dont on est propriétaire. C'est d'ailleurs en ce sens que s'était prononcée la Chambre criminelle, par un arrêt du 25 mai 2009 (Crim. 25 mars 2009, n° 08-82.784), dans une affaire concernant des fonds versés à titre d'acompte en exécution d'un contrat de vente des marchandises. La Cour de cassation affirmait clairement que les sommes remises étaient devenues la propriété de la société qui n'avait pas livré la quantité de marchandise commandée. Ainsi, censurait-elle la décision de la cour d'appel qui avait retenu le délit d'abus de confiance, en énonçant que « la somme litigieuse […] avait été remise [à cette société] à charge d'en faire un usage déterminé ». Une solution analogue avait également été adoptée à propos d'honoraires ou de provisions versés à des avocats en vue d'engager et de suivre une procédure. Contrairement aux juridictions du fond ayant considéré que les sommes ainsi reçues n'avaient été remises aux prévenus qu'à titre précaire, la Haute juridiction avait estimé que le versement de tels honoraires « entraîne un transfert de propriété exclusif de l'abus de confiance » (Crim. 26 janv. 2005, *Bull. crim.* n° 29; égal. Crim. 14 janv. 2015, n° 14-80.262). Toutefois, la chambre criminelle avait, par un arrêt remarqué, amorcé un revirement de jurisprudence, par un arrêt en date du 3 février 2016 (Crim. 3 févr. 2016, n° 14-83.427). Dans cette espèce, des acomptes avaient été encaissés par des cuisinistes alors que ces derniers savaient, dès l'origine, que les travaux commandés ne pourraient être exécutés en raison de la situation financière des entreprises. Pour retenir l'infraction, la chambre criminelle a relevé que « les prévenus, qui, dès l'origine, n'entendaient pas respecter leurs engagements, n'[avaient] pas utilisé les fonds selon l'usage convenu ». Toutefois, dans son dernier état, la chambre criminelle semble revenir à sa position traditionnelle. Dans un arrêt du 5 avril 2018 (Crim. 5 avr. 2018, n° 17-81.085), rendu dans une espèce similaire aux faits décrits par le présent cas pratique, la chambre criminelle censure une cour d'appel ayant condamné le prévenu pour abus de confiance. La haute juridiction considère que « les fonds, remis en vertu de contrats de prestations de service, l'ont été en pleine propriété, peu important la connaissance par le prévenu, dès la remise des fonds, de son impossibilité d'exécuter le contrat ».

En l'espèce, les fonds remis pas l'ami de Madame X l'ont bien été en pleine propriété et il importe peu que Jean-Luc ait su, dès la remise des fonds, qu'il serait dans l'impossibilité d'exécuter le contrat. Aussi faut-il conclure que la remise des fonds ne l'a pas été à titre précaire et faut-il exclure la qualification d'abus de confiance.

B – Une escroquerie ?

L'article 313-1 du Code pénal incrimine « le fait, soit par l'usage d'un faux nom ou d'une fausse qualité, soit par l'abus d'une qualité vraie, soit par l'emploi de manœuvres frauduleuses, de tromper une personne physique ou morale et de la déterminer ainsi, à son préjudice ou au préjudice d'un tiers, à remettre des fonds, des valeurs ou un bien quelconque, à fournir un service ou à consentir un acte opérant obligation ou décharge ».

L'élément matériel du délit d'escroquerie suppose que soient réunies trois conditions :

– un comportement : il peut consister en trois modalités en principe positives, même si la jurisprudence assimile l'omission à un acte positif dès lors qu'elle s'inscrit dans une démarche positive (Crim. 30 avr. 2003, n° 02-86.256 : en omettant de mentionner l'amélioration de son état de santé lors du renouvellement d'une allocation, le prévenu a fait usage d'une fausse qualité) :

- l'usage d'un faux nom ou d'une fausse qualité : l'usage de faux nom consiste à usurper un nom pour inspirer confiance et tromper sa victime et il importe peu que le nom soit ou non celui d'une personne réelle ; la qualité renvoie aux éléments de l'état des personnes (âge, situation matrimoniale, profession, titre...), mais aussi à toute particularité de nature à inspirer confiance et à déterminer une remise (par ex. Crim. 18 janv. 2017, n° 16-80.200 : use d'une fausse qualité, caractéristique de l'escroquerie, le président d'une association qui fait état de sa qualité alors que la personne morale a été dissoute, nonobstant sa survie pour les besoins de sa liquidation) ;
- l'abus de qualité vraie : elle permet d'appréhender celui qui utilise une qualité qu'il possède réellement pour donner une apparence de crédit et de sincérité à ses mensonges grâce à la confiance qu'il inspire (Crim. 7 févr. 1935, *Bull. crim.* n° 21 : médecin qui use de sa qualité pour délivrer des notes d'honoraires majorées) ;
- l'emploi de manœuvres frauduleuses : le mensonge ne suffit pas à lui seul à caractériser l'emploi de manœuvres frauduleuses (Crim. 20 juill. 1960, *Bull. crim.* n° 382). Il doit être renforcé et accrédité par des éléments matériels extérieurs : production d'écrits, intervention d'un tiers, une mise en scène.

En l'espèce, la première modalité semble pouvoir être caractérisée : Jean-Luc X semble effectivement s'être présenté à l'ami de sa sœur comme exerçant une activité de traiteur et de services pour l'organisation de réceptions dans le cadre d'une entreprise. Or, cette qualité est fausse puisqu'à l'époque des faits (le 10 décembre 2019), son entreprise avait non seulement cessé son activité (au 30 septembre 2018) mais avait aussi été radiée (au 25 novembre 2018). La dernière modalité pourrait également être retenue : si le mensonge proféré par Jean-Luc lors du dîner ne suffit pas à caractériser des manœuvres frauduleuses au sens de l'article 313-1 du Code pénal, l'intervention de sa sœur, au préalable, complétée par la remise ultérieure de sa carte de visite professionnelle ont donné à ce mensonge du crédit.

– Le résultat : l'escroquerie étant une infraction matérielle, elle nécessite la survenance d'un résultat pour être consommée. Ce résultat repose lui-même sur deux composantes cumulatives :

- la remise de la chose par la victime de l'escroquerie : la remise peut porter sur des fonds, valeurs ou biens quelconques, sur la fourniture d'un service, ou encore consister dans le consentement à un acte opérant obligation ou décharge. Dans un arrêt du 28 septembre 2016, la chambre criminelle a admis que « l'escroquerie peut porter sur un immeuble, lequel constitue un bien au sens de l'article 313-1 du Code pénal » (Crim. 28 sept. 2016, n° 15-84.485) ;
- un préjudice : selon l'art. 313-1, C. pén., la remise de la chose par la victime doit être effectuée « à son préjudice ou au préjudice d'un tiers ». Toutefois, la jurisprudence constante a vidé cette exigence de sa substance en estimant que le préjudice n'est pas nécessairement pécuniaire et est établi lorsque l'acte n'a pas été librement consenti par la victime mais a été obtenu par des moyens frauduleux (Crim. 28 janv. 2015, n° 13-86.772).

En l'espèce, cette condition ne pose aucune difficulté, il y a eu effectivement remise de la somme de 1 500 € au préjudice de la victime.

– Le lien de causalité : le procédé de tromperie doit être déterminant de la remise.

Là encore, cette condition ne pose pas de difficulté, c'est en raison de la tromperie que la somme a été remise par la victime à Jean-Luc.

Intellectuellement, l'escroquerie est une infraction intentionnelle, qui requiert, au titre du dol général, la volonté d'user de faux noms ou fausses qualités, de manœuvres frauduleuses ou d'abuser d'une qualité vraie, et, au titre du dol spécial, que l'escroc ait poursuivi le but de tromper une personne physique ou morale.

En l'espèce, Jean-Luc a bien eu la volonté d'user de sa fausse qualité ou de manœuvres frauduleuses en poursuivant l'objectif de tromper l'ami de sa sœur.

Jean-Luc encourt en conséquence cinq ans d'emprisonnement et 375 000 € d'amende.

II/ La cavalerie de chèques

Le procédé utilisé par Jean-Luc X., connu sous le nom de cavalerie bancaire ou cavalerie de chèques vient d'être reconnu par la chambre criminelle de la Cour de cassation comme constitutif d'une escroquerie par l'usage de manœuvres frauduleuses.

Dans un récent arrêt du 17 janvier 2018, la chambre criminelle approuve ainsi une cour d'appel qui, pour avoir déclaré un prévenu coupable d'escroquerie, avait retenu « que, si l'émission de chèques sans provision n'est pas en soi répréhensible depuis la loi n° 91-1382 du 30 décembre 1991, elle est en revanche susceptible de constituer une escroquerie lorsqu'elle s'accompagne de manœuvres frauduleuses consistant en un tirage croisé de chèques entre plusieurs comptes, de nature à tromper la victime ; que les juges relèvent que le procédé de cavalerie de chèques adopté par M. Y… a comporté des manœuvres frauduleuses puisque l'intéressé, en toute connaissance de cause, a effectué un échange de chèques sans provision entre deux comptes distincts ouverts au Crédit Mutuel de Bretagne ; qu'ils indiquent que cette pratique a rendu totalement opaque l'état de ces comptes et, par le rythme effréné des opérations, a empêché la banque de procéder en temps utile à des vérifications en vue du rejet des chèques litigieux pour défaut de provision, l'amenant ainsi malgré elle à consentir à son client des avances de fonds sur de très courtes périodes ; qu'ils ajoutent que le prévenu a lui-même reconnu la matérialité de ces faits et a implicitement admis le caractère frauduleux de ses agissements, expliquant avoir voulu rendre flou la lecture de ses comptes en les faisant apparaître avec des soldes positifs ; que retenant enfin que les opérations croisées entre des comptes ne supposent pas, pour qualifier des manœuvres frauduleuses, l'existence de plusieurs banques et qu'il suffit que le titulaire masque la situation réelle de ses comptes en jouant sur les dates de compensation et se crée ainsi fictivement de la trésorerie par des remises alternées de chèques sans provision, la cour d'appel conclut que le délit d'escroquerie par cavalerie bancaire est caractérisé à l'égard du prévenu, tant dans son élément matériel que moral ».

Par conséquent, Jean-Luc encourt cinq ans d'emprisonnement et 375 000 € d'amende.

III/ L'utilisation de fausses factures en justice

On précisera que la jurisprudence admet qu'il est possible de cumuler le délit d'escroquerie et le délit de faux (Crim. 14 sept. 2013, n° 12-87.991). Il nous faut donc exclure explicitement le faux (A), pour retenir l'escroquerie (B).

A – L'exclusion du faux

Aux termes de l'article 441-1, C. pén., le faux est « toute altération frauduleuse de la vérité, de nature à causer un préjudice et accomplie par quelque moyen que ce soit, dans un écrit ou tout autre support d'expression de la pensée qui a pour objet ou qui peut avoir pour effet d'établir la preuve d'un droit ou d'un fait ayant des conséquences juridiques ».

À titre de condition préalable, le faux suppose un support remplissant certaines conditions :

– Quant au contenant : il peut s'agir d'un écrit (manuscrit, texte, imprimé…) comme de tout autre support de la pensée (film, disquette, bande magnétique…). En l'espèce, cette condition ne fait pas difficulté, des factures constituant un écrit, support de la pensée ;

– Quant au contenu : le faux n'est punissable que si le support falsifié « a pour objet ou peut avoir pour effet d'établir la preuve d'un droit ou d'un fait ayant des conséquences juridiques ». C'est le cas de la falsification de bordereaux Dailly (Crim. 30 mars 1992, *Bull. crim.* n° 132), d'une facture acceptée par son destinataire et passée en comptabilité (Crim. 19 sept. 1995, *Bull. crim.* n° 274). En revanche, ne sont pas punissables les faux commis sur des écrits qui ne constituent que des déclarations unilatérales sujettes à vérification, qui sont, par leur nature, soumises à discussion et vérification de la part de celui à qui elles sont opposées et n'ont aucun caractère probatoire au sens de l'article 441-1. Relève de cette dernière hypothèse une facture, qui présente le caractère d'un acte unilatéral soumis à vérification ou à discussion de la part de celui qui la reçoit (Crim. 7 mars 1972, *Bull. crim.* n° 86 ; Crim. 23 nov. 1972, *Bull. crim.* n° 357). Ainsi, a-t-il été jugé que des écrits mensongers, tels que des mémoires, notes ou factures, qui sont par nature soumis à discussion, ne constituent pas, en l'absence de toutes autres précisions, des titres susceptibles d'entrer dans les prévisions de la loi (Crim. 12 déc. 1977, *Bull. crim.* n° 393). Ce principe a été rappelé par la chambre criminelle, dans un arrêt du 13 février 2002 (Crim. 13 févr. 2002, *Bull. crim.* n° 29), concernant les notes d'honoraires établies par un architecte libéral. En l'espèce, la Haute juridiction a censuré la décision des juges du second degré ayant estimé que de telles notes présentaient les caractères d'une écriture de commerce apte à servir de preuve en matière commerciale, même si elles n'ont pas été reportées dans les livres comptables. La Cour de cassation a rejeté un tel argument, en considérant que les notes d'honoraires, soumises, par leur nature, à discussion et vérification de la part de celui à qui elles sont opposées, n'ont pas de caractère probatoire au sens de l'article 441-1, C. pén.

En l'espèce, les factures ne présentent pas de caractère probatoire au sens de l'article 441-1, C. pén. Il convient donc d'exclure le faux.

B – L'escroquerie ?

L'article 313-1, C. pén., on l'a vu, définit l'escroquerie comme « le fait, soit par l'usage d'un faux nom ou d'une fausse qualité, soit par l'abus d'une qualité vraie, soit par l'emploi de manœuvres frauduleuses, de tromper une personne physique ou morale et de la déterminer ainsi, à son préjudice ou au préjudice d'un tiers, à remettre des fonds, des valeurs ou un bien quelconque, à fournir un service ou à consentir un acte opérant obligation ou décharge ».

On relèvera qu'une jurisprudence constante sanctionne, au titre du délit d'escroquerie, la machination destinée à tromper le juge, ce qu'on appelle l'escroquerie au jugement. Ainsi, les manœuvres frauduleuses se trouvent caractérisées, lorsqu'un plaideur produit, au cours d'une instance judiciaire, des documents mensongers (Crim. 16 mai 1979, *RSC* 1980. 447, obs. P. Bouzat : remise par un locataire à l'expert commis par le juge des référés des documents comptables inexacts, en vue d'obtenir une évaluation excessive de l'indemnité d'éviction) ou fait usage de faux témoignages (Crim. 12 mai 1970, *Bull. crim.* n° 160) ou de faux certificats (Crim. 2 avr. 2014, *Dr. pén.* 2014, comm. n° 102, note M. Véron, à propos de la production d'un faux certificat médical tendant à tromper un juge des tutelles), dans le but de surprendre la religion du juge.

Dans un arrêt rendu le 31 janvier 2018 (Crim. 31 janv. 2018, n° 16-84.612), la chambre criminelle a pu estimer que « la production de mauvaise foi à l'appui d'une action en justice, dans le but de surprendre la religion du juge, d'une facture mensongère, même non constitutive d'un faux au sens de l'article 441-1 du Code pénal, peut caractériser le délit d'escroquerie au jugement ».

En l'espèce, la production par Jean-Luc X. de fausses factures en justice, de mauvaise foi, même non constitutive de faux, est susceptible de constituer matériellement, le délit d'escroquerie.

Jean-Luc encourt cinq ans d'emprisonnement et 375 000 € d'amende.

IV/ Les agissements subséquents

A – Le financement des études du fils de Jean-Luc X.

Il convient d'envisager le délit de recel qui est incriminé par l'article 321-1, C. pén. Toutefois, la chambre criminelle considère que les qualifications de recel et celle s'appliquant à l'infraction d'origine sont incompatibles (par ex. Crim. 24 avr. 1975, *Bull. crim.* n° 152). Il n'est donc pas possible d'imputer ce recel à Jean-Luc X.

L'article 321-1, al. 2, C. pén. incrimine « le fait, en connaissance de cause, de bénéficier, par tout moyen, du produit d'un crime ou d'un délit ».

Matériellement, le fils de Jean-Luc X a effectivement bénéficié du produit des escroqueries commises par son père, puisqu'elles lui ont permis de financer ses études.

Intellectuellement, le recel est une infraction intentionnelle qui requiert un dol général consistant dans le fait pour celui qui tire profit de la chose de savoir que cette chose provient d'un crime ou d'un délit.

Il sera possible d'imputer au fils de Jean-Luc X un recel à condition toutefois qu'il ait eu connaissance de l'origine frauduleuse des fonds ayant permis de financer ses études, c'est-à-dire qu'il ait conscience des escroqueries commises par son père.

B – L'investissement dans une société étrangère

1. L'application de la loi pénale française

Le fait que l'argent ait été investi dans une société étrangère ne fait pas obstacle à l'application de la loi pénale française ni, par conséquent à la compétence du juge pénal français en raison du principe de la solidarité des compétences législative et juridictionnelle (art. 689, C. pr. pén.). Outre que l'acte d'investissement a pu être réalisé depuis le territoire français (et serait considéré comme un fait constitutif de l'infraction au sens de l'article 113-2 permettant l'application du principe de territorialité), dans le cas contraire le blanchiment pourrait malgré tout être réputé commis sur le territoire français en ce que les infractions d'origine (les escroqueries) ont été commises sur le territoire français et qu'elles peuvent être vues comme un fait constitutif du blanchiment (Crim. 26 sept 2007, *Bull. crim.* n° 224 en matière de recel).

2. Le blanchiment commis par Jean-Luc X.

L'article 324-1, al. 2, C. pén., incrimine « le fait d'apporter un concours à une opération de placement, de dissimulation ou de conversion du produit direct ou indirect d'un crime ou d'un délit ».

– Élément matériel du blanchiment : il s'agit de dissimuler le produit d'un crime ou d'un délit ou de le réintégrer dans le circuit financier légal. En l'espèce, cet élément est caractérisé par l'acte d'investissement dans une société étrangère. Cet acte porte bien sur des fonds qui proviennent de la commission de délits antérieurs.

– Élément moral du blanchiment : l'infraction est intentionnelle et requiert, au titre du dol général, que l'auteur ait voulu apporter son concours à une opération de placement et ait eu conscience de l'origine criminelle ou délictuelle des fonds. La preuve de ce dol général ne pose pas, en l'espèce, de difficulté.

3. La question du cumul entre le blanchiment et l'infraction d'origine

La jurisprudence admet la sanction de l'auto-blanchiment, mais uniquement pour le blanchiment prévu par l'article 324-1, al. 2, du Code pénal (Crim. 14 janv. 2004, *Bull. crim.* n° 12). La chambre criminelle a toutefois précisé, à propos du blanchiment d'abus de biens sociaux, au visa du principe *ne bis in idem* que « des faits qui procèdent de manière indissociable d'une action unique caractérisée par une seule intention coupable ne peuvent donner lieu, contre le même prévenu, à deux déclarations de culpabilité de nature pénale, fussent-elle concomitantes » (Crim. 7 déc. 2016, n° 15-87335). Aussi, pour pouvoir déclarer Jean-Luc X. coupable de blanchiment faut-il établir qu'il a accompli au titre du blanchiment des faits distincts de ceux qu'on lui reproche au titre de l'escroquerie.

En l'espèce, cette condition ne fait pas de difficulté puisque les faits qui caractérisent les escroqueries résultent de l'utilisation d'une fausse qualité ou de manœuvres frauduleuses et les faits qui caractérisent le blanchiment résultent de l'investissement dans une société étrangère. Les faits étant distincts, le blanchiment peut être imputé à Jean-Luc X qui encourt à ce titre cinq ans d'emprisonnement et 375 000 € d'amende.

C – La profanation commise par le fils de Jean-Luc X.

En vertu de l'article 225-17, al. 2, C. pén., « la violation ou la profanation, par quelque moyen que ce soit, de tombeaux, de sépultures, d'urnes cinéraires ou de monuments édifiés à la mémoire des morts est punie d'un an d'emprisonnement et de 15 000 € d'amende ».

Le délit est intentionnel, ce qui implique des actes accomplis volontairement et en ayant conscience de porter atteinte au respect dû au corps du défunt.

En l'espèce, la constitution de cette infraction ne pose guère de difficulté.

Quant à la peine encourue par le fils de Jean-Luc X., l'article 225-18, C. pén., disposait que « lorsque les infractions définies à l'article précédent ont été commises à raison de l'appartenance ou de la non-appartenance, vraie ou supposée, des personnes décédées à une ethnie, une nation, une race ou une religion déterminée, les peines sont portées à trois ans d'emprisonnement et à 45 000 € d'amende pour les infractions définies aux deux premiers alinéas de l'article 225-17 et à cinq ans d'emprisonnement et à 75 000 € d'amende pour celle définie au dernier alinéa de cet article ».

Cette disposition, applicable au jour de la commission des faits, faisait encourir au fils de Jean-Luc X. trois ans d'emprisonnement et 45 000 € d'amende.

Cependant, cet article fut abrogé par la loi du 27 janvier 2017 relative à l'égalité et à la citoyenneté. La loi ne fait toutefois pas disparaître toute aggravation. La circonstance aggravante tirée du mobile raciste n'a en effet pas disparu. Le législateur souhaitait seulement qu'elle change de nature : de spéciale, elle est devenue générale. La loi égalité citoyenneté crée en effet une véritable circonstance aggravante de mobile raciste applicable à tous les crimes et délits (art. 132-76, C. pén.).

Toutefois, cette modification de la source de l'aggravation de la peine a eu une incidence, semble-t-il non voulue par le législateur, sur la pénalité applicable au délit de profanation de sépulture. En effet, en vertu de l'article 132-76, C. pén., « lorsqu'un crime ou un délit est précédé, accompagné ou suivi de propos, écrits, images, objets ou actes de toute nature qui soit portent atteinte à l'honneur ou à la considération de la victime ou d'un groupe de personnes dont fait partie la victime à raison de son appartenance ou de sa non-appartenance, vraie ou supposée, à une prétendue race, une ethnie, une nation ou une religion déterminée, soit établissent que les faits ont été commis contre la victime pour l'une de ces raisons, le maximum de la peine privative de liberté encourue est relevé ainsi qu'il suit : [...] 7° Il est porté au double lorsque l'infraction est punie de trois ans d'emprisonnement au plus ».

Ainsi, la profanation inspirée par des mobiles racistes fait encourir à son auteur un doublement de la peine privative de liberté prévue par l'article 225-17, al. 2, C. pén., soit deux ans d'emprisonnement, sans que le montant de l'amende ne se trouve toutefois modifié.

La loi nouvelle est donc plus douce en ce qu'elle prévoit une peine moins sévère que celle fulminée par l'ancien article 225-18, C. pén. En vertu du principe de la rétroactivité *in mitius* consacré par l'article 112-1, alinéa 3, C. pén., c'est cette dernière peine qui s'appliquera au fils de Jean-Luc X.

Conclusion : les peines encourues par Jean-Luc X. et par son fils

– Jean-Luc a commis une escroquerie au préjudice de l'ami de sa sœur qui lui fait encourir cinq ans d'emprisonnement et 375 000 € d'amende, une escroquerie au préjudice de sa banque qui lui fait encourir cinq ans d'emprisonnement et 375 000 € d'amende, une escroquerie au jugement qui lui fait encourir cinq ans d'emprisonnement et 375 000 € d'amende et un blanchiment du produit de ses escroqueries qui lui fait encourir cinq ans d'emprisonnement et 375 000 € d'amende ;
– Le fils de Jean-Luc pourrait avoir commis un recel qui lui fait encourir cinq ans d'emprisonnement et de 375 000 € d'amende et a commis une profanation de sépulture qui lui fait encourir deux ans d'emprisonnement et 15 000 € d'amende.

Tant Jean-Luc que son fils se trouvent en situation de concours réel (art. 132-2, C. pén. : « il y a concours d'infractions lorsqu'une infraction est commise par une personne avant que celle-ci ait été définitivement condamnée pour une autre infraction »). En vertu de l'article 132-3, C. pén. (qui pose le principe, en matière criminelle et délictuelle, du cumul limité des peines de même nature dans la limite, pour chaque peine, du maximum légal encouru pour l'infraction la plus sévèrement réprimée), Jean-Luc et son fils encourent chacun cinq ans d'emprisonnement et 375 000 € d'amende.

13. Les atteintes à l'État et à la paix publique

Elles figurent au Livre IV du Code pénal. Nous en avons d'ores et déjà envisagé plusieurs lors de l'étude des atteintes à la liberté ou à la dignité de la personne (v. *supra*, p. 265) – les arrestations et séquestrations commises par les personnes dépositaires de l'autorité publique (art. 432-4 à 432-6, C. pén.), le délit de dissimulation du visage aux abords d'une manifestation (art. 434-9-1, C. pén.) – ou des infractions relatives au secret (v. *supra*, p. 296 et s.) – l'atteinte au secret des correspondances commises par un agent public (art. 432-9, C. pén.), la violation d'un secret de la défense nationale (art. 413-10, C. pén.), la divulgation d'informations judiciaires (art. 434-7-2, C. pén.). Nous envisagerons certaines d'entre elles lors de l'étude du droit pénal des affaires (v. ainsi, *infra*, p. 395 et s., pour l'étude du faux, de la corruption, du trafic d'influence, de la prise illégale d'intérêts et du favoritisme). Nous étudierons ici les infractions terroristes (I), l'association de malfaiteurs (II) et les atteintes à l'action de l'administration publique (III) et de la justice (IV).

I/ Les infractions terroristes

Définies aux articles 421-1 et s., C. pén., elles prohibent des comportements commis en relation avec « une entreprise individuelle ou collective ayant pour but de troubler gravement l'ordre public par l'intimidation ou la terreur ». Il existe deux grandes catégories d'infractions terroristes, que nous envisagerons avant de présenter les spécificités de leur poursuite (C) : les infractions de droit commun labellisées terroristes (A) et les infractions terroristes autonomes (B). **Rappelons que la dernière version du délit de consultation habituelle de sites terroristes a été abrogée avec effet immédiat par le Conseil constitutionnel dans sa décision du 15 décembre 2017.**

A – Le terrorisme par labellisation

- **Élément légal** : l'article 421-1, C. pén. dresse une liste d'infractions de droit commun qui peuvent être qualifiées d'actes de terrorisme en raison du but poursuivi par leur auteur. Cette liste regroupe aujourd'hui des atteintes aux personnes (homicide volontaire, empoisonnement, violences, séquestration...), des atteintes aux biens (vol, extorsion, dégradations...), les infractions en matière de groupes de combat, des atteintes à la justice (recel de malfaiteurs, faux en écriture publique…), l'infraction de blanchiment ; le délit d'initié ; les infractions en matière d'armes, de produits explosifs ou de matières nucléaires.

• **Élément matériel** : il est identique à celui de l'infraction de référence considérée.

• **Élément moral** : il se scinde entre deux sous-éléments :

– *d'abord, doit être démontré l'élément moral requis au titre de l'infraction de référence*, lequel, compte tenu des infractions considérées, est toujours une intention ;

– *ensuite, vient s'ajouter à cette première composante, un élément moral spécifique au terrorisme, et consistant en un dol aggravé* : le fait commis intentionnellement doit être « en relation avec une entreprise individuelle ou collective ayant pour but de troubler gravement l'ordre public par l'intimidation ou la terreur ». **C'est ce seul dol aggravé, traduisant les mobiles poursuivis par le délinquant, qui permet de distinguer l'infraction terroriste de l'infraction de droit commun**. Sa preuve sera le plus souvent déduite des moyens matériels mis en œuvre et des lieux et personnes visés.

• **Répression** : la peine est aggravée par rapport à celle encourue pour l'infraction de droit commun correspondante : réclusion criminelle à perpétuité lorsque l'infraction est punie de trente ans de réclusion criminelle ; trente ans de réclusion criminelle lorsque l'infraction est punie de vingt ans de réclusion criminelle ; etc.

B – Les infractions terroristes autonomes

Elles présentent cette particularité d'être consommées indépendamment de la survenance d'un résultat. Existe ainsi, une infraction formelle, le terrorisme écologique (1) et de nombreuses infractions-obstacles (2).

1. L'infraction formelle : le terrorisme écologique

• **Élément légal** : selon l'article 421-2, C. pén., « constitue également un acte de terrorisme, lorsqu'il est intentionnellement en relation avec une entreprise individuelle ou collective ayant pour but de troubler gravement l'ordre public par l'intimidation ou la terreur, le fait d'introduire dans l'atmosphère, sur le sol, dans le sous-sol, dans les aliments ou les composants alimentaires ou dans les eaux, y compris celles de la mer territoriale, une substance de nature à mettre en péril la santé de l'homme ou des animaux ou le milieu naturel ».

• **Élément matériel** : le comportement consiste à introduire dans l'atmosphère, sur le sol, dans le sous-sol, dans les aliments ou les composants alimentaires ou dans les eaux une substance de nature à mettre en péril la santé de l'homme ou des animaux ou le milieu naturel. **Peu importe que le résultat survienne ou non**, puisqu'il suffit que la substance soit de « nature à » constituer un péril.

• **Élément moral** : il nécessite non seulement un dol général, mais aussi le même dol aggravé que celui que nous retrouvions au titre du terrorisme par labellisation.

• **Répression** : vingt ans de réclusion criminelle et 350 000 € d'amende ; réclusion criminelle à perpétuité et de 750 000 € d'amende lorsque cet acte a entraîné la mort d'une ou plusieurs personnes.

2. Les infractions-obstacles

a. L'association de malfaiteurs à visée terroriste

Issue de la loi du 22 juillet 1996, il s'agit d'une reprise, adaptée au terrorisme, de l'infraction d'association de malfaiteurs. Elle est définie par l'article 421-2-1, C. pén. comme « le fait de participer à un groupement formé ou à une entente établie en vue de la préparation, caractérisée par un ou plusieurs faits matériels, d'un des actes de terrorisme mentionnés aux articles précédents ». La peine encourue est de dix ans d'emprisonnement et de 225 000 € d'amende. Les peines sont portées à vingt ans de réclusion criminelle et à 500 000 € d'amende lorsque l'infraction concerne celui qui organise ou dirige le groupement. En outre, les peines sont portées à vingt ans de réclusion criminelle et à 350 000 € d'amende lorsque le groupement ou l'entente a pour objet la préparation : d'un ou plusieurs crimes d'atteintes à la vie des personnes ; d'une ou plusieurs destructions par substances explosives ou incendiaires réalisées dans des circonstances de temps ou de lieu susceptibles d'entraîner la mort d'une ou plusieurs personnes ; d'un acte de terrorisme écologique lorsqu'il est susceptible d'entraîner la mort d'une ou plusieurs personnes. Le fait de diriger ou d'organiser un tel groupement ou une telle entente est puni de trente ans de réclusion criminelle et à 500 000 € d'amende.

b. Le terrorisme par financement

Institué par la loi du 15 novembre 2001 relative à la sécurité quotidienne, afin de permettre la répression de comportements qui ne pourraient être poursuivis du chef de complicité à défaut de la commission d'une infraction principale punissable, il est défini par l'article 421-2-2, C. pén. comme « le fait de financer une entreprise terroriste en fournissant, en réunissant ou en gérant des fonds, des valeurs ou des biens quelconques ou en donnant des conseils à cette fin, dans l'intention de voir ces fonds, valeurs ou biens utilisés ou en sachant qu'ils sont destinés à être utilisés, en tout ou partie, en vue de commettre l'un quelconque des actes de terrorisme prévus au présent chapitre, indépendamment de la survenance éventuelle d'un tel acte ». La peine encourue est de dix ans d'emprisonnement et de 225 000 € d'amende. **L'infraction peut se cumuler avec l'association de malfaiteurs à visée terroriste** (Crim. 21 mai 2014, *Bull. crim.* n° 136 : à propos d'une association culturelle kurde qui à la fois se chargeait de la collecte de fonds destinés au parti des travailleurs du Kurdistan (PKK) et qui servait de lieu de rencontre à des membres importants dudit parti et d'élaboration et de diffusion de la propagande).

c. La non-justification de ressources

Issu de la loi du 18 mars 2003 relative à la sécurité intérieure, l'article 421-2-3, C. pén. réprime de sept ans d'emprisonnement et de 100 000 € d'amende « le fait de ne pouvoir justifier de ressources correspondant à son train de vie, tout en étant en relations habituelles avec une ou plusieurs personnes se livrant à l'un ou plusieurs des actes visés aux articles 421-1 à 421-2-2 ».

d. Le recrutement à finalité terroriste

La loi du 21 décembre 2012 incrimine de manière autonome, à l'article 421-2-4, C. pén. « le fait d'adresser à une personne des offres ou des promesses, de lui proposer des dons, présents ou avantages quelconques, de la menacer ou d'exercer sur elle des pressions afin qu'elle participe à un groupement ou une entente prévu à l'article 421-2-1 ou qu'elle commette un des actes de terrorisme mentionnés aux articles 421-1 et 421-2 ». Ces faits sont punis, même lorsqu'ils n'ont pas été suivis d'effet, de dix ans d'emprisonnement et de 150 000 € d'amende.

e. L'incitation d'un mineur à participer à une association de malfaiteurs terroristes

Issu de la loi du 30 octobre 2017, un nouvel art. 421-2-4-1, C. pén. réprime « le fait, par une personne ayant autorité sur un mineur, de faire participer ce mineur à un groupement formé ou à une entente établie en vue de la préparation, caractérisée par un ou plusieurs faits matériels, d'un des actes de terrorisme mentionnés aux articles 421-1 et 421-2 [...] de quinze ans de réclusion criminelle et de 225 000 € d'amende ». De plus, « lorsque le fait est commis par une personne titulaire de l'autorité parentale sur le mineur, la juridiction de jugement se prononce sur le retrait total ou partiel de l'autorité parentale en application des articles 378 et 379-1 du Code civil. Elle peut alors statuer sur le retrait de l'autorité parentale en ce qu'elle concerne les autres enfants mineurs de cette personne. Si les poursuites ont lieu devant la cour d'assises, celle-ci statue sur cette question sans l'assistance des jurés ».

f. La provocation au terrorisme

Issu de la loi du 13 novembre 2014, l'article 421-2-5, C. pén. incrimine « le fait de provoquer directement à des actes de terrorisme ou de faire publiquement l'apologie de ces actes ». Ces agissements sont punis de cinq ans d'emprisonnement et de 75 000 € d'amende. Les peines sont portées à sept ans d'emprisonnement et à 100 000 € d'amende lorsque les faits ont été commis en utilisant un service de communication au public en ligne. Le texte précise en outre que, lorsque les faits sont commis par la voie de la presse écrite ou audiovisuelle ou de la communication au public en ligne, les dispositions particulières des lois qui régissent ces matières sont applicables en ce qui concerne la détermination des personnes responsables. Les dispositions qui incriminaient l'apologie du terrorisme dans la loi sur la liberté de la presse de 1881 sont quant à elles abrogées pour faire place à ce dispositif plus sévère.

g. L'entrave au blocage des services de communication en ligne faisant l'apologie d'actes de terrorisme ou provoquant à de tels actes

Issu de la loi du 3 juin 2016, l'article 421-2-5-1, C. pén. réprime de cinq ans d'emprisonnement et de 75 000 € d'amende « le fait d'extraire, de reproduire et de transmettre intentionnellement des données faisant l'apologie publique d'actes de terrorisme ou provoquant directement à ces actes afin d'entraver, en connaissance de cause, l'efficacité des procédures prévues » à l'article 6-1 de la loi du 21 juin 2004 ou à l'article 706-23, C. pr. pén.

h. L'entreprise individuelle terroriste

Issu de la loi du 13 novembre 2014, l'article 421-2-6, C. pén. permet au droit pénal d'intervenir très en amont sur *l'iter criminis* :

• **Élément matériel** : il repose sur la caractérisation du seul comportement. Celui-ci nécessite que deux agissements soient cumulativement démontrés :

– *d'une part, le fait de détenir, de se procurer ou de fabriquer des objets ou des substances de nature à créer un danger pour autrui.* Le texte initial visait également le fait « de rechercher ». Dans sa décision n° 2017-625 QPC du 7 avril 2017, le Conseil constitutionnel a censuré, avec effet immédiat, cette formulation, pour méconnaissance du principe de nécessité des délits et des peines, considérant qu'« en retenant au titre des faits matériels pouvant constituer un acte préparatoire le fait de « rechercher [...] des objets ou des substances de nature à créer un danger pour autrui », sans circonscrire les actes pouvant constituer une telle recherche dans le cadre d'une entreprise individuelle terroriste, le législateur a permis que soient réprimés des actes ne matérialisant pas, en eux-mêmes, la volonté de préparer une infraction » (consid. 17) ;

– *d'autre part, l'un des autres faits matériels suivants* : le recueil de renseignements sur des lieux ou des personnes permettant de mener une action dans ces lieux ou de porter atteinte à ces personnes ou exercer une surveillance sur ces lieux ou ces personnes ; l'entraînement ou la formation au maniement des armes ou à toute forme de combat, à la fabrication ou à l'utilisation de substances explosives, incendiaires, nucléaires, radiologiques, biologiques ou chimiques ou au pilotage d'aéronefs ou à la conduite de navires ; la consultation habituelle d'un ou de plusieurs services de communication au public en ligne ou la détention de documents provoquant directement à la commission d'actes de terrorisme ou en faisant l'apologie ; le séjour à l'étranger sur un théâtre d'opérations de groupements terroristes.

• **Élément moral** : l'infraction est intentionnelle. Dans sa décision du 7 avril 2017, le Conseil constitutionnel a formulé une réserve d'interprétation : le délit « ne peut être constitué que si plusieurs faits matériels ont été constatés et s'il est établi que ces faits caractérisent la préparation d'une infraction à caractère terroriste » (consid. 16). Aussi, faut-il caractériser :

– *un dol général* : le dol général requis consiste dans la volonté de commettre l'acte de préparation en conscience de son illégalité ;

– *un dol spécial* : le dol spécial exige que la personne poursuivie ait agi dans l'intention de préparer la commission d'une des infractions visées (atteinte volontaires à la vie ou à l'intégrité de la personne, enlèvement et séquestration ainsi que détournement d'aéronef, de navire ou de tout autre moyen de transport ; destructions, dégradations et détériorations, lorsque l'acte préparé consiste en des destructions, dégradations ou détériorations par substances explosives ou incendiaires devant être réalisées dans des circonstances de temps ou de lieu susceptibles d'entraîner des atteintes à l'intégrité physique d'une ou plusieurs personnes ; acte de terrorisme écologique, tel que défini à l'article 421-2, C. pén., lorsque l'acte préparé est susceptible d'entraîner des atteintes à l'intégrité physique d'une ou plusieurs personnes) ;

– *un dol aggravé* : la préparation de l'infraction doit être en relation avec une entreprise individuelle ayant pour but de troubler gravement l'ordre public par l'intimidation ou la terreur.

• **Répression** : dix ans d'emprisonnement et 150 000 € d'amende.

C – Spécificités de la poursuite

• **Système des repentis** : il s'applique en matière de terrorisme (art. 422-1 et 2, C. pén.).

• **Application de la loi pénale dans l'espace** : les actes de terrorisme constituent une hypothèse de compétence universelle (Convention de Strasbourg de 1977). Par ailleurs, l'article 113-13, C. pén. prévoit que « la loi pénale française s'applique aux crimes et délits qualifiés d'actes de terrorisme commis à l'étranger par un Français ou par une personne résidant habituellement sur le territoire français », sans qu'aucune condition ne soit requise par le texte. Ce texte a entendu autoriser la poursuite des personnes ayant participé à des camps d'entraînement terroriste à l'étranger, alors même qu'elles n'auraient pas commis d'actes répréhensibles sur le territoire français, et que ces États n'incrimineraient pas la participation à des activités de préparation terroriste.

II/ L'association de malfaiteurs

Nous envisagerons ici l'incrimination générale de l'association de malfaiteurs. **Vous ne manquerez pas de garder à l'esprit les multiples incriminations spéciales de l'association de malfaiteurs que nous avons déjà rencontrées et qui priment sur cette qualification générale** : l'association de malfaiteurs en vue de la préparation des crimes contre l'espèce humaine est spécialement incriminée (art. 214-4, C. pén.), l'association de malfaiteurs à visée terroriste (421-2-1, C. pén.).

• **Élément légal** : l'article 450-1, C. pén. réprime « tout groupement formé ou entente établie en vue de la préparation, caractérisée par un ou plusieurs faits matériels, d'un ou plusieurs crimes ou d'un ou plusieurs délits punis d'au moins cinq ans d'emprisonnement ». Sont ainsi incriminés à titre principal les actes préparatoires à la commission d'infractions plus graves. En visant la simple préparation de crimes ou de délits, le législateur permet d'intervenir avant même que les infractions projetées aient été consommées ou tentées. Si les malfaiteurs passent à l'action ils seront poursuivis comme auteurs ou complices des crimes ou délits tentés ou consommés aggravés par la circonstance de bande organisée.

• **Élément matériel : une entente extériorisée par des faits matériels** : la notion d'entente ou de groupement peut être définie comme la réunion d'individus ayant formé la résolution d'agir en commun et pris la décision de passer ensemble à l'action ultérieurement. L'association de malfaiteurs n'est pas forcément un groupement structuré, hiérarchisé et composé de nombreuses personnes, constitué pour commettre un nombre important de crimes. Tombe sous le coup de cette qualification le fait de recruter une personne pour commettre une agression, de repérer les lieux et de fournir des instructions et renseignements à la personne recrutée (Crim. 30 avr. 1996, *Bull. crim.* n° 176). L'entente doit être en outre concrétisée par un ou plusieurs faits matériels, par exemple achat d'armes et essai d'explosifs (Crim. 15 déc. 1993, *Dr. pénal* 1994. 131).

• **Élément moral : l'entente pour la préparation de crimes ou délits** : l'infraction est intentionnelle et requiert un du dol général et un dol spécial. S'agissant du dol spécial, l'entente caractérisée par des faits matériels doit l'être en vue de la préparation d'un ou plusieurs crimes ou d'un ou plusieurs délits punis de cinq ans d'emprisonnement.

• **Répression** :

– *Peines* : cinq ans d'emprisonnement et de 75 000 € d'amende si les infractions préparées sont des délits punis d'au moins cinq ans d'emprisonnement, et de dix ans d'emprisonnement et de 150 000 € d'amende si les infractions préparées sont des crimes ou des délits punis de dix ans d'emprisonnement.

– *Système des repentis* : il est applicable à l'association de malfaiteurs (art. 450-2, C. pén.).

III/ Les atteintes à l'action de l'administration publique

Nous envisagerons, d'une part, l'outrage (A), d'autre part, la rébellion (B).

A – L'outrage

L'art. 433-5, C. pén., incrimine l'outrage, défini comme des paroles, gestes ou menaces, des écrits ou images de toute nature non rendus publics ou l'envoi d'objets quelconques adressés à une personne chargée d'une mission de service public, dans l'exercice ou à l'occasion de l'exercice de sa mission (al. 1er), ou à une personne dépositaire de l'autorité publique (al. 2) et de nature à porter atteinte à sa dignité ou au respect dû à la fonction dont elle est investie. Constituent, par ex. un outrage la simple familiarité (CA Paris, 3 avr. 2001, n° 00/01191 : « Mon pote » par lequel un ouvrier du bâtiment s'adressa à un policier), la condescendance (CA Aix-en-Provence, 20 févr. 1995, n° 1995-043285 : « Je travaille pour payer des gens comme vous », lancé à un policier municipal occupé à dresser un procès-verbal), l'ironie (Crim. 1er déc. 1964, *D.* 1965, jurispr. p. 83 : « Regardez-moi ce porte-galons : où a-t-il gagné toutes ces fanfreluches ? Pas à la guerre certainement... Regardez ce qu'il a l'air bête ! »), le mépris (CA Paris, 29 sept. 1995, n° 1995-022896 : affirmation selon laquelle les femmes sont faites pour rester à la maison alors que le destinataire de cette leçon était une femme contrôleur). L'outrage doit être adressé alors que la victime est « dans l'exercice de ses fonctions » ou doit être formulé à celle-ci « à l'occasion » de ses fonctions. Il importe donc peu qu'elle ne les exerce pas au moment du délit, si l'intention du prévenu était de s'en prendre à l'incarnation de la puissance publique dans la personne de son adversaire (Crim. 1er déc. 1964, *D.* 1965, jurispr. p. 83). Mais si l'auteur des propos désagréables n'est inspiré que par une affaire privée, l'outrage n'est pas commis : il en va ainsi quand un magistrat, membre d'une société civile immobilière, est offensé à raison de son comportement d'associé (Crim. 3 déc. 1970, *Bull. crim.* 1970, n° 325). Quant à la répression, l'outrage adressé à une personne chargée d'une mission de service public est puni de 7 500 € d'amende, sauf lorsqu'il est commis à l'intérieur d'un établissement scolaire ou éducatif, ou, à l'occasion des entrées ou sorties des élèves, aux abords d'un tel établissement : six mois d'emprisonnement et 7 500 € d'amende sont alors encourus. Lorsqu'il est commis contre une personne dépositaire de l'autorité publique, c'est-à-dire qui exerce un pouvoir de décision et de contrainte (par ex : des policiers, quel que soit leur grade, lorsqu'ils exécutent des fonctions de police judiciaire : Crim. 28 avr. 1997, n° 96-84.116 ; un maire car il est détenteur du pouvoir de police et officier de police judiciaire : Crim. 24 janv. 1991, n° 87-90.214 ; un président d'université, car il est doté d'un pouvoir autonome de décision dans la gestion de son établissement : Crim. 18 avr. 2000, *Bull. crim.* n° 152), il est puni, depuis la loi du 28 février 2017, d'un an d'emprisonnement et de 15 000 € d'amende. Lorsqu'il est commis en réunion, l'outrage adressé à une personne chargée d'une mission de service public est puni de six mois d'emprisonnement et de 7 500 € d'amende, et l'outrage adressé à une personne dépositaire de l'autorité publique est puni de deux ans d'emprisonnement et de 30 000 € d'amende.

On relèvera que l'art. 433-5-1, C. pén. incrimine l'outrage à l'hymne national ou au drapeau commis au cours d'une manifestation organisée ou réglementée par les autorités publiques.

B – La rébellion

L'art. 433-6, C. pén. définit la rébellion comme « le fait d'opposer une résistance violente à une personne dépositaire de l'autorité publique ou chargée d'une mission de service public agissant, dans l'exercice de ses fonctions, pour l'exécution des lois, des ordres de l'autorité publique, des décisions ou mandats de justice ». La rébellion suppose des violences ou des voies de faits, elle est exclue en cas de simple refus d'obtempérer à un ordre ou en cas de résistance passive à une arrestation (par ex. Crim. 1er févr. 2006, nº 05-82.167 : le fait de faire de grands gestes pour empêcher un menottage ne constitue pas, en l'absence de démonstration d'une résistance violente et accompagnée de voies de fait, une rébellion). Une jurisprudence constante applique une présomption de régularité de l'action de l'agent public et décide « que le délit de rébellion ne saurait être excusé à raison de la prétendue illégalité de l'acte accompli par l'agent » (par ex. Crim. 7 févr. 1995, *Bull. crim.* nº 51). Ce n'est que lorsque l'acte commis par l'agent public est manifestement illégal que la jurisprudence a parfois, de manière exceptionnelle, admis le renversement de la présomption de régularité, la résistance violente, et écartée le délit de rébellion (par ex. Crim. 25 mars 1852, *Bull. crim.* nº 108 : personne qui avait opposé une résistance violente à un garde forestier qui s'était introduit, hors le cas de flagrant délit, dans sa maison pour y constater un délit). Quant à la répression, la rébellion est punie d'une peine d'emprisonnement qui a été aggravée de six mois à un an, et d'une peine d'amende qui a été sensiblement accrue pour être portée aujourd'hui à 15 000 €, par la loi du 28 février 2017 (art. 433-7, al. 1er, C. pén.). La rébellion en réunion est punie de trois ans d'emprisonnement et de 45 000 € (art. 433-7, al. 1er, C. pén.). La rébellion armée est punie de cinq ans d'emprisonnement et de 75 000 € d'amende (art. 433-8, al. 1er, C. pén.) et la rébellion armée commise en réunion de dix ans d'emprisonnement et de 150 000 € d'amende. L'article 433-9, C. pén. précise que « [l]orsque l'auteur de la rébellion est détenu, les peines prononcées pour le délit de rébellion se cumulent, par dérogation aux articles 132-2 à 132-5, sans possibilité de confusion, avec celles que l'intéressé subissait ou celles prononcées pour l'infraction à raison de laquelle il était détenu ». Enfin, on relèvera que l'article 433-10, C. pén., réprime de deux mois d'emprisonnement et de 7 500 € d'amende la provocation directe à la rébellion.

IV/ Les atteintes à l'action de la justice

Nous distinguerons, comme le fait le Code pénal, les entraves à la saisine de la justice (A), les atteintes à l'exercice de la justice (B) puis les atteintes à l'autorité de la justice (C).

A – Les atteintes à la saisine de la justice

Il convient d'envisager les défauts de dénonciation (1) et les obstacles à la manifestation de la vérité (2).

1. Les défauts de dénonciation

Le livre IV du Code pénal distingue la non-dénonciation de crime (a) et la non-dénonciation de mauvais traitements subis par un mineur ou une personne qui n'est pas en mesure de se protéger (b).

a. La non-dénonciation de crime

• **Élément légal** : l'art. 434-1, C. pén., incrimine « [l]e fait, pour quiconque ayant connaissance d'un crime dont il est encore possible de prévenir ou de limiter les effets, ou dont les auteurs sont susceptibles de commettre de nouveaux crimes qui pourraient être empêchés, de ne pas en informer les autorités judiciaires ou administratives » ; l'art. 434-2, C. pén., quant à lui incrimine la non-dénonciation d'un crime portant atteinte aux intérêts fondamentaux de la nation prévue par le titre 1er du livre IV du Code pénal ou d'un crime terroriste.

• **Élément matériel** : le texte n'incrimine que la non-dénonciation d'un crime à l'exception d'un délit ou d'une contravention ; en outre, il n'incrimine pas la non-dénonciation de malfaiteur : ce n'est pas l'identité ou le refuge du criminel qui doit être porté à la connaissance des autorités, mais seulement le crime lui-même, afin de permettre à ces autorités de prendre les mesures propres à éviter qu'il achève de produire ses effets, ou qu'il soit suivi d'autres crimes (Crim. 2 mars 1961, *Bull. crim.* n° 137). Par ailleurs, le délit suppose que le projet ou l'acte criminel ne soit pas déjà connu des autorités compétentes (Crim. 13 oct. 1992, *Bull. crim.* n° 320).

• **Élément moral** : le délit est intentionnel et suppose la connaissance du crime commis et la volonté de ne pas le révéler.

• **Répression :**

– *Concours de qualifications* : le délit de non-dénonciation de crime ne peut être reproché à celui qui a participé, comme coauteur ou complice, au crime (Crim. 27 déc. 1960, *Bull. crim.* n° 624).

– *Peines* : trois ans d'emprisonnement et 45 000 € d'amende ; cinq ans et 75 000 € d'amende pour la non-dénonciation d'un crime portant atteinte aux intérêts fondamentaux de la nation ou d'un crime terroriste.

– *Immunité familiale* : sont exceptés du champ de l'incrimination, sauf en ce qui concerne les crimes commis sur les mineurs (et sur tous les mineurs depuis la loi du 14 mars 2016 et non plus les crimes commis contre les mineurs de 15 ans) : les parents en ligne directe et leurs conjoints, ainsi que les frères et sœurs et leurs conjoints, de l'auteur ou du complice du crime ; le conjoint de l'auteur ou du complice du crime, ou la personne qui vit notoirement en situation maritale avec lui. L'immunité ne s'applique toutefois pas, depuis la loi du 3 juin 2016, à la non-dénonciation d'un crime portant atteinte aux intérêts fondamentaux de la nation ou d'un crime terroriste (art. 434-2, *in fine*, C. pén.).

– *Secret professionnel* : sont également exclues de la qualification les personnes astreintes au secret dans les conditions prévues par l'art. 226-13, C. pén. (art. 434-1, al. 5, C. pén.). Cette exception ne saurait être considérée comme imposant une obligation de non-dénonciation, afin d'assurer en toute circonstance la primauté du secret professionnel. Elle ne fait que définir une « option de conscience », qui laisse à chacun le pouvoir d'arbitrer entre les deux impératifs contradictoires.

b. La non-dénonciation de mauvais traitements

• **Élément légal** : l'art. 434-3, C. pén., incrimine « le fait, pour quiconque ayant connaissance de privations, de mauvais traitements ou d'agressions ou atteintes sexuelles infligés à un mineur ou à une personne qui n'est pas en mesure de se protéger en raison de son âge, d'une maladie, d'une infirmité, d'une déficience physique ou psychique ou d'un état de grossesse, de ne pas en informer les autorités judiciaires ou administratives ou de continuer à ne pas informer ces autorités tant que ces infractions n'ont pas cessé ». Depuis la loi du 14 mars 2016, sont ainsi visées les agressions sexuelles au même titre que les atteintes sexuelles. Par ailleurs, tous les mineurs sont protégés, et pas seulement les mineurs de 15 ans, comme c'était le cas auparavant. **La loi du 3 août 2018 a, quant à elle, élargi l'incrimination** : sont désormais incriminés non seulement le fait de ne pas informer les autorités judiciaires ou administratives, mais également le fait de continuer à ne pas informer ces autorités tant que ces infractions n'ont pas cessé. L'infraction devient ainsi un délit continu, pour lequel la prescription ne commence à courir que lorsque cessent les infractions qui auraient dû être dénoncées.

• **Élément matériel** : le délit n'impose pas, la révélation de l'identité de l'auteur ou de la victime des mauvais traitements (T. corr. Caen 4 sept. 2001, *D.* 2001, IR 2721) ; la constitution du délit n'exige pas que la dénonciation ait pu prévenir ou limiter les effets des agissements ou encore d'en éviter le renouvellement (Crim. 6 sept. 2006, n° 05-87.274).

• **Élément moral** : le délit est intentionnel et suppose la connaissance des agissements commis ainsi que de l'âge des victimes ou de l'impossibilité de la victime de se protéger et la volonté de ne pas les révéler.

• **Répression :**

– *Peines* : trois ans d'emprisonnement et 45 000 € d'amende ; **la loi du 3 août 2018 a toutefois introduit une circonstance aggravante** : lorsque le défaut d'information concerne une infraction mentionnée au premier alinéa commise sur un mineur de 15 ans, les peines sont portées à cinq ans d'emprisonnement et 75 000 € d'amende (art. 434-3, al. 2, C. pén.).

– *Secret professionnel* : sauf lorsque la loi en dispose autrement, sont exceptées de l'incrimination les personnes astreintes au secret dans les conditions prévues par l'art. 226-13, C. pén. (art. 434-3, al. 3 , C. pén.). Le texte consacre ainsi une « option de conscience », équivalente à celle applicable en matière de non-dénonciation de crime, et seule la loi peut y déroger, en imposant l'information par la violation du secret (sur le rejet de cette option concernant un évêque, faute de secret à lui opposable : TGI Caen, 4 sept. 2001, *D.* 2002, somm. p. 1803, obs. G. Roujou de Boubée). Mais elle n'est pas exclusive d'autres qualifications, telle l'omission de porter secours à une personne en péril (art. 223-6, al. 2, C. pén.). Le Code pénal ne consacre pas l'inaction, mais une liberté dans l'action.

2. Les obstacles à la manifestation de la vérité

Nous distinguerons l'altération des preuves (a), le défaut d'information de la disparition d'un mineur (b), les menaces et actes d'intimidation en vue d'influencer la victime (c) ainsi que les recels de malfaiteur et de cadavre (d).

a. L'altération des preuves

- **Élément légal** : l'article 434-4, C. pén., incrimine « le fait, en vue de faire obstacle à la manifestation de la vérité : 1° De modifier l'état des lieux d'un crime ou d'un délit soit par l'altération, la falsification ou l'effacement des traces ou indices, soit par l'apport, le déplacement ou la suppression d'objets quelconques ; 2° De détruire, soustraire, receler ou altérer un document public ou privé ou un objet de nature à faciliter la découverte d'un crime ou d'un délit, la recherche des preuves ou la condamnation des coupables ». L'article 434-4-2, C. pén., rend applicable cette disposition aux atteintes à l'administration de la justice par la Cour pénale internationale.
- **Élément matériel** : sont visées toutes formes d'altération.
- **Élément moral** : l'infraction requiert toujours, pour être constituée, la caractérisation d'un dol spécial. Les modifications ou destructions doivent ainsi toujours être commises en vue de faire obstacle à la manifestation de la vérité. En l'absence d'une telle intention, seule est constituée la contravention de la 4e classe prévue par l'art. 55, C. pr. pén., article qui prévoit un fait justificatif tiré de ce que la modification a été commandée « par les exigences de la sécurité ou de la salubrité publique, ou par les soins à donner aux victimes ».
- **Répression** : trois ans d'emprisonnement et 45 000 € d'amende ; une circonstance aggravante est prévue, lorsque l'infraction est le fait d'une personne qui, par ses fonctions, est appelée à concourir à la manifestation de la vérité, tel un officier ou agent de la police judiciaire, un expert, ou un magistrat. La peine est alors portée à 5 ans d'emprisonnement et à 75 000 € d'amende (art. 434-4, al. 4, C. pén.).

b. Le défaut d'information de la disparition d'un mineur de 15 ans

L'art. 434-4-1, C. pén. réprime « [l]e fait pour une personne ayant connaissance de la disparition d'un mineur de 15 ans de ne pas en informer les autorités judiciaires ou administratives, en vue d'empêcher ou de retarder la mise en œuvre des procédures de recherche prévues par l'article 74-1 du Code de procédure pénale », de deux ans d'emprisonnement et de 30 000 € d'amende.

c. Les menaces et actes d'intimidation en vue d'influencer la victime

- **Élément légal** : l'art. 434-5, C. pén. réprime « [to]ute menace ou tout autre acte d'intimidation à l'égard de quiconque, commis en vue de déterminer la victime d'un crime ou d'un délit à ne pas porter plainte ou à se rétracter ».

• **Élément matériel** : l'incrimination appréhende toutes les menaces d'atteinte à la fois aux personnes et aux biens. Elle concerne de plus les actes qui sont dirigés, non pas directement contre la victime de l'infraction, mais encore contre des tiers. **Les témoins ne sont en revanche pas visés. S'ils subissent des actes d'intimidation et de pression, il vous faudra retenir la subornation de témoins (art. 434-15, C. pén.). Il en va de même des menaces dirigées contre les magistrats, les jurés ou les avocats**, en vue d'influencer leur comportement, qui font également l'objet d'une incrimination spécifique (art. 434-8, C. pén.).

• **Élément moral** : l'infraction requiert toujours, pour être constituée, la caractérisation d'un dol spécial : les menaces doivent être commises en vue de déterminer la victime d'un crime ou d'un délit à ne pas porter plainte ou à se rétracter.

• **Répression** : trois ans d'emprisonnement et 45 000 € d'amende.

d. Les recels de malfaiteur et de cadavre

Les articles 434-6 et 434-7, C. pén. répriment deux formes particulières d'aide ou d'assistance fournie postérieurement à la commission de l'infraction :

– **l'art. 434-5, C. pén. réprime ainsi le recel de malfaiteur**, défini comme « [l]e fait de fournir à la personne auteur ou complice d'un crime ou d'un acte de terrorisme puni d'au moins dix ans d'emprisonnement un logement, un lieu de retraite, des subsides, des moyens d'existence ou tout autre moyen de la soustraire aux recherches ou à l'arrestation ». L'infraction s'applique non seulement au recel de condamné mais également au recel d'un individu poursuivi (Crim. 15 oct. 1853, *DP* 1854, 1, 85). La simple fourniture d'un alibi ne caractérise pas l'infraction (CA Bourges 16 févr. 1950, *D.* 1950, 405). L'infraction est intentionnelle, conformément à l'art. 121-3, C. pén., ce qui implique que l'auteur du recel doit avoir agi sciemment, en parfaite connaissance, tant du crime ou de l'acte de terrorisme puni d'au moins dix ans d'emprisonnement que des recherches de la justice.

Soyez vigilant : le délit peut venir en conflit avec le devoir d'assistance d'un criminel malade ou blessé. Toutefois les soins prodigués à un malfaiteur blessé ne sauraient aller jusqu'à un hébergement de plusieurs jours (Crim. 17 sept. 2003, n° 03-80.524). L'immunité familiale s'applique ici, comme c'est le cas pour la non-dénonciation de crime : sont ainsi exclus du champ de l'incrimination, les parents en ligne directe et leurs conjoints, ainsi que les frères et sœurs et leurs conjoints, de l'auteur ou complice du crime ou de l'acte de terrorisme ; le conjoint de l'auteur ou du complice du crime ou de l'acte de terrorisme, ou la personne qui vit notoirement en situation maritale avec lui (art. 434-6, al. 2 à 4, C. pén.). Le recel de malfaiteur est puni de trois ans d'emprisonnement et de 45 000 € d'amende, cinq ans d'emprisonnement et à 75 000 € d'amende lorsque l'infraction est commise de manière habituelle ;

– **l'art. 434-6, C. pén. réprime quant à lui le recel de cadavre**, défini comme « [l]e fait de receler ou de cacher le cadavre d'une personne victime d'un homicide ou décédée des suites de violence ». Le recel de cadavre est puni de deux ans d'emprisonnement et de 30 000 € d'amende. On l'a vu, cette qualification ne saurait s'appliquer à l'encontre de l'auteur d'un meurtre, le fait pour l'auteur d'un meurtre d'avoir recélé ou caché le cadavre de sa victime étant considéré comme une suite logique de l'homicide, ne peut pas être retenu comme recel (Crim. 19 juill. 1956, *Bull. crim.* n° 556 ; Crim. 24 nov. 2010, n° 06-85.270). En matière de recel de cadavre, le délai de prescription ne court qu'à compter du jour où la dissimulation a cessé, peu important que le corps ait été déplacé ultérieurement à l'insu du demandeur (Crim. 13 déc. 2017, n° 17-83.330).

B – Les atteintes à l'exercice de la justice

Nous avons déjà rencontré le délit de divulgation d'informations judiciaires (art. 434-7-2). Nous envisagerons donc ici le déni de justice (1), les pressions sur la justice (2) et les réticences à l'exercice de la justice (3).

1. Le déni de justice

En vertu de l'art. 434-7-1, C. pén., « [l]e fait, par un magistrat, toute autre personne siégeant dans une formation juridictionnelle ou toute autorité administrative, de dénier de rendre la justice après en avoir été requis et de persévérer dans son déni après avertissement ou injonction de ses supérieurs est puni de 7 500 € d'amende et de l'interdiction de l'exercice des fonctions publiques pour une durée de cinq à vingt ans ». Le texte vise une personne siégeant dans une formation juridictionnelle, ce qui exclut qu'une décision de classement sans suite puisse constituer un déni de justice (Crim. 6 juill. 1982, *Bull. crim.* n° 181). L'infraction consiste à persévérer dans le déni malgré le rappel des supérieurs, ce que ne saurait être une décision rendue par une juridiction de second degré (CA Paris, 30 juin 2004).

2. Les pressions sur la justice

Deux types d'incriminations spéciales sont prévus : d'une part, les menaces et actes d'intimidation contre toute personne apportant son concours à la justice (a), d'autre part, la corruption et le trafic d'influence commis à l'occasion d'une procédure juridictionnelle (b). On envisagera également l'incrimination de la publication, *ante sentenciam*, de commentaires partisans (c).

a. Les menaces et actes d'intimidation contre toute personne apportant son concours à la justice

Elles sont incriminées par l'art. 434-8, C. pén. : « Toute menace ou tout acte d'intimidation commis envers un magistrat, un juré ou toute autre personne siégeant dans une formation juridictionnelle, un arbitre, un interprète, un expert ou l'avocat d'une partie en vue d'influencer son comportement dans l'exercice de ses fonctions est puni de trois ans d'emprisonnement et de

45 000 € d'amende ». Ce texte est le pendant de l'art. 434-5, du Code pénal. L'art. 434-23-1, C. pén. applique ce texte aux atteintes à l'administration de la justice par la Cour pénale internationale.

b. La corruption et le trafic d'influence à l'occasion d'une procédure juridictionnelle

Le livre IV comporte deux incriminations spécifiques, respectivement de la corruption et du trafic d'influence, actifs comme passifs, lorsque ces infractions sont commises à l'occasion d'une procédure juridictionnelle :

– en vertu de l'art. 434-9, C. pén., « [es]t puni de dix ans d'emprisonnement et d'une amende de 1 000 000 €, dont le montant peut être porté au double du produit tiré de l'infraction, le fait, par : 1° Un magistrat, un juré ou toute autre personne siégeant dans une formation juridictionnelle ; 2° Un fonctionnaire au greffe d'une juridiction ; 3° Un expert nommé, soit par une juridiction, soit par les parties ; 4° Une personne chargée par l'autorité judiciaire ou par une juridiction administrative d'une mission de conciliation ou de médiation ; 5° Un arbitre exerçant sa mission sous l'empire du droit national sur l'arbitrage, de solliciter ou d'agréer, sans droit, à tout moment, directement ou indirectement, des offres, des promesses, des dons, des présents ou des avantages quelconques, pour lui-même ou pour autrui, pour accomplir ou avoir accompli, pour s'abstenir ou s'être abstenu d'accomplir un acte de sa fonction ou facilité par sa fonction » (al. 1er). En outre, « [le fait de céder aux sollicitations d'une personne mentionnée aux 1° à 5° ou de lui proposer sans droit, à tout moment, directement ou indirectement, des offres, des promesses, des dons, des présents ou des avantages quelconques, pour elle-même ou pour autrui, pour qu'elle accomplisse ou s'abstienne d'accomplir, ou parce qu'elle a accompli ou s'est abstenue d'accomplir un acte de sa fonction ou facilité par sa fonction est puni des mêmes peines » (al. 2e). Enfin, [l]orsque l'infraction définie aux premier à septième alinéas est commise par un magistrat au bénéfice ou au détriment d'une personne faisant l'objet de poursuites criminelles, la peine est portée à quinze ans de réclusion criminelle et à 225 000 € d'amende ». On relèvera que l'art. 434-23-1, C. pén. rend ce texte applicable aux atteintes à l'administration de la justice par la Cour pénale internationale ;

– en vertu de l'art. 434-9-1, C. pén., « [es]t puni de cinq ans d'emprisonnement et d'une amende de 500 000 €, dont le montant peut être porté au double du produit tiré de l'infraction, le fait, par quiconque, de solliciter ou d'agréer, à tout moment, directement ou indirectement, des offres, des promesses, des dons, des présents ou des avantages quelconques, pour lui-même ou pour autrui, pour abuser ou avoir abusé de son influence réelle ou supposée en vue de faire obtenir d'une des personnes visées à l'article 434-9 toute décision ou tout avis favorable » (al. 1er). En outre, « [e]st puni des mêmes peines le fait, par quiconque, à tout moment, de céder aux sollicitations prévues au premier alinéa ou de proposer, sans droit, directement ou indirectement, des offres, des promesses, des dons, des présents ou des avantages quelconques à une personne, pour elle-même ou pour autrui, pour qu'elle abuse ou parce qu'elle a abusé de son influence réelle ou supposée en vue de faire obtenir d'une des personnes visées à l'article 434-9 une décision ou un avis favorable » (al. 2nd).

L'art. 434-9-2, C. pén., rend applicable le statut des repentis à de tels faits.

c. La publication de commentaires partisans *ante sentenciam*

Aux termes de l'art. 434-16, al. 1er, C. pén., « [l]a publication, avant l'intervention de la décision juridictionnelle définitive, de commentaires tendant à exercer des pressions en vue d'influencer les déclarations des témoins ou la décision des juridictions d'instruction ou de jugement est punie de six mois d'emprisonnement et de 7 500 € d'amende ». La caractérisation d'un dol spécial est requise par le texte, ce qui exclut de l'incrimination les commentaires purement techniques. De même, sont exclus les commentaires tendant à la révision d'une condamnation, puisque l'infraction n'est constituée que si la publication a lieu avant l'intervention de la décision juridictionnelle définitive. Lorsque l'infraction est commise par la voie de la presse écrite ou audiovisuelle, les dispositions particulières des lois qui régissent ces matières sont applicables en ce qui concerne la détermination des personnes responsables (art. 434-16, al. 2, C. pén.).

3. Les réticences à l'exercice de la justice

Nous envisagerons l'omission de témoigner en faveur d'un innocent (a), le refus de déposer (b), le refus de remettre aux autorités judiciaires la convention secrète de déchiffrement d'un moyen de cryptologie (c), les infractions réprimant le mensonge (d), les subornations (e), le délit de fuite (f) et d'autres infractions résiduelles (g).

a. L'omission de témoigner en faveur d'un innocent

L'art. 434-11, al. 1er, C. pén. réprime « [l]e fait, pour quiconque connaissant la preuve de l'innocence d'une personne détenue provisoirement ou jugée pour crime ou délit, de s'abstenir volontairement d'en apporter aussitôt le témoignage aux autorités judiciaires ou administratives » de trois ans d'emprisonnement et de 45 000 € d'amende. Le témoignage est obligatoire à compter du placement en détention provisoire, et l'infraction n'est réalisée que si l'abstention est volontaire, ce qui suppose une parfaite connaissance de l'état d'innocence de la personne détenue ou jugée, cette connaissance devant être expressément constatée par les juges du fond (Crim., 22 nov. 2005, n° 05-81.489). L'incrimination ne saurait cependant s'appliquer concernant l'innocence d'une personne placée en garde à vue, et non détenue provisoirement (Crim. 11 mars 2014, *Bull. crim.* n° 70).

L'art. 434-11, C. pén. prévoit toutefois trois exemptions au bénéfice :

– de celui qui apportera son témoignage tardivement, mais spontanément (art. 434-11, al. 2, C. pén.) ;

– de l'auteur ou le complice de l'infraction qui motivait la poursuite, de ses parents en ligne directe et de la personne qui vit notoirement en situation maritale avec lui (art. 434-11, al. 3 à 5, C. pén.) ;
– des personnes astreintes au secret professionnel dans les conditions prévues par l'art. 226-13, C. pén. Là encore, le code consacre « l'option de conscience » en n'imposant pas le témoignage.

b. Le refus de déposer

– L'art. 434-12, C. pén. réprime « [l]e fait, pour toute personne ayant déclaré publiquement connaître les auteurs d'un crime ou d'un délit, de refuser de répondre aux questions qui lui sont posées à cet égard par un juge » d'un an d'emprisonnement et de 15 000 € d'amende. Le silence réprimé ici l'est devant tout juge.
– L'art. 434-15-1, C. pén. réprime quant à lui « [l]e fait de ne pas comparaître, de ne pas prêter serment ou de ne pas déposer, sans excuse ni justification, devant le juge d'instruction ou devant un officier de police judiciaire agissant sur commission rogatoire par une personne qui a été citée par lui pour y être entendue comme témoin » de 3 750 € d'amende. Le silence ici réprimé ne l'est que devant le juge d'instruction ou un OPJ rogatoirement commis. On relèvera que le refus de déposer devant les assises ou le tribunal correctionnel, sanctionné d'une amende du même montant, l'est par le Code de procédure pénale (respectivement art. 326, al. 2 et art. 438, C. pr. pén.). Par ailleurs, l'art. 694-48, al. 2, C. pr. pén., prévoit expressément, s'il s'agit de l'audition d'un témoin, que sont applicables à la décision d'enquête pénale européenne les dispositions du Code de procédure pénale réprimant le refus de déposer ou de prêter serment, ainsi que celles des art. 434-13, 434-14 et 434-15-1, C. pén. « réprimant le faux témoignage ».

c. Le refus de remettre aux autorités judiciaires la convention secrète de déchiffrement d'un moyen de cryptologie

L'art. 434-15-2, C. pén. réprime de trois ans d'emprisonnement et de 270 000 € d'amende « [l]e fait, pour quiconque ayant connaissance de la convention secrète de déchiffrement d'un moyen de cryptologie susceptible d'avoir été utilisé pour préparer, faciliter ou commettre un crime ou un délit, de refuser de remettre ladite convention aux autorités judiciaires ou de la mettre en œuvre, sur les réquisitions de ces autorités délivrées en application des titres II et III du livre Ier du Code de procédure pénale » (al. 1er). Si le refus est opposé alors que la remise ou la mise en œuvre de la convention aurait permis d'éviter la commission d'un crime ou d'un délit ou d'en limiter les effets, la peine est portée à 5 ans d'emprisonnement et à 450 000 € d'amende (al. 2nd). Tout ce dispositif a été déclaré conforme à la Constitution (Cons. const. 30 mars 2018, n° 2018-696 QPC : la QPC avait été posée par un individu interpellé et placé en garde à vue pour détention d'un produit stupéfiant. Au cours de sa garde à vue, l'intéressé a refusé de remettre les codes de déverrouillage des téléphones qu'il possédait et il fut poursuivi pour le délit prévu par l'art. 434-15-2) et à la Conv. EDH (Crim. 10 déc. 2019, n° 18-86878 :

le droit de ne pas s'incriminer soi-même ne s'étend pas aux données que l'on peut obtenir de la personne concernée en recourant à des pouvoirs coercitifs mais qui existent indépendamment de la volonté de l'intéressé).

d. Les mensonges

Le livre IV vient incriminer plusieurs formes de mensonges qui font obstacle à l'exercice de l'action de la justice :

– **Le faux témoignage** : l'art. 434-13, C. pén., réprime de cinq ans d'emprisonnement et de 75 000 € d'amende « [l]e témoignage mensonger fait sous serment devant toute juridiction ou devant un officier de police judiciaire agissant en exécution d'une commission rogatoire ». L'article 434-14, C. pén. porte les peines à sept ans d'emprisonnement et à 100 000 € d'amende lorsque le témoignage mensonger est provoqué par la remise d'un don ou d'une récompense quelconque ou lorsque celui contre lequel ou en faveur duquel le témoignage mensonger a été commis est passible d'une peine criminelle. L'infraction, suppose une déclaration faites sous serment (Crim. 20 mai 1958, *Bull. crim.* n° 408). Elle suppose un témoignage irrévocable (Crim. 20 nov. 1868, *DP* 1869, 1, 263) et déterminant (Crim. 29 nov. 1951, *Bull. crim.* n° 329 : la simple inexactitude portant sur une circonstance accessoire et sans effet sur le sens de la déposition ne saurait constituer le délit). Elle est de nature formelle, le préjudice étant indifférent (Crim. 17 déc. 2002, *Bull. crim.* n° 234). Le faux témoin sera cependant exempt de peine s'il a rétracté spontanément son témoignage avant la décision mettant fin à la procédure rendue par la juridiction d'instruction ou par la juridiction de jugement (art. 434-13, al. 2nd, C. pén.). Relevons que l'art. 694-48, al. 2, C. pr. pén., qui régit la décision d'enquête pénale européenne, renvoie expressément aux art. 434-13, 434-14 et 434-15-1, C. pén., « réprimant le faux témoignage », lorsque l'audition d'un témoin est en cause. En outre, l'art. 434-23-1, C. pén., rend applicable les art. 434-13 et 434-14, C. pén. aux atteintes à l'administration de la justice par la Cour pénale internationale. En revanche, la répression ne saurait atteindre une personne ayant témoigné sous couvert d'anonymat en application des art. 706-58, C. pr. pén. et s. L'impossibilité de déposer plainte est compensée par la portée limitée conférée à son audition, aucune condamnation ne pouvant être prononcée sur le seul fondement de ses déclarations, d'autre part, la personne mise en cause dispose du droit de solliciter l'annulation dudit témoignage dans les conditions prévues par l'art. 706-60, C. pr. pén. (Crim. 29 juin 2016, *Bull. crim.* n° 211 ; Crim. 7 déc. 2016, *Bull. crim.* n° 329).

– **Le faux serment** : en vertu de l'art. 434-17, C. pén., « [l]e faux serment en matière civile est puni de trois ans d'emprisonnement et de 45 000 € d'amende. Le délit vise tant le serment supplétoire que le serment décisoire.

– **La dénaturation de traduction par un interprète** : l'art. 434-18, C. pén., réprime « [l]e fait, par un interprète, en toute matière, de dénaturer la substance des paroles ou documents traduits est puni, selon les distinctions des articles 434-13 et 434-14, de cinq ans d'emprisonnement et 75 000 € d'amende ou de sept ans d'emprisonnement et 100 000 € d'amende ». L'infraction peut être commise en « toute matière », les peines suivant le même régime que celles qui sont fulminées à l'encontre du faux témoignage.

– **La falsification d'expertise** : l'art. 434-20, C. pén. réprime « [l]e fait, par un expert, en toute matière, de falsifier, dans ses rapports écrits ou ses exposés oraux, les données ou les résultats de l'expertise est puni, selon les distinctions des articles 434-13 et 434-14, de cinq ans d'emprisonnement et 75 000 € d'amende ou de sept ans d'emprisonnement et 100 000 € d'amende. L'infraction suppose une action volontaire destinée à tromper la justice. Elle ne peut concerner qu'un expert désigné pour exécuter une mission judiciaire, ce qui exclut celui agissant à la demande d'une partie (Crim. 28 mai 2008, *Bull. crim.* n° 133).

– **L'usurpation d'état civil** : deux infractions sont prévues :

- *l'usurpation de nom*, punie de cinq ans d'emprisonnement et de 75 000 € d'amende, et définie par l'art. 434-23, al. 1er, C. pén., comme « [l]e fait de prendre le nom d'un tiers, dans des circonstances qui ont déterminé ou auraient pu déterminer contre celui-ci des poursuites pénales ». Seule l'usurpation d'un nom porté par un tiers est incriminée, ce qui ne doit pas être confondu avec l'hypothèse dans laquelle la personne poursuivie fournit des renseignements d'identité purement imaginaires, avec pour effet de provoquer ou de pouvoir provoquer des mentions erronées au casier judiciaire. De tels faits sont sanctionnés par l'art. 781, C. pr. pén. En vertu de l'art. 434-20, al. 2e, C. pén., « [n]onobstant les dispositions des art. 132-2 à 132-5, C. pén. sur les sanctions applicables en cas de concours d'infractions, *les peines prononcées pour ce délit se cumulent, sans possibilité de confusion, avec celles qui auront été prononcées pour l'infraction à l'occasion de laquelle l'usurpation a été commise* » ;
- *la fausse déclaration d'état civil* : est puni des mêmes peines, « [l]a fausse déclaration relative à l'état civil d'une personne, qui a déterminé ou aurait pu déterminer des poursuites pénales contre un tiers ». Toute fausse déclaration d'état civil est incriminée, dès lors qu'elle a, ou peut avoir, un effet répressif contre un innocent.

e. Les subornations

– **La subornation de témoin** : en vertu de l'art. 434-15, C. pén., « [l]e fait d'user de promesses, offres, présents, pressions, menaces, voies de fait, manœuvres ou artifices au cours d'une procédure ou en vue d'une demande ou défense en justice afin de déterminer autrui soit à faire ou délivrer une déposition, une déclaration ou une attestation mensongère, soit à s'abstenir de faire ou délivrer une déposition, une déclaration ou une attestation, est puni de trois ans d'emprisonnement et de 45 000 € d'amende, même si la subornation n'est pas suivie d'effet ». L'art. 434-23-1, C. pén. rend ce texte applicable aux atteintes à l'administration de la justice par la Cour pénale internationale. Sont ainsi réprimées les pressions exercées sur les témoins, à l'exclusion d'une simple sollicitation (Crim. 2 nov. 2005, n° 05-80.085). Le délit est formel, c'est-à-dire consommé indépendamment de ses effets. Toutefois, *lorsque la subornation est suivie d'effet, son auteur est susceptible d'encourir en qualité de complice par provocation d'un témoignage mensonger, les peines plus sévères prévues par l'art. 434-14, C. pén.*

– **La subornation d'interprète ou d'expert** : elles sont respectivement incriminées par les art. 434-19 et 434-21, C. pén., et sont l'une et l'autre réprimées dans les conditions prévues par l'art. 434-15.

f. Le délit de fuite

Il est défini par l'art. 434-10, C. pén., comme « [l]e fait, pour tout conducteur d'un véhicule ou engin terrestre, fluvial ou maritime, sachant qu'il vient de causer ou d'occasionner un accident, de ne pas s'arrêter et de tenter ainsi d'échapper à la responsabilité pénale ou civile qu'il peut avoir encourue ».

– **Matériellement**, le délit de fuite peut être retenu à l'encontre de tout conducteur d'engin terrestre, même non motorisé (cycliste, véhicule tracté par un animal), ou bien susceptible de voguer en mer (skipper, véliplanchiste, pilote d'un scooter des mers) ou sur un cours d'eau (rameur), à l'exclusion des piétons et des personnes assimilées (handicapé dans un fauteuil roulant manuel, conducteur d'un caddie ou d'une poussette d'enfant, cycliste qui tient son vélo à la main, personne pratiquant le roller, conducteur d'animaux non attelés). L'auteur doit avoir été impliqué dans un accident, en tant qu'auteur direct (« causé ») ou indirect (« occasionné »), ce qui s'entend d'un acte involontaire. Il ne saurait en effet y avoir délit de fuite après la commission d'un acte volontaire comme des violences sur la personne d'autrui ou des dégradations volontaires (T. corr. Foix, 26 avr. 1983, *JCP* 1986, II, 20581), même si certaines décisions ont conclu à la compatibilité entre ces deux qualifications (par ex., Douai 11 janv. 1995, *Gaz. Pal.* 1995. 2. 543). Cet accident doit par ailleurs avoir été causé à tiers, et il peut s'agir tout aussi bien d'un accident corporel que matériel (Crim. 2 mai 1930, *DH* 1930. 317). Tout conducteur impliqué dans un accident doit ainsi s'arrêter « aussitôt » (Crim. 19 mars 1956, *Bull. crim.* n° 272) et « à l'endroit même où l'accident s'est produit » (Crim. 12 juill. 1966, *Bull. crim.* n° 199), même si l'engagement de sa responsabilité pénale ou civile n'est qu'une éventualité (Crim. 4 mai 1950, *Bull. crim.* n° 142), à condition toutefois de ne pas créer de danger pour autrui (v. not. art. R. 231-1, C. route, qui recommande au conducteur de « s'arrêter aussitôt que cela lui est possible, sans créer un danger pour la circulation »). Le fait de se présenter après l'accident aux autorités ou de leur signaler l'accident n'est pas de nature à exonérer de sa responsabilité le conducteur qui ne s'est pas arrêté (Cass. 19 mars 1956, *Bull. crim.* n° 272). L'obligation de s'arrêter est « destinée à permettre la détermination des causes de l'accident ou tout au moins l'identification du conducteur qui l'a causé » (Crim. 3 déc. 1975, *Bull. crim.* n° 268), ce qui permet de retenir le délit de fuite, malgré l'arrêt sur place, à l'encontre de celui qui a fourni des renseignements erronés sur son identité et incomplets sur son adresse (Crim. 18 févr. 2004, n° 03-82.506). L'arrêt du véhicule doit par ailleurs être un acte volontaire

(Crim. 10 juill. 1968, *Bull. crim.* n° 218 : est ainsi coupable le conducteur qui, contraint de s'arrêter en raison de la présence devant lui du véhicule qu'il venait de percuter, a refusé de fournir son identité et, avant de repartir, a bousculé la victime lorsque celle-ci avait voulu relever le numéro d'immatriculation de son véhicule).

– **Intellectuellement**, le conducteur doit avoir conscience de la survenance de l'accident et la volonté d'échapper à sa responsabilité, tant civile que pénale.

– **Quant à la répression**, le délit est autonome et fait encourir à son auteur trois ans d'emprisonnement et 75 000 € d'amende. Mais ce délit est par ailleurs érigé en circonstance aggravante d'autres infractions. Ainsi, si l'auteur est également reconnu coupable d'homicide ou de blessures involontaires, les peines prévues pour ces infractions sont portées au double, hors les infractions spécifiques prévues par les art. 221-6-1, 222-19-1 et 222-20-1, C. pén.

g. Les autres infractions

– **Le bris de scellés et le détournement d'objet placé sous scellés ou sous main de justice** : l'art. 434-22, al. 1er, C. pén., réprime de deux ans d'emprisonnement et de 30 000 € d'amende « [l]e bris de scellés apposés par l'autorité publique » ainsi que sa tentative; l'art. 434-22, al. 2nd, C. pén., réprime quant à lui des mêmes peines le détournement d'objet placé sous scellés ou sous main de justice.

– **La soustraction de pièces produites en justice** : en vertu de l'art. R. 645-7, C. pén., « [l]e fait, pour une personne ayant produit, dans une contestation judiciaire, un titre, une pièce ou un mémoire, de le soustraire, de quelque manière que ce soit, est puni de l'amende prévue pour les contraventions de la 5e classe » soit 1 500 € (art. 131-13, 5°, C. pén.).

C – Les atteintes à l'autorité de la justice

Nous envisagerons les atteintes principales au respect dû à la justice (1), l'évasion (2) et certaines atteintes résiduelles à l'autorité de la justice (3).

1. Les atteintes au respect dû à la justice

Trois atteintes principales sont prévues par le livre IV : l'outrage à magistrat (a), le discrédit sur une décision juridictionnelle (b) et la dénonciation mensongère à l'autorité judiciaire ou administrative (c).

a. L'outrage à magistrat

Il est incriminé par l'art. 434-24, al. 1er, C. pén. : « L'outrage par paroles, gestes ou menaces, par écrits ou images de toute nature non rendus publics ou par l'envoi d'objets quelconques adressé à un magistrat, un juré ou toute personne siégeant dans une formation juridictionnelle dans l'exercice de ses fonctions ou à l'occasion de cet exercice et tendant à porter atteinte à sa dignité ou au respect dû à la fonction dont il est investi est puni d'un an d'emprisonnement et de 15 000 € d'amende ». Les faits d'outrage sont sanctionnés indépendamment de toute publicité, mais si « l'outrage a lieu à l'audience d'une cour, d'un tribunal ou d'une formation juridictionnelle, la peine est portée à deux ans d'emprisonnement et à 30 000 € d'amende ». **Le délit n'est constitué que lorsqu'il est établi que l'auteur des propos a voulu que ceux-ci soient rapportés à la personne visée** (Crim. 8 sept. 2015, n° 14-84.380 ; Crim. 23 mai 2018, n° 17-82.355 : n'a pas justifié sa décision la cour d'appel qui est entrée en voie de condamnation sans caractériser, ni la volonté du prévenu de s'adresser, fût-ce par un intermédiaire, au magistrat concerné, ni la qualité de rapporteur nécessaire du destinataire des propos). **Si des expressions diffamatoires ou injurieuses sont proférées publiquement, par l'un des moyens énoncés à l'art. 23 de la loi du 29 juillet 1881, contre un magistrat de l'ordre administratif ou judiciaire à raison de ses fonctions ou à l'occasion de leur exercice, sans être directement adressées à l'intéressé, il vous faudra écarter l'outrage et vous fonder sur les art. 31 et 33 de la loi du 29 juillet 1881** (Crim. 1er mars 2016, n° 15-82.824, 1027).

b. Le discrédit sur une décision juridictionnelle

Selon l'art. 434-25, al. 1er, C. pén. « [l]e fait de chercher à jeter le discrédit, publiquement par actes, paroles, écrits ou images de toute nature, sur un acte ou une décision juridictionnelle, dans des conditions de nature à porter atteinte à l'autorité de la justice ou à son indépendance est puni de six mois d'emprisonnement et de 7 500 € d'amende ». Outre les commentaires techniques, sont exclus de l'incrimination les actes, paroles, écrits ou images de toute nature tendant à la réformation, la cassation ou la révision d'une décision (art. 434-25, al. 2, C. pén.). De même, n'est pas de nature à porter atteinte à l'autorité ou à l'indépendance de la justice un écrit outrageant à l'encontre de magistrats dont leur auteur critiquait les décisions rendues à son égard, mais adressé à un journaliste par un courrier exclusif, en lui-même, de toute publicité, et ne contenant pas de demande de le rendre public (Crim. 23 mai 2018, n° 17-82.355). Par ailleurs, la détermination des responsables est soumise aux dispositions qui régissent la presse écrite ou audiovisuelle, lorsque le discrédit est commis par ces voies (art. 434-25, al. 3, C. pén.). Le délai de prescription, qui était de 3 mois (art. 434-25, al. 4, C. pén., abrogé) est désormais soumis au droit commun, depuis la loi n° 2017-242 du 27 février 2017. La constitution de partie civile d'un particulier est irrecevable, l'incrimination ayant pour objet exclusif la protection de l'intérêt public qui s'attache à l'autorité de la justice et qui incombe au seul ministère public (Crim. 13 sept. 2005, *Bull. crim.* n° 221).

c. La dénonciation mensongère à l'autorité judiciaire ou administrative

En vertu de l'art. 434-26, C. pén., « [l]e fait de dénoncer mensongèrement à l'autorité judiciaire ou administrative des faits constitutifs d'un crime ou d'un délit qui ont exposé les autorités judiciaires à d'inutiles recherches est puni de six mois d'emprisonnement et de 7 500 € d'amende ». Le délit est formel, il n'est pas exigé que les autorités judiciaires aient effectivement conduit les recherches inutiles auxquelles la dénonciation mensongère reçue les exposait (Crim. 18 oct. 2016, n° 16-80.579). Le délit ne saurait être caractérisé par la dénonciation dont le caractère mensonger ne porte que sur une circonstance aggravante d'une infraction (Crim. 20 déc. 2006, *Bull. crim.* n° 323). Protégeant l'autorité de la justice, le délit peut théoriquement se cumuler avec la dénonciation calomnieuse, en application de la jurisprudence *Ben Haddadi*.

2. L'évasion

Plusieurs infractions sont prévues par le code : le délit d'évasion proprement dit (a), les délits de concours à l'évasion (b) et les délits constitués par la violation de la réglementation pénitentiaire (c). On relèvera que la tentative de ces délits est incriminée (art. 434-36, C. pén.) et que le système des repentis s'applique (art. 434-37, C. pén.).

a. Le délit d'évasion proprement dit

En vertu de l'art. 434-27, C. pén., « [c]onstitue une évasion, le fait, par un détenu, de se soustraire à la garde à laquelle il est soumis ». Elle est punie de trois ans d'emprisonnement et de 45 000 €. Est punissable le détenu qui s'évade du fait d'une situation fortuite ou d'une négligence de ses gardiens. Est considérée, de manière strictement limitative, comme détenue par l'art. 434-28, C. pén., la personne, « 1° [q]ui est placée en garde à vue ; 2° [q]ui se trouve en instance ou en cours de présentation à l'autorité judiciaire à l'issue d'une garde à vue ou en exécution d'un mandat d'amener ou d'arrêt ; 3° [q]ui s'est vu notifier un mandat de dépôt ou un mandat d'arrêt continuant de produire effet ; 4° [q]ui exécute une peine privative de liberté ou qui a été arrêtée pour exécuter cette peine ; 5° [q]ui est placée sous écrou extraditionnel ». L'art. 434-29, C. pén., assimile toutefois à l'évasion, « le fait : 1° [p]ar un détenu placé dans un établissement sanitaire ou hospitalier, de se soustraire à la surveillance à laquelle il est soumis ; 2° [p]ar tout condamné, de se soustraire au contrôle auquel il est soumis alors qu'il a fait l'objet d'une décision soit de placement à l'extérieur d'un établissement pénitentiaire, soit de placement sous surveillance électronique ou qu'il bénéficie soit du régime de la semi-liberté, soit d'une permission de sortir ; 3° [p]ar tout condamné, de ne pas réintégrer l'établissement pénitentiaire à l'issue d'une mesure de suspension ou de fractionnement de l'emprisonnement, de placement à l'extérieur, de semi-liberté ou de permission de sortir ; 4° [p]ar tout condamné placé sous surveillance électronique, de neutraliser par quelque moyen que ce soit le procédé permettant de détecter à distance sa présence ou son absence dans le lieu désigné par le juge de l'application des peines. Les peines sont aggravées lorsque l'évasion est réalisée par violence, effraction ou corruption, alors même que celles-ci auraient été commises, de concert avec le détenu, par un tiers (art. 434-27, dernier al., C. pén. ; cinq ans d'emprisonnement et 75 000 € d'amende), lorsqu'elle a été commise sous la menace d'une arme ou d'une substance explosive, incendiaire ou toxique ou lorsqu'il a été fait usage d'une arme ou d'une substance explosive, incendiaire ou toxique (art. 434-30, al. 1er, C. pén.) ou lorsque les faits sont commis en bande organisée, que les membres de cette bande soient ou non des détenus (art. 434-30, al. 2nd, C. pén.). Les peines prononcées pour le délit d'évasion se cumulent, sans possibilité de confusion, avec celles que l'évadé subissait ou celles prononcées pour l'infraction à raison de laquelle il était détenu (art. 434-31, C. pén.).

b. Le concours à l'évasion

– **Le concours de tiers** : incriminant de manière autonome la complicité d'évasion, l'art. 434-32, al. 1er, C. pén., réprime de trois ans d'emprisonnement et de 45 000 € d'amende le fait, par toute personne, de procurer à un détenu tout moyen de se soustraire à la garde à laquelle il était soumis. Si le concours ainsi apporté s'accompagne de violence, d'effraction ou de corruption, l'infraction est punie de cinq ans d'emprisonnement et de 75 000 € d'amende. Si ce concours consiste en la fourniture ou l'usage d'une arme ou d'une substance explosive, incendiaire ou toxique, l'infraction est punie de sept ans d'emprisonnement et de 100 000 € d'amende.

– **Le concours de gardiens** : de même, l'art. 434-33, al. 1er, C. pén. réprime de manière autonome, de 10 ans d'emprisonnement et de 150 000 € d'amende « le fait, par toute personne chargée de sa surveillance, de faciliter ou de préparer, même par abstention volontaire, l'évasion d'un détenu ». L'incrimination est étendue à toute personne habilitée, par ses fonctions, à pénétrer dans un établissement de l'administration pénitentiaire ou à approcher, à quelque titre que ce soit, les détenus (art. 434-33, al. 2, C. pén.), ce qui revient à viser tous les auxiliaires de la justice ou de l'administration (avocats, médecins, assistants sociaux, éducateurs, visiteurs de prison…), mais non les familles en simple visite. Si le concours apporté consiste en la fourniture ou l'usage d'une arme ou d'une substance explosive, incendiaire ou toxique, l'infraction est punie de 15 ans de réclusion criminelle et de 225 000 € d'amende (art. 434-33, al. 3, C. pén.).

c. La violation de la réglementation pénitentiaire

Afin de garantir la discipline au sein de l'établissement pénitentiaire et d'éviter la préparation d'une évasion ou la poursuite d'activités délictueuse à l'extérieur de celui-ci, plusieurs infractions sont prévues par le code ayant trait à :

– **La circulation irrégulière d'objets et les communications irrégulières** : en vertu de l'art. 434-35, C. pén., « [e]st puni d'un an d'emprisonnement et de 15 000 € d'amende le fait, en quelque lieu qu'il se produise, de remettre ou de faire parvenir à un détenu, ou de recevoir de lui et de transmettre des sommes d'argent, correspondances, objets ou substances quelconques en dehors des cas autorisés par les règlements » (al. 1er). Est puni des mêmes peines le fait, pour une personne se trouvant à l'extérieur d'un établissement pénitentiaire ou d'un établissement de santé habilité à recevoir des détenus, de communiquer avec une personne détenue à l'intérieur de l'un de ces établissements, y compris par la voie des communications électroniques, hors les cas où cette communication est autorisée en application de l'article 145-4 du Code de procédure pénale ou des articles 39 et 40 de la loi n° 2009-1436 du 24 novembre 2009 pénitentiaire et réalisée par les moyens autorisés par l'administration pénitentiaire » (al. 2). La peine est portée à trois ans d'emprisonnement et à 45 000 € d'amende si le coupable est chargé de la surveillance de détenus ou s'il est habilité par ses fonctions à pénétrer dans un établissement pénitentiaire ou à approcher, à quelque titre que ce soit, des détenus (al. 3) ».

– **L'entrée irrégulière dans un établissement pénitentiaire** : selon l'art. 434-35-1, C. pén., « [e]st puni d'un an d'emprisonnement et de 15 000 € d'amende le fait de pénétrer dans un établissement pénitentiaire ou d'en escalader l'enceinte sans y être habilité en vertu de dispositions législatives ou réglementaires ou y avoir été autorisé par les autorités compétentes ». Relève de ces autorités le directeur d'une maison d'arrêt qui, à la suite d'un incident, a suspendu le permis de visite délivré par un juge d'instruction, et le fait de ne pas respecter cette suspension est constitutif du délit (Crim. 19 sept. 2012, n° 11-86.760).

3. Les autres atteintes à l'autorité de la justice

On se contentera de relever que le code érige en délit la violation de certaines peines : la violation de la peine d'interdiction de séjour (art. 434-38, C. pén.), la violation de la peine d'affichage de la condamnation (art. 434-39, C. pén.), la violation de la peine d'interdiction d'exercer une activité professionnelle ou sociale ou une fonction publique (art. 434-40, C. pén.), la violation de l'interdiction d'exercer une profession commerciale ou industrielle, de diriger, d'administrer, de gérer ou de contrôler à un titre quelconque, directement ou indirectement, pour son propre compte ou pour le compte d'autrui, une entreprise commerciale ou industrielle ou une société commerciale (art. 434-40-1, C. pén.), la violation des peines privatives ou restrictives de droits (art. 434-41, C. pén.), la violation de la peine de travail d'intérêt général (art. 434-42, C. pén.), et la violation, par une personne physique, des obligations découlant des peines prononcées contre une personne morale (art. 434-43 et 434-43-1, C. pén.).

En outre, l'art. R. 645-8-1, C. pén. réprime d'une amende prévue pour les contraventions de 5e classe, « [l]e fait d'accomplir les actes réservés aux délégués ou médiateurs du procureur de la République ou d'user du titre attaché à ses fonctions, sans y avoir été habilité ou après avoir fait l'objet d'un retrait d'habilitation ».

Cas pratique n° 36

› Énoncé

Lors d'un séjour linguistique organisé par une association de réinsertion de jeunes délinquants majeurs en Allemagne, en novembre dernier, trois moniteurs, Clément, Zouaire et Brandon, ont proposé à deux jeunes de leur cité de la banlieue lyonnaise, Sébastien et Tony, de leur verser une importante somme d'argent s'ils acceptaient de rejoindre leur mouvement terroriste et de les suivre dans un camp d'entraînement en Syrie. Les deux jeunes gens, choqués par une telle proposition, non seulement n'y ont pas donné suite, mais sont allés tout raconter à la police à leur retour en France. S'ils connaissent bien Clément, de nationalité française, et Zouaire, de nationalité étrangère, puisqu'ils vivent dans le même immeuble, ils ne connaissent pas spécialement Brandon, qui est un ami de Clément et de Zouaire, de passage en Europe. L'enquête mettra en évidence que Clément avait aussi, de retour en France, demandé à son fils de huit ans de rejoindre le mouvement et que l'enfant était arrivé en Syrie en janvier dernier.

Que risquent les protagonistes de cette histoire au regard du droit pénal français ?

› Correction

Nous envisagerons les risques pénaux encourus par les protagonistes (I) et la question de l'application de la loi pénale française (II).

I/ Les risques pénaux encourus par les protagonistes

A – La proposition faite à Sébastien et Tony

Clément, Zouaire et Brandon ont proposé de verser une importante somme d'argent à Sébastien et Tony, s'ils acceptaient de rejoindre leur mouvement terroriste et de les rejoindre dans un camp d'entraînement à l'étranger. L'article 421-2-4, C. pén., issu de la loi du 21 décembre 2012, dispose que « le fait d'adresser à une personne des offres ou des promesses, de lui proposer des dons, présents ou avantages quelconques, de la menacer ou d'exercer sur elle des pressions afin qu'elle participe à un groupement ou une entente prévu à l'article 421-2-1 ou qu'elle commette un des actes de terrorisme mentionnés aux articles 421-1 et 421-2 est puni, même lorsqu'il n'a pas été suivi d'effet, de dix ans d'emprisonnement et de 150 000 € d'amende ».

En outre, l'article 421-2-1, C. pén. incrimine l'association de malfaiteurs terroristes : « Constitue également un acte de terrorisme le fait de participer à un groupement formé ou à une entente établie en vue de la préparation, caractérisée par un ou plusieurs faits matériels, d'un des actes de terrorisme mentionnés aux articles précédents ».

En l'espèce, Clément, Zouaire et Brandon ont bien proposé des dons financiers afin que Sébastien et Tony participent à un groupement formé d'un acte de terrorisme puisqu'ils leur ont demandé de rejoindre leur mouvement et de les suivre dans des camps d'entraînement en Syrie.

Chacun des trois protagonistes encourt dix ans d'emprisonnement et de 150 000 € d'amende.

B – L'incitation faite à destination du fils de Sébastien

La loi du 30 octobre 2017, a inséré dans le Code pénal un nouvel art. 421-2-4-1, C. pén. qui réprime l'incitation d'un mineur à participer à une association de malfaiteurs terroristes. Selon ce texte, « le fait, par une personne ayant autorité sur un mineur, de faire participer ce mineur à un groupement formé ou à une entente établie en vue de la préparation, caractérisée par un ou plusieurs faits matériels, d'un des actes de terrorisme mentionnés aux articles 421-1 et 421-2 est puni de quinze ans de réclusion criminelle et de 225 000 € d'amende ».

En l'espèce, Sébastien a demandé à son fils de huit ans de rejoindre le mouvement terroriste et le camp d'entraînement situé à l'étranger. Sébastien a bien autorité sur le mineur et celui-ci est effectivement arrivé en Syrie en janvier dernier. Aussi, Sébastien encourt-il quinze ans de réclusion criminelle et 225 000 € d'amende. En outre, la Cour d'assises se prononcera sur le retrait total ou partiel de l'autorité parentale en application des articles 378 et 379-1 du C. civ.

II/ L'application de la loi française

L'incitation du fils de Sébastien à participer à une association de malfaiteurs terroristes a été faite sur le territoire français. En vertu de l'article 113-2, C. pén., la loi française sera compétente sur le fondement de la compétence territoriale.

Les faits autres faits ont été commis par un français, Clément, et deux étrangers, Zouaire et Brandon, en dehors du territoire français. La question de la compétence de la loi française se pose car le principe de territorialité ne pourra trouver à s'appliquer (113-2, C. pén.).

L'article 113-6, C. pén. consacre le système de la compétence personnelle active : « La loi pénale française est applicable à tout crime commis par un Français hors du territoire de la République ».

La loi du 21 décembre 2012 a inséré un nouvel art. 113-13 au C. pén. en vertu duquel « la loi pénale française s'applique aux crimes et délits qualifiés d'actes de terrorisme et réprimés par le titre II du livre IV commis à l'étranger par un Français ou par une personne résidant habituellement sur le territoire français ».

Ce nouvel article contient deux aspects puisqu'il permet l'extension de la personnalité active à toute personne résidant sur le territoire français en même temps qu'il permet de faire tomber à la fois l'exigence de double incrimination posée par l'article 113-6, C. pén. et l'exigence procédurale de l'article 113-8, C. pén. qui suppose une plainte de la victime ou une dénonciation officielle de l'État sur le territoire duquel l'infraction a été commise.

Clément étant de nationalité française, la compétence personnelle active peut s'appliquer sans qu'il soit besoin d'une réciprocité d'incrimination.

Zouaire étant de nationalité étrangère, la compétence personnelle active ne peut, *a priori*, s'appliquer. Les faits indiquent toutefois qu'il réside habituellement en France puisqu'il vit dans le même immeuble que Sébastien et Tony, en banlieue lyonnaise. Aussi, s'agissant d'actes de terrorisme réprimé par le Titre II du Livre IV du Code pénal, le nouvel art. 113-13, C. pén., qui étend la personnalité active à toute personne résidant habituellement sur le territoire français, trouvera à s'appliquer.

Enfin Brandon étant de nationalité étrangère et ne résidant pas habituellement sur le territoire français, l'article 113-13, C. pén. ne peut s'appliquer à lui. En outre, la compétence universelle de l'article 689-1, C. pr. pén. n'a pas vocation à s'appliquer puisque rien n'indique que Brandon se trouve sur le territoire français.

Les juridictions françaises sont compétentes pour connaître des actes commis par Clément et Zouaire. On précisera que les infractions commises par Sébastien l'ont été en situation de concours réel et qu'en application de l'article 132-3, C. pén., si celui-ci fait l'objet d'une seule procédure, il encourra la peine maximale de quinze ans de réclusion criminelle et de 225 000 € d'amende.

14. Le droit pénal des affaires

Nous envisagerons l'abus de biens sociaux (I), la banqueroute (II), le délit d'initié (III), les corruptions et les trafics d'influence (IV), le faux (V), la prise illégale d'intérêts (IV), le favoritisme (VII) et les pratiques commerciales trompeuses (VIII).

I/ L'abus de biens sociaux

L'abus de biens sociaux (ABS) est défini par les articles L. 241-3-4° et L. 242-6-3°, C. com. comme le fait pour les gérants de SARL et le président, les administrateurs ou les directeurs généraux d'une société anonyme de faire, de mauvaise foi, des biens ou du crédit de la société un usage qu'ils savent contraire à l'intérêt de celle-ci, à des fins personnelles ou pour favoriser une autre société ou entreprise dans laquelle ils sont intéressés directement ou indirectement.

• **Condition préalable** : l'ABS ne peut être commis qu'au sein de certaines sociétés commerciales ou, sur prévision expresse de la loi, au sein de certaines sociétés civiles, et par certaines personnes limitativement énumérées par le législateur. Aussi, pour les détournements effectués au sein d'autres types de sociétés commerciales, de sociétés civiles ou de sociétés de droit étranger (toutefois, l'ABS peut s'appliquer dans les filiales étrangères des sociétés françaises : Crim. 31 janv. 2017, *Bull. crim.* n° 28) il faudra envisager la qualification d'abus de confiance, et pour les détournements effectués par d'autres personnes (banquiers, commissaires aux comptes, salariés de la société intéressée...), **il sera possible d'avoir recours à la qualification d'abus de confiance ou aux qualifications de complicité ou de recel d'abus de biens sociaux** ;

– *l'ABS ne peut être commis qu'au sein de SA* (L. 242-6-3°, C. com.), *de SARL* (L. 241-3-4°, C. com.), *d'EURL* (Crim. 14 juin 1993, n° 92-80.763), *de sociétés en commandite par actions* (art. L. 243-1, C. com.), *de sociétés par actions simplifiées* (art. L. 227-1, C. com.), *ou certaines sociétés civiles* (entreprises d'assurance, art. L. 328-3, C. ass. ; sociétés civiles faisant publiquement appel à l'épargne, art. L. 231-11, 3° et 4°, CMF ; sociétés immobilières de construction, art. L. 241-6, 3°, CCH ; sociétés coopératives, art. 26, 3° de la loi du 10 sept. 1947). **L'ABS ne peut, par ailleurs jamais être commis alors que la société est en liquidation et dans l'hypothèse où un détournement d'actifs viendrait à être commis au détriment d'une société en état de cessation des paiements, la qualification de banqueroute devrait être retenue** ;

– *les dirigeants de la société constituent les seuls auteurs possibles des délits d'ABS*. Les dirigeants visés sont les dirigeants légaux (gérants de SARL, présidents, administrateurs ou directeurs généraux de SA) et les dirigeants de fait (art. L. 241-9, C. com. pour les SARL, art. L. 246-2, C. com. pour les SA et les sociétés en commandite par actions, art. L. 244-4, C. com. pour les sociétés par actions simplifiées.).

• **Élément matériel** :

– *le comportement* : il consiste en un usage des biens ou du crédit de la société :

- l'usage : l'usage doit s'entendre de toute utilisation des objets sur lesquels le délit doit porter, indépendamment de toute appropriation (ex. : utilisation sans contrepartie d'un bien appartenant à la société). La notion d'usage semble en outre indiquer que l'abus de biens sociaux est une infraction de commission (toutefois, Crim. 28 janv. 2004, n° 02-88.094 : l'usage abusif des biens ou du crédit de la société peut résulter non seulement d'une action, mais aussi d'une abstention volontaire du dirigeant);
- des biens ou du crédit de la société : sont visés tous les biens qui appartiennent à la société, qu'ils soient mobiliers ou immobiliers, corporels ou incorporels, même si les plus exposés sont les fonds de la société (ponctions dans la caisse de la société, affectation de dépenses personnelles à la société, octroi de rémunérations et avantages injustifiés, octroi d'avances et prêts divers). Quant au crédit de la société, il consiste en une utilisation injustifiée de la signature sociale par le dirigeant qui, par exemple, fait cautionner ses dettes personnelles;

– *le résultat* : si le législateur exige pour que l'ABS soit constitué que l'usage s'avère « contraire à l'intérêt social », la jurisprudence estime toutefois que l'infraction est consommée non seulement quand l'acte d'usage porte effectivement atteinte au patrimoine de la société, mais aussi lorsqu'il « fait courir un risque anormal au patrimoine social », peu importe que le risque se réalise ou non. L'ABS est ainsi une infraction formelle. Ainsi, lorsque l'agent a employé des fonds sociaux à des fins de corruption pour obtenir un marché pour l'entreprise, la jurisprudence estime que l'ABS est constitué. Dans l'important arrêt *Carignon* du 27 octobre 1997, la chambre criminelle a jugé que « quel que soit l'avantage à court terme qu'elle peut procurer, l'utilisation des fonds sociaux ayant pour seul objet de commettre un délit est contraire à l'intérêt social en ce qu'elle expose la personne morale au risque anormal de sanctions pénales ou fiscales contre elle-même et ses dirigeants et porte atteinte à son crédit et à sa réputation » (Crim. 27 oct. 1997, *Bull. crim.* n° 352).

• **L'élément moral** : l'ABS est une infraction intentionnelle qui requiert :

– *au titre du dol général*, la connaissance ou la conscience de la contrariété à l'intérêt social de l'acte accompli. Il n'est ainsi pas d'abus de biens sociaux par imprudence ou par négligence;

– *au titre du dol spécial*, que l'acte ait été fait « à des fins personnelles ou pour favoriser une autre société ou entreprise dans laquelle [les dirigeants] étaient intéressés directement ou indirectement ». Ce dol est aisément caractérisé en pratique, la chambre criminelle édictant une présomption d'intérêt personnel (Crim. 11 janv. 1996, *Bull. crim.* n° 21 : « s'il n'est pas justifié qu'ils ont été utilisés dans le seul intérêt de la société, les fonds sociaux, prélevés de manière occulte par un dirigeant social, l'ont nécessairement été dans son intérêt personnel »). L'intérêt personnel direct est toujours caractérisé puisqu'il se manifeste lorsque l'acte vise à servir directement les intérêts du dirigeant, peu importe que les avantages recherchés soient matériels ou simplement moraux (préservation de la réputation familiale, considérations électorales, dans le désir de s'attirer la reconnaissance de ceux à qui l'abus profite, recherche d'un prestige ou d'une notoriété). L'intérêt personnel indirect s'entend quant à lui de tous les actes par lesquels les dirigeants favorisent une société dans le même but d'intérêt personnel. Il n'est pas nécessaire que le dirigeant qui commet un abus au profit d'une autre société exerce une fonction déterminée dans celle-ci, et l'intérêt d'un dirigeant peut là encore être matériel ou moral.

• **Répression** :

– *sanctions* : cinq ans d'emprisonnement et 375 000 € d'amende ;

– *justification en cas de concours financier apporté par une société à une autre société de son groupe* : dans l'arrêt *Rozenblum* du 4 février 1985 (*Bull. crim.* n° 54), la chambre criminelle a admis que l'existence d'un groupe puisse influer sur l'appréciation d'un acte pourtant matériellement et moralement constitutif d'ABS et lui ôter son caractère délictueux. La justification n'opère toutefois que « si l'on se trouve en présence d'un groupement économique fortement structuré reposant sur des bases non artificielles ». En outre, le concours financier doit être « dicté par un intérêt économique, social ou financier commun, apprécié au regard d'une politique élaborée pour l'ensemble du groupe ». Enfin, le concours financier « ne doit être ni démuni de contrepartie ou rompre l'équilibre entre les engagements respectifs des diverses sociétés concernées, ni excéder les possibilités financières de celle qui en supporte la charge » ;

– *report du point de départ de la prescription* : l'ABS est une infraction instantanée qui obéit à un régime particulier s'agissant de sa prescription. Deux mécanismes rendent très difficile la prescription de cette infraction :

- l'ABS est une infraction clandestine : en principe la prescription de l'action publique court à compter de la présentation des comptes annuels par lesquels les dépenses litigieuses sont indûment mises à la charge de la société. Par exception, en cas de « dissimulation », la prescription de l'action publique est repoussée au jour où l'infraction a pu être découverte dans des conditions permettant l'exercice de l'action publique (Crim. 27 juin 2001, *Bull. crim.* n° 164). Ainsi, lorsque la dépense litigieuse a fait l'objet, lors de son inscription dans les comptes sociaux, d'un défaut d'information ou d'une information incomplète, ou encore de fausses informations (par exemple, inscription sous le nom d'un client imaginaire), il y a dissimulation, et le point de départ de la prescription est retardé. La Haute

Cour a même jugé que l'ABS commis avec le consentement de l'unanimité des associés se prescrit du jour où il est découvert par un tiers étranger à la société, en l'espèce le contrôleur de l'administration fiscale (Crim. 8 mars 2006, n° 04-86.648). Toutes ces solutions se trouvent confirmées, comme nous l'avons vu, par la loi du 27 février 2017,

- l'ABS impliquant la succession de plusieurs actes : la chambre criminelle considère que l'ABS « résultant du versement de salaires rémunérant un emploi fictif est une infraction instantanée, consommée lors de chaque paiement indu » (Crim. 28 mai 2003, *Bull. crim.* n° 109). Ainsi, l'ABS est une infraction instantanée qui se consomme lors de la convention illicite (conclusion du contrat de travail), et se renouvelle tout entier lors de chacune de ses exécutions successives. Il faut donc se reporter à l'inscription dans les comptes de chaque exécution de la convention initiale ou à chaque dissimulation pour déterminer le point de départ du délai de prescription;

– *exercice de l'action civile* : du fait de l'exigence d'un préjudice personnel et direct, l'action civile exercée en réparation du préjudice causé à une société par l'un de ses dirigeants peut prendre plusieurs formes :

- l'action *ut universi* : elle est en principe exercée à l'encontre du dirigeant par la société. Autrement dit, les dirigeants de la société exercent cette action contre le dirigeant ayant commis l'infraction,

- l'action *ut singuli* : il est possible à tout associé d'exercer l'action sociale au nom de la société. L'article 1843-5, C. civ. dispose : « Outre l'action en réparation du préjudice subi personnellement, un ou plusieurs associés peuvent intenter l'action sociale en responsabilité contre les gérants. Les demandeurs sont habilités à poursuivre la réparation du préjudice subi par la société; en cas de condamnation, les dommages-intérêts sont alloués à la société ». La seule limite apportée à l'exercice de l'action *ut singuli* tient au fait qu'elle est subsidiaire par rapport à l'action ut universi : les associés ne peuvent agir *ut singuli* lorsque l'action a déjà été intentée par la société elle-même au travers de ses représentants légaux.

II/ La banqueroute

Elle a pour but de sanctionner le dirigeant d'une entreprise en difficulté, qui, le plus souvent pour différer l'ouverture d'une procédure de redressement ou de liquidation judiciaire, commettrait des malversations, lésant ainsi les créanciers de la société. Les dispositions relatives à la banqueroute figurent aujourd'hui aux articles L. 654-1 à L. 654-7, C. com.

• **Conditions préalables** :

– *la qualité de l'auteur de l'infraction* : la banqueroute ne peut concerner que : les commerçants (est considéré comme commerçant non seulement le professionnel, mais également celui qui accomplit à titre habituel des actes de commerce); les artisans; les agriculteurs; toute personne qui a directement ou indirectement, en droit ou en fait, dirigé ou liquidé une personne morale de droit privé ; toute personne physique représentant permanent de personnes morales de droit privé ; depuis la loi du 26 juillet 2005 de sauvegarde des entreprises, « toute personne physique exerçant une activité professionnelle indépendante, y compris une profession libérale soumise à un statut législatif ou réglementaire ou dont le titre est protégé ». Sont ici visées toutes les personnes qui exercent une activité à but lucratif (notaire, huissier, avocat, médecin, pharmacien, expert-comptable, agent d'assurance, architecte, conseiller en entreprise…) ;

– *l'ouverture d'une procédure de redressement judiciaire ou d'une procédure de liquidation judiciaire*, décidée par le tribunal de commerce ou par le TGI à l'encontre du prévenu.

• **Élément matériel** : il diffère selon le cas de banqueroute concerné :

– *1er cas : le recours à des moyens ruineux* : il consiste dans le fait d'avoir, soit fait des achats en vue d'une revente au-dessous du cours, soit employé des moyens ruineux pour se procurer des fonds (ex. : la souscription de prêts entraînant un taux d'endettement excessif générant des frais trop importants au regard des possibilités de l'entreprise) ;

– *2e cas : le détournement ou la dissimulation de tout ou partie de l'actif du débiteur*. Par exemple : prélèvement de fonds sociaux par le président du conseil d'administration pour les prêter à des entreprises dont il est associé ; attribution par une société à son dirigeant de la jouissance gratuite de la totalité de sa clientèle, ce qui a entraîné sa cessation des paiements (Crim. 14 févr. 2007, nº 06-86.721). En revanche, le paiement d'une dette sociale n'est pas un détournement d'actif. De même, si l'agent s'est borné à ne pas recouvrer une créance, la qualification de banqueroute par détournement d'actif ne peut pas être retenue (Crim. 12 janv. 2005, nº 04-81.545). S'agissant de ce cas de banqueroute, le problème est celui de savoir si le détournement ou la dissimulation répréhensible doivent se situer avant ou après la cessation des paiements. Certains arrêts, avaient admis que le délit de banqueroute pouvait être constitué, que les faits constatés soient antérieurs ou postérieurs à la date de la cessation des paiements, dès lors que, procédant d'une même intention et tendant au même but, ils ont pour objet ou pour effet soit d'éviter ou de retarder la constatation de cet état, soit d'affecter la consistance de l'actif disponible dans des conditions de nature à placer l'intéressé dans l'impossibilité de faire face au passif exigible (nota. Crim. 21 sept. 1994, *Gaz. Pal.* 1994. 2. somm. 712). Toutefois, plus récemment, et afin d'éviter un concours de qualifications entre la banqueroute par détournement d'actifs et l'ABS, d'autres arrêts ne tiennent compte que d'agissements postérieurs à la cessation des paiements (Crim. 27 oct. 1999, *JCP E* 2000 nº 26 ; Crim. 30 juin 2004, *JCP E* 2004, nº 50 ; Crim. 6 juin 2007, *Rev. sociétés* 2008. 405). L'intérêt de la chronologie des faits tient aux sanctions encourues, qui peuvent être plus sévères à certains égards en matière de banqueroute, ainsi qu'aux moyens de défense du prévenu, car le fait justificatif du groupe admis en matière d'ABS ne peut pas être utilement invoqué par les dirigeants ayant transmis à d'autres sociétés du groupe les biens de la société qui était en état de cessation des paiements (Crim. 4 févr. 1985, *Bull. crim.* n° 54). À la suite de l'évolution de la jurisprudence de la chambre criminelle qui a affirmé que les actes de détournement d'actif devaient être postérieurs à la cessation des paiements, ce cumul de qualification n'est plus possible. Il faut respecter un critère chronologique : **si le détournement d'actif a été commis après la cessation des paiements, il ne peut être constitutif que d'un délit de banqueroute par détournement d'actif, car il porte alors atteinte au droit de gage des créanciers ; s'il est commis avant la cessation des paiements, la seule qualification possible est celle d'ABS**. La qualification d'ABS et celle de banqueroute par détournement d'actif sont donc des qualifications alternatives. Le juge pénal peut toutefois retenir cumulativement des faits d'abus de biens sociaux pour la période antérieure à la date de la cessation des paiements et des faits de banqueroute pour la période postérieure (Crim. 19 nov. 2008, n° 08-82.013) ;

– *3e cas : l'augmentation frauduleuse du passif du débiteur*. Ce cas de banqueroute **est susceptible d'entrer en conflit avec l'incrimination de l'article 314-7, C. pén.**, qui réprime tout débiteur qui, même avant la décision judiciaire, aura organisé ou aggravé son insolvabilité, soit en augmentant le passif ou en diminuant l'actif de son patrimoine, soit en diminuant ou en dissimulant tout ou partie de ses revenus, soit en dissimulant certains de ses biens en vue de se soustraire à l'exécution d'une condamnation pécuniaire de nature patrimoniale prononcée par une juridiction répressive ou, en matière délictuelle, quasi-délictuelle ou d'aliments, par une juridiction civile. Ces deux qualifications sont, de manière générale, considérées comme étant en concours idéal. **C'est finalement la banqueroute, plus sévèrement réprimée, qu'il convient de retenir** ;

– *4e cas : il consiste dans le fait d'avoir tenu une comptabilité fictive ou d'avoir fait disparaître des documents comptables de l'entreprise ou de la personne morale ou de s'être abstenu de tenir toute comptabilité quand la loi en fait l'obligation* : par exemple, gérant qui a retardé la communication de la comptabilité au liquidateur, empêchant celui-ci d'apprécier la situation de l'entreprise, jusqu'au moment où il a eu connaissance de la citation le convoquant devant le tribunal correctionnel (Crim. 19 janv. 2000, *Bull. crim.* n° 29) ;

– *5e cas : cette banqueroute consiste dans la tenue d'une comptabilité manifestement incomplète ou irrégulière au regard des dispositions légales.*

• **Élément moral** : la banqueroute est une infraction intentionnelle, mais la teneur de l'intention requise varie selon le cas de banqueroute :

– *1er cas* : il faut caractériser le dol général et le dol spécial : le prévenu doit avoir accompli les actes dans le but d'éviter ou de retarder l'ouverture de la procédure de redressement judiciaire ;

– *autres cas* : seul le dol général est requis.

• **Répression** : cinq ans d'emprisonnement et 75 000 € d'amende ; sept ans d'emprisonnement et 100 000 € d'amende lorsque l'auteur ou le complice de la banqueroute est un dirigeant d'une société de bourse (art. L. 626-1, C. com.).

La tentative n'est pas réprimée. La responsabilité pénale des personnes morales est prévue. S'agissant de la prescription de l'action publique, la loi fixe le point de départ du délai de prescription au jour du jugement prononçant l'ouverture de la procédure de redressement judiciaire lorsque les faits incriminés sont apparus avant cette date. La jurisprudence n'hésite pas dans ce dernier cas à retarder le point de départ de la prescription au jour où ces faits sont connus des tiers. La mise en mouvement de l'action publique est décrite par l'article L. 626-16, C. com. La juridiction répressive est saisie, soit sur la poursuite du ministère public, soit sur constitution de partie civile de l'administrateur, du représentant des créanciers, du représentant des salariés, du commissaire à l'exécution du plan ou du liquidateur. Ce texte est limitatif. Il exclut toute action individuelle d'un créancier.

III/ Le délit d'initié

Il est incriminé par l'article L. 465-1, CMF et consiste, sur la base d'une information privilégiée, à opérer sur le marché boursier ou à communiquer une telle information.

• **Conditions préalables** :

– *la qualité d'initié* : le texte vise les initiés de droit qui sont les dirigeants sociaux et les initiés de fait qui sont les personnes qui soit dispose d'une information privilégiée concernant un émetteur au sein duquel elle détient une participation, soit disposant, à l'occasion de sa profession ou de ses fonctions ou à l'occasion de sa participation à la commission d'un crime ou d'un délit (un journaliste financier, un conseiller technique, un cadre de banque…), soit toute autre personne disposant d'une information privilégiée en connaissance de cause ;

– *l'information privilégiée* : elle est définie par renvoi à l'article 7 du règlement (UE) n° 596/2014 du Parlement européen et du Conseil du 16 avril 2014. L'information visée doit concerner les perspectives où la situation d'un émetteur dont les titres sont négociés sur un marché réglementé ou les perspectives d'évolution d'un instrument financier admis sur un marché réglementé. Dans tous les cas, l'information doit être suffisamment précise et confidentielle (ex. : préparation d'une OPA, connaissance de lourdes pertes enregistrées par la société…).

• **Élément matériel** : le délit est une infraction formelle et le profit tiré de l'opération est indifférent à la constitution de l'infraction. Il suffit donc de caractériser le comportement prohibé qui consiste, pour l'initié à faire usage de l'information privilégiée en réalisant, pour lui-même ou pour autrui, soit directement, soit indirectement, une ou plusieurs opérations ou en annulant ou en modifiant un ou plusieurs ordres passés par lui avant qu'il ne détienne l'information privilégiée, sur les instruments financiers émis par l'émetteur ou sur les instruments financiers concernés par l'information privilégiée.

• **Élément moral** : le délit est une infraction intentionnelle et requiert, au titre du dol général la volonté de réaliser, grâce à l'information, une opération avant que le public ait eu connaissance de cette information.

• **Répression** : cinq d'emprisonnement et 100 millions d'€ d'amende, dont le montant peut être porté jusqu'au décuple du montant du profit réalisé, sans que l'amende puisse être inférieure à cet avantage. La responsabilité pénale des personnes morales est prévue. **La tentative n'est pas incriminée.**

IV/ Les corruptions et trafics d'influence

Nous distinguerons la corruption passive, qualification qui s'applique au corrompu (A), le trafic d'influence passif (B), la corruption active, qualification qui s'applique au corrupteur (C), le trafic d'influence actif (D) et la corruption intervenue dans le secteur privé (E).

A – La corruption passive

• **Élément légal** : l'article 432-11, C. pén. incrimine « le fait, par une personne dépositaire de l'autorité publique, chargée d'une mission de service public, ou investie d'un mandat électif public, de solliciter ou d'agréer, sans droit, à tout moment, directement ou indirectement, des offres, des promesses, des dons, des présents ou des avantages quelconques pour elle-même ou pour autrui : 1° […] pour accomplir ou s'abstenir d'accomplir un acte de sa fonction, de sa mission ou de son mandat ou facilité par sa fonction, sa mission ou son mandat ». L'article 435-1, C. pén. incrimine les mêmes faits lorsqu'ils sont commis par « une personne dépositaire de l'autorité publique, chargée d'une mission de service public ou investie d'un mandat électif public dans un État étranger ou au sein d'une organisation internationale publique ».

• **Condition préalable** : l'infraction ne peut être commise que par une personne dépositaire de l'autorité publique, chargée d'une mission de service public, ou investie d'un mandat électif public, en France (art. 432-11, C. pén.), dans un État étranger ou au sein d'une organisation internationale publique (art. 435-1, C. pén.), à l'exclusion d'un magistrat, juré, expert, arbitre, membre d'une profession médicale ou de santé, puisque ce sont alors des qualifications spéciales qui s'appliquent (art. 434-9 et 441-8, C. pén.).

• **Élément matériel** : il faut démontrer :

– *une sollicitation ou une acceptation sans droits* : peu importe pour que l'infraction de corruption passive soit constituée que le corrompu ait ou non eu l'initiative de l'offre. Le texte précise en outre que la sollicitation ou l'agrément peuvent être effectués directement ou indirectement ;

– *la sollicitation ou l'agrément doivent porter sur des offres, des promesses, des dons, des présents ou des avantages quelconques pour soi-même ou pour autrui ;*

– *la prestation promise par le corrompu au titre de l'offre ou de l'acceptation doit consister dans le fait d'« accomplir ou s'abstenir d'accomplir un acte de sa fonction, de sa mission ou de son mandat ou facilité par sa fonction, sa mission ou son mandat »*. Un lien de cause à effet doit pouvoir être constaté entre cette prestation et la contre-prestation (offres, promesses, dons…). En revanche, peu importe qu'elle soit ou non ensuite effectivement réalisée. En effet, la corruption passive est une infraction formelle, consommée du seul fait de la sollicitation ou de l'agrément, indépendamment du point de savoir si les choses promises seront livrées ou si l'acte de la fonction sera accompli.

• **Élément moral** : l'infraction est intentionnelle et requiert, au titre du dol général que l'agent ait conscience d'agir en violation des règles de sa fonction.

• **Répression** : dix ans d'emprisonnement et 150 000 € d'amende.

B – Le trafic d'influence passif

Il est lui aussi incriminé à l'article 432-11, C. pén., qui le définit comme « le fait, par une personne dépositaire de l'autorité publique, chargée d'une mission de service public, ou investie d'un mandat électif public, de solliciter ou d'agréer, sans droit, à tout moment, directement ou indirectement, des offres, des promesses, des dons, des présents ou des avantages quelconques pour elle-même ou pour autrui […]; 2° […] pour abuser de son influence réelle ou supposée en vue de faire obtenir d'une autorité ou d'une administration publique des distinctions, des emplois, des marchés ou toute autre décision favorable ». En outre, la loi du 9 décembre 2016 est venue introduire, dans notre Code pénal, le délit de trafic d'influence passif d'agent public étranger (art. 435-2).

Cette infraction ne se distingue de la corruption passive que par la nature de la prestation promise par le coupable. Cette prestation doit en effet consister dans le fait d'« abuser de son influence réelle ou supposée en vue de faire obtenir d'une autorité ou d'une administration publique des distinctions, des emplois, des marchés ou toute autre décision favorable ». Tous les autres éléments constitutifs de l'infraction sont identiques à ceux constituant la corruption passive.

C – La corruption active

L'article 433-1, C. pén. incrimine « le fait, par quiconque, de proposer, sans droit, à tout moment, directement ou indirectement, des offres, des promesses, des dons, des présents ou des avantages quelconques à une personne dépositaire de l'autorité publique, chargée d'une mission de service public ou investie d'un mandat électif public, pour elle-même ou pour autrui : 1° […] pour qu'elle accomplisse ou s'abstienne d'accomplir un acte de sa fonction, de sa mission ou de son mandat, ou facilité par sa fonction, sa mission ou son mandat » (al. 1er), ainsi que « le fait de céder à une personne dépositaire de l'autorité publique, chargée d'une mission de service public ou investie d'un mandat électif public qui sollicite, sans droit, à tout moment, directement ou indirectement, des offres, des promesses, des dons, des présents ou des avantages quelconques, pour elle-même ou pour autrui, afin d'accomplir ou de s'abstenir d'accomplir un acte mentionné au 1° » (dern. al.). L'article 435-3, C. pén. incrimine les mêmes faits lorsqu'ils sont commis à l'égard d'une personne « dépositaire de l'autorité publique, chargée d'une mission de service public ou investie d'un mandat électif public dans un État étranger ou au sein d'une organisation internationale publique ».

Si l'infraction peut ici être commise par « quiconque », elle ne peut en revanche être commise qu'à l'égard d'une personne « dépositaire de l'autorité publique, chargée d'une mission de service public, ou investie d'un mandat électif public ». Ces fonctions peuvent être exercées en France (art. 432-11, C. pén.), mais aussi dans un État étranger ou au sein d'une organisation internationale publique (art. 435-3, C. pén.). L'infraction ne peut toutefois pas être commise à l'égard d'un magistrat, d'un juré, d'un expert ou d'un arbitre, ni des membres d'une profession médicale ou de santé, puisque ce sont alors les qualifications spéciales prévues à l'article 434-9 et 441-8, C. pén. qui doivent s'appliquer. Sous cette réserve de ce que les personnages sont inversés par rapport à la corruption passive (élément préalable de l'infraction qui peut ici être commise par quiconque, mais seulement à l'égard des personnes limitativement énumérées), les éléments constitutifs de la corruption active sont identiques à ceux de la corruption passive.

D – Trafic d'influence actif

Le trafic d'influence actif est incriminé à l'article 433-1, C. pén. comme le fait, par quiconque, de proposer, sans droit, à tout moment, directement ou indirectement, des offres, des promesses, des dons, des présents ou des avantages quelconques à une personne dépositaire de l'autorité publique, chargée d'une mission de service public ou investie d'un mandat électif public, pour elle-même ou pour autrui, afin qu'elle abuse de son influence réelle ou supposée en vue de faire obtenir d'une autorité ou d'une administration publique des distinctions, des emplois, des marchés ou toute autre décision favorable. Est incriminé de la même manière le fait de céder à une personne dépositaire de l'autorité publique, chargée d'une mission de service public ou investie d'un mandat électif public qui sollicite, sans droit, à tout moment, directement ou indirectement, des offres, des promesses, des dons, des présents ou des avantages quelconques, pour elle-même ou pour autrui, afin d'abuser de son influence dans les conditions visées au 2°. En outre, l'article 435-4, C. pén. incrimine le trafic d'influence actif d'agent public étranger.

E – Corruption dans le secteur privé

Depuis une loi du 4 juillet 2005, les articles 445-1 et s., C. pén. incriminent de la même manière les agissements de corruption (active et passive) commis dans le secteur privé. Les éléments constitutifs de ces infractions sont les mêmes que ceux précédemment décrits sous réserve du contenu de la contrepartie, qui doit ici consister à obtenir qu'une personne accomplisse ou s'abstienne d'accomplir un acte de son activité ou de sa fonction ou facilité par son activité ou sa fonction, en violation de ses obligations légales, contractuelles ou professionnelles. Le rôle du « corrompu » doit ici être tenu par une personne qui exerce dans le cadre d'une activité professionnelle ou sociale, une fonction de direction ou de travail pour une personne physique ou morale, ou un organisme quelconque.

On relèvera pour conclure que la loi du 9 septembre 2016 a levé les entraves au plein déploiement de la compétence de la loi française pour les faits de corruption et de trafic d'influence lorsque ceux-ci ont été commis à l'étranger, en supprimant la condition de réciprocité d'infraction, le monopole du parquet sur plainte préalable de la victime ou sur dénonciation officielle des autorités étrangères, ainsi que la condition de constatation de l'infraction par une décision définitive de la juridiction étrangère (nouveaux articles 435-6-2, al. 1er et 435-11-2, al. 1er, C. pén.). En outre, pour ces mêmes faits, cette même loi supprime pour la condition tenant à l'obtention d'une décision définitive d'une juridiction étrangère – condition posée par l'article 113-5, C. pén. – pour que puisse être jugé par les juridictions françaises le complice en France d'une infraction principale commis à l'étranger (nouveaux articles 435-6-2, al. 2nd et 435-11-2, al. 2nd, C. pén.). Enfin, l'ord. du 18 septembre 2019 est venue déconditionnée l'applicabilité de la compétence personnelle passive et introduire une nouvelle circonstance aggravante aux trafics d'influence et aux corruptions actives comme passive. En vertu des nouveaux art. 432-11, 433-1, 435-1, 435-3, dernier alinéa, « la peine d'amende est portée à 2 000 000 € ou, s'il excède ce montant, au double du produit de l'infraction, lorsque les infractions prévues au présent article portent atteinte aux recettes perçues, aux dépenses exposées ou aux avoirs qui relèvent du budget de l'Union européenne, des budgets des institutions, organes et organismes de l'Union européenne ou des budgets gérés et contrôlés directement par eux et qu'elles sont commises en bande organisée ».

V/ Le faux

- **Élément légal** : art. 441-1, C. pén. : « toute altération frauduleuse de la vérité, de nature à causer un préjudice et accomplie par quelque moyen que ce soit, dans un écrit ou tout autre support d'expression de la pensée qui a pour objet ou qui peut avoir pour effet d'établir la preuve d'un droit ou d'un fait ayant des conséquences juridiques ».

- **Condition préalable** : l'écrit ou le support de la pensée :

– *le contenant* : il peut s'agir d'un écrit (manuscrit, texte, imprimé…) comme de tout autre support de la pensée (film, disquette, bande magnétique…) ;

– *le contenu* : le faux n'est punissable que si le support falsifié « a pour objet ou peut avoir pour effet d'établir la preuve d'un droit ou d'un fait ayant des conséquences juridiques ». C'est le cas de la falsification de bordereaux Dailly (Crim. 30 mars 1992, *Bull. crim.* n° 132), d'une une facture acceptée par son destinataire et passée en comptabilité (Crim. 19 sept. 1995, *Bull. crim.* n° 274). En revanche, ne sont pas punissables les faux commis sur des écrits qui ne constituent que des déclarations unilatérales sujettes à vérification, comme des devis, factures ou notes d'honoraires qui sont, par leur nature, soumises à discussion et vérification de la part de celui à qui elles sont opposées et n'ont aucun caractère probatoire au sens de l'article 441-1.

• **Élément matériel** :

– *le comportement* : il consiste en une altération de la vérité qui peut être accomplie « par quelque moyen que ce soit ». On distingue traditionnellement :

- le faux matériel, qui regroupe les procédés de falsification qui altèrent physiquement l'écrit ou le support et laissent des traces susceptibles d'être établies par des expertises techniques (imitation d'écriture, de signature, rature, clauses insérées après coup dans un acte préexistant, fabrication totale d'un écrit). Dans ce cas, il y a faux punissable, même si le contenu de l'écrit est exact, sans qu'il soit nécessaire d'établir la fausseté de ce qui est mentionné,
- le faux intellectuel, qui laisse en revanche intact l'écrit dans son aspect matériel. Seul son contenu est mensonger. Il est donc nécessaire dans ce cas d'établir la fausseté de ce contenu (par exemple, fausses déclarations de vol, de sinistre, signature obtenue par fraude, contenu de l'écrit imposé à une personne dont les facultés mentales sont diminuées, omission de certaines mentions dans un écrit, etc.). La rédaction de l'art. 441-1 permet d'incriminer aussi bien des abstentions que des actes de commission ;

– *le résultat* : il faut caractériser :

- une altération de la vérité portant sur la substance même de l'écrit ou du support, c'est-à-dire sur les mentions essentielles que l'écrit ou le support avait pour objet d'établir ou de prouver,
- un préjudice, mais le faux est punissable indépendamment de la véracité des événements retracés (récemment, Crim. 12 sept. 2018, n° 17-85.825 : la fabrication d'un document, forgé pour servir de preuve, constitue un faux matériel susceptible de porter préjudice à un tiers, même si ce document est conforme à l'original).

• **Élément moral** : il faut caractériser, au titre du dol général, la conscience de modifier les engagements des parties (faux matériel) ou de faire une déclaration contraire à la vérité (faux intellectuel).

• **Répression** :

– *peines* : trois ans d'emprisonnement et 45 000 € d'amende pour le faux dans un écrit ou un support privé (art. 441-1, al. 2nd, C. pén.) ; cinq ans d'emprisonnement et 75 000 € d'amende pour le faux dans un document délivré par l'administration (art. 441-2, al. 1er, C. pén.) ; dix ans d'emprisonnement, 150 000 € d'amende pour le faux dans une écriture publique ou authentique (art. 441-4, al. 1er, C. pén.) ;

– *particularité de la poursuite* : **le faux sera souvent en concours réel avec l'usage de faux. Attention par ailleurs à ne pas négliger les incriminations voisines des articles 441-3 et s., C. pén.** (faux spéciaux, détention d'un document falsifié…).

VI/ La prise illégale d'intérêts

Le législateur a prévu deux délits selon que la personne dépositaire de l'autorité publique qui s'ingère dans des affaires ou commerces incompatibles avec sa qualité est en activité (A) ou a cessé toute activité (B).

A – L'ingérence de la personne présentement dépositaire de l'autorité publique

• **Élément légal et condition préalable** : le délit est prévu à l'article 432-12, C. pén. Ne peuvent le commettre que les personnes dépositaire de l'autorité publique, chargées d'une mission de service public ou investies d'un mandat électif public.

• **Élément matériel** : sont prohibés le fait de prendre, recevoir ou conserver, directement ou indirectement, un intérêt quelconque dans une entreprise ou dans une opération dont l'auteur a, au moment de l'acte, en tout ou partie, la charge d'assurer la surveillance, l'administration, la liquidation ou le paiement. Tel est le cas, par exemple, d'un élu municipal qui participe au vote des subventions bénéficiant à une association qu'il préside (Crim. 22 oct. 2008, *Bull. crim.* n° 212) ou d'un maire qui signe ou fait signer par le premier adjoint, en faveur de son gendre, architecte, des actes d'engagement portant sur des travaux de construction de bâtiments communaux (Crim. 29 sept. 1999, *Bull. crim.* n° 202). L'infraction est caractérisée que l'ingérence soit le fait de l'auteur lui-même ou que celui-ci agisse par personne interposée (Crim. 14 juin 1988, *Bull. crim.* n° 272, maire d'une commune qui avait demandé à son beau-frère de se substituer à lui pour acquérir une parcelle de terrain). La recherche d'un bénéfice personnel n'est pas un élément de l'infraction (Crim. 21 juin 2000, *Bull. crim.* n° 239), et l'intérêt poursuivi par l'auteur peut être aussi bien matériel que moral (Crim. 21 sept. 2005, *Bull. crim.* n° 233, à propos d'un notaire qui a fait embaucher son fils comme stagiaire dans son étude sans contrepartie de travail). Il faut relever que des assouplissements sont prévus par l'article 432-12 pour les élus des communes comptant 3 500 habitants au plus (transfert de biens mobiliers ou immobiliers ou fourniture de services dans la limite d'un montant annuel fixé à 16 000 € ; acquisition d'une parcelle d'un lotissement communal pour y édifier son habitation personnelle ou conclusion de baux d'habitation avec la commune pour leur propre logement, etc.).

• **Élément moral** : l'infraction est caractérisée du seul fait que l'auteur a sciemment accompli l'acte constituant l'élément matériel du délit (Crim. 27 nov. 2002, *Bull. crim.* n° 213).

• **Répression** :

– *peines* : cinq ans d'emprisonnement et une amende de 500 000 €. Le montant de l'amende peut être porté au double du produit tiré de l'infraction ;

– *action publique ou civile* : le délit est **une infraction d'intérêt général** : seul le maire est recevable à agir contre son prédécesseur (Crim. 16 déc. 1975, *Bull. crim.* n° 279), sous réserve d'y avoir été régulièrement autorisé par le conseil municipal (Crim. 8 oct. 1996, *Bull. crim.* n° 348). De même, la recevabilité de l'action civile qu'un contribuable entend exercer de ce chef est subordonnée à l'autorisation préalable du tribunal administratif prévue à l'article L. 316-8 du Code des communes, c'est-à-dire lorsque la commune refuse d'exercer elle-même l'action qui lui appartient (Crim. 3 janv. 1985, *Bull. crim.* n° 1) ;

– *prescription de l'action publique* : le délit est **une infraction instantanée** qui se prescrit à compter du jour de l'accomplissement de l'acte délictueux (Crim. 4 avr. 2001, *Bull. crim.* n° 93). Mais si le délit se traduit par une répétition d'actes, la prescription de l'action publique ne court qu'à compter du dernier acte accompli par l'agent public par lequel il prend ou reçoit un intérêt dans une opération dont il a l'administration ou la surveillance (Crim. 4 oct. 2000, *Bull. crim.* n° 287). En cas de dissimulation destinée à empêcher la connaissance de l'infraction, le délai de prescription ne commence à courir qu'à partir du jour où celle-ci est apparue et a pu être constatée dans des conditions permettant l'exercice des poursuites (Crim. 16 déc. 2014, *Bull. crim.* n° 272).

B – L'ingérence de la personne anciennement dépositaire de l'autorité publique

• **Élément légal et condition préalable** : l'infraction est prévue à l'article 432-13, C. pén. Le texte vise deux catégories de personnes :

– celles qui ayant été chargées, en tant que membre du Gouvernement, membre d'une autorité administrative indépendante ou d'une autorité publique indépendante, titulaire d'une fonction exécutive locale, fonctionnaire, militaire ou agent d'une administration publique, en tant que membre du Gouvernement, membre d'une autorité administrative indépendante ou d'une autorité publique indépendante, titulaire d'une fonction exécutive locale, fonctionnaire, militaire ou agent d'une administration publique, soit d'assurer la surveillance ou le contrôle d'une entreprise privée, soit de conclure des contrats de toute nature avec une entreprise privée ou de formuler un avis sur de tels contrats, soit de proposer directement à l'autorité compétente des décisions relatives à des opérations réalisées par une entreprise privée ou de formuler un avis sur de telles décisions (al. 1er) ;

– les agents des établissements publics, des entreprises publiques, des sociétés d'économie mixte dans lesquelles l'État ou les collectivités publiques détiennent directement ou indirectement plus de 50 % du capital et des exploitants publics prévus par la loi n° 90-568 du 2 juillet 1990 relative à l'organisation du service public de la poste et à France Télécom.

• **Élément matériel** : il est interdit aux personnes susmentionnées : de prendre ou de recevoir une participation par travail, conseil ou capitaux dans l'une de ces entreprises avant l'expiration d'un délai de trois ans suivant la cessation de leurs fonctions (al. 1er) ; de participer par travail, conseil ou capitaux dans une entreprise privée qui possède au moins 30 % de capital commun ou a conclu un contrat comportant une exclusivité de droit ou de fait avec l'une des entreprises mentionnées au premier alinéa (al. 2). La portée de cette interdiction a été étendue par le législateur qui assimile à une entreprise privée toute entreprise publique exerçant son activité dans un secteur concurrentiel et conformément aux règles du droit privé (al. 3).

• **Élément moral** : le délit est intentionnel et requiert un dol général.

• **Répression** : trois ans d'emprisonnement et une amende de 200 000 €, dont le montant peut être porté au double du produit tiré de l'infraction.

VII/ Le délit de favoritisme

• **Élément légal et condition préalable** : le délit de favoritisme, prévu à l'article 432-14, C. pén., vise à sanctionner les atteintes à la liberté d'accès et à l'égalité des candidats dans les marchés publics. L'infraction peut être commise par une personne dépositaire de l'autorité publique ou chargée d'une mission de service public ou investie d'un mandat électif public. Sont également visées les personnes exerçant les fonctions de représentant, administrateur ou agent de l'État, des collectivités territoriales, des établissements publics, des sociétés d'économie mixte d'intérêt national chargées d'une mission de service public et des sociétés d'économie mixte locales, et enfin toute personne agissant pour le compte de l'une de celles susmentionnées.

• **Élément matériel** : c'est le fait de procurer ou de tenter de procurer à autrui un avantage injustifié « par un acte contraire aux dispositions législatives ou réglementaires ayant pour objet de garantir la liberté d'accès et l'égalité des candidats dans les marchés publics et les contrats de concession ». Les dispositions dont s'agit sont pour l'essentiel réunies dans le Code des marchés publics, mais pas exclusivement. Aussi, l'infraction concerne tous les marchés publics, quel que soit leur montant (Crim. 14 févr. 2007, *Bull. crim.* n° 47). La Cour de cassation a récemment rappelé cette règle et jugé que l'article 432-14, C. pén. s'applique à l'ensemble des marchés publics et pas seulement aux marchés régis par le Code des marchés publics (Crim. 17 févr. 2016, *Bull. crim.* n° 53). Sont visés tous les agissements qui ont pour conséquence d'écarter de l'accès aux marchés publics des candidats potentiels. Tel est le cas, par exemple, du maire qui fractionne un marché pour éviter d'avoir recours à la procédure d'appel d'offres (Crim. 13 déc. 2000, *Bull. crim.* n° 374) ou qui a recours à un appel d'offres ouvert selon la procédure d'urgence, ce qui a eu pour effet de limiter le nombre de candidats et de favoriser les offres déposées par ses deux adjoints (Crim. 19 nov. 2003, *Dr. pén.* 2004, comm. 32).

• **Élément intentionnel** : le délit est intentionnel et est caractérisé par l'accomplissement, en connaissance de cause, d'un acte contraire aux dispositions législatives ou réglementaires ayant pour objet de garantir la liberté d'accès et l'égalité des candidats dans les marchés publics (Crim. 14 janv. 2004, *Bull. crim.* n° 11). Il n'implique ni l'intention de favoriser un candidat, ni celle de nuire à un autre candidat (Crim. 14 déc. 2011, *Dr. pén.* 2012, comm. 29).

• **Répression** :

– *peines* : deux ans d'emprisonnement et d'une amende de 200 000 €, dont le montant peut être porté au double du produit tiré de l'infraction ;

– *prescription de l'action publique* : le délit est une infraction instantanée qui se prescrit, en principe, à compter du jour où les faits la consommant ont été commis (Crim. 27 oct. 1999, *Bull. crim.* n° 238). Le délai de prescription de l'action publique ne commence cependant à courir, lorsque les actes irréguliers ont été dissimulés, qu'à partir du jour où ils sont apparus et ont pu être constatés dans des conditions permettant l'exercice des poursuites (Crim. 5 mai 2004, *Bull. crim.* n° 110) ;

– *application de la loi dans le temps* : par dérogation au principe d'application immédiate des lois pénales de fond plus douces, la Cour de cassation considère que les dispositions réglementaires nouvelles du Code des marchés publics modifiant les conditions de passation desdits marchés ne s'appliquent pas aux infractions commises avant leur entrée en vigueur, dès lors que le texte législatif, support légal de l'incrimination, n'a pas été modifié (Crim. 7 avr. 2004, *Bull. crim.* n° 93).

VIII/ Les pratiques commerciales trompeuses

En vertu de l'article L. 121-1, al. 4, C. consom., les pratiques commerciales trompeuses constituent, avec les pratiques commerciales agressives, l'une des formes des pratiques commerciales déloyales qui sont interdites par l'article L. 121-1, al. 1er, du même code.

• **Élément légal** : les pratiques commerciales trompeuses sont incriminées par les articles L. 121-2 et L. 121-3, C. consom., articles qui constituent la reprise, au 1er juillet 2016, de l'ancien article L. 121-1, C. consom., tel qu'il avait été entièrement réécrit par la loi n° 2008-3 du 3 janvier 2008 transposant la directive 2005/29/CE du 11 mai 2005, puis retouché successivement par la loi n° 2008-776 du 4 août 2008 et par la loi n° 2014-344 du 17 mars 2014. Cet ancien article L. 121-1 avait, dans la lignée de la directive qu'il transposait, voulu faire une distinction entre deux manières de tromper :

celle résultant d'une action et celle consécutive à une omission. Cette distinction se trouve reprise par les actuels articles L. 121-2 – qui vise une pratique « commise » dans des circonstances la rendant trompeuse – et L. 121-3 – relatif à celle qui est susceptible de tromper parce qu'elle « omet, dissimule… » une information –, C. consom. À la suite de ce texte, la loi du 4 août 2008 avait ajouté une liste de 22 pratiques « réputées trompeuses » et qui sont reprises aujourd'hui par l'article L. 121-4, C. consom.

• **Condition préalable : une pratique commerciale** : l'ancien article L. 121-1, pas plus que les actuels articles L. 121-2 et L. 121-3, C. consom. ne donnent de définition des pratiques commerciales incriminées lorsqu'elles s'avèrent trompeuses. Quant à la directive européenne dont ces textes assurent la transposition, elle se contente d'indiquer, en son article 2, d), que sont ainsi désignées « toute action, omission, conduite, démarche ou communication commerciale, y compris la publicité et le marketing, de la part d'un professionnel, en relation directe avec la promotion, la vente ou la fourniture d'un produit aux consommateurs ». Conformément au principe de la légalité, il aurait été souhaitable que le législateur définisse précisément « les pratiques commerciales » afin d'éviter que les pratiques commerciales trompeuses ne servent d'incrimination « fourre-tout ».

L'absence de définition de la pratique commerciale ne doit cependant pas masquer qu'est visée :

– *Au premier chef, mais non exclusivement, la publicité* : par la loi du 3 janvier 2008, le législateur, souhaitant transposer la directive du 11 mai 2005, est effet venu substituer au concept de publicité celui de « pratiques commerciales ». Toutefois, la loi n'avait pas non plus défini ce qu'était la publicité. C'est la jurisprudence qui était venue préciser la notion : « [u]ne publicité, au sens de l'article 44 de la loi du 29 décembre 1973, est tout moyen d'information destiné à permettre à un client potentiel de se faire une opinion sur les résultats qui peuvent être attendus du bien ou du service qui lui est proposé » (Crim. 12 nov. 1986, *Bull. crim.* n° 335). Les supports de la publicité passent principalement par les médias (presse écrite, télévision, radio…), mais aussi par internet, par voie d'affichage dans les espaces publics.

– *Une publicité diffusée* : le terme de publicité suggère qu'un message soit communiqué au public. La publicité requiert ainsi la diffusion effective du message qu'elle contient et ne peut donc pas être constituée par le simple fait de concevoir une publicité mensongère si, en définitive, elle ne fait l'objet d'aucune communication (en ce sens, J. Larguier et P. Conte, *Droit pénal des affaires*, Armand Colin, 11e éd., 2004, n° 170, p. 147. – J.-H. Robert et H. Matsopoulou, *Traité de droit pénal des affaires*, PUF, 2004, n° 215, p. 354) ou si le message n'est pas accessible au public (en ce sens Crim. 15 mars 1990, *Bull. crim.* 1990, n° 119, pour des mentions indiquées sur le fond d'emballages placés dans une vitrine à laquelle les clients ne pouvaient accéder). En revanche, peu importe que la pratique s'adresse à une personne en particulier et non pas à un public plus large (ainsi, nota., Crim. 12 nov. 1986, *Bull. crim.* 1986, n° 335, pour la remise à une personne déterminée, en vue de la location d'un studio, d'un descriptif trompeur ; Crim. 20 nov. 2012, n° 11-89.090, pour des courriers adressés à plusieurs reprises à la même personne).

– *Une publicité s'adressant à quiconque mais émanant d'un professionnel :* jusqu'à la modification apportée par la loi du 3 janvier 2008 :

- il était admis que la publicité incriminée ne se limitait pas à celle destinée aux consommateurs, celle-ci pouvant s'adresser à des professionnels (Crim. 2 oct. 1980, *Bull. crim.* 1980, n° 246 ; Crim. 14 nov. 2000, n° 98-85.778 ; Crim. 2 mai 2001, n° 00-82.863). Cette solution se trouve pleinement consacrée pour toutes les formes de pratiques commerciales trompeuses depuis la loi n° 2017-203 du 21 février 2017 de ratification de l'ordonnance du 14 mars 2016 par l'art. 121-5, C. consom., aux termes duquel « [l]es dispositions des articles L. 121-2 à L. 121-4 sont également applicables aux pratiques qui visent les professionnels et les non-professionnels » ;
- on admettait que la publicité visée n'était pas limitée à celle émanant des commerçants et qu'elle pouvait tout aussi bien provenir de membres d'une profession libérale ou d'une association à but non lucratif (ass. plén. 8 juill. 2005, *Bull. crim.* n° 2), voire même de particuliers (par ex. Crim. 27 mars 1996, *Bull. crim.* n° 139, pour des condamnations d'un particulier faisant paraître une indication inexacte dans une annonce d'un journal). Toutefois, cette dernière solution semble être remise en cause. Il est clair que la directive, dont on a voulu assurer la transposition, ne concerne, selon ses propres termes, que les agissements d'un « professionnel » (v. PE et Cons. UE, dir. 2005/29/CE, 11 mai 2005, art. 2, d) et la notion de « pratique commerciale » semble exclure qu'un particulier qui mettrait en vente, de manière occasionnelle un de ses biens en fournissant des indications trompeuses ou qu'une association qui solliciterait, par des allégations spécieuses, l'adhésion de nouveaux membres, puisse être poursuivie sous la qualification de pratique commerciale trompeuse.

• **Élément matériel :**

– *Le comportement* : trois formes de pratiques commerciales sont envisagées par le législateur :

- Les pratiques trompeuses par commission : l'art. L. 121-2, C. consom., énumère trois formes de pratiques trompeuses par commission :
  - ○ La tromperie par confusion : l'art. L. 121-2, 1°, C. consom., considère comme trompeuse la pratique commerciale qui « crée une confusion avec un autre bien ou service, une marque, un nom commercial ou un autre signe distinctif d'un concurrent » (par ex., usage d'un logo qui ressemblerait à un autre, pratique qualifiée, avant la loi du 3 janvier 2008, de publicité de nature à induire en erreur et rattachée à l'identité du fabricant ou du vendeur : v. Crim. 23 févr. 1989, *Bull. crim.* n° 91 à propos d'un un logo figurant sur la blouse d'un vendeur).
  - ○ La tromperie par allégations : l'art. L. 121-2, 2°, C. consom., considère comme trompeuse la pratique commerciale qui repose sur des allégations, indications ou présentations fausses ou de nature à induire en erreur et portant sur certains éléments :

› quant à la source de l'erreur : la tromperie peut ainsi résulter de la délivrance d'un message inexact (par ex., présenter un produit comme uniquement composé d'éléments naturels alors qu'il contient des éléments chimiques ; prétendre que le prestataire de services est titulaire de diplômes ou de qualifications inexacts) ou plus subtilement d'une manipulation de la vérité en ayant recours à une présentation susceptible d'être interprétée trompeusement par le public (par ex., Crim. 4 déc. 1978, *Bull. crim.* n° 342 : à l'encontre d'un propriétaire viticole qui avait apposé sur ses bouteilles des étiquettes mentionnant uniquement sa qualité de propriétaire viticulteur et une mise en bouteille à la propriété, alors qu'il avait mélangé des vins de diverses origines avec sa propre récolte et passé sous silence son autre qualité de négociant en vins) ;

› quant à l'objet de l'erreur : l'allégation trompeuse doit porter sur :

* l'existence, la disponibilité ou la nature du bien ou du service (Crim. 7 janv. 1981, *Bull. crim.* 1981, n° 3 : publicité en faveur de produits que l'on n'a pas en stock ; Crim. 4 nov. 2003, n° 02-87.825 : sanction de la pratique de la « marque d'appel » qui consiste à attirer la clientèle par une promotion relative à un produit de marque réputée à prix intéressant et, lorsque le client se présente, il n'y a « malheureusement » plus de produits de la marque attractive, mais on lui en propose d'autres…) ;

* les qualités essentielles du bien ou du service, à savoir : ses qualités substantielles (Crim. 26 juin 1978, *Bull. crim.* n° 213 : disques présentés comme « stéréo » alors qu'ils ont été pressés à partir d'enregistrements monophoniques, remaniés postérieurement pour donner l'illusion d'un enregistrement stéréophonique ; Crim. 27 janv. 2015, n° 14-80.220 : accès internet présenté comme illimité et à haut débit, sans qu'il soit précisé que le débit est susceptible, selon les zones, d'être très réduit à certains moments de la journée), sa composition (Crim. 4 mars 1976, *Bull. crim.* n° 83 : boisson que la présentation suggère comme un pur jus de fruits alors qu'il est additionné d'une forte proportion d'eau), ses accessoires (par ex. dépliant proposant à la vente, pour un certain prix, une scie à ruban présentée avec son moteur et sur son socle, alors que ces éléments n'étaient pas compris pour ce prix, sanctionné, avant la loi du 3 janvier, en se plaçant sur le terrain de la tromperie relative au prix : Crim. 21 mai 1984, *Bull. crim.* n° 184), son origine (Crim. 28 nov. 1983, *Bull. crim.* n° 318 : porcelaine « de Limoges » dont toutes les étapes de fabrication ne se sont pas déroulées en Haute-Vienne ; Crim. 25 nov. 1998, *RJDA* 1999, n° 350 : « ferme-auberge » qui propose, pour l'essentiel, des produits en provenance de supermarchés), sa quantité (Crim. 5 mai 1977, *Bull. crim.* n° 157 : vente d'un appartement avec indication de surfaces inexactes), son mode et sa date de fabrication (Crim. 16 juin 1980, *Bull. crim.* n° 191 : vente de saucisses sèches « comme autrefois » alors qu'elles sont fabriquées selon un procédé industriel), les conditions de son utilisation et son aptitude à l'usage (Crim. 30 mai 1989, *Bull. crim.* n° 226 : publicité en faveur d'un compte bancaire mettant en avant la possibilité pour les

mineurs de le faire fonctionner seuls, sans préciser que l'autorisation des parents est nécessaire), ses propriétés et les résultats attendus de son utilisation (CA Paris 1er mars 1993, *Contrats, conc. consom.* 1993, comm. 139, obs. G. Raymond : lingettes présentées comme « anti-sida » mais dont l'aptitude à inactiver le virus n'était pas établie), ainsi que les résultats et les principales caractéristiques des tests et contrôles effectués sur le bien ou le service (par ex., affirmation fallacieuse selon laquelle un objet aurait subi des tests de résistance) ;

* le prix ou le mode de calcul du prix (Crim. 17 mai 1989, nº 87-80.817 : annoncer un « rapport qualité prix inégalé », alors que les prix pratiqués sont plus élevés que ceux des concurrents; Crim. 11 janv. 1990, *Bull. crim.* nº 21 : donner l'illusion que le prix annoncé est un prix incluant les taxes, alors qu'il faut s'acquitter de celles-ci en plus), le caractère promotionnel du prix (Crim. 24 avr. 1997, *Bull. crim.* nº 145 : présentation de la remise comme exceptionnel alors qu'elle se reproduit très régulièrement) et les conditions de vente, de paiement et de livraison du bien ou du service (Crim. 11 déc. 2007, nº 07-82.903 : site de commerce en ligne annonçant des délais de livraison extrêmement rapides qui ne peuvent pas être tenus)... ;

* le service après-vente, la nécessité d'un service, d'une pièce détachée, d'un remplacement ou d'une réparation du bien ou du service ;

* la portée des engagements de l'annonceur (Crim. 28 nov. 2006, nº 05-15.482 : mention « satisfait ou échangé » qui ne précise pas clairement que l'échange n'est possible que moyennant une participation financière d'un coût élevé), la nature, le procédé ou le motif de la vente ou de la prestation de services du bien ou du service (CA Rouen 20 mai 1975, *D.* 1976, somm. p. 52. : publicité prétendant mensongèrement que la vente a lieu avant fermeture définitive) ;

* sur l'identité (Crim. 23 mars 1994, *Bull. crim.* nº 252 : offre d'abonnement à un annuaire privé qui laisse croire qu'elle émane de France Télécom), les qualités, les aptitudes et les droits du professionnel (Crim. 22 juin 1982, *JCP G* 1982, IV, 316 : fait, pour une chaîne de supermarchés de se vanter d'être prétendument dirigée par une femme, censée mieux percevoir les besoins d'une clientèle majoritairement féminine) ;

* sur le traitement des réclamations et des droits du consommateur (par ex., faire croire au client qu'il aura la faculté de se raviser et d'obtenir remboursement ou qu'il aura la possibilité de contacter par voie téléphonique ou électronique un interlocuteur injoignable).

○ La tromperie par dissimulation du bénéficiaire : est considéré comme trompeuse, en vertu de l'art. L. 121-2, 3°, C. consom., la pratique commerciale qui serait commise dans des circonstances telles que « la personne pour le compte de laquelle elle est mise en œuvre n'est pas clairement identifiable » (Crim. 4 avr. 2018, nº 17-84.577 : mise en place d'un système d'appels par un automate d'abonnés du téléphone qui n'avaient pas le temps de décrocher et qui en rappelant le numéro se voyaient proposer, sans autre élément d'identification de l'appelant, de composer un numéro surtaxé « en raison d'un grand nombre d'appels », ou qui, s'ils décrochaient, se voyaient également proposer d'appeler un numéro surtaxé).

- Les pratiques trompeuses par omission : en vertu de l'art. L. 121-3, al. 1er, C. consom., « [u]ne pratique commerciale est également trompeuse si, compte tenu des limites propres au moyen de communication utilisé et des circonstances qui l'entourent, elle omet, dissimule ou fournit de façon inintelligible, ambiguë ou à contretemps une information substantielle ou lorsqu'elle n'indique pas sa véritable intention commerciale dès lors que celle-ci ne ressort pas déjà du contexte ». L'art. L. 121-3, al. 2e, C. consom., précise que « [l]orsque le moyen de communication utilisé impose des limites d'espace ou de temps, il y a lieu, pour apprécier si des informations substantielles ont été omises, de tenir compte de ces limites ainsi que de toute mesure prise par le professionnel pour mettre ces informations à la disposition du consommateur par d'autres moyens ». Une abstention pure et simple peut ainsi être sanctionnée sur le fondement de ces textes. L'art. L. 121-3, al. 3, C. consom., énonce à cet égard que « [d]ans toute communication commerciale constituant une invitation à l'achat et destinée au consommateur mentionnant le prix et les caractéristiques du bien ou du service proposé, sont considérées comme substantielles les informations suivantes : 1° Les caractéristiques principales du bien ou du service ; 2° L'adresse et l'identité du professionnel ; 3° Le prix toutes taxes comprises et les frais de livraison à la charge du consommateur, ou leur mode de calcul, s'ils ne peuvent être établis à l'avance ; 4° Les modalités de paiement, de livraison, d'exécution et de traitement des réclamations des consommateurs, dès lors qu'elles sont différentes de celles habituellement pratiquées dans le domaine d'activité professionnelle concerné ; 5° L'existence d'un droit de rétractation, si ce dernier est prévu par la loi ». **Cela signifie que, s'agissant de certains types de contrats (vente essentiellement, mais aussi plus généralement fourniture à titre onéreux d'un bien ou d'un service), les communications qui s'adressent à un consommateur doivent, sous peine de sanctions pénales, comporter un certain nombre d'informations obligatoires** (par ex., Crim. 13 janv. 2016, n° 14-84.072 : contrat d'adhésion proposé par une agence matrimoniale à un client, sans que ce dernier ait été informé du droit de rétractation qu'il pouvait exercer dans un délai de sept jours).

- Les pratiques trompeuses par assimilation : l'art. L. 121-4, C. consom., dresse une liste de pratiques qui, au regard de leur objet « sont réputées trompeuses, au sens des articles L. 121-2 et L. 121-3 ». Comme le relèvent certains auteurs (A. Lepage, P. Maistre du Chambon, et R. Salomon, *Droit pénal des affaires*, préc. n° 6, n° 1281, p. 655), cette disposition « relève plus d'une règle de fond que d'une présomption », en ce sens que, non seulement il n'y a pas à établir que la pratique visée dans la liste est susceptible d'induire en erreur, mais encore doit-il être indifférent que cette pratique n'ait, en fait, trompé personne. Sont ainsi réputées trompeuses les pratiques qui ont pour objet : « 1° Pour un professionnel, de se prétendre signataire d'un code de conduite alors qu'il ne l'est pas ; 2° D'afficher un certificat, un label de qualité ou un équivalent sans avoir obtenu l'autorisation nécessaire ; 3° D'affirmer qu'un code de conduite a reçu l'approbation d'un organisme public ou privé alors que ce n'est pas le cas ; 4° D'affirmer qu'un professionnel, y compris à travers ses pratiques commerciales ou qu'un produit ou service a été agréé, approuvé ou autorisé par un organisme public ou privé alors que ce n'est pas le cas ou de ne pas respecter les conditions de l'agrément, de l'approbation ou de l'autorisation reçue ; 5° De proposer l'achat de produits ou la fourniture de services à un prix indiqué sans révéler les raisons plausibles que pourrait avoir le professionnel de penser qu'il ne pourra fournir lui-même ou faire fournir par un autre professionnel, les produits ou services en question ou des produits ou services équivalents au prix indiqué, pendant une période et dans des quantités qui soient raisonnables compte tenu du produit ou du service, de l'ampleur de la publicité faite pour le produit ou le service et du prix proposé ; 6° De proposer l'achat de produits ou la fourniture de services à un prix indiqué, et ensuite : a) De refuser de présenter aux consommateurs l'article ayant fait l'objet de la publicité ; b) Ou de refuser de prendre des commandes concernant ces produits ou ces services ou de les livrer ou de les fournir dans un délai raisonnable ; c) Ou d'en présenter un échantillon défectueux, dans le but de faire la promotion d'un produit ou d'un service différent ; 7° De déclarer faussement qu'un produit ou un service ne sera disponible que pendant une période très limitée ou qu'il ne sera disponible que sous des conditions particulières pendant une période très limitée afin d'obtenir une décision immédiate et priver les consommateurs d'une possibilité ou d'un délai suffisant pour opérer un choix en connaissance de cause ; 8° De s'engager à fournir un service après-vente aux consommateurs avec lesquels le professionnel a communiqué avant la transaction dans une langue qui n'est pas une langue officielle de l'État membre de l'Union européenne dans lequel il est établi et, ensuite, assurer ce service uniquement dans une autre langue sans clairement en informer le consommateur avant que celui-ci ne s'engage dans la transaction ; 9° De déclarer ou de donner l'impression que la vente d'un produit ou la fourniture d'un service est licite alors qu'elle ne l'est pas ; 10° De présenter les droits conférés au consommateur par la loi comme constituant une caractéristique propre à la proposition faite par le professionnel ; 11° D'utiliser un contenu rédactionnel dans les médias pour faire la promotion d'un produit ou d'un service alors que le professionnel a financé celle-ci lui-même, sans l'indiquer clairement dans le contenu ou à l'aide d'images ou de sons clairement identifiables par le consommateur ; 12° De formuler des affirmations matériellement inexactes en ce qui concerne la nature et l'ampleur des risques auxquels s'expose le consommateur sur le plan de sa sécurité personnelle ou de celle de sa famille s'il n'achète pas le produit ou le service ; 13° De promouvoir un produit ou un service similaire à celui d'un autre fournisseur clairement identifié, de manière à inciter délibérément le consommateur à penser que le produit ou le service provient de ce fournisseur alors que tel n'est pas le cas ; 14° De déclarer que le professionnel est sur le point de cesser ses activités ou de les établir ailleurs alors que tel n'est pas le cas ; 15° D'affirmer d'un produit ou d'un service qu'il augmente les chances de gagner aux jeux de hasard ; 16° D'affirmer faussement qu'un produit ou une prestation de services est de nature à guérir des maladies, des dysfonctionnements ou des malformations ; 17° De communiquer des informations matériellement inexactes sur les conditions de marché ou sur les possibilités de trouver un produit ou un service, dans le but d'inciter le consommateur à acquérir celui-ci à des conditions moins favorables que les conditions normales de marché ; 18° D'affirmer, dans le cadre d'une pratique commerciale, qu'un concours est organisé ou qu'un prix peut être gagné sans attribuer les prix décrits ou un équivalent raisonnable ; 19° De décrire un produit ou un service comme étant « gratuit «, « à titre gracieux «, « sans frais « ou autres termes similaires si le consommateur doit payer quoi que ce soit d'autre que les coûts inévitables liés à la réponse à la pratique commerciale et au fait de prendre possession ou livraison de l'article ; 20° D'inclure dans un support publicitaire une facture ou un document similaire demandant paiement qui donne au consommateur l'impression qu'il a déjà commandé le produit ou le service commercialisé alors que tel n'est pas le cas ; 21° De faussement affirmer ou donner l'impression que le professionnel n'agit pas à des fins qui entrent dans le cadre de son activité commerciale, industrielle, artisanale, libérale ou agricole ou de se présenter faussement comme un consommateur ; 22° De créer faussement l'impression que le service après-vente en rapport avec un produit ou un service est disponible dans un État membre de l'Union européenne autre que celui dans lequel le produit ou le service est vendu ».

- *Le résultat* : les art. 6 et 7 de la directive du 11 mai 2005 dispose que la pratique prohibée est celle qui « induit ou est susceptible d'induire en erreur » et qui « amène [le destinataire] ou est susceptible de l'amener à prendre une décision commerciale qu'il n'aurait pas prise autrement ». Ce qui importe c'est que la pratique mise en œuvre soit susceptible de tromper le public auquel elle s'adresse. Dans cette perspective, certaines affirmations ou présentations, bien qu'à la lettre inexactes, ne seront pas sanctionnées, s'il apparaît que le public ne pouvait pas être trompé par le message délivré. C'est le cas de la publicité hyperbolique ou emphatique, qui comporte une exagération telle que le public doit être conscient de son caractère outré (T. corr. Paris 13 avr. 1983, *Gaz. Pal.* 1983. 1. p. 343, note J.-P. Marchi : slogan publicitaire aux termes duquel : « La pile Wonder, ne s'use que si l'on s'en sert » ; Crim. 21 mai 1984, nº 83-92.070 : publicité en faveur de bagages de la marque Samsonite, où une valise faisait office de ballon dans un match de football joué par des bulldozers, dont elle ressortait apparemment indemne). En revanche, il n'est pas nécessaire que la pratique ait effectivement trompé un destinataire et il suffit qu'elle ait pu tromper (en ce sens, pour l'ancienne publicité trompeuse, Crim. 8 déc. 1987, *Bull. crim.* n° 450). Pour apprécier le caractère trompeur d'une pratique commerciale, c'est à une appréciation d'ensemble qu'il faut se livrer pour s'attacher à l'impression générale qui se dégage de la présentation donnée. Ainsi, un message publicitaire peut être trompeur même si la vérité y figure, dès lors que celle-ci est peu accessible (Crim. 15 juin 2010, n° 09-84.222 : précisions noyées dans des conditions générales fleuve et formulées en langage sibyllin pour un néophyte). En outre, l'impression générale peut être commandée, non seulement par le texte, mais aussi par les images (Crim. 2 mai 2001, n° 00-82.863). Pour apprécier le caractère trompeur d'une publicité, la chambre criminelle se réfère en principe à un modèle abstrait, celui de l'individu « moyen » (Crim. 15 oct. 1985, *D.* 1986, inf. rap. p. 397, obs. Roujou de Boubée.; Crim. 18 mai 1996, *RSC* 1998, p. 120, obs. G. Giudicelli). Toutefois, il arrive aussi que les juges tiennent compte du public particulier auquel la pratique commerciale s'adresse (CA Paris, 4 oct. 1977 : *Gaz. Pal.* 1978. 2. somm. p. 472 : la circonstance qu'une publicité soit exclusivement destinée à des professionnels peut être prise en compte pour estimer que le message, qui pourrait tromper un public de néophyte, n'est pas répréhensible puisqu'il s'adresse à un public averti).

• **Élément moral** : le délit est intentionnel mais cette intention s'induit de la violation en connaissance de cause d'une prescription légale ou réglementaire (Crim. 15 déc. 2009, n° 09-83.059 : pour rejeter le pourvoi reprochant aux juges du fond de n'avoir pas caractérisé l'élément moral, l'arrêt énonce que « le prévenu n'a pas pris toutes les précautions propres à assurer la véracité des messages publicitaires, et dès lors que la seule constatation de la violation, en connaissance de cause, d'une prescription légale ou réglementaire implique de la part de son auteur l'intention coupable exigée par l'article 121-3, alinéa 1er, du Code pénal, la cour d'appel a justifié sa décision »).

• **Répression :**

– *Peines* : art. L. 132-2, C. consom. : deux ans d'emprisonnement et 300 000 € (al. 1er) ; le montant de l'amende peut être porté, de manière proportionnée aux avantages tirés du délit, à 10 % du chiffre d'affaires moyen annuel, calculé sur les trois derniers chiffres d'affaires annuels connus à la date des faits, ou à 50 % des dépenses engagées pour la réalisation de la publicité ou de la pratique constituant ce délit.

– *Application aux personnes physiques du droit commun de l'imputation* : la loi du 17 mars 2014 a mis fin à la désignation du responsable qui résultait de l'art. L. 121-5, C. consom. L'identification de l'auteur, du coauteur ou du complice d'un délit de pratiques commerciales trompeuses obéit désormais aux règles de droit commun. Le responsable du support, tel que le journal dans lequel a été insérée l'annonce illicite, pourra être condamné comme complice par aide ou assistance dans le cas où il a procédé à l'insertion en connaissance du caractère faux ou trompeur des allégations et en ayant conscience de participer à l'infraction. Quant à l'auteur du message publicitaire, tout dépendra de la part qu'il aura prise : il pourra être condamné comme coauteur chaque fois qu'il aura sciemment imaginé une publicité contraire à la vérité ou trompeuse (par ex. agent de publicité qui a conçu la campagne publicitaire pourra être condamné comme coauteur) ou, dans d'autres hypothèses, être considéré comme n'ayant pas lui-même commis l'infraction et être punissable en tant complice.

– *Application de la loi dans l'espace* : l'art. L. 132-1, C. consom., énonce la règle selon laquelle le délit est commis en France « dès lors que la pratique commerciale est mise en œuvre ou qu'elle produit ses effets en France ». Parce que l'infraction est complexe, le lieu de réalisation de chacune de ses composantes est à prendre en considération et le délit se réalise également en tous les lieux où le message est diffusé et perçu. Il en résulte qu'en présence, par exemple, d'une publicité qui serait émise depuis l'étranger, il suffira qu'elle soit entendue, vue ou lue en France pour que la loi française puisse s'appliquer. Cette compétence française est également acquise, à l'inverse, en présence d'une pratique commerciale conçue en France, quand bien même elle ne serait perçue que par des destinataires étrangers.

– *Unicité de poursuites de principe* : même si la pratique commerciale trompeuse s'adresse à une pluralité de destinataires – ce qui est souvent le cas pour la publicité –, elle constitue un délit unique qui ne peut être sanctionné qu'une seule fois dès lors qu'il s'agit d'allégations identiques contenues dans le même message et diffusées simultanément (Crim. 8 déc. 1987, *Bull. crim.* n° 451). Il n'en ira différemment qu'en présence de messages distincts adressés à des personnes différentes et présentés de manière individualisée (Crim. 30 janv. 1992, *Bull. crim.* n° 44 : lettre par laquelle des destinataires distincts se voient, chacun, nommément désignés comme gagnants d'une loterie dans un article de journal fictif).

– *Cumul avec le délit d'escroquerie* : la jurisprudence admet le cumul entre le délit de pratiques commerciales trompeuses et le délit d'escroquerie (en ce sens, à propos de la publicité mensongère, Crim. 10 mai 1978, *JCP G* 1978, IV, 211 ; Crim. 14 juin 1982, *D.* 1982, inf. rap. p. 452).

– *Repentir tardif* : l'infraction est instantanée et se réalise par la mise en œuvre de la pratique commerciale, telle notamment la diffusion du message publicitaire. Aussi, une rectification ultérieure ne peut constituer qu'un repentir tardif.

– *Prescription de l'action publique* : la jurisprudence a pu tenir compte, de la circonstance que l'infraction peut ne pas apparaître immédiatement, pour retarder le point de départ de la prescription de l'action publique (Crim. 20 févr. 1986, n° 85-91.357 : approbation des juges du fond qui retiennent que l'action publique ne peut commencer à courir « tant que les victimes n'avaient pas été en mesure de constater le défaut de conformité entre ce qui était promis et ce qui était réalisé » ; Crim. 24 mars 2015, n° 14-82.166 : « le point de départ du délai de prescription de l'action publique doit être fixé au jour où le délit est apparu et a pu être constaté dans des conditions permettant l'exercice de cette action »).

Cas pratique n° 37

› *Énoncé*

Pour faire face à l'arrivée en masse des vacanciers du mois de juillet, Arthur le gérant de la SARL « la Flûte à Rochelle », boulangerie réputée de La Rochelle a décidé d'embaucher un apprenti, Antoine âgé de 15 ans. Il recrute aussi un vendeur Olivier, qui vient d'avoir son permis de conduire et qui pourra donc, sans problème, faire des horaires du soir. Pendant l'été, qui s'annonçait pourtant grandiose, les choses ne se passent pas exactement comme prévu. Tout d'abord, Arthur réalise que pour l'impressionner et faire grimper artificiellement le chiffre d'affaires de la boulangerie, Olivier a mis au point un plan qui risque de lui coûter sa réputation ou au moins de lui faire perdre des clients. Il a décidé de vendre leur spécialité locale, la rochelaise, comme étant une création du chef Christophe Michalak lui-même, qui viendrait les week-ends pour les confectionner. Pour rendre crédible ce mensonge, il a fabriqué à l'aide d'un logiciel de retouche numérique de faux certificats prétendument signés de la main du chef, qu'il donne aux clients qui achètent ce dessert à prix d'or (quatre fois le prix auquel le gâteau était normalement vendu). Certains clients sont quand même déjà venus demander des comptes au gérant en réalisant que le goût de la rochelaise n'avait pas tellement changé.

De plus, les affaires de la société ne vont pas aller en s'arrangeant puisqu'Arthur lui-même utilise une grande quantité de pain de la boulangerie pour fournir le restaurant de sa mère, « L'éclade », qui se trouve à deux pas, sans aucune contrepartie financière. Il se dit que ce n'est pas bien grave puisqu'il est aussi associé majoritaire du restaurant de ses parents. Lorsque l'associé d'Arthur se rend compte de l'état désastreux du fonctionnement de la boulangerie, il fait une sérieuse mise au point avec toute l'équipe, les choses semblaient dès lors être rentrées dans l'ordre.

À la fin de la saison, pour récompenser ses employés Arthur les emmène sur le port pour boire quelques bières. Plusieurs heures plus tard, les trois garçons sont passablement éméchés. Ils font alors la connaissance d'Angelica, 22 ans, une jeune touriste italienne très heureuse de discuter avec de véritables artisans français. Encouragé par les vapeurs de l'alcool, Antoine qui semble complètement séduit par la jeune femme lui propose de lui faire visiter la boulangerie qui se trouve à quelques centaines de mètres de là. Ils se rendent donc tous ensemble sur leur lieu de travail à une heure bien tardive. À peine arrivés sur place, une fois que le rideau de fer a été refermé derrière eux, les choses dégénèrent rapidement. Antoine essaye d'embrasser Angelica qui résiste et se débat, il demande donc à Olivier de la tenir, ce que ce dernier accepte de faire pendant quelques minutes. Alors qu'Angelica a les bras bloqués par Olivier, Antoine l'embrasse à plusieurs reprises sur le visage et les lèvres et lui touche la poitrine avec insistance. Mais quelques instants plus tard, Olivier reprend ses esprits et quitte la boulangerie en courant et en criant à Antoine de la laisser partir. Ce dernier semble pourtant déterminé à ne pas la libérer et à rester avec elle contre son gré. Cependant, Angelica se débat trop et le jeune garçon a peur que les voisins soient alertés par ses cris, il décide finalement de la laisser partir. Pendant ces événements dans la boulangerie, Arthur était resté dans la voiture car il avait indiqué à ses employés qu'il ne voulait pas être mêlé à tout ça.

Vous qualifierez juridiquement les faits au regard du droit pénal et envisagerez les éventuelles responsabilités, en tenant pour acquis que le faux n'est pas constitué.

› *Correction*

Nous distinguerons le stratagème mis au point par Olivier (I), l'utilisation du pain de la boulangerie pour fournir le restaurant de la mère de celui-ci (II) et les agissements des trois hommes au préjudice d'Angelica (III).

I/ Le stratagème d'Olivier

Olivier a mis au point un stratagème. Il organise la vente de la rochelaise de la boulangerie comme étant une création du chef Christophe Michalak lui-même. Pour rendre crédible ce mensonge, il a fabriqué de faux certificats prétendument signés de la main du chef, qu'il donne aux clients qui achètent ce dessert à prix d'or. Ces agissements semblent pouvoir être qualifiés d'escroquerie. Il faudra envisager, outre la responsabilité personnelle d'Olivier (A), la responsabilité éventuelle de la société « La Flûte à Rochelle » qui semble tirer profit de l'opération (B).

A – Une escroquerie

L'article 313-1, C. pén. dispose que « L'escroquerie est le fait, soit par l'usage d'un faux nom ou d'une fausse qualité, soit par l'abus d'une qualité vraie, soit par l'emploi de manœuvres frauduleuses, de tromper une personne physique ou morale et de la déterminer ainsi, à son préjudice ou au préjudice d'un tiers, à remettre des fonds, des valeurs ou un bien quelconque, à fournir un service ou à consentir un acte opérant obligation ou décharge. L'escroquerie est punie de cinq ans d'emprisonnement et de 375 000 € d'amende ».

L'infraction d'escroquerie est constituée de plusieurs éléments matériels. Tout d'abord, doit être apportée la preuve d'une tromperie qui se manifeste généralement par des manœuvres frauduleuses. Ensuite, ces manœuvres doivent avoir conduit à la remise de fonds ou d'un bien quelconque, enfin cette remise doit être faite au préjudice de son auteur. En l'espèce, plusieurs éléments témoignent des manœuvres d'Olivier. Il a menti aux clients de la boulangerie en leur indiquant que les rochelaises avaient été confectionnées par Christophe Michalak, pour donner du crédit à ce mensonge il avait confectionné de faux certificats d'authenticité réalisés avec l'aide d'un ami graphiste et d'un logiciel de traitement d'image. Comme l'indique la chambre criminelle de la Cour de cassation par une jurisprudence constante, « si de simples mensonges sont insuffisants à constituer les manœuvres frauduleuses dans le sens de l'infraction d'escroquerie, il n'en est pas de même lorsque ces mensonges viennent se joindre à des faits ayant pour objet de leur donner force et crédit » (Crim. 12 nov. 1864). Olivier a bien cherché à corroborer son mensonge à l'aide de documents falsifiés de manière informatisée, donnant force et crédit à ses affirmations. Dans un arrêt en date du 11 mai 1971, la chambre criminelle a affirmé que « constitue le délit d'escroquerie par manœuvres frauduleuses, une machination, c'est-à-dire une combinaison de faits, l'arrangement de stratagèmes, l'organisation de ruses, soit une mise en scène ayant pour but de donner crédit au mensonge ». Ainsi, la vente d'œuvres d'art médiocres vendues à un prix sans rapport avec leur valeur réelle grâce à la complicité d'un expert judiciaire et d'un antiquaire a été qualifiée d'escroquerie au sens de l'article 313-1 du Code pénal (Crim. 24 mars 2010, n° 08-85.109). En l'espèce, les agissements d'Olivier pourront donc être considérés comme constitutifs d'éléments matériels du délit d'escroquerie. De plus, il faut ajouter que ce mensonge corroboré par de faux certificats a déterminé les clients de la boulangerie à remettre des sommes d'argent importantes à Olivier, sans lien avec la valeur réelle des gâteaux. La remise du prix excessif des gâteaux a donc été faite au préjudice des clients. Les éléments matériels de l'infraction d'escroquerie sont donc constitués. Cette infraction exige également un élément moral caractérisé par la volonté de fraude, et donc par l'intention de tromper les clients. En l'espèce, cet élément moral ne fait aucun doute dans la mesure où ce stratagème avait pour vocation d'accroître artificiellement le chiffre d'affaires. En outre, le fait qu'il ait demandé à un ami de faire de faux certificats pour corroborer son mensonge révèle que ses agissements étaient faits en toute connaissance de cause.

Les éléments de l'infraction d'escroquerie étant constitués en la personne d'Olivier, il pourra donc être poursuivi du chef de cette infraction. Il encourt cinq ans d'emprisonnement et 375 000 € d'amende. Aucune circonstance aggravante particulière ne semble pouvoir être retenue. Il reste néanmoins à envisager l'éventuelle responsabilité de la société *La Flûte à Rochelle*.

B – La responsabilité pénale de la boulangerie

Selon l'article 121-2, C. pén., « les personnes morales, à l'exclusion de l'État, sont responsables pénalement, selon les distinctions des articles 121-4 à 121-7, des infractions commises, pour leur compte, par leurs organes ou représentants ».

Tout d'abord, ce texte impose que l'on soit en présence d'un groupement doté de la personnalité morale, de droit privé ou de droit public, à l'exception de l'État. En l'espèce, la société *La Flûte à Rochelle* est une SARL, il s'agit donc d'une personne morale de droit privé ayant la personnalité juridique. Il convient de souligner également que la loi du 9 mars 2004 a supprimé le principe de spécialité et a généralisé la responsabilité pénale des personnes morales, désormais applicable à toutes les infractions. Doivent donc être vérifiées les deux conditions cumulatives de cette responsabilité à savoir l'infraction commise par l'un de ses « organes ou représentant » de la personne morale, elle doit en outre être commise « pour le compte » de cette dernière.

Elle l'espèce la première de ces conditions ne semble pas remplie. En effet, Olivier n'est qu'un salarié de la société et rien n'indique que des pouvoirs de représentation lui aient été délégués. Selon une jurisprudence constante, il apparaît que le critère de la qualification d'organe ou de représentant au sens de l'article 121-2, C. pén. est celui de la capacité d'agir au nom de la personne morale. Il est cependant admis largement puisqu'il peut s'agir, selon la jurisprudence, d'une capacité de droit ou de fait. Pour s'exonérer de sa responsabilité, un chef d'entreprise doit prouver un transfert effectif au préposé de « la compétence, de l'autorité et des moyens nécessaires » à l'exécution de la mission dans le cadre de laquelle une infraction a été commise. En l'absence de telles compétences reconnues à l'auteur de l'infraction, cette dernière ne pourra pas être imputée à la personne morale, même si son auteur pouvait justifier l'intérêt de la société résultant de la commission de tels faits. En l'espèce, la responsabilité de la société *La Flûte à Rochelle* ne pourra pas être recherchée sur le fondement de l'infraction d'escroquerie qui n'a été commise ni par l'un de ses organes ni par l'un de ses représentants, Olivier étant un simple salarié de l'entreprise qui venait d'être recruté.

II/ Le pain pris pour le restaurant

Pendant l'été, Arthur a utilisé une grande quantité de pain de la boulangerie pour fournir le restaurant de sa propre mère sans aucune contrepartie financière. Il est aussi actionnaire majoritaire de ce restaurant. La qualification qui semble pouvoir être retenue est celle d'abus de biens sociaux, le fait justificatif éventuel de groupe de société devra également être évoqué (A) avant d'envisager la responsabilité de la société *La Flûte à Rochelle* (B).

A – Abus de biens sociaux

S'agissant d'une SARL l'infraction est prévue dans le Code de commerce. Selon l'article L. 241-3, C. com. « est puni d'un emprisonnement de cinq ans et d'une amende de 375 000 € [...] 4° Le fait, pour les gérants, de faire, de mauvaise foi, des biens ou du crédit de la société, un usage qu'ils savent contraires à l'intérêt de celle-ci, à des fins personnelles ou pour favoriser une autre société ou entreprise dans laquelle ils sont intéressés directement ou indirectement ».

L'élément matériel de l'infraction d'abus de biens sociaux consiste en un usage contraire à l'intérêt social des biens de la société par un gérant. En l'espèce, Arthur est bien le gérant de la boulangerie, il est donc susceptible de se rendre coupable de l'infraction d'abus de biens sociaux. L'usage des biens de la société contraire à l'intérêt social se caractérise généralement par l'appropriation ou la dissipation de biens appartenant à la société (Crim. 25 nov. 1975, *Bull. crim.* n° 257 : gérant s'octroyant des rémunérations abusives). En l'espèce, le pain de la boulangerie pris par Arthur peut être sans difficulté considéré comme des biens de la société. L'usage qu'en fait Arthur se traduit par la dissipation d'une partie de la production de la boulangerie au profit de la société de sa mère. Il faut en outre que cet usage soit contraire à l'intérêt social de la personne morale. À cet égard, tous les actes qui portent atteinte au patrimoine de l'entreprise doivent être considérés comme contraires à l'intérêt de la société. En l'espèce, lorsqu'Arthur prend du pain de la boulangerie pour fournir le restaurant de sa mère, il diminue le patrimoine de la SARL la Flûte à Rochelle au profit d'une autre société. Les éléments matériels de l'infraction d'abus de biens sociaux apparaissent donc constitués. Cependant, le fait qu'il soit associé du restaurant de sa mère pourrait-il avoir une incidence sur la qualification de l'infraction ?

La jurisprudence admet en effet que l'existence d'un groupe de sociétés qui s'entraident puisse constituer un obstacle à la qualification de l'infraction d'abus de biens sociaux. En l'espèce, Arthur est le dirigeant de la société *La Flûte à Rochelle*, il est aussi associé majoritaire du restaurant de sa mère, cette circonstance est-elle suffisante à caractériser l'existence d'un groupe de société ? La jurisprudence est restrictive sur la question. Dans un jugement en date du 16 mai 1974 (affaire *Willot*), le tribunal correctionnel de Paris a ouvert la voie à un assouplissement au bénéfice des groupes de société à trois conditions suivantes cumulatives : l'existence d'un groupement économique fortement structuré reposant sur des bases non artificielles, réalisation des sacrifices demandés à l'une des sociétés dans l'intérêt du groupe et la nécessité de vérifier que ces sacrifices ne font pas courir à la société concernée des risques importants sans contrepartie suffisante ou hors de proportion avec ses possibilités réelles. Dans l'affaire *Rozenblum* (Crim. 4 févr. 1985 – arrêt de principe), la Cour de cassation a développé une position très proche de celle du Tribunal de Paris en retenant le critère d'un concours financier qui doit être conforme à un intérêt commun, en application d'une politique élaborée pour l'ensemble du groupe. De plus, ce concours ne doit pas être dénué de contrepartie. En l'espèce, rien n'indique que ces conditions restrictives soient remplies. L'existence même d'un groupe de société peut ici être contestée puisque l'opposition de l'associé d'Arthur à cette pratique révèle l'absence de cohésion et l'inexistence d'un groupe structurée. En outre, comme cette contribution est totalement dépourvue de contrepartie, l'argument du groupe de sociétés ne saurait être valablement invoqué en l'espèce. L'élément matériel de l'usage des biens de la société contraire à l'intérêt social est donc bien constitué.

L'élément moral de l'abus de biens sociaux se compose d'un dol général et d'un dol spécial. S'agissant du dol général, il s'agit de l'intention, c'est-à-dire la conscience d'agir contre l'intérêt de la société et volonté d'enfreindre la loi. Concernant l'infraction d'abus de biens sociaux la jurisprudence relève sur ce point la « conscience de faire encourir à la société un risque anormal distinct du risque inhérent à la nature du marché » (Crim. 16 janv. 1989, *Bull. crim.* n° 17). En l'espèce, cet élément est présent. Arthur sait nécessairement qu'en diminuant les stocks de la boulangerie, il lui fait perdre une partie importante de son chiffre d'affaires et lui fait donc prendre un risque anormal. La loi exige en outre un dol spécial lorsqu'elle prévoit que le dirigeant doit avoir agi à des fins personnelles ou pour favoriser une autre société ou entreprise dans laquelle il était intéressé directement ou indirectement. En l'espèce, cet élément moral ne pose aucune difficulté puisque les agissements d'Arthur avaient pour objectif de contribuer au fonctionnement du restaurant de sa mère, société dont il est l'associé majoritaire.

L'usage qu'il a fait du pain de la boulangerie avait pour objectif de favoriser une société dans laquelle il était intéressé directement. L'élément moral de l'infraction est donc constitué.

B – La répression de l'infraction

Arthur pourra donc être poursuivi pour abus de biens sociaux sur le fondement de l'article L. 241-3 du Code de commerce. Il encourt cinq ans d'emprisonnement et 375 000 € d'amende.

La responsabilité de *La Flûte à Rochelle* pourrait être envisagée car l'infraction a été commise par l'un de ses gérants. Cependant, la deuxième condition prévue par l'article 121-2 fait ici clairement défaut. L'infraction ne pourra pas être considérée comme ayant été commise « pour le compte de la société » qui est en l'espèce la victime de l'infraction.

III/ Les agissements des trois hommes au préjudice d'Angelica

Les trois hommes ont emmené la jeune touriste italienne dans la boulangerie et lui ont fait subir des actes contraints. Tout d'abord sera envisagée la qualification des baisers forcés et des caresses imposées par Antoine (A). Le mode de participation de chacun sera ensuite évoqué (B), avant d'étudier la répression encourue pour ces faits (C).

A – Le baiser forcé et les caresses imposées

Antoine embrasse Angelica de force et lui touche la poitrine alors qu'Olivier l'immobilise. Au moment de ces faits, Arthur est resté à l'extérieur dans sa voiture pour « ne pas être mêlé à ça ».

L'article 222-27, C. pén. dispose que « les agressions sexuelles autres que le viol sont punies de cinq ans d'emprisonnement et de 75 000 € d'amende ». Cette infraction est donc définie de manière complémentaire avec l'infraction de viol qui vise « tout acte de pénétration sexuelle de quelque nature qu'il soit, commis sur la personne d'autrui ou sur la personne de l'auteur, par violence, contrainte, menace ou surprise est un viol » (art. 222-23, C. pén.). Ce délit a remplacé l'attentat à la pudeur dans le nouveau Code pénal entré en vigueur en 1994. En l'espèce, Antoine a embrassé Angelica sur le visage et les lèvres, tout en lui touchant la poitrine alors que cette dernière se débattait. Les éléments constitutifs de l'agression sexuelle semblent donc réunis. Les éléments matériels de l'infraction sont les baisers et les caresses sur des parties de l'anatomie pouvant avoir une connotation sexuelle. L'élément moral est constitué par la conscience de l'auteur de l'infraction de passer outre l'absence de consentement de la victime. Le fait qu'Antoine ait demandé à Olivier de la tenir manifeste cette conscience. En ce sens, la chambre criminelle de la Cour de cassation a considéré dans un arrêt en date du 11 juillet 1989 que « caractérise le délit d'attentat à la pudeur avec contrainte l'arrêt qui énonce que le prévenu s'est livré à des attouchements sur les seins de la victime, qui faisait partie des trois individus qui l'ont déshabillé, et qu'il a reconnu lui avoir maintenu les bras avec l'aide d'un coprévenu ». En l'espèce l'infraction d'agression sexuelle est bien caractérisée.

B – La participation de chacun

– Antoine est l'auteur de l'infraction car il réunit en sa personne l'ensemble des éléments constitutifs de l'infraction. Sa minorité (il est âgé de 15 ans) ne fait pas obstacle à ce que sa responsabilité pénale soit retenue. En effet, selon l'article 122-8, C. pén., « les mineurs capables de discernement sont pénalement responsables des crimes, délits ou contraventions dont ils ont été reconnus coupables, dans des conditions fixées par une loi particulière […] ». Le critère légal de la responsabilité pénale des personnes mineures a été repris de la jurisprudence *Laboube* de la Cour de cassation de 1956 qui déjà posait le critère du discernement selon lequel la responsabilité est nécessairement conditionnée par la capacité de l'enfant de comprendre et de vouloir ses actes et leurs éventuelles implications. En l'espèce, Antoine est apprenti et âgé de 15 ans. Il sera donc considéré comme doué de discernement et ainsi responsable pénalement de ses actes. En revanche, son jeune âge aura des conséquences sur le régime de la répression qui pourra lui être imposée. En effet, le Conseil constitutionnel a consacré dans une décision en date du 29 août 2002 un principe fondamental reconnu par les lois de la République affirmant la spécificité de la justice pénale des mineurs : spécificité des procédures qui leur sont applicables mais également des modalités de la répression qui seront évoquées ci-après.

– La qualification d'agression sexuelle est pertinente s'agissant de la responsabilité d'Olivier qui a immobilisé la jeune fille qui se débattait, pendant qu'Antoine l'embrassait et lui touchait la poitrine. Sa fuite ne peut pas être prise en considération dans la mesure où elle est postérieure à la consommation de l'infraction. Elle pourrait éventuellement être considérée comme un repentir actif, sans incidence théorique sur la répression. Olivier n'est pas lui-même auteur de l'infraction mais il y a participé en immobilisant la jeune fille.

Selon l'article 121-7, C. pén. « est complice d'un crime ou d'un délit la personne qui sciemment, par aide ou assistance, en a facilité la préparation ou la consommation ». Pour que la complicité soit réprimée, doivent être réunies deux conditions cumulatives à savoir l'existence d'un fait principal punissable et un acte positif de complicité. Sur le fait principal punissable, il n'y a pas de difficulté particulière en l'espèce puisque l'agression sexuelle a précédemment été qualifiée. Sur l'acte de complicité, deux éléments le constituent. L'élément matériel de la complicité correspond aux formes de complicité visées à l'article 121-7, C. pén. L'élément moral de l'acte de complicité correspond à la conscience de participer à un acte délictueux, cet élément résulte de l'exigence légale d'avoir participé « sciemment » à la commission de l'infraction. En l'espèce, Olivier a indiscutablement contribué à la commission de l'infraction par son « aide et assistance ». En effet, il a immobilisé la victime, permettant ainsi à Antoine de lui imposer des baisers et des caresses. En outre, il avait parfaitement conscience du projet infractionnel d'Antoine qui lui en a fait part expressément, lui demandant de la tenir afin qu'il puisse l'embrasser. Olivier est donc complice de l'agression sexuelle commise sur la personne de Angelica.

– Arthur est resté passif, à l'extérieur de la boulangerie, pendant que Angelica se faisait agresser par Antoine et Olivier. Doit donc être évoquée la situation particulière d'Arthur qui est resté en retrait dans sa voiture, pendant le déroulement des faits pour ne pas être impliqué dans cette histoire. Sa passivité pourrait-elle lui être reprochée ?

Selon une jurisprudence constante, pour que soit retenu un acte de complicité, un acte positif doit pouvoir être identifié. En effet, la chambre criminelle de la Cour de cassation affirme dans un arrêt en date du 26 octobre 1912 que « la complicité d'une action qualifiée de crime ou de délit consiste dans les faits et actes spécialement déterminés par la loi. On ne saurait leur assimiler l'inaction de celui qui, volontairement ne s'oppose pas à la perpétration d'un crime ou d'un délit, quelque blâmable que puisse être cette inaction au point de vue de la morale ». En l'espèce, Arthur s'est contenté de rester dans sa voiture pour ne pas être impliqué, il n'a donc commis aucun acte positif de complicité et ne pourrait donc pas être poursuivi sur un tel fondement.

En revanche, une qualification pénale de substitution pourrait être envisagée, il s'agit de l'infraction de non-assistance à personne en péril. L'article 223-6, C. pén. prévoit en effet que « quiconque pouvant empêcher par son action immédiate, sans risque pour lui ou pour les tiers, soit un crime, soit un délit contre l'intégrité corporelle de la personne s'abstient volontairement de le faire est puni de cinq ans d'emprisonnement et de 75 000 € d'amende ». Sera puni des mêmes peines quiconque s'abstient volontairement de porter à une personne en péril l'assistance que, sans risque pour lui ou pour les tiers, il pouvait lui prêter soit par son action personnelle, soit en provoquant un secours. Cette qualification devrait donc être envisagée dans la mesure où l'intervention d'Arthur ne semblait présenter aucun risque pour lui. Étant, de plus, investi d'une certaine autorité sur ses employés, il aurait parfaitement pu interrompre la commission de ce délit d'agression sexuelle sans risque.

– Au regard des conditions de l'article 121-2, C. pén., la responsabilité de la personne morale ne pourra pas être engagée car l'infraction d'agression sexuelle n'a manifestement pas été commise pour son compte.

C – La répression de l'agression sexuelle

– Antoine est auteur de l'agression sexuelle, il encourt donc selon l'article 222-27, C. pén. cinq ans d'emprisonnement et 75 000 € d'amende. Cependant, l'article 222-28 prévoit un certain nombre de causes d'aggravation de la répression au titre desquelles figurent le fait d'avoir commis cette infraction « par plusieurs personnes agissant en qualité d'auteur ou de complice » (4°) et « lorsqu'elle est commise par une personne agissant en état d'ivresse manifeste ou sous l'emprise manifeste de produits stupéfiants ». En présence d'une telle circonstance aggravante, l'infraction lui fait encourir sept ans d'emprisonnement et 100 000 € d'amende. En l'espèce, la complicité d'Olivier a été démontrée. De plus, les trois garçons étant « bien éméchés » on peut envisager leur état d'ébriété manifeste qui constitue également une circonstance aggravante.

Cependant, Antoine est âgé de 15 ans. La répression des infractions commises par des personnes mineures obéit à un régime juridique particulier. L'article 122-8, al. 2, C. pén. dispose que l'ordonnance du 2 février 1945 « prévoit également les sanctions éducatives qui peuvent être prononcées à l'encontre des mineurs de dix à dix-huit ans ainsi que les peines auxquels peuvent être condamnés les mineurs de treize à dix-huit ans, en tenant compte de l'atténuation de responsabilité dont ils bénéficient en raison de leur âge ». L'article 20-2 de cette ordonnance du 2 février 1945 prévoit que « le tribunal pour enfant et la cour d'assises des mineurs ne peuvent prononcer à l'encontre des mineurs âgés de plus de treize ans une peine privative de liberté supérieure à la moitié de la peine encourue ». De plus, en vertu de l'article 20-3 de l'ordonnance, l'amende prononcée ne pourra pas être supérieure à la moitié de l'amende encourue ou à 7 500 €. Cette « excuse de minorité » s'applique de manière impérative, elle ne peut éventuellement être écartée en application de la loi que pour les mineurs âgés de plus de 16 ans. En l'espèce, Antoine bénéficiera de l'excuse de minorité prévue par l'ordonnance du 2 février 1945 et encourt donc 3 ans et demi d'emprisonnement et 7 500 € d'amende. Des mesures éducatives et des sanctions éducatives pourront également être prononcées contre lui.

– L'article 121-6, C. pén. dispose que « sera puni comme auteur le complice de l'infraction au sens de l'article 121-7 ». Cette disposition issue du nouveau Code pénal a permis de rompre avec la tradition de la théorie de l'emprunt de pénalité en vertu de laquelle le complice était puni de la même peine que l'auteur. Dorénavant, le complice est puni comme s'il était lui-même auteur de l'infraction. Olivier est majeur (cette information résulte du fait qu'il est détenteur du permis de conduire), il encourt donc au titre de la complicité d'agression sexuelle aggravée une peine de sept ans d'emprisonnement et de 100 000 € d'amende.

Conclusion

Selon l'article 132-2, C. pén., « il y a concours d'infractions lorsqu'une infraction est commise par une personne avant que celle-ci ait été définitivement condamnée pour une autre infraction ». Le régime applicable à cette situation de concours d'infractions est prévu à l'article 132-3, C. pén. : « Lorsque, à l'occasion d'une même procédure, la personne poursuivie est reconnue coupable de plusieurs infractions en concours, chacune des peines encourues peut être prononcée. Toutefois, lorsque plusieurs peines de même nature sont encourues, il ne peut être prononcé qu'une seule peine de cette nature dans la limite du maximum légal le plus élevé. Chaque peine prononcée est réputée commune aux infractions en concours dans la limite du maximum légal applicable à chacune d'entre elles ».

En l'espèce, Olivier pourra être poursuivi pour escroquerie et complicité d'agression sexuelle aggravée. Il encourt donc un maximum de sept ans d'emprisonnement et de 375 000 € d'amende. Arthur pourra être poursuivi pour abus de biens sociaux et non assistance à personne en péril, il encourt donc un maximum de cinq ans et 375 000 € d'amende. Enfin, Antoine pourra être poursuivi pour agression sexuelle aggravée et encourt 3 ans et demi d'emprisonnement et 7 500 € d'amende.

Cas pratique n° 38

› *Énoncé*

En 2017, Julien a créé la SARL Publitek dont il est gérant. Afin d'obtenir le marché de l'entretien et du renouvellement du parc informatique de la mairie de Tocane-Saint-Apre, marché indispensable à la poursuite de son activité commerciale et lui permettant de maintenir le train de vie de sa petite famille – Julien est marié et a un fils de 16 ans, Arthur, qui fait la fierté de son père –, il a versé, en avril dernier, à Gonzagues de Bréchet, maire de la commune située en Dordogne, une somme d'argent (10 000 €) prélevée sur le compte de la SARL.

Vous examinerez l'éventuelle responsabilité pénale ainsi que les peines encourues par toutes les personnes, physiques ou morales, mentionnées dans l'énoncé du présent cas pratique.

› *Correction*

En tant que gérant de la SARL Publitek, Julien a prélevé des fonds sociaux pour les verser à Gonzagues de Bréchet, maire de la commune de Tocane-Saint-Apre, afin d'obtenir, pour la SARL, un marché. Cet acte est susceptible, d'abord, de faire l'objet d'une qualification de corruption (I), puis de celle d'abus de biens sociaux (II). Devra en conséquence être résolu le concours de qualifications (III) ou d'infractions (IV).

I/ La corruption

A – La participation de Julien en qualité d'auteur d'une corruption active

Le versement de cette somme d'argent constitue un don, remis par Julien à une personne « investie d'un mandat électif public » au sens de l'article 433-1, al. 1er, C. pén. L'objectif poursuivi par Julien est bien l'accomplissement par l'élu d'un « acte de sa fonction, de sa mission ou de son mandat ». L'élément moral est, en l'espèce, aisé à établir, et l'infraction de corruption active ainsi constituée en tous ses éléments.

Le fait que l'obtention de ce marché était vitale pour l'entreprise ne créait nullement une contrainte au sens de l'article 122-2, C. pén., faute d'irrésistibilité. C'est pareillement en vain qu'il invoquerait l'état de nécessité prévu par l'article 122-7, C. pén., la jurisprudence n'admettant pas que la commission d'une infraction soit justifiée par de simples difficultés commerciales (Crim. 11 févr. 1986, *Bull. crim.* n° 54).

Enfin, la contrainte comme l'état de nécessité ne sauraient davantage résulter de la préoccupation d'assurer à sa famille et à lui-même un train de vie (comp. la décision du bon juge Magnaud, Trib. corr. Chateau-Thierry, 4 mars 1898, qui prononce la relaxe de la fille Ménard qui avait volé du pain pour nourrir son enfant…).

B – Le cas de la SARL Publitek

C'est bien en qualité d'organe de la SARL Publitek que Julien a agi. De plus, c'est bien dans le cadre des activités de la société et dans son intérêt (quoique mal évalué) que Julien a fait le don.

Il convient en outre de préciser qu'aux termes de l'al. 3 de l'article 121-2, C. pén., la responsabilité pénale des personnes morales n'exclut pas celle des personnes physiques auteurs ou complices des mêmes faits.

C – Le cas de Gonzagues de Bréchet

La perception de cette somme d'argent constitue pour Gonzagues de Bréchet, maire de Tocane-Saint-Apre, un agrément « sans droit, à tout moment, directement ou indirectement, des offres, des promesses, des dons, des présents ou des avantages quelconques pour elle-même ou pour autrui » pour accomplir ou s'abstenir d'accomplir un acte de sa fonction, de sa mission ou de son mandat ou facilité par sa fonction, sa mission ou son mandat.

Un tel acte (élément matériel), accompli par une personne « investie d'un mandat électif » (condition préalable), nécessairement consciente de l'illicéité de son comportement (élément moral) est constitutif de l'infraction de corruption passive, prévue et réprimée par l'article 432-11, C. pén.

D – L'irresponsabilité pénale de la commune de Tocane-Saint-Apre

Les fonds ont certes été perçus par le maire, organe (et représentant) de la commune au sens de l'article 121-2, C. pén. Cependant, celui-ci n'a pas agi pour le compte de la commune mais, uniquement, dans son intérêt personnel. De plus, la commune étant une collectivité territoriale, la condition supplémentaire de l'al. 2 de l'article 121-2, C. pén., à savoir la commission de l'infraction « dans l'exercice d'activités susceptibles de faire l'objet de conventions de délégation de service public » ne saurait être caractérisée, l'activité consistant à attribuer un marché n'étant certainement pas délégable.

La commune de Tocane-Saint-Apre ne saurait par conséquent se voir poursuivie pénalement.

Cependant, les faits rapportés sont susceptibles de constituer une infraction autre que la corruption, l'abus des biens de la SARL Publitek.

II/ L'abus des biens de la SARL Publitek

Il est en effet possible d'envisager l'abus des biens, du crédit ou des pouvoirs de la société, infraction traditionnellement dénommée « abus de biens sociaux ».

A – Le cas de Julien

L'infraction d'abus de biens sociaux, prévue et réprimée, notamment, par l'article L. 241-3, C. com., peut être commise au préjudice d'une SARL par son gérant, lorsque celui-ci accomplit, de mauvaise foi, un acte d'usage d'un bien de la société contraire à l'intérêt de celle-ci, à des fins personnelles (art. L. 241-3, 4°, C. com.).

Or, il apparaît que c'est, notamment, dans son intérêt et dans celui de sa famille, que Julien a cherché à assurer la survie de son entreprise. La jurisprudence n'exigeant pas, pour voir l'infraction constituée, que l'utilisation des biens sociaux l'ait été à des fins exclusivement personnelles (Crim. 25 oct. 2006, *Bull. crim.* n° 254), cette condition paraît remplie.

L'acte peut, par ailleurs, être présenté comme partiellement réalisé dans l'intérêt de la société – pour avoir conditionné sa survie. Dès lors, la condition de contrariété à l'intérêt social pourrait faire défaut, du moins dans la mesure (probable) où le profit devant être réalisé à l'occasion de l'exécution était significativement supérieur à la somme engagée. Cependant, le versement de cette somme constitue – nous l'avons vu *supra* – l'élément matériel d'une infraction de corruption active, qui fait encourir à ses auteurs, Julien et la société, des peines correctionnelles. Dans une telle situation, la jurisprudence affirme aujourd'hui que « quel que soit l'avantage à terme qu'elle peut procurer, l'utilisation des fonds sociaux ayant pour seul objet de commettre un délit tel que la corruption est contraire à l'intérêt social en ce qu'elle expose la personne morale au risque anormal de sanctions pénales ou fiscales contre elle-même et ses dirigeants et porte atteinte à son crédit et à sa réputation » (Crim. 27 oct. 1997, *aff. Carignon*). Aussi l'illicéité de l'acte l'emporte-t-elle sur l'intérêt pécuniaire qu'il peut présenter pour la société, et la condition de contrariété à l'intérêt social doit être considérée comme remplie en l'espèce.

La composante matérielle de l'infraction d'abus de biens sociaux étant ainsi constituée, il convient rapidement de s'assurer de l'existence d'une intention caractérisant l'élément moral. La conscience d'accomplir un acte contraire à l'intérêt social (dol général) est, à cet égard, suffisante (Crim. 3 févr. 1970, *Bull. crim.* n° 47) et les juridictions du fond ont tendance, sans être désavouées par la chambre criminelle de la Cour de cassation, à présumer la mauvaise foi des dirigeants de sociétés (Crim. 28 nov. 1994, n° 94-81.818).

Si l'on admet qu'un dol spécial est nécessaire, en la forme d'une volonté de satisfaire, directement ou indirectement, des fins personnelles, la preuve n'en sera, au cas d'espèce, guère difficile à rapporter, compte tenu de l'utilisation prévue des fonds par Julien et sa famille.

B – L'irresponsabilité de la SARL Publitek

Les fonds ayant été prélevés dans le patrimoine de la société, celle-ci est victime, au sens strict de l'infraction : c'est elle qui subit le résultat de l'infraction d'abus de biens sociaux. Il serait par conséquent dénué de pertinence de s'interroger sur son éventuelle responsabilité pénale sous la qualification d'abus des biens sociaux.

C – La perception des fonds sociaux par Gonzagues de Bréchet

Gonzagues de Bréchet, maire de la commune de Tocane-Saint-Apre, a perçu, vraisemblablement en numéraires, la somme de 10 000 €, qui provenait de la commission d'une infraction pénale : un abus de biens sociaux.

Cette perception, comme la détention matérielle qui l'a immédiatement suivie, constitue un recel au sens de l'article 321-1, al. 1er, C. pén. Il est en effet certain que M. de Bréchet avait conscience de la provenance illicite des fonds. En l'absence de l'une des circonstances aggravantes prévues par l'article 321-2, C. pén., le recel d'abus de biens sociaux fait encourir à Gonzagues de Bréchet, à titre principal, cinq ans d'emprisonnement et 375 000 € d'amende.

D – Le cas de la commune de Tocane-Saint-Apre

Les fonds ont certes été recelés par le maire, organe (et représentant) de la commune au sens de l'article 121-2, C. pén. Cependant, celui-ci n'a pas commis l'infraction de recel pour le compte de la commune mais, uniquement, dans son intérêt personnel. Pour cette raison, analogue à celle exposée *supra* pour exclure l'imputation à la commune de l'infraction de corruption passive, la commune de Tocane-Saint-Apre ne saurait se voir poursuivie pénalement.

E – L'innocence de la femme et du fils de Julien

Il ressort de l'énoncé que Julien a cherché à favoriser le maintien du train de vie de sa famille, constituée par sa femme et son fils. Ce n'est cependant que très indirectement que ceux-ci ont pu tirer profit de l'infraction d'abus de biens sociaux, le cas échéant par une meilleure rémunération de Julien dans l'éventualité où le marché aurait été conclu. Certes, le fait de « bénéficier, par tout moyen, du produit d'un crime ou d'un délit » constitue un recel aux termes de l'article 321-1, al. 2, C. pén., mais à condition d'être commis « en connaissance de cause », ce que rien ne permet d'affirmer en l'espèce, la responsabilité pénale ne pouvant, en principe, être présumée (Cons. const, 16 juin 1999).

Ces raisons conduisent à écarter, selon toutes vraisemblances, la responsabilité pénale de la femme et du fils de Julien.

Il convient maintenant d'examiner l'incidence, sur le cas de chacun des protagonistes, de la pluralité d'infractions constituées.

III/ Le concours idéal de qualifications

Le prélèvement de fonds sociaux et leur remise au maire de Tocane-Saint-Apre caractérisent, en la personne de Julien, l'infraction d'abus de biens sociaux et l'infraction de corruption active. Une telle situation constitue un concours idéal de qualifications, l'acte de Julien étant susceptible, concurremment, de deux qualifications distinctes.

Le critère à utiliser pour résoudre le concours idéal est en principe celui de l'intérêt protégé par les incriminations en concours idéal, conformément à la jurisprudence *Ben Haddadi* (Crim. 3 mars 1960, *Bull. crim.* n° 138 : lorsque les qualifications en concours protègent des valeurs sociales distinctes, il y a lieu de retenir plusieurs qualifications car il est possible de caractériser différentes intentions coupables).

Or, l'intérêt protégé par l'incrimination de l'abus de biens sociaux est le patrimoine des sociétés. L'intérêt protégé par l'incrimination de la corruption active d'un élu local est, quant à lui, l'autorité de l'État, titre sous lequel sont regroupées les incriminations de corruption active (atteinte à l'administration publique) et de corruption passive (manquement au devoir de probité).

Ces deux intérêts n'étant ni identiques, ni similaires, les deux qualifications peuvent être cumulativement retenues : Julien pourra être poursuivi à la fois du chef de corruption active et du chef d'abus de biens sociaux.

Pour les mêmes raisons, Gonzagues de Bréchet pourra être poursuivi à la fois du chef de corruption passive et du chef de recel d'abus de biens sociaux.

IV/ Le concours réel d'infractions

Les peines principales encourues par les protagonistes doivent être déterminées en vérifiant l'existence d'un concours réel d'infractions.

Julien encourt, du chef de corruption active, dix ans d'emprisonnement et 150 000 € d'amende (art. 433-1, al. 1er, C. pén.).

Julien encourt, du chef d'abus de biens sociaux, cinq ans d'emprisonnement et 375 000 € d'amende (art. L. 241-3, al. 1er, C. com.).

Ces deux infractions, n'étant pas séparées par une condamnation définitive pour l'une d'entre elles, sont en concours réel au sens de l'article 132-2 du Code pénal.

En ne prenant que les peines encourues à titre principal, et en supposant que les faits soient l'objet d'une procédure unique, ces deux infractions ne font encourir qu'une seule peine d'emprisonnement et qu'une seule peine d'amende, soit, dans les deux cas, la peine la plus élevée.

Gonzagues de Bréchet encourt, du chef de corruption passive, 150 000 € d'amende et dix ans d'emprisonnement (art. 432-11, al. 1er, C. pén.).

Il encourt, du chef de recel d'abus de biens sociaux, cinq ans d'emprisonnement et 375 000 € d'amende (art. 321-1, al. 3, C. pén.).

En application des mêmes règles, il encourt dix ans d'emprisonnement et 375 000 € d'amende.

La SARL Publitek, quant à elle, encourt, à titre principal, 750 000 € d'amende (art. 131-38, al. 1er, C. pén.) du chef de corruption active.

Cas pratique n° 39

Sujet donné à l'examen d'entrée au CRFPA en septembre 2019

› *Énoncé*

Madame Jean, PDG de la Société Junk (SA) spécialisée dans le traitement des déchets vient vous consulter au sujet de divers faits qui lui sont reprochés.

Ses ennuis ont pour origine Monsieur Théodore, qui a été son assistant entre janvier 2014 et janvier 2019 jusqu'à son licenciement, lequel a porté plainte à son encontre le 3 février 2019 du chef de viol et agressions sexuelles lui reprochant de lui avoir imposé des fellations et pénétrations sexuelles pendant toute sa période d'emploi à raison d'une à deux fois par mois. Elle déclare qu'il était parfaitement consentant et que seule la volonté de se venger de son licenciement le motive.

Monsieur Théodore a également dénoncé le fait que la Société Junk avait obtenu des marchés publics de la communauté de communes du Val des Rêves, en 2004, 2008, 2012, et 2016 grâce aux largesses de Madame Jean envers le président de la Communauté de communes, Monsieur Campard qu'elle invitait chez les plus grands restaurateurs, auquel elle a envoyé une caisse de champagne à chaque fin d'année et des places de concert régulièrement. En retour, Monsieur Campard n'aurait pas hésité à diminuer la note technique des offres concurrentes.

Afin d'établir ses dires, Monsieur Théodore a produit :

- des échanges de mails intervenus entre Madame Jean et Monsieur Campard ;
- une copie de la comptabilité de la société depuis 2004 jusqu'en décembre 2018 mettant en évidence la comptabilisation des frais, même s'ils apparaissent noyés dans les comptes sociaux ;
- des notes de frais indument mises à la charge de la société sur la même période.

Madame Jean, vous demande ce qu'elle encourt, tant pour les infractions sexuelles alléguées, que pour les faits relatifs aux marchés publics. Elle vous consulte également sur les actions qu'elle pourrait engager contre Monsieur Théodore.

› Correction

[Dans la mesure où il est demandé ce que Mme Jean encourt, le corrigé n'évoque pas la responsabilité de la SA Junk dont elle est la dirigeante. Certes, la question est sans objet pour l'abus de biens sociaux dont la société est la victime mais elle aurait pu être posée pour notamment pour l'infraction de corruption dont pourrait être reconnue responsable la SA Junk en tant que personne morale représentée par Mme Jean].

Madame Jean nous interroge sur les conséquences pénales que peuvent avoir pour elle les infractions sexuelles alléguées et les faits ayant trait aux marchés publics. Elle souhaite également connaître les actions qu'elle pourrait engager à l'encontre de Monsieur Théodore.

Nous envisagerons en conséquence les faits pouvant être reprochés à Madame Jean (I) puis les actions pouvant être engagées à l'encontre de Monsieur Théodore (II).

I/ Sur les faits pouvant être reprochés à Madame Jean

Nous envisagerons d'abord les fellations et relations sexuelles prétendument imposées à Monsieur Théodore (A), puis les faits concernant l'attribution frauduleuse des marchés publics (B).

A – Les fellations et relations sexuelles prétendument imposées à Monsieur Théodore

Trois problèmes doivent être réglés : le problème de la qualification applicable en raison de la récente réécriture de l'incrimination du viol (1), le problème de l'absence de consentement mis en avant par Monsieur Théodore (2) et le problème de la prescription de l'action publique (3).

1. Le problème de qualification résultant de la réécriture de l'incrimination du viol

Jusqu'à la loi du 3 août 2018 renforçant la lutte contre les violences sexuelles et sexistes, l'article 222-23 du Code pénal incriminait le crime de viol en ces termes : « Tout acte de pénétration sexuelle, de quelque nature qu'il soit, commis sur la personne d'autrui par violence, contrainte, menace ou surprise est un viol ».

L'acte de pénétration – qui caractérise matériellement le viol et distingue celui-ci de l'agression sexuelle – n'était ainsi constitutif de viol que dans la mesure où il était effectué par celui dont on recherchait la responsabilité sur la personne d'autrui. À l'inverse, lorsque l'acte de pénétration était accompli par la victime sur la personne de celui dont on recherchait la responsabilité, la qualification de viol devait être exclue au profit de la qualification d'agression sexuelle (punie de cinq ans d'emprisonnement et de 75 000 euros d'amende conformément à l'article 222-27, C. pén.). Ainsi, après quelques hésitations, la Cour de cassation avait finalement jugé que ne constitue pas un viol le fait pour une femme d'abuser de l'autorité dont elle dispose sur un jeune garçon pour lui imposer d'avoir avec elle des rapports sexuels, l'élément matériel n'étant caractérisé que si l'auteur réalise l'acte de pénétration sexuelle sur la personne de la victime (Crim. 21 oct. 1998, *Bull. crim.* n° 274).

Cet état du droit a toutefois été modifié par la loi du 3 août 2018 (publiée au *JORF* du 5 août 2018, entrée en vigueur, conformément à l'article 1er du Code civil le lendemain de cette publication, soit le 6 août 2018) puisque l'article 222-23, C. pén., précise désormais que l'acte de pénétration sexuelle peut être commis sur la personne d'autrui ou « sur la personne de l'auteur ».

Ainsi, jusqu'à l'entrée en vigueur de cette loi, le fait pour une femme d'imposer une fellation ou des relations sexuelles à un homme ne pouvait pas être qualifié de viol mais d'agression sexuelle et, depuis l'entrée en vigueur de cette loi, la qualification de viol peut être retenue. Le viol est puni de quinze ans de réclusion criminelle, peine portée à vingt ans de réclusion criminelle « lorsqu'il est commis par une personne qui abuse de l'autorité que lui confèrent ses fonctions » (art. 222-24, 5°, C. pén.).

Parce qu'elle élargit l'incrimination du viol, la loi du 3 août 2018 constitue une loi de fond plus sévère qui ne peut pas être appliquée rétroactivement à des faits commis antérieurement à son entrée en vigueur, conformément à l'article 112-1 du Code pénal.

Aussi, pour qualifier les faits de l'espèce convient-il de distinguer selon qu'ils ont été commis avant ou après le 6 août 2018, date d'entrée en vigueur de la loi nouvelle. En conséquence, les faits dénoncés par Monsieur Théodore commis entre le mois de janvier 2014 et le 5 août 2018, ne peuvent être envisagés que sous la qualification d'agression sexuelle – puisque seule l'auteur a subi l'acte de pénétration sexuelle –, alors que les faits postérieurs à cette date peuvent être qualifiés de viol – le crime de viol pouvant désormais être constitué lorsque l'auteur subi l'acte de pénétration.

Toutefois, quelle que soit la qualification envisagée, encore faut-il établir l'absence de consentement de la prétendue victime.

2. Le problème de l'absence de consentement de la victime

Il résulte en effet de l'article 222-22 du Code pénal que « [c]onstitue une agression sexuelle toute atteinte sexuelle commise avec violence, contrainte, menace ou surprise » étant précisé que la contrainte peut être physique ou morale (art. 222-22-1, C. pén.).

En l'espèce, il n'est pas fait état de violence, de menace ou de surprise, Mme Jean affirmant même que M. Théodore était consentant. On peut en déduire que la contrainte morale semble la plus à même d'être mise en avant par M. Théodore. On relèvera toutefois que la contrainte morale ne saurait se déduire de la seule existence du lien de subordination juridique résultant du contrat de travail. À l'inverse, la chambre criminelle a pu admettre que caractérise la contrainte la crainte éprouvée par une jeune femme de dix-huit ans et demi, timide et réservée, face à son directeur, de caractère despotique et tyrannique (Crim. 8 févr. 1995, n° 94-85.202).

Aussi, pour que la contrainte morale soit caractérisée, il faudrait d'autres éléments (vulnérabilité de M. Théodore, témoignages aux termes duquel il sortait en pleurant du bureau de Mme Jean, attestations médicales, expertise psychiatrique établissant des troubles post-traumatiques, etc.).

3. La problématique de la prescription de l'action publique

À supposer que les faits puissent être pénalement qualifiés, demeure toutefois la question de leur prescription. Entre le mois de janvier 2014 et le 5 août 2018, seul le délit d'agression sexuelle est envisageable et, ce n'est qu'avec la loi du 27 février 2017 (publiée au *JORF* du 28 févr. 2017, entrée en vigueur, conformément à l'article 1er du Code civil le lendemain de cette publication, soit le 1er mars 2017) que le délai de prescription de l'action publique est passé de trois ans à six ans en matière correctionnelle. Cet allongement de la prescription, ne peut concerner que les faits qui n'étaient pas encore prescrits lors de l'entrée en vigueur de la loi nouvelle (112-2 4°, C. pén.), c'est-à-dire les faits commis à compter du 1er mars 2014.

B – Les faits concernant l'attribution frauduleuse des marches publics

Nous envisagerons successivement les largesses accordés par Madame Jean au président de la Communauté de communes (1), la minoration de la note technique des offres concurrentes (2) et l'utilisation des fonds sociaux pour réaliser ces largesses (3).

1. Sur les largesses accordées par Madame Jean au président de la Communauté de communes

Le fait d'avoir accordé différents présents d'une valeur importante au président de la communauté de communes afin qu'il abuse de ses fonctions pour permettre à la société que dirige Madame Jean d'obtenir un marché public caractérise le délit de corruption active.

L'article 433-1, C. pén. incrimine effectivement « le fait, par quiconque, de proposer, sans droit, à tout moment, directement ou indirectement, des offres, des promesses, des dons, des présents ou des avantages quelconques à une personne dépositaire de l'autorité publique, chargée d'une mission de service public ou investie d'un mandat électif public, pour elle-même ou pour autrui : 1° [...] pour qu'elle accomplisse ou s'abstienne d'accomplir un acte de sa fonction, de sa mission ou de son mandat, ou facilité par sa fonction, sa mission ou son mandat » (al. 1er). L'exigence d'antériorité du pacte de corruption a été supprimée par la loi du 30 juin 2000 qui prévoit que l'élément matériel peut ainsi être consommé « à tout moment ».

En l'espèce, la caractérisation du délit de corruption ne pose pas de difficultés : le président de la communauté de communes est bien une personne dépositaire de l'autorité publique ; une sollicitation ou une acceptation sans droits peut être relevée, peu important pour que l'infraction soit constituée que Madame Jean ait été à l'origine de la proposition ou qu'elle se soit contentée de l'accepter ; la minoration des notes techniques effectuée par le Président constituait bien un acte de la fonction de celui-ci et effectué en raison des offres faites par Madame Jean.

Pour ce délit, les peines principales encourues, depuis l'entrée en vigueur de la loi du 6 décembre 2013, sont de dix ans d'emprisonnement et de un million d'euros d'amende. Cependant, seuls les faits commis en 2016 peuvent être poursuivis. En effet, il est de jurisprudence constante que le délit de corruption est une infraction instantanée qui se renouvelle par chaque acte d'exécution du pacte de corruption (par ex. Crim. 8 oct. 2003, *Bull. crim.* n° 185). Or, lors de l'entrée en vigueur de la loi du 27 février 2017, les faits commis en 2004, 2008 et 2012 étaient d'ores et déjà prescrits.

2. Sur la minoration de la note technique des offres concurrentes

En minorant la note technique des concurrents de la Société Junk, Monsieur Campard a commis le délit de favoritisme (art. 432-14, C. pén.) ce dont Madame Jean, en sa qualité de PDG de la Société Junk, a tiré profit, ne serait-ce qu'indirectement, de sorte que le délit de recel de favoritisme peut être retenu à son encontre (art. 321-1, C. pén.). Pour ces faits, elle encourt les peines de cinq ans d'emprisonnement et de 375 000 euros d'amende.

3. Sur l'utilisation des fonds sociaux pour réaliser les largesses

L'utilisation par Madame Jean des fonds sociaux pour octroyer des largesses au profit de Monsieur Campard semble bien constituer le délit d'abus de biens sociaux. S'agissant des fonds d'une société anonyme, l'incrimination applicable se trouve à l'article L. 242-6-3°, lequel vise le fait pour « [l]e président, les administrateurs ou les directeurs généraux d'une société anonyme de faire, de mauvaise foi, des biens ou du crédit de la société, un usage qu'ils savent contraire à l'intérêt de celle-ci, à des fins personnelles ou pour favoriser une autre société ou entreprise dans laquelle ils sont intéressés directement ou indirectement ».

En effet, l'utilisation de tels fonds pour commettre le délit de corruption est contraire à l'intérêt social, ce que Madame Jean ne pouvait ignorer en sa qualité de dirigeante de la Société. Dans son célèbre arrêt *Carignon*, la chambre criminelle a considéré en effet que « quel que soit l'avantage à court terme qu'elle peut procurer, l'utilisation des fonds sociaux ayant pour seul objet de commettre un délit est contraire à l'intérêt social en ce qu'elle expose la personne morale au risque anormal de sanctions pénales ou fiscales contre elle-même et ses dirigeants et porte atteinte à son crédit et à sa réputation » (Crim. 27 oct. 1997, *Carignon*, *Bull. crim.* n° 352).

Madame Jean pourrait toutefois être tenté de contester la recherche d'un quelconque intérêt personnel. En effet, rappelons que le délit d'abus de biens sociaux ne peut être constitué que si l'acte a été fait « à des fins personnelles ou pour favoriser une autre société ou entreprise dans laquelle [les dirigeants] étaient intéressés directement ou indirectement ». Cette condition est cependant aisément caractérisée en pratique, la chambre criminelle édictant une présomption d'intérêt personnel (Crim. 11 janv. 1996, *Bull. crim.* n° 21 : « s'il n'est pas justifié qu'ils ont été utilisés dans le seul intérêt de la société, les fonds sociaux, prélevés de manière occulte par un dirigeant social, l'ont nécessairement été dans son intérêt personnel »). En outre, la jurisprudence se montre peu exigeante sur cette condition, de sorte que la juridiction pourrait se contenter d'un intérêt simplement moral tel qu'afficher de bons résultats au conseil d'administration ou encore entretenir de bonnes relations avec Monsieur Campard.

Pour ces faits, les peines principales encourues sont un emprisonnement de cinq ans et une amende de 375 000 euros.

Se pose toutefois la question de la tardiveté de certains des faits relevés et de celle de leur prescription. On relèvera que les différents frais mis indûment à la charge de la société n'ont pas été dissimulés pour avoir été, au contraire, comptabilisés dans la comptabilité de la société Junk avec leurs justificatifs. Or il est de jurisprudence constante que la prescription de l'action publique du chef d'abus de biens sociaux court, sauf dissimulation, à compter de la présentation des comptes annuels par lesquels les dépenses litigieuses ont été indûment mises à la charge de la société (par ex. Crim., 5 mai 1997, n° 96-81.482) et cette solution n'a pas été remise en cause par la loi du 27 février 2017 (art. 9-1, al. 3, C. pr. pén.). Toutefois, depuis l'entrée en vigueur de cette loi le délai de prescription est de six années. Il en résulte qu'en cas de poursuites, seuls les faits commis postérieurement au 1er mars 2011 pourraient être concernés par la prévention.

On relèvera enfin que, si les délits de corruption, d'abus de biens sociaux et de recel de favoritisme sont considérés comme matériellement distincts, ils pourront tous être retenus par la juridiction de jugement. Toute les qualifications pourront être retenues cumulativement étant précisé que les peines de même nature ne pourront se cumuler (art. 132-3, C. pén.), Dans cette perspective, Madame Jean encourrait dix ans d'emprisonnement et 1 million d'euros d'amende devant le Tribunal correctionnel.

NB : il est possible de discuter les qualifications qui pourront donner lieu à une déclaration de culpabilité. En effet, par plusieurs arrêts rendus depuis la fin de l'année 2016, la chambre criminelle retient, au visa du principe Ne bis in idem, que : « des faits qui procèdent de manière indissociable d'une action unique caractérisée par une seule intention coupable ne peuvent donner lieu, contre le même prévenu, à deux déclarations de culpabilité de nature pénale, fussent-elles concomitantes » (par ex. Crim. 7 déc. 2016, n° 15-87.335). Or, si les délits de corruption [active], d'abus de biens sociaux et de recel de favoritisme sont matériellement distincts ils peuvent être considérés comme procédant d'une action unique caractérisée par une seule intention coupable.

En l'espèce, il serait possible d'invoquer cette nouvelle jurisprudence fondée sur la règle *Ne bis in idem* pour arguer qu'une seule qualification doit être retenue, sans pour autant de certitude quant à la solution retenue par la juridiction de jugement faute de jurisprudence explicite de la Cour de cassation concernant cette hypothèse de concours.

II/ Sur les actions pouvant être engagées à l'encontre de Monsieur Théodore

Nous envisagerons successivement les qualifications susceptibles de s'appliquer à la dénonciation effectuée par le biais d'une plainte par M. Théodore (A), à la copie de la comptabilité de la société (B) et à la production de mails effectuées par celui-ci (C).

A – Sur la dénonciation effectuée par M. Théodore

Concernant les prétendus faits de viol et d'agressions sexuelles, Madame Jean pourrait porter plainte pour dénonciation calomnieuse. L'article 226-10, al. 1er, C. pén. puni la dénonciation, « effectuée par tout moyen et dirigée contre une personne déterminée, d'un fait qui est de nature à entraîner des sanctions judiciaires, administratives ou disciplinaires et que l'on sait totalement ou partiellement inexact, lorsqu'elle est adressée soit à un officier de justice ou de police administrative ou judiciaire, soit à une autorité ayant le pouvoir d'y donner suite ou de saisir l'autorité compétente, soit aux supérieurs hiérarchiques ou à l'employeur de la personne dénoncée ».

Matériellement, ce délit n'est caractérisé qu'à la condition que la dénonciation porte sur des faits susceptibles de poursuites pénales et ait été adressée à une autorité ayant le pouvoir d'y donner suite (notamment un agent de police), ou directement à l'autorité compétente, aux supérieurs hiérarchiques ou à l'employeur de la personne dénoncée.

Quant à l'élément moral, le dénonciateur doit savoir que le fait dénoncé est totalement ou partiellement inexact.

En l'espèce, ces conditions ne posent pas de difficultés puisque la dénonciation a effectivement été adressée par le biais d'une plainte adressée soit à un officier de police judiciaire soit directement au procureur de la République, et portait sur des faits susceptibles de poursuites pénales.

B – Sur la copie de la comptabilité effectuée par M. Théodore

La comptabilité de la société est la propriété de celle-ci et, le fait, par un salarié qui en a connaissance à l'occasion de l'exercice de ses fonctions, de l'appréhender pour en réaliser une copie à l'insu de l'employeur est constitutif du délit de vol (311-1, C. pén.), sans que le fait justificatif spécial tiré de l'exercice des droits de la défense puisse être invoqué puisque ces documents n'ont pas été produits dans le cadre d'un litige l'opposant à son employeur (Crim. 16 juin 2011, n° 10-85079, *Bull. crim.* n° 134).

On relèvera toutefois que si la comptabilité a été remise à M. Théodore à l'occasion de l'exercice de ses fonctions, le délit d'abus de confiance est alors envisageable (314-1, C. pén.).

C – Sur la production des mails effectuée par M. Théodore

Le délit de violation du secret des correspondances commis par un particulier peut être également retenu à l'encontre de Monsieur Théodore concernant la divulgation des mails de Madame Jean.

Matériellement, le délit est en effet constitué quelle que soit la forme de la correspondance : sont visées à la fois les correspondances matérielles (art. 226-15, al. 1er, C. pén.) et les correspondances immatérielles (art. 226-15, al. 2nd, C. pén.). Ainsi, le terme de « correspondance » englobe missives, cartes postales, imprimés, journaux, dès lors qu'elles sont adressées à des tiers, y compris donc, comme en l'espèce, les courriels. Quant au comportement constitutif de l'atteinte, pour les correspondances immatérielles, le législateur prohibe le fait d'intercepter, de détourner, d'utiliser ou de divulguer des correspondances dématérialisées, ainsi que le fait de procéder à l'installation d'appareils conçus pour réaliser de telles interceptions.

Monsieur Théodore ne pourra, en défense, se prévaloir du fait justificatif prévu par l'article 122-9 du Code pénal, lequel exclut la responsabilité pénale des lanceurs d'alerte du chef de violation d'un secret protégé par la loi, que s'il établit qu'il en respecte toutes les conditions à savoir « que cette divulgation est nécessaire et proportionnée à la sauvegarde des intérêts en cause, qu'elle intervient dans le respect des procédures de signalement définies par la loi et que la personne répond aux critères de définition du lanceur d'alerte prévus à l'article 6 de la loi n° 2016-1691 du 9 décembre 2016 relative à la transparence, à la lutte contre la corruption et à la modernisation de la vie économique ».

15. Le droit pénal du travail

De nombreux mécanismes ou infractions vu précédemment sont susceptibles de relever du droit pénal du travail (responsabilité pour une infraction non-intentionnelle du chef d'entreprise, discrimination, etc.). Aussi, nous nous contenterons ici d'attirer ici l'attention sur certaines incriminations spécifiques : le harcèlement moral dans le cadre des relations de travail (I), L'obtention de services non rétribués par l'abus de vulnérabilité (II), la soumission à des conditions de travail et d'hébergement contraires à la dignité de la personne (III), le travail dissimulé (IV) et le délit d'entrave (V).

I/ Le harcèlement moral dans le cadre des relations de travail

Il est défini par l'article 222-33-2, C. pén. comme « le fait de harceler autrui par des agissements ou propos répétés ayant pour objet ou pour effet une dégradation des conditions de travail susceptible de porter atteinte à ses droits et à sa dignité, d'altérer sa santé physique ou mentale ou de compromettre son avenir professionnel ». Récemment, la chambre criminelle a rappelé que cette incrimination ne pouvait s'appliquer que dans le cadre d'une relation de travail (Crim. 13 déc. 2016, n° 16-81.253, où des locaux professionnels étaient partagés entre leur propriétaire, docteur en médecine, et une locataire, docteur en neurosciences et psychologue clinicienne : le délit de harcèlement moral ne pouvait être caractérisé en l'espèce, parce que la victime prétendue n'avait fait que partager des locaux professionnels avec l'auteur supposé, sans entretenir la moindre relation de travail avec ce dernier, la demanderesse ayant exercé son activité de manière indépendante, et les faits allégués ne s'inscrivant pas dans une telle relation) et que l'infraction ne suppose pas que l'auteur ait voulu le dommage survenu à la victime (Crim. 13 déc. 2016, n° 15-81.853).

II/ L'obtention de services non rétribués par l'abus de vulnérabilité

L'article 225-13, C. pén. sanctionne le fait d'obtenir d'une personne, dont la vulnérabilité ou l'état de dépendance sont apparents ou connus de l'auteur, la fourniture de services non rétribués ou en échange d'une rétribution manifestement sans rapport avec l'importance du travail accompli.

• **Élément matériel** :

– *une victime dont la vulnérabilité ou l'état de dépendance sont apparents ou connus.* Le texte vise la vulnérabilité de la victime et non sa particulière vulnérabilité due à son âge, à une maladie, à une infirmité, à une déficience physique ou psychique ou à un état de grossesse, comme l'exige la circonstance aggravante de certaines infractions contre les personnes. Il faut en déduire que la vulnérabilité de la personne n'a pas à être aussi caractérisée pour la constitution de l'obtention de services non rétribués. Pourra être prise en compte la situation économique de la victime. L'article 225-15-1, C. pén., inséré par la loi du 18 mars 2003, apporte une précision « pour l'application des articles 225-13 et 225-14-2, les mineurs ou les personnes qui ont été victimes des faits décrits par ces articles à leur arrivée sur le territoire français sont considérés comme des personnes vulnérables ou en situation de dépendance » ;

– *l'obtention de services non rétribués ou en échange d'une rétribution manifestement sans rapport avec l'importance du travail accompli.* L'acte incriminé n'est plus défini que par son résultat. La loi du 18 mars 2003 a en effet supprimé la référence à l'abus de vulnérabilité exigé antérieurement pour caractériser l'infraction. **L'infraction est une infraction matérielle et la tentative n'est pas réprimée** : les services doivent avoir été obtenus et le travail accompli. De plus, les services fournis ou le travail accompli doivent l'avoir été sans rétribution ou avec une rétribution sans rapport avec le travail ou le service fourni. Le juge appréciera le montant de la rémunération au regard du travail accompli pour déterminer si elle permet de constituer le délit de l'article 225-13.

• **Élément moral** : l'infraction est intentionnelle et requiert, au titre du dol général, que l'auteur ait eu conscience de la situation de vulnérabilité de la victime et qu'il ait voulu obtenir un service non rétribué.

• **Répression** : cinq ans d'emprisonnement et 150 000 € d'amende ; les peines sont aggravées lorsque l'infraction est commise à l'égard de plusieurs personnes ou à l'encontre d'un mineur ; ces deux circonstances aggravantes se cumulent pour aggraver encore la répression (art. 225-15, C. pén.).

III/ La soumission à des conditions de travail et d'hébergement contraires à la dignité de la personne

L'article 225-14, C. pén. sanctionne « le fait de soumettre une personne, dont la vulnérabilité ou l'état de dépendance sont apparents ou connus de l'auteur, à des conditions de travail ou d'hébergement incompatibles avec la dignité humaine ».

• **Élément matériel** :

– *une victime dont la vulnérabilité ou l'état de dépendance sont apparents ou connus* (*cf. supra*) ;

– *la soumission à des conditions de travail ou d'hébergement contraires à la dignité humaine.* **L'infraction est une infraction matérielle et sa tentative n'est pas incriminée** : elle ne sera constituée que si la personne a effectivement été soumise à ces conditions. Peu importent les procédés utilisés dès lors que la victime est soumise à des conditions de travail ou d'hébergement contraires à « la dignité humaine ». Ce terme ne vise que les atteintes les plus graves, celles qui au-delà de la violation de la réglementation en vigueur, atteignent l'homme et le rabaissent en dessous de sa condition humaine. Il ne suffit donc pas pour caractériser ce délit que les règles en matière d'hygiène et de sécurité au travail ou que les normes d'habitation n'aient pas été respectées. Toutefois, ces normes constitueront une référence pour le juge (Paris 19 janv. 1998, *Dr pénal* 1998, comm. 64 : il ne saurait être question de considérer que les conditions de travail imposées ne sont pas contraires à la dignité de la victime puisque se pratiquant dans des pays sous développés ou dans le pays d'origine de la victime). Il faut également remarquer que la soumission d'une personne à des conditions de travail ou d'hébergement contraires à la dignité humaine est un comportement qui s'étale dans le temps et qui caractérise donc l'élément matériel **des infractions continues**.

• **Élément matériel** : le délit de l'article 225-14 est intentionnel et requiert que l'auteur des faits ait eu conscience et ait voulu soumettre une personne vulnérable à des conditions de travail ou d'hébergement contraires à la dignité humaine. L'intention n'est toutefois pas caractérisée lorsque l'auteur a mis en demeure la personne logée de quitter les lieux afin de faire réaliser les travaux nécessaires (Crim. 10 mai 2000, *Bull. crim.* n° 183).

• **Répression** : cinq ans d'emprisonnement et 150 000 € d'amende. Les circonstances aggravantes posées par l'article 225-15, C. pén. sont également applicables à ce délit.

IV/ Le travail dissimulé

• **Élément légal** : l'article L. 8221-1, C. trav. prohibe, outre la publicité, par quelque moyen que ce soit, tendant à favoriser, en toute connaissance de cause, le travail dissimulé, d'une part, le travail totalement ou partiellement dissimulé, défini et exercé dans les conditions prévues aux articles L. 8221-3 et L. 8221-5 et, d'autre part, le fait de recourir sciemment, directement ou par personne interposée, aux services de celui qui exerce un travail dissimulé. En outre, sont constitutives de travail illégal, en vertu de l'article L. 8211-1 du Code du travail, les infractions de marchandage, de prêt illicite de main-d'œuvre, d'emploi d'étranger non autorisé à travailler, de cumuls irréguliers d'emplois et de fraude ou fausse déclaration.

• **Élément matériel** : l'infraction peut être constituée par une dissimulation d'activité, une dissimulation d'emploi salarié ou un recours au travail dissimulé :

– *la dissimulation d'activité* : l'article L. 8221-3, C. trav. vise limitativement l'exercice à but lucratif d'une activité de production, de transformation, de réparation ou de prestation de services ou d'accomplissement d'actes de commerce par toute personne qui, se soustrayant intentionnellement à ses obligations, soit n'a pas demandé son immatriculation au répertoire des métiers ou au registre du commerce et des sociétés, ou a poursuivi son activité après refus d'immatriculation ou postérieurement à une radiation, soit n'a pas procédé aux déclarations qui doivent être faites aux organismes de protection sociale ou à l'administration fiscale. Enfin, une dissimulation partielle de l'activité caractérise l'existence d'un travail dissimulé : l'article L. 8221-3, 2° *in fine* C. trav. prévoit en ce sens que la situation de travail dissimulé peut notamment résulter de la non-déclaration d'une partie du chiffre d'affaires ou des revenus. Ainsi, l'employeur qui fait travailler ses anciens salariés sous le statut d'auto-entrepreneur, dans des conditions qui les placent dans un lien de subordination juridique permanente à son égard, se rend coupable de travail dissimulé (Crim. 15 déc. 2015, *Bull. crim.* n° 302) ;

– *la dissimulation d'emploi salarié* : l'article L. 8221-5, C. trav. précise qu'elle peut prendre trois formes : soit d'un défaut de déclaration préalable à l'embauche, soit d'une absence ou d'une irrégularité du bulletin de paie, soit d'un défaut de déclaration des salaires et cotisations. Toutefois, la mention sur le bulletin de paie d'un nombre d'heures de travail inférieur à celui réellement accompli n'est pas punissable, au titre du travail dissimulé, quand cette mention résulte d'une convention ou d'un accord collectif d'aménagement du temps de travail (Crim. 16 avr. 2013, *Bull. crim.* n° 89) ;

– *le recours au travail dissimulé* : l'article L. 8221-1, 3°, C. trav. vise celui qui recourt sciemment, directement ou par personne interposée aux services de ceux qui exercent un travail dissimulé. L'infraction est caractérisée dès lors que le prévenu n'a pas rempli l'obligation de vigilance mise à sa charge par l'article L. 8222-1, C. trav. en vertu de laquelle toute personne qui contracte en vue de l'exécution d'un travail, de la fourniture d'une prestation de services ou de l'accomplissement d'un acte de commerce, doit vérifier, lors de la conclusion du contrat, puis tous les six mois jusqu'à la fin de son exécution, que son cocontractant s'acquitte de ses obligations sociales et fiscales, ne se livrant ni à une dissimulation d'activité, ni à une dissimulation d'emploi salarié. Peuvent ainsi être poursuivis tant celui qui recourt à un travailleur indépendant, auteur d'une dissimulation d'activité, que celui qui recourt à un employeur, auteur d'une dissimulation d'emploi salarié.

- **Élément moral** : l'infraction est intentionnelle.

- **Répression** :

– *peines* : trois ans d'emprisonnement, une amende de 45 000 € (art. L. 8224-1, C. trav.) et des sanctions civiles prévues par l'article L. 8223-1, C. trav. Ces peines sont aggravées en cas d'emploi dissimulé d'un mineur soumis à l'obligation scolaire (art. L. 8224-2, C. trav.). Les personnes morales peuvent être reconnues pénalement responsables (art. L. 8224-5, C. trav.) ;

– *fait justificatif* : l'article L. 8221-2, C. trav. dispose que « sont exclus des interdictions prévues au présent chapitre, les travaux d'urgence dont l'exécution immédiate est nécessaire pour prévenir les accidents imminents ou organiser les mesures de sauvetage ».

V/ Le délit d'entrave

• **Élément légal** : le délit d'entrave étant, pour un employeur, le fait de porter atteinte, directement ou indirectement à l'exercice du droit syndical, à la désignation des instances représentatives du personnel ou à l'exercice des missions et fonctions des représentants du personnel, il est défini par plusieurs dispositions du C. trav. et ne concerne que le secteur privé. Ces dispositions ont été remaniées par l'ordonnance n° 2017-1386 du 22 septembre 2017 relative à la nouvelle organisation du dialogue social et économique dans l'entreprise et favorisant l'exercice et la valorisation des responsabilités syndicales, ordonnance qui fusionne les délégués du personnel, le comité d'entreprise et le comité d'hygiène, de sécurité et des conditions de travail en une instance unique : le comité social économique. Les principales dispositions qui déterminent le délit d'entrave sont : les articles L. 2146-1 et L. 2431-1, C. trav. pour l'entrave directe ou indirecte au droit syndical, les articles L. 2317-1 et L. 2432-1, C. trav. pour l'entrave directe ou indirecte au comité social et économique, l'article L. 2335-1, C. trav. pour l'entrave au comité de groupe, les articles L. 2355-1 et L. 2346-1, C. trav. pour l'entrave directe ou indirecte au groupe spécial de négociation d'un comité d'entreprise européen ou au comité de la société européenne, l'article L. 4742-1, C. trav. pour l'atteinte à la constitution, à la désignation ou au fonctionnement régulier du CHSCT, les articles L. 1443-1 et L. 2412-13, C. trav. pour l'entrave directe ou indirecte aux fonctions de conseillers prud'hommes.

• **Élément matériel** : sont incriminées l'entrave directe à l'institution représentative elle-même ou l'un de ses membres pris ès qualités ainsi que l'entrave résultant indirectement de la violation du statut protecteur des salariés investis d'un mandat ou d'une fonction d'assistance et susceptible d'affecter leur contrat de travail. L'entrave ou l'atteinte aux institutions représentatives des salariés et à l'exercice du droit syndical peut prendre la forme d'une action ou d'une omission. En raison de l'absence de précisions législatives sur l'élément matériel du délit, sa définition repose très largement sur la jurisprudence : ainsi, le délit est constitué en cas de pression exercée sur le personnel (Crim. 20 mars 1979, *Bull. crim.* n° 114) ou de manœuvres pour retarder ou déjouer le processus électoral (Crim. 23 avr. 1970, *Bull. crim.* n° 144). De même, le manquement par l'employeur à son obligation de mettre à la disposition des délégués du personnel un local aménagé leur permettant d'exercer leur mission constitue le délit d'entrave (Crim. 26 mai 2009, n° 08-82.979).

• **Élément moral** : le délit d'entrave est intentionnel et requiert que l'auteur ait eu la volonté d'entraver en ayant conscience de l'illégalité de son comportement. La jurisprudence déduit l'intention de commettre le délit d'entrave du caractère volontaire du comportement de l'agent qui, lorsqu'il s'agit du chef d'entreprise, ne pouvait ignorer la réglementation (Cass., ass. plén., 28 janv. 1983, *Bull. AP* n° 37).

• **Répression** :

– *peines* : les textes distinguent, pour la plupart entre l'entrave à la constitution de l'institution – punie d'un an d'emprisonnement et de 7 500 € d'amende – et l'entrave au fonctionnement régulier de celle-ci – punie quant à elle d'une amende de 7 500 € ;

– *tentative* : la tentative n'est incriminée que pour l'entrave aux fonctions du CHSCT (art. L. 4742-1, C. trav) et aux fonctions de conseillers prud'hommes (art. L. 1443-1, C. trav.).

Cas pratique n° 40

Sujet donné à l'examen d'entrée au CRFPA en septembre 2017.

› Énoncé

Pierre Dupont a eu la main écrasée par une machine de l'usine de métallurgie (Métal SARL) dans laquelle il travaille alors qu'il tentait d'en débloquer le mécanisme.

L'enquête menée après cet accident fera apparaître que :

– Le mécanisme de la machine s'est bloqué à la suite d'un dysfonctionnement du moteur de la machine dû à l'usure d'une pièce.

– Pierre Dupont n'a pas respecté la procédure de sécurité en cas de panne. Il n'aurait en effet pas dû relever le garde-corps de la machine pour tenter d'en débloquer le mécanisme.

– Le contremaître n'était pas présent dans l'atelier au moment du drame alors qu'il avait notamment pour mission de veiller à la sécurité des travailleurs.

– Le gérant de la société, Arnaud Martin, avait voulu réaliser des économies en ne faisant pas réviser les machines de l'usine alors que cette même année, il s'est versé une rémunération exceptionnelle tout à fait excessive au regard des bénéfices engrangés par la société.

Qu'en pensez-vous sachant que Pierre Dupont restera handicapé à vie et qu'Arnaud Martin a dépensé une partie de sa rémunération exceptionnelle dans une voiture de sport offerte à son fils et a investi le reste de cette somme dans une société étrangère ?

› Correction

Plusieurs faits doivent être examinés successivement pour déterminer les responsabilités éventuelles. Il s'agit, d'une part, de l'accident du travail subi par Pierre Dupont (I), et, d'autre part, des agissements commis par Arnaud Martin en tant que gérant et des avantages qu'il en a retirés (II).

I/ L'accident survenu dans l'usine Métal SARL

Pierre Dupont a eu la main écrasée par une machine de l'usine de métallurgie. Dans la mesure où celui-ci n'était pas animé de l'intention de causer des blessures, c'est sur la qualification de blessures par imprudence qu'il convient de raisonner. Il est précisé *in fine* que Pierre restera handicapé à vie. Il faut donc se référer aux articles 222-19 et s., C. pén., incriminant les blessures involontaires lorsque celles-ci ont entraîné une ITT supérieure à trois mois : « le fait de causer à autrui, dans les conditions et selon les distinctions prévues à l'article 121-3, par maladresse, imprudence, inattention, négligence ou manquement à une obligation de sécurité ou de prudence imposée par la loi ou le règlement, une incapacité totale de travail pendant plus de trois mois ».

Cette infraction peut *a priori* être imputée à plusieurs personnes. Nous envisagerons, successivement la responsabilité de Pierre (A), celle du contremaître (B), celle du gérant de la SARL (C) et celle de la SARL personne morale (D).

A – Sur la responsabilité de Pierre

Il convient immédiatement d'exclure la responsabilité de Pierre. En effet, l'article 222-19, C. pén. n'incrimine que « le fait de causer à autrui » des blessures involontaires. Or, le principe de légalité des délits et des peines, qui impose une interprétation stricte de la loi pénale conformément à l'article 111-4, C. pén., s'oppose à ce que l'incrimination prévue à l'article 222-19 du même code, soit étendue aux blessures que l'auteur s'est infligé à lui-même.

B – Sur la responsabilité du contremaître

Il faut vérifier qu'en l'espèce, le lien de causalité est certain (1), puis déterminer la nature directe ou indirecte de la causalité, nature dont dépend la gravité de la faute requise pour engager la responsabilité du contremaître (2).

1. La détermination du caractère certain de la causalité

C'est un préalable logique, qu'il faut immédiatement envisager : il n'est point nécessaire de déterminer si le lien de causalité est direct ou indirect s'il est en réalité incertain, car dans cette dernière hypothèse, la responsabilité de l'agent ne peut pas être engagée.

Pour que l'on puisse parler de lien de causalité certain, il faut que la faute reprochée à la personne poursuivie ait été l'une des conditions *sine qua non* du dommage. La causalité, en droit pénal, n'a en principe pas à être exclusive : la faute de la victime ou une prédisposition de celle-ci n'exclut pas que la faute commise par l'agent puisse être certainement causale (par exemple Crim. 30 janv. 2007).

En l'espèce, le contremaître était absent au moment de l'accident. Lui est donc reproché un comportement d'abstention dans sa fonction puisque sa mission était précisément de veiller à la sécurité des travailleurs (ne pas avoir été présent et ne pas avoir agi pour empêcher l'accident). L'absence du contremaître a effectivement permis la réalisation du dommage : s'il avait été présent, il aurait pu ne pas laisser Pierre

Dupont relever le garde-corps de la machine. La faute de Pierre Dupont n'est pas de nature à rompre le lien de causalité puisqu'elle n'est pas la cause exclusive de l'accident mais se conjugue à d'autres facteurs (défaillance de la machine, absence du contremaître, etc.). La causalité est donc certaine en l'espèce.

2. La détermination de la nature directe ou indirecte du lien de causalité et, conséquemment, de la gravité de la faute requise pour pouvoir engager la responsabilité pénale de la personne physique

La loi du 10 juillet 2000 (al. 3 et 4 de l'article 121-3, C. pén.) a mis en place un mécanisme original d'imputation des infractions non-intentionnelles aux personnes physiques, mécanisme auquel renvoi expressément l'article 222-19, C. pén. Pour engager la responsabilité pénale d'une personne physique, en matière d'infractions non-intentionnelles, il convient en effet de caractériser « une gravité de la faute inversement proportionnelle à la proximité de ses conséquences dommageables » selon l'excellente formule de Frédéric Desportes et Francis Le Gunehec. Pour le dire autrement, plus la causalité est distendue, plus la culpabilité requise pour engager la responsabilité de la personne physique doit se trouver renforcée. La causalité directe se satisfait d'une simple indifférence aux règles sociales. La causalité indirecte requiert une antisocialité plus marquée. La loi du 10 juillet 2000 distingue ainsi selon la nature du lien de causalité : en cas de causalité directe, une faute simple suffit ; en cas de causalité indirecte, il est nécessaire de pouvoir retenir une faute caractérisée (faute délibérée ou faute caractérisée). Cette règle s'applique à toutes les atteintes involontaires à la personne, sauf aux blessures involontaires des articles 222-20 et R. 625-3, C. pén. qui nécessitent toujours la preuve d'une faute de mise en danger délibérée.

Il nous faut donc, d'une part, procéder à la détermination de la nature du lien de causalité en l'espèce (a), et, d'autre part, et conséquemment, procéder à la détermination de la gravité de la faute requise pour engager la responsabilité du protagoniste (b).

a. La détermination de la nature du lien de causalité en l'espèce

La loi ne définit pas la causalité directe, à la différence de la causalité indirecte :

– une circulaire du 11 octobre 2000 établit qu'« il n'y aura causalité directe que lorsque la personne en cause aura elle-même frappé ou heurté la victime, soit aura initié ou contrôlé le mouvement d'un objet qui aura heurté ou frappé la victime » (Crim-00-9/F1, BOMJ, n° 80, p. 81). Plus juste est certainement la position doctrinale selon laquelle il y aura lien de causalité direct « chaque fois que l'imprudence ou la négligence reprochée est soit la cause unique, exclusive, soit la cause immédiate ou déterminante de l'atteinte à l'intégrité de la personne » (D. Commaret, « La loi du 10 juillet 2000 et sa mise en œuvre par la chambre criminelle de la Cour de cassation », in *Gaz. Pal.*, 12-13 avr. 2002, p. 4) ;

– le législateur a pris soin de définir l'auteur indirect à l'al. 4 de l'article 121-3, C. pén. comme la personne qui, sans avoir elle-même directement causé le dommage, a soit « créé soit contribué à créer la situation qui a permis sa réalisation », soit « n'a pas pris les mesures permettant de l'éviter ».

En l'espèce, le lien de causalité n'est qu'indirect car du fait de son absence, le contremaître n'a pas pris les mesures qui auraient permis d'éviter le dommage.

b. La gravité de la faute requise pour engager la responsabilité pénale du contremaître

Dans la mesure où le contremaître est auteur indirect, une faute simple, c'est-à-dire une « faute d'imprudence, de négligence ou de manquement à une obligation de prudence ou de sécurité prévue par la loi ou le règlement », ne suffit pas pour engager sa responsabilité pénale. Seule une faute qualifiée le permettra. Il convient dès lors d'envisager successivement les deux modalités de cette faute qualifiée qui sont définies par l'article 121-3, al. 4, C. pén. :

– *la faute délibérée* est définie comme la « violation manifestement délibérée d'une obligation particulière de prudence ou de sécurité imposée par la loi ou le règlement ». La caractérisation de cette faute se trouve ainsi subordonnée à la réunion de trois éléments :

- une violation d'une obligation particulière de sécurité ou de prudence : il faut que l'obligation violée s'avère « particulière », c'est-à-dire suffisamment précise et circonstanciée. La jurisprudence considère à cet égard de manière constante que les obligations édictées par le Code de la route sont de nature à fonder une faute de mise en danger délibérée. Tel ne serait pas le cas en revanche d'une prévision légale qui imposerait de manière générale aux maires de veiller à la sécurité sur le territoire de leur commune,
- une obligation imposée par la loi ou le règlement : l'obligation violée devant être inscrite dans la loi ou le règlement, au sens formel des termes, la faute de mise en en danger délibérée ne pourra pas être reprochée à celui qui aura violé une règle de conduite de simple bon sens, ou le règlement intérieur d'une entreprise. Elle se distingue en cela de la faute d'imprudence ordinaire,
- une violation manifestement délibérée : il faudra donc rapporter la preuve d'un dol éventuel, c'est-à-dire de la volonté tendue vers une prise de risque. Peu importe en revanche que l'auteur de la violation ait eu connaissance de la nature possible des conséquences dommageables de son acte (Crim. 16 févr. 1999, préc.).

La faute de mise en danger délibérée est ainsi difficile à établir. C'est pourquoi la jurisprudence ne nous en fournit que peu d'illustrations, les tribunaux préférant, quand le choix leur est offert, caractériser l'élément moral sur le terrain de la faute caractérisée ;

– *la faute caractérisée* est, elle aussi, définit par l'article 121-3, al. 4, C. pén. Cette faute ne nécessite pas la violation d'une obligation légale ou réglementaire et peut résulter de la violation d'une règle de simple bon sens. Trois éléments cumulatifs sont requis par la jurisprudence pour démontrer la faute caractérisée :

- la faute doit revêtir un certain degré de gravité, gravité qui peut être déduite d'une succession de fautes simples,
- la faute doit avoir exposé autrui à un risque d'une particulière gravité et il faut donc démontrer qu'il existait objectivement de fortes probabilités qu'une personne fût exposée à un risque de mort ou de blessures graves,
- l'auteur du dommage ne pouvait ignorer le risque auquel son comportement exposait autrui. Elle impose de démontrer que le prévenu, au regard du contexte, aurait dû connaître l'existence du risque. La connaissance du risque par l'auteur ne

fera guère de doute lorsque la faute résultera de la violation d'une obligation légale ou réglementaire. En dehors de cette hypothèse, la jurisprudence s'appuie sur la qualité de professionnel de l'auteur pour caractériser une telle faute (Crim. 5 oct. 2004, préc. qui parvient à la même conclusion à l'encontre d'un loueur professionnel de scooters de mer qui avait loué l'un de ses scooters à un client qu'il savait dépourvu du permis imposé par la réglementation).

En l'espèce, les circonstances de l'absence du contremaître n'étant pas précisées, il est difficile de pouvoir relever les éléments permettant de caractériser une faute qualifiée ou de la violation manifestement délibérée d'une obligation particulière de prudence ou de sécurité prévue par la loi ou le règlement. À défaut de pouvoir établir une telle faute, la responsabilité pénale du contremaître ne pourra être engagée.

C – Sur la responsabilité du gérant

1. La détermination de la certitude du lien de causalité

Le lien de causalité est ici certain et résulte de la décision de ne pas faire réviser les machines pour réaliser des économies. Or cette révision aurait révélé l'usure de la pièce défectueuse et aurait ainsi permis d'éviter l'accident. Il y a donc un lien certain entre le comportement du gérant et l'accident survenu. La faute de la victime n'est pas de nature à rompre ce lien de causalité puisqu'elle n'est pas la cause exclusive de l'accident mais se conjugue à d'autres facteurs (défaillance de la machine, absence du contremaître, décision du gérant, etc.).

2. La détermination de la nature directe ou indirecte du lien de causalité et, conséquemment, de la gravité de la faute requise pour pouvoir engager la responsabilité pénale de la personne physique

a. La détermination de la nature du lien de causalité

Le lien de causalité n'est ici qu'indirect en ce que le gérant a par sa décision d'économie créé ou a contribué à créer la situation qui a permis la réalisation du dommage (art. 121-3, al. 4, C. pén.).

b. La gravité de la faute requise pour engager la responsabilité pénale du gérant

En cas de lien de causalité indirect, il faut pouvoir caractériser une faute qualifiée commise par une personne physique pour pouvoir engager sa responsabilité pénale; une faute délibérée ou une faute caractérisée (art. 121-3, al. 4, C. pén.). En l'absence de précision sur les obligations légales et réglementaires s'imposant particulièrement au sujet de la machine en cause en l'espèce, seule une faute caractérisée pourra être ici utilement recherchée.

Cette faute caractérisée se définit d'abord par sa gravité. Or le fait de ne pas faire réviser et entretenir des machines dangereuses pour l'homme est une faute particulièrement grave. Elle se définit ensuite par le fait qu'elle expose des personnes à un risque d'une particulière gravité que l'auteur ne peut ignorer. En l'espèce compte tenu de la dangerosité des machines pour l'homme, le gérant ne pouvait qu'avoir conscience de la gravité du risque créé pour les employés de la société. Une faute caractérisée pouvant être établie à l'encontre de M. Martin celui-ci peut donc voir sa responsabilité pénale engagée pour atteinte involontaire à l'intégrité physique d'autrui ayant entraîné une ITT de plus de trois mois. Il encourt à ce titre 2 ans d'emprisonnement et 30 000 € d'amende.

D – La responsabilité de la SARL

L'article 121-2, C. pén. subordonne la mise en œuvre de la responsabilité pénale des personnes morales à la reconnaissance d'une personnalité morale. En l'espèce, comme son nom l'indique, Metal SARL est une SARL. Elle est donc dotée de la personnalité morale et peut donc voir sa responsabilité pénale engagée.

En outre, la loi du 9 mars 2004 a supprimé le principe de spécialité de la responsabilité pénale des personnes morales. Aussi, toutes les infractions pénales, y compris le délit de blessures involontaires prévues par l'article 222-19, C. pén., peuvent-elles désormais engager la responsabilité pénale des personnes morales et il n'est plus nécessaire que la responsabilité pénale des personnes morales soit spécialement prévue au titre de l'infraction considérée.

L'engagement de la responsabilité pénale d'une personne morale est subordonné à ce qu'un de ses organes ou représentants ait commis une infraction (1) pour le compte de la personne morale (2).

1. Une infraction commise par un organe ou un représentant

Les organes de la personne morale sont aisément identifiables dans la mesure où ils sont définis par la législation concernant la personne morale considérée ainsi que par les statuts de la personne morale (ex. : gérant, PDG, conseil d'administration, directoire, maire, conseil municipal...). La plupart d'entre eux sont également les représentants de la personne morale. Il y a cependant des personnes qui sont des représentants de la personne morale sans en être les organes légaux ou statutaires. La chambre criminelle considère ainsi que les salariés titulaires d'une délégation de pouvoir devaient être considérés comme représentants de la personne morale (Crim. 30 mai 2000, préc.), et considère que la solution vaut aussi pour le subdélégué (Crim. 26 juin 2001, préc.).

En l'espèce, cette condition ne pose pas de difficulté : le contremaître pourrait *a priori* être envisagé comme un représentant de la société en tant que délégataire. Il est en effet chargé de veiller à la sécurité des travailleurs et a donc vraisemblablement reçu délégation de pouvoir en matière d'hygiène et de sécurité. Mais, à supposer qu'elle existe, cette délégation ne remplit pas toutes les conditions requises : rappelons que la jurisprudence ne confère validité à la délégation de pouvoirs qu'à la condition que le délégataire ait été pourvu « de la compétence, de l'autorité et des moyens nécessaires ». En l'espèce, le contremaître ne dispose à l'évidence pas des moyens nécessaires pour accomplir sa mission puisque l'entretien des machines n'a pu être réalisé cette année. Arnaud Martin en tant que gérant est en revanche bien un organe de la SARL.

2. Une infraction commise pour le compte de la personne morale

La jurisprudence retient de la notion d'infraction commise « pour le compte » de la personne morale une conception large. Elle considère en effet que l'infraction est commise, conformément aux exigences légales, pour le compte de la personne morale, dès lors que l'infraction est commise dans l'exercice d'activités ayant pour objet d'assurer l'organisation, le fonctionnement ou les objectifs du groupement doté de la personnalité morale, et ce, même si la personne morale n'y a trouvé aucun intérêt, même s'il n'en est résulté pour elle aucun profit.

En l'espèce, cette condition ne fait pas non plus difficulté : l'infraction a été commise dans le cadre de l'activité de la personne morale.

Les conditions de l'article 121-2, C. pén. étant remplies, la responsabilité pénale de la SARL peut donc être engagée pour l'atteinte involontaire à l'intégrité physique de Pierre Dupont. Elle encourt les peines telles que prévues par l'article 222-21, C. pén., et notamment une amende du quintuple du montant encourue par la personne physique, soit 225 000 €.

II/ Les agissements d'Arnaud Martin

Plusieurs actes accomplis par Arnaud Martin sont susceptibles de recevoir une qualification pénale : ceux qu'il a accomplis en tant que gérant (A) et ceux qui leur sont subséquents et qui sont relatifs à l'utilisation de la rémunération obtenue (B).

A – Les agissements en tant que gérant

Il convient d'envisager l'abus de biens sociaux (ABS). Pour les SARL, cet abus est incriminé à l'article L. 241-3, 4°, C. com. Cette infraction nécessite la caractérisation d'un élément matériel et d'un élément moral :

– Élément matériel de l'ABS : il consiste en un usage contraire à l'intérêt de la société des biens ou du crédit de la société. Cet usage abusif peut être caractérisé par l'octroi de rémunérations ou d'avantages injustifiés. En l'espèce, le versement d'une rémunération excessive peut constituer un usage des biens de la société contraire à l'intérêt de celle-ci, parce que sans proportion avec l'activité réelle de la société ou avec sa situation. L'usage abusif pourrait également éventuellement résulter du non-respect de la procédure de décision qui a permis d'obtenir le versement de cette rémunération excessive (il est seulement indiqué qu'« il s'est versé »).

– Élément intentionnel de l'ABS : l'ABS est une infraction intentionnelle (comme tout délit en principe : *cf.* art. 121-3, al. 1er, C. pén.) et requiert, au titre du dol général, la connaissance ou la conscience de la contrariété à l'intérêt social de l'acte accompli, et, au titre du dol spécial, que l'acte ait été fait « à des fins personnelles ou pour favoriser une autre société ou entreprise dans laquelle [les dirigeants] étaient intéressés directement ou indirectement ». Ce dernier dol est aisément caractérisé en pratique, la chambre criminelle admettant un renversement de la charge de la preuve, en imposant au dirigeant qu'il prouve l'absence d'intérêt personnel en présence de preuves de détournements sans connaissance de leur utilisation finale. En l'espèce, l'élément moral peut être aisément caractérisé : le gérant savait que la rémunération versée était excessive car il est le mieux à même de connaître la situation de la société. Il ne pouvait ignorer que la rémunération exceptionnelle qu'il s'est versée était abusive. En outre, il a bien agi à des fins personnelles : son but était de s'enrichir personnellement.

M. Martin s'est donc rendu coupable d'ABS et encourt à ce titre les peines prévues à l'article L. 241-3, C. com. (cinq ans et 375 000 € d'amende).

B – Les agissements subséquents

1. L'achat de la voiture de sport

Il convient d'envisager le délit de recel qui est incriminé par l'article 321-1, C. pén. Toutefois, la chambre criminelle considère que les qualifications de recel et celle s'appliquant à l'infraction d'origine (ici l'ABS) sont incompatibles (Crim. 24 avr. 1975, *Bull. crim.* n° 152, *a contrario*). Il n'est donc pas possible d'imputer ce recel à Arnaud Martin.

L'article 321-1, al. 2, C. pén. incrimine « le fait, en connaissance de cause, de bénéficier, par tout moyen, du produit d'un crime ou d'un délit ».

Matériellement, le fils d'Arnaud Martin a effectivement bénéficié du produit de l'ABS commis par son père, abus qui constitue un délit, en profitant du véhicule acquis à l'aide des fonds de la société.

Intellectuellement, le recel est une infraction intentionnelle qui requiert un dol général consistant dans le fait pour celui qui tire profit de la chose de savoir que cette chose provient d'un crime ou d'un délit.

Il sera possible d'imputer à ce dernier un recel à condition toutefois qu'il ait eu connaissance de l'origine frauduleuse du bien c'est-à-dire qu'il ait conscience de l'ABS commis par son père. Le cas échéant, le fils d'Arnaud Martin encourt cinq ans d'emprisonnement et de 375 000 € d'amende (art. 321-1, al. 3, C. pén.).

2. L'investissement dans une société étrangère

a. L'application de la loi pénale française

Le fait que l'argent ait été investi dans une société étrangère ne fait pas obstacle à l'application de la loi pénale française ni, par conséquent à la compétence du juge pénal français en raison du principe de la solidarité des compétences législative et juridictionnelle (art. 689, C. pr. pén.). Outre que l'acte d'investissement a pu être réalisé depuis le territoire français (et serait considéré comme un fait constitutif de l'infraction au sens de l'article 113-2 permettant l'application du principe de territorialité), dans le cas contraire le blanchiment pourrait malgré tout être réputé commis sur le territoire français en ce que l'infraction d'origine (l'ABS) a été commise sur le territoire français et qu'elle peut être vue comme un fait constitutif du blanchiment (Crim. 26 sept 2007 *Bull. crim.* n° 224 en matière de recel).

b. Le blanchiment commis par Arnaud Martin

L'article 324-1, al. 2, C. pén. incrimine « le fait d'apporter un concours à une opération de placement, de dissimulation ou de conversion du produit direct ou indirect d'un crime ou d'un délit ».

– Élément matériel du blanchiment : il s'agit de dissimuler le produit d'un crime ou d'un délit ou de le réintégrer dans le circuit financier légal. En l'espèce, cet élément est caractérisé par l'acte d'investissement dans une société étrangère. Cet acte porte bien sur des fonds qui proviennent de la commission d'un délit antérieur.

– Élément moral du blanchiment : l'infraction est intentionnelle et requiert, au titre du dol général, que l'auteur ait voulu apporter son concours à une opération de placement et ait eu conscience de l'origine criminelle ou délictuelle des fonds. La preuve de ce dol général ne pose pas, en l'espèce, de difficulté.

c. La question du cumul entre le blanchiment et l'infraction d'origine

La jurisprudence admet la sanction de l'auto-blanchiment, mais uniquement pour le blanchiment prévu par l'article 324-1, al. 2, C. pén. (Crim. 14 janv. 2004, *Bull. crim.* nº 12). La chambre criminelle a toutefois précisé, à propos du blanchiment d'abus de biens sociaux, au visa du principe *ne bis in idem* que « des faits qui procèdent de manière indissociable d'une action unique caractérisée par une seule intention coupable ne peuvent donner lieu, contre le même prévenu, à deux déclarations de culpabilité de nature pénale, fussent-elles concomitantes » (Crim. 7 déc. 2016, nº 15-87.335). Aussi, pour pouvoir déclarer M. Martin coupable de blanchiment faut-il établir qu'il a accompli au titre du blanchiment des faits distincts de ceux qu'on lui reproche au titre de l'ABS.

En l'espèce, cette condition ne pose pas de difficulté puisque les faits qui caractérisent l'ABS résultent de la perception de la rémunération excessive et les faits qui caractérisent le blanchiment résultent de l'investissement dans une société étrangère. Les faits étant distincts, le blanchiment peut être imputé à M. Martin qui encourt à ce titre cinq ans d'emprisonnement et 375 000 € d'amende.

Conclusion générale

M. Martin s'est rendu coupable de plusieurs infractions (atteinte involontaire à l'intégrité physique ayant entraîné une ITT de plus de trois mois ; ABS et blanchiment d'ABS). Chacune des infractions a été commise avant qu'Arnaud Martin n'« ait été définitivement condamné pour une autre infraction ». Ces infractions ont donc été commises en situation de concours réel telle qu'elle est définie par l'article 132-2, C. pén. S'il est jugé pour l'ensemble de ces faits au cours d'une même procédure (art. 132-3, C. pén.), il sera reconnu coupable de chacune des infractions commises. Le tribunal pourra prononcer une seule peine d'emprisonnement dans la limite du maximum légal (ici cinq ans) et une seule peine d'amende dans la limite du maximum légal (ici 375 000 €). S'il est en revanche jugé par des procédures distinctes, les peines prononcées s'exécuteront cumulativement dans la limite du maximum légal le plus élevé. La confusion totale ou partielle des peines pourra être ordonnée, conformément à l'article 132-4, C. pén.

16. Les peines

Dans la résolution d'un cas pratique, la question des peines applicables fait toujours l'objet de conclusions provisoires, lorsque l'on vient de retenir, à l'encontre d'un protagoniste, une infraction. Ainsi, par exemple, après avoir caractérisé un vol simple à l'encontre de M. X commis le 10 juillet, vous allez simplement conclure que M. encourt, pour ce vol, trois ans d'emprisonnement et 45 000 € d'amende, conformément à l'article 311-3, C. pén.

Toutefois, cette question des peines encourues doit toujours faire l'objet de la conclusion définitive de votre devoir. Pourquoi conclure encore sur les peines, vous direz-vous certainement ? Et bien pour une raison simple : ce n'est qu'à l'issue de votre devoir que vous pourrez constater qu'un même protagoniste à commis plusieurs infractions. Trop souvent les étudiants éludent cette partie. Ils concluent, par exemple, dans leur I. que M. X a commis le 10 juillet un vol simple et encourt trois ans et 45 000 € d'amende, conformément à l'article 311-3, C. pén., et dans leur II, que M. X a commis le 15 juillet un abus de confiance aggravé et qu'il encourt à ce titre sept ans d'emprisonnement et 750 000 € d'amende, conformément à l'article 314-2, C. pén., sans s'expliquer sur la peine maximale qu'il encourra effectivement dans le cadre de cette pluralité d'infractions retenues à sa charge. Or, la peine encourue par celui-ci nécessite quelques explications car la situation de celui-ci sera différente selon qu'il se trouve en situation de concours réel, de réitération ou de récidive.

Aussi, le premier réflexe à acquérir immédiatement est le suivant : si vous retenez plusieurs infractions à la charge d'un même protagoniste vous devrez régler spécifiquement la question de la peine encourue par celui-ci car il y a pluralité d'infractions commises par un même agent, pluralité susceptible de constituer un concours réel, une réitération ou une récidive.

Cette dernière partie récapitulative des peines est parfois faiblement gratifiée et notée sur un point. Mais elle peut être complexe et être notée sur trois ou quatre points lorsque se présentent plusieurs difficultés (il peut y avoir un concours réel à l'encontre d'un seul protagoniste ; une pluralité de concours réel à l'encontre de plusieurs protagonistes ; un concours réel à l'encontre d'un individu, une réitération à l'encontre d'un autre, une récidive à l'encontre d'un dernier ; sans oublier, dans l'hypothèse où un individu apparaîtrait comme pouvant être en situation de récidive, un conflit de lois dans le temps si une loi nouvelle vient modifier les termes de la récidive de l'infraction commise en l'espèce...).

Ce réflexe acquis, il faut ensuite se poser une question : l'individu à l'encontre duquel vous avez retenu plusieurs infractions, a-t-il été définitivement condamné pour l'une de ces infractions ? La réponse à cette question est fondamentale car elle aiguille vers la qualification juridique adéquate de la situation du protagoniste.

Si la réponse est négative, l'individu sera en situation de concours réel (I). Si la réponse est positive, il sera soit en situation de récidive, soit en situation de réitération (II).

I/ Le concours réel

Si l'individu n'a pas déjà été définitivement condamné pour une infraction, il sera en situation de concours réel d'infractions, et il vous faudra :

• **Citer d'abord l'article 132-2, C. pén. qui définit le concours réel d'infractions** : « Il y a concours d'infractions lorsqu'une infraction est commise par une personne avant que celle-ci ait été définitivement condamnée pour une autre infraction ». Afin de faire preuve de pédagogie vous pouvez distinguer à l'attention de votre correcteur, le concours réel du concours idéal : ce dernier renvoie à l'hypothèse où des faits matériellement indivisibles sont susceptibles de revêtir une pluralité de qualification. Dans le concours réel, les faits sont matériellement divisibles, et sont susceptibles de constituer, chacun, une infraction.

• **Avoir égard ensuite aux infractions commises par le protagoniste en question** :

– *si celles-ci constituent des crimes ou des délits*, la règle qui s'appliquera figure soit à l'article 132-3, soit à l'article 132-4, C. pén. selon que les infractions en concours commises par l'individu seront jugées au cours d'une même procédure ou qu'elles feront l'objet de deux procédures distinctes : c'est la règle du cumul limité des peines de même nature, la limite étant la peine de même nature encourue pour l'infraction la plus sévèrement réprimée (1) ;

– *si celles-ci constituent des contraventions ou si figure parmi les infractions commises une ou plusieurs contraventions*, s'appliquera la règle qui figure à l'article 132-7, C. pén. : le cumul illimité des peines d'amende contraventionnelles (2).

Aussi vous faudra-t-il distinguer selon qu'il y a, en l'espèce, parmi les infractions en concours une contravention (B) ou qu'il n'y a parmi les infractions en concours aucune contravention (A).

A – Aucune contravention ne figure parmi les infractions en concours

Le Code pénal distingue selon que les infractions en concours commises par l'individu seront jugées au cours d'une même procédure (1) ou qu'elles feront l'objet de deux procédures distinctes (2).

1. En cas de procédure unique

Vous devrez viser l'article 132-3, al. 1er, C. pén., selon lequel « [l]orsque, à l'occasion d'une même procédure, la personne poursuivie est reconnue coupable de plusieurs infractions en concours, chacune des peines encourues peut être prononcée. Toutefois, lorsque plusieurs peines de même nature sont encourues, il ne peut être prononcé qu'une seule peine de cette nature dans la limite du maximum légal le plus élevé ». Cette disposition vous donne la méthode de calcul de la peine encourue par le protagoniste ayant commis des crimes et des délits en concours.

La règle	La limite
C'est le cumul des peines de même nature.	C'est la peine de même nature maximale encourue pour l'infraction la plus sévèrement réprimée.

Ainsi il vous faut d'abord isoler parmi les peines encourues par le protagoniste, les peines de même nature. Dans l'exemple pris, M. X encourt des peines privatives de liberté (trois ans d'emprisonnement pour le vol simple ; sept ans d'emprisonnement pour l'abus de confiance aggravé) et des peines pécuniaires (45 000 € d'amende pour le vol simple ; 750 000 € d'amende pour l'abus de confiance aggravé).

Il vous faut ensuite appliquer la limite fixée qui est la peine de même nature la plus élevée : pour la peine privative de liberté, la limite sera la peine encourue pour l'abus de confiance, c'est-à-dire sept ans d'emprisonnement, car elle est la plus élevée ; pour la peine d'amende : la limite sera là aussi la peine encourue pour l'abus de confiance, c'est-à-dire 750 000 € d'amende, car elle est, là aussi, la plus élevée.

Il vous faut enfin conclure : M. X encourt sept ans d'emprisonnement et 750 000 € d'amende.

2. En cas de pluralité de procédures

Il faut viser l'article 132-4, al. 1er, C. pén., lequel dispose que « lorsque, à l'occasion de procédures séparées, la personne poursuivie a été reconnue coupable de plusieurs infractions en concours, les peines prononcées s'exécutent cumulativement dans la limite du maximum légal le plus élevé. Toutefois, la confusion totale ou partielle des peines de même nature peut être ordonnée soit par la dernière juridiction appelée à statuer, soit dans les conditions prévues par le Code de procédure pénale ».

B – Une contravention au moins figure parmi les infractions en concours

L'article 132-7, C. pén. pose une exception à la règle du cumul limité, la règle du cumul illimité : « Par dérogation aux dispositions qui précèdent, les peines d'amende pour contraventions se cumulent entre elles et avec celles encourues ou prononcées pour des crimes ou délits en concours ».

Il faut donc isoler, dans votre raisonnement, les contraventions. L'amende ou les amendes encourues pour contravention(s) se cumulent entre elles et avec les amendes encourues pour les crimes ou les délits. Dans l'exemple pris, imaginons qu'en plus du vol simple et de l'abus de confiance aggravé, respectivement commis les 10 et 15 juillet, M. X ait commis le 16 juillet une contravention de 5e classe et le 17 juillet une contravention de 4e classe. Il encourra donc sept ans d'emprisonnement et 752 250 € (750 000 € au titre de l'abus de confiance, somme à laquelle s'ajoutent 1 500 € au titre de la contravention de 5e classe et 750 € au titre de la contravention de 4e classe – pour rappel les peines contraventionnelles sont précisées par l'article 131-13, C. pén.).

II/ La récidive et la réitération

Si l'individu a déjà été définitivement condamné pour une infraction, il sera soit en situation de récidive soit en situation de réitération. **Ce qui différencie toutefois la réitération de la récidive est que la première est une situation par défaut** : l'individu est réitérant lorsqu'il commet une nouvelle infraction qui n'entre pas dans les termes de la récidive. **La réitération n'est qu'une récidive juridiquement avortée.** Aussi vous faut-il toujours commencer par envisager l'éventuelle situation de récidive (A). Si vous concluez que le protagoniste n'est pas en situation de récidive, il sera en situation de réitération (B).

A – La récidive

La récidive constitue une circonstance aggravante générale comme l'est l'utilisation d'un moyen de cryptologie (cette dernière, introduite dans le Code pénal par la loi sur l'économie numérique du 21 juin 2004, est érigée en circonstance aggravante générale par le législateur), le mobile raciste ou le mobile sexiste (depuis la loi du 28 février 2017 : art. 132-76 et 77, C. pén.) Cela signifie qu'elle s'applique à toutes les infractions pénales, sans qu'il soit besoin que le législateur la prévoit par une disposition spéciale au titre des incriminations particulières.

Réglementée aux articles 132-8 à 132-16-6, C. pén., la récidive retient depuis quelques années toute l'attention du législateur. Les lois du 12 décembre 2005, du 5 mars 2007, du 10 août 2007, du 25 février 2008, du 10 mars 2010 et du 15 août 2014 se sont ainsi succédé pour la prévenir et pour la réprimer, multipliant ainsi les conflits, apparents ou véritables, de lois dans le temps.

Il vous faut d'abord envisager la question de la constitution de la récidive (1) en l'espèce puis, le cas échéant, le régime de la récidive (2).

1. Constitution de la récidive

a. Règles communes à la récidive des personnes physiques et des personnes morales

La récidive n'est constituée que lorsqu'une seconde infraction, appelée « *second terme* », est commise après qu'une première infraction, nommée « *premier terme* » ait fait l'objet d'une condamnation définitive.

- **Premier terme de la récidive** : la première condamnation n'est susceptible de caractériser le premier terme de la récidive qu'à la condition qu'elle soit de nature pénale et porte effectivement condamnation – la récidive est ainsi exclue lorsque, pour une précédente infraction, la juridiction de jugement, tout en reconnaissant la culpabilité du prévenu, a exempté celui-ci de toute peine (art. 132-78, C. pén.) ou a l'a dispensé de peine (art. 132-58 et s., C. pén.), ou lorsque la juridiction répressive a précédemment prononcé une mesure ou une sanction éducative à l'égard d'un mineur délinquant, cette réponse pénale ne présentant pas en soi les caractères d'une condamnation (art. 20-2, ord. 2 févr. 1945) ; qu'elle persiste au moment où la seconde infraction est commise et donc qu'elle n'ait pas fait l'objet d'une amnistie, d'une réhabilitation ou d'un non-avenu ; qu'elle concerne un crime, un délit ou une contravention de la 5e classe pour laquelle le législateur prévoit expressément la possibilité de récidive ; qu'elle soit définitive car la récidive n'est susceptible d'être constituée que lorsque le second terme survient après l'épuisement des voies de recours internes ou lorsque les délais pour les exercer sont échus ; qu'elle ait été prononcée par une juridiction française ou, depuis la loi du 12 décembre 2005, par une juridiction d'un pays membre de l'UE (art. 132-16-1, C. pén.).
- **Second terme de la récidive** : la seconde infraction doit être matériellement distincte de la première. Tel n'est pas le cas d'une seconde infraction ne constituant que la conséquence de la première condamnation (ex. : évasion, blanchiment du produit de la première infraction).

b. Règles applicables aux personnes physiques

Quatre cas de récidive sont prévus par le législateur :

- **Récidive de crime ou délit puni de dix ans d'emprisonnement à crime (art. 132-8, C. pén.)** : le premier terme de la récidive est constitué par une condamnation, soit pour un crime, quelle que soit la peine qui en est résulté, soit pour un délit pour lequel était encourue une peine de dix ans d'emprisonnement. Le second terme doit consister en un crime. Cette forme de récidive est une récidive générale : aucune identité ou similitude n'est exigée entre la première et la seconde infraction. Il s'agit également d'une récidive perpétuelle, ce qui signifie qu'aucune limite temporelle ne sépare le premier du second terme.
- **Récidive de crime ou délit puni de dix ans d'emprisonnement à délit (art. 132-9, C. pén.)** : le premier terme de la récidive est identique à celui du cas précédent. Le second terme doit consister en un délit pour lequel est

encourue une peine d'au moins un an d'emprisonnement. Il s'agit là encore d'une récidive générale. En revanche, à la différence du cas précédent, la récidive est ici temporaire. Cela signifie que l'infraction qui constitue le second terme doit avoir été commise dans un délai déterminé après l'expiration ou la prescription de la première peine. Ce délai est de dix ans lorsque le second terme consiste en un délit puni de dix ans d'emprisonnement. Il est ramené à cinq ans quand le second terme est constitué par un délit puni de moins de dix ans d'emprisonnement. La référence à l'expiration ou à la prescription de la peine sert uniquement de point de départ pour le calcul du délai. La Cour de cassation considère en effet de manière constante que l'état de récidive existe dès la date à laquelle la première condamnation est devenue définitive et jusqu'à la date de l'expiration de la peine, à compter de laquelle commence à courir le délai. Ainsi, une seconde infraction qui serait commise après la date à laquelle la première condamnation est devenue définitive, mais avant l'expiration ou la prescription de la peine serait commise en état de récidive.

- **La récidive de délit à délit (art. 132-10, C. pén.)** : il s'agit d'une récidive à la fois spéciale et temporaire. D'une part, elle n'est constituée que lorsque le second terme consiste en un délit identique (1er terme : vol et 2nd terme : vol, par exemple) ou assimilé car le législateur dresse la liste des infractions qu'il entend assimiler aux articles 132-16 à 132-16-4, C. pén. (sont par exemple assimilés « Le vol, l'extorsion, le chantage, l'escroquerie et l'abus de confiance »). D'autre part, l'infraction qui constitue le second terme de la récidive doit avoir été commise dans le délai de cinq ans à compter de l'expiration ou de la prescription de la précédente peine.
- **La récidive de contravention de cinquième classe à contravention de 5e classe (art. 132-11, C. pén.)** : cette forme de récidive n'est envisageable que dans les hypothèses dans lesquelles le règlement a expressément prévu la possibilité de récidive. Le premier et le second terme doivent en outre consister en des contraventions de cinquième classe identiques, l'assimilation n'étant pas prévue. Enfin, la seconde infraction doit avoir été commise dans un délai d'un an à compter de l'expiration ou de la prescription de la précédente peine.

c. Règles applicables aux personnes morales

Le législateur a institué quatre cas de récidive :

- **Récidive de crime ou délit à crime (art. 131-12, C. pén.)** : le premier terme est constitué par un crime ou un délit puni d'une amende de 100 000 € pour les personnes physiques. Le second terme doit consister en un crime. Il s'agit d'une récidive générale et perpétuelle.
- **Récidive générale de crime ou de délit à délit (art. 132-13, C. pén.)** : le premier terme est identique à celui du cas précédent. S'agissant du second terme, il faut distinguer :

– le second terme est constitué d'un délit puni soit de la même peine, soit d'une peine de 100 000 € d'amende pour les personnes physiques. Il doit alors être commis dans un délai de dix ans, à compter de l'expiration ou de la prescription de la précédente peine ;

– le second terme est constitué d'un délit puni, pour les personnes physiques, d'une amende au moins égale à 15 000 €. Il doit dans ce cas être commis dans un délai de cinq ans, à compter de l'expiration ou de la prescription de la précédente peine. Dans les deux cas, la récidive est générale.

• **Récidive spéciale de délit à délit (art. 132-14, C. pén.)** : le premier terme est une condamnation définitive pour un délit, quel qu'il soit. Le second terme consiste en un délit identique ou assimilé. Cette récidive est en outre temporaire : le second terme doit être commis dans un délai de cinq ans à compter de l'expiration ou de la prescription de la précédente peine.

• **Récidive contraventionnelle (art. 132-15, C. pén.)** : les règles applicables sont ici les mêmes que celles précédemment examinées à propos de la récidive contraventionnelle des personnes physiques.

2. Régime de la récidive

Depuis la loi du 12 décembre 2005, l'article 132-16-5, C. pén. impose aux juridictions de jugement de relever d'office l'état de récidive, même lorsqu'il n'est pas mentionné dans l'acte de poursuites. La circonstance de récidive emporte d'importantes conséquences :

a. Conséquences de la récidive sur la peine encourue

Elle entraîne le doublement des peines de réclusion, d'emprisonnement et d'amende, encourues du chef de la seconde infraction. Toutefois, si le maximum encouru du chef de la seconde infraction est une peine de 20 ou 30 ans de réclusion criminelle, elle est portée à la réclusion criminelle à perpétuité. Aucune aggravation n'est par définition possible lorsque la peine encourue du chef de la seconde infraction consiste dans la réclusion criminelle à perpétuité. La règle du doublement de la peine encourue s'applique également aux personnes morales, qui, en cas de récidive, encourent du chef de la seconde infraction, une amende d'un montant dix fois supérieur à celui prévu pour les personnes physiques. Relevons qu'historiquement, depuis la loi du 10 août 2007 et jusqu'à la loi du 15 août 2014, l'état de récidive déterminait l'application de peines planchers en matière correctionnelle.

b. Conséquences de la récidive sur la peine prononcée

La récidive emporte d'importantes conséquences quant à l'aménagement du sursis avec mise à l'épreuve.

c. Conséquences de la récidive sur la peine exécutée

Avec la loi du 12 décembre 2005, l'état de récidive était déterminant de l'exécution de la peine, mais la loi du 15 août 2014 a modifié cette approche. Seul subsiste finalement de la loi du 12 décembre 2005 le fait que l'état de récidive est susceptible de donner lieu à l'application de mesures de sûreté : la surveillance judiciaire des personnes dangereuses et le placement sous surveillance électronique mobile (sur ces différents aspects, v. thème consacré à la peine exécutée). En outre, depuis la loi du 25 février 2008, la crainte d'une récidive, c'est-à-dire la récidive non encore réalisée mais probable, donne lieu à l'application de deux autres mesures de sûreté : la rétention de sûreté et le placement sous surveillance de sûreté.

d. Conséquences quant à l'extinction de la peine

Depuis la loi du 5 mars 2007, l'état de récidive pour une infraction sexuelle ou violente impose à la juridiction de jugement ou au juge de l'application des peines d'ordonner que la personne inscrite au fichier des auteurs d'infractions sexuelles et violentes se présente aux policiers ou gendarmes tous les mois pour justifier de son adresse (au lieu de tous les 6 mois auparavant). Enfin, la loi du 5 mars 2007 a institué des délais de réhabilitation plus longs pour les récidivistes.

B – La réitération

La réitération fait l'objet historiquement d'un régime jurisprudentiel. C'est la situation où une personne a déjà été définitivement condamnée pour une première infraction et en commet une seconde dans des conditions qui ne caractérisent pas la récidive (nature des faits ou temps séparant les deux infractions). Dans cette hypothèse, la jurisprudence appliquait une règle sévère, la règle du cumul illimité des peines. La loi du 12 décembre 2005 a consacré ce régime prétorien.

La réitération est désormais définie et régie par l'article 132-16-7, C. pén. : « Il y a réitération d'infractions pénales lorsqu'une personne a déjà été condamnée définitivement pour un crime ou un délit et commet une nouvelle infraction qui ne répond pas aux conditions de la récidive légale (al. 1er). Les peines prononcées pour l'infraction commise en réitération se cumulent sans limitation de quantum et sans possibilité de confusion avec les peines définitivement prononcées lors de la condamnation précédente (al. 2nd) ».

Cas pratique n° 41

› Énoncé

L'ESM, célèbre école de commerce située à Rouen, est sous le choc. Raphaële, étudiante en troisième année à l'école, vient d'être interpellée. Elle aurait demandé à l'une de ses camarades, Noémie, en échange du dernier sac tendance de chez L.V., de verser un sachet mortifère dans le verre de Léa, sa pire ennemie, pendant qu'elle-même détournait son attention. Heureusement, Noémie, prise de remords, se serait ravisée au dernier moment et est allée tout raconter à la police. Pour couronner le tout, une polémique émerge car l'ESM vient d'apprendre que Raphaële a déjà été condamnée un an auparavant pour avoir pratiqué des expériences barbares sur son chat à qui elle avait fait absorber toutes sortes de substances.

› *Correction*

Raphaële est soupçonnée d'avoir demandé à l'une de ses camarades, Noémie, d'administrer un sachet mortifère à Léa, sa pire ennemie. Il faut immédiatement exclure la responsabilité pénale de l'école personne morale : l'infraction n'a pas été commise par un organe ou un représentant et aucunement pour le compte de celle-ci. Il faut ainsi successivement envisager la responsabilité pénale de Noémie (I) et celle de Raphaële (II).

I/ La responsabilité pénale de Noémie

Il faut bien évidemment ici envisager la qualification d'empoisonnement.

L'administration d'une substance mortifère est qualifiable d'empoisonnement (art. 221-5, C. pén. : « le fait d'attenter à la vie d'autrui par l'emploi ou l'administration de substances de nature à entraîner la mort constitue un empoisonnement »).

Si Noémie s'était exécutée, on aurait pu la poursuivre comme auteur de l'empoisonnement (peu important d'ailleurs que Léa soit décédée ou pas). Raphaële, quant à elle, aurait pu être poursuivie comme complice par instigation d'empoisonnement : en effet, elle a par don ou promesse de don demandé à Noémie de procéder à l'empoisonnement (art. 121-7, al. 2 ; C. pén.).

Noémie et Raphaële (art. 121-6, C. pén.) auraient alors encouru la peine prévue pour empoisonnement soit trente ans de réclusion criminelle (art. 221-5, al. 2, C. pén.).

Toutefois, Noémie n'a pas procédé à l'empoisonnement et est allée tout raconter à la police. Cette bouffée de remords ayant eu lieu avant tout commencement d'exécution, Noémie ne risque rien au pénal.

II/ La responsabilité pénale de Raphaële

Si Noémie ne risque rien, il n'en va pas de même pour Raphaële. Il faut traiter successivement sa responsabilité au titre de l'empoisonnement projeté et la récidive :

– Raphaële ne peut pas être poursuivie comme complice d'un empoisonnement qui n'a pas eu lieu, la condition du fait principal punissable indispensable pour caractériser la complicité faisant défaut. C'est l'enseignement de la célèbre affaire *Lacour* (Crim. 25 oct. 1962, *Lacour*, préc.).

– Néanmoins, depuis la loi du 9 mars 2004, il existe un nouveau texte, l'article 221-5-1, C. pén. qui punit le mandat criminel soit « le fait de faire à une personne des offres ou des promesses ou de lui proposer des dons, présents ou avantages quelconques afin qu'elle commette un assassinat ou un empoisonnement ». C'est bien le cas en l'espèce : Raphaële a fait don ou promesse de don d'un sac à Noémie afin qu'elle commette un empoisonnement, qui n'a pas eu lieu. Pour cet acte (si tant est évidemment que l'on réussisse à le prouver, ce qui ne sera pas évident si la preuve ne repose que sur le témoignage de Noémie), Raphaële encourt la peine de dix ans d'emprisonnement et de 150 000 € d'amende.

– Malheureusement, ce n'est pas tout dans la mesure où Raphaële a déjà été condamnée pour les sévices infligés à son chat. Les infractions commises sur animaux sont prévues aux articles 521-1 et s., C. pén. Ces infractions sont des délits, les peines encourues étant de deux ans d'emprisonnement et de 30 000 € d'amende. La question se pose alors de savoir si Raphaële peut être considérée comme récidiviste. Elle a commis un premier délit (actes de cruauté sur animaux) pour lequel elle a été condamnée un an auparavant et elle est poursuivie pour un second délit (mandat criminel). Les deux termes d'une récidive de délit à délit prévue par l'article 132-10, C. pén. sont réunis. Selon cet article, « lorsqu'une personne physique, déjà condamnée définitivement pour un délit, commet, dans le délai de cinq ans à compter de l'expiration ou de la prescription de la précédente peine, soit le même délit, soit un délit qui lui est assimilé au regard des règles de la récidive, le maximum des peines d'emprisonnement et d'amende encourues est doublé ». Mais, outre l'existence des termes de la récidive, le texte exige une condition temporelle réunie ici (la deuxième infraction ayant été commise dans l'année suivant la condamnation pour la première infraction, la condition des cinq ans à compter de l'expiration ou de la prescription de la peine est largement remplie) et une condition de spécialité : le second délit doit être le même ou assimilé au regard des règles de la récidive. Or ici, même si l'on ne peut nier la similitude entre les deux comportements (absorption forcée de substances), les deux infractions ne sont pas considérées comme identiques ni même assimilées. Raphaële n'est donc pas une récidiviste.

Cas pratique nº 42

› Énoncé

Stéphane s'est envolé pour la Thaïlande, pays qu'il affectionne particulièrement et dans lequel il se rend pour ses plages, ses fiestas, mais aussi pour ses maisons closes… À l'occasion d'un voyage en février 2014, il est tombé par hasard sur un établissement qui propose des massages érotiques et davantage avec de très jeunes filles pour quelques Baht (monnaie thaïlandaise). C'est le paradis pour Stéphane qui, loin de la France, peut céder à toutes ses pulsions… Mais ce voyage lui coûtera cher, puisqu'il sera condamné, en juillet 2015, à trois mois d'emprisonnement avec sursis et 2 500 € d'amende pour ces faits. Stéphane, qui a très vite oublié cette condamnation, décide de retourner en Thaïlande à la fin du mois de juin 2016, grâce à l'acompte perçu pour son dernier contrat. Lors de ce voyage, il s'offrira, à nouveau, plusieurs nuits avec de jeunes adolescentes.

À son arrivée en France, le 15 juillet 2016, Stéphane est arrêté par la police qui enquêtait à son encontre pour des faits de « tourisme sexuel ». Placé en garde à vue, Stéphane adopte un comportement très étrange : il a des absences, ses phrases n'ont aucun sens et il a même quelques accès de violence. Les policiers décident alors d'appeler un médecin afin de vérifier la comptabilité de son état de santé à la mesure de garde à vue. Après avoir constaté l'état désorienté de Stéphane et des troubles importants, le médecin préconise un examen psychiatrique. Cet examen révèle que Stéphane est atteint d'un délire paranoïaque dû à l'utilisation d'une puissante drogue hallucinogène. Il est vrai que les raves sur la plage de Phuket sont réputées pour être le terrain privilégié des dealers et justement Stéphane a participé à l'une d'entre elles la veille de son retour en France.

Qualifiez les infractions et envisager les différentes responsabilités pénales.

› *Correction*

I/ Le recours à la prostitution de mineurs

Le recours à la prostitution de mineurs est incriminé à l'article 225-12-1, C. pén. et constitue : « Le fait de solliciter, d'accepter ou d'obtenir, en échange d'une rémunération ou d'une promesse de rémunération, des relations de nature sexuelle de la part d'un mineur qui se livre à la prostitution, y compris de façon occasionnelle, est puni de trois ans d'emprisonnement et 45 000 € d'amende ». Plusieurs éléments doivent être vérifiés pour caractériser cette infraction.

– *Élément préalable* : la victime doit être mineure, c'est-à-dire selon le droit français être âgée de moins de 18 ans. Ce sont les juges qui apprécient souverainement l'âge de la victime, d'après les éléments du débat, et la minorité de prostitués étrangers dépourvus de documents d'identité fiables peut notamment résulter d'une expertise appréciant leur âge à partir d'une analyse osseuse.

– *Élément matériel* : le délit ne suppose pas la commission d'une atteinte sexuelle, d'une relation, d'un attouchement ou d'un rapprochement sexuel consommé. En effet, la simple sollicitation ou acceptation d'une relation sexuelle suffit à caractériser l'infraction, même si la relation n'a pas encore eu lieu.

– *Élément moral* : en l'absence de précision dans le texte, l'intention du recours à la prostitution de mineur apparaît en application de l'article 121-3, al. 1er, C. pén. qui prévoit que sauf disposition contraire, les délits sont des infractions intentionnelles. L'auteur de cette infraction doit avoir eu connaissance de la minorité de la victime. Toutefois si le prévenu soutient qu'il a été trompé sur l'âge de la victime, il doit justifier d'une erreur dont il ne serait pas responsable, en démontrant par exemple qu'il a pu raisonnablement se tromper sur l'âge de l'intéressé (Crim. 6 nov. 1963, *Bull. crim.* n° 311). Le simple fait d'alléguer que le mineur a affirmé être majeur n'est pas, sauf circonstance particulière (comme le fait de montrer des documents d'identité falsifiés), considéré comme un motif raisonnable d'erreur.

En l'espèce, Stéphane s'est rendu une première fois en Thaïlande en février 2014 et a trouvé, par hasard, une maison close qui propose des massages érotiques et des relations sexuelles contre paiement. Si l'âge n'est pas précisé, il apparaît que ce sont de très jeunes filles et, plus particulièrement, des adolescentes. Stéphane est conscient du très jeune âge des victimes, car il admet aimer se rendre en Thaïlande pour céder à « toutes ses pulsions ». On ne sait pas si c'est Stéphane qui sollicite ou qui accepte une relation sexuelle, puisqu'il semble tomber « par hasard » sur cette maison close, mais il apparaît clairement qu'il a payé pour entretenir une relation sexuelle avec plusieurs jeunes filles.

Par conséquent, Stéphane est l'auteur d'un recours à la prostitution de mineurs.

Cependant, ces faits se déroulent en Thaïlande. Il convient donc de s'interroger sur la compétence des juridictions pénales françaises.

II/ Compétence des juridictions pénales françaises

En principe, les juridictions pénales françaises sont compétentes pour connaître les infractions dont un fait a été commis sur le territoire de la République en vertu de l'article 113-2, C. pén. Mais ce titre de compétence n'est pas applicable en l'espèce, puisque le recours à la prostitution se déroule en Thaïlande. Il convient, en réalité, d'envisager un titre de compétence subsidiaire et spécifique à cette infraction.

À titre subsidiaire, les juridictions pénales françaises sont compétentes pour connaître ces faits commis à l'étranger par des Français en vertu de l'article 113-6, C. pén. qui consacre le système de la compétence personnelle active. Toutefois, l'article 225-12-3, C. pén. prévoit un titre de compétence spécifique en ces termes : « Dans le cas où les délits prévus au second alinéa de l'article 225-12-1 et à l'article 225-12-2 sont commis à l'étranger par un français ou par une personne résidant habituellement sur le territoire français, la loi française est applicable par dérogation au deuxième alinéa de l'article 113-6 et les dispositions de la seconde phrase de l'article 113-8 ne sont pas applicables ». Les conditions pour donner compétence aux juridictions pénales françaises sont très souples afin de renforcer la répression à l'encontre des auteurs de l'infraction de recours à la prostitution de mineurs.

Peut être auteur de cette infraction, toute personne ayant la nationalité française ou résidant habituellement en France.

Par ailleurs, la condition imposée au deuxième alinéa de l'article 113-8 n'est pas applicable dans cette hypothèse. Cet article prévoit que les délits commis par des Français à l'étranger doivent être punis par la législation du pays où ils ont été commis. Comme cette condition de double-incrimination est exclue dans cette infraction spécifique, il n'est pas nécessaire que le recours à la prostitution de mineurs soit incriminé par la loi étrangère pour pouvoir poursuivre un français auteur de cette infraction. Là encore, l'efficacité de la répression de ces faits est renforcée.

Est enfin exclue la condition qui se trouve dans la seconde phrase de l'article 113-8, lequel impose pour la mise en œuvre de la compétence des juridictions pénales françaises, le dépôt d'une plainte de la part de la victime ou d'une dénonciation officielle par l'autorité du pays où le fait a été commis. Dans le cas du recours à la prostitution de mineurs, une telle plainte ou dénonciation n'est pas exigée.

En l'espèce, bien que cela ne soit pas précisé, il semble que Stéphane soit de nationalité française au moment des faits. Il est auteur du recours à la prostitution de mineurs commis en Thaïlande. Il s'agit donc d'un français auteur d'une infraction à l'étranger.

S'il s'agit d'un délit, il n'est pas nécessaire qu'il soit puni par la loi thaïlandaise, ni que la victime ou que l'État thaïlandais ait dénoncé ces faits.

Par conséquent, le simple fait que Stéphane soit français et ait commis cette infraction suffit à donner compétence aux juridictions pénales françaises.

III/ Sanction

D'une part, il convient de vérifier l'état de récidive légal et ses conséquences sur la répression du recours à la prostitution de mineurs (A). D'autre part, l'hypothèse de l'irresponsabilité pénale devra être examinée (B).

A – Récidive et application de la loi pénale dans le temps

La loi du 13 avril 2016 a renforcé la sanction en cas de récidive pour des faits de recours à la prostitution de mineurs. En effet, l'article 225-12-1, C. pén. prévoit que « Lorsqu'il est commis en récidive dans les conditions prévues au second alinéa de l'article 132-11, le fait de solliciter, d'accepter ou d'obtenir des relations de nature sexuelle d'une personne qui se livre à la prostitution, y compris de façon occasionnelle, en échange d'une rémunération, d'une promesse de rémunération, de la fourniture d'un avantage en nature ou de la promesse d'un tel avantage est puni de 3 750 € d'amende ». Cette loi nouvelle impose désormais un seuil minimum de 3 750 € d'amende en cas de récidive légale.

Pour cette infraction, les conditions de la récidive légale sont prévues à l'article 132-11, al. 2nd, C. pén., lequel dispose : « Dans les cas où la loi prévoit que la récidive est constituée si les faits sont commis dans le délai de trois ans à compter de l'expiration ou de la prescription de la précédente peine ». Sont ainsi en état de récidive légale, les auteurs du recours à la prostitution de mineurs qui réitèrent un tel acte dans un délai de trois ans après l'expiration ou la prescription de leur première condamnation.

En l'absence de disposition transitoire spécifique, la loi aggravant la responsabilité pénale pour ces faits est entrée en vigueur le lendemain de sa publication au journal officiel, à savoir le 15 avril 2016. La question de l'application de la loi pénale dans le temps est régie par l'article 112-1, C. pén. qui pose le principe de l'application de la loi pénale nouvelle de fond aux faits commis après son entrée en vigueur. En la matière, le principe est donc l'absence de rétroactivité de la loi pénale nouvelle de fond, c'est-à-dire celle qui touche à l'incrimination et à la peine. Par exception, lorsque la loi pénale nouvelle de fond est plus douce, elle s'applique *in mitius*, à savoir aux faits commis avant son entrée en vigueur et non définitivement jugés.

Le Code pénal ne prend pas explicitement en compte l'hypothèse où la loi pénale nouvelle aggrave la répression en cas de récidive et que la première infraction est commise avant l'entrée en vigueur de la loi nouvelle. C'est donc la jurisprudence qui apporte la solution en la matière. En effet, la Cour de cassation a décidé dans un arrêt du 24 mars 2015 (n° 15-80.023) qu'il suffisait que le second terme de la récidive soit commis après l'entrée en vigueur de la loi nouvelle, pour que l'aggravation de la répression prévue par cette dernière s'applique. Ainsi, la Cour maintient sa conception classique selon laquelle l'aggravation de la peine résultant de la récidive se rattache à la commission de la seconde infraction et est indépendante de la première (Crim. 29 févr. 2000). Cette solution est d'ailleurs confortée par la Cour européenne des droits de l'homme dans son arrêt rendu en grande chambre le 29 mars 2006, *Achour c/ France* (req. n° 67335/01).

En l'espèce, Stéphane a été condamné en juillet 2015 à 3 ans d'emprisonnement avec sursis et 2 500 € d'amende pour recours à la prostitution de mineurs lors d'un voyage en Thaïlande qui a eu lieu en février 2014. Moins d'une année après sa condamnation, en juin 2016, il retourne en Thaïlande et, de nouveau, paye pour des relations sexuelles avec de jeunes adolescentes. Si le premier terme de la récidive (condamnation en juillet 2015) a lieu avant l'entrée en vigueur de la loi du 13 avril 2016, laquelle est une loi pénale de fond plus sévère, il suffit, selon la jurisprudence constante, que le second terme ait lieu après l'entrée en vigueur de la loi nouvelle pour que cette dernière s'applique. Or, le second terme de la récidive a lieu en juin 2016, c'est-à-dire plus de 2 mois après l'entrée en vigueur de la loi nouvelle. Enfin, le second terme a bien eu lieu moins d'une année après la première condamnation, le délai de trois ans après l'expiration de la peine est donc respecté.

Par conséquent, la loi pénale nouvelle aggravant la sanction en cas de récidive légale pour l'infraction de recours à la prostitution de mineurs est applicable à Stéphane. Ce dernier sera au minimum condamné à 3 750 € d'amende.

En outre, la circonstance aggravante prévue à l'article 225-12-2, 1°, C. pén. s'applique, puisque l'infraction est commise à l'égard de plusieurs personnes et de façon habituelle. Ainsi, Stéphane encourt cinq ans d'emprisonnement et 75 000 € d'amende pour ces faits.

B – Irresponsabilité pénale

À son retour de Thaïlande, Stéphane est placé en garde à vue. Son comportement étrange (absence, manque de sens dans ses propos, violences) alerte les policiers qui demandent à un médecin de vérifier la comptabilité de son état de santé à la mesure de garde à vue. Après avoir constaté l'état désorienté de Stéphane et des troubles importants, le médecin préconise un examen psychiatrique. Cet examen révèle que Stéphane est atteint d'un délire paranoïaque dû à l'utilisation d'une puissante drogue hallucinogène.

Le Code pénal de 1994 a prévu une cause subjective d'irresponsabilité appelée « trouble psychique ou neuropsychique », inscrit à l'article 122-1, C. pén. Pour engager la responsabilité pénale d'un auteur, celui-ci doit disposer de ses facultés intellectuelles au moment de l'acte. S'il n'en dispose pas, peu importe l'origine du trouble, c'est-à-dire la maladie qui l'a engendré, il bénéficie d'une cause d'irresponsabilité pénale.

En réalité, il faut différencier en fonction du degré d'intensité du trouble :

– al. 1er l'article 122-1 : un trouble psychique ou neuropsychique ne fait obstacle à l'imputabilité que s'il a privé l'agent de toute intelligence au moment du fait reproché implicitement. Le trouble doit avoir privé l'agent de toute capacité de discernement, il ne s'est pas rendu compte de ce qu'il faisait.

La Cour de cassation a reconnu l'abolition du discernement, et donc une irresponsabilité pénale pour assassinat, dans un arrêt du 12 avril 2016 n° 15-80.207. Dans cet arrêt, dès l'interpellation, il est apparu que le suspect souffrait de troubles psychiatriques. Le médecin chargé de vérifier la compatibilité de l'état de santé du suspect à la mesure de garde à vue a préconisé son examen psychiatrique. Les cinq experts qui l'ont examiné ont, de manière unanime, confirmé que le suspect présentait au moment des faits un trouble mental, en l'occurrence une schizophrénie ayant aboli son discernement. La Cour de cassation exige toutefois que la pathologie ait un lien de causalité avec les faits reprochés ;

– al. 2 de l'article 122-1 : en cas de simple altération ou d'entrave, par opposition à une véritable abolition, l'auteur des faits est pénalement responsable, mais depuis la loi du 15 août 2014, dans cette hypothèse, les juges doivent réduire du tiers la peine privative de liberté encourue ou s'il s'agit d'un crime puni de la réclusion criminelle à perpétuité, la peine doit être ramenée à trente ans. Toutefois, les juges pourront en matière correctionnelle écarter cette diminution de peine en rendant une décision motivée. En outre, ils s'assurent, après avis médical, que le condamné reçoive bien les soins adaptés à la nature de son trouble.

Le trouble est apprécié au moment des faits, car il doit avoir aboli ou altéré le discernement au moment de la commission de l'infraction. Toutefois, il existe un correctif dans la faute antérieure. En effet, la jurisprudence dominante se refuse à voir dans l'ivresse ou la drogue une cause légale d'exemption de peine, ce qui paraît logique puisque ces faits sont eux-mêmes répréhensibles. Ainsi, la personne qui s'enivre en connaissance de cause, commet une faute antérieure excluant le bénéfice de cette irresponsabilité.

En l'espèce, Stéphane rentre de son voyage en Thaïlande et, lors de son placement en garde à vue, il manifeste un comportement étrange. Il semble absent, son discours n'a aucun sens et il a des accès de violence. Le médecin appelé pour examiner la compatibilité de son état de santé à la mesure de garde à vue préconise la réalisation d'une expertise psychiatrique. Celle-ci révèle qu'il est atteint d'un délire paranoïaque en raison d'une puissante drogue hallucinogène. Le discernement de Stéphane semble donc altéré et non pleinement aboli. Si l'expertise ne date pas l'apparition de ce trouble, il apparaît que Stéphane a participé à une rave sur la plage de Phuket – réputée pour être le terrain privilégié des dealers – la veille de son départ. Ainsi, il semble que Stéphane ait été en pleine possession de ses capacités de discernement au moment des faits de recours la prostitution de mineurs, qui ont eu lieu avant la veille de son départ. En outre, il ne semble pas exister de lien de causalité certain entre l'infraction et le trouble développé. Enfin, l'utilisation de drogues constitue une faute antérieure qui prive le prévenu d'une cause d'irresponsabilité pénale.

Par conséquent, Stéphane ne pourra pas bénéficier d'une cause d'irresponsabilité pénale pour trouble neuropsychique ou psychique, ni d'une atténuation de peine pour altération du discernement.

17. Le mineur délinquant

Lorsqu'un mineur a, dans votre cas pratique, commis une infraction, il est nécessaire de régler une question préalable avant d'exposer les peines, sanctions et mesures encourues par celui-ci (II) : celle de son discernement au moment des faits (I). On relèvera à titre liminaire que lorsqu'un cas pratique mentionne qu'un protagoniste est mineur de 13 ans ou que l'ordonnance du 2 février 1945 évoque le mineur de 13 ans, cela signifie que le protagoniste ou le mineur a moins de 13 ans.

I/ Le préalable : la question du discernement du mineur

Le droit pénal a conservé son rôle central à la question du discernement dans la détermination de la responsabilité pénale des mineurs. Ainsi, il vous invite à distinguer entre la situation des mineurs dénués de discernement, irresponsables pénalement, et celle des mineurs dotés de discernement, responsables pénalement, mais bénéficiant d'une répression pénale en principe adoucie.

Il faut donc, si vous avez retenu à la charge d'un mineur une infraction, régler la question du discernement de celui-ci, et citer, dans votre majeure :

– *d'une part, le célèbre arrêt* Laboube *du 13 décembre 1956 (*Bull. crim. *n° 840)* : la chambre criminelle énonce le principe selon lequel le prononcé d'une mesure éducative implique que « le mineur dont la participation à l'acte matériel à lui reprocher est établie ait compris et voulu cet acte », car « toute infraction suppose en effet que son auteur ait agi avec intelligence et volonté ». Il résulte de cet arrêt que le défaut de discernement dû à l'extrême jeunesse, fait obstacle à ce que le mineur délinquant soit jugé, même par un tribunal pour enfants pour faire l'objet de mesures éducatives. Le mineur dénué de discernement est pénalement irresponsable, car l'infraction ne lui est tout simplement pas imputable ;

– *d'autre part, l'article 122-8, al. 1er, C. pén. qui reprend cette célèbre solution* : « les mineurs capables de discernement sont pénalement responsables des crimes, délits et contraventions dont ils ont été reconnus coupables, dans des conditions fixées par une loi particulière, qui détermine les mesures de protection, d'assistance, de surveillance et d'éducation dont ils peuvent faire l'objet ».

Il faut ensuite, trancher la question du discernement en l'espèce, en motivant votre solution : le discernement est une pure question de fait. S'il est précisé que le mineur est, en l'espèce, particulièrement vif, mature, c'est que le concepteur du sujet vous oriente vers le discernement. S'il vous est précisé, à l'inverse, qu'il est immature, c'est que vous êtes fortement incités à trancher dans le sens de l'absence de discernement. En toute hypothèse vous ne pouvez vous réfugier derrière une quelconque présomption de discernement à partir de l'âge de raison (7 ans). Il vous faut motiver en fait votre point de vue, ou s'il est impossible de trancher, distinguer selon chacune des hypothèses.

II/ Les mesures, sanctions et peines encourues par le mineur discernant

Alors que les mineurs dénués de discernement bénéficient d'une cause d'irresponsabilité pénale, les mineurs dotés de discernement sont pénalement responsables. Toutefois, leur jeune âge se traduit par une capacité pénale moindre de celle des majeurs. C'est pourquoi ils font l'objet d'une répression atténuée, les modalités de cette atténuation différant selon l'âge du mineur au moment de la commission des faits. Il faut avoir en tête quatre tranches d'âge : moins de 10 ans (A), entre 10 et 13 ans (B), entre 13 et 16 ans (C) et entre 16 et 18 ans (D).

A – Les mineurs discernants de moins de 10 ans

Ils encourent simplement **les mesures éducatives** prévues par l'article 15 de l'ord. de 1945 : remise à ses parents, à son tuteur, à la personne qui en avait la garde ou à une personne digne de confiance; placement dans une institution ou un établissement public ou privé, d'éducation ou de formation professionnelle, habilité; placement dans un établissement médical ou médico-pédagogique habilité; remise au service de l'assistance à l'enfance; placement dans un internat approprié aux mineurs délinquants d'âge scolaire; mesure d'activité de jour consistant dans la participation du mineur à des activités d'insertion professionnelle ou scolaire pour une durée d'un an au maximum (art. 17 ord. 2 févr. 1945). Dans tous les cas, le juge peut prescrire la liberté surveillée jusqu'à la majorité du mineur (art. 19 ord. 2 févr. 1945).

B – Les mineurs discernants de 10 à 13 ans

Ils n'encourent en principe que le prononcé **de mesures éducatives** (identiques à celle de la catégorie précédente, conformément à l'article 15 de l'ord. du 2 févr. 1945). Toutefois, l'article 2, al. 2 de l'ord. de 1945 prévoit que, par exception, si les circonstances et la personnalité du mineur l'exigent, la juridiction de jugement peut prononcer à leur encontre **des sanctions éducatives** prévues par l'article 16 de l'ord. : confiscation de l'objet ayant servi à la commission de l'infraction; interdiction de séjour dans les lieux de l'infraction; interdiction de rencontrer la victime, les coauteurs ou complices; obligation de suivre un stage de formation civique ; mesure d'aide ou de réparation ; stage de citoyenneté ; placement dans une institution ou un établissement public ou privé d'éducation ; exécution de travaux scolaires ; avertissement solennel ; placement dans un établissement scolaire doté d'un internat pour une durée correspondant à une année scolaire ; le couvre-feu : interdiction de sortir sur la voie publique entre 23 heures et 6 heures sans être accompagné d'un parent.

C – Les mineurs discernants de 13 à 16 ans

En vertu de l'article 16 de l'ord. de 1945, ils encourent en principe le prononcé **de mesures éducatives** identiques à celles prévues par l'article 15 de l'ord. à ceci près que l'avertissement solennel remplace la remise à parent ainsi qu'une mise sous protection judiciaire pour cinq ans au plus. Ce principe connaît toutefois deux exceptions, prévues par l'article 2, al. 2, de l'ord. de 1945 : **des sanctions éducatives** (identiques à celles précédemment examinées) peuvent être prononcées lorsque les circonstances et la personnalité du mineur l'exigent (les mêmes que celles précédemment examinées) ; les peines prévues pour les majeurs peuvent être décidées si les circonstances et la personnalité du mineur l'exigent. Dans ce cas, **l'excuse de minorité**, qui entraîne une diminution de moitié des peines privatives de liberté et de l'amende encourues, doit **obligatoirement être appliquée**. Si la peine encourue est la réclusion perpétuelle, elle doit être ramenée à 20 ans de réclusion criminelle (art. 20-2 de l'ord.). L'amende ne peut pas dépasser 7 500 € (art. 20-3 de l'ord.).

D – Les mineurs discernants de 16 à 18 ans

Ils sont soumis **au même régime que ceux de la catégorie précédente à une différence près : l'excuse de minorité peut être écartée** par le tribunal pour enfants et la cour d'assises des mineurs par une décision spécialement motivée « à titre exceptionnel et compte tenu des circonstances de l'espèce et de la personnalité du mineur ainsi que de sa situation » (art. 20-2, al. 2, de l'ord. de 1945).

De l'ordonnance du 2 février 1945 au Code de la justice pénale des mineurs

L'ord. n° 2019-950 du 11 septembre 2019 vient porter partie législative du code de la justice pénale des mineurs. Ce nouveau code entrera en vigueur le 1er oct. 2020 (art. 9 de l'ord. du 11 sept. 2019). L'art. 10 de l'ord. prévoit que « les dispositions du Code de la justice pénale des mineurs relatives aux mesures de sûreté s'appliquent immédiatement lorsqu'elles sont plus favorables aux mineurs à l'encontre desquels ces poursuites sont engagées ».
Aussi, à compter de cette date, et sous réserve de modifications effectuées par la future loi de ratification de l'ord., s'appliqueront les règles suivantes :

►

Quant au discernement :
– l'art. 122-8 disposera que « [l]es mineurs capables de discernement sont pénalement responsables des crimes, délits ou contraventions dont ils ont été reconnus coupables, en tenant compte de l'atténuation de responsabilité dont ils bénéficient en raison de leur âge, dans des conditions fixées par le code de la justice pénale des mineurs » ;
– s'appliqueront les présomptions de discernement et de non discernement prévues par l'art. L. 11-1, CJM. Ce texte vient rappeler l'apport de la jurisprudence *Laboube* en disposant que « [l]orsqu'ils sont capables de discernement, les mineurs, au sens de l'article 388 du Code civil, sont pénalement responsables des crimes, délits ou contraventions dont ils sont reconnus coupables » (art. L. 11-1, al. 1er, CJM) et établir deux présomptions simples – et donc susceptibles de la preuve contraire – : « [l]es mineurs de moins de treize ans sont présumés ne pas être capables de discernement. Les mineurs âgés d'au moins treize ans sont présumés être capables de discernement ».

Quant à la sanction pouvant être prononcée :
– « Les mineurs déclarés coupables d'une infraction pénale peuvent faire l'objet de mesures éducatives et, si les circonstances et leur personnalité l'exigent, de peines » (art. L. 11-3, CJM) ;
– « Aucune peine ne peut être prononcée à l'encontre d'un mineur de moins de treize ans » (art. L. 11-4, CJM) ;
– « Les peines encourues par les mineurs sont diminuées conformément aux dispositions du présent code » (art. L. 11-5, CJM)

Quant aux mesures éducatives, elles peuvent consister en un avertissement judiciaire ou en une mesure éducative judiciaire (art. L. 111-1, CJM), la seconde consistant en un accompagnement individualisé du mineur construit à partir d'une évaluation de sa situation personnelle, familiale, sanitaire et sociale (art. L. 112-2, CJM ; la juridiction peut également prononcer l'un ou plusieurs des modules, interdictions ou obligations suivants : un module d'insertion ; un module de réparation ; un module de santé ; un module de placement ; une interdiction de paraître pour une durée qui ne saurait excéder un an, dans le ou les lieux dans lesquels l'infraction a été commise et qui sont désignés par la juridiction, à l'exception des lieux dans lesquels le mineur réside habituellement ; une interdiction d'entrer en contact avec la victime ou les coauteurs ou complices, désignés par la juridiction, pour une durée d'un an maximum ; une interdiction d'aller et venir sur la voie publique entre vingt-trois heures et six heures sans être accompagné de l'un de ses représentants légaux, pour une durée de six mois maximum ; l'obligation de remettre un objet détenu ou appartenant au mineur et ayant servi à la commission de l'infraction ou qui en est le produit ; l'obligation de suivre un stage de formation civique, d'une durée qui ne peut excéder un mois, ayant pour objet de rappeler au mineur les obligations résultant de la loi) :
– le juge des enfants, le tribunal pour enfants et la cour d'assises des mineurs peuvent prononcer un avertissement judiciaire et une mesure éducative judiciaire. Un avertissement judiciaire peut être prononcé cumulativement avec une mesure éducative judiciaire qui ne peut comporter que le module de réparation. Si un avertissement judiciaire a déjà été prononcé à l'égard du mineur pour une infraction identique ou assimilée au regard des règles de la récidive commise moins d'un an avant la commission de la nouvelle infraction, il ne peut être prononcé seul (art. L. 111-2, al. 1er, CJM) ;

►

– le tribunal de police ne peut quant à lui prononcer que l'avertissement judiciaire (art. L. 111-2, al. 2nd, CJM) ;
– pour les contraventions de la cinquième classe, les délits et les crimes, une mesure éducative peut être prononcée cumulativement avec une peine sous les réserves suivantes : 1° Lorsque le juge des enfants ou le tribunal pour enfants prononce une mesure éducative judiciaire cumulativement avec une peine autre qu'une peine d'amende, de travail d'intérêt général ou d'emprisonnement avec sursis, il ne peut assortir la mesure éducative judiciaire que des modules prévus au 1° à 4° de l'article L. 112-2 ; 2° Lorsque la cour d'assises des mineurs prononce une mesure éducative judiciaire cumulativement avec une peine, elle ne peut assortir la mesure éducative judicaire que des modules prévus au 1° à 4° de l'article L. 112-2 (art. L. 111-3, CJM)

Quant à l'excuse de minorité :
– les juridictions pour mineurs ne peuvent prononcer une peine privative de liberté supérieure à la moitié de la peine encourue, diminution qui s'applique également aux peines minimales prévues par l'article 132-18 du code pénal ; si la peine encourue est la réclusion criminelle ou la détention criminelle à perpétuité, elle ne peut être supérieure à vingt ans de réclusion criminelle ou de détention criminelle; les dispositions de l'article 132-23 du Code pénal relatives à la période de sûreté ne sont pas applicables aux mineurs (art. L. 121-5, CJM) ;
– il ne peut être prononcé à l'encontre d'un mineur une peine d'amende supérieure à la moitié de la peine encourue ni une peine d'amende excédant 7 500 euros (art. L. 121-6, CJM) ;
– si le mineur est âgé de plus de seize ans, le tribunal de police, le tribunal pour enfants et la cour d'assises des mineurs peuvent, à titre exceptionnel et compte tenu des circonstances de l'espèce et de la personnalité du mineur ainsi que de sa situation, décider qu'il n'y a pas lieu de faire application des règles d'atténuation des peines mentionnées aux articles L. 121-5 et L. 121-6 (art. L. 121-7, al. 1er, CJM). Cette décision ne peut être prise que par une disposition spécialement motivée. Lorsqu'il est décidé de faire application du premier alinéa et que la peine encourue est la réclusion ou la détention criminelle à perpétuité, la peine maximale pouvant être prononcée est la peine de trente ans de réclusion criminelle ou de détention criminelle (art. L. 121-7, al. 2nd, CJM).

Cas pratique n° 43

› Énoncé

Madame Raoult est très préoccupée : Christophe, son deuxième fils, âgé de quatorze ans, a l'habitude de jouer au pied de son immeuble avec son ami Olivier, du même âge. L'autre jour, il a fait l'objet d'un contrôle d'identité alors qu'il circulait au guidon d'un scooter volé. Olivier tenta alors de favoriser la fuite de son ami en attirant l'attention des policiers. Il réussit sa manœuvre et Christophe put démarrer – en ne dépassant pas toutefois la limitation de vitesse autorisée –, prenant au passage Olivier. Les deux comparses seront cependant rapidement interpellés.

Quid juris ?

› *Correction*

Nous distinguerons la faute lors du contrôle d'identité (I) puise le recel (II).

I/ La fuite lors du contrôle d'identité

A – La responsabilité de Christophe

En prenant la fuite au guidon du scooter volé, alors qu'il faisait l'objet d'un contrôle d'identité, Christophe a commis le délit prévu par l'article L. 233-2, I., C. route et encourt, à ce titre, trois mois d'emprisonnement et 3 750 € d'amende.

Toutefois, Christophe est âgé de quatorze ans, ce qui laisse entendre qu'il se situe dans la tranche, prévue par l'ordonnance du 2 février 1945 relative à l'enfance délinquante, des mineurs âgés de treize à seize ans au moment des faits. Dès lors, à condition qu'il ait agi avec discernement au moment du délit (article 122-8 du Code pénal) – ce qui, au regard, de son âge, n'est pas discutable, Christophe sera susceptible de faire l'objet de mesures éducatives et de sanctions éducatives.

Il peut également faire l'objet d'une condamnation pénale, si les circonstances ou sa personnalité l'exigent. Dans ce cas, il encourt la peine privative de liberté prévue pour les majeurs, sous réserve de l'application obligatoire de l'excuse atténuante de minorité. Cette circonstance entraîne une diminution de moitié de la peine privative de liberté encourue (art. 20-2, al. 1er, de l'ordonnance) ainsi qu'un plafonnement de l'amende à 7 500 € (art. 20-3 de l'ordonnance).

Dès lors, Christophe encourt des mesures éducatives, des sanctions éducatives ainsi que quarante-cinq jours d'emprisonnement et 3 750 € d'amende.

B – La responsabilité d'Olivier

Olivier peut être qualifié de complice dans la mesure où il a favorisé la fuite de Christophe.

La condition préalable de la complicité, tenant à l'existence d'une infraction principale punissable, est satisfaite puisque Christophe a commis le délit prévu par l'article L. 233-2, I, C. route.

– L'élément légal de la complicité est également rempli dans la mesure où, en matière délictuelle, toutes les formes de complicité sont admises.

– Quant à l'élément matériel, aucune difficulté n'apparaît : l'acte d'Olivier est bien positif, antérieur à l'infraction principale et causal en ce qu'il a facilité la fuite. Cette dernière circonstance doit d'ailleurs permettre de qualifier l'acte de complicité par aide.

Enfin, l'élément moral ne prête pas à discussion puisque l'énoncé nous indique qu'Olivier commet l'acte afin de « favoriser la fuite de son meilleur ami ».

L'auteur étant puni comme complice (art. 121-6, C. pén.), Olivier encourt donc trois mois d'emprisonnement et 3 750 € d'amende. Sachant qu'il est, lui aussi, âgé de quatorze ans, le même raisonnement doit être tenu pour lui qu'à l'égard de Christophe. Olivier encourt, au bout du compte, des mesures éducatives, des sanctions éducatives ainsi que quarante-cinq jours d'emprisonnement et 3 750 € d'amende.

II/ Le recel

Il est indiqué dans l'énoncé que Christophe roulait au volant d'un scooter volé. S'il est difficile de pouvoir déterminer si Christophe est l'auteur ou le complice du vol du scooter, il est cependant possible de caractériser à son encontre l'infraction de recel.

Le recel est défini par l'article 321-1, al. 1er, C. pén. comme « le fait de dissimuler, de détenir ou de transmettre une chose, ou de faire office d'intermédiaire afin de la transmettre, en sachant que cette chose provient d'un crime ou d'un délit ». L'al. 2 du même article dispose que « constitue également un recel le fait, en connaissance de cause, de bénéficier, par tout moyen, du produit d'un crime ou d'un délit ».

– Condition préalable : que la chose provienne d'un crime ou d'un délit.

En l'espèce, il est indiqué que le scooter a été vole. Le vol constitue un délit (art. 311-1, C. pén.), la condition préalable est satisfaite.

– Élément matériel : la jurisprudence considère que l'incrimination du recel atteint tous ceux qui, en connaissance de cause ont, par un moyen quelconque, bénéficié du produit d'un crime ou d'un délit.

En l'espèce, Christophe a bel et bien tiré profit du scooter, ne serait-ce que par le moyen de transport qu'il lui a procuré.

– Élément moral : la jurisprudence considère que l'élément intentionnel du délit de recel consiste « dans la connaissance de l'origine frauduleuse des objets recelés » (Crim. 30 oct. 1978, préc.).

En l'espèce, faute de plus de précisions, il semble difficile de caractériser l'élément moral. Rien n'indique que Christophe connaissait l'origine frauduleuse du scooter.

En application de la maxime *in dubio pro reo*, il devra être relaxé de ce chef, si d'aventure il était poursuivi. Pour les mêmes raisons, Olivier serait relaxé du chef de recel, même si, en tant que passager, il a pu tirer profit du scooter.

Cas pratique nº 44

› *Énoncé*

M. Gonfrier était jusqu'à récemment la figure montante de son parti politique. Envisageant de se présenter aux prochaines élections législatives, il menait une campagne électorale intense. Or, la campagne électorale ne se déroula pas comme prévu…

Au cours d'un de ses nombreux déplacements dans un lycée de la banlieue de Paris, en octobre 2016, un jeune homme âgé de 16 ans parvint à plonger sa main dans la poche du manteau de M. Gonfrier pour lui subtiliser les quelques pièces de monnaie qu'il croyait y trouver. L'occasion fut trop belle pour le candidat, qui avait fait de la sécurité un de ses thèmes de campagne, même s'il savait qu'aucune pièce ne se trouvait dans sa poche ! Il attrapa la main du lycéen et lui infligea une légère claque devant les caméras de télévision.

Fort de sa posture d'homme d'autorité, M. Gonfrier poursuivit alors sa visite sur le marché local. Après avoir serré quelques mains des commerçants présents, le candidat se dirigea vers des journalistes souhaitant l'interviewer. C'est à ce moment qu'un homme surgit de nulle part et lui flanqua une tarte à la crème en pleine figure, sous les flashs ininterrompus des journalistes. L'homme fut toutefois rapidement appréhendé par les agents de police entourant la visite du candidat : il s'agissait de M. Poolvoerde, le célèbre entarteur belge.

› *Correction*

Nous distinguerons les conséquences pénales de la gifle (I), de la main glissée dans la poche de M. Gonfrier (II) et de l'attentat pâtissier (III).

I/ Les conséquences pénales de la gifle

– *Élément légal* : la réaction de M. Gonfrier peut être qualifiée de violences légères au sens de l'article R. 624-1, C. pén., c'est-à-dire n'ayant entraîné aucune ITT. Cependant, les faits se sont déroulés dans un établissement d'enseignement ou d'éducation (art. 222-13, 11°, C. pén.) et les violences seront donc des violences délictuelles conformément à l'article 222-13, al. 1er, C. pén.

– *Élément matériel* : les violences délictuelles sont une infraction de commission. Il faut rappeler qu'en vertu du principe de l'interprétation stricte de la loi pénale (art. 111-4, C. pén.) et de la célèbre jurisprudence rendue dans l'affaire de la Séquestrée de Poitiers, il n'y a pas de commission par omission en principe (Poitiers, 10 nov. 1901, préc.). Elles nécessitent en conséquence un acte positif qui peut être aisément caractérisé en l'espèce.

– *Élément moral* : il faut viser l'article 121-3, al. 1er, C. pén., aux termes duquel « [i]l n'y a point de crime ou de délit sans intention de la commettre » et rappeler l'exigence du dol général puis définir celui-ci : la volonté de commettre l'acte en ayant conscience de violer la loi pénale. On peut également préciser que les violences caractérisent, intellectuellement l'hypothèse du dol indéterminé – c'est-à-dire la situation dans laquelle l'auteur des faits a la volonté de produire un résultat sans être en mesure de prédire en quoi il consistera exactement – typique dans les infractions intentionnelles de résultat, que le législateur réprime au seul regard du résultat qui s'est effectivement produit, et non du résultat qui était recherché.

La caractérisation du dol général est relativement aisée en ses deux éléments puisque la jurisprudence mobilise des présomptions : celle-ci déduit l'existence de la volonté de commettre l'acte de la commission matérielle des faits incriminés et fait application de l'adage nul n'est censé ignorer la loi pour déduire la conscience de violer la loi pénale.

– *Répression* : le fait d'être candidat ne permet pas de retenir les circonstances aggravantes de commission « sur un enseignant ou tout membre des personnels travaillant dans les établissements d'enseignement scolaire, sur un agent d'un exploitant de réseau de transport public de voyageurs ou toute personne chargée d'une mission de service public, ainsi que sur un professionnel de santé, dans l'exercice ou du fait de ses fonctions, lorsque la qualité de la victime est apparente ou connue de l'auteur » (art. 222-13, 4° *bis*, C. pén.) ou de commission « par une personne dépositaire de l'autorité publique » (art. 222-13, 7°, C. pén.) conformément au principe de l'interprétation stricte de la loi pénale (art. 111-4, C. pén.).

M. Gonfrier encourt ainsi 3 ans d'emprisonnement et 45 000 € d'amende.

Pour sa défense, M. Gonfrier pourrait toutefois envisager :

– la légitime défense ici légitime défense des biens. Toutefois, l'article 122-5, al. 2, C. pén. ne vise que l'interruption d'un crime ou d'un délit. En l'espèce, la tentative de vol constitue bien un délit et cette condition semble remplie. Quant à l'atteinte, elle semble proportionnée : il ne s'agit que d'une légère gifle. Cependant, une difficulté apparaît quant à la condition de stricte nécessité puisque M. Gonfrier savait qu'il n'avait pas d'argent dans ses poches et la défense putative ne saurait de surcroît être invoquée ;

– le droit de correction. Toutefois, ce droit est reconnu au bénéfice des parents, non au bénéfice de tiers...

II/ La main glissée dans la poche de M. Gonfrier

Le vol est puni par l'article 311-1, C. pén. Il s'agit d'une infraction de résultat : il est nécessaire qu'il y ait eu soustraction frauduleuse de la chose d'autrui.

Or, en l'espèce, aucune soustraction n'a eu lieu... Il s'agit d'un vol impossible car la poche était vide : or la tentative d'infraction impossible se résout sur le terrain de la tentative (Crim. *Perdereau*, 16 janvier 1986, préc.).

– *Élément légal* : il faut rappeler le principe de spécialité de la tentative délictuelle (art. 121-4, 2°, C. pén.). Or, la tentative de vol est effectivement prévue par l'article 311-12, C. pén.

– *Élément matériel* : le commencement d'exécution (121-5, C. pén.) : il est défini par la jurisprudence *Lacour*, 25 oct. 1962 : « le commencement d'exécution n'est caractérisé que par des actes devant avoir pour conséquence directe et immédiate de consommer le crime, celui-ci étant entré dans la période d'exécution ». En l'espèce il y a bien un acte qui tend directement et immédiatement à la consommation du vol.

– *Élément moral* : l'absence de désistement volontaire (121-5, C. pén.). En l'espèce le commencement d'exécution n'a manqué son effet qu'en raison de circonstances indépendantes du garçon.

Le garçon encourt donc trois ans d'emprisonnement et 45 000 € d'amende. Toutefois, étant âgé de seize ans, celui-ci pourra bénéficier de l'excuse de minorité, qui entraîne une diminution de moitié des peines privatives de liberté et de l'amende encourues, doit obligatoirement être appliquée, l'amende ne pouvant, en toutes hypothèses, pas dépasser 7 500 € (art. 20-3 de l'ord.). Cependant, l'excuse de minorité pourra être écartée par le tribunal pour enfants par une décision spécialement motivée « à titre exceptionnel et compte tenu des circonstances de l'espèce et de la personnalité du mineur ainsi que de sa situation » (art. 20-2, al. 2, de l'ord. de 1945).

III/ Les conséquences de l'attentat pâtissier

La nationalité belge de l'auteur n'a aucune incidence. Les faits ayant eu lieu en France (sur un marché en banlieue de Paris), la loi française s'applique en vertu du principe de territorialité de la loi pénale (art. 113-2, C. Pén.).

La qualification la plus adéquate semble être celle de violences légères semble-t-il (art. R. 624-1, C. pén.). En ce sens, dans un arrêt du 9 juin 2004, la chambre criminelle a retenu a retenu pour de tels faits la qualification de violences car au-delà de la violence physique résultant de l'utilisation de la pâtisserie, cette violence est de nature à provoquer un choc émotif. Plusieurs circonstances aggravantes peuvent cependant être retenues qui conduisent à retenir une qualification délictuelle : la préméditation (222-13, 9°), l'usage d'une arme par destination (222-13, 10° ; 132-75, al. 2, C. pén.).

On rappellera le principe de l'indifférence des mobiles : la plaisanterie n'a aucune incidence sur la qualification des faits. Aussi M. Poolvoerde encourt-il cinq ans d'emprisonnement et 75 000 € d'amende.

18. Les causes subjectives d'irresponsabilité pénale

Préambule sur les causes d'irresponsabilité pénale

En bonne méthode, elles ne doivent être abordées, dans votre copie, qu'une fois que des responsabilités pénales ont été engagées et qu'une fois que les peines encourues ont été présentées : à quoi bon en effet justifier une infraction qui n'est pas caractérisée ? La remarque ne vaut cependant, en toute rigueur, que pour les causes objectives d'irresponsabilité pénale, c'est-à-dire pour les faits justificatifs. Ceux-ci en effet, ne font pas obstacle à la constitution de l'infraction mais viennent au contraire légitimer une infraction qui est par ailleurs parfaitement constituée dans tous ses éléments. À l'inverse, pour les causes subjectives d'irresponsabilité pénale la pertinence de cette remarque méthodologique peut paraître plus discutable. En effet, ces causes font obstacle à la constitution de l'infraction en empêchant la caractérisation d'une composante de son élément moral, soit l'imputabilité qui repose sur le libre-arbitre – le trouble mental pour tout protagoniste et l'absence de discernement pour un mineur qui viennent affecter le discernement ou la contrainte qui vient affecter la volonté –, soit la culpabilité – pour l'erreur de droit. Aussi, lorsqu'une cause subjective d'irresponsabilité pénale semble pouvoir être retenue en l'espèce, c'est qu'il n'y a pas d'infraction constituée… Toutefois, le libre-arbitre est toujours présumé et c'est à la personne poursuivie qu'il appartient de rapporter la preuve d'une cause subjective d'irresponsabilité laquelle fera obstacle à la caractérisation de l'élément moral, et, par conséquent, à la constitution de l'infraction… De plus, le correcteur – et avec lui le barème de notation – considérerait que vous procédez par ellipse et que vous éludez la difficulté du cas pratique en envisageant directement l'irresponsabilité pénale sans avoir procédé au préalable à la qualification des faits en retenant une incrimination. Aussi faut-il toujours procéder, dans un premier temps, par fiction, et faire comme si aucune cause d'irresponsabilité ne pouvait être retenue. Ce n'est que dans un second temps que la fiction sera combattue et que vous envisagerez le jeu d'une éventuelle cause d'irresponsabilité, qu'elle soit subjective (ci-après) ou objective (thème 19).

L'élément moral de toute infraction pénale se scinde entre imputabilité et culpabilité. Aussi, parmi les causes subjectives d'irresponsabilité pénale, certaines viennent faire obstacle à l'imputabilité, tandis que d'autres empêchent la démonstration de la culpabilité. Nous distinguerons ainsi les causes de non-imputabilité (I) de la cause de non-culpabilité (II).

I/ Les causes de non-imputabilité : le trouble psychique et la contrainte

Elles peuvent affecter l'une ou l'autre des composantes du libre-arbitre, c'est-à-dire soit le discernement, soit la volonté. Ayant envisagé la question du discernement du mineur préalablement, nous nous attacherons ici seulement au trouble psychique ou neuropsychique (A) et à la contrainte (B).

A – Le trouble psychique ou neuropsychique

L'article 122-1, C. pén. distingue, selon que le trouble a aboli ou seulement altéré le discernement et le contrôle des actes de la personne : dans le premier cas, il consacre l'irresponsabilité pénale (al. 1er), dans le second cas, il prescrit seulement une diminution de peine de principe : « si est encourue une peine privative de liberté, celle-ci est réduite du tiers ou, en cas de crime puni de la réclusion criminelle ou de la détention criminelle à perpétuité, est ramenée à trente ans ». Toutefois, dans ce second cas, la juridiction peut, « par une décision spécialement motivée en matière correctionnelle, décider de ne pas appliquer cette diminution de peine ». Nous ne nous intéresserons ici qu'au trouble ayant aboli le discernement, car le trouble ayant altéré le discernement ne constitue pas une cause de non-imputabilité, mais simplement une cause de diminution de la peine.

1. Les conditions de l'irresponsabilité pénale pour cause de trouble psychique ou neuropsychique

Trois conditions doivent se trouver remplies de manière cumulative pour que l'on puisse conclure à l'irresponsabilité pénale.

a. Un trouble psychique ou neuropsychique

Le législateur toutes les formes de troubles mentaux : ceux supprimant la conscience morale (démence, formes diverses de délire, confusion mentale, débilité profonde...), ou qui résulte d'une privation simplement temporaire du discernement (ex. : somnambulisme ou épilepsie). L'une des questions récurrentes posées dans les cas pratiques est celle de l'impact de l'état d'ivresse ou de la prise de stupéfiants sur la responsabilité du protagoniste auteur ou complice d'une infraction ? De manière générale, la jurisprudence estime que privation du discernement en résultant ne fait pas obstacle à la constitution de l'infraction, soit parce l'ivresse est elle-même constitutive d'une infraction (conduite sous l'empire d'un état alcoolique, par exemple), soit parce qu'elle estime que l'ivresse a été recherchée par l'agent.

b. La disparition du discernement

Le trouble doit avoir provoqué soit la perte de la capacité de comprendre, soit la perte de la capacité de vouloir.

c. Un trouble mental concomitant à l'infraction

À défaut, il ne pourrait faire obstacle à la caractérisation de l'élément moral de l'infraction.

Dans tous les cas, l'existence d'un trouble mental exclusif de tout discernement est une question de fait qui relève de l'appréciation souveraine des juges du fond. C'est en pratique l'expertise psychiatrique – obligatoire en matière criminelle – qui fournira la preuve du trouble mental. Aussi, si les faits du cas pratique ne sont pas très précis et ne vous permettent pas de caractériser toutes les conditions de l'irresponsabilité, ne prenez pas le risque de trancher catégoriquement. Soulevez toutefois l'hypothèse du trouble en montrant à votre correcteur que vous maîtrisez toutes les conditions de celui-ci et réservez votre réponse dans l'attente de l'expertise.

2. Les effets de l'irresponsabilité pénale pour cause de trouble psychique ou neuropsychique

a. Au regard du droit pénal

Le trouble psychique ou neuropsychique ayant aboli le discernement, fait obstacle à l'imputabilité, première composante de l'élément moral de toute infraction pénale. L'infraction sera ainsi réputée non constituée faute d'élément moral, ce qui se traduira par l'irresponsabilité pénale de la personne poursuivie. Les coauteurs et complices restent en revanche punissables, l'irresponsabilité opérant ici *in personam*. Sur le plan procédural, depuis la loi du 25 février 2008, si le juge d'instruction estime qu'il est susceptible de conclure à l'irresponsabilité pénale d'une personne pour cause de trouble mental, il doit en informer le procureur de la République et les parties. Ces derniers peuvent alors demander la saisine de la chambre de l'instruction afin qu'elle statue sur l'application de l'irresponsabilité pénale pour trouble mental. Lorsque la chambre de l'instruction est ainsi saisie, son président ordonne la comparution personnelle de l'auteur de l'infraction si son état le permet. Les débats se déroulent et l'arrêt est rendu en audience publique. Si la chambre de l'instruction estime qu'il existe des charges suffisantes contre la personne mise en examen d'avoir commis les faits qui lui sont reprochés et que le premier alinéa de l'article 122-1 du Code pénal est applicable, elle rend un arrêt de déclaration d'irresponsabilité pénale pour cause de trouble mental par lequel : elle déclare qu'il existe des charges suffisantes contre la personne; elle déclare celle-ci pénalement irresponsable; si la partie civile le demande, elle renvoie l'affaire devant le tribunal correctionnel compétent pour qu'il se prononce sur la responsabilité civile de la personne, conformément à l'article 489-2 du Code civil, et statue sur les demandes de dommages et intérêts; elle prononce, s'il y a lieu, une ou plusieurs des mesures de sûreté prévues par les articles 706-135 et 136, C. pr. pén. Les mêmes règles s'imposent à la cour d'assises ou au tribunal correctionnel qui concluraient à l'irresponsabilité pénale pour cause de trouble mental.

b. Au regard du droit civil

L'irresponsabilité pénale pour cause de trouble mental ne fait pas obstacle à la mise en œuvre de la responsabilité civile (art. 414-3, C. civ.).

c. Au regard du droit administratif

Les articles L. 3211-1 et s., CSP prévoient notamment que si l'état d'une personne déclarée pénalement irresponsable peut compromettre l'ordre public ou la sûreté des personnes, les autorités judiciaires doivent en aviser le préfet. Celui-ci peut alors décider d'une hospitalisation d'office.

B – La contrainte

L'article 122-2, C. pén. énonce que « n'est pas pénalement responsable la personne qui a agi sous l'empire d'une force ou d'une contrainte à laquelle elle n'a pas pu résister », et érige ainsi la contrainte en cause d'irresponsabilité pénale. La contrainte affecte la capacité de vouloir, seconde composante de l'imputabilité.

1. Les causes de la contrainte

La contrainte peut être :

– *physique et s'exercer sur le corps même de l'auteur de l'infraction, qui ne peut la maîtriser.* Ses causes dépendent des circonstances ayant entouré la commission de l'acte et sont donc très diverses : événements naturels (Crim. 18 déc. 1978, *Bull. crim.* n° 844 : pour l'automobiliste ayant causé des blessures à des tiers par suite du dérapage de son véhicule sur une plaque de verglas), fait de la personne humaine (Crim. 15 nov. 2005, *Bull. crim.* n° 295, qui admet la contrainte au bénéfice de l'automobiliste qui, pris d'un malaise au volant, n'a pu éviter l'accident) ;

– *morale et agir sur la volonté et supprimer les facultés de libre et complète détermination de l'agent.* Elle recouvre notamment les hypothèses dans lesquelles les circonstances ont entraîné une crainte telle que la liberté de choix du prévenu en a été anéantie. Les décisions admettant l'existence d'une contrainte morale sont toutefois beaucoup plus rares que celles relatives à la contrainte physique, la jurisprudence se montrant ici beaucoup plus réticente à conclure à l'irresponsabilité. Elle a par exemple refusé la contrainte à un individu qui avait fourni à l'occupant des renseignements sous la menace de son exécution et de celle d'otages (Crim. 20 avr. 1934, *Genty, Bull. crim.* n° 81).

2. Les conditions de la contrainte

a. Irrésistibilité

Le bénéfice de la contrainte n'est reconnu qu'à celui qui s'est trouvé « dans l'impossibilité absolue de se conformer à la loi » (Crim. 28 déc. 1900). La jurisprudence se montre extrêmement rigoureuse dans l'appréciation de cette condition, les tribunaux ayant ici recours à une appréciation *in abstracto*. Ainsi, par exemple, la chambre criminelle a refusé le bénéfice de la contrainte morale faute d'irrésistibilité au propriétaire d'une forêt en Corse poursuivi pour recel de malfaiteur après y avoir donné asile à des bandits qui le menaçaient (Crim. 28 déc. 1900, *DP* 1901. 1. 91).

b. Extériorité

Elle n'est pas uniformément exigée. S'agissant de la contrainte physique, la chambre criminelle a progressivement renoncé à la condition d'extériorité (Crim. 15 nov. 2005, préc.). S'agissant de la contrainte morale, en revanche, la condition d'extériorité est systématiquement requise. L'expression des passions, des convictions n'est ainsi pas une cause d'irresponsabilité pénale.

c. Imprévisibilité

Le juge répressif subordonne l'admission de la contrainte à une condition d'imprévisibilité. Cette exigence prive du bénéfice de la contrainte celui qui a commis une faute antérieure ayant participé à la survenance de la circonstance irrésistible. L'illustration la plus célèbre de la condition d'imprévisibilité concerne le marin Tremintin qui, s'étant enivré au cours d'une permission, avait été arrêté et retenu par la police de sorte que, n'ayant pu rejoindre son bord, il avait été porté déserteur lors du départ de son bateau (Crim. 29 janv. 1921, *S.* 1922. 1. 185). Dans la même lignée, la jurisprudence contemporaine refuse la contrainte au conducteur ayant provoqué l'accident suite à une défaillance des freins, alors que son véhicule était mal entretenu (Crim. 8 juill. 1971, *Bull. crim.* n° 222).

3. Les effets de la contrainte

La contrainte a pour effet de priver l'agent de sa capacité de vouloir. L'imputabilité fait ainsi défaut, et l'infraction n'est pas constituée faute d'élément moral. Comme elle est la conséquence d'un anéantissement du libre arbitre, l'impunité ne profite évidemment qu'à ceux dont la liberté de choix ou de manœuvre a été annihilée, ce qui laisse la possibilité de poursuivre et condamner les éventuels complices ou coauteurs. Elle peut recouper les conditions de la force majeure et fait ainsi obstacle à la mise en œuvre de la responsabilité civile.

II/ La cause de non-culpabilité : l'erreur de droit

L'article 122-3, C. pén. prévoit que « n'est pas pénalement responsable la personne qui justifie avoir cru, par une erreur sur le droit qu'elle n'était pas en mesure d'éviter, pouvoir légitimement accomplir l'acte ». L'erreur de droit n'affecte pas l'imputabilité, première composante de l'élément moral, mais la culpabilité, seconde composante de l'élément moral et constitue ainsi une cause de non-culpabilité.

A – La notion d'erreur de droit

1. Une erreur sur une règle de droit

On la retrouve lorsque l'auteur de l'infraction n'avait pas connaissance des règles applicables, c'est-à-dire lorsqu'il était dans l'ignorance soit de l'existence de ces règles, soit de leur portée. **L'erreur de droit ne doit ainsi pas être confondue avec l'erreur de fait**. En effet, l'auteur d'une erreur de fait connaît le droit applicable, mais se trompe sur la matérialité de l'acte qu'il commet. **À la différence de l'erreur de droit, l'erreur de fait n'est pas, en principe, considérée comme une cause d'irresponsabilité pénale**. Elle n'est d'abord jamais source d'irresponsabilité pénale s'agissant des infractions non intentionnelles, puisqu'elle constitue précisément l'imprudence ou la négligence que l'on reproche à la personne poursuivie (ex. : erreur de diagnostic d'un médecin qui aboutit au décès d'un patient). Quant aux infractions intentionnelles, l'erreur de fait est indifférente toutes les fois où elle porte sur un élément qui n'est pas un élément constitutif de l'infraction (ex. : erreur sur la personne de la victime d'un meurtre). **Lorsqu'elle affecte un élément constitutif d'une infraction intentionnelle, l'erreur de fait devient en revanche une cause de non-constitution de l'infraction** (exemple de la personne qui croyant dérober un objet, s'empare de son propre bien).

2. Indifférence à la nature de la règle de droit sur laquelle porte l'erreur

Il peut donc s'agir d'une règle pénale, comme d'une règle extra-pénale, de la méconnaissance d'une obligation législative, réglementaire ou même jurisprudentielle.

B – Les conditions de l'irresponsabilité pénale pour erreur de droit

- **Conditions de forme** : *preuve de l'erreur de droit* : c'est au prévenu qu'il appartient de démontrer que le dol général n'est pas caractérisé du fait d'une erreur sur le droit en raison de la maxime selon laquelle nul n'est censé ignorer la loi que nous évoquions plus haut. La chambre criminelle en déduit que « seule la personne poursuivie est fondée à invoquer une erreur sur le droit » et interdit au juge de la relever d'office (Crim. 15 nov. 1995, *Bull. crim.* n° 350).
- **Conditions de fond** :

– *une erreur invincible* : l'erreur de droit ne peut ainsi être admise lorsque la personne n'a pas accompli de démarches positives visant à s'informer sur le teneur du droit applicable, et l'erreur spontanée n'est pas de nature à fonder une erreur de droit, cause d'irresponsabilité pénale (Crim. 11 juin 1998, *JCP* 2000 I. 235, n° 2). Il faut aussi que l'agent se soit renseigné auprès de l'autorité compétente : selon la jurisprudence, seuls les renseignements pris auprès d'une autorité publique sont de nature à fonder une erreur invincible : l'information erronée fournie par une personne privée, même professionnelle du droit ne suffit pas à emporter l'irresponsabilité pénale (Crim. 12 sept. 2006, *Bull. crim.* n° 218, pour l'information provenant d'un notaire) ;

– *la croyance dans la légitimité de l'acte* : cette croyance doit être complète, ce qui signifie qu'il ne doit y avoir aucune incertitude dans l'esprit de l'agent sur la légalité de l'acte qui l'accomplit (Crim. 20 janv. 2015, n° 14-80.532, à propos d'un gérant n'ayant déclaré aucun salarié préalablement à l'embauche et condamné pour travail dissimulé par dissimulation d'activité : le prévenu, dont l'entreprise est implantée de longue date en France et qui pouvait solliciter l'avis de l'inspection du travail sur l'étendue de ses obligations en matière d'embauche de salariés, ne saurait invoquer utilement la cause d'irresponsabilité prévue par l'article 122-3, C. pén. qui suppose que la personne poursuivie justifie avoir cru, par une erreur de droit qu'elle n'était pas en mesure d'éviter, pouvoir légitimement accomplir le fait reproché).

C – Les effets de l'erreur de droit

Elle renverse la présomption de connaissance de la loi. Le dol général, dont la seconde composante consiste précisément dans la connaissance de la loi, ne pourra ainsi pas être caractérisé, et l'infraction ne sera par conséquent pas constituée, faute d'élément moral, ce qui conduira à l'irresponsabilité pénale de l'agent.

19. Les causes objectives d'irresponsabilité pénale

Les causes objectives d'irresponsabilité pénale, encore appelées faits justificatifs, se distinguent des causes subjectives d'irresponsabilité pénale. En effet, à la différence des secondes, les faits justificatifs ne font pas obstacle à la constitution de l'infraction : l'infraction est pleinement constituée dans tous ses éléments (élément légal, élément matériel et élément moral). Mais l'infraction a été commise dans des circonstances telles, qu'elle se trouvera justifiée (d'où l'appellation de fait justificatif) ou encore légitimée, de telle sorte qu'il sera fait obstacle à la décision de condamnation. Jusqu'à récemment, les causes objectives d'irresponsabilité pénales étaient des causes générales : elles s'appliquaient à toutes les infractions. La jurisprudence, puis les lois du 3 juin 2016, du 9 décembre 2016 et du 28 février 2017 ont innové pour créer des causes objectives d'irresponsabilité pénale applicables à certaines infractions seulement. Nous distinguerons donc, d'une part, les causes générales (I), d'autre part, les causes spéciales (II).

I/ Les causes objectives générales

Nous étudierons l'ordre ou l'autorisation de la loi ou du règlement (A), le commandement de l'autorité légitime (B), la légitime défense (C) et l'état de nécessité (D).

A – L'ordre ou l'autorisation de la loi ou du règlement

Cette cause d'irresponsabilité est prévue à l'article 122-4, al. 1, C. pén. Son effet est subordonné au respect de deux conditions :

1. L'existence d'un ordre ou d'une autorisation de la loi, du règlement, voire de la coutume

• **Dispositions législatives** : les lois ayant toutes la même valeur juridique au regard de la hiérarchie des normes, le législateur peut tout à fait aménager des dérogations aux incriminations qu'il édicte :

– de telles dérogations peuvent d'abord trouver leur source dans la loi pénale. Peu importe alors que l'ordre ou l'autorisation de commettre l'infraction émane d'une loi de droit pénal de fond ou d'une loi de procédure pénale.

Dans les deux cas, elle produira l'effet justificatif voulu par le législateur (par exemple l'article 226-14, C. pén. prévoit que les dispositions réprimant la violation du secret professionnel ne sont pas applicables dans les cas où la loi impose ou autorise la révélation d'un secret) ; les dispositions du Code de procédure pénale réglementant les perquisitions ou la garde à vue sont susceptibles de justifier les infractions de violation de domicile ou de séquestration ; l'*exceptioveritatis* permet à l'auteur d'une diffamation de voir son comportement justifié par la permission de la loi quand ce qu'il avance est vrai (art. 35 loi sur la presse de 1881) ;

– la loi civile peut également caractériser l'ordre ou l'autorisation de la loi justifiant l'infraction. Ainsi, l'agent d'affaire usant de son droit de rétention voit son abus de confiance justifié par la permission de la loi civile. Néanmoins, l'ordre ou la permission de la loi civile n'opère pas d'effet justificatif lorsqu'ils sont invoqués de façon spécieuse. Par exemple, l'article 215 du Code civil, selon lequel « les époux s'obligent mutuellement a une communauté de vie » ne saurait justifier un viol (Crim. 5 sept. 1990, préc.).

• **Dispositions réglementaires** : l'article 122-4, al. 1, C. pén. érige en fait justificatif l'ordre ou l'autorisation du règlement. Il ne faut cependant pas s'y tromper. En effet, **une disposition réglementaire ne peut en aucun cas déroger à une loi, qui lui est par nature supérieure**. Ainsi, le règlement ne peut pas justifier la commission d'un crime ou d'un délit, lesquels sont nécessairement prévus par la loi. Il n'est fait exception à cette impossibilité que dans l'hypothèse où le règlement autoriserait la commission d'un crime ou d'un délit sur délégation de la loi (ex. : le médecin qui dénonce une maladie contagieuse figurant sur la liste fixée par décret en application de l'article L. 11 du Code de la santé publique ne commet pas le délit de violation du secret professionnel). L'ordre ou la permission du règlement sont en revanche de nature à justifier la commission de contraventions, elles-mêmes prévues par le règlement.

• **La coutume** : dans de rares hypothèses le législateur prévoit expressément l'effet justificatif de la coutume. Tel est le cas de l'article 521-1, C. pén. qui n'incrimine les sévices graves ou actes de cruauté envers les animaux que sous réserve de traditions locales ininterrompues qui ont pour objet, dans certains endroits, l'organisation de courses de taureaux ou de combats de coqs. Mais, même en dehors de toute prévision légale, la jurisprudence admet depuis longtemps que, dans certaines situations, la coutume permette de déroger à la loi pénale en justifiant la commission d'infractions pénales :

– *justification par la coutume nationale* : sont ainsi justifiées les violences légères et proportionnées exercées par les parents sur leurs enfants ou en application de certains rites religieux (ex. : circoncision), ou encore exercées dans le cadre de l'exercice des sports lorsqu'elles sont conformes aux règles du jeu ;

– *justification par la coutume internationale* : par exemple, dans un arrêt du 13 mars 2001 (préc.), la chambre criminelle a permis à la coutume internationale instituant une immunité au profit des chefs d'État en exercice de dégager le président de la République libyenne (Mouamar Kadhafi) de sa responsabilité pénale dans l'affaire de l'attentat du DC 10 d'UTA.

2. Un ordre ou une permission

– *un ordre* : les exemples sont nombreux. On se contentera de renvoyer aux textes spécifiques textes spécifiques à certains professionnels imposant la violation du secret professionnel ou à l'article 40, C. pr. pén. ;

– *une permission* : les exemples sont, là aussi, nombreux. On peut renvoyer à l'article 73, C. pr. pén., à l'article 706-75, C. pr. pén. ou aux incriminations imposant une obligation de parler (ex. : défaut de témoignage en faveur d'un innocent de l'article 434-11, CP, ou non dénonciation de crime de l'article 434-1, CP) où le législateur consacre l'option de conscience.

3. Le cas particulier des immunités

• **Les immunités familiales** ne concernent que les infractions pour lesquelles la loi les prévoit expressément. On compte parmi ces infractions les atteintes aux biens (vol, escroquerie, abus de confiance, extorsion, et chantage), et les atteintes à la justice (non-dénonciation de crime, recel de criminel, défaut de témoignage en faveur d'un innocent). Les immunités familiales relatives aux atteintes aux biens sont limitées au conjoint et aux ascendants et descendants. Elles s'étendent aux frères, sœurs et au concubin s'agissant des atteintes à la justice. La loi du 4 avril 2006 a restreint le champ d'application des immunités familiales relatives aux infractions contre les biens, en excluant leur application lorsque l'infraction porte sur un objet indispensable à la vie quotidienne de la victime (titre de séjour, papiers d'identité, moyens de paiement). Enfin, de jurisprudence constante, les immunités familiales bénéficient au complice (curiosité jurisprudentielle). En revanche, le coauteur et le receleur ne sont pas couverts par l'immunité familiale de l'auteur.

• **Les immunités judiciaires** sont prévues par l'article 41 de la loi de 1881 sur la liberté de la presse. Il en existe deux :

– la première concerne les intervenants au procès (Procureur de la République, prévenu, partie civile, avocats, témoin, etc.). Les écrits qu'ils produisent et discours qu'ils prononcent ne peuvent donner lieu, quel que soit leur contenu, à aucune action en diffamation, injure ou outrage. Cette immunité ne joue toutefois que dans la mesure nécessaire à la recherche de la vérité et à la protection des droits de la défense ;

– la seconde concerne les tiers au procès, et notamment les journalistes, qui ne peuvent être pénalement responsables quand ils rendent compte du déroulement des débats judiciaires, dès lors qu'il s'agit d'un compte rendu fidèle fait de bonne foi.

• **Les immunités politiques** :

– d'une part, d'après l'article 68 de la Constitution, le Président de la République est pénalement irresponsable pour les actes accomplis dans l'exercice de ses fonctions, sauf en cas de haute trahison. Le Conseil constitutionnel, dans sa décision du 22 janvier 1999, a précisé que l'immunité s'applique même quand les infractions ont été commises en dehors de l'exercice des fonctions. Un arrêt assemblée plénière du 10 octobre 2001 énonce que l'immunité politique dont jouit le président de la République constitue une cause de suspension de la prescription de l'action publique. L'article 67, al. 3 de la Constitution, issu de la loi constitutionnelle du 23 février 2007 a consacré cette solution ;

– d'autre part, les parlementaires bénéficient, selon l'article 26, al. 1er de la Constitution, d'une immunité qui les déclare irresponsables pour les opinions ou votes émis dans l'exercice de leurs fonctions. Enfin, les ministres ne bénéficient d'aucune immunité, mais d'un privilège de juridiction : la Cour de justice de la République est compétente pour juger des infractions commises dans l'exercice de leurs fonctions.

• **Les immunités diplomatiques** jouent pour les représentants des États étrangers en France et pour les représentants de la France dans les États étrangers. Ces immunités résultent de la Convention de Vienne de 1961, et impliquent que les diplomates ne peuvent être poursuivis par les autorités de l'État d'accueil, y compris pour les infractions les plus graves (toutefois, Crim. 19 mars 2013, *Bull. crim.* n° 65 : si cette immunité fait échec à la condamnation pénale des personnes qu'elle concerne, elle ne fait pas obstacle à la conduite d'une instruction préparatoire ; de même Crim. 8 avr. 2010, *Bull. crim.* n° 63 : l'agent diplomatique ayant la nationalité de l'État accréditaire ne bénéficie de l'immunité de juridiction et de l'inviolabilité que pour les actes officiels accomplis dans l'exercice de ses fonctions). La seule sanction possible consiste dans le retrait de l'accréditation et le rappel dans l'État d'origine.

4. Le comportement justifiable

Toutes les infractions pénales peuvent être justifiées, mais il existe deux limites :

– **le comportement infractionnel adopté par l'agent ne doit pas avoir excédé les limites de ce qu'ordonnait ou permettait la loi ou le règlement**. Par exemple, des policiers infiltrés qui auraient commis des infractions pénales, alors que l'opération n'avait pas été autorisée par le Procureur de la République comme l'exige pourtant l'article 706-75, C. pr. pén., seraient susceptibles de voir leur responsabilité pénale engagée ;

– **les tribunaux refusent la justification à celui qui s'est pourtant conformé à ce que prescrivait ou autorisait la loi, au motif du défaut de nécessité et de proportionnalité**. Ainsi, le particulier ayant appréhendé l'auteur d'un crime ou d'un délit flagrant ne bénéficiera pas de la justification de l'article 73, C. pr. pén., lorsqu'il aura usé d'une violence disproportionnée.

B – Le commandement de l'autorité légitime

L'article 122-4, al. 2, C. pén. prévoit l'irresponsabilité pénale de la personne qui accomplit un acte « commandé par l'autorité légitime, sauf si cet acte est manifestement illégal ».

1. Le principe de l'effet justificatif du commandement de l'autorité légitime

La notion d'autorité légitime implique :

– une autorité publique, mais peu importe que l'autorité publique soit militaire (ex. : commandant de gendarmerie) ou civile (ex. : juge, préfet, policier…). seul le commandement émis par une autorité publique est susceptible de justifier l'infraction ;

– une autorité compétente : l'autorité ayant émis l'ordre en exécution duquel l'acte a été commis doit avoir été investie du pouvoir pour le faire.

2. Les exceptions

• **L'absence d'effet justificatif du commandement manifestement illégal** : la jurisprudence semble avoir dégagé deux critères permettant de discerner l'illégalité manifeste de la simple illégalité :

– *un critère objectif consistant dans la nature même de l'acte dont l'exécution est ordonnée* : ce critère permet par exemple de conclure à l'irresponsabilité pénale du policier qui procède à une arrestation sur le fondement d'un mandat d'arrêt par la suite frappé de nullité, tout en excluant la justification du même policier qui, sur l'ordre de son supérieur hiérarchique, infligerait des tortures à une personne placée en garde à vue ;

– *un critère subjectif consistant dans la prise en compte des qualités personnelles de l'exécutant* : à la différence du premier, ce critère est d'application subsidiaire, ce qui signifie que les juridictions répressives n'y ont recours que lorsque le critère objectif ne permet pas à lui seul de trancher la question du caractère manifeste de l'illégalité. En effet, si, d'une manière générale, la jurisprudence procède à une appréciation *in abstracto* de l'illégalité, en considérant qu'elle doit être considérée comme manifeste toutes les fois où un citoyen normalement avisé aurait pu la percevoir avec certitude, certaines situations exigent de tempérer cette appréciation par des éléments *in concreto* consistant dans la prise en compte de position hiérarchique de l'exécutant et de ses facultés intellectuelles.

• **L'absence d'effet justificatif du commandement de l'autorité légitime pour la commission d'un crime contre l'humanité** : selon l'article 213-4, C. pén., l'auteur ou le complice d'un crime contre l'humanité « […] ne peut être exonéré de sa responsabilité du seul fait qu'il a accompli un acte prescrit ou autorisé par des dispositions législatives ou réglementaires ou un acte commandé par l'autorité légitime […] ».

C – La légitime défense

Selon l'article 122-5, C. pén. « n'est pas pénalement responsable la personne qui, devant une atteinte injustifiée envers elle-même ou autrui, accomplit, dans le même temps, un acte commandé par la nécessité de la défense d'elle-même ou d'autrui, sauf s'il y a disproportion entre les moyens de défense employés et la gravité de l'atteinte » (al. 1er) ; « n'est pas pénalement responsable la personne qui, pour interrompre l'exécution d'un crime ou d'un délit contre un bien, accomplit un acte de défense, autre qu'un homicide volontaire, lorsque cet acte est strictement nécessaire au but poursuivi dès lors que les moyens employés sont proportionnés à la gravité de l'infraction » (al. 2).

1. Conditions de la légitime défense

Elles varient suivant qu'elle intervient en réponse à une atteinte aux personnes ou à une atteinte aux biens.

a. La légitime défense des personnes

• **Conditions relatives à l'atteinte** :

– *la nature ou l'objectif de l'atteinte est indifférente* : l'atteinte est largement entendue par la jurisprudence. Il peut s'agir d'une atteinte à la vie, à l'intégrité corporelle, à l'honneur. Peu importe en outre que l'atteinte vise l'auteur de la riposte ou un tiers ;

– *l'atteinte doit être réelle en principe* : en principe… toutefois, les tribunaux acceptent que des atteintes putatives – qui n'existent que dans l'esprit de l'agent – puissent fonder l'état de légitime défense, à condition toutefois qu'elles paraissent vraisemblables. Les juges rechercheront alors dans les circonstances de faits des indices faisant raisonnablement croire à l'imminence du péril. L'appréciation se veut ici objective, ce qui implique d'établir que toute personne placée dans les mêmes circonstances de fait se serait crue en danger. Mais une simple crainte ne suffit pas à démontrer la légitime défense (Crim. 21 déc. 1954, *Bull. crim.* n° 423) ;

– *l'atteinte doit être injuste* : un individu ne saurait donc se défendre légitimement face à un acte autorisé ou ordonné par la loi. Néanmoins, l'état de légitime défense peut reparaître lorsque l'auteur de l'atteinte excède ce qui est conforme au droit, l'atteinte redevenant alors injuste. Si la jurisprudence attache une présomption de régularité aux actes accomplis par les agents de l'autorité publique, lorsque l'acte est manifestement illégal, l'injustice de l'atteinte peut être établie et la légitime défense caractérisée (par exemple Crim. 20 oct. 1993, n° 92-85.736 : une commerçante ayant utilisé une bombe lacrymogène contre un huissier de justice était justifiée par la légitime défense, alors que l'huissier était entré dans son magasin, accompagné et à son insu, par une porte non accessible au public, et opérait des pressions indiscutables sur elle, l'empêchant de sortir des lieux après lui avoir subtilisé ses clés).

• **Conditions relatives à la riposte** :

– *elle doit être concomitante à l'atteinte* : « dans le même temps » précise l'article 122-5, C. pén. Il ne peut donc être question de légitime défense lorsque la riposte intervient avant l'atteinte dans le seul but de la prévenir : seule l'agression imminente, c'est-à-dire sur le point de se produire, est de nature à caractériser l'état de légitime défense (Crim. 3 nov. 2004, n° 04-80.244 : le fait que des menaces aient été proférées ne justifie pas la commission de violences préventives). Il ne peut également être question de légitime défense lorsque la riposte intervient après que l'atteinte ait cessé (Crim. 7 févr. 1999 : l'individu qui tire un coup de revolver sur un agresseur en fuite n'est pas justifié par la légitime défense). La difficulté consiste alors à déterminer le moment où l'atteinte est terminée. Deux cas de figure semblent envisageables : si l'agresseur a déjà été mis hors d'état de nuire ou qu'il s'est déjà enfui, l'état de légitime défense ne sera pas reconnu ; en revanche, si bien qu'ayant mis un terme à l'atteinte, l'agresseur se trouve encore à proximité immédiate de la victime qui ignore s'il ne va pas revenir à la charge, le danger doit être considéré comme actuel et l'état de légitime défense caractérisé ;

– *elle doit consister en une infraction volontaire* : dans un arrêt *Cousinet* du 16 février 1967 (*Bull. crim.* n° 70), la Cour de cassation a énoncé à titre de principe que « la légitime défense est inconciliable avec le caractère involontaire de l'infraction », solution ensuite réaffirmée à plusieurs reprises (Crim. 28 nov. 1991, *Bull. crim.* n° 446) ;

– *elle doit être nécessaire et proportionnée* : l'article 122-5 pose la règle suivant laquelle la légitime défense est caractérisée « sauf s'il y a disproportion entre les moyens de défense employés et la gravité de l'atteinte ». Attention : la proportionnalité de la riposte s'apprécie par rapport aux « moyens employés » pour se défendre et non par rapport au résultat de ces moyens (Crim. 17 janv. 2017, n° 15-86.481 : admission de la légitime défense dans le cadre d'une altercation entre deux conducteurs à la suite d'un accident de la circulation pour des violences en réponse aux coups portés par l'agresseur alors qu'à l'issue de cette altercation, l'agresseur a perdu l'équilibre, que sa tête a heurté le capot du véhicule de l'agressé, et est demeuré paraplégique à la suite de cette chute).

b. La légitime défense des biens

• **Conditions relatives à l'atteinte** : le législateur limite la légitime défense des biens aux crimes ou délits contre les biens. Elle est donc exclue lorsque l'atteinte consiste en une contravention.

• **Conditions relatives à la riposte** :

– *elle doit avoir pour but d'interrompre l'exécution d'un crime ou d'un délit contre un bien.* Elle doit donc intervenir alors même qu'une telle infraction est en cours d'exécution. Cela exclut du champ de la justification non seulement l'acte de défense intervenant avant que n'ait débuté la commission de l'infraction, mais également celui qui interviendrait alors que l'exécution de l'infraction est achevée. En revanche, cette règle ne semble pas interdire le principe d'une défense préméditée (exemple des pièges automatiques qui se déclencheront ou du chien de garde qui attaquera au moment de la commission de l'infraction) ;

– *elle doit être strictement nécessaire et proportionnée* : la riposte choisie doit donc être l'unique moyen d'interrompre l'exécution d'une infraction dirigée contre un bien. Cela conduirait à admettre, pour certains auteurs, l'exclusion de toute riposte violente qui ne serait pas précédée de sommations car de telles sommations auraient pu éviter cette violence. La présence de pièges automatiques ou de chiens méchants dans une propriété doit ainsi être signalée par des pancartes avertissant du danger. Le législateur précise expressément que la défense d'un bien n'est jamais de nature à légitimer un homicide volontaire.

2. Preuve de la légitime défense

La charge de la preuve de la légitime défense pèse en principe sur la personne poursuivie. Toutefois, l'article 122-6, C. pén. pose deux présomptions de légitime défense : « Est présumé avoir agi en état de légitime défense celui qui accomplit l'acte : 1° pour repousser, de nuit, l'entrée par effraction, violence ou ruse dans un lieu habité ; 2° pour se défendre contre les auteurs de vols ou pillages exécutés avec violence ». Il s'agit de présomptions simples (Crim. 19 févr. 1959, *Bull. crim.* n° 121).

3. Effets de la légitime défense

La légitime défense a pour effet de justifier la commission d'une infraction par ailleurs pleinement constituée dans tous ses éléments. Elle fait ainsi obstacle à la mise en œuvre de la responsabilité pénale de l'auteur, mais aussi à celle de tous les participants à l'infraction (l'infraction n'est plus objectivement punissable). Elle a également pour effet de faire obstacle à la mise en œuvre de la responsabilité civile (Crim. 31 mai 1972, *Bull. crim.* n° 184).

D – L'état de nécessité

L'article 122-7, C. pén. prévoit ainsi que « n'est pas pénalement responsable la personne qui, face à un danger actuel ou imminent qui menace elle-même, autrui ou un bien, accomplit un acte nécessaire à la sauvegarde de la personne ou du bien, sauf s'il y a disproportion entre les moyens employés et la gravité de la menace ». L'état de nécessité ne doit pas être confondu avec la contrainte, cause subjective d'irresponsabilité pénale, et notamment avec la contrainte morale : celui qui agit sous l'empire de l'état de nécessité ne voit pas sa volonté soumise à une force irrésistible, mais, au contraire, fait librement le choix de sacrifier l'intérêt protégé par l'infraction, pour préserver un intérêt qu'il juge supérieur.

1. Conditions de l'état de nécessité

a. Conditions tenant au danger

• **Indifférence de principe à la nature du danger** : elle est indifférente et le danger peut avoir menacé les personnes (soi-même ou autrui) ou les biens. Toutefois, le législateur ayant spécifiquement prévu le fait justificatif de légitime défense, l'application de l'adage *specialia generalibus derogant* fait obstacle à ce qu'une agression humaine donne naissance à un état de nécessité. Ensuite, le danger caractérisant l'état de nécessité doit correspondre à un péril grave et objectif : la jurisprudence est le plus souvent réticente à considérer que des difficultés financières puissent constituer un danger justifiant la commission d'une infraction comme le vol d'aliments. Dans de telles hypothèses, la tendance est à refuser le bénéfice de l'état de nécessité, mais à prononcer une peine symbolique (Poitiers 11 avr. 1997). On peut toutefois relever quelques décisions en sens contraire (v. nota. TGI Paris, 28 nov. 2000 qui reconnaît l'état de nécessité au bénéfice d'un homme qui scie les gonds d'une porte d'un appartement inoccupé pour s'y installer avec sa famille alors qu'ils vivaient auparavant à 3 dans un studio de 8 m^2). Enfin, un danger qui trouve son origine dans un fait autorisé par la loi ne peut jamais fonder l'état de nécessité (Crim. 19 nov. 2002, n° 02-80.788 : refus de l'état de nécessité au bénéfice des faucheurs de champs d'OGM qui tentaient de justifier leur action par le risque pour la santé et l'environnement que représentent de telles cultures ; Crim. 7 avr. 1999 : refus de l'état de nécessité au bénéfice des membres de commandos anti-IVG poursuivis du chef du délit d'entrave à l'IVG).

• **Un danger actuel ou imminent, et imprévisible** : un danger simplement futur et hypothétique ne saurait donc justifier la commission d'une infraction sur le fondement de l'état de nécessité. La jurisprudence antérieure à l'entrée en vigueur du nouveau Code pénal exigeait en outre que le danger se soit avéré imprévisible, puisqu'elle excluait l'état de nécessité dans les hypothèses où la propre faute de l'agent avait contribué à créer la situation périlleuse. Sous l'empire de l'actuel Code pénal, la chambre criminelle a réaffirmé l'exigence d'absence de faute antérieure de l'auteur des faits (Crim. 22 sept. 1999, *Bull. crim.* n° 193 : « un prévenu ne peut prétendre avoir agi en état de nécessité dès lors qu'il s'est volontairement placé dans la situation de devoir commettre l'infraction en cas de survenance prévisible du danger »).

b. Conditions tenant à la réaction

Une réaction nécessaire et proportionnée : « la commission de l'infraction par le prévenu doit pouvoir seule permettre d'éviter l'événement qu'il redoute, à l'exclusion de tout autre moyen moins périlleux pour les tiers ». (Crim. 25 juin 1958, *affaire Lesage*). En outre, l'état de nécessité ne peut être retenu que lorsque l'intérêt préservé grâce à la commission de l'infraction se sera avéré supérieur, ou au moins égal, à l'intérêt sacrifié par la commission de cette même infraction.

2. Effets de l'état de nécessité

Comme les autres causes objectives d'irresponsabilité pénale, l'état de nécessité justifie une infraction qui est par ailleurs pleinement constituée dans tous ses éléments, et fait ainsi obstacle à la décision de condamnation. Son auteur sera donc déclaré pénalement irresponsable, bien que l'infraction soit caractérisée. En ce qu'elle s'attache à l'infraction elle-même, et non à la personne de son auteur, la circonstance d'état de nécessité bénéficiera à tous les participants à l'infraction. L'état de nécessité laisse en revanche subsister la responsabilité civile.

II/ Les causes objectives spéciales

Nous envisagerons successivement l'exercice des droits de la défense (A), le cadre juridique de l'usage de leurs armes par les forces de l'ordre (B) et le statut de lanceur d'alerte (C).

A – L'exercice des droits de la défense : la défense légitime

La jurisprudence a jusqu'à présent admis que l'exercice des droits de la défense constitue un fait justificatif au titre de trois infractions différentes :

1. La violation du secret professionnel

Le professionnel, mis en cause dans son honneur ou sa compétence peut violer le secret professionnel, à condition que cette violation soit rendue nécessaire par l'exercice des droits de la défense (Crim. 16 mai 2000, préc.).

2. Le recel de violation du secret de l'instruction

La solution a été étendue par un arrêt rendu par la chambre criminelle le 11 juin 2002 (*Bull. crim.* n° 132) à l'infraction de recel de violation du secret de l'instruction. Dans cette affaire, le prévenu, journaliste, pour se défendre à l'occasion d'une procédure entamée contre lui pour diffamation, avait produit des copies de pièces couvertes par le secret de l'instruction. Il était poursuivi de ce fait du chef de recel de violation du secret de l'instruction. La Cour de cassation censure l'arrêt d'appel qui concluait à la condamnation du journaliste au visa du « principe du respect des droits de la défense ».

3. Le vol

Depuis deux arrêts rendus du 11 mai 2004 (préc.) la chambre criminelle admet que le salarié qui appréhende des documents appartenant à son employeur pour se défendre contre celui-ci dans le cadre d'une instance prud'homale ne peut être condamné pour vol si les documents sont « étaient strictement nécessaires à l'exercice des droits de sa défense » dans le litige l'opposant à son employeur. Il convient toutefois de relever que, dans un arrêt du 9 juin 2009, la Cour de cassation a exclu ce fait justificatif dans une espèce où un salarié, poursuivi pour vol, avait appréhendé des documents de l'entreprise le temps de leur photocopie, de manière à se défendre dans le cadre d'une action en diffamation diligentée par cette entreprise à son encontre. Le fait justificatif doit donc être « exclu en dehors d'un litige prud'homal ». De même, la chambre criminelle a rejeté ce fait justificatif pour un recel de vol de documents, documents utilisés dans une plainte déposée, dans un arrêt du 5 janv. 2017 (n° 15-86.484), au motif que « les pièces détenues frauduleusement n'ont pas été utilisées pour les besoins de la défense des prévenus mais dans le but de conforter une procédure qu'ils ont eux-mêmes initiée ». Pour que le fait justificatif opère, il faut donc que le prévenu ne commette pas l'infraction en cause pour conforter une procédure qu'il a lui-même initiée.

B – Le cadre juridique de l'usage de leurs armes par les forces de l'ordre

À la suite du mouvement de colère des policiers, le Gouvernement s'était engagé à faire évoluer le cadre juridique de l'usage de leurs armes. Jusque-là, les policiers étaient soumis aux conditions de la légitime défense de droit commun, comme tout citoyen, alors que les gendarmes pouvaient faire usage de leurs armes dans les quatre cas visés par l'ancien article L. 2338-3 du Code de la défense. La voie choisie par l'article 1er de la loi du 28 février 2017 a été celle de l'harmonisation par la **création, à l'article L. 435-1 du Code de la sécurité intérieure, d'un cadre de l'usage des armes commun à toutes les forces de l'ordre**. Elles pourront désormais faire usage de leurs armes dans cinq cas différents qui répondent à des conditions communes.

1. Les bénéficiaires

• **Bénéficiaires du cadre commun** : il s'agit des agents de la police nationale, des militaires de la gendarmerie nationale, des militaires déployés sur le territoire national dans le cadre de l'opération Sentinelle et des agents des douanes peuvent faire usage de leurs armes dans l'ensemble des cas visés par l'article L. 435-1 nouveau du CSI.

• **Bénéficiaires d'un cadre restreint** :

– les militaires chargés de la protection des installations militaires sont également bénéficiaires du cadre commun, à l'exclusion toutefois du 5e cas (art. L. 2338-3, C. défense mod.) ;

– les agents de police municipale ne peuvent faire usage de leurs armes que dans le 1er cas, qui correspond en réalité à une situation de légitime défense (art. L. 511-5-1, CSI créé) ;

– les agents de l'administration pénitentiaire bénéficient du cadre commun dans les 1er et 2e cas (art. 12 de la loi n° 2009-1436 du 24 nov. 2009 mod.).

2. Les conditions communes

• **Les forces de l'ordre peuvent faire usage de leurs armes dans les cas visés, en cas d'absolue nécessité et de manière strictement proportionnée** (art. 435-1 et L. 511-5-1, CSI ; art. L. 2338-3, C. défense ; art. 56, C. douanes ; art. 12 de la loi n° 2009-1436 du 24 nov. 2009). La mention de cette exigence vient consacrer une jurisprudence constante rendue, tant sur le fondement de la légitime défense en ce qui concerne les policiers que sur celui de la permission donnée par l'ancien article L. 2338-3 du Code de la défense.

• **Par ailleurs, le recours aux armes suppose que l'agent des forces de l'ordre agisse dans l'exercice de ses fonctions et qu'il soit revêtu de son uniforme ou des insignes extérieurs et apparents de sa qualité**, conformément à ce qu'avait déjà décidé la jurisprudence (Crim. 16 janv. 1996, *Bull. crim.* n° 22). L'article L. 435-1 du Code de la sécurité intérieure ne trouve donc pas à s'appliquer aux policiers et aux gendarmes qui portent leur arme en dehors du service et dont ils ne pourront faire alors usage que dans le cadre de la légitime défense de l'article 122-5 du Code pénal.

• **Si les conditions posées par le cadre commun se rapprochent sensiblement de celles imposées par la légitime défense, il est toutefois une différence à signaler** : la légitime défense est exclue lorsque la riposte est constitutive d'une faute involontaire (Crim. 16 févr. 1967, *Bull. crim.* n° 70, conduisant à préférer l'état de nécessité pourtant moins adapté), alors que la Cour de cassation a affirmé que la cause d'irresponsabilité de l'article 122-4 du Code pénal pouvait justifier une infraction involontaire (Crim. 5 janv. 2000, *Bull. crim.* n° 3). Cela signifiait que le gendarme, contrairement au policier, n'engageait pas sa responsabilité pénale pour le délit d'homicide ou de blessures involontaires lorsque, par exemple, le coup de feu partait accidentellement. C'est sans doute ici que réside le véritable bénéfice, pour les agents de police, du nouveau cadre commun de l'usage des armes.

3. Les cinq cas d'usage autorisé de l'arme

• **Le premier cas** est réalisé « lorsque des atteintes à la vie ou à l'intégrité physique sont portées contre eux ou contre autrui ou lorsque des personnes armées menacent leur vie ou leur intégrité physique ou celles d'autrui » (là où autrefois il fallait que des violences ou des voies de fait soient exercées contre les forces de l'ordre ou que celles-ci soient menacées par des individus armés) et correspond, en réalité, à une situation classique de légitime défense au sens de l'article 122-5 du Code pénal.

• **Le deuxième cas** d'usage est applicable lorsque, « après deux sommations faites à haute voix », les membres des forces de l'ordre « ne peuvent défendre autrement le terrain qu'ils occupent, les postes ou les personnes qui leur sont confiés ». L'exigence nouvelle des deux sommations s'explique par l'analogie de la situation avec celle décrite à l'article L. 4123-12 du Code de la défense, relative à l'usage des armes en cas d'intrusion dans une zone de défense hautement sensible. En outre, contrairement au premier cas, le deuxième cas ne requiert pas, normalement, une intervention immédiate.

- **Les troisième et quatrième cas** sont relatifs à l'arrêt d'un fugitif. Ils permettent l'usage des armes :

– « lorsque, immédiatement après deux sommations adressées à haute voix, ils ne peuvent contraindre à s'arrêter, autrement que par l'usage des armes, des personnes qui cherchent à échapper à leur garde ou à leurs investigations et qui sont susceptibles de perpétrer, dans leur fuite, des atteintes à leur vie ou à leur intégrité physique ou à celles d'autrui » (3e cas) ;

– « lorsqu'ils ne peuvent immobiliser, autrement que par l'usage des armes, des véhicules, embarcations ou autres moyens de transport, dont les conducteurs n'obtempèrent pas à l'ordre d'arrêt et dont les occupants sont susceptibles de perpétrer, dans leur fuite, des atteintes à leur vie ou à leur intégrité physique ou à celles d'autrui » (4e cas).

- **Enfin, le cinquième cas** est relatif à la situation du « périple meurtrier ». Il autorise l'usage des armes, « dans le but exclusif d'empêcher la réitération, dans un temps rapproché, d'un ou de plusieurs meurtres ou tentatives de meurtre venant d'être commis, lorsqu'ils ont des raisons réelles et objectives d'estimer que cette réitération est probable au regard des informations dont ils disposent au moment où ils font usage de leurs armes ». Cette situation avait donné lieu à la création, par l'article 51 de la loi n° 2016-731 du 3 juin 2016, de l'article 122-4-1 du Code pénal. Sa rédaction est reprise dans l'article L. 435-1 dudit code et, corrélativement, l'article 122-4-1 est supprimé.

C – Le statut de lanceur d'alerte

La loi du 9 décembre 2016 crée un statut général du lanceur d'alerte.

1. Définition du lanceur d'alerte

Le dispositif accorde une protection à la personne physique « qui révèle ou signale, de manière désintéressée et de bonne foi, un crime ou un délit, une violation grave et manifeste d'un engagement international régulièrement ratifié ou approuvé par la France, d'un acte unilatéral d'une organisation internationale pris sur le fondement d'un tel engagement, de la loi ou du règlement, ou une menace ou un préjudice graves pour l'intérêt général, dont elle a eu personnellement connaissance » (art. 6, al. 1er, de la loi). Ne donnent toutefois pas lieu à la protection la révélation d'« informations ou documents, quel que soit leur forme ou leur support, couverts par le secret de la défense nationale, le secret médical ou le secret des relations entre un avocat et son client » (art. 6, al. 2, de la loi).

2. Création d'une nouvelle cause d'irresponsabilité pénale

Le nouvel art. 122-9, C. pén. dispose ainsi que « [n]'est pas pénalement responsable la personne qui porte atteinte à un secret protégé par la loi, dès lors que cette divulgation est nécessaire et proportionnée à la sauvegarde des intérêts en cause, qu'elle intervient dans le respect des procédures de signalement définies par la loi et que la personne répond aux critères de définition du lanceur d'alerte prévus à l'article 6 de la loi n° 2016-1691 du 9 décembre 2016 relative à la transparence, à la lutte contre la corruption et à la modernisation de la vie économique. »

3. Subordination de la protection au respect des procédures définies par la loi

Le bénéfice de ce nouveau fait justificatif est subordonné à la nécessité, à la proportionnalité de la divulgation aux intérêts en cause et au respect des procédures de signalement définies par la loi. À cet égard, la loi met en place un système de remontée des signalements sécurisé et par paliers, afin de garantir à la fois la protection du lanceur d'alerte mais aussi celle de la personne éventuellement mise en cause (article 8 I de la loi) :

- **Palier 1 : la voie interne** : toute personne qui voudrait faire remonter un signalement devra donc d'abord en informer sa hiérarchie, directe ou indirecte, le référent désigné (le déontologue ou le destinataire du dispositif d'alerte), ou l'employeur.
- **Palier 2 : le régulateur** : « [en l'absence de diligences » du destinataire de l'alerte interne dans un « délai raisonnable », le lanceur d'alerte pourra s'adresser à l'autorité judiciaire, administrative ou aux ordres professionnels.
- **Palier 3 : la publicité** : enfin, en dernier ressort, et sans traitement dans un délai de trois mois par ces autorités (palier 2), le signalement pourra être rendu public.

Cependant en cas de danger grave et imminent ou « en présence d'un risque de dommages irréversibles », il est possible d'alerter immédiatement le régulateur ou le public (art. 8 II de la loi).

Pour assurer la mise en œuvre du dispositif, la loi impose aux personnes morales de droit public (administrations de l'État, communes de plus de 10 000 habitants et EPCI dont elles sont membres, départements ou régions) et aux personnes de droit privé de plus de 50 salariés de se doter de procédures de recueil des alertes utilisables par leurs personnels, mais aussi leurs collaborateurs extérieurs et occasionnels (art. 8 III de la loi).

4. Création de sanctions pénales et civiles pour garantir l'équilibre du dispositif

La loi impose que les procédures mises en œuvre pour recueillir les signalements garantissent une stricte confidentialité de l'identité des auteurs du signalement, des personnes visées par celui-ci et des informations recueillies par l'ensemble des destinataires du signalement. Les éléments de nature à identifier le lanceur d'alerte ne peuvent être divulgués, sauf à l'autorité judiciaire, qu'avec le consentement de celui-ci. Les éléments de nature à identifier la personne mise en cause par un signalement ne peuvent être divulgués, sauf à l'autorité judiciaire, qu'une fois établi le caractère fondé de l'alerte (art. 9 de la loi). Des sanctions pénales viennent garantir le dispositif : deux ans d'emprisonnement et 30 000 € d'amende si la confidentialité de l'alerte n'est pas respectée (art. 9, dernier al., de la loi), un an d'emprisonnement et 15 000 € d'amende pour entrave à la transmission d'un signalement (art. 13 de la loi). La loi prévoit également des sanctions civiles : nullité de plein droit des sanctions ou mesures discriminatoires directes ou indirectes prises à l'encontre du lanceur d'alerte, 30 000 € d'amende pour procédure abusive en diffamation contre un lanceur d'alerte, mesures de réparation (dommages et intérêts et réintégration dans l'emploi).

Cas pratique n° 45

› *Énoncé*

Sur l'autoroute – aux alentours de Reims – alors qu'il se trouvait captivé par l'écoute de Rires et Chansons, Jean-Pierre fut soudainement victime d'une crise de tétanie, provoquant la crispation de son pied droit sur l'accélérateur de sa Renault Megane Business. Au moment où le véhicule atteignit les 190 km/h, il parvint à reprendre le contrôle de ses actes, sans pouvoir éviter toutefois le « flash » d'un radar automatique.

› *Correction*

Conformément aux dispositions de l'article L. 121-1 du Code la route, et par application du principe de personnalité de la responsabilité pénale consacré par l'article 121-1, C. pén. : « le conducteur d'un véhicule est responsable pénalement des infractions commises par lui dans la conduite dudit véhicule ».

Dès lors, puisque Jean-Pierre B. se trouvait être le conducteur du véhicule lors de la commission de l'excès de vitesse, sa responsabilité pénale doit pouvoir être engagée. À ce titre, il encourt une amende contraventionnelle de 5ᵉ classe dont le montant maximum s'élève à 500 € (art. R. 413-14-1, C. route et 131-13, C. pén.).

Néanmoins, à la lecture des faits, il apparaît que l'infraction trouve son origine dans la crise de tétanie dont a souffert le conducteur. Cette situation renvoie donc à la cause de non-imputabilité tirée de la contrainte physique interne (art. 122-2, C. pén.).

En tant que cause d'irresponsabilité, la contrainte emprunte son principe au fondement moral du droit pénal qui n'admet la répression que dans un contexte de pleine liberté pour celui auquel est imputée une infraction. Cette liberté fait défaut au temps de l'action, notamment en raison de circonstances insurmontables, il est normal que la responsabilité pénale soit exclue. Encore faut-il s'entendre sur les événements à même de constituer cette contrainte. Ceux-ci doivent constituer un « obstacle invincible et indépendant de [la] volonté de l'agent » (Crim. 9 oct. 1957, *Bull. crim.* n° 613)

En d'autres termes, la contrainte doit être totale, interdisant à la personne d'agir autrement. Or, en l'espèce, cette condition apparaît remplie puisqu'il apparaît que Jean-Pierre B. a perdu le contrôle de ses actes, son pied étant crispé sur l'accélérateur.

Encore faut-il, toutefois, que cette contrainte ait été imprévisible. En effet, dès lors que l'événement à l'origine d'un trouble à l'ordre public devient prévisible, l'agent doit prendre toutes mesures pour l'éviter (Crim. 29 janv. 1921, *Trémintin*, S. 1922, 1, 185). Sa responsabilité pénale ne sera écartée que s'il parvient à établir qu'il a été le premier surpris de ce qui lui arrivait, de sorte qu'il s'avère totalement étranger à son acte. En d'autres termes, la faute préalable de l'agent est exclusive de la contrainte. C'est ainsi que la contrainte doit être écartée à l'égard de l'auteur d'un accident dont l'âge et l'état de santé contre indiquaient la conduite d'un véhicule (Crim. 11 mai 2004, *Bull. crim.* n° 115). En l'espèce, rien ne permet de dire que Jean-Pierre B. pouvait anticiper son malaise : aucune indication ne nous est ainsi donnée quant à la survenance antérieure de troubles identiques. Dans la mesure où le doute doit toujours profiter à l'accusé, il convient donc d'admettre la cause d'irresponsabilité tirée de la contrainte physique interne.

Par conséquent, sachant qu'« il n'y a point de contravention en cas de force majeure » (art. 121-3, al. 5, du Code pénal), Jean-Pierre B. ne pourra être déclaré pénalement responsable de l'excès de vitesse.

Cas pratique n° 46

› *Énoncé*

Le 19 février 2018, un débat radiophonique sur le thème de la prise en charge des enfants lourdement handicapés était organisé sur les ondes d'une radio nationale. Au cours de ce débat, la présidente d'une association, prenait la parole en qualité d'auditrice en direct par téléphone, souhaitant attirer l'attention sur l'indifférence des autorités sanitaires. Interrogée par la présentatrice de l'émission, elle fit part de différents dysfonctionnements constatés dans le cadre de son expérience professionnelle au sein d'un institut chargé de l'accueil et de la prise en charge d'enfants lourdement handicapés. Concrètement, elle pointait l'absence de formation du personnel de cette structure pour accueillir des enfants lourdement handicapés. En outre, elle dénonçait les conditions dans lesquelles avaient lieu le petit-déjeuner, la toilette et l'habillage des pensionnaires. La toilette des enfants et adolescents handicapés était en effet collective et avait lieu dans une salle commune. Cette manière de fonctionner exposait la nudité à tous et ce quel que soit le degré de compréhension des pensionnaires présents. Enfin, cette ancienne salariée dénonçait une surveillance nocturne des pensionnaires insuffisante. Pour toutes ces raisons, elle souhaitait manifester publiquement son incompréhension par rapport à la reconduction de l'agrément de cet IME et concluait ainsi : « le scandale aujourd'hui, je le dis à l'antenne, c'est que cet établissement qui a eu pourtant 200 pages de l'ARS où effectivement, page 7, on parlait de maltraitances institutionnelles, cet établissement aujourd'hui vient de nouveau d'avoir l'agrément de l'ARS [...] ».

À la suite de la diffusion de l'émission, une manifestation fut organisée devant le ministère de la santé. Un homme qui portait visiblement une ceinture d'explosif s'était attaché à la grille du ministère. Il menaçait d'une explosion si ses revendications n'étaient pas entendues. Un policier, placé derrière lui, tira sans sommation à plusieurs reprises en direction de sa tête pour le neutraliser.

Qu'encourent la présidente de l'association et le policier ?

› *Correction*

Nous envisagerons les propos tenus par la présidente de l'association (I) puis les faits commis lors de la manifestation (II).

I/ Sur les propos tenus par la présidente de l'association

Les propos tenus par la directrice pourraient être constitutifs d'une diffamation publique envers l'institut médico-éducatif (IME).

La diffamation se définit comme toute allégation ou imputation d'un fait qui porte atteinte à l'honneur ou à la considération de la personne ou du corps auquel il est imputé (art. 29, al. 1er, de la loi du 29 juill. 1881). Notre droit pénal distingue la diffamation publique (art. 30 et s. de la loi du 29 juillet 1881) et non-publique (art. R. 621-1, C. pén.). En l'espèce, les faits étant intervenus à la radio, il convient de privilégier la diffamation publique.

Matériellement, la diffamation exige soit une allégation – qui consiste à affirmer le fait d'après les assertions d'autrui, le diffamateur ne faisant que colporter des faits diffamatoires perçus par ailleurs –, soit une imputation – qui repose au contraire sur des constatations personnelles, l'auteur de la diffamation affirmant alors personnellement l'existence du fait. En outre, l'allégation ou l'imputation doit porter sur un fait un fait attentatoire à l'honneur ou à la considération de la personne ou du corps auquel il est imputé. Il doit donc s'agir d'un fait précis. Quant à l'élément moral de la diffamation, l'infraction est intentionnelle et exige au titre d'un dol général, que l'agent ait eu conscience de porter atteinte à l'honneur ou à la considération.

En l'espèce, tous ces éléments semblent constitués : la présidente a effectivement imputé un certain nombre d'agissements qui portent atteinte à la considération de l'IME, de manière parfaitement consciente et volontaire.

Toutefois, la présidente pourrait bénéficier du statut de lanceur d'alerte. C'est en effet le sens de la décision du Tribunal de Grande Instance de Toulouse qui, dans un jugement du 21 novembre 2017 (n° 4363/17, sur cette décision v. D. Goetz, « Première relaxe d'un lanceur d'alerte poursuivi du chef de diffamation », *Dalloz actualité* 29 nov. 2017), a fait application à des faits similaires, de l'esprit de l'article 6 de la loi n° 2016-1691 du 9 décembre 2016 relative à la transparence, à la lutte contre la corruption et à la modernisation de la vie économique. Pour relaxer la prévenue, le tribunal met en avant son parcours professionnel. Les magistrats qualifient la prévenue de « témoin privilégiée du mode de fonctionnement de cette maison qui accueille des enfants handicapés lourds ». Le tribunal s'émeut ensuite des révélations livrées par la prévenue en indiquant que « nul ne peut rester indifférent aux lits avec barreaux trop petits, à la toilette faite devant l'ensemble du groupe, aux mesures de contention, ainsi qu'à la difficile gestion de la violence ». En outre, les magistrats remarquent que les aspects évoqués par la prévenue ont déjà été au cœur de rapports établis par l'IGAS et par l'ARS. Ces documents mettaient en effet en exergue « une maltraitance institutionnelle » qui nécessitait des modifications dans le fonctionnement de cette structure. Il s'agit là d'un aspect essentiel de la motivation puisqu'il permet au tribunal de considérer que l'usage du terme « dysfonctionnement » par la prévenue ne permet pas d'imputer à l'institution des faits précis susceptibles de porter atteinte à sa réputation.

II/ Les faits commis lors de la manifestation

A – Les agissements du policier

Le policier a neutralisé une personne qui menaçait de faire exploser une bombe au milieu de la foule.

Aux termes de l'article 221-1, C. pén. « le fait de donner volontairement la mort à autrui constitue un meurtre. Il est puni de trente ans de réclusion criminelle ». Le meurtre suppose un acte homicide réalisé avec l'intention de donner la mort.

En l'espèce, les coups de feu tirés par le policier l'ont été volontairement et celui-ci cherchait à neutraliser l'individu. L'*animus necandi* peut donc être caractérisé.

Le policier encourt trente ans de réclusion criminelle.

B – Un fait justificatif ?

Cependant, un fait justificatif pourrait être invoqué.

Jusqu'à la loi du 3 juin 2016, seule la légitime défense aurait pu être mobilisée car il n'existait pas de textes spéciaux pour les forces de police. Mais les solutions ont récemment été modifiées. La loi du 3 juin 2016 a ainsi introduit une disposition relative à la légitime défense des policiers, l'article 122-4-1, C. pén. : « N'est pas pénalement responsable le fonctionnaire de la police nationale, le militaire de la gendarmerie nationale, le militaire déployé sur le territoire national dans le cadre des réquisitions prévues à l'article L. 1321-1 du Code de la défense ou l'agent des douanes qui fait un usage absolument nécessaire et strictement proportionné de son arme dans le but exclusif d'empêcher la réitération, dans un temps rapproché, d'un ou plusieurs meurtres ou tentatives de meurtre venant d'être commis, lorsque l'agent a des raisons réelles et objectives d'estimer que cette réitération est probable au regard des informations dont il dispose au moment où il fait usage de son arme ».

La loi du 28 février 2017 a abrogé cette disposition et introduit dans le CSI un article 435-1 prévoyant notamment que, « dans l'exercice de leurs fonctions et revêtus de leur uniforme ou des insignes extérieurs et apparents de leur qualité, les agents de la police nationale et les militaires de la gendarmerie nationale peuvent, outre les cas mentionnés à l'article L. 211-9, faire usage de leurs armes en cas d'absolue nécessité et de manière strictement proportionnée : 1° Lorsque des atteintes à la vie ou à l'intégrité physique sont portées contre eux ou contre autrui ou lorsque des personnes armées menacent leur vie ou leur intégrité physique ou celles d'autrui ; [...] ».

En l'espèce, une personne armée menaçait la vie d'autrui. Il y avait donc absolue nécessité d'agir et l'usage de son arme par le policier était strictement proportionné. Le policier était donc fondé à faire usage de son arme à feu. Il sera donc sans doute considéré comme irresponsable pénalement.

Cas pratique n° 47

Sujet donné à l'examen d'entrée au CRFPA en **septembre 2018**.

› *Énoncé*

Le 14 février 2017, Pierre, majeur à l'équilibre psychique fragile (et dont le casier judiciaire mentionne une condamnation pour abus de confiance en 2015), décide de fêter la Saint Valentin à moindre frais en braquant une petite bijouterie de quartier. Il intime à ses petits frères, Paul et Jacques respectivement âgés de 15 et 17 ans, de participer à l'opération. Ces derniers pénétreront donc dans la boutique, munis de fusils de chasse empruntés à leur père (qui les détenait de manière régulière) ; et Pierre les attendra à proximité, au volant de sa voiture, pour faciliter leur fuite. Aussitôt dit, aussitôt fait. Mais les choses ne se sont pas passées comme prévu. Le bijoutier, bien que choqué, ne s'est pas laissé impressionner par la menace des armes et est parvenu à mettre Paul et Jacques en déroute, sans qu'ils n'emportent rien.

À leur sortie précipitée de la bijouterie, les deux jeunes frères tombent, armes aux poings, nez à nez sur une patrouille de la police nationale. L'un des policiers, les voyant tenter de s'engouffrer dans la voiture de Pierre en train de démarrer, et les trois frères restant sourds à son ordre d'arrêt immédiat, tire avec son arme de service dans un pneu de la voiture. Mais, ratant sa cible, il atteint Paul à la jambe qui, déséquilibré, tombe sur le rebord du trottoir, se brise la nuque et restera tétraplégique.

Pierre et Jacques parviennent à prendre la fuite. Mais celle-ci ne sera que de courte durée. Grillant un feu rouge, la voiture de Pierre, après avoir manqué d'écraser un piéton qui traversait, percute de plein fouet un autre véhicule dont le conducteur est tué.

Vous êtes consulté par le père de Pierre sur les risques pénaux encourus par les différents protagonistes au titre :

- du braquage ;
- et de ses suites.

› *Correction*

Nous étudierons les risques pénaux encourus par chacun des protagonistes au titre du braquage de la bijouterie (I) et des suites de celui-ci (II).

I/ Les risques pénaux encourus au titre du braquage

Nous envisagerons d'abord la situation des deux frères mineurs, Paul et Jacques (A) puis celle de Pierre (B) et enfin celle du père (C).

A – Les risques pénaux encourus par les frères mineurs, Paul et Jacques

1. L'« emprunt » des armes

Il est précisé que Paul et Jacques ont pénétré dans la bijouterie munis de fusils de chasse empruntés à leur père.

L'« emprunt » dont il est fait mention pourrait fort bien être considéré comme ne revêtant aucune signification juridique précise. Dans cette hypothèse, cela signifierait que les deux frères ont subtilisé les armes et que leur père n'était pas consentant. Dans cette perspective, les deux frères pourraient être considérés commes coauteurs d'un vol.

En vertu de l'article 311-1, C. pén., le vol est « la soustraction frauduleuse de la chose d'autrui ».

Matériellement, la constitution du vol suppose que trois éléments cumulatifs soient caractérisés :

– Une soustraction qui peut être matérielle : c'est la forme traditionnelle du vol qui consiste dans un déplacement matériel de la chose – « prendre, enlever, ravir » selon les mots célèbres de l'arrêt *Beaudet* du 18 nov. 1837 (*Bull. crim.* n° 405). Elle nécessite donc que l'action se déroule à l'insu ou contre le gré du propriétaire ou possesseur de la chose : la remise volontaire de la chose, même faite par erreur, est exclusive du vol et, celui qui conserve ce qui lui a été remis, même de mauvaise foi n'est pas coupable de vol (Crim., 24 nov. 1983, *Bull. crim.* n° 315 : retrait d'un distributeur automatique de billets de banque, par le titulaire d'une carte magnétique, d'une somme d'argent excédant le montant de la provision disponible de son compte bancaire).

– Une chose : cela vise essentiellement les meubles corporels qui sont susceptibles d'être déplacés.

– Appartenant à autrui : il importe peu que la chose ait antérieurement appartenu à l'agent (Crim. 24 avr. 2001, *Bull. crim.* n° 128 : constitue un vol la reprise par le salarié d'une attestation antérieurement remise à son employeur) ou que la chose soustraite appartienne en commun à l'auteur de la soustraction et à des tiers (Crim. 12 mai 2015, n° 13-87.668 : vol commis dans le cadre d'une indivision successorale).

En l'espèce, tous ces éléments pourraient être caractérisés, si le père de Paul et de Jacques n'était pas consentant : il y a bien eu soustraction des fusils qui constituent des biens meubles corporels appartenant au père.

Intellectuellement, le vol est une infraction intentionnelle et nécessite, au titre du dol général, que l'agent ait agi volontairement contre le gré ou à l'insu du propriétaire ou du possesseur – le vol n'est ainsi pas constitué à l'encontre de celui qui, par erreur, emporte un objet qu'il croit être le sien ou qui croit avoir obtenu l'accord implicite du propriétaire (Crim. 17 nov. 2015, n° 14-86.101 : salarié qui avait pu croire de bonne foi à une autorisation tacite de son employeur de disposer des chutes de câbles usagés et de faible valeur) – et, au titre du dol spécial, que l'agent ait eu l'intention de se comporter en propriétaire de la chose, même de manière temporaire puisque la jurisprudence admet « le vol d'usage » (Crim. 19 févr. 1959, *Bull. crim.* n° 123 : il y a vol de voiture dans le fait, par un individu, d'avoir pénétré dans une automobile que son propriétaire venait de laisser à l'arrêt sans retirer la clef de contact, de l'avoir mise en marche, de l'avoir utilisée toute la nuit avec des camarades, et enfin de l'avoir ramenée et abandonnée à une centaine de mètres du lieu où il l'avait prise).

En l'espèce, les deux frères ont bien conscience d'agir si ce n'est contre le gré de leur père, du moins à l'insu de celui-ci. Ils avaient, en outre, l'intention de se comporter en propriétaire des fusils, cela, même s'ils comptaient restituer ceux-ci une fois le braquage réalisé.

Les deux frères ont donc commis un vol. La circonstance de réunion, prévue par l'article 311-4, 1°, C. pén., pourrait être caractérisée. Aucune précision n'étant faite sur le lieu de commission du vol, on écartera la circonstance aggravante prévue par l'article 311-4, 6°, C. pén. (vol commis dans un local d'habitation ou dans un lieu utilisé ou destiné à l'entrepôt de fonds, valeurs, marchandises ou matériels). Paul et Jacques encourraient ainsi cinq ans d'emprisonnement et 75 000 € d'amende.

Toutefois Paul et Jacques pourront bénéficier de l'immunité familiale de l'article 311-12 1°, C. pén., le vol ayant été commis au préjudice de leur ascendant. Cette immunité empêchera les poursuites pénales.

2. Le braquage

Nous envisagerons d'abord l'infraction qui était projetée par les deux frères (a), puis nous caractériserons, en raison de l'échec de l'entreprise conduite par les protagonistes, la tentative (b). Enfin, nous préciserons les mesures, sanctions ou peines encourues par les deux frères (c) et nous écarterons le jeu de la contrainte comme cause d'irresponsabilité pénale (d).

a. L'infraction projetée

Les deux frères souhaitaient commettre un braquage. Les faits n'étant pas d'une grande précision, on peut hésiter entre deux qualifications : celle de vol ou celle d'extorsion. Le vol, on l'a vu, est réprimé par l'article 311-1, C. pén. L'extorsion est, quant à elle, définie par l'article 312-1 du même code comme le « fait d'obtenir par violence, menace de violences ou contrainte soit une signature, un engagement ou une renonciation, soit la révélation d'un secret, soit la remise de fonds, de valeurs ou d'un bien quelconque ». À la différence du vol, c'est la victime qui doit remettre le bien à l'auteur, et non ce dernier qui doit s'en emparer à l'insu de celle-ci.

En l'espèce, l'on peut hésiter sur la qualification qu'il convient de retenir : soit les frères souhaitaient eux-mêmes appréhender les bijoux sous la menace des armes et c'est un vol avec arme qu'ils comptaient réaliser, soit ceux-ci comptaient se faire remettre ceux-là par le bijoutier, et c'est une extorsion qui était envisagée.

En toute hypothèse, le bijoutier, bien que choqué, ne s'est pas laissé impressionner par la menace des armes et est parvenu à mettre Paul et Jacques en déroute sans qu'ils n'emportent rien. Dans cette perspective, ni le vol, ni l'extorsion ne peuvent être constitués : il n'y a aucune soustraction ou remise effective d'un bien, de sorte qu'il faut envisager la tentative.

b. La tentative

– **Élément légal** : en vertu de l'article 121-4, C. pén., la tentative de crime est toujours incriminée. En revanche, selon ce même article, les délits se trouvent soumis au principe de spécialité de la tentative, de sorte qu'à défaut de texte spécial d'incrimination la tentative de délit n'est pas réprimée.

En l'espèce, que les faits soient qualifiés de vol ou d'extorsion importe peu, de même de la qualification criminelle ou délictuelle du vol ou de l'extorsion. En effet, même si le vol ou l'extorsion sont délictuels, la tentative est punissable en vertu des articles 311-13 et 312-9, C. pén.

– **Élément matériel** : un commencement d'exécution : l'article 121-5, C. pén., exige, pour que la tentative soit établie, qu'un commencement d'exécution puisse être caractérisé. La jurisprudence prend soin de distinguer le commencement d'exécution des simples actes préparatoires. Les actes préparatoires ne sont en effet pas punissables au titre de la tentative. Ainsi, à défaut de texte les incriminant de manière autonome (ex : l'association de malfaiteurs de l'art. 450-1, C. pén., le mandat criminel de l'art. 221-5, C. pén., etc.), et sauf l'hypothèse où l'infraction est une infraction formelle, ils resteront impunis. Le commencement d'exécution caractérisant l'élément matériel de la tentative a été défini par l'arrêt *Lacour* du 25 octobre 1962 (*Bull. crim.* n° 292) : il s'agit de « l'acte qui doit avoir pour conséquence directe et immédiate de consommer le crime, celui-ci étant entré dans sa période d'exécution ».

En l'espèce, cette condition ne pose pas de difficulté : les deux frères ont pénétré dans la bijouterie et menacé le bijoutier avec leurs armes pour lui soustraire/le forcer à remettre des bijoux. Les actes commis par les deux frères tendaient ainsi directement et immédiatement à consommer l'infraction qui était ainsi entrée dans sa période d'exécution.

– **Élément moral** : l'absence de désistement volontaire : selon l'art. 121-5, C. pén., un commencement d'exécution ne peut caractériser une tentative que s'il a été interrompu par des circonstances indépendantes de la volonté de son auteur. Un désistement involontaire doit ainsi pouvoir être constaté. L'auteur du commencement d'exécution qui renonce volontairement à son action avant que l'infraction ne soit consommée n'est pas pénalement punissable.

La notion de désistement involontaire a posé problème en jurisprudence. Comment, en effet, distinguer nettement entre le désistement involontaire constitutif de la tentative, et le désistement volontaire exclusif de la tentative ? Les juridictions répressives estiment en principe que lorsque l'intéressé renonce à son action sans l'intervention d'aucune cause externe, le désistement est volontaire, et la tentative n'est donc pas constituée. En revanche, quand l'action du délinquant est stoppée par un événement à la fois extérieur et contraignant (classiquement, l'arrivée de la police), le désistement est involontaire, et la tentative est constituée. L'hypothèse qui fait véritablement difficulté est celle où une cause extérieure mais non contraignante a déterminé le délinquant à mettre fin à son forfait (tout aussi classiquement, un bruit qui a fait peur au cambrioleur). Dans cette hypothèse, les tribunaux statuent suivant les cas d'espèce. La tendance générale de la jurisprudence en la matière est à juger que, lorsque c'est une cause extérieure qui a provoqué la peur qui a donné lieu au désistement, ce dernier doit être considéré comme involontaire et la tentative constituée (en ce sens, Crim. 26 avr. 2000, *Bull. crim.* n° 164, pour la fuite de l'auteur d'une tentative d'enlèvement de mineure, dès lors que la résistance opposée par la victime a mis fin à l'acte en cours d'exécution.).

En l'espèce, cette condition ne fait, là encore, pas difficulté. Les deux frères ont été mis en déroute par le bijoutier, ce qui constitue une cause externe et contraignante exclusive de tout désistement volontaire.

Par conséquent, la tentative est, en l'espèce, caractérisée.

c. Les mesures, sanctions ou peines encourues

L'article 121-4, C. pén., dispose que l'auteur d'une tentative est traité comme l'auteur de l'infraction consommée.

Aussi, Paul et Jacques encourront la peine prévue pour le vol ou l'extorsion.

Reste à déterminer si des circonstances aggravantes peuvent être relevées :

– Si l'objectif poursuivi était la soustraction des bijoux, il faut raisonner à partir de la qualification de vol. Or, la répression du vol peut être aggravée par de multiples circonstances aggravantes, un choix s'impose, en l'espèce entre le vol commis avec usage ou menace d'une arme (art. 311-8, C. pén.) et le vol commis en bande organisée avec usage ou menace d'une arme (art. 311-9, C. pén.). Selon la jurisprudence, l'existence d'une organisation structurée et durable entre ses membres est constitutive de la bande organisée (art. 132-71, C. pén. ; Crim. 21 juin 2017, n° 17-82.301), et ce à la différence de l'association de malfaiteurs (art. 450-1, C. pén. ; Crim. 8 juill. 2015, n° 14-88.329). Une telle organisation faisant, en l'espèce, défaut, l'opération n'ayant eu lieu qu'à l'occasion de la Saint Valentin, et celle-ci ayant dépassé le stade de la simple préparation de crime(s) ou délit(s), il convient d'exclure la bande organisée comme l'association de malfaiteurs pour retenir (hors correctionnalisation judiciaire) la tentative de vol avec menace d'une arme (art. 311-8, C. pén : vingt ans de réclusion criminelle et 150 000 € d'amende).

– Si l'objectif des deux frères était de se voir remettre les bijoux, il faut raisonner à partir de la qualification d'extorsion et retenir, pour les mêmes raisons, la tentative d'extorsion commise avec menace ou usage d'une arme (art. 312-5, C. pén. : trente ans de réclusion et 150 000 € d'amende).

Pourtant, Paul et Jacques sont mineurs. Il faut préciser qu'ils semblent bien doués de discernement. Rappelons en effet que le célèbre arrêt *Laboube* rendu par la chambre criminelle de la Cour de cassation le 13 décembre 1956 (*Bull. crim.* n° 840) a énoncé le principe selon lequel le prononcé d'une mesure éducative implique que « le mineur dont la participation à l'acte matériel à lui reprocher est établie ait compris et voulu cet acte », car « toute infraction suppose en effet que son auteur ait agi avec intelligence et volonté ». Il résulte de cet arrêt que le défaut de discernement dû à l'extrême jeunesse fait obstacle à l'engagement de la responsabilité pénale du mineur. L'article 122-8, al. 1er, C. pén. reprend d'ailleurs cette célèbre solution : « les mineurs capables de discernement sont pénalement responsables des crimes, délits et contraventions dont ils ont été reconnus coupables, dans des conditions fixées par une loi particulière, qui détermine les mesures de protection, d'assistance, de surveillance et d'éducation dont ils peuvent faire l'objet ».

Il convient donc de se référer à l'ordonnance du 2 février 1945 pour déterminer les sanctions et les peines encourues par chacun :

– Paul étant âgé de 15 ans au moment des faits, il encourt, en vertu de l'article 16 de l'ordonnance de 1945, en principe, le prononcé de mesures éducatives (remise à ses parents, à son tuteur, à la personne qui en avait la garde ou à une personne digne de confiance; placement dans une institution ou un établissement public ou privé, d'éducation ou de formation professionnelle, habilité; placement dans un établissement médical ou médico-pédagogique habilité; remise au service de l'assistance à l'enfance; placement dans un internat approprié aux mineurs délinquants d'âge scolaire). Ce principe connaît toutefois deux exceptions, prévues par l'art. 2, al. 2, de l'ord. de 1945 :

  - des sanctions éducatives peuvent être prononcées lorsque les circonstances et la personnalité du mineur l'exigent (art. 2, al. 2 et art. 16 de l'ord. de 1945 : confiscation de l'objet ayant servi à la commission de l'infraction; interdiction de séjour dans les lieux de l'infraction; interdiction de rencontrer la victime, les coauteurs ou complices; obligation de suivre un stage de formation civique; mesure d'aide ou de réparation; stage de citoyenneté; placement dans une institution ou un établissement public ou privé d'éducation; exécution de travaux scolaires; avertissement solennel; placement dans un établissement scolaire doté d'un internat pour une durée correspondant à une année scolaire; le couvre-feu : interdiction de sortir sur la voie publique entre 23 heures et 6 heures sans être accompagné d'un parent);
  - les peines prévues pour les majeurs peuvent être décidées si les circonstances et la personnalité du mineur l'exigent. Dans ce cas, l'excuse de minorité, qui entraîne une diminution de moitié des peines privatives de liberté et de l'amende encourues, doit obligatoirement être appliquée.

– Jacques étant âgé de 17 ans au moment des faits, il encourt les mêmes mesures et sanctions que son frère à une différence près : l'excuse de minorité peut être écartée par la juridiction par une décision spécialement motivée « à titre exceptionnel et compte tenu des circonstances de l'espèce et de la personnalité du mineur ainsi que de sa situation » (art. 20-2, al. 2, de l'ord. de 1945).

Relevons que depuis la loi n° 2016-1547 du 18 novembre 2016 de modernisation de la justice du XXIe siècle, la juridiction pour mineurs peut prononcer à la fois une condamnation pénale et des mesures éducatives, si la personnalité du mineur le justifie (art. 2, al. 4 et 20 dernier al. ord.).

d. L'éventuelle irresponsabilité pénale résultant de la contrainte

Il est précisé que c'est Pierre qui « intime » à ses frères de participer au braquage. Or, il convient de préciser que la contrainte, cause d'irresponsabilité pénale prévue par l'article 122-2, C. pén., ne pourra bénéficier ni à Paul, ni à Jacques. En effet, l'article 122-2, C. pén., énonce que « n'est pas pénalement responsable la personne qui a agi sous l'empire d'une force ou d'une contrainte à laquelle elle n'a pas pu résister ». Si la jurisprudence a pu admettre la contrainte morale, laquelle recouvre les hypothèses dans lesquelles les circonstances ont entraîné une crainte telle que la liberté de choix du prévenu ou de l'accusé en a été anéantie, elle n'en reconnaît toutefois le bénéfice qu'à celui qui s'est trouvé « dans l'impossibilité absolue de se conformer à la loi » (Crim. 28 déc. 1900). La jurisprudence se montre extrêmement rigoureuse dans l'appréciation de cette condition. Or en l'espèce, rien n'indique que l'ordre intimé par Pierre fut, pour Paul et Jacques, irrésistible.

B – Les risques pénaux encourus par Pierre

Nous envisagerons d'une part, la qualité en vertu de laquelle la responsabilité pénale de Pierre pourra être engagée, à savoir celle de complice du braquage (1), et, d'autre part, les peines encourues par celui-ci (2).

1. L'engagement de la responsabilité de Pierre en qualité de complice du braquage

– Quant à l'élément légal de la complicité, il ne pose aucune difficulté en l'espèce. La complicité est prévue aux art. 121-6, 121-7 et R. 610-2, C. pén. Or, en matière criminelle, comme en matière délictuelle, toutes les formes de complicité – par instigation mais aussi par aide ou assistance – sont réprimées.

– Quant à la condition préalable de la complicité, elle ne pose pas non plus de difficulté. Rappelons qu'il n'y a pas de complicité punissable sans infraction principale *a minima* tentée : l'acte de complicité est conçu par notre droit comme un acte accessoire rattaché à un comportement principal dont il emprunte la criminalité. Aussi, s'il ne saurait y avoir de complicité lorsqu'un individu provoque un tiers à commettre une infraction, mais que celle-ci n'est ni commise, ni même tentée (*cf.* Crim. 25 oct. 1962, *Lacour*), il est toutefois possible de réprimer la complicité d'une infraction tentée.

– Quant à l'élément matériel de la complicité, il serait possible en l'espèce de retenir à l'encontre de Pierre, à la fois :

- la complicité par aide ou assistance : en l'espèce, les conditions sont réunies pour que l'on puisse conclure à la complicité par aide ou assistance :
  - l'acte de complicité de Pierre a été consommé et a bien consisté en un acte positif. Pierre a effectivement attendu ses frères dans la voiture pour faciliter leur fuite,
  - certes, l'acte de complicité de Pierre n'a pas été antérieur ou concomitant à la commission de l'infraction principale. Toutefois, la jurisprudence retient la complicité lorsque l'aide a été promise avant la commission de l'infraction (Crim. 30 avr. 1963, *Bull. crim.* n° 157 : intervention tendant à assurer la fuite de l'auteur principal, dès lors que cette action résulte d'un accord préalable à l'infraction). En l'espèce, l'intervention de Pierre résulte effectivement d'un accord antérieur passé avec ses frères ;
- et la complicité par instigation. Celle-ci peut revêtir la forme de la provocation et elle n'est punissable que si elle a été accompagnée des agissements décrits par l'art. 121-7, al. 2nd, C. pén. : don, promesse, menace, ordre, abus d'autorité ou de pouvoir. Or en l'espèce, Pierre, en ayant intimé à ses frères de procéder au braquage, a effectivement donné à ceux-ci un ordre.

– Quant à l'élément moral de la complicité, la complicité est nécessairement intentionnelle et requiert que le complice ait agi en ayant conscience de son aide ou de son instigation et en connaissance du fait infractionnel de l'auteur principal. En l'espèce, cette condition ne pose pas de difficulté, Pierre ayant conscience et de son aide et de son instigation et connaissance de l'infraction projetée.

2. Les peines encourues par Pierre

Après avoir précisé que Pierre sera assimilé à un auteur (a), il nous faudra envisager l'impact de l'équilibre psychologique fragile de celui-ci (b) et déterminer s'il se trouve en état de récidive (c).

a. L'assimilation de Pierre à un auteur

L'article 121-6, C. pén., énonce que le complice sera puni « comme auteur » (et non plus comme le prévoyait l'art. 59, anc. C. pén. « comme l'auteur »). Le complice encourt ainsi la même peine que s'il avait été lui-même auteur principal de l'infraction et non plus une pénalité d'emprunt.

Pierre encourt donc toutes les peines prévues par le texte d'incrimination et que nous avons précédemment présentées.

b. L'impact de l'équilibre psychologique fragile de Pierre

Les faits mentionnent l'« équilibre psychique fragile » de Pierre. Aussi faut-il s'interroger sur l'impact de cet équilibre sur la responsabilité de celui-ci.

L'art. 122-1, C. pén., envisage, comme cause d'irresponsabilité ou de diminution de la responsabilité le trouble psychique ou neuropsychique. Il distingue, selon que le trouble a aboli ou seulement altéré le discernement et le contrôle des actes de la personne : dans le premier cas, il consacre l'irresponsabilité pénale (al. 1er), dans le second cas, il prescrit seulement une diminution de peine de principe : « si est encourue une peine privative de liberté, celle-ci est réduite du tiers ou, en cas de crime puni de la réclusion criminelle ou de la détention criminelle à perpétuité, est ramenée à trente ans ». Toutefois, dans ce second cas, la juridiction peut, « par une décision spécialement motivée en matière correctionnelle, décider de ne pas appliquer cette diminution de peine ».

En l'espèce, l'équilibre psychologique fragile n'a pas aboli le discernement de Pierre. Une irresponsabilité pénale de celui-ci est donc à exclure. En revanche Pierre serait susceptible de bénéficier de la cause légale de diminution de peine, à condition que le trouble dont il est fait mention ait été concomitant à l'infraction.

c. La question de l'éventuel état de récidive de Pierre

Le casier judiciaire de Pierre mentionne une condamnation pour abus de confiance en 2015.

Or, si le vol et l'abus de confiance (art. 314-1, C. pén.) sont considérés au regard de la récidive comme une même infraction en vertu de l'art. 132-16, C. pén., le Code pénal, en ses articles 132-8 à 132-11, n'édicte pas de récidive à l'encontre de l'individu qui, déjà condamné pour délit, commet ultérieurement un crime.

Aussi faut-il conclure que Pierre ne se trouve pas en état de récidive, mais en état de réitération, réitération définie par l'article 132-16-7, al. 1er, C. pén., comme la situation d'« une personne [qui] a déjà été condamnée définitivement pour un crime ou un délit et [qui] commet une nouvelle infraction qui ne répond pas aux conditions de la récidive légale ». Conformément à l'article 132-16-7, al. 2nd, C. pén., « les peines prononcées pour l'infraction commise en réitération se cumulent sans limitation de quantum et sans possibilité de confusion avec les peines définitivement prononcées lors de la condamnation précédente ».

C – Les risques pénaux encourus par le père

Nous l'avons vu, il est précisé que Paul et Jacques ont pénétré dans la bijouterie munis de fusils de chasse empruntés à leur père (qui les détenait régulièrement).

Si la détention régulière des fusils exclue la commission, par le père, du délit de détention d'arme sans autorisation prévu par l'article 222-52, C. pén., se pose en revanche la question du rôle du père dans l'organisation du braquage.

L'« emprunt » dont il est fait mention pourrait signifier que le père a consenti à l'« emprunt » des armes. Si le père était consentant, aucun vol ne peut avoir été commis par Paul et Jacques. En revanche, se poserait la question de savoir si le père était au courant du projet nourri par ses enfants.

– Dans la négative, le père ne pourrait être considéré comme complice du braquage commis par ses fils. La complicité punissable est en effet nécessairement intentionnelle et requiert que le complice ait agi en ayant, d'une part, conscience de son aide ou de son instigation et, d'autre part, en connaissance du fait infractionnel de l'auteur principal, même s'il n'est pas nécessaire que le complice ait partagé l'intention de l'auteur principal (Crim., aff. *Papon*, 23 janv. 1997, *Bull. crim.* n° 32 : une personne peut être déclarée complice de crimes contre l'humanité alors même qu'elle n'a pas adhéré à la politique d'hégémonie idéologique des auteurs principaux).

– Dans l'affirmative, le père pourrait être considéré comme le complice par aide ou assistance de ses enfants.

II/ Les risques pénaux encourus au titre des suites du braquage

Il faut distinguer les risques encourus au titre de la suite immédiate à la sortie de la bijouterie (A) et ceux encourus au titre de la suite ultérieure liée à l'accident de voiture (B).

A – Au titre de la suite immédiate à la sortie de la bijouterie

À la sortie de la bijouterie, un policier, voyant les deux frères tentés de s'engouffrer dans la voiture de Pierre en train de démarrer, tire avec son arme de service dans un pneu de la voiture, les frères restant sourds à son ordre d'arrêt. Ratant sa cible, il atteint Paul à la jambe qui, déséquilibré, tombe sur le rebord du trottoir, se brisant la nuque et qui demeurera tétraplégique.

Il nous faut d'abord envisager l'infraction commise par le policier (1) avant d'envisager le jeu d'une éventuelle cause d'irresponsabilité (2).

1. L'infraction commise par le policier

Le policier ayant visé les pneus, les blessures subies par Paul ont été infligées de manière involontaire. C'est donc le délit de blessures involontaires de l'article 222-19, al. 1er, C. pén., qui pourrait être reproché au policier, car l'ITT subi par Paul est un ITT de plus de trois mois.

Il nous faut d'abord déterminer la certitude du lien de causalité (a), déterminer ensuite l'intensité du lien de causalité et, conséquemment, de la gravité de la faute requise pour pouvoir engager la responsabilité pénale du policier (b) et, préciser, pour finir, la répression applicable (c).

a. Le caractère certain du lien de causalité

Pour que l'on puisse parler de lien de causalité certain, il faut que la faute reprochée à la personne poursuivie ait été l'une des conditions *sine qua non* du dommage. La causalité, en droit pénal, n'a en principe pas à être exclusive : la faute de la victime ou une prédisposition de celle-ci n'exclut pas que la faute commise par l'agent puisse être certainement causale (par ex. Crim., 30 janv. 2007, *Bull. crim.* n° 23 : lors d'une sortie organisée par une commune, une animatrice avait laissé des adolescents se baigner dans un bassin interdit à la baignade et l'un des adolescents, souffrant d'une pathologie cardiaque, s'était noyé ; l'animatrice fut poursuivie du chef d'homicide involontaire mais la Cour d'appel avait conclu à sa relaxe, faute de certitude dans la causalité entre ses agissements et la mort de l'adolescent ; la Cour de cassation censure l'arrêt d'appel : le lien de causalité entre la mort de l'adolescent et le comportement de l'animatrice est certain en l'espèce car la pathologie préexistante a été déclenchée par la noyade, et donc par le comportement de l'animatrice – la décompensation de la pathologie cardiaque était due « à l'effort intense déployé par la victime, qui ne savait pas bien nager, afin de progresser dans un bassin [...] interdit à la baignade »).

En l'espèce, le comportement du policier est certainement causal, peu important la faute préalable de Paul qui n'a pas obtempéré à l'ordre reçu. En effet, sans le coup de feu tiré, Paul n'aurait pas subi de blessures.

b. L'intensité du lien de causalité et, conséquemment, la gravité de la faute requise pour engager la responsabilité pénale du policier

La loi du 10 juillet 2000 a mis en place un mécanisme d'imputation original des infractions non-intentionnelles aux personnes physiques et décrits par les al. 3 et 4 de l'art. 121-3, C. pén. auxquels renvoit l'article 222-19, C. pén. Pour engager la responsabilité pénale d'une personne physique, en matière d'infractions non-intentionnelles, il convient de caractériser « une gravité de la faute inversement proportionnelle à la proximité de ses conséquences dommageables » selon l'excellente formule de Frédéric Desportes et Francis Le Gunehec. La loi du 10 juillet 2000 distingue ainsi selon la nature du lien de causalité : en cas de causalité directe, une faute simple suffit ; en cas de causalité indirecte, il est nécessaire de pouvoir retenir une faute caractérisée (faute délibérée ou faute caractérisée).

Il nous faut donc, d'une part, déterminer, en l'espèce, l'intensité du lien de causalité, et, d'autre part, et conséquemment, la gravité de la faute requise pour engager la responsabilité du protagoniste.

– La détermination de la nature du lien de causalité en l'espèce. La loi ne définit pas la causalité directe, à la différence de la causalité indirecte :

- une circulaire du 11 octobre 2000 établit qu'« il n'y aura causalité directe que lorsque la personne en cause aura elle-même frappé ou heurté la victime, soit aura initié ou contrôlé le mouvement d'un objet qui aura heurté ou frappé la victime » (Crim-00-9/F1, BOMJ, n° 80, p. 81). Plus juste est certainement la position doctrinale selon laquelle il y aura lien de causalité direct « chaque fois que l'imprudence ou la négligence reprochée est soit la cause unique, exclusive, soit la cause immédiate ou déterminante de l'atteinte à l'intégrité de la personne » (D. Commaret, « La loi du 10 juillet 2000 et sa mise en œuvre par la chambre criminelle de la Cour de cassation », *Gaz. Pal.* 12-13 avr. 2002, p. 4). Les tribunaux répressifs, quant à eux, retiennent assez facilement la causalité directe, notamment à la lumière de la notion

de paramètre déterminant dans la survenance du dommage dont ils font application depuis un arrêt de la chambre criminelle du 25 septembre 2001 (*Bull. crim.* nº 188) ;
- le législateur a pris soin de définir l'auteur indirect à l'al. 4 de l'art. 121-3, C. pén. comme la personne qui, sans avoir elle-même directement causé le dommage, a soit « créé soit contribué à créer la situation qui a permis sa réalisation », soit « n'a pas pris les mesures permettant de l'éviter ».

En l'espèce, on peut conclure que la causalité est directe, car l'imprudence du policier est bien la cause déterminante dans la survenance du dommage.

– La gravité de la faute requise pour engager la responsabilité pénale de la personne physique.

Parce que la causalité est, en l'espèce, directe, une faute simple suffit à engager la responsabilité pénale du policier. Cette faute est définie par l'article 121-3, al. 3, C. pén. Il s'agit d'une « faute d'imprudence, de négligence ou de manquement à une obligation de prudence ou de sécurité prévue par la loi ou le règlement ». Elle est assez facile à caractériser car elle ne suppose pas nécessairement la méconnaissance d'une obligation légale ou réglementaire. Elle est donc très large.

En l'espèce, cette condition ne pose pas de difficulté, on peut aisément considérer que le policier a été imprudent.

c. Les peines encourues par le policier

En l'espèce, le policier encourt une peine d'emprisonnement de deux ans et 30 000 € d'amende.

L'article 222-19, al. 2, C. pén., prévoit une aggravation de la répression « en cas de violation manifestement délibérée d'une obligation particulière de prudence ou de sécurité imposée par la loi ou le règlement ». Toutefois, en l'espèce, il semble difficile de retenir à l'encontre du policier une faute de mise en danger délibérée, faute de pouvoir caractériser, en l'espèce, la violation d'une obligation particulière de sécurité ou de prudence prévue par la loi ou le règlement, commise de façon manifestement délibérée

2. Le bénéfice éventuel d'une cause d'irresponsabilité pénale

On pourrait envisager de retenir la légitime défense, prévue par l'article 122-5 du Code pénal. Mais, d'une part, il n'y a pas eu d'« agression » du policier (ou d'autrui) par les deux frères et, d'autre part, la jurisprudence estime la légitime défense incompatible avec les infractions involontaires (Crim. 16 févr. 1967, *Bull. crim.* nº 70, *Cousinet*).

Nous envisagerons donc seulement le jeu du cadre commun à l'usage des armes prévu par le Code de la sécurité intérieure (a) avant de résoudre le conflit de lois dans le temps que son application soulève (b).

a. Le cadre commun

Depuis l'entrée en vigueur de la loi nº 2017-258 du 28 février 2017 relative à la sécurité publique, l'article L. 435-1 du Code de la sécurité intérieure définit cinq cas d'usage des armes nouvellement applicables aux policiers. Est plus précisément en cause, en l'espèce, le quatrième cas : ne pouvoir « immobiliser, autrement que par l'usage des armes, des véhicules, embarcations ou autres moyens de transport, dont les conducteurs n'obtempèrent pas à l'ordre d'arrêt et dont les occupants sont susceptibles de perpétrer, dans leur fuite, des atteintes à leur vie ou à leur intégrité physique ou à celles d'autrui ».

Dans le sillage des exigences de la légitime défense des personnes (art. 122-5, al. 1er, C. pén.), le nouveau texte subordonne toutefois le bénéfice de la justification pour l'agent de la police nationale, dans l'exercice de ses fonctions revêtu des insignes extérieurs et apparents de sa qualité, aux conditions :

– d'absolue nécessité : en l'espèce, on peut relever le refus d'obtempérer à l'ordre d'arrêt immédiat et la présence de deux individus munis d'armes à feu ;

– et de stricte proportionnalité : en l'espèce, le policier a tiré dans un pneu de la voiture. Dans le cadre de la légitime défense (Crim. 17 janv. 2017, nº 15-86481), la jurisprudence a précisé que la proportionnalité s'apprécie « entre l'agression et les moyens de défense employés, peu important à cet égard le résultat de l'action ». Aussi, même si le résultat semble disproportionné (tétraplégie), le tir dans les pneus semble, quant à lui, proportionné.

La jurisprudence a admis (Crim. 5 janv. 2000, nº 98-85700), à propos de l'usage des armes par des gendarmes, que la cause d'irresponsabilité pénale de l'article 122-4, C. pén., « s'étend aux fautes involontaires commises au cours de l'exécution de l'acte prescrit ou autorisé par la loi ou le règlement ». Si bien qu'en l'espèce, l'infraction paraît justifiée.

b. Le conflit de lois dans le temps

Se pose, en l'espèce, un problème d'application de la loi dans le temps, la loi du 28 février 2017, d'où est issu le nouveau cadre commun à l'usage des armes, étant postérieure aux faits commis le 14 février 2017. Toutefois, le nouveau dispositif législatif constitue une loi plus douce puisqu'il s'agit d'une nouvelle cause d'irresponsabilité pénale et qu'antérieurement, les policiers relevaient du seul droit commun de la légitime défense. En vertu du principe de la rétroactivité *in mitius,* ce nouveau dispositif s'appliquera aux faits de l'espèce (art. 112-1, al. 3, C. pén.).

B – Au titre de la suite ultérieure liée à l'accident de voiture

L'accident permet de retenir, à l'encontre de Pierre :

– la contravention du Code de la route relative au feu rouge grillé (art. R. 412-30, C. pén.), qui fait encourir à Pierre une amende de quatrième classe soit 750 € (*cf.* art. 131-13, C. pén.) ;

– le délit de risques causés à autrui de l'article 223-1, C. pén., au regard du piéton qui a failli être écrasé : il y a effectivement un risque immédiat de mort ou de blessures de nature à entraîner une mutilation ou une infirmité permanente et une violation manifestement délibérée d'une obligation particulière de prudence ou de sécurité imposée par la loi ou le règlement, la jurisprudence considérant que les dispositions du Code de la route constituent une telle obligation. Pierre encourt ainsi un an d'emprisonnement et 15 000 € d'amende ;

– l'homicide involontaire aggravé du conducteur de la voiture percutée (art. 221-6-1, C. pén.). En l'espèce, la causalité est sans discussion possible certaine et directe. Pierre a certainement commis une faute simple d'imprudence, mais l'on peut également retenir à son encontre une faute de mise en danger délibérée (l'arrêt absolu devant un feu de signalisation rouge est une obligation particulière de prudence ou de sécurité imposée par le règlement – le Code de la route – ; sa violation a été manifestement délibérée par Pierre dans sa fuite ; l'exposition de la victime à un risque immédiat de mort ne fait pas difficulté, en l'état de la mort ultérieure du conducteur de la voiture percutée). Il encourt à ce titre sept ans d'emprisonnement et 100 000 € d'amende.

On précisera que la jurisprudence retient à la fois :

– le cumul des contraventions au Code de la route et du délit de risques causés à autrui comme protégeant des intérêts distincts (Crim. 16 nov. 2016, n° 15-85949) ;

– le cumul des délits de risques causés à autrui et d'homicide involontaire concernant des victimes distinctes, soit en l'espèce le piéton et le conducteur de la voiture percutée (Crim. 21 févr. 2017, n° 15-87.811).

Conclusion sur les peines

Pour conclure, Pierre :

– est complice d'un vol avec arme/d'une extorsion avec arme et encourt à ce titre vingt ans de réclusion/trente ans de réclusion criminelle et 150 000 € d'amende ;

– est auteur de la contravention prévue par l'article R. 412-30 du Code pénal et encourt à ce titre une amende de 750 € ;

– est auteur d'une mise en danger du piéton et encourt à ce titre un an d'emprisonnement et 15 000 € d'amende ;

– est auteur d'un homicide volontaire aggravé et encourt à ce titre sept ans d'emprisonnement et 100 000 € d'amende.

On précisera que Pierre se trouve en situation de concours réel (art. 132-2, C. pén. : « il y a concours d'infractions lorsqu'une infraction est commise par une personne avant que celle-ci ait été définitivement condamnée pour une autre infraction ») et, qu'en vertu de l'article 132-3 du Code pénal (qui pose le principe, en matière criminelle et délictuelle, du cumul limité des peines de même nature dans la limite, pour chaque peine, du maximum légal encouru pour l'infraction la plus sévèrement réprimée), il encourt vingt ans de réclusion criminelle si l'on retient la qualification de vol avec arme ainsi que 150 000 € d'amende auxquels il faut ajouter, en vertu de l'article 132-7, C. pén. (qui pose le principe du cumul illimité des amendes contraventionnelles entre elles ou avec les peines criminelles ou délictuelles), 750 € d'amende. Si l'on retient en revanche l'extorsion avec arme, il encourra, selon le même raisonnement, trente ans de réclusion criminelle et 150 750 € d'amende.

Photocomposition SCM, Toulouse

719737 – (I) – OSB 70 g – SCM – (CDR)
Achevé d'imprimer en mai 2020
sur les presses de CPI Bussière
18200 Saint-Amand-Montrond
Dépôt légal : juin 2020 – N° d'impression : 2051206

Imprimé en France